KB080859

Game Programming in C++

Game Programming in C++

OpenGL과 SDL을 활용한 3D 게임 개발

산자이 마드하브 지음 박주항 옮김

에이콘

에이콘출판의 기틀을 마련하신 故 정완재 선생님 (1935 2004)

가족과 친구들에게

힘이 돼 주셔서 정말 감사합니다.

지은이 소개

산자이 마드하브 Sanjay Madhav

서던캘리포니아대학교USC의 선임 강사로, 2008년부터 프로그래밍과 비디오 게임 프로그래밍을 가르친다.

USC 이전에 일렉트로닉 아츠Electronic Arts, 네버소프트Neversoft, 판데믹 스튜디오Pandemic Studios에서 비디오 게임 개발자를 위한 프로그래머로서 일했다. 게임 〈메달 오브 아너Medal of Honor: Pacific Assault〉, 〈토니 호크 프로젝트 8Tony Hawk's Project 8〉, 〈반지의 제왕Lord of Rings: Conquest〉, 〈사보추어Saboteur〉 개발에 참여했다.

또한 『게임 프로그래밍 알고리즘』(에이콘, 2015)의 저자이며 『멀티플레이어 게임 프로그래밍』(길벗, 2017)의 공동 저자다. 컴퓨터 과학 학사 학위와 석사 학위를 받았으며 USC에서 박사 과정을 밟고 있다.

감사의 말

책을 쓰는 것이 처음은 아니지만 이 책을 집필하는 데 긴 시간이 걸렸다. 이 책의 편집 담당인 로라 르윈Laura Lewin에게 2년 동안 인내심을 갖고 기다려준 것에 감사드린다. 또한 이 책의 개발 편집자인 마이클 서스턴Michael Thurston을 위시해 Pearson 팀 모두에게 감사의 말씀을 드린다.

이 책의 편집 기술자인 조시 글레이저Josh Glazer, 브라이언 오벌랜드Brian Overland, 매트 와이팅Matt Whiting에도 감사드린다. 기술 리뷰는 내용이 올바른지, 그리고 대상 고객이 쉽게 접근할 수 있는지를 확인하는 데 중요한 부분이었다.

또한 USC 정보 기술 프로그램의 모든 동료와 특히 내가 가르치는 게임 과정의 커리큘럼을 형성하는 데 도움을 준 이들에게 감사의 말씀을 드린다(조시 글레이저, 제이슨 그레고리Jason Gregory, 클라크 크로메네이커Clark Kromenaker, 마이크 시헌Mike Sheehan, 매트 와이팅). 이 책 내용의 대부분은 그 커리큘럼에서 비롯된 것이다. 또한 너무 많아서 모든 이름을 열거할 수 없지만, 수년에 걸쳐 도와준 훌륭한 수업 조교에게 감사한다.

우수한 게임 콘텐츠를 제작하는 데 도움을 주는, 크리에이티브 커먼즈Creative Commons 라이선스하에서 배포되는 https://opengameart.org 및 https://freesound.org와 같은 사이트의 콘텐츠 제작자에게도 감사의 말씀을 드린다. 이 책의 게임 프로젝트에서 사용될 애셋asset을 찾는 데 큰 도움을 받았다.

마지막으로 누이인 니타Nita와 그녀의 가족 그리고 내 부모님께도 감사드린다. 그들의 지원과 영감, 지도가 없었다면 처음부터 여기에 글을 결코 남기지 못했을 것이다. 또한 집필 작업으로 인해 최신 영화를 보러 갈 수 없고, 저녁 먹으러 나갈 수 없고, 또는 어떠한 사교 활동도 할 수 없을 때 이를 이해해 준 케빈Kevin 같은 친구들에게도 고맙다는 말을 전한다. 이제는 여유가 생긴 것 같다.

옮긴이 소개

박주항(juhang3@daum.net)

서강대학교에서 컴퓨터공학과 물리학을 전공했으며, JCE(현 조이시티)의 온라인 게임 서버 프로그래머, 라인의 백엔드 프로그래머 그리고 모바일 게임 개발 회사 대표를 거쳐 현재 프리랜서로 활동 중이다.

자작 OS 개발에 관심이 많으며 현재 비리눅스 기반이자 MSVC 컴파일러를 사용한 C++ 운영체제인 YUZA OS의 후속 버전 YUZA OS 2 개발을 진행 중에 있다.

주요 저서로는 한빛미디어에서 출간한 『CGSF를 활용한 게임 서버 제작』(2014), 『CGSF 파헤쳐 보기』(2014), 『C++ 개발자를 위한 WIN32 오픈소스 라이브러리 100』(2015), 『SDL과 C++를 이용한 크로스 플랫폼 프로그래밍』(2015), 에이콘출판사에서 출간한 『C++로 나만의 운영체제 만들기』(2018), 『YUZA OS Vol.1 - 소프트웨어편』(2021) 등이 있다. 번역서로는 『데이터베이스 첫걸음』(한빛미디어, 2016)과 『0부터 시작하는 OS 자작 입문』(에이콘, 2022)이 있다.

또한 위키독스에 다수의 전자책을 공개하고 있다. 주요 전자문서로 『알레그로4 도스 게임 프로그래밍』, 『MSX 게임 프로그래밍』, 『도스 프로그래밍』, 『C++ 개발자를 위한 WIN32 오픈소스 라이브러리 100 Vol. 2』, 『SDL과 C++를 이용한 크로스 플랫폼 프로그래밍 Vol 2』 등이 있다.

옮긴이의 말

게임업계에 종사한 사람으로서 이런 훌륭한 책을 번역하게 된 것은 뜻깊은 일이다. 내용을 간단하게 설명하는 다른 책과 달리, 이 책은 게임에서 쓰이는 수학, AI, 사운드, 애니메이션 등 전반적인 기술을 자세하게 설명한다. 또한 C++로 제작된 예제 소스 코드를 제공해 내용을 쉽게 전달하는 데 주력했다.

C++의 장점은 저수준 레벨에서 프로그램을 제어할 수 있다는 점이다. 즉, C++로 프로그램을 잘 작성한다는 것은 컴퓨터 아키텍처를 잘 이해하고 있다는 것과 일맥상통한다고 볼 수 있다. 그래서 컴퓨터 성능이 좋지 않았던 2000년대 초반에는 게임 개발 언어로 C++가 인기를 끌었다. 하지만 C++는 생산성 측면에서 후속 언어에 밀리면서 그 점유율이 굉장히 낮아졌다. 또한 유니티 같은 강력한 게임 제작 툴이 등장하면서 C++의 입지는 매우 줄어들었다. 하지만 C++ 언어는 지속해서 발전하고 있으며, 언리얼 엔진은 여전히 C++ 언어를 지원한다. 중견급 이상의 기업에서는 항상 C++ 스킬을 요구하기 때문에 프로그래머라면 C++는 기본으로 다룰 수 있어야 한다.

앞에서 언급한 툴이나 특정 언어가 영원히 시장을 장악한다고 볼 수는 없으며, 언젠가는 더 나은 게임 개발 모델이 나올 것이다. 그런 경우를 대비하기 위해서라도 특정 툴에 종속되는 내용이 아니라, 기반 기술을 이해하는 것은 큰 도움이 된다. 예를 들어, 클래스 간 계층 구조를 다루는 개념은 C++, 자바, C# 등의 객체지향 언어에 바로 적용해서 사용할 수 있으며, 새로운 언어가 등장하더라도 다시 활용할 수 있는 이론이다.

그리고 이 책은 샘플 코드를 위해 다양한 크로스 플랫폼 라이브러리를 활용했다. 이 책에서 사용한 SDL, OpenGL, FMOD 라이브러리는 다양한 플랫폼으로 이식할 수 있기에 알아두면 언젠가는 반드시 도움이 된다.

한 권의 책으로 게임에 사용된 모든 프로그래밍 기법을 담기에는 무리겠지만, 적어도 이 책은 게임 개발에 도전하려는 학생이나 일반인에게 좋은 지침서가 될 것이며, 현업 종사자에게는 자신의 실력을 점검해 볼 수 있는 가이드를 제공할 것이라고 확신한다.

기술 감수자 소개

이승표

넥슨 코리아 게임 서버 프로그래머

스마일게이트 엔터테인먼트 게임 서버 프로그래머

(현) 스튜디오비사이드 게임 서버 프로그래머

안중원

NHN 픽셀큐브 게임 서버 프로그래머

박두현

한양대학교 소프트웨어 융합대학 겸임교수

(현) 주식회사 마블러스 CTO

김태형

서강대학교 수학과 학사 및 석사

셈웨어 CTO

모바일유틸리티 CEO

오드엠 CSO

(현) 케이스타라이브 CTO

박소남

JCE(현 조이시티) 클라이언트 프로그래머

- ETRI와 협업해 인공지능 공동 연구 및 스포츠 게임에 기술 접목
- FPS AI 기술 개발

NHN 프로그래머

- 시뮬레이션 게임 클라이언트 개발
- 신규 게임 개발 및 프로그램 파트 리딩

차례

들어가며

오늘날 비디오 게임은 가장 인기 있는 엔터테인먼트 중 하나다. 게임 전문 조사 기관인 뉴주Newzoo의 「세계 게임 시장 보고서Global Games Market Report」에서는 2017년 게임 매출액이 1,000억 달러를 상회한다고 평가했다. 이 엄청난 금액은 비디오 게임이 얼마나 인기 있는지를 보여준다. 그만큼 비디오 게임 시장은 거대하고, 게임 프로그래머의 수는 항상 부족하다.

게임의 폭발적인 인기와 더불어 게임 기술의 장벽은 낮아졌다. 이제 한 명의 개발자가 여러 유명한 게임 엔진이나 툴을 사용해서 상을 받거나 히트 게임을 제작할 수 있게 됐다. 이러한 툴은 특히 게임 디자이너에게 많은 도움이 된다. 그렇다면 여기서 C++로 게임을 프로그래밍하는 방법을 배운다는 것은 어떤 가치가 있을까?

여러 게임이나 툴을 한 걸음 뒤에서 보면 핵심 코어가 C++로 작성된 것을 확인할 수 있다. 즉, C++는 툴이나 게임 엔진을 사용해서 제작된 게임의 모든 배후에 있는 근본적인 기술이다.

또한 〈오버워치〉, 〈콜 오브 듀티〉, 〈언차티드〉 등 오늘날 가장 인기 있는 게임들을 출시한 일류 개발자는 아직도 C++를 사용한다. 왜냐하면 C++는 성능과 편리함이라는 훌륭한 조합을 제공하기 때문이다. 그래서 앞에서 예시로 든 게임들을 개발한 회사 중 한 곳에서 일하고 싶은 개발자라면 특히 C++를 깊이 있게 이해해야 한다.

이 책에서는 실제 게임 개발자가 사용하는 여러 기술과 시스템을 파고든다. 이 책의 많은 내용은 거의 10년 동안 서던캘리포니아대학교USC, University of Southern California에서 가르친 비디오 게임 프로그래밍 강의에서 비롯됐다. 이 책에서 사용한 접근법은 많은 학생이 비디오 게임 산업에서 성공할 수 있도록 도움을 줄 것이다.

또한 이 책은 게임 프로젝트 데모에 통합된 코드의 실제 동작 구현에 특히 집중한다. 게임처럼 다양한 시스템이 어떻게 작동하는지 이해하는 것은 중요하다. 이런 이유로 이 책을 읽는 동안에는 소스 코드를 언제든지 참조할 수 있도록 가까이 둬야 한다.

이 글을 쓰는 시점에서 책과 함께 제공하는 모든 코드는 마이크로소프트 비주얼 스튜디오 2017 및 애플 Xcode 9를 사용해서 컴파일할 수 있으며, PC와 맥OS에서 모두 동작한다.

이 책에 관한 소스 코드는 GitHub, https://github.com/gameprogcpp/code에서 이용할 수 있다. 이 책의 개발 환경 설정에 대한 지침은 1장, '게임 프로그래밍 개관'을 참조한다.

또한 에이콘출판사의 도서정보 페이지인 http://www.acornpub.co.kr/book/game-programming-c에서도 예제 코드를 다운로드할 수 있다.

한국어판의 정오표는 에이콘출판사의 도서정보 페이지 http://www.acornpub.co.kr/book/game-programming-c에서 찾아볼 수 있으며, 이 책과 관련해 질문이 있다면 이 책의 옮긴이의 이메일이나 에이콘출판사 편집 팀(editor@acornpub.co.kr)으로 문의해주길 바란다.

이 책의 대상 독자

이 책은 C++에 익숙하며 3D 비디오 게임을 프로그래밍하는 방법을 배우려는 프로그래머를 대상으로 한다. C++에 익숙하지 않은 독자를 위해 부록 A, '중급 C++ 리뷰'에서는 몇 가지 C++ 개념을 살펴본다. 그러나 C++ 경험이 거의 없다면 이 책을 읽기에 앞서 C++를 배워야 한다(에릭 로버츠Eric Roberts가 저술한 『Programming Abstractions in C++』를 추천한다). 그리고 독자가 동적 배열(벡터), 트리, 그래프를 포함한 일반 데이터 구조에 친숙하며, 고등학교 수준의 대수학을 어느 정도 알고 있다고 가정한다.

이 책에서 다루는 내용은 게임 프로그래밍의 지식을 넓히고자 하는 학계의 독자, 취미로 게임 프로그래밍에 관심을 두는 사람, 초급 및 중급 게임 프로그래머에게 도움이 된다. 이 책의 내용은 대학에서 한 학기에 배우는 내용보다 좀 더 많은 분량에 해당한다.

이 책에서 다루는 내용

이 책은 1장에서 14장까지 연속해서 읽을 수 있도록 구성했다. 하지만 일부 특정 주제에는 관심이 없고 필요한 내용만 읽고 싶다면 p.27의 그림에서 여러 장들 사이의 종속성을 보여주므로 책을 읽는 데 도움을 줄 것이다.

처음 몇몇 장에서는 핵심 개념을 배우기 위해 게임 제작을 2D로 진행한다. 6장 이후부터는(8장 제외) 게임 제작을 3D로 진행한다.

각 장에서는 다음 내용을 다룬다.

- **1장, 게임 프로그래밍 개관** 게임 프로그래밍의 기본 개념을 살펴보고 게임을 초기화하고 실행하는 방법을 확인한다. 또한 SDL Simple DirectMedia Layer 라이브러리를 소개한다.
- **2장, 게임 객체와 2D 그래픽스** 프로그래머가 게임에서 객체를 구성하는 방법을 설명하고 플립북 애니메이션과 같은 추가 2D 그래픽 콘셉트를 살펴본다.
- **3장, 벡터와 기초 물리** 모든 게임 프로그래머에게 중요한 수학 벡터를 설명한다. 또한 움직임 및 충돌에 사용하는 물리의 기초를 살펴본다.
- **4장, 인공지능** 상태 기계와 길 찾기 같은 개념을 포함해 컴퓨터가 제어하는 게임 캐릭터를 만드는 방법을 살펴본다.
- **5장, OpenGL** 버텍스 셰이더와 프래그먼트 셰이더 구현을 포함해 OpenGL 렌더러를 생성하는 방법을 설명한다.
- **6장, 3D 그래픽스** 뷰, 투영, 그리고 회전을 표현하는 방법을 포함해 지금까지 작성한 코드를 3D 게임에서 동작하는 데에 중점을 둔다.
- **7장, 오디오** FMOD API를 사용해서 오디오 시스템을 구축하는 방법을 설명한다. 3D 위치 기반 오디오에 관한 내용도 다룬다.
- **8장, 입력 시스템** 키보드나 마우스 그리고 게임 컨트롤러 이벤트를 처리하기 위해 좀더 견고한 입력 시스템을 설계하는 방법을 설명한다.
- **9장, 카메라** 1인칭 카메라, 팔로우 카메라, 궤도 카메라를 포함해 여러 3D 카메라를 구현하는 방법을 보여준다.

- **10장, 충돌 감지** 구체, 평면, 선분, 박스를 포함해 게임에서 충돌을 감지하는 방법을 자세히 알아본다.
- **11장, 유저 인터페이스** 메뉴 시스템과 레이더와 조준 격자 같은 헤드업 디스플레이HUD 요소의 구현을 살펴본다.
- **12장, 뼈대 애니메이션** 3D 캐릭터를 움직이는 방법을 다룬다.
- **13장, 중급 그래픽스** 지연 셰이딩을 구현하는 방법을 포함해 몇 가지 중급 그래픽스 주제를 살펴본다.
- **14장, 레벨 파일과 바이너리 데이터** 레벨 파일을 로드하고 저장하는 방법을 설명한다. 또한 바이너리 파일 포맷을 작성하는 방법을 다룬다.
- **부록 A, 중급 C++ 리뷰** 메모리 할당과 컬렉션을 포함해 책 전반에서 사용한 몇 가지 중급 C++ 주제를 살펴본다.

각 장은 게임 프로젝트(앞에서 언급했듯이 소스 코드 이용 가능)와 추천 추가 독서 목록(한국어판 도서는 p.642 참고), 그리고 몇 가지 연습을 포함한다. 연습에서는 각 장에서 구현한 코드에 추가 기능을 구현할 수 있도록 제시한다.

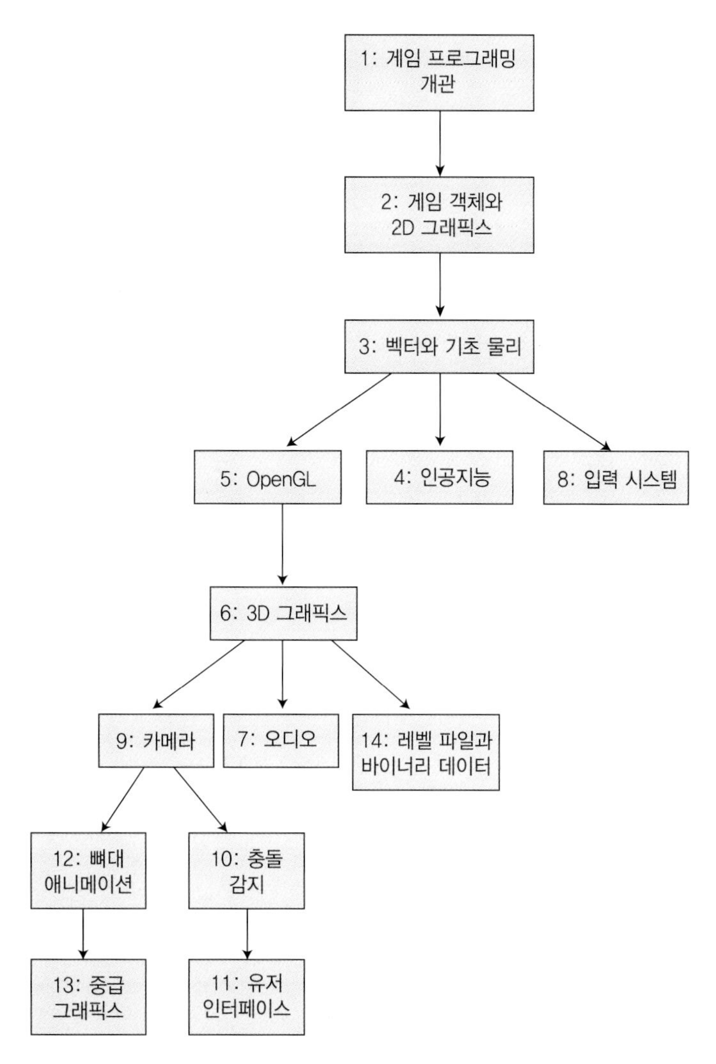
1: 게임 프로그래밍 개관
2: 게임 객체와 2D 그래픽스
3: 벡터와 기초 물리
5: OpenGL
4: 인공지능
8: 입력 시스템
6: 3D 그래픽스
9: 카메라
7: 오디오
14: 레벨 파일과 바이너리 데이터
12: 뼈대 애니메이션
10: 충돌 감지
13: 중급 그래픽스
11: 유저 인터페이스

그림 각 장의 의존성 관계

이 책에서 사용하는 컨벤션

새 용어는 굵게 표시한다. 코드는 고정폭 폰트로 표시한다. 내용이 많지 않은 코드는 독립적인 단락으로 표현한다.

```
DoSomething( );
```

긴 코드 부분은 아래 리스트처럼 코드 리스트로 나타낸다.

리스트 샘플 코드 리스트

```
void DoSomething( )
{
   // 특정 작업 수행
   ThisDoesSomething( );
}
```

때로는 일부 단락은 노트나 팁, 사이드바, 경고로 표현한다. 여기 각각에 대한 예제가 있다.

노트

노트는 구현 변경이나 주목할 가치가 있는 다른 기능에 관한 유용한 정보를 포함한다.

Tip

팁은 코드에 특정 기능을 추가하는 방법에 대한 힌트를 제공한다.

경고

경고는 주의를 요하는 잠재적인 특정 위험을 다룬다.

사이드바

사이드바는 해당 장의 주요 핵심에 별로 관계가 없는 내용을 자세히 설명한다. 이 내용은 재미는 있지만 해당 장의 핵심 주제를 이해하는 데는 중요하지 않다.

1장

게임 프로그래밍 개관

1장에서는 먼저 개발 환경을 설정하고 이 책의 소스 코드에 접근하는 방법을 설명한다. 다음으로 게임 루프, 게임의 시간 경과에 따른 업데이트 방법, 게임 입출력의 기본 사항 등 모든 실시간 게임에 숨어 있는 핵심 개념을 다룬다. 또한 1장을 통해 고전 게임 퐁(Pong)을 구현하는 방법을 살펴본다.

개발 환경 설정하기

텍스트 편집기로 소스 코드를 작성하는 것은 가능하지만 전문 개발자는 일반적으로 **통합 개발 환경**IDE, Integrated Development Environment을 사용한다. IDE의 장점은 텍스트 편집 기능 외에도 코드 완성 기능과 디버깅 기능을 제공한다는 데 있다. 이 책의 코드는 마이크로소프트 윈도우Microsoft Windows와 애플 맥Apple macOS에서 동작하며 IDE의 선택은 플랫폼의 선택에 의존한다. 이 책은 윈도우에서 마이크로소프트 비주얼 스튜디오를 사용하며 맥OS에서는 애플 Xcode를 사용한다. 이 절의 나머지 부분에서는 이 두 플랫폼의 IDE 환경 설정에 관해 간단히 설명한다.

마이크로소프트 윈도우

윈도우 개발 환경에서 가장 인기 있는 IDE는 마이크로소프트 비주얼 스튜디오다. 비주얼 스튜디오는 또한 C++ 게임 개발자에게 가장 널리 사용되며, 대부분의 PC 개발자나 콘솔 개발자들이 이 IDE에 이끌리고 있다.

이 책은 마이크로소프트 비주얼 스튜디오 커뮤니티 2017을 사용한다.[1] 이 버전은 https://www.visualstudio.com/downloads/에서 무료로 다운로드할 수 있다. 비주얼 스튜디오 커뮤니티 2017의 설치는 마이크로소프트 윈도우 7이나 또는 그 상위 버전을 요구한다.

비주얼 스튜디오 설치를 위한 인스톨 프로그램을 실행하면 어떤 항목을 설치해야 하는지를 묻는다. C++로 게임 개발을 선택해서 설치될 항목을 최소화하자. 물론 원한다면 다른 설치 항목이나 옵션을 자유롭게 선택할 수도 있다.

경고 **여러 버전의 비주얼 스튜디오가 존재한다**

비주얼 스튜디오 제품군에는 비주얼 스튜디오 코드나 맥용 비주얼 스튜디오 등 몇몇 다른 제품이 존재한다. 이러한 제품은 비주얼 스튜디오 커뮤니티 2017과는 같은 제품이 아니므로 올바른 제품을 설치하도록 주의하자!

---

1 2022년 기준 비쥬얼 스튜디오의 최신 버전은 2022다. 비쥬얼 스튜디오 2019 버전이나 2022 버전으로 소스 코드를 컴파일해도 정상 빌드되니 특별한 문제가 없다면 비쥬얼 스튜디오 최신 버전으로 학습을 진행하자. – 옮긴이

애플 맥OS

맥OS에서 애플은 프로그램 개발자가 맥OS나 iOS 그리고 다른 관련 플랫폼에서 개발을 돕도록 무료인 Xcode IDE를 제공한다. 이 책의 코드는 Xcode 8 그리고 Xcode 9에서 정상 동작한다. Xcode 8은 맥OS 10.11 엘 캐피탄El Capitan 또는 그 상위 버전을 요구하는 반면 Xcode 9는 맥OS 10.12 시에라Sierra 또는 그 상위 버전을 필요로 한다.

Xcode를 설치하려면 애플 앱 스토어로 가서 Xcode를 검색하면 된다. Xcode가 처음 실행될 때 Xcode는 디버깅 기능을 활성화할지를 묻는다. Yes를 반드시 선택하도록 하자.

이 책의 소스 코드 얻기

대부분의 전문 개발자는 **소스 제어**source control 시스템을 활용한다. 소스 제어 시스템의 많은 기능 중 가장 중요한 기능은 소스 코드의 변경 사항을 기록 및 유지하는 것이다. 소스 제어 시스템 기능 덕택에 코드 변경이 예상치 못한 문제나 원치 않은 결과를 일으키면 이전에 동작하던 코드 버전으로 쉽게 되돌아갈 수 있다. 게다가 소스 제어 시스템은 여러 개발자 간의 공동 작업이나 협력을 보다 쉽게 해준다.

인기 있는 소스 제어 시스템 중 하나는 리눅스로 잘 알려진 리누스 토발즈Linus Torvalds가 개발한 깃Git이다. 깃에서 **저장소**repository는 소스 제어하에서 호스팅된 특정 프로젝트를 참조한다. 깃허브GitHub 웹 사이트(https://github.com)는 깃 저장소를 쉽게 생성하고 관리하는 기능을 제공한다.

이 책의 소스 코드는 https://github.com/gameprogcpp/code에서 이용할 수 있다. 깃 시스템에 익숙치 않다면 간단히 녹색의 Clone 버튼이나 Download 버튼을 클릭한 뒤 책의 소스 코드를 포함한 ZIP 파일을 다운로드하기 위해 Download Zip을 선택하자.

깃을 사용하고자 한다면 다음처럼 커맨드 라인을 통해서 저장소를 복제할 수 있다.

```
$ git clone https://github.com/gameprogcpp/code.git
```

이 명령어는 맥OS 터미널에서는 바로 동작하지만, 윈도우 유저는 깃을 먼저 설치해야 한다(https://git-for-windows.github.io 참조).

소스 코드는 각 장들 기준으로 별도의 디렉토리(폴더)로 분리돼 있다. 예를 들어 1장의 소스 코드는 `Chapter01` 디렉토리 안에 있다. 이 디렉토리에는 마이크로소프트 비주얼 스튜디오의 경우 `Chapter01-Windows.sln` 파일이 있으며, 애플 Xcode에 관해서는 `Chapter01-Mac.xcodeproj`가 있다. 내용을 계속 진행하기 전에 1장의 코드가 컴파일이 제대로 되는지 확인하고 넘어가자.

C++ 표준 라이브러리를 넘어

C++ 표준 라이브러리는 오직 텍스트 콘솔 입출력만을 지원하며, 내장된 그래픽스 라이브러리를 갖고 있지 않다. C++ 프로그램에서 그래픽을 구현하기 위해서는 여러 사용 가능한 외부 라이브러리 중 하나를 사용해야 한다.

안타깝지만 많은 라이브러리들은 **플랫폼 종속적**이며, 이는 단일 운영체제나 단일 유형의 컴퓨터에서만 작동하는 걸 뜻한다. 예를 들어 마이크로소프트 윈도우 애플리케이션 인터페이스API, Application Programming Interface는 윈도우 운영체제로부터 지원을 받아 윈도우나 UI 요소를 생성할 수 있다. 하지만 윈도우 API는 애플 맥OS에서는 당연한 이야기지만 사용할 수 없다. 반대로 맥OS도 윈도우 운영체제에서는 동작하지 않는 같은 기능을 가진 자신만의 라이브러리 세트가 있다. 게임 프로그래머 입장에서는 플랫폼 종속적인 라이브러리를 항상 피할 수는 없다. 예를 들어 소니 플레이스테이션 4 콘솔에서 작업하는 게임 개발자는 소니가 제공한 라이브러리를 사용해야 한다.

다행히 이 책은 여러 다양한 플랫폼에서 동작하는 라이브러리를 의미하는 **크로스 플랫폼**cross-platform 라이브러리를 사용한다. 이 책의 모든 소스 코드는 윈도우 그리고 맥OS 최신 버전에서 동작한다. 리눅스에서는 비록 테스트하지 않았지만, 게임 프로젝트는 리눅스상에서도 잘 동작해야 한다.

이 책에서 사용하는 기본 라이브러리 중 하나는 SDL(Simple DirectMedia Layer, https://www.libsdl.org 참조)이다. SDL 라이브러리는 C로 작성된 크로스 플랫폼 게임 개발

라이브러리다. SDL은 윈도우를 생성하거나 기본 2D 그래픽을 생성하며 입력 처리, 오디오 출력, 그외 여러 기능을 지원한다. SDL은 마이크로소프트 윈도우, 애플 맥OS, 리눅스, iOS 그리고 안드로이드에서도 동작하는 경량형 라이브러리다.

이번 1장에서 필요한 유일한 외부 라이브러리는 SDL이다. 후속 장에서는 다른 라이브러리들을 사용하며 그때마다 새로운 라이브러리를 소개한다.

게임 루프와 게임 클래스

게임과 다른 프로그램들 사이의 가장 큰 차이점 중 하나는 게임은 프로그램이 실행되는 동안 매초마다 여러 번 갱신돼야 한다는 것이다. **게임 루프**game loop는 전체 게임 프로그램의 전반적인 흐름을 제어하는 루프다. 다른 루프와 마찬가지로 게임 루프는 반복마다 수행하는 코드가 있으며, 루프 조건을 갖고 있다. 게임 루프는 플레이어가 게임 프로그램을 종료하지 않는 한 계속해서 루프를 반복한다.

게임 루프의 각각의 반복을 **프레임**frame이라 부른다. 게임이 초당 **60프레임**FPS, Frames Per Second으로 실행된다는 것은 게임 루프가 초당 60번의 반복을 완료한다는 걸 뜻한다. 수많은 실시간 게임은 30 또는 60프레임으로 실행된다. 초당 여러 번의 반복을 실행을 함으로써 게임은 주기적인 간격으로 게임을 갱신하지만, 마치 연속적으로 움직이고 있다는 환상을 준다. 용어 **프레임 레이트**frame rate는 FPS와 동일한 뜻이며, 60프레임 레이트는 60FPS와 같은 뜻이다.

프레임의 구조

상위 수준에서 게임은 각 프레임마다 다음 단계를 수행한다.

1. 입력을 받는다.
2. 게임 세계를 갱신한다.
3. 출력을 만든다.

이 세 단계 각각은 속을 들여다보면 한눈에 보이는 것보다 깊이 있는 단계로 나뉜다. 예를 들어 입력 처리(첫 번째 단계)는 키보드나 마우스, 또는 컨트롤러 같은 여러 디바이스의 입력을 감지한다. 하지만 이런 디바이스만이 게임에 대한 유일한 입력은 아니다. 온라인 멀티플레이어 모드를 지원하는 게임을 생각해보자. 게임은 입력으로써 인터넷을 통해 데이터를 받는다. 어떤 유형의 모바일 게임에서는 입력이 카메라에 보이는 것일 수도 있고, GPS 정보가 될 수도 있다. 게임의 입력은 궁극적으로 게임의 유형이나 게임이 실행되는 플랫폼에 의존한다.

게임 세계의 갱신(두 번째 단계)은 게임 세계의 모든 오브젝트를 거치면서 필요에 따라 게임 오브젝트를 갱신한다는 걸 뜻한다. 게임 세계 오브젝트의 갱신은 게임 세계의 캐릭터, 유저 인터페이스 그리고 눈에 보이지는 않지만 게임에 영향을 미치는 기타 오브젝트를 포함해서 수백 개 또는 수천 개가 될 수 있다.

세 번째 단계인 출력을 생성하는 경우 가장 눈에 띄는 출력은 그래픽이다. 하지만 오디오(사운드 효과, 음악, 대사를 포함) 같은 다른 출력도 존재한다. 또 다른 출력의 예로, 대부분의 콘솔 게임은 게임에서 흥미진진한 이벤트가 발생할 때 컨트롤러가 진동하는 것 같은 **포스 피드백**force feedback 이펙트를 갖고 있다. 그리고 온라인 멀티플레이어 게임의 경우 인터넷을 경유해서 다른 유저에게 보내는 데이터가 추가 출력될 수 있다.

이런 스타일의 게임 루프가 아케이드 게임 팩맨Pac-Man에 어떻게 적용될 수 있는지 생각해 보자(팩맨은 남코의 고전 아케이드 게임이다). 게임 팩맨의 간단한 버전에서 게임은 미로에서 즉시 팩맨을 시작한다고 가정한다. 게임 프로그램은 팩맨이 미로의 미션을 완료하거나 죽을 때까지 실행을 계속한다. 이 경우에 게임 루프의 '입력 처리' 단계에서는 오직 조이스틱 입력만 읽으면 된다.

루프의 '게임 세계 갱신' 단계에서는 이 조이스틱 입력을 기반으로 팩맨을 갱신한다. 그리고 또한 네 마리의 유령, 알갱이들, 유저 인터페이스도 갱신한다. 이 갱신 코드는 팩맨이 유령과 부딪히는지를 결정해야 한다. 또한 팩맨은 이동함에 따라 알갱이나 과일을 먹을 수 있다. 그래서 루프의 갱신 부분에서는 이 먹는 부분에 대한 검사가 필요하다. 유령은 프로그램이 제어하는 완전한 AI이므로 이들 또한 로직을 갱신해야 한다. 마지막으로 팩맨이 한 행동에 따라 UI는 화면에 출력하는 데이터를 갱신해야 한다.

노트

이런 스타일의 게임 루프는 **단일 스레드**(single-thread)이며, 여러 스레드를 동시에 실행할 수 있는 현대 CPU의 장점을 활용하지 않음을 뜻한다. 멀티 스레드를 지원하는 게임 루프를 만드는 것은 매우 복잡하며, 규모가 크지 않은 게임에서는 필요하지 않다. 멀티 스레드 게임 루프에 관해 배우기 좋은 책으로는 1장의 마지막 절인 '추가 독서'에서 소개하는 제이슨 그레고리(Jason Gregory)의 책이 있다.

고전 팩맨 게임의 '출력 생성' 단계에서의 유일한 출력은 오디오와 비디오다. 리스트 1.1은 이 팩맨의 단순 버전을 위한 게임 루프의 의사코드pseudocode를 보여준다.

리스트 1.1 팩맨 게임 루프 의사코드

```
void Game::RunLoop()
{
   while (!mShouldQuit)
   {
      // 입력 처리
      JoystickData j = GetJoystickData();

      // 게임 세계 갱신
      UpdatePlayerPosition(j);

      for (Ghost& g : mGhost)
      {
         if (g.Collides(player))
         {
            // 유령과 충돌하는 팩맨 처리
         }
         else
         {
            g.Update();
         }
      }

      // 팩맨이 먹는 알갱이 처리
      // ...
```

```
        // 출력 생성
        RenderGraphics();
        RenderAudio();
    }
}
```

게임 클래스 골격 구현하기

이제 게임 루프에 관한 기본 지식을 사용할 준비가 됐으므로 게임 루프 실행뿐만 아니라 게임을 초기화하고 종료하는 코드를 포함하는 `Game` 클래스를 생성하자. 이 책의 후속 내용은 개발자가 C++에 익숙하다고 가정하기에 C++에 익숙지 않다면 부록 A, '중급 C++ 리뷰'의 내용을 먼저 살펴보길 권한다. 또한 1장의 완전한 소스 코드에 언제든지 편하게 접근할 수 있도록 준비하자. 그렇게 하면 모든 코드 조각이 어떻게 연동하는지를 이해하는 데 도움을 줄 것이다.

리스트 1.2는 `Game.h`에 있는 `Game` 클래스의 선언을 보여준다. 이 선언에서는 `SDL_Windows` 포인터를 참조하므로 메인 SDL 헤더 파일인 `SDL/SDL.h`를 포함해야 한다 (헤더 파일에 `SDL/SDL.h`를 포함되는 걸 피하고 싶다면 전방 선언forward declaration을 사용하면 된다). 여러 멤버 함수 이름은 이름을 통해서 쓰임새를 유추할 수 있으므로 별도로 설명하지 않는다. 예를 들어 `Initialize` 함수는 `Game` 클래스를 초기화하고, `ShutDown` 함수는 게임을 종료하며, `RunLoop` 함수는 게임 루프를 실행한다. 마지막으로 `ProcessInput`, `UpdateFrame`, `GenerateInput`은 게임 루프의 세 단계와 각각 일치한다.

현재 유일한 멤버 변수는 `Initialize` 함수에서 생성한 윈도우 포인터와 게임이 게임 루프를 계속 실행해야 할지를 판단하는 bool 값이다.

리스트 1.2 Game 클래스 선언

```
class Game
{
public:
    Game();
    // 게임 초기화
```

```
    bool Initialize();
    // 게임이 끝나기 전까지 게임 루프를 실행
    void RunLoop();
    // 게임 종료
    void Shutdown();
private:
    // 게임 루프를 위한 헬퍼 함수
    void ProcessInput();
    void UpdateGame();
    void GenerateOutput();

    // SDL이 생성한 윈도우
    SDL_Window* mWindow;
    // 게임이 계속 실행돼야 하는지를 판단
    bool mIsRunning;
};
```

위의 클래스 선언을 가지고 Game.cpp에 있는 멤버 함수 구현을 시작하자. 생성자에서는 mWindow를 nullptr로 초기화하고 mIsRunning을 true로 초기화한다.

Game::Initialize

Initialize 함수는 초기화가 성공하면 true를 리턴하고 그렇지 않으면 false를 반환한다. Initialize 함수는 먼저 SDL_Init 함수를 사용해서 SDL 라이브러리를 초기화한다. 이 함수는 초기화를 하려는 모든 서브시스템의 비트 OR 연산값을 파라미터로 받는다. 지금은 비디오 서브시스템만 초기화하면 되므로 다음과 같이 초기화한다.

```
int sdlResult = SDL_Init(SDL_INIT_VIDEO);
```

SDL_Init이 정숫값을 반환하는 데 주목하자. 이 정숫값이 0이 아니면 이는 초기화가 실패했다는 걸 뜻한다. 이 경우에 Game::Initialize는 SDL 없이 게임을 진행할 수 없으므로 false를 반환한다.

```
if (sdlResult != 0)
```

```
{
   SDL_Log("Unable to initialize SDL: %s", SDL_GetError());
   return false;
}
```

SDL_Log 함수를 사용하면 콘솔에 간단하게 메시지를 출력할 수 있다. SDL_Log 함수는 C printf 함수와 같은 문법을 사용한다. 그래서 SDL_Log 함수는 C 스타일의 문자열에 대한 %s와 정수에 대한 %d 같은 printf에서 사용하는 지정자의 출력 변수를 지원한다. SDL_GetError 함수는 C 스타일의 문자열로 에러 메시지를 반환하므로 SDL_Log 함수는 %s 파라미터로 이 에러 문자열을 전달받는다.

SDL은 SDL_Init 함수로 초기화할 수 있는 여러 서브시스템을 포함하고 있다. 표 1.1은 가장 일반적으로 사용되는 서브시스템을 보여준다. 서브시스템의 전체 리스트에 관해서는 https://wiki.libsdl.org의 SDL API 레퍼런스를 참조한다.

표 1.1 SDL 서브시스템 플래그

플래그	서브시스템
SDL_INIT_AUDIO	오디오 장치 관리, 재생 및 녹음
SDL_INIT_VIDEO	윈도우 생성, OpenGL 관련 인터페이스 2D 그래픽스를 위한 비디오 서브시스템
SDL_INIT_HAPTIC	포스 피드백 이펙트 서브시스템
SDL_INIT_GAMECONTROLLER	컨트롤러 입력 장치를 지원하는 서브시스템

SDL이 성공적으로 초기화되면 다음 단계는 SDL_CreateWindow로 윈도우를 생성하는 것이다. 생성된 윈도우는 윈도우 운영체제나 맥OS 프로그램이 사용하는 윈도우와 똑같다. SDL_CreateWindow 함수는 몇 가지 파라미터를 받는다.

- 윈도우 제목
- 윈도우가 배치될 x/y 좌표(왼쪽 상단 구석 기준)
- 윈도우의 너비와 높이
- 윈도우 생성 관련 플래그

```
mWindow = SDL_CreateWindow(
```

```
    "Game Programming in C++ (Chapter 1)", // 윈도우 제목
    100,    // 윈도우의 좌측 상단 x좌표
    100,    // 윈도우의 좌측 상단 y좌표
    1024,   // 윈도우 너비
    768,    // 윈도우 높이
    0       // 플래그 (0은 어떠한 플래그도 설정되지 않음을 의미)
);
```

SDL_Init 함수 호출에서 했던 대로 SDL_CreateWindow 호출 또한 성공 여부를 검증해야 한다. 호출 결과가 실패일 경우 mWindow는 nullptr이다. 그러므로 다음과 같은 확인 코드를 추가한다.

```
if (!mWindow)
{
    SDL_Log("Failed to create window: %s", SDL_GetError());
    return false;
}
```

SDL 초기화 플래그와 마찬가지로 표 1.2에 몇 가지 가능한 윈도우 생성 플래그가 존재한다. 앞에서처럼 비트 OR 연산을 사용해서 여러 플래그를 전달할 수 있다. 여러 상업 게임이 전체 화면 모드를 사용하지만, 게임이 창 모드에서 실행되면 코드를 쉽게 디버깅할 수 있다. 그래서 이 책에서는 되도록 전체 화면보다는 창 모드를 사용한다.

표 1.2 윈도우 생성 플래그

플래그	결과
SDL_WINDOW_FULLSCREEN	전체 화면 모드 사용
SDL_WINDOW_FULLSCREEN_DESKTOP	현재 데스크톱의 해상도로 전체 화면 모드 사용. SDL_CreateWindow가 전달받는 너비/높이 파라미터는 무시
SDL_WINDOW_OPENGL	OpenGL 그래픽스 라이브러리에 대한 지원 추가
SDL_WINDOW_RESIZABLE	윈도우 창 크기 조절 가능

SDL 초기화와 윈도우 생성이 성공하면 Game::Intialize는 true를 반환한다.

Game::ShutDown

Shutdown 함수는 Initialize 함수와는 반대 역할을 수행한다. 먼저 SDL_DestroyWindow 함수를 호출해서 SDL_Window 객체를 해제한다. 그런 다음 SDL_Quit 함수를 호출해서 SDL을 닫는다.

```
void Game::Shutdown()
{
   SDL_DestroyWindow(mWindow);
   SDL_Quit();
}
```

Game::RunLoop

RunLoop 함수는 mIsRunnning이 false가 될 때까지 게임 루프를 반복해서 실행한다. 이 mIsRunning 값이 false가 돼야 RunLoop 함수의 루프를 벗어날 수 있다. 게임 루프는 각 단계에 대한 3가지 헬퍼 함수가 있으므로 RunLoop 함수는 간단히 루프 내부에서 이 헬퍼 함수만 호출한다.

```
void Game::RunLoop()
{
   while (mIsRunning)
   {
      ProcessInput();
      UpdateGame();
      GenerateOutput();
   }
}
```

지금은 게임이 아직 아무것도 하지 않기에 이 세 가지 헬퍼 함수를 구현하지 않는다. 1장의 나머지 부분에서 이 Game 클래스를 계속해서 구축하면서 이 헬퍼 함수를 구현할 것이다.

메인 함수

Game 클래스는 게임의 행동을 캡슐화했지만 C++ 프로그램의 진입점은 main 함수다. 그래서 리스트 1.3처럼 main 함수(Main.cpp 파일에 존재)를 구현해야 한다.

리스트 1.3 메인 함수 구현

```
int main(int argc, char** argv)
{
   Game game;
   bool success = game.Initialize();
   if (success)
   {
      game.RunLoop();
   }
   game.Shutdown();
   return 0;
}
```

main 함수에서는 먼저 Game 클래스의 인스턴스를 생성한다. 그러고 나서 게임이 성공적으로 초기화되면 true를 리턴하고, 그렇지 않으면 false를 반환하는 Initialize 함수를 호출한다. 게임이 초기화되면 RunLoop 호출로 게임 루프에 진입한다. 마지막으로 루프가 끝나면 게임의 ShutDown 함수를 호출한다.

이제 위의 코드로 게임 프로젝트를 실행할 수 있게 됐다. 게임 프로젝트를 실행하면 그림 1.1처럼 텅빈 윈도우를 보여줄 것이다(맥OS의 경우에는 윈도우가 흰색 대신 검정색으로 나타날 수 있다). 물론 아직 문제점이 존재하는데 그건 게임이 결코 끝나지 않는다는 것이다! mIsRunning 멤버 변수를 바꾸는 코드가 없으므로 게임 루프는 결코 끝나지 않는다. 그래서 RunLoop 함수는 결코 리턴되지 않는다. 따라서 작업해야 할 다음 단계는 플레이어가 게임을 종료할 수 있도록 이 문제점을 수정하는 것이다.

그림 1.1 텅빈 윈도우 생성하기

기본 입력 처리

여러 데스크톱 운영체제에서는 유저가 애플리케이션 윈도우상에서 수행할 수 있는 여러 액션을 제공한다. 예를 들어 유저는 윈도우를 이동시키거나 최소화 또는 최대화, 윈도우를 닫거나 기타 등등의 액션을 할 수 있다. 여러 액션을 표현하는 일반적인 방법은 이벤트를 사용하는 것이다. 유저가 뭔가를 하면 프로그램은 운영체제로부터 이벤트를 받고 이 이벤트에 대응하는 방법을 선택할 수 있다.

SDL은 운영체제로부터 받는 이벤트를 내부에 존재하는 큐queue로 관리한다. 이 큐는 입력 장치와 관련된 입력뿐만 아니라 여러 유형의 윈도우 액션 이벤트를 포함한다. 프레임마다 게임은 큐에 이벤트가 존재하는지 폴링polling한다. 그리고 큐에서 얻어온 각각의 이벤트를 무시하거나 처리할지를 선택한다. 윈도우를 이동시키는 것 같은 일부 이벤트를 무시하면 이벤트는 SDL이 자동적으로 해당 이벤트를 다룬다. 하지만 다른 이벤트의 경우 그 이벤트를 무시하면 아무런 일도 일어나지 않을 것이다.

이벤트는 입력 타입이므로 ProcessInput에서 이벤트 처리를 구현하는 것이 이치에 맞다. 이벤트 큐는 특정 프레임에서 여러 이벤트를 포함할 수 있으므로 큐에 있는 모든 이벤트를 조회하면서 다뤄야 한다. SDL_PollEvent 함수는 큐에서 이벤트를 발견하면 true를 리턴한다. 그러므로 ProcessInput에서는 SDL_PollEvent가 true를 반환하는 한 SDL_PollEvent를 계속 호출하도록 기본적인 구현을 해둔다.

```
void Game::ProcessInput()
{
   SDL_Event event;
   // 큐에 여전히 이벤트가 남아 있는 동안
   while (SDL_PollEvent(&event))
   {
   }
}
```

SDL_PollEvent 함수는 SDL_Event의 포인터를 인자로 받는다. SDL_Event 포인터는 큐에서 막 제거된 이벤트에 관한 정보를 저장한다.

비록 이 버전의 ProcessInput으로 게임 윈도우는 반응성이 더욱더 높아졌지만, 플레이어는 여전히 게임을 종료할 방법이 없다. 왜냐하면 큐에서 모든 이벤트를 제거는 하지만 해당 이벤트에 대한 응답처리를 구현하지 않았기 때문이다.

SDL_Event의 type 멤버 변수는 받은 이벤트의 타입 정보를 포함한다. 그래서 일반적으로 이벤트를 처리하는 방법은 루프 내부에서 해당 타입값을 사용한 switch 문을 만드는 것이다.

```
SDL_Event event;
while (SDL_PollEvent(&event))
{
   switch (event.type)
   {
      // 여기서 여러 유형의 이벤트를 다룬다
   }
}
```

유용한 이벤트 중 하나는 SDL_QUIT이며, 이 이벤트는 유저가 윈도우를 닫으려 할 때(X 표시를 클릭하거나 키보드 단축키를 사용) 게임이 받는다. 큐의 이벤트가 SDL_QUIT라면 mIsRunning을 false로 설정하는 코드를 추가하자.

```
SDL_Event event;
while (SDL_PollEvent(&event))
{
   switch (event.type)
   {
      case SDL_QUIT:
         mIsRunning = false;
         break;
   }
}
```

이제 게임이 실행될 때 윈도우상의 X를 클릭하면 RunLoop 내부의 루프가 종료되며, 차례로 게임이 셧다운되고 프로그램을 종료한다. 하지만 유저가 이스케이프 키를 눌렀을 때 게임을 빠져나가길 원한다면 어떻게 해야 할까? 이스케이프 키와 일치하는 키보드 이벤트를 확인해도 되겠지만, 더 간단한 방법은 키보드의 현재 상태를 포함하는 배열의 포인터를 SDL_GetKeyboardState 함수 호출을 통해서 얻어내는 것이다.

```
const Uint8* state = SDL_GetKeyboardState(NULL);
```

이 주어진 배열에 키값과 일치하는 SDL_SCANCODE 인덱스값을 사용하면 특정 키의 상태를 조회할 수 있다. 예를 들어 다음 코드는 유저가 이스케이프 키를 눌렀다면 mIsRunning을 false로 변경한다.

```
if (state[SDL_SCANCODE_ESCAPE])
{
   mIsRunning = false;
}
```

현재까지 언급한 코드를 통합하면 리스트 1.4와 같은 ProcessInput의 현재 버전을 얻을 수 있다. 이제 게임을 실행하면 유저는 윈도우를 닫거나 이스케이프 키를 눌러서 게임을 종료할 수 있다.

리스트 1.4 Game::ProcessInput 구현

```
void Game::ProcessInput()
{
   SDL_Event event;
   while (SDL_PollEvent(&event))
   {
      switch (event.type)
      {
         // 이벤트가 SDL_QUIT이면 루프를 종료한다
         case SDL_QUIT:
            mIsRunning = false;
            break;
      }
    }

    // 키보드의 상태 얻기
    const Uint8* state = SDL_GetKeyboardState(NULL);
    // 이스케이프 키를 눌렀다면 루프 종료
    if (state[SDL_SCANCODE_ESCAPE])
    {
      mIsRunning = false;
    }
}
```

기초 2D 그래픽스

게임 루프의 '출력 생성' 단계를 구현하기 전에 우선 게임상에서 2D 그래픽이 어떻게 동작하는지에 관해 이해해야 한다.

오늘날 사용하는 대부분의 디스플레이(텔레비전, 컴퓨터 모니터, 태블릿, 스마트폰 등)는 **래스터 그래픽스**raster graphics를 사용한다. 래스터 그래픽스는 디스플레이가 2차원 격

자 형태의 그림 요소(픽셀pixel)를 갖고 있음을 뜻한다. 이 픽셀은 다양한 색상뿐만 아니라 다양한 빛을 나타낼 수 있다. 이 픽셀들의 색상과 세기의 결합을 통해, 디스플레이를 보는 사람은 이를 연속적인 이미지로 지각하게 된다. 그림 1.2에서 보는 것처럼 래스터 이미지의 일부분을 확대하면 개별적인 픽셀을 인식할 수 있다.

그림 1.2 이미지 일부분을 확대해서 구별 가능한 픽셀 보기

래스터 디스플레이의 **해상도**resolution는 픽셀 격자의 너비와 높이를 나타낸다. 예를 들어 일반적으로 1080p로 알려진 1920×1080의 해상도는 1080개의 행이 있고 각 행에는 1920개의 픽셀을 포함하고 있다는 것을 뜻한다. 비슷하게 4K로 알려진 3840×2160 해상도는 행이 2160개 있고 행마다 3840픽셀이 있다.

색상은 색깔을 혼합해서 각 픽셀에 대한 특정 색상을 생성한다. 색깔 혼합에 대한 일반적인 방법은 빨강, 녹색, 파랑(줄여서 RGB로 부른다) 이 3가지 색깔을 함께 섞는 것이다. 이 RGB 색깔의 다양한 세기가 결합해 색상의 **범위**gamut가 결정된다. 현대의 수많은 디스플레이가 RGB 외의 다양한 색상 포맷을 지원하지만, 대부분의 비디오 게임은 RGB로 최종 색상을 산출한다. RGB값이 모니터 디스플레이에서 다른 색상 포맷으로 변경되는지 또는 그렇지 않은지는 게임 프로그래머가 다룰 수 있는 영역 밖에 있다.

그런데 여러 게임은 내부적으로 게임 그래픽 계산을 위해 다양한 색상 표현을 사용한다. 예를 들어 수많은 게임은 내부적으로 투명도를 지원하기 위해 **알파**alpha값을 사용한다. 약어인 RGBA는 RGB 색상에 알파값을 추가해서 참조한다. 알파 요소를 더하면 게임 내의 대화창 같은 특정 오브젝트의 투명 처리가 가능하다. 하지만 투명성을 지원하는 디스플레이가 거의 없으므로 게임은 궁극적으로 최종 RGB 색상을 계산하고 그 자체로 투명한 느낌을 지각할 수 있도록 해야 한다.

색상 버퍼

RGB 이미지를 보여주기 위해 디스플레이는 각 픽셀의 색상을 알아야 한다. 컴퓨터 그래픽스에서 **색상 버퍼**color buffer는 전체 화면의 색상 정보를 포함하고 있는 메모리상의 위치를 뜻한다. 디스플레이는 콘텐츠를 화면에 그리기 위해 색상 버퍼를 사용한다. 각(x, y) 인덱스가 화면상의 픽셀과 일치하는 2차원 배열로서 색상 버퍼를 생각해 보자. 게임 루프의 '출력 생성' 단계 동안 매 프레임에서 게임은 그래픽 출력을 색상 버퍼에 쓴다.

색상 버퍼의 메모리 사용률은 각 픽셀이 사용한 비트의 수에 의존한다. 예를 들어 일반적인 24비트 **색상 깊이**color depth에서 빨강, 녹색, 파랑은 각각 8비트를 사용한다. 이는 2^{24} 또는 16,777,216개의 독특한 색깔을 표현할 수 있다는 것을 뜻한다. 게임이 또한 8비트 알파값을 저장하길 원한다면 색상 버퍼에서 각 픽셀은 32비트의 크기를 가지게 된다. 픽셀당 32비트 크기를 가진 1080p(1920×1080) 해상도에 대한 색상 버퍼는 1920×1080×4바이트를 사용하며, 이 크기는 약 7.9MB다.

> **노트**
>
> 여러 게임 프로그래머는 프레임을 위한 색상 데이터를 포함하는 메모리 위치를 표현하기 위해 용어 **프레임 버퍼**(frame buffer)를 사용하기도 한다. 그러나 프레임 버퍼의 가장 정확한 정의는 색상 버퍼와 기타 버퍼(깊이 버퍼와 스텐실 버퍼 같은)의 조합이다. 그래서 명확성을 위해 이 책에서는 프레임 버퍼 용어는 사용하지 않고 구체적으로 지정된 버퍼 이름을 사용한다.

일부 최신 게임은 RGB 요소를 16비트 크기로 사용하는데 16비트 크기는 색상 수를 증가시킨다. 또한 RGB 요소의 크기가 16비트가 되면 색상 버퍼의 메모리 사용도 두 배로 증가시킨다. 1080p의 경우에는 대략 16MB로 증가한다. 얼핏보면 최근의 비디오 카드는 이용할 수 있는 비디오 메모리의 크기가 몇 기가바이트인 걸 생각하면 적은 양이라고 생각할 수 있다. 하지만 최신 게임의 모든 메모리 사용률을 고려한다면

8MB는 이곳저곳에서 빠르게 증가될 수 있다. 대부분의 디스플레이는 이 글을 쓰는 시점에서는 아직 16비트 색상 요소를 지원하지 않지만, 점차적으로 일부 제조사에서 8비트 이상의 색상 버퍼를 지원하는 디스플레이를 제공하기 시작했다.

8비트 색상이 주어졌을 때 이 값을 참조하는 방법에는 2가지가 있다. 한 가지 접근법은 각 색상(채널)의 비트 수와 일치하는 부호 없는 정수를 사용하는 것이다. 채널당 8비트 색상 깊이에서 각 채널은 0에서 255의 값을 갖고 있다. 다른 한 가지 접근법은 십진수 값을 0.0에서 1.0 범위의 값을 가지도록 정규화하는 것이다.

정규화된 범위를 사용해서 얻을 수 있는 한 가지 장점은 색상 깊이에 상관없이 대략적으로 같은 색상을 산출한다는 데 있다. 예를 들어 정규화된 RGB 값 (1.0, 0.0, 0.0)은 빨강의 최댓값이 255(색상당 8비트)이거나 65,355(색상당 16비트)이든 상관없이 순수한 빨강색을 산출한다. 그러나 부호 없는 정수 RGB 값(255, 0, 0)은 색상당 8비트인 경우에만 순수한 빨강을 산출한다. 색상당 16비트인 경우 (255, 0, 0)은 거의 검은색과 마찬가지다.

이 두 표현 사이의 변환은 간단하다. 부호 없는 정숫값이 주어졌을 때 정규화된 값을 얻기 위해 부호 없는 정수가 표현할 수 있는 최댓값으로 나눈다. 역으로 정규화된 값이 주어졌을 때는 그 값에 부호 없는 정수가 표현할 수 있는 최댓값을 곱한다. SDL 라이브러리는 부호 없는 정수를 사용하므로 지금부터는 이 표현을 사용한다.

더블 버퍼링

1장 앞부분에서 언급했듯이 게임은 초당 여러 번 화면을 갱신한다(30/60FPS). 게임이 동일한 속도로 색상 버퍼를 갱신하면 플립 북에서 페이지를 넘기면 움직이는 물체를 보여주는 것처럼 움직임의 환영을 보여준다.

그러나 **화면 재생 빈도**refresh rate, 또는 디스플레이가 갱신하는 주파수는 게임의 프레임 레이트와는 다를 수 있다. 예를 들어 대부분의 NTSC TV 디스플레이는 59.94Hz 주파수를 가지는데 이는 초당 60회보다 아주 약간 작은 값으로 재생한다는 것을 뜻한다. 그러나 일부 최신 컴퓨터 모니터는 144Hz 화면 재생 빈도를 지원하는데 이는 59.94 Hz보다 빠르기가 거의 두 배에 가깝다.

또한 현재의 디스플레이 기술로는 전체 화면을 한순간에 갱신할 수 없다. 항상 행과 행, 열과 열, 바둑판 형태, 기타 등등의 갱신 순서가 있다. 디스플레이가 어떤 갱신 패턴을 사용하든지 간에 디스플레이는 전체 화면을 갱신하는 데에는 약간의 시간이 걸린다.

게임이 색상 버퍼에 데이터를 쓰고 디스플레이가 같은 색상 버퍼를 읽는다고 가정하자. 게임 프레임 레이트의 타이밍이 모니터의 화면 재생 빈도와 일치하지 않을 수 있으므로 게임이 버퍼에 쓰는 중에 디스플레이가 색상 버퍼로부터 데이터를 읽는 상황이 발생할 수 있다. 이 상황은 문제를 야기할 수 있다.

예를 들어 게임이 프레임 A에서 그래픽 데이터를 색상 버퍼에 쓴다고 가정하자. 디스플레이는 그때 화면상에 프레임 A를 보여주기 위해 색상 버퍼로부터 읽기를 시작한다. 하지만 디스플레이가 프레임 A를 화면에 그리는 것을 마치기 전에 게임이 프레임 B에 대한 그래픽 데이터를 색상 버퍼에 덮어 씌울 수 있다. 그래서 디스플레이는 화면상에 프레임 A의 일부분과 프레임 B의 일부를 보여주게 된다. 그림 1.3은 **스크린 테어링**(screen tearing, 화면이 찢어져 보이는 현상을 일컫는 용어)으로 알려진 이 문제의 상황을 보여준다.

그림 1.3 카메라를 오른쪽으로 심하게 흔들리게 해서 만든 스크린 테어링 시뮬레이션

스크린 테어링을 제거하려면 2가지의 변경이 요구된다. 첫째로 게임과 디스플레이가 공유해야 하는 색상 버퍼를 한 개로 두기보다는 별도의 두 색상 버퍼를 생성한다. 그런 다음 게임과 디스플레이는 프레임마다 색상 버퍼를 교대로 사용한다. 두 분리된

버퍼로 게임은 한 버퍼(**후면 버퍼**back buffer)에 쓸 수 있고, 동시에 디스플레이는 다른 버퍼(**전면 버퍼**front buffer)에서 읽는다는 것이 기본 아이디어다. 프레임이 완료된 후 게임과 디스플레이는 그들이 사용한 버퍼를 교환한다. 두 개의 색상 버퍼를 사용하므로 이 테크닉의 이름은 **더블 버퍼링**double buffering으로 부른다.

보다 구체적인 예로 그림 1.4에서 보여주는 과정을 살펴보자. 프레임 A에서 게임은 그래픽 출력을 버퍼 X에 쓴다. 그리고 디스플레이는 비어 있는 화면에 버퍼 Y를 그린다. 이 과정이 완료되면 게임과 디스플레이는 그들이 사용한 버퍼를 서로 교환한다. 그런 후 프레임 B에서 게임은 그래픽 출력을 버퍼 Y에 그린다. 반면 디스플레이는 화면에 버퍼 X를 보여준다. 프레임 C에서 게임은 버퍼 X를 반환하고 디스플레이는 버퍼 Y를 리턴한다. 두 버퍼의 교환은 게임 프로그램이 종료될 때까지 계속된다.

그러나 더블 버퍼링 그 자체만으로는 스크린 테어링을 제거하지 못한다. 스크린 테어링은 게임이 버퍼 X로 쓰기 시작하려고 할 때 디스플레이가 버퍼 X를 그리고 있는 중이라면 여전히 발생한다. 이 상황은 오직 게임이 너무 빨리 업데이트되는 경우에만 일어난다. 문제에 대한 해결책은 디스플레이가 버퍼를 교환하기 전에 자신이 사용하고 있는 버퍼를 모두 그릴 때까지 게임이 기다리는 것이다. 다시 말해 게임이 버퍼를 교체하길 원할 때 디스플레이가 여전히 버퍼 X를 그리고 있다면 게임은 디스플레이가 버퍼 X를 다 그릴 때까지 기다려야 한다. 개발자는 이 접근법을 **수직 동기화**vertical synchronization 또는 화면을 새로 갱신하려 할 때 모니터가 보내는 신호의 이름을 따서 vsync라 부른다.

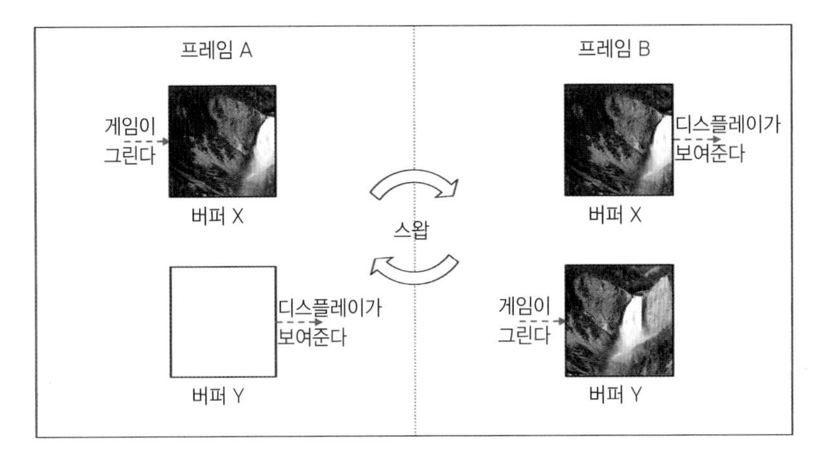

그림 1.4 더블 버퍼링은 게임과 디스플레이가 프레임마다 사용하는 버퍼의 교환과 관련된다

수직 동기화를 사용하면 게임은 디스플레이가 준비될 때까지 짧은 시간 동안 대기해야 한다. 이는 게임 루프가 정확하게 30 또는 60FPS의 프레임 레이트를 달성할 수 없다는 것을 뜻한다. 일부 플레이어는 vsync 때문에 프레임 레이트가 저하돼 받아들일 수 없을 정도의 버벅거림을 일으킨다고 주장한다. 그래서 vsync의 활성화 여부는 게임이나 플레이어의 성향에 따라 달라질 수 있다. 좋은 아이디어는 엔진에서 vsync를 옵션으로 제공해서 가끔씩 발생하는 스크린 테어링이나 버벅거림 조정을 선택할 수 있게 해주는 것이다.

또한 진보된 최근의 디스플레이 기술에서는 게임에 따라 변화하는 **적응적 화면 재생 빈도**adaptive refresh rate로 이 딜레마에 대한 해결책을 찾고 있다. 이 방법에서는 디스플레이가 화면을 갱신하려 할 때 게임에 통지하기보다는 게임이 디스플레이로 언제 화면을 갱신해야 할지를 알려준다. 이렇게 하면 게임과 디스플레이의 동기화가 가능해진다. 이 솔루션은 스크린 테어링과 프레임 레이트 버벅거림을 제거한 2가지 장점을 모두 제공한다. 하지만 현재 이 책을 쓰는 시점에서 적응적 화면 재생 빈도 기술은 특정 고급 컴퓨터 모니터에서만 이용할 수 있다.

기초 2D 그래픽스 구현하기

SDL은 2D 그래픽을 그리기 위한 간단함 함수 세트가 있다. 1장은 2D에 초점을 맞췄으며 이 함수들은 바로 사용할 수 있다. 5장 'OpenGL'부터는 2D와 3D 모두 지원하는 그래픽을 위해 OpenGL 라이브러리로 전환할 것이다.

초기화 그리고 종료

SDL 그래픽 코드를 사용하려면 SDL_CreateRenderer 함수를 통해서 SDL_Renderer 객체를 생성해야 한다. 용어 **렌더러**renderer는 일반적으로 2D든지 3D든지 그래픽을 그리는 모든 시스템에서 사용한다. 뭔가를 그리고자 할 때마다 SDL_Renderer 객체를 참조할 필요가 있으므로 우선 Game에 멤버 변수 mRenederer를 추가한다.

```
SDL_Renderer* mRenderer;
```

다음으로 Game::Initialize에서 윈도우를 생성한 후에 렌더러를 생성하자.

```
mRenderer = SDL_CreateRenderer(
   mWindow, // 렌더링을 위해 생성한 윈도우
   -1,      // 일반적으로 -1
   SDL_RENDERER_ACCELERATED | SDL_RENDERER_PRESENTVSYNC
);
```

SDL_CreateRenderer의 첫 번째 파라미터는 mWindow에 저장했던 윈도우의 포인터다. 두 번째 파라미터는 어떤 그래픽 카드를 사용할지를 지정한다. 게임이 여러 윈도우를 가진다면 두 번째 파라미터는 의미가 있다. 하지만 하나의 윈도우만 생성한다면 SDL이 그래픽 카드를 결정하라는 의미로 기본값인 -1을 사용한다. 기타 다른 SDL 생성 함수들처럼 마지막 파라미터는 초기화 플래그다. 여기서 개발자는 가속화된 렌더러(그래픽 하드웨어를 활용한다는 것을 뜻한다)의 사용 여부와 수직 동기화의 활성화 여부를 선택할 수 있다. 이 두 플래그는 SDL_CreateRenderer의 유일한 플래그다.

SDL_CreateWindow처럼 SDL_CreateRenderer 함수는 렌더러를 생성하는 데 실패하면 nullptr을 반환한다. SDL을 초기화할 때처럼 Game::Initialize는 렌더러를 초기화하는 데 실패하면 false를 리턴한다.

렌더러 해제는 Game::ShutDown에서 간단히 SDL_DestroyRenderer 호출을 추가하면 된다.

```
SDL_DestroyRenderer(mRenderer);
```

기본 그리기 설정

고수준에서 게임용 그래픽 라이브러리로 그래픽을 그리려고 한다면 다음 단계가 요구된다.

1. 후면 버퍼를 단색으로 클리어한다(게임의 현재 버퍼).
2. 전체 게임 장면을 그린다.
3. 전면 버퍼와 후면 버퍼를 교환한다.

먼저 첫 번째와 세 번째 단계를 살펴보자. 그래픽은 출력에 해당하므로 Game::GenerateOutput에 그래픽 그리기 코드를 넣는다.

후면 버퍼를 지우기 위해서는 우선 SDL_SetRenderDrawColor로 하나의 색을 지정해야 한다. 이 함수는 렌더러 포인터와 4개의 RGBA 요소(0에서 255 사이의 값)를 인자로 받는다.

```
SDL_SetRenderDrawColor(
   mRenderer,
   0,   // R
   0,   // G
   255, // B
   255  // A
);
```

그런 다음 현재 그리기 색상으로 후면 버퍼를 지우기 위해 SDL_RenderClear를 호출하자.

```
SDL_RenderClear(mRenderer);
```

다음 단계는 지금은 그냥 넘어가지만, 전체 게임 장면을 그리는 것이다.

마지막으로 전면 버퍼와 후면 버퍼를 교환하기 위해 SDL_RenderPresent를 호출한다.

```
SDL_RenderPresent(mRenderer);
```

이 코드를 사용해서 이제 게임을 실행하면 그림 1.5에서 보여주는 것처럼 파랑으로 채워진 윈도우를 볼 수 있다.

벽, 공, 패들 그리기

1장의 게임 프로젝트는 공이 화면을 이동하고 플레이어가 패들을 제어해서 공을 칠 수 있는 고전 비디오 게임 퐁 버전이다. 프로그래밍을 처음 배울 때 'Hello World' 프로그램을 만드는 것처럼 퐁 게임을 만드는 것은 장차 게임 개발자가 되려는 사람에게는 통과 의례다. 이번 절에서는 퐁에서 쓰이는 오브젝트인 사각형을 그리는 방법을 설명한다. 이 오브젝트들은 GenerateOutput 함수에서 후면 버퍼를 클리어하고 난 뒤 전면 버퍼와 후면 버퍼를 스왑(교환)하기 전에 그린다.

색으로 채워진 사각형을 그리기 위해 SDL은 SDL_RenderFillRect 함수를 제공한다. 이 함수는 사각형의 경계를 나타내는 SDL_Rect를 파라미터로 받는다. 그리고 현재 그리기 색상을 사용해서 색상이 채워진 사각형을 그린다. 물론 배경과 같은 색을 그린다면 사각형은 볼 수 없을 것이다. 따라서 그리기 색상을 흰색으로 변경해야 한다.

```
SDL_SetRenderDrawColor(mRenderer, 255, 255, 255, 255);
```

그림 1.5 푸른 배경을 그린 게임

그리고 사각형을 그리기 위해 SDL_Rect 구조체에 값을 설정해야 한다. 사각형은 4개의 파라미터를 가진다.

- 화면 상단 왼쪽 구석의 x/y 좌표
- 사각형의 너비/높이

여러 다른 2D 라이브러리와 마찬가지로 SDL 렌더링에서 화면의 상단 왼쪽 구석은 (0, 0)이고 양의 값 x는 오른쪽 방향으로 증가하고 양의 값 y는 아래 방향으로 증가함을 기억하자.

예를 들어 화면 상단에 사각형을 그리려면 SDL_Rect를 다음과 같이 선언하면 된다.

```
SDL_Rect wall{
   0,         // 왼쪽 상단 x
   0,         // 왼쪽 상단 y
   1024,      // 너비
   thickness  // 높이
};
```

여기서 상단 왼쪽 구석의 x/y 좌표는 (0, 0)인데 이는 사각형이 화면의 왼쪽 상단에 있음을 의미한다. 사각형의 너비는 1024로 하드코딩됐으며 이 값은 윈도우의 너비와 같다(여기서처럼 추정하는 형태로 윈도우 크기를 고정해버리면 얼굴을 찡그릴 수밖에 없다. 1장 후반부에서는 이 하드코딩을 제거할 것이다). thickness 변수는 const int 형이며 15로 설정됐다. 이 변수를 사용하면 벽의 두께를 쉽게 조정할 수 있다.

마지막으로 SDL_Rect 포인터를 받는 SDL_RenderFillRect로 사각형을 그린다.

```
SDL_RenderFillRect(mRenderer, &wall);
```

이렇게 하면 게임은 화면 상단 부분에 벽을 그린다. 하단의 벽 그리고 오른쪽 벽을 그릴 때도 비슷하게 SDL_Rect의 파라미터만 바꾼 코드를 사용한다. 예를 들어 하단의 벽은 상단의 벽과 같은 사각형이다. 왼쪽 상단의 y좌표가 768 - thickness인 점을 제외하고는 똑같다.

아쉽지만 하드코딩된 공과 패들의 사각형은 루프의 UpdateGame을 구현해야 움직일 것이기에 지금은 동작하지 않는다. 그리고 공과 패들을 클래스로 표현할 필요성이 있다 하더라도 이 부분에 대한 설명은 2장 '게임 객체와 2D 그래픽스' 전까진 하지 않는다. 그때까지는 두 오브젝트의 중심 위치를 저장한 멤버 변수를 사용해서 해당 위치에 사각형을 그린다.

먼저 x와 y 요소를 가진 간단한 Vector2 구조체를 선언한다.

```
struct Vector2
{
   float x;
   float y;
};
```

지금은 벡터를 좌표를 담는 컨테이너로서 간주한다(std::vector가 아니다). 3장 '벡터와 기초 물리'에서는 벡터에 관해 보다 심화된 내용으로 설명한다.

다음으로 두 벡터를 Game의 멤버 변수로 추가한다. 하나는 패들 위치를 위한 것mPaddlePos이고, 하나는 공의 위치를 위한 것mBallPos이다. 게임 생성자는 이 두 변수를 의미 있는 값으로 초기화한다. 공 위치는 화면의 중앙에 설정하고, 패들의 위치는 화면 왼쪽의 중심으로 설정한다.

이 멤버 변수가 설정되면 이제 GenerateOutput에서 공과 패들을 그린다. 그런데 멤버 변수가 패들과 공의 중심점을 나타내는 반면 SDL_Rect는 상단 왼쪽 점을 표현한다. 중심점에서 상단 왼쪽 점으로 변환하기 위해 x/y 좌표에서 단순히 너비/높이를 반씩 빼준다. 예를 들어 다음 코드는 공의 좌표를 문제없이 보정한다.

```
SDL_Rect ball {
   static_cast<int>(mBallPos.x - thickness/2),
   static_cast<int>(mBallPos.y - thickness/2),
   thickness,
   thickness
};
```

정적 캐스트static cast는 mBallPos.x와 mBallPos.y를 실수에서 SDL_Rect가 사용하는 정수로 변환한다. 너비와 높이가 다른 것만을 제외하고는 패들을 그리기 위한 계산도 공과 비슷하다.

그림 1.6에서 보여주듯이 움직이지는 않지만 공과 패들 및 벽 사각형을 기본 게임 화면에 그렸다. 다음 단계는 공과 패들이 움직이도록 루프의 UpdateGame 단계를 구현하는 것이다.

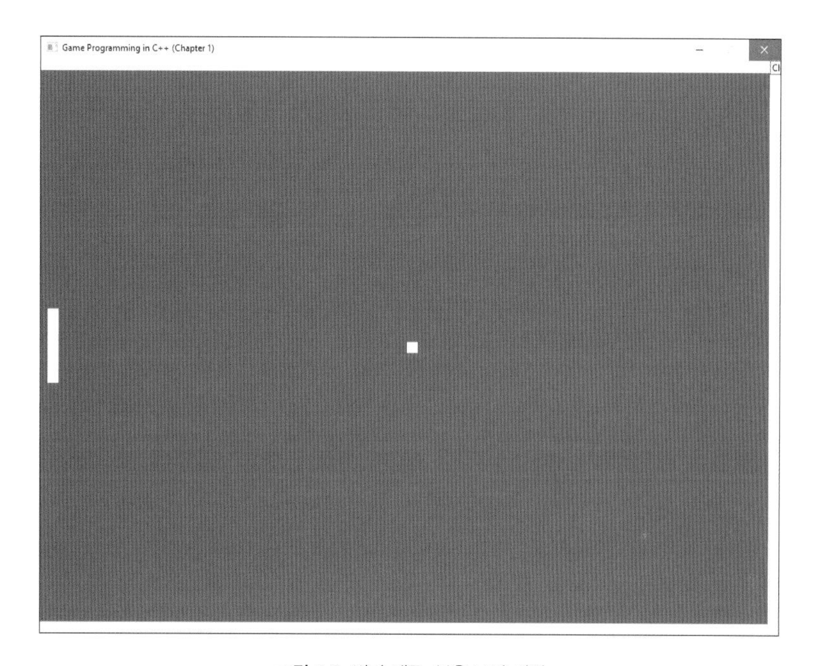

그림 1.6 벽과 패들, 볼을 그린 게임

게임 갱신하기

대부분의 비디오 게임에는 시간 진행이라는 개념이 있다. 실시간 게임의 경우 이 시간 진행은 몇 분의 1초다. 예를 들어 30 FPS로 진행되는 게임은 대략 한 프레임에서 다음 프레임까지 33밀리초ms가 걸린다. 게임이 끊김 없이 연속적으로 움직이는 것처럼 보이지만, 화면이 그렇게 보이는 것은 환상에 지나지 않는다. 게임 루프는 실제 초

먼저 mTicksCount(생성자에서 0으로 초기화) 멤버 변수를 선언한다.

```
Uint32 mTicksCount;
```

그런 다음 SDL_GetTicks를 사용해서 Game::UpdateGame의 첫 번째 버전을 만든다.

```
void Game::UpdateGame()
{
   // 델타 시간은 현재 프레임 틱값과 이전 프레임 틱값의 차다.
   // (차를 초 단위로 변환)
   float deltaTime = (SDL_GetTicks() - mTicksCount) / 1000.0f;
   // 다음 프레임을 위해 틱값을 갱신
   mTicksCount = SDL_GetTicks();

   // TODO: 델타 시간 함수로 게임 세계의 오브젝트 갱신
   // ...
}
```

UpdateGame이 처음 호출될 때 어떤 일이 일어날지 생각해보자. mTicksCount 값이 0에서 시작하며 SDL_GetTicks(초기화 이후 경과된 밀리초)로 얻은 양의 값을 1000으로 나누어서 초 단위의 델타 시간을 얻는다. 그리고 SDL_GetTicks 현재 값을 mTicksCount에 저장한다. 다음 프레임에서 deltaTime을 구하는 코드 라인은 이전 mTicksCount 값과 새롭게 얻은 값을 토대로 새로운 델타 시간을 계산한다. 결국 프레임마다 이전 프레임 이후 경과된 틱값을 토대로 델타 시간을 계산한다.

시스템이 허용하는 프레임 레이트로 게임 시뮬레이션을 행하는 것이 가장 좋다고 생각할 수도 있겠지만, 실제로는 이렇게 하면 몇 가지 문제점이 발생할 수 있다. 특히 물리(점프류의 플랫폼 게임)에 의존하는 게임은 프레임 레이트에 따라 동작에 차이가 발생할 수 있다.

이 문제를 해결하기 위해서는 아주 복잡한 해결책이 있지만, 가장 간단한 해결책은 **프레임 제한**frame limit을 구현하는 것이다. 프레임을 제한하면 게임 루프를 목표 델타 시간이 경과할 때까지 기다리도록 강제한다.

예를 들어 목표 프레임이 60FPS라고 가정하자. 프레임이 단 15ms 만에 완료되면 게임 루프는 목표 델타 시간 16.6ms를 충족하기 위해 ~1.6ms를 추가로 기다린다.

편리하게도 SDL은 프레임 제한을 위한 방법을 제공한다. 예를 들어 적어도 프레임 간 16ms가 경과함을 보장하고 싶다면 UpdateGame의 시작 부분에 다음 코드를 추가하면 된다.

```
while (!SDL_TICKS_PASSED(SDL_GetTicks(), mTicksCount + 16))
    ;
```

또한 너무 큰 델타 시간에 주의해야 한다. 특히 이런 상황은 디버거debugger에서 게임 코드를 단계별로 실행할 때 발생한다. 예를 들어 디버거로 브레이크 포인트를 설정해서 5초 동안 프로세스를 정지시키면 프로그램은 매우 큰 델타 시간을 가지게 돼, 모든 시뮬레이션이 예상치를 초과해 훨씬 더 앞으로 점프하게 될 것이다. 이 문제를 해결하려면 델타 시간을 0.05와 같은 최댓값으로 고정하면 된다. 이렇게 하면 게임 시뮬레이션이 한 프레임에서 너무 멀리 앞으로 점프하는 현상은 발생하지 않게 된다. 리스트 1.5의 Game::UpdateGame은 이 내용이 적용된 버전이다. 아직 패들이나 공의 위치를 갱신하고 있지는 않지만 델타 시간 값은 계산하고 있다.

리스트 1.5 Game::UpdateGame 구현

```
void Game::UpdateGame()
{
    // 마지막 프레임 이후로 16ms가 경과할 때까지 대기
    while (!SDL_TICKS_PASSED(SDL_GetTicks(), mTicksCount + 16))
        ;

    // 델타 시간은 마지막 프레임 틱값과 현재 프레임 틱값의 차
    // (초 단위로 변환)
    float deltaTime = (SDL_GetTicks() - mTicksCount) / 1000.0f;

    // 최대 델타 시간값으로 고정
    if (deltaTime > 0.05f)
    {
        deltaTime = 0.05f;
```

```
    }

    // 주석: 델타 시간의 함수로 게임 세계의 오브젝트를 갱신!
}
```

패들의 위치 갱신하기

퐁에서 플레이어는 입력을 기반으로 패들의 위치를 제어한다. 패들을 위로 이동시키기 위해 W키를 사용하고, 패들을 아래로 이동시키기 위해 S키를 사용한다고 가정하자. 키 각각을 누르지 않거나 두 키를 동시에 누르면 패들은 전혀 움직이지 않을 것이다.

mPaddleDir 정수형 멤버 변수를 사용해서, 움직이지 않으면 0으로 설정하고 패들이 위로 움직이면 -1(음수 y), 그리고 패들이 아래로 움직이면 1(양수 y)로 설정하면 패들의 움직임을 구현할 수 있다.

플레이어는 키보드 입력으로 패들의 위치를 제어하므로 ProcessInput 함수에서 입력에 따라 mPaddleDir을 갱신하는 코드가 필요하다.

```
mPaddleDir = 0;
if (state[SDL_SCANCODE_W])
{
   mPaddleDir -= 1;
}
if (state[SDL_SCANCODE_S])
{
   mPaddleDir += 1;
}
```

mPaddleDir에 값을 더하고 빼는 방법에 주목하자. 이 방법은 플레이어가 키를 동시에 눌렀을 때 mPaddleDir 값이 0임을 보장한다.

다음으로 UpdateGame에서 델타 시간 값으로 패들을 갱신하는 코드를 추가한다.

```
if (mPaddleDir != 0)
```

```
{
  mPaddlePos.y += mPaddleDir * 300.0f * deltaTime;
}
```

이 코드에서는 패들의 방향과 초당 300.0f픽셀의 속도, 그리고 델타 시간으로 패들의 y 위치를 갱신한다. mPaddleDir이 -1이라면 패들은 위로 움직이고 1이면 패들은 아래로 움직인다.

현재 코드의 문제는 이 코드는 패들이 화면을 벗어나는 것을 허용한다는 것이다. 이 문제를 고치기 위해 패들 y 위치의 경곗값을 추가해야 한다. 위치값이 너무 높거나 너무 낮다면 패들의 위치를 유효한 위치로 되돌리자.

```
if (mPaddleDir != 0)
{
   mPaddlePos.y += mPaddleDir * 300.0f * deltaTime;
   // 패들이 화면 영역을 벗어나는지를 검증하자!
   if (mPaddlePos.y < (paddleH/2.0f + thickness))
   {
      mPaddlePos.y = paddleH/2.0f + thickness;
   }
   else if (mPaddlePos.y > (768.0f - paddleH/2.0f - thickness))
   {
      mPaddlePos.y = 768.0f - paddleH/2.0f - thickness;
   }
}
```

PaddleH 변수는 패들의 높이를 나타내는 상수다. 이제 지금까지 구현된 코드로 플레이어는 패들을 위아래로 움직일 수 있으며, 패들은 화면 바깥으로 벗어나지 않는다.

공의 위치 갱신하기

공의 위치를 갱신하는 것은 패들의 위치를 갱신하는 것보다 좀 더 복잡하다. 첫째, 공은 x, y 방향으로 모두 이동한다. 둘째, 공은 벽과 패들에 튕기고 이동 방향을 바꾼다. 그래서 공의 **속도**(velocity, 속력과 방향)가 필요하며, 공이 벽과 충돌하는지를 결정하는 **충돌 감지**collision detection가 필요하다.

공의 속도를 표현하기 위해 mBallVel 이름으로 Vector2 멤버 변수를 추가한다. mBallVel을 (-200.0f, 235.0f)로 초기화한다. 이는 공이 x 방향으로 초당 -200픽셀, y 방향으로 초당 235픽셀씩 이동한다는 걸 뜻한다(즉 공은 대각선 방향인 아래, 왼쪽 방향으로 이동한다). 속도로 볼의 위치를 갱신하기 위해 UpdateGame에 다음과 같이 두 줄의 코드를 추가한다.

```
mBallPos.x += mBallVel.x * deltaTime;
mBallPos.y += mBallVel.y * deltaTime;
```

위의 코드는 x와 y 방향으로 공의 위치를 갱신하는 것을 제외하면 패들의 위치를 갱신하는 로직과 동일하다.

다음으로 공이 벽과 부딪혔을 때 튀어나오게 하는 코드가 필요하다. 공이 벽과 충돌하는지를 결정하는 코드는 패들이 화면 밖으로 나가는지를 확인하는 코드와 같다. 예를 들어 공의 y 위치가 벽의 높이보다 작거나 같으면 공은 상단의 벽과 충돌한다.

중요한 점은 공이 벽과 부딪힐 때 무엇을 해야 하냐는 것이다. 예를 들어 공이 벽에 충돌하기 전에 위쪽, 오른쪽 방향으로 이동한다고 가정하자. 이 경우에는 공이 아래 오른쪽 방향으로 이동하길 원할 것이다. 비슷하게 공이 아랫벽에 부딪히면 위쪽으로 이동하길 원할 것이다. 이를 위해서는 그림 1.7(a)에서 보여주듯이 아래나 위쪽 벽에서 튀게 하려면 속도의 y 요소를 반전시키면 된다. 비슷하게 왼쪽의 패들과 충돌하거나 오른쪽에 있는 벽과 충돌할 때는 속도의 x 요소를 반전시켜야 한다.

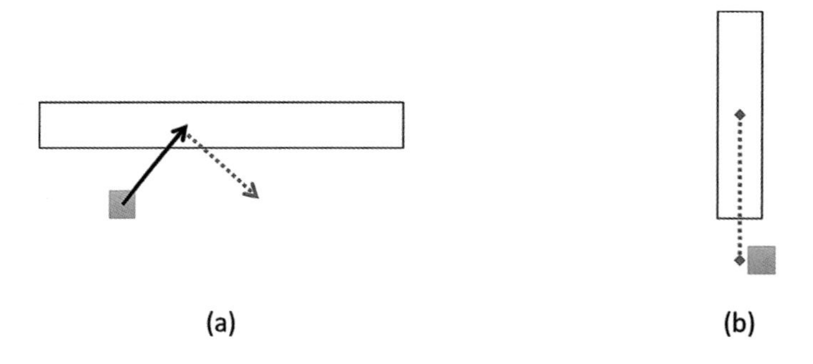

그림 1.7 (a) 공은 상단 벽에 충돌해서 아래 방향으로 움직인다. (b) 공과 패들의 y 값 차가 너무 크다.

공이 상단 벽과 충돌하는 경우, 아래 코드는 y값을 반전시킨다.

```
if (mBallPos.y <= thickness)
{
   mBallVel.y *= -1;
}
```

그러나 이 코드에는 중요한 문제가 있다. 공이 프레임 A에서 벽과 충돌해서 코드가 공을 아래 방향으로 이동하도록 y 속도를 반전시킨다고 가정하자. 프레임 B에서 공은 벽에서 멀어지려 한다. 하지만 충분히 멀리 이동하지는 못해서 공은 여전히 벽과 충돌하므로 코드는 y 속도를 반전시키게 돼 공은 다시 위쪽으로 이동한다. 따라서 후속 프레임마다 코드는 공의 y 속도를 계속해서 반전시키므로 공은 영원히 상단 벽에 붙어 있게 된다.

공이 벽에 붙어버리는 이 문제를 해결하려면 추가적인 검사 로직이 필요하다. 공이 상단 벽 쪽으로 이동 중인데 상단 벽과 부딪힌다면(y 속도가 음수임을 뜻함) y 값을 반전시킨다.

```
if (mBallPos.y <= thickness && mBallVel.y < 0.0f)
{
  mBallVel.y *= -1;
}
```

이렇게 처리하면 공은 상단 벽과 충돌하지만 y 값을 반전시키지 않으므로 벽에서 멀어지게 된다.

아래와 오른쪽 벽과의 충돌에 대한 코드도 상단 벽과의 충돌을 처리하는 코드와 매우 비슷하다. 그러나 패들과 공의 충돌은 약간 더 복잡하다. 우선 공의 y 위치와 패들의 y 위치 사이의 차 절댓값을 계산한다. 이 차가 패들 높이의 절반보다 크다면 공은 앞의 그림 1.7(b)에서 보여준 대로 너무 높이 있거나 너무 낮은 곳에 있다. 또한 공의 x 위치가 패들과 나란한지를 확인해야 하며 공이 패들에 가까워지는지도 확인해야 한다. 이 모든 상태를 만족하면 공은 패들과 충돌하며 이때 x 속도를 반전시켜야 한다.

```
if (
   // y 차가 충분히 작고
   diff <= paddleH / 2.0f &&
   // 공이 올바른 x 값을 갖고 있고
   mBallPos.x <= 25.0f && mBallPos.x >= 20.0f &&
   // 공이 왼쪽으로 이동하고 있다면
   mBallVel.x < 0.0f)
{
   mBallVel.x *= -1.0f;
}
```

이렇게 완성한 코드로 공과 패들은 이제 그림 1.8처럼 화면상에서 제대로 움직인다. 드디어 퐁의 간단한 버전을 완성했다!

그림 1.8 퐁의 최종 버전

게임 프로젝트

1장의 게임 프로젝트는 1장 전반에 걸쳐 구축한 퐁의 전체 게임 코드를 구현했다. 패들을 제어하기 위해 플레이어는 W와 S키를 사용한다. 게임은 공이 화면 밖으로 이동할 때 끝난다. 코드는 깃허브 저장소의 Chapter01 디렉토리에서 이용할 수 있다. 윈도우 운영체제에서는 Chapter01-windows.sln을 열고 맥에서는 Chapter01-mac.xcodeproj을 열어 실행한다(깃허브 저장소에 접근하는 방법은 1장 시작 부분의 내용을 참조한다).

요약

실시간 게임은 게임 루프를 통해 초당 여러 번 게임을 갱신한다. 이 루프의 각 반복을 프레임이라 한다. 예를 들어 초당 60프레임은 초당 게임 루프가 60번 반복함을 뜻한다. 게임 루프는 프레임마다 완료하는 3개의 주요 단계가 있다.

- 입력 처리
- 게임 세계 갱신
- 출력 생성

입력은 키보드와 마우스 같은 입력 장치뿐만 아니라 네트워크 데이터, 리플레이 데이터 등이 포함된다. 출력은 그래픽이나 오디오, 포스 피드백 컨트롤러를 포함한다.

대부분의 디스플레이는 래스터 그래픽스를 사용하며 디스플레이는 격자 형태의 픽셀을 사용한다. 격자의 크기는 디스플레이의 해상도에 의존한다. 게임은 모든 픽셀에 대한 색상값을 저장하는 색상 버퍼를 가진다. 대부분의 게임은 더블 버퍼링을 사용하는데 더블 버퍼링은 2개의 색상 버퍼를 가진다. 그리고 게임과 디스플레이는 이 버퍼들을 번갈아가며 사용한다. 더블 버퍼의 사용은 스크린 테어링의 양(즉 한 번에 두 프레임을 보여주는 화면)을 줄일 수 있다. 스크린 테어링을 제거하기 위해서는 디스플레이가 준비된 상태에서만 버퍼 교환을 의미하는 수직 동기화를 활성화해야 한다.

게임이 가변 프레임 레이트에서도 정상 동작하게 하려면 프레임 간의 시간 간격을 의미하는 델타 시간 함수로 모든 게임 로직을 작성해야 한다. 그러므로 게임 루프의 '게임 세계 갱신'에서는 델타 시간을 고려해야 한다. 더 나아가 프레임 레이트가 초과되지 않도록 프레임 제한을 추가한다.

1장에서는 고전 비디오 게임 퐁의 간단한 버전을 제작하기 위해 이런 모든 다양한 기술을 결합해서 사용했다.

추가 독서

제이슨 그레고리Jeson Gregory의 저서는 게임이 멀티코어 CPU를 어떻게 하면 잘 활용할 수 있을지에 관한 내용을 포함해서 게임 루프에 관한 다양한 구조를 설명하는 데 여러 페이지를 할애했다. 또한 1장에서 사용된 다양한 라이브러리에 관한 매우 훌륭한 레퍼런스가 온라인상에 존재한다. 예를 들어 SDL API 레퍼런스는 매우 유용하다.

- Gregory, Jason. *Game Engine Architecture*, 2nd edition. Boca Raton: CRC Press, 2014.
- *SDL API Reference*. https://wiki.libsdl.org/APIByCategory. Accessed June 15, 2016.

연습

1장의 2가지 연습은 모두 퐁의 초기 버전을 수정하는 데 중점을 둔다. 첫 번째 연습에서는 두 번째 플레이어를 추가해보고, 두 번째 연습에서는 여러 개의 공이 출력되도록 수정해본다.

연습 1.1

퐁의 오리지널 버전은 2인 플레이어를 지원했다. 화면상의 오른쪽 벽을 제거하고 두 번째 플레이어를 위한 패들로 교체하자. 이 두 번째 패들은 위아래로 움직이기 위해 I와 K키를 사용하도록 수정한다. 두 번째 패들은 첫 번째 패들의 모든 기능을 그대로 옮겨와서 지원한다.

- 패들 위치의 멤버 변수, 방향
- 두 번째 플레이어의 입력을 처리하는 코드
- 패들을 그리는 코드
- 패들을 갱신하는 코드

마지막으로 공이 2개의 패들과 올바르게 충돌하도록 공의 충돌 코드를 갱신한다.

연습 1.2

여러 핀볼 게임은 한 번에 여러 공이 돌아다니는 '멀티볼'을 지원한다. 멀티볼이 퐁에서도 구현된다면 재밌을 것이다! 멀티볼을 지원하기 위해 2개의 벡터를 포함하는 `Ball` 구조체를 만들자. `Ball` 구조체의 벡터 하나는 위치를 위한 것이고, 하나는 속도를 위한 것이다. 그리고 게임이 이런 다양한 공들을 저장하도록 멤버 변수 `std::vector<Ball>`을 선언하자. 그런 다음 `Game::Initialize` 코드가 공의 위치와 속도를 초기화하도록 변경한다. `Game::UpdateGame`에서는 개별값인 `mBallVel`와 `mBallPos` 변수를 사용하지 않고 모든 공을 담고 있는 `std::vector`를 반복하면서 공의 속도를 갱신한다.

2장

게임 객체와 2D 그래픽스

대부분의 게임에는 여러 다양한 캐릭터와 기타 오브젝트가 있으며, 게임에서 중요한 것은 이러한 오브젝트를 표현하는 방법이다. 2장에서는 먼저 오브젝트 표현을 위한 다양한 방법을 살펴본다. 다음으로 스프라이트와 스프라이트 애니메이션, 배경 스크롤을 포함하는 2D 그래픽스 테크닉에 관해 계속해서 설명한다. 마지막으로, 설명했던 기술을 적용한 사이드 스크롤 데모 게임으로 2장을 마무리한다.[1]

1 Game Object는 상황에 따라 2가지 형태로 번역했다. 프로그래밍적인 의미로 쓰인다면 Game Object를 게임 객체라 번역했으며, 게임 세계에 존재하는 오브젝트의 의미에 가까우면 게임 오브젝트라고 번역했다. 간혹 Game Object가 이 양쪽 의미 모두에 가까운 경우에는 특별히 게임 객체와 게임 오브젝트를 구분하지는 않았다. 최초 번역에서는 원문을 그대로 발음해 게임 오브젝트라고 번역했으나 게임 객체라는 표현이 게임 관련 서적에서 많이 사용되므로 이렇게 번역했다는 것을 미리 밝혀둔다. – 옮긴이

게임 객체

1장에서 제작한 퐁 게임은 벽과 패들, 공을 표현하는 별도의 클래스를 사용하지 않았다. 대신에 Game 클래스가 멤버 변수를 사용해서 게임의 다양한 요소의 위치와 속도를 추적했다. 하나의 클래스로 게임을 구현하는 것은 매우 간단한 게임에서는 나쁘지 않지만, 게임의 크기가 커지는 경우에는 좋은 해결책이 되지 못한다. **게임 객체**game object는 게임 세계에서 자신을 갱신하거나 그리거나 또는 갱신과 그리기 둘 다 수행하는 모든 오브젝트를 가리킨다. 게임 객체를 표현하는 데는 몇 가지 방법이 있다. 일부 게임에서는 객체 계층 구조를 사용하고, 다른 게임에서는 합성composition을 사용하며, 또 다른 게임에서는 매우 복잡한 방법을 활용한다. 구현 방법에 상관없이 게임은 이러한 게임 객체를 추적하고 갱신하는 방법이 필요하다.

게임 객체의 타입

일반적인 타입의 게임 객체는 루프의 '게임 세계 갱신' 단계 동안 갱신되며, '출력 생성' 단계에서는 그려진다. 모든 캐릭터나 생명체 또는 움직일 수 있는 오브젝트는 이 범주에서 벗어나지 않는다. 예를 들어 슈퍼 마리오 브라더스에서 마리오나 적들 그리고 모든 동적인 블록은 게임이 갱신하거나 그리는 게임 오브젝트다.

개발자가 오브젝트를 그리기는 하지만 갱신은 하지 않는 게임 객체를 **정적 객체**static object로 부르기도 한다. 이 오브젝트는 플레이어에게 보이기는 하지만, 결코 자신을 갱신하지 않는다. 레벨의 배경에 있는 빌딩 등을 예로 들 수 있겠다. 대부분의 게임에서 빌딩은 움직이지 않고 플레이어를 공격하지는 않지만, 화면에는 보인다.

카메라는 자신을 갱신하지만 화면에는 그려지지 않는 게임 객체의 한 예다. 또 다른 예로 **트리거**trigger를 들 수 있는데 트리거는 다른 물체와의 교차로 인해 발생하는 이벤트의 원인이 된다. 예를 들어 공포 게임에서는 플레이어가 문에 접근할 때 좀비가 나타나길 기대할 수 있다. 이 경우에 레벨 디자이너는 플레이어를 감지하고 좀비를 생성하는 액션을 발동하는 트리거 오브젝트를 배치한다. 트리거를 구현하는 한 가지 방법은 프레임마다 플레이어와 교차 여부를 확인하기 위해 눈에 보이지 않는 상자를 배치하는 것이다.

게임 객체 모델

게임 객체 모델game object model은 수없이 많으며, 게임 객체를 표현하는 데에는 여러 방법이 존재한다. 이번 절에서는 일부 게임 객체 모델의 타입과 이러한 접근법 사이의 트레이드 오프에 관해 설명한다.

클래스 계층 구조로서의 게임 객체

게임 객체 모델 접근법 중 하나는 표준 객체지향 클래스 계층 구조로 게임 객체를 선언하는 것인데 모든 게임 객체가 하나의 기본 클래스를 상속하기 때문에 때때로 **모놀리식 클래스**monolithic class로 부르기도 한다.

이 객체 모델을 사용하려면 먼저 기본 클래스를 선언한다.

```
class Actor
{
public:
  // 액터를 갱신하기 위해 프레임마다 호출
  virtual void Update(float deltaTime);
  // 액터를 그리기 위해 프레임마다 호출
  virtual void Draw();
};
```

그러면 기본 클래스를 상속한 다양한 캐릭터는 각자의 서브클래스를 가질 것이다.

```
class PacMan : public Actor
{
public:
  void Update(float deltaTime) override;
  void Draw() override;
};
```

비슷하게 Actor의 다른 서브클래스를 선언할 수 있다. 예를 들어 Actor를 상속한 Ghost 클래스가 있을 수 있고, 각 개별 유령은 Ghost를 상속한 자신만의 클래스를 가질 수 있다. 그림 2.1은 이러한 게임 객체 클래스 계층 구조의 스타일을 보여준다.

이 접근법의 단점은 모든 게임 객체가 기본 게임 객체(이 경우에는 Actor)의 모든 속성과 기능을 가져야 한다는 데 있다. 예를 들어 모든 액터가 자신을 갱신하거나 그린다고 가정하자. 하지만 이전에 설명한 바 있듯이 눈에 보이지 않는 객체도 있는데 이런 객체에 Draw를 호출하는 것은 시간 낭비다.

상속에 따른 문제점은 게임의 기능이 많아짐에 따라 보다 명확해진다. 게임상의 여러 액터들이 전부는 아니지만 움직일 필요가 있다고 가정해 보자. 팩맨의 경우 유령과 팩맨은 이동할 필요가 있지만, 알갱이는 그렇지 않다. 한 가지 방법은 이동 코드를 액터 내부에 놓는 것이다. 하지만 모든 서브클래스가 이 코드를 필요로 하지는 않을 것이다. 대안책으로 액터와 이동이 필요한 서브클래스 사이에 새로운 MovingActor를 계층 구조에 추가하는 것을 고려할 수 있다. 하지만 이렇게 하면 클래스 계층 구조가 복잡해진다.

또한 하나의 클래스 계층 구조를 가지면 나중에 두 형제 클래스로부터 기능을 공유받을 상황이 생길 때 문제가 발생한다. 예를 들어 Grand Theft Auto란 게임에는 기본 클래스인 Vehicle 클래스가 있다고 가정해보자. 이 클래스로부터 LandVehicle 서브클래스(땅을 가로지르는 차량)와 WaterVehicle 서브클래스(보트와 같은 수상 차량)를 생성한다면 괜찮을지도 모르겠다.

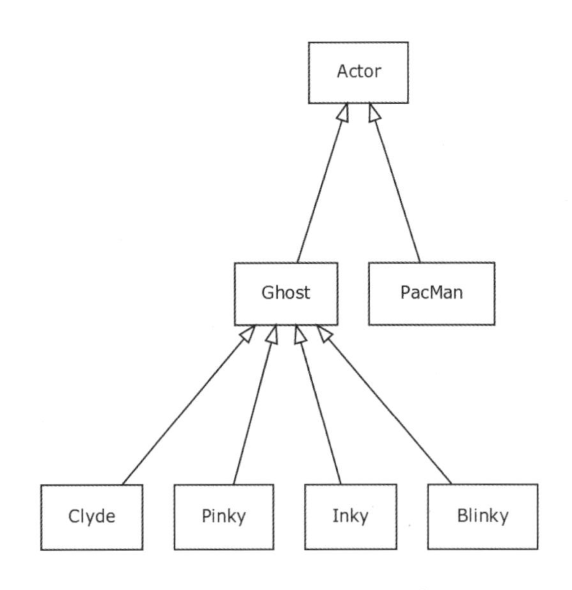

그림 2.1 팩맨 게임의 일부 클래스 계층도

하지만 어느날 디자이너가 수륙 양용 차량을 추가하기로 결정했다면 어떻게 하면 좋을까? LandVehicle과 WaterVehicle 모두를 상속하는 AmphibiousVehicle이란 새로운 서브클래스가 대안이 될 수 있을 것이다. 그러나 이 경우는 다중 상속을 하게 되므로 2가지 경로를 따라 Vehicle을 상속받게 된다. **다이아몬드 상속**diamond inheritance이라 불리는 이러한 유형의 계층 구조는 서브클래스가 여러 버전의 가상 함수를 상속받을 수 있어서 문제를 초래할 수 있다. 이런 이유로 다이아몬드 계층 구조는 피하는 것이 좋다.

컴포넌트로 구성된 게임 객체

모놀리식 계층 구조를 사용하는 대신에 많은 게임은 **컴포넌트 기반** 게임 객체 모델을 사용한다. 이 모델은 유니티 게임 엔진이 사용하고 있으므로 특히 인기가 증가하는 추세에 있다. 이 접근법에는 게임 객체 클래스는 존재하지만, 게임 객체의 서브클래스는 없다. 대신에 게임 객체 클래스는 필요에 따라 기능을 구현한 컴포넌트 객체의 컬렉션을 갖고 있다.

예를 들어 그림 2.1에서 살펴봤듯이 모놀리식 계층 구조에서 Pinky는 Ghost의 서브클래스이며 Actor의 서브클래스다. 그러나 컴포넌트 기반 모델에서 Pinky는 4개의 컴포넌트를 소유한 GameObject 인스턴스다. 4개의 컴포넌트는 다음과 같다.

- PinkyComponent
- CollisionComponent
- TransformComponent
- DrawComponent

그림 2.2는 GameObject 클래스와 컴포넌트와의 관계를 보여준다.

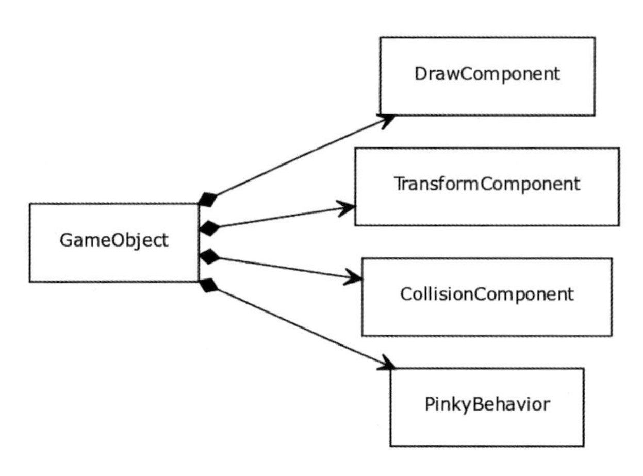

그림 2.2 유령 핑키를 구성하는 컴포넌트

이러한 각각의 컴포넌트는 그 컴포넌트에 필요한 특정한 속성과 기능이 있는데, 예를 들어 DrawComponent는 화면에 물체를 그리는 것과 관련된다. 그리고 TransformComponent는 게임 세계에 있는 물체의 위치와 변환을 저장한다.

컴포넌트 객체 모델을 구현하는 한 가지 방법은 컴포넌트를 기반으로 하는 클래스 계층도를 가지는 것이다. 이 클래스 계층도는 일반적으로 그 깊이가 매우 얕다. 기본 Component 클래스가 주어졌을 때 GameObject는 단순히 컴포넌트의 컬렉션만 가지면 된다.

```
class GameObject
{
public:
  void AddComponent(Component* comp);
  void RemoveComponent(Component* comp);
private:
  std::unordered_set<Component*> mComponents;
};
```

GameObject는 오직 컴포넌트를 추가하고 제거하는 함수만을 갖고 있다. 따라서 여러 타입의 컴포넌트가 제대로 동작하려면 해당 컴포넌트를 추적하는 시스템 구축이 필요하다. 예를 들어 모든 DrawComponent는 Renderer 객체에 등록되므로 Renderer는 프레임을 그릴 시 모든 활성화된 Drawcomponent에 접근할 수 있다.

컴포넌트 기반 게임 객체 모델의 한 가지 장점은 특정 기능이 필요한 게임 객체에만 해당 기능을 구현한 컴포넌트를 추가하면 된다는 데 있다. 그리기가 필요한 오브젝트라면 DrawComponent 컴포넌트가 필요하겠지만, 카메라같이 그리기 기능이 필요하지 않은 오브젝트는 DrawComponent가 필요없다.

그러나 순수 컴포넌트 시스템은 게임 객체 컴포넌트들 간의 의존성이 명확하지 않다는 단점이 있다. 예를 들어 DrawComponent는 물체를 어디에다 그릴지를 결정하기 위해 TransformComponent에 관해 알아야 한다. 이는 DrawComponent가 TransformComponent의 소유자인 GameObject에게 TransformComponent를 소유하고 있는지 질의할 필요가 있음을 의미한다. 구현에 따라 이 질의는 현저한 성능 병목 현상을 초래할 수 있다.

컴포넌트와 계층 구조로 구성된 게임 객체

이 책에서의 게임 객체 모델은 모놀리식 계층 구조와 컴포넌트 객체 모델을 섞은 하이브리드 형태다. 이 구조는 언리얼 엔진 4에서 사용한 게임 객체 모델에서 영감을 얻었다. 몇 안 되는 가상 함수를 가진 기본 Actor 클래스가 있으며, 액터는 컴포넌트의 벡터를 가진다. 리스트 2.1은 getter와 setter 함수를 생략한 Actor 클래스의 선언을 보여준다.

리스트 2.1 Actor 선언

```
class Actor
{
public:
   // 액터의 상태를 추적하는데 사용된다
   enum State
   {
      EActive,
      EPaused,
      EDead
   };
   // 생성자/소멸자
   Actor(class Game* game);
```

```
    virtual ~Actor();
    // Game에서 호출하는 Update 함수 (가상 함수 아님)
    void Update(float deltaTime);
    // 액터에 부착된 모든 컴포넌트를 업데이트 (가상 함수 아님)
    void UpdateComponents(float deltaTime);
    // 특정 액터에 특화된 업데이트 코드 (오버라이딩 가능)
    virtual void UpdateActor(float deltaTime);

    // Getters/setters
    // ...

    // 컴포넌트 추가/제거
    void AddComponent(class Component* component);
    void RemoveComponent(class Component* component);
private:
    // 액터의 상태
    State mState;
    // 변환
    Vector2 mPosition; // 액터의 중심점
    float mScale;      // 액터의 배율 (100%의 경우 1.0f)
    float mRotation;   // 회전 각도 (라디안)
    // 이 액터가 보유한 컴포넌트들
    std::vector<class Component*> mComponents;
    class Game* mGame;
};
```

Actor 클래스는 몇몇 주목할 만한 특징이 있다. 먼저 상태 열거형은 액터의 상태를 표현한다. 예를 들어 액터는 자신이 EActive 상태에 있을 때만 자신을 갱신한다. EDead 상태는 게임에게 액터를 제거하라고 통지하는 역할을 한다. 다음으로, Update 함수는 먼저 UpdateComponents를 호출한 후 UpdateActor를 호출한다. UpdateComponents는 모든 컴포넌트를 반복하면서 순서대로 각 컴포넌트를 갱신한다. UpdateActor의 기본 구현은 비어 있지만 Actor 서브클래스는 UpdateActor 함수를 재정의해서 함수 동작을 변경할 수 있다.

또한 Actor 클래스는 추가 액터 생성을 포함한 몇 가지 이유 때문에 Game 클래스에 접근해야 한다. 한 가지 방법은 게임 객체를 **싱글턴**singleton으로 만드는 것이다. 싱글턴은 단일하고 전역적으로 접근 가능한 클래스 인스턴스다. 하지만 싱글턴 패턴은 클래스에 여러 인스턴스가 필요하다고 판단되는 상황이 온다면 문제가 발생한다. 이 책에서는 **의존성 주입**dependency injection이라는 접근법을 사용한다. 이 접근법에서는 액터 생성자가 Game 클래스의 포인터를 받는다. 이렇게 하면 액터는 다른 액터를 생성하거나 Game 함수에 접근하기 위해 이 포인터를 사용하면 된다.

1장 게임 프로젝트와 마찬가지로 Vector2는 액터의 위치를 나타낸다. 또한 액터는 액터를 더 크게 하거나 더 작게 하는 스케일과 액터의 회전을 지원한다. 회전값의 단위로는 각도가 아니라 라디안 값을 사용한다.

리스트 2.2는 컴포넌트 클래스의 선언을 보여준다. mUpdateOrder 멤버 변수가 있는데 이 멤버 변수는 여러 컴포넌트 간 갱신 순서를 지정해 주므로 매우 유용하다. 예를 들어 플레이어의 1인칭 카메라 컴포넌트는 이동 컴포넌트가 플레이어를 이동시킨 다음에 갱신돼야 한다. 이 순서를 유지하기 위해 Actor의 AddComponent 함수는 새 컴포넌트를 추가할 때마다 컴포넌트 벡터를 정렬한다. 마지막으로 컴포넌트 클래스는 소유자 액터의 포인터를 가진다. 소유자 액터가 필요한 이유는 컴포넌트가 필요하다고 판단되는 변환 데이터 및 여러 정보에 접근하기 위해서다.

리스트 2.2 컴포넌트 선언

```
class Component
{
public:
   // 생성자
   // (업데이트 순서값이 작을수록 컴포넌트는 더 빨리 갱신된다)
   Component(class Actor* owner, int updateOrder = 100);
   // 소멸자
   virtual ~Component();
   // 델타 시간으로 이 컴포넌트를 업데이트
   virtual void Update(float deltaTime);
   int GetUpdateOrder() const { return mUpdateOrder; }
protected:
   // 소유자 액터
   class Actor* mOwner;
   // 컴포넌트의 업데이트 순서
   int mUpdateOrder;
```

```
};
```

현재의 액터와 컴포넌트의 구현에서는 플레이어 입력 장치에 관해 설명하지 않고 있다. 그리고 2장의 게임 프로젝트는 입력에 대해 단순히 특수한 경우의 코드만을 사용한다. 3장 '벡터와 기초 물리'에서는 하이브리드 게임 객체 모델에다 입력을 통합하는 방법에 관해 다시 설명한다.

이 하이브리드 접근법의 계층 구조 깊이는 순수 컴포넌트 기반 모델보다는 더 크지만, 모놀리식 객체 모델의 깊은 클래스 계층 구조를 피하는 데 효과적이다. 또한 하이브리드 접근법은 컴포넌트 간 통신 오버헤드를 완전히 제거하지는 못하지만, 어느 정도 피할 수는 있다. 왜냐하면 모든 액터는 변환 데이터와 같은 중요 속성을 갖고 있기 때문이다.

다른 접근법

게임 객체 모델에는 여러 다양한 접근법이 있다. 일부 객체 모델은 여러 기능을 선언하려면 인터페이스 클래스를 사용하며, 각 게임 객체는 이 인터페이스를 구현한다. 다른 접근법으로는 게임 객체로부터 컴포넌트가 완전히 제거된, 컴포넌트 모델을 한 단계 더 확장한 방법이 있다. 이 접근법에서는 숫자 식별자로 컴포넌트를 추적하는 컴포넌트 데이터베이스를 사용한다. 또 다른 접근법에서는 객체를 속성으로 정의한다. 예를 들어, 이러한 시스템에서는 객체에 체력 속성을 추가하면 그 시점부터 객체는 체력을 회복하거나 데미지를 받게 된다.

모든 게임 객체 모델의 접근법에는 각각 장단점이 있다. 하지만 이 책에서는 하이브리드 접근법을 사용한다. 하이브리드 접근법은 특정 복잡도를 가진 게임에서는 좋은 타협안이 될 수 있고, 상대적으로 잘 동작하기 때문이다.

게임 객체를 게임 루프에 통합하기

하이브리드 게임 객체 모델을 게임 루프로 통합하는 데는 약간의 코드 작성이 필요하지만, 그렇게 복잡하지는 않다. 먼저 Actor 포인터 벡터인 두 개의 std::vector를 추가하자. 하나는 활성화된 액터[mActors]를 포함하며, 다른 하나는 대기 중인 액터

mPendingActors를 포함한다. 액터를 반복하는 동안(즉 mActors를 반복하는 동안) 새 액터를 생성하는 경우를 다루려면 대기 액터들을 위한 벡터가 필요하다. 이 경우 mActors는 반복되고 있으므로 mActor에 요소를 추가하면 안 된다. 대신 mPendingActors 벡터에 요소를 추가한 뒤 mActor의 반복이 끝나면 그때 mActor로 이 대기 중인 액터를 이동시킨다.

다음으로 Actor 포인터를 인자로 받는 두 함수 AddActor와 RemoveActor를 만든다. AddActor 함수는 액터를 mPendingActors나 mActors로 추가한다. 어느 벡터에 추가할지는 액터의 갱신 여부(bool 타입의 mUpdatingActors)에 따라 결정된다.

```
void Game::AddActor(Actor* actor)
{
   // 액터를 갱신 중이라면 대기 벡터에 액터를 추가
   if (mUpdatingActors)
   {
      mPendingActors.emplace_back(actor);
   }
   else
   {
      mActors.emplace_back(actor);
   }
}
```

마찬가지로 RemoveActor는 두 벡터에서 액터를 제거한다.

그런 다음 리스트 2.3처럼 모든 액터를 갱신하고자 UpdateGame 함수를 변경해야 한다. 1장에서 설명한 바 있듯이 델타 시간을 계산한 후에 mActors의 모든 액터를 반복하면서 Update를 호출하자. 그 후 대기 중인 액터를 mActors 벡터로 이동시킨다. 마지막으로, 액터가 죽었다면 그 액터를 제거한다.

리스트 2.3 Game::UpdateGame 액터 갱신

```
void Game::UpdateGame()
{
   // 델타 시간 계산 (1장과 동일)
   float deltaTime = /* ... */;
```

```
    // 모든 액터를 갱신
    mUpdatingActors = true;
    for (auto actor : mActors)
    {
        actor->Update(deltaTime);
    }
    mUpdatingActors = false;

    // 대기 중인 액터를 mActors로 이동
    for (auto pending : mPendingActors)
    {
        mActors.emplace_back(pending);
    }
    mPendingActors.clear();

    // 죽은 액터를 임시 벡터에 추가
    std::vector<Actor*> deadActors;
    for (auto actor : mActors)
    {
        if (actor->GetState() == Actor::EDead)
        {
            deadActors.emplace_back(actor);
        }
    }

    // 죽은 액터 제거(mActors에서 추려낸 액터들)
    for (auto actor : deadActors)
    {
        delete actor;
    }
}
```

게임의 mActors 벡터에 액터를 추가하거나 제거하는 것은 코드 복잡도를 약간 증가시킨다. 2장의 게임 프로젝트에서 액터는 자신의 생성자나 소멸자에서 액터 자신을 게임에 자동으로 추가하고 제거한다. 하지만 이렇게 구현한다면 mActors 벡터를 반복하는 코드나 액터를 지우는(Game::Shutdown 같은) 코드는 주의 깊고 신중하게 작성해야 한다.

```
// ~Actor 함수가 RemoveActor를 호출하므로 다른 스타일의 루프를 사용하자
while (!mActors.empty())
{
   delete mActors.back();
}
```

스프라이트

스프라이트sprite는 캐릭터나 배경 그리고 기타 동적인 물체를 나타내는 데 사용되는 일반적인 2D 게임상의 시각적 오브젝트다. 대부분의 2D 게임에는 수십, 수백 개의 스프라이트가 있으며, 모바일 게임의 경우 스프라이트 데이터가 게임 전체의 다운로드 크기를 차지한다. 2D 게임에서는 스프라이트가 널리 보급돼 사용되고 있으므로 가능한 한 효율적으로 스프라이트를 사용하는 것이 중요하다.

각 스프라이트는 스프라이트와 관련된 이미지 파일을 하나 이상 갖고 있다. 여러 다양한 이미지 파일 포맷이 존재하며, 게임은 플랫폼과 기타 제약 조건에 따라 다른 포맷을 사용한다. 예를 들어, PNG는 압축 이미지 포맷이다. 그래서 이 파일들은 디스크에서 공간을 덜 차지한다. 하지만 하드웨어는 기본적으로 PNG 파일을 그릴 수 없어서 이미지 파일을 로드하는 데 시간이 좀 더 걸린다. 일부 플랫폼에서는 PVR(iOS)이나 DXT(PC, XBOX) 같은 그래픽 하드웨어 친화적인 포맷의 사용을 추천한다. 이 책에서는 이미지 편집 프로그램이 보편적으로 PNG 파일을 지원하므로 PNG 파일을 사용한다.

이미지 파일 로딩

2D 그래픽만 사용하는 게임에서 이미지 파일을 로드하는 간단한 방법은 SDL 이미지 라이브러리를 사용하는 것이다. 이미지 로드를 위한 첫 번째 단계로 요청된 파일 포맷의 플래그 파라미터를 인자로 받는 `IMG_Init` 함수를 사용해서 SDL Image를 초기화한다. PNG 파일을 지원하고자 다음 호출을 Game::Initialize에 추가한다.

```
IMG_Init(IMG_INIT_PNG);
```

표 2.1은 지원 가능한 파일 포맷을 보여준다. SDL은 SDL Image를 사용하지 않아도 BMP 파일은 기본적으로 지원한다. 이런 이유로 이 테이블에는 IMG_INIT_BMP 플래그가 없다.

표 2.1 SDL Image 파일 포맷

플래그	결과
IMG_INIT_JPG	JPEG
IMG_INIT_PNG	PNG
IMG_INIT_TIF	TIFF

SDL Image가 초기화되면 SDL_Surface상으로 이미지 파일을 로드하고자 IMG_Load 함수를 사용한다.

```
// 파일로부터 이미지 로드
// 성공하면 SDL_Surface 포인터를 리턴하고 실패하면 nullptr 반환
SDL_Surface* IMG_Load(
   const char* file // 이미지 파일 이름
);
```

다음으로 SDL_CreateTextureFromSurface 함수는 SDL_Surface를 SDL이 화면에 그리는 데 필요한 포맷인 SDL_Texture로 변환한다.

```
// SDL_Surface를 SDL_Texture로 변환
// 성공하면 SDL_Texture 포인터를 리턴하고 실패하면 nullptr 반환
SDL_Texture* SDL_CreateTextureFromSurface(
   SDL_Renderer* renderer, // 사용할 렌더러
   SDL_Surface* surface    // 변환될 SDL_Surface
);
```

다음 함수는 이미지 로딩 과정을 캡슐화한다.

```
SDL_Texture* LoadTexture(const char* fileName)
{
   // 파일로부터 로딩
   SDL_Surface* surf = IMG_Load(fileName);
   if (!surf)
   {
      SDL_Log("Failed to load texture file %s", fileName);
      return nullptr;
   }
   // 텍스처 생성
   SDL_Texture* text = SDL_CreateTextureFromSurface(mRenderer, surf);
   SDL_FreeSurface(surf);
   if (!text)
   {
      SDL_Log("Failed to convert surface to texture for %s", fileName);
      return nullptr;
   }
   return text;
}
```

로드된 텍스처는 어디에 저장하면 좋을까? 여러 액터에 같은 이미지 파일을 사용하는 것은 게임에서 매우 일반적이다. 운석이 20개 있고 각 운석이 같은 이미지 파일을 사용한다면 디스크에서 해당 이미지 파일을 20번 로드하는 것은 어리석은 행위다.

즉, 이미지 데이터는 여러 액터가 공유해서 사용하므로 싱글턴 클래스에 가까운 Game에 파일 이름과 SDL_Texture 포인터를 쌍으로 한 맵을 만들어두면 좋을 것이다. 그런 다음 텍스처의 이름을 인자로 받고 해당 이름과 일치하는 SDL_Texture 포인터를 반환하는 GetTexture 함수를 만들자. 이 함수는 처음에 텍스처가 이미 맵에 존재하는지를 확인한다. 맵에 존재한다면 텍스처 포인터를 리턴한다. 그렇지 않으면 파일로부터 텍스처를 로드하는 코드를 실행한다.

노트

파일 이름과 SDL_Texture 포인터를 쌍으로 한 맵은 간단한 게임의 경우에는 좋지만, 게임이 여러 유형의 애셋(텍스처, 사운드 효과음, 3D 모델, 폰트, 기타 등등)을 가진 경우에는 그렇지 않다. 그래서 모든 유형의 애셋을 일반적으로 다룰 수 있는 견고한 시스템을 작성하는 것이 좋다. 하지만 단순성을 위해 이 책에서는 애셋 관리 시스템을 구현하지 않는다.

그리고 Game에 LoadData 함수를 구현한다. 이 함수는 게임 세계의 모든 액터를 생성할 책임을 가진다. 지금은 게임 세계의 액터를 로드하기 위해 모두 하드코딩했지만, 14장 '레벨 파일과 바이너리 데이터'에서는 레벨 파일에서 액터를 로딩하는 기능을 구현할 것이다. Game::Initialize의 마지막에 LoadData 함수 호출을 추가한다.

스프라이트 그리기

게임에 기본 2D 장면인 배경 이미지와 캐릭터가 있다고 가정하자. 이 장면을 그리는 간단한 방법은 배경을 먼저 그리고 캐릭터를 그리는 것이다. 이 순서는 화가가 장면을 그리는 것과 같다. 그래서 이러한 접근법은 **화가 알고리즘**painter's algorithm으로 알려져 있다. 화가 알고리즘에서 게임은 스프라이트를 뒤쪽에서 앞쪽순으로 그린다. 그림 2.3은 처음에 배경이 되는 별을 그리고 그다음 달, 운석, 마지막으로 우주선을 그리는 과정을 보여준다.

그림 2.3 우주 공간에 적용된 화가 알고리즘

이 책에서는 컴포넌트에 기반한 게임 객체 모델을 사용하므로 SpriteComponent 클래스를 만들면 좋다. 리스트 2.4는 SpriteComponent의 선언을 보여준다.

리스트 2.4 SpriteComponent 선언

```
class SpriteComponent : public Component
{
public:
   // (그리기 순서값이 낮을수록 더 뒤쪽에서 그린다)
   SpriteComponent(class Actor* owner, int drawOrder = 100);
   ~SpriteComponent();
   virtual void Draw(SDL_Renderer* renderer);
   virtual void SetTexture(SDL_Texture* texture);

   int GetDrawOrder() const { return mDrawOrder; }
   int GetTexHeight() const { return mTexHeight; }
   int GetTexWidth() const { return mTexWidth; }
protected:
   // 그릴 텍스처
   SDL_Texture* mTexture;
   // 화가 알고리즘에서 사용하는 그리기 순서
   int mDrawOrder;
   // 텍스처의 너비/높이
   int mTexWidth;
   int mTexHeight;
};
```

게임은 mDrawOrder 멤버 변수에 지정된 순서로 스프라이트 컴포넌트를 그려서 화가 알고리즘을 구현한다. SpriteComponent 생성자는 Game::AddSprite 함수를 호출해서 Game 클래스의 스프라이트 컴포넌트 벡터에 자신을 추가한다.

Game::AddSprite에서 mSpirtes는 그리는 순서로 정렬돼야 한다. AddSprite를 호출할 때 mSpirtes는 이미 정렬된 순서를 유지하고 있으므로 이미 정렬된 벡터에 스프라이트를 넣음으로써 정렬을 구현할 수 있다.

```
void Game::AddSprite(SpriteComponent* sprite)
{
```

```
   // 정렬된 벡터에서 삽입해야 할 위치를 찾는다.
   // (자신보다 그리기 순서값이 큰 최초 요소)
   int myDrawOrder = sprite->GetDrawOrder( );
   auto iter = mSprites.begin( );
   for ( ; iter != mSprites.end( ); ++iter)
   {
      if (myDrawOrder < (*iter)->GetDrawOrder( ))
      {
         break;
      }
   }

   // 반복자 위치 앞에 요소를 삽입한다.
   mSprites.insert(iter, sprite);
}
```

스프라이트 컴포넌트는 mDrawOrder순으로 이미 정렬됐으므로 Game:: GenerateOutput에서는 스프라이트 컴포넌트 벡터를 반복하면서 각 스프라이트 컴포넌트의 Draw 함수만 호출하면 된다. 이 코드를, 후면 버퍼를 클리어하는 코드 뒤쪽, 그리고 후면 버퍼와 전편 버퍼를 스왑하는 코드 앞에 추가해서 벽과 공, 그리고 패들을 그렸던 1장의 게임 코드를 대체하도록 한다.

6장 '3D 그래픽스'에서 설명하겠지만, 3D 게임에서도 화가 알고리즘은 사용 가능하지만 일부 문제점이 존재한다. 그러나 2D 장면에서 화가 알고리즘은 문제없이 잘 동작한다.

SetTexture 함수는 mTexture 멤버 변수를 설정하며, SDL_QueryTexture를 사용하면 텍스처의 너비와 높이를 얻는 것이 가능하다.

```
void SpriteComponent::SetTexture(SDL_Texture* texture)
{
   mTexture = texture;
   // 텍스처의 너비와 높이를 얻자
   SDL_QueryTexture(texture, nullptr, nullptr,
      &mTexWidth, &mTexHeight);
}
```

텍스처를 그리기 위해 SDL에서는 2가지의 텍스처 그리기 함수를 제공한다. 간단한 함수는 SDL_RenderCopy 함수다.

```
// 텍스처를 렌더링 타깃에 그린다
// 성공하면 0을 리턴하고 실패하면 음수를 반환한다
int SDL_RenderCopy(
   SDL_Renderer* renderer,  // 그려질 렌더 타깃
   SDL_Texture* texture,    // 그릴 텍스처
   const SDL_Rect* srcrect, // 그릴 텍스처의 일부 영역 (전체 영역이면 nullptr)
   const SDL_Rect* dstrect, // 타깃에 그릴 사각형 영역
);
```

스프라이트를 회전하는 것과 같은 고급 기능을 이용하려면 SDL_RenderCopyEx를 사용해야 한다.

```
// 텍스처를 렌더링 타깃에 그린다
// 성공하면 0을 리턴하고 실패하면 음수를 반환한다
int SDL_RenderCopyEx(
   SDL_Renderer* renderer,  // 그려질 렌더 타깃
   SDL_Texture* texture,    // 그릴 텍스처
   const SDL_Rect* srcrect, // 그릴 텍스처의 일부 영역 (전체 영역이면 nullptr)
   const SDL_Rect* dstrect, // 타깃에 그릴 사각형 영역
   double angle,            // 회전 각도 (각도, 시계 방향)
   const SDL_Point* center, // 회전 중심점 (중심이면 nullptr)
   SDL_RenderFlip flip,     // 텍스처를 플립하는 방법 (대개 SDL_FLIP_NONE)
);
```

액터는 회전값을 갖고 있는데 스프라이트가 이 회전을 물려받아야 한다면 SDL_RenderCopyEx를 사용해야 한다. 이 때문에 SpriteComponent::Draw 함수는 복잡성이 약간 증가한다. 먼저, SDL_Rect 구조체의 x/y 좌표는 이미지의 상단 왼쪽 모서리에 해당하는데, 액터의 위치 값은 액터의 중심점이므로 우리는 1장의 공과 패들의 경우처럼 액터의 왼쪽 상단 모서리의 좌푯값를 계산해야 한다.

두 번째로, SDL은 도 단위의 각을 원하는데, 액터는 라디안 값을 사용한다. 다행히 이 책 Math.h 헤더 파일의 수학 라이브러리는 라디안을 도 단위로 변환해주는

Math::ToDegrees 함수를 제공한다. 마지막으로, SDL에서 양의 각도는 시계 방향인데, 이 부분은 단위 원(양의 각도는 반시계 방향)과 반대다. 그러므로 단위 원의 동작은 변경하지 않고 SDL에 각도를 전달하기 위해 각도를 반전시킨다. 리스트 2.5는 SpriteComponent::Draw 함수를 보여준다.

리스트 2.5 SpriteComponent::Draw 구현

```
void SpriteComponent::Draw(SDL_Renderer* renderer)
{
   if (mTexture)
   {
      SDL_Rect r;
      // 소유자의 스케일(배율)값으로 너비/높이를 스케일
      r.w = static_cast<int>(mTexWidth * mOwner->GetScale());
      r.h = static_cast<int>(mTexHeight * mOwner->GetScale());
      // 소유자의 위치를 중심으로 사각형을 배치
      r.x = static_cast<int>(mOwner->GetPosition().x - r.w / 2);
      r.y = static_cast<int>(mOwner->GetPosition().y - r.h / 2);

      // 스프라이트를 그린다
      SDL_RenderCopyEx(renderer,
      mTexture, // 그릴 텍스처
      nullptr,  // 그릴 텍스처의 영역, nullptr이면 전체 영역
      &r,       // 그려질 목적지의 사각형 영역
      -Math::ToDegrees(mOwner->GetRotation()), // (라디안을 각도로 변환)
      nullptr, // 회전 기준점
      SDL_FLIP_NONE); // 플립 행동
   }
}
```

Draw의 구현에서는 액터의 위치가 화면상의 액터 위치와 일치한다고 추정한다. 이 추정은 게임 세계가 정확히 화면과 일치하는 게임에서만 유효하며, 슈퍼 마리오 브라더스와 같은 게임에서는 동작하지 않는다. 슈퍼 마리오 브라더스와 같은 게임은 단일 화면보다 훨씬 더 큰 게임 세계를 가지고 있다. 이런 경우를 다루려면 코드는 카메라 위치가 필요하다. 9장 '카메라'에서는 3D 게임상에서 카메라를 구현하는 방법을 설명한다.

스프라이트 애니메이션

대부분의 2D 게임은 **플립북 애니메이션**flipbook animation 같은 테크닉을 사용해서 스프라이트 애니메이션을 구현한다. 플립북 애니메이션은 빠르고 연속적으로 일련의 정적인 2D 이미지를 넘겨서 움직임의 환영을 만들어내는 애니메이션 기법을 의미한다. 그림 2.4는 스켈레톤 스프라이트에 관한 다양한 애니매이션의 이미지가 어떻게 보이는지를 나타낸다.

스프라이트 애니메이션의 프레임 레이트는 다양할 수 있지만, 많은 게임에서는 24FPS의 사용을 선택한다(영화에서 사용하는 전통적인 프레임 레이트). 이는 애니매이션이 매초당 24개의 개별적인 이미지가 필요함을 뜻한다. 2D 격투 게임과 같은 일부 장르에서는 60FPS 스프라이트를 사용할 수도 있는데, 60FPS를 사용하면 필요한 이미지의 수가 매우 증가하게 된다. 다행히 대부분의 스프라이트 애니메이션은 길이가 1초보다는 상당히 짧다.

그림 2.4 스켈레톤 스프라이트를 위한 일련의 이미지

스프라이트 애니메이션을 재생하는 가장 간단한 방법은 애니메이션을 위해 각 프레임과 일치하는 여러 이미지들의 벡터를 가지는 것이다. 리스트 2.6에 선언된 AnimSpriteComponent 클래스가 이 접근법을 사용한다.

리스트 2.6 AnimSpriteComponent 선언

```
class AnimSpriteComponent : public SpriteComponent
```

```
{
public:
   AnimSpriteComponent(class Actor* owner, int drawOrder = 100);
   // 애니메이션을 프레임마다 갱신 (Component의 Update 메소드를 오버라이드)
   void Update(float deltaTime) override;
   // 애니메이션에 사용되는 텍스처 설정
   void SetAnimTextures(const std::vector<SDL_Texture*>& textures);
   // 애니메이션 FPS를 얻거나 설정하는 함수
   float GetAnimFPS() const { return mAnimFPS; }
   void SetAnimFPS(float fps) { mAnimFPS = fps; }
private:
   // 애니메이션에 사용되는 모든 텍스처
   std::vector<SDL_Texture*> mAnimTextures;
   // 현재 프레임
   float mCurrFrame;
   // 애니메이션 프레임 레이트
   float mAnimFPS;
};
```

mAnimFPS 변수를 사용하면 애니메이션 가능한 스프라이트를 다른 프레임 레이트로 실행할 수 있다. 또한 이 변수를 사용하면 애니메이션 재생 속도를 동적으로 증가시키거나 낮추는 것이 가능하다. 예를 들어, 캐릭터의 속도가 빨라지면 캐릭터가 빨라진 것처럼 보이기 위해 애니메이션의 프레임 레이트를 증가시키면 된다. 그리고 mCurrFrame 변수는 출력 중인 현재 프레임을 float값으로 기록하는데 이 값을 확인하면 해당 프레임이 시작된 후 경과된 시간을 알아내는 것이 가능하다.

SetAnimTextures 함수는 mAnimTextures 멤버 변수를 함수의 첫 번째 파라미터인 벡터값으로 설정하고, mCurrFrame 값을 0으로 초기화한다. 그리고 SetTexture 함수를 호출해서(SpriteComponent에서 상속받은 함수) 애니메이션의 첫 번째 프레임을 설정한다. AnimSpriteComponent는 SpriteComponent의 SetTexture 함수만 사용할 뿐 렌더링을 위한 특별한 변경 사항은 없으므로 상속한 Draw 함수를 재정의할 필요는 없다.

리스트 2.7의 Update 함수는 AnimSpriteComponent의 대부분의 작업이 일어나는 곳이다. 먼저, 애니메이션 FPS와 델타 시간으로 mCurrFrame을 갱신한다. 다음으로,

mCurrFrame이 텍스처의 수보다 작게 유지되는지를 확인한다. 이는 상황에 따라 애니메이션의 시작 지점으로 되돌아갈 수 있다는 걸 뜻한다. 마지막으로, mCurrFrame을 int형으로 타입 캐스트한 후 mAnimTextures로부터 원하는 텍스처를 얻은 뒤 SetTexture를 호출한다.

리스트 2.7 AnimSpriteComponent::Update 구현

```
void AnimSpriteComponent::Update(float deltaTime)
{
   SpriteComponent::Update(deltaTime);

   if (mAnimTextures.size() > 0)
   {
      // 프레임 레이트와 델타 시간을 기반으로
      // 현재 프레임 갱신
      mCurrFrame += mAnimFPS * deltaTime;

      // 애니메이션 텍스처 수를 초과하면 현재 프레임을 래핑한다
      while (mCurrFrame >= mAnimTextures.size())
      {
         mCurrFrame -= mAnimTextures.size();
      }

      // 현재 텍스처를 설정
      SetTexture(mAnimTextures[static_cast<int>(mCurrFrame)]);
   }
}
```

AnimSpriteComponent에서 빠진 한 가지 기능은 애니메이션 간 전환에 대한 제대로 된 지원이다. 현재 상황에서 애니메이션을 전환하는 유일한 방법은 SetAnimTextures 함수를 반복해서 호출하는 것이다. 하지만 스프라이트 애니메이션과 관련된 모든 텍스처 벡터를 가지고 있다가 특정 애니메이션을 지정할 수 있다면 더 괜찮을 것이다. 이 아이디어에 관해서는 연습 2.2에서 좀 더 살펴본다.

배경 스크롤하기

2D 게임에서 종종 사용하는 트릭으로 스크롤되는 배경이 있다. 배경 스크롤은 세계가 커다랗다는 인상을 만들어내며, 무한히 스크롤되는 게임에서 이 테크닉을 종종 사용한다. 지금부터는 실제 게임 레벨을 스크롤하기보다는 배경만 스크롤하는 데 초점을 맞춘다. 배경을 스크롤하는 가장 쉬운 방법은 배경을 화면 크기의 이미지 세그먼트로 분할하는 것이다. 이 이미지 세그먼트는 스크롤이라는 환상을 만들기 위해 프레임마다 위치가 변경된다. 스프라이트 애니메이션과 마찬가지로 배경을 위한 `SpriteComponent`의 서브클래스를 만들면 좋다. 리스트 2.8은 `BGSpriteComponent`의 선언을 보여준다.

리스트 2.8 BGSpriteComponent 선언

```
class BGSpriteComponent : public SpriteComponent
{
public:
   // 기본 그리기 순서값을 낮은 값으로 설정 (배경이므로)
   BGSpriteComponent(class Actor* owner, int drawOrder = 10);
   // 부모로부터 오버라이딩한 Update/draw 함수
   void Update(float deltaTime) override;
   void Draw(SDL_Renderer* renderer) override;
   // 배경에 사용되는 텍스처 설정
   void SetBGTextures(const std::vector<SDL_Texture*>& textures);
   // 화면 크기를 얻거나 스크롤 속도값을 설정 및 얻는 함수
   void SetScreenSize(const Vector2& size) { mScreenSize = size; }
   void SetScrollSpeed(float speed) { mScrollSpeed = speed; }
   float GetScrollSpeed( ) const { return mScrollSpeed; }
private:
   // 각 배경 이미지와 배경 이미지의 오프셋 값을 캡슐화한 구조체
   struct BGTexture
   {
      SDL_Texture* mTexture;
      Vector2 mOffset;
   };
   std::vector<BGTexture> mBGTextures;
   Vector2 mScreenSize;
   float mScrollSpeed;
};
```

BGTexture 구조체는 각 배경 텍스처와 해당 텍스처의 오프셋값을 가지고 있다. 오프셋은 스크롤 효과를 위해 텍스처의 위치를 프레임마다 갱신하는 데 사용한다. SetBGTextures에서는 오프셋 값을 초기화하고, 각각의 배경을 이전 배경의 오른쪽에 위치시킨다.

```
void BGSpriteComponent::SetBGTextures(const std::vector<SDL_Texture*>&
textures)
{
  int count = 0;
for (auto tex : textures)
{
      BGTexture temp;
      temp.mTexture = tex;
      // 각 텍스처의 오프셋은 화면의 너비 * count다
      temp.mOffset.x = count * mScreenSize.x;
      temp.mOffset.y = 0;
      mBGTextures.emplace_back(temp);
      count++;
 }
}
```

이 코드는 각 배경 이미지의 너비가 화면 너비와 같다고 가정하지만, 가변 크기에도 대응하도록 코드를 수정할 수 있다. Update 코드에서는 한 이미지가 화면에서 완전히 벗어나는 시점을 고려하면서 각 배경의 오프셋을 갱신한다. 이렇게 하면 이미지를 무한히 반복할 수 있다.

```
void BGSpriteComponent::Update(float deltaTime)
{
   SpriteComponent::Update(deltaTime);
   for (auto& bg : mBGTextures)
   {
      // x 오프셋 값을 갱신
      bg.mOffset.x -= mScrollSpeed * deltaTime;
      // 이 텍스처가 화면을 완전히 벗어나면 오프셋 값을
      // 마지막 배경 텍스처의 오른쪽 위치로 초기화한다
      if (bg.mOffset.x < -mScreenSize.x)
```

```
        {
            bg.mOffset.x = (mBGTextures.size() - 1) * mScreenSize.x - 1;
        }
    }
}
```

Draw 함수는 단순히 각 배경 텍스처를 SDL_RenderCopy를 사용해서 그리는데, 배경의 위치는 프레임마다 오프셋을 기준으로 조정되며, 이를 통해 배경의 스크롤이 가능해진다.

일부 게임에서는 **시간차 스크롤**parallax scrolling을 구현한다. 이 방법은 배경에 여러 레이어를 사용한다. 각 레이어는 다른 속도로 스크롤되며, 이를 통해 배경에 깊이가 있는 것 같은 환상을 심어준다. 예를 들어, 게임에 구름 레이어와 지면 레이어가 있다고 가정하자. 구름 레이어를 지면 레이어보다 느리게 스크롤하면 구름이 지면보다 훨씬 멀리 있는 것 같은 인상을 준다. 전통적인 애니메이션에서는 이 테크닉을 거의 한 세기 동안 사용해왔을 정도로 시간차 스크롤은 효과적인 기법이다. 일반적으로는 그림 2.5처럼 3개의 레이어가 있다면 괜찮은 시간차 효과를 만드는 것이 가능하다. 물론 레이어를 더 추가하면 할수록 효과는 더 괜찮아질 것이다.

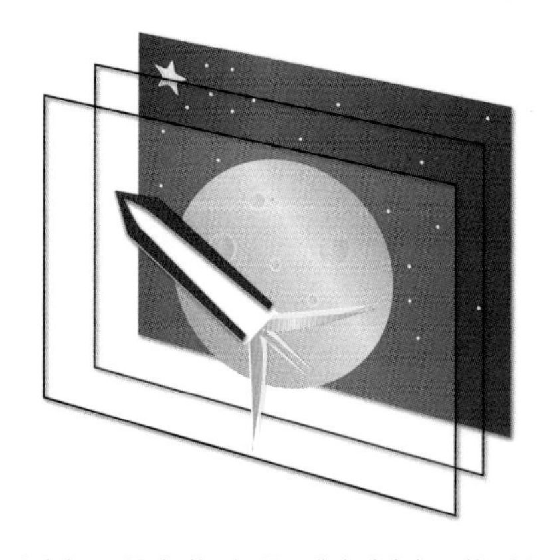

그림 2.5 시간차 스크롤이 가능하도록 3개의 레이어로 나눈 우주 공간 장면

시간차 효과를 구현하고자 복수개의 BGSpriteComponent를 다른 그리기 순서값들로 지정해서 하나의 액터에 연결한다. 그런 다음 각 배경에 대해 다양한 스크롤 속도를

사용하면 시간차 스크롤 효과 구현이 완료된다.

게임 프로젝트

안타깝지만 1장 '게임 프로그래밍 개관'에서 만든 퐁 클론 게임보다 더 복잡한 역학을 가진 게임 제작이 가능하기에 충분할 정도로 새로운 주제를 배우지는 않았다. 그리고 1장의 게임에서 스프라이트만 추가하는 것은 특별히 흥미롭지는 못하다고 생각했다. 그래서 2장의 게임 프로젝트에서는 완전한 게임 대신에 2장에서 설명한 새로운 테크닉을 보여주기로 결정했다. 코드는 책의 깃허브 저장소의 Chapter02 디렉토리에서 이용할 수 있다. 윈도우 운영체제에서는 Chapter02-windows.sln을 열고, 맥에서는 Chapter02-mac.xcodeproj를 열어서 실행한다. 그림 2.6은 실제 게임 프로젝트를 보여준다. 제이콥 진맨 진스Jacob Zinman-Jeanes가 스프라이트 이미지를 제작했으며, 이 스프라이트 이미지는 CC BY 라이선스가 적용된다.

코드는 하이브리드 액터/컴포넌트 모델, SpriteComponent, AnimSpriteComponent, 그리고 시간차 스크롤의 구현을 포함한다. 또한 2장의 프로젝트는 Ship이라는 Actor의 서브클래스를 포함한다. Ship 클래스는 왼쪽/오른쪽 속도와 위쪽/아래쪽 속도를 제어하고자 2개의 속도 변수를 포함한다. 리스트 2.9는 Ship 클래스의 선언을 보여준다.

리스트 2.9 Ship 클래스 선언

```
class Ship : public Actor
{
public:
   Ship(class Game* game);
   void UpdateActor(float deltaTime) override;
   void ProcessKeyboard(const uint8_t* state);
   float GetRightSpeed( ) const { return mRightSpeed; }
   float GetDownSpeed( ) const { return mDownSpeed; }
private:
   float mRightSpeed;
   float mDownSpeed;
};
```

Ship 생성자는 mRightSpeed와 mDownSpeed를 0으로 초기화한다. 그리고 우주선 텍스처를 가진 AnimSpriteComponent를 생성한다.

```
AnimSpriteComponent* asc = new AnimSpriteComponent(this);
std::vector<SDL_Texture*> anims = {
   game->GetTexture("Assets/Ship01.png"),
   game->GetTexture("Assets/Ship02.png"),
   game->GetTexture("Assets/Ship03.png"),
   game->GetTexture("Assets/Ship04.png"),
};
asc->SetAnimTextures(anims);
```

키보드 입력은 우주선의 속도에 직접적인 영향을 미친다. 게임은 우주선을 위아래로 움직이기 위해 W와 S키를 사용하며, 좌우로 움직이기 위해 A와 D키를 사용한다. ProcessKeyboard 함수는 이 키보드 입력을 받아와서 적절히 mRightSpeed와 mDownSpeed를 갱신한다.

Ship::UpdateActor 함수는 1장에서 보여준 것과 유사한 테크닉을 사용해서 우주선의 이동을 구현한다.

```
void Ship::UpdateActor(float deltaTime)
{
   Actor::UpdateActor(deltaTime);
   // 속도와 델타 시간으로 위치를 갱신
   Vector2 pos = GetPosition();
   pos.x += mRightSpeed * deltaTime;
   pos.y += mDownSpeed * deltaTime;
   // 화면의 왼쪽 반으로 위치를 제한
   // ...   SetPosition(pos);
}
```

이동은 게임에서 일반적인 특성이기에 UpdateActor 함수에서 구현하기보다는 컴포넌트로써 이동을 구현하는 것이 좋다. 3장 '벡터와 기초 물리'에서는 MoveComponent 클래스를 제작하는 방법을 설명한다.

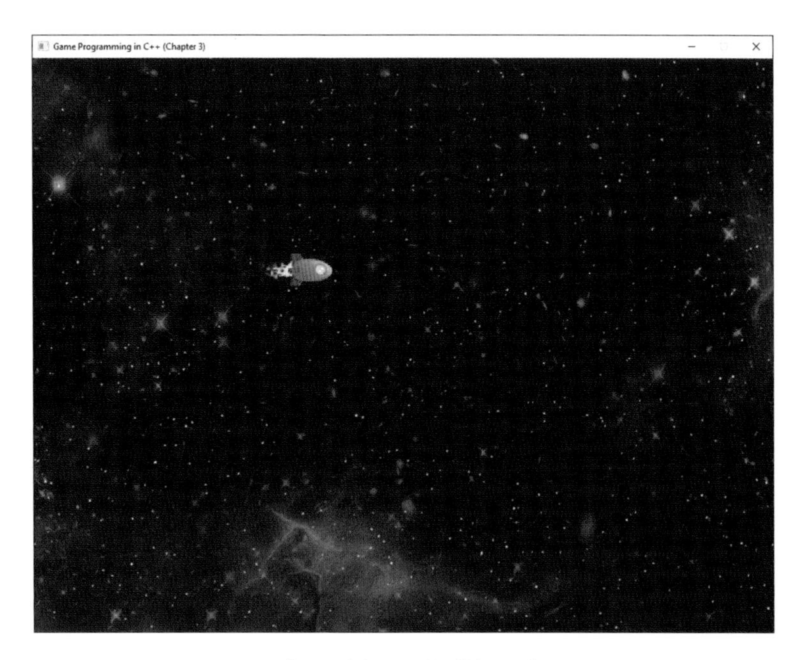

그림 2.6 사이드 스크롤 게임 프로젝트

배경은 2개의 BGSpriteComponent를 가진 일반 액터다(서브클래스가 아니다). 이 두 배경의 다른 스크롤 속도는 시간차 효과를 만든다. 우주선을 포함한 모든 액터는 Game::LoadData 함수에서 생성된다.

요약

게임 객체를 표현하는 방법에는 여러 가지가 있다. 가장 간단한 접근법은 모든 게임 객체가 단일 기본 클래스를 상속하도록 모놀리식 계층 구조를 사용하는 것이다. 하지만 이 접근법을 사용하면 프로젝트 규모가 커짐에 따라 코드를 통제하기가 어렵게 된다. 이 모놀리식 계층 구조 대신에 게임 객체가 컴포넌트를 포함하는 컴포넌트 기반 모델로 게임 오브젝트의 기능을 정의할 수 있다. 이 책에서는 게임 객체에 대한 얕은 계층 구조를 가진 하이브리드 접근법을 사용한다. 하지만 그리기와 이동 같은 일부 동작을 구현할 때는 컴포넌트를 사용한다.

게임은 2D 그래픽을 사용했다. 오늘날 많은 게임이 3D로 제작되지만 2D 게임도 여전히 인기가 있다. 스프라이트는 애니매이션의 존재 여부와 상관없이 2D 게임에 있어 기본적인 시각적 빌딩 블록이다. SDL은 간단한 인터페이스로 텍스처를 로딩하고 그리는 것을 지원한다.

많은 2D 게임에서는 스프라이트에 애니메이션 효과가 나타나도록 여러 다양한 이미지를 빠르고 연속적으로 그려서 플립북 애니메이션을 구현한다. 다양한 테크닉을 사용해서 배경 레이어 스크롤을 구현할 수 있으며, 시간차 효과를 사용하면 화면에 깊이가 있다는 느낌을 만들어낼 수 있다.

추가 독서

제이슨 그레고리는 Naughty Dog에서 사용한 모델을 포함해서 여러 유형의 게임 객체 모델을 설명하고자 여러 페이지를 할애했다. 마이클 딕카이저Michael Dickheiser의 책에서는 순수한 컴포넌트 모델에 관한 내용을 제공한다.

- Dickheiser, Michael, Ed. *Game Programming Gems 6*. Boston: Charles River Media, 2006.
- Gregory, Jason. *Game Engine Architecture, 2nd edition*. Boca Raton: CRC Press, 2014.

연습

2장의 첫 번째 연습은 다양한 유형의 게임 객체 모델에 대한 사고 실험이다. 두 번째 연습에서는 `AnimSpriteComponent`에 기능을 추가해본다. 마지막 연습에서는 타일로부터 2D 화면을 생성하는 테크닉인 **타일 맵**tile map에 대한 지원을 추가한다.

연습 2.1

플레이어가 야생에서 동물을 관찰하고자 다양한 차량으로 돌아다닐 수 있는 동물 사파리 게임을 생각해본다. 그런 게임에 존재할 수 있는 여러 유형의 생명체, 식물, 그리고 차량을 생각해보자. 이러한 오브젝트를 모놀리식 클래스 계층 구조 객체 모델로 어떻게 구현하면 될까?

이제 같은 게임이지만 컴포넌트 게임 객체 모델 기반으로 구현된 게임을 생각해보자. 이 모델은 어떻게 구현하면 좋을까? 이 두 접근법 중에서 이 사파리 게임에 보다 적합할 것 같은 접근법은 무엇일까?

연습 2.2

현재 `AnimSpriteComponent` 클래스는 벡터에 모든 스프라이트가 구성된 하나의 애니메이션만 지원한다. 이 클래스가 여러 개의 다양한 애니메이션을 지원하도록 수정하자. 각 애니메이션은 벡터상의 텍스처 범위로 정의한다. 테스트를 위해 `Chapter02/Assets` 디렉토리에 있는 `CharacterXX.png` 파일을 사용하자.

그리고 비순환 애니메이션에 대한 지원도 추가한다. 텍스처 범위로 애니메이션을 정의할 때 애니메이션의 순환/비순환 여부도 지정한다. 비순환 애니메이션이 끝나면 애니메이션은 초기 텍스처로 돌아가서는 안 된다.

연습 2.3

2D 장면을 생성하는 한 가지 접근법은 타일맵을 사용하는 것이다. 이 접근법에서 이미지 파일은(**타일 셋**tile set)은 일련의 균등한 크기의 타일을 포함하고 있다. 이러한 타일이 여러 개 결합해서 2D 장면을 생성한다. Tiled(http://www.mapeditor.org)는 타일 셋과 타일 맵을 생성하는 훌륭한 프로그램이다. 2.3의 연습을 위한 타일 맵은 이 Tiled 프로그램으로 생성했다. 그림 2.7은 타일 셋의 일부가 어떠게 보이는지를 보여준다.

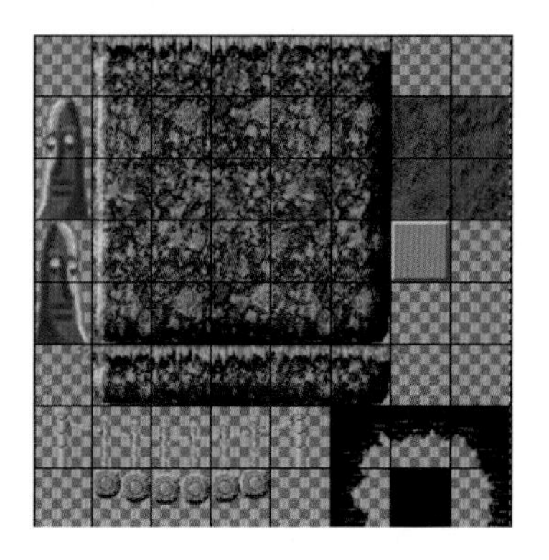

그림 2.7 연습 2.3에서 사용된 타일 셋의 일부

타일 맵은 CSV 파일로 만들어졌다. Chapter02/Assets의 MapPlayerX.csv 파일을 사용하자. 이 파일에는 3개의 다른 레이어가 존재한다(레이어1이 가장 가까이 있고 레이어3가 가장 멀리 있다). Tiles.png는 타일 셋을 포함한다. CSV file의 각 행은 다음과 같은 일련의 수를 포함하고 있다.

```
-1,0,5,5,5,5
```

-1은 해당 타일에 이미지가 없다는 것을 뜻한다(그래서 해당 타일에 대해서는 아무것도 렌더링하지 말아야 한다). 모든 다른 수들은 타일 셋으로부터 특정 타일을 참조한다. 번호의 순서는 왼쪽에서 오른쪽, 그리고 위쪽에서 아랫쪽이다. 그래서 타일 셋에서 타일 8은 두 번째 행의 가장 왼쪽이 된다.

SpriteComponent를 상속하는 TileMapComponent라는 새 컴포넌트를 만들자. 이 클래스는 타일 맵 CSV 파일을 읽는 기능이 필요하다. 그러고 난 후 타일 셋 텍스처로부터 각 타일을 그리는 Draw 함수를 재정의한다. 전체 텍스처 대신에 텍스처의 일부분만 그리기 위해 SDL_RenderCopyEx의 srcrect 파라미터를 사용한다. 그렇게 하면 전체 타일 셋을 그리지 않고 타일 셋 텍스처에서 1개의 타일 사각형 영역만 그리는 것이 가능해진다.

3장

벡터와 기초 물리

벡터는 게임 프로그래머가 매일 사용하는 가장 기본적인 수학 개념이다. 3장에서는 먼저 게임상의 문제를 해결하고자 벡터를 활용하는 다양한 방법을 살펴본다. 다음으로 MoveComponent를 통해 기본 이동을 구현하고 InputComponent를 통해 키보드로 기본 이동을 제어하는 방법을 알아본다. 그런 다음 간단히 뉴턴 물리의 기초를 살펴본 후 오브젝트 간 충돌을 감지하는 방법을 살펴본다. 3장의 게임 프로젝트는 방금 언급한 기술들 중 일부를 사용해서 고전 게임 애스터로이드를 구현한다.

벡터

수학 **벡터**vector는(STL에서 사용하는 `std::vector`와 헷갈리지 말자) 차원당 하나의 요소를 사용해서 n차원에서의 크기와 방향을 나타낸다. 2차원 벡터는 x, y의 요소를 가지고 있다는 의미다. 게임 프로그래머에게 벡터는 가장 중요한 수학적 도구 중 하나다. 게임상에서 나타나는 수많은 여러 문제들을 해결하는 데 벡터를 사용할 수 있으며, 벡터를 이해하는 것은 3D 게임을 제작할 때 특히 중요하다. 이번 절에서는 벡터의 특성과 게임에서 벡터를 사용하는 방법을 다룬다.

이 책에서는 변수가 벡터임을 표현하기 위해 변수 이름 위에 화살표를 사용한다. 또한 각 차원에 관해서는 각각의 벡터 구성 요소에 첨자를 더해서 표기한다. 예를 들어 2D 벡터 $\vec{v}$의 표기법은 다음과 같다.

$$\vec{v} = \langle v_x, v_y \rangle$$

벡터는 위치 개념이 없다. 이 때문에 1장 '게임 프로그래밍 개관' 그리고 2장 '게임 객체와 2D 그래픽스'에서 위치를 표현하려고 `Vector2` 변수를 사용한 것과 비교하면 헷갈릴 수 있다(잠시 후에 이게 사실인 이유를 알 수 있다).

벡터가 위치를 가지고 있지 않고, 두 벡터가 같은 크기(같은 **길이**)를 가지고 있고, 같은 방향을 가리키고 있다면 서로 등가라는 것을 의미한다. 그림 3.1에서는 벡터 필드에 있는 많은 벡터를 보여준다. 수많은 벡터들이 다른 위치에 그려져 있다 하더라도 모든 벡터는 같은 크기와 방향을 가지고 있으므로 이 벡터들은 똑같다.

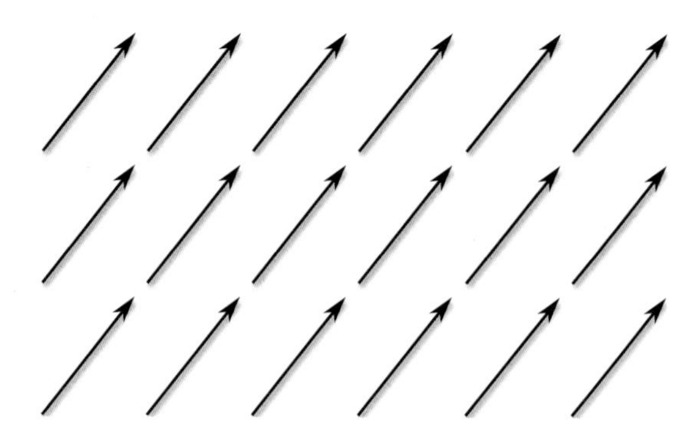

그림 3.1 모든 벡터가 등가인 벡터 필드

벡터를 그리는 위치가 벡터의 값을 바꾸지는 못하더라도 벡터의 시작 부분이나 **꼬리** 부분을 원점에 위치하도록 그리면 벡터 관련 문제를 해결하는 데 도움이 된다. 벡터를 원점으로 옮기면 벡터(**머리**)의 화살표 부분은 공간상에서 특정한 점을 '가리키고 있는' 것으로 생각할 수 있다. 즉, 원점을 기준으로 벡터를 그리면 벡터가 가리키는 위치는 벡터의 구성 요소와 같다. 예를 들어 원점에서 시작하는 2D 벡터 〈1, 2〉를 그리면 벡터의 머리는 그림 3.2처럼 (1, 2)를 가리킨다.

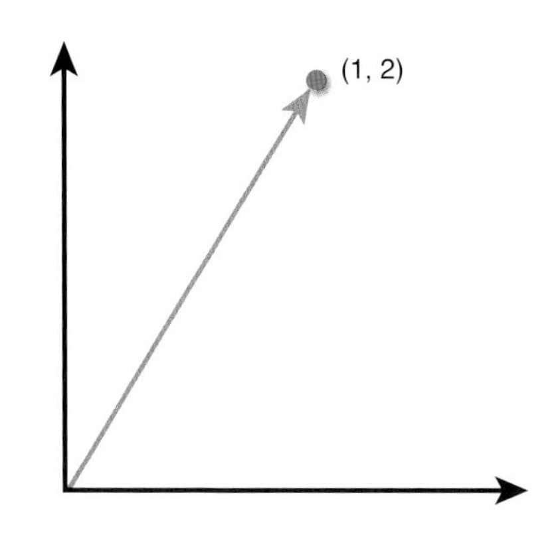

그림 3.2 원점이 꼬리이고 머리가 (1, 2)인 2D 벡터 〈1, 2〉

벡터는 방향을 나타낼 수 있으므로 게임에서는 오브젝트의 방향을 표현하고자 벡터를 종종 사용한다. 오브젝트의 **전방 벡터**forward vector는 오브젝트가 나아가는 직선 방향을 나타내는 벡터다. 예를 들어 x축을 따라 쭉 이동하는 오브젝트는 전방 벡터 〈1, 0〉을 가진다.

개발자는 게임상에서 다양한 벡터 연산을 수행한다. 일반적으로 게임 프로그래머는 이런 다양한 벡터 연산을 수행하기 위해 라이브러리를 사용한다. 이 때문에 벡터 관련 방정식을 기억하는 것보다 어떤 벡터 연산이 어떤 문제를 해결할 수 있는지를 아는 것이 더 좋다.

이 책의 소스 코드는 `Math.h` 헤더 파일에서 제공하는 자체 제작한 벡터 라이브러리를 사용한다. `Math.h` 파일은 3장에서부터 각각의 게임 프로젝트를 위한 코드에 포함돼 있다. 헤더 파일에는 `Vector2`와 `Vector3` 클래스가 선언돼 있으며, 수많은 연산자와 멤버 함수가 구현돼 있다. x와 y 구성 요소가 public 변수이므로 다음과 같이 코드를 작성할 수 있다.

```
Vector2 myVector;
myVector.x = 5;
myVector.y = 10;
```

이번 절에서 다이어그램과 예제는 대부분 2D 벡터를 사용하지만, 거의 모든 연산은 3D 벡터에도 그대로 적용된다. 왜냐하면 3D 벡터는 2D 벡터에서 단순히 구성 요소 하나가 더 추가된 것에 불과하기 때문이다.

두 점 사이에서 벡터 얻어내기: 뺄셈

한 벡터의 각각의 구성 요소와 일치하는 다른 벡터의 구성 요소를 빼면 새로운 벡터를 얻을 수 있다. 예를 들어 2D상에서 x값은 y값과는 분리해서 x의 구성 요소끼리를 뺀다.

$$\vec{c} = \vec{b} - \vec{a} = \langle b_x - a_x,\ b_y - a_y \rangle$$

두 벡터의 뺄셈을 시각화해보자. 그림 3.3(a)처럼 같은 위치에서 벡터의 꼬리가 시작되도록 벡터를 그린다. 그러고 나서 한 벡터의 머리에서 다른 벡터의 머리까지 그려서 벡터를 완성한다. 뺄셈은 순서에 영향을 받으므로(즉, $a - b$와 $b - a$가 같지 않다) 순서가 중요하다. 올바른 순서를 기억하는 데 도움을 주는 기억법은 $\vec{a}$에서 $\vec{b}$로의 벡터가 $\vec{b} - \vec{a}$와 같다는 것을 기억하는 것이다.

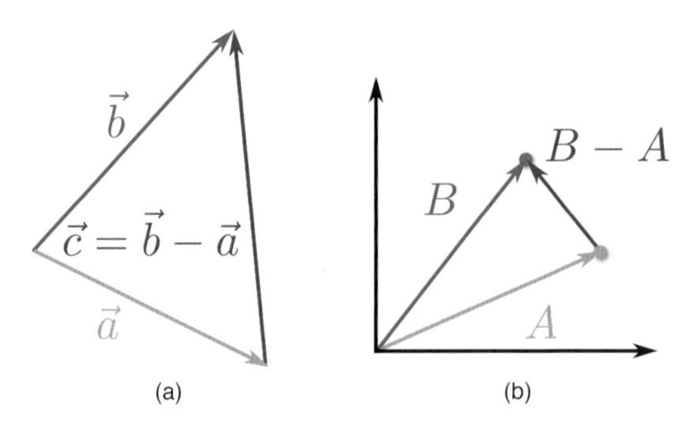

그림 3.3 벡터의 뺄셈 (a) 그리고 벡터로 표현되는 두 점 사이의 뺄셈 (b)

우주 게임에서 우주선이 목표물에 레이저를 쏜다고 가정해보자. 점 s는 우주선의 위치이며 점 t는 목표물의 위치다. 그리고 각각의 위치는 $s = (5, 2)$, $t = (3, 5)$로 가정한다.

이 점들을 원점이 꼬리이고 머리가 각각의 점들을 가리키는 벡터 $\vec{s}$, $\vec{t}$로 생각해보면 어떨까? 이전에 설명했듯이 이러한 벡터의 x, y 요소의 값은 점들과 동일하다. 하지만 벡터라면 뺄셈을 사용해서 그림 3.3(b)같이 두 벡터 사이의 새로운 벡터를 만들 수 있다. 레이저는 우주선에서 목표물을 향하므로 이것은 뺄셈에 해당한다.

$$\vec{t} - \vec{s} = \langle 3, 5 \rangle - \langle 5, 2 \rangle = \langle -2, 3 \rangle .$$

Math.h 라이브러리에서 – 연산자는 두 벡터 간 뺄셈을 수행한다.

```
Vector2 a, b;
Vector2 result = a - b;
```

벡터 스케일링하기: 스칼라 곱

스칼라(단일값) 값은 벡터에 곱하는 것이 가능하다. 벡터의 각각의 요소에 스칼라 값을 곱하면 된다.

$$s \cdot \vec{a} = \langle s \cdot a_x, s \cdot a_y \rangle$$

양의 스칼라 값을 벡터에 곱하면 오직 벡터의 크기만을 바꾸는 반면, 음수 스칼라 값을 곱하면 벡터의 방향을 반전시킨다(머리가 꼬리가 되고 꼬리가 머리가 된다는 의미). 그림 3.4는 벡터 $\vec{a}$에 2개의 다른 스칼라 값을 곱했을 때의 결과를 보여준다.

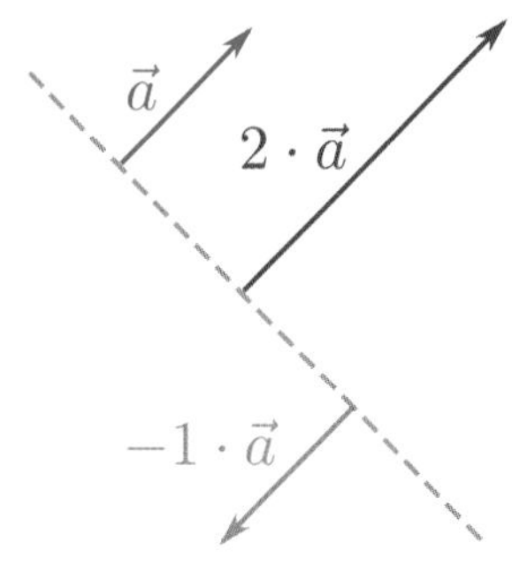

그림 3.4 스칼라 곱

Math.h 라이브러리에서 * 연산자는 스칼라 곱을 실행한다.

```
Vector2 a;
Vector2 result = 5.0f * a; //5배로 스케일링됨
```

두 벡터의 결합: 덧셈

벡터 덧셈에서는 두 벡터의 요소를 각각 더해서 새로운 벡터를 생성한다.

$$\vec{c} = \vec{a} + \vec{b} = \langle a_x + b_x,\ a_y + b_y \rangle$$

벡터 덧셈을 시각화해보자. 한 벡터의 머리가 다른 벡터의 꼬리에 닿도록 그린다. 덧셈의 결과는 그림 3.5에서 보여주듯이 한 벡터의 꼬리에서 다른 벡터의 머리로 향하는 벡터다.

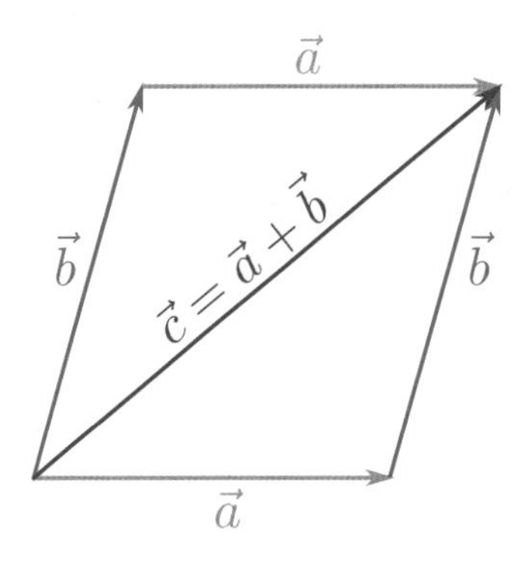

그림 3.5 벡터 덧셈

덧셈의 순서는 결과에 영향을 미치지 않는다. 벡터 덧셈은 두 실수 사이의 덧셈처럼 순서가 크게 상관없기 때문이다.

$$\vec{a}+\vec{b}=\vec{b}+\vec{a}$$

벡터 덧셈은 다양한 방식으로 사용할 수 있다. 예를 들어 플레이어가 p 지점에 있고 플레이어의 전방 벡터가 $\vec{f}$라고 가정하자. 그럼 플레이어 150유닛 앞에 있는 지점은 $\vec{p}+150\vec{f}$가 된다.

Math.h 라이브러리에서 + 연산자는 두벡터를 더한다.

```
Vector2 = a, b;
Vector2 result = a + b;
```

거리 결정하기: 길이

3장의 초반부에서 언급했듯이 벡터는 크기와 방향을 나타낸다. 벡터의 크기(또는 길이)는 벡터 변수의 양쪽 측면에 2개의 수직 막대기를 사용해서 나타낸다. 예를 들어 $\vec{a}$의 크기를 $\|\vec{a}\|$로 쓸 수 있다. 벡터의 길이를 구하기 위해서 각 요소의 제곱의 합에 제곱근을 사용하자.

$$\|\vec{a}\|=\sqrt{a_x^2+a_y^2}$$

이 공식은 유클리드 거리 공식과 매우 비슷해 보인다. 그리고 유클리드 거리 공식이 매우 간소화된 것처럼 보인다! 만약 원점에서 시작한 벡터를 그린다면 이 공식은 원점에서 벡터가 가리키는 지점까지의 거리를 계산한다.

또한 두 임의의 지점 사이의 거리를 계산하는 데도 이 공식을 사용하는 것이 가능하다. 주어진 점 p, q를 벡터로 생각하고 벡터 뺄셈을 수행하자. 뺄셈의 결과로 나온 벡터의 크기는 두 점 사이의 거리와 같다.

$$distance=\|\vec{p}-\vec{q}\|$$

이 길이 공식에서 제곱근은 상대적으로 계산 비용이 크다. 반드시 길이를 알아야 한다면 이 제곱근을 피할 방법은 없다. 하지만 어떤 경우에는 제곱근 계산을 하지 않아도 된다.

예를 들어 플레이어가 오브젝트 A에 가까운지 또는 오브젝트 B에 가까운지를 결정해야 한다고 가정하자. 처음에는 오브젝트 A에서 플레이어로의 벡터, $\vec{p}-\vec{a}$를 구한다. 유사하게 오브젝트 B에서 플레이어까지의 벡터, $\vec{p}-\vec{b}$를 구한다. 어느 오브젝트가 플레이어에 더 가까운지를 알아내기 위해 각 벡터의 길이를 계산해서 비교하는 것은 너무 당연해 보인다. 하지만 어느 정도 수학 연산을 간소화하는 것이 가능하다. 허수는 없다고 가정하면 벡터의 길이는 양수다. 이 경우에 두 벡터의 길이를 비교하는 것은 논리적으로 각 벡터의 길이 제곱값과 비교하는 것과 똑같다.

$$\|\vec{a}\| < \|\vec{b}\| \equiv \|\vec{a}\|^2 < \|\vec{b}\|^2$$

따라서 단순히 상대적인 비교만을 필요로 하는 경우는 길이 대신에 길이의 제곱값을 사용하면 된다.

$$\|\vec{a}\|^2 = a_x^2 + a_y^2$$

Math.h 라이브러리에서 Length( ) 멤버 함수는 a 벡터의 길이를 계산한다.

```
Vector2 a;
float length = a.Length( );
```

마찬가지로 LengthSquared 멤버 함수는 길이의 제곱값을 계산한다.

방향 결정하기: 단위 벡터와 정규화

단위 벡터unit vector는 1의 길이를 가진 벡터다. 단위 벡터의 표기는 $\hat{u}$같이 벡터 문자 위에 '모자'를 그려서 나타낸다. 그리고 **정규화**normalization를 거치면 단위 벡터가 아닌 벡터를 단위 벡터로 변환하는 것이 가능하다. 벡터를 정규화하려면 벡터의 각 요소를 벡터의 길이로 나누면 된다.

$$\hat{a} = \left\langle \frac{a_x}{\|\vec{a}\|}, \frac{a_y}{\|\vec{a}\|} \right\rangle$$

어떤 경우에는 단위 벡터를 사용하면 계산이 단순해질 수 있다. 하지만 벡터를 정규화하는 것은 벡터 원래의 크기 정보를 잃는 결과를 초래한다. 그렇기 때문에 벡터를 정규화할 때는 항상 주의를 기울여야 한다.

> **경고** **0으로 나누기**
>
> 벡터가 모든 요소에 0을 갖고 있다면 이 벡터의 길이는 0이 된다. 이 경우에 정규화 공식은 0으로 나눗셈을 하게 된다. 부동 소수점 변수를 0으로 나누면 에러 값 **NaN**(숫자가 아님)을 발생시킨다. 계산 결과가 NaN 값을 가지게 되면 NaN과 연관된 연산은 또 NaN을 생성하므로 이러한 값들을 제거하는 것은 불가능해지게 된다.
>
> 이 문제에 대한 일반적인 해결책은 벡터의 길이가 0에 가까운지를 최초에 테스트하는 '안전한' 함수를 만드는 것이다. 안전한 함수를 통해 그 결과가 0과 가까우면 우리는 단순히 나눗셈을 하지 않으면 되고, 이를 통해 0으로 나눗셈하는 것을 피할 수 있다.

경험에 따른 좋은 습관은 오직 방향만 필요로 할 경우에 벡터를 정규화하는 것이다. 화살표가 가리키는 방향이나 액터의 전방 벡터가 좋은 예에 해당한다. 하지만 오브젝트 간 거리를 보여주는 레이더같이 거리 또한 중요한 벡터에 정규화를 수행하면 이런 정보들은 잃게 될 것이다.

일반적으로는 물체가 어느 방향으로 향하고 있는지를 나타내는 전방 벡터나 어느 방향이 위쪽인지를 나타내는 **상향 벡터**up vector를 정규화한다. 그러나 다른 벡터들의 정규화는 원치 않을 수 있다. 예를 들어 중력 벡터를 정규화해버리면 중력의 크기를 잃어버리게 된다.

`Math.h` 라이브러리는 2개의 다른 `Normalize()` 함수를 제공한다. 첫 번째는 주어진 벡터를 실제로 정규화하는 함수다(정규화되지 않은 벡터에 덮어쓴다).

```
Vector2 a;
a.Normalize(); // a는 이제 정규화됐다
```

또한 파라미터로 벡터를 전달받아 정규화한 뒤 그 정규화된 벡터를 반환하는 정적 함수가 있다.

```
Vector2 a;
Vector2 result = Vector2::Normalize(a);
```

각도로부터 전방 벡터 변환

2장의 Actor 클래스는 각도가 라디안radian 단위인 회전값을 가지고 있었다. 이 값을 사용하면 액터는 자신이 향해야 될 방향으로 회전할 수 있다. 회전은 지금 2D상에서 이뤄지므로 각도는 그림 3.6처럼 단위 원의 각도와 일치한다.

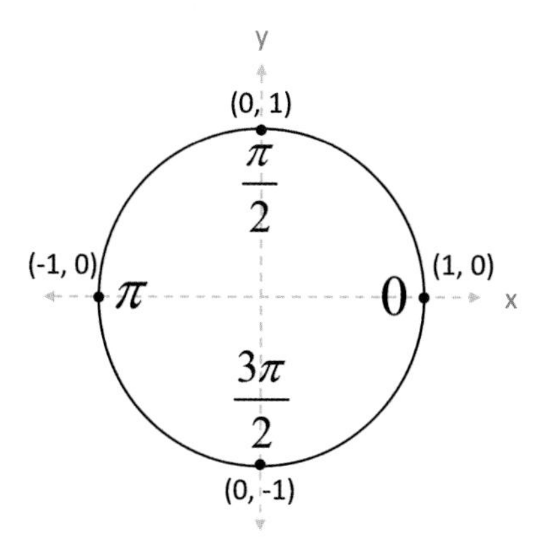

그림 3.6 단위 원

각도를 세타theta로 표현한 단위 원의 방정식은 다음과 같다.

$$x = \cos\theta$$
$$y = \sin\theta$$

이 방정식은 액터의 각도를 전방 벡터로 변환하는 데 바로 사용할 수 있다.

```
Vector2 Actor::GetForward() const
{
   return Vector2(Math::Cos(mRotation), Math::Sin(mRotation));
}
```

전방 벡터를 각도로 변환: 아크탄젠트

이제 이전 절에서 설명한 내용과 반대의 상황을 가정해보자. 전방 벡터가 주어졌을 때 이 전방 벡터를 각도로 변환하려 한다. 탄젠트tangent 함수가 각도를 인자로 받고 삼각형의 밑변과 높이의 비율값을 반환했던 걸 떠올리자.

이제 액터의 새로운 전방 벡터로부터 회전 멤버 변수에 해당하는 각도를 구한다고 가정해본다. 이 경우에는 그림 3.7처럼 새로운 전방 벡터 $\vec{v}$와 x축으로 직각 삼각형을 구성하면 된다. 이 삼각형에서 전방 벡터의 x 요소는 삼각형의 밑변의 길이다. 그리고 전방 벡터의 y 요소는 삼각형 높이다. 이 요소들의 비율값을 이용하면 아크탄젠트arctangent 함수를 사용해서 각도 세타를 계산하는 것이 가능하다.

프로그래밍에서 선호되는 아크탄젠트 함수는 atan2 함수다. 이 함수는 파라미터로 2개의 인자를 받는다(삼각형 높이와 밑변의 길이). 그리고 $[-\pi, \pi]$ 범위의 각도를 리턴한다. 양의 각도는 삼각형이 1사분면이나 2사분면에 있고(양의 y값), 음의 각도는 삼각형이 3사분면이나 4사분면에 있다는 걸 뜻한다.

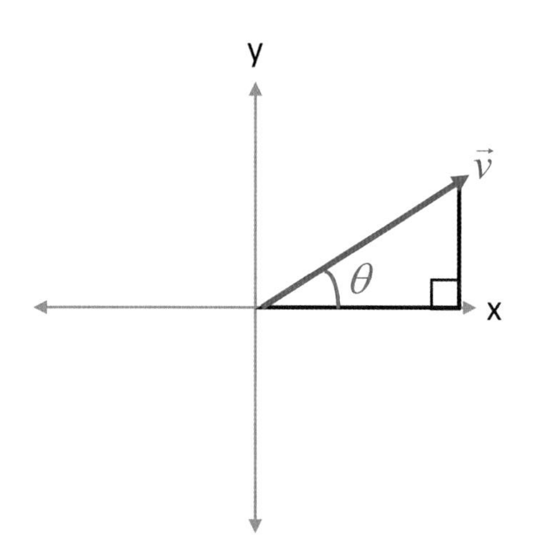

그림 3.7 x축과 벡터로 구성된 직각삼각형

예를 들어 우주선이 운석을 바라본다고 가정하자. 먼저 우주선에서 운석으로 향하는 벡터를 만들고 이 벡터를 정규화해야 한다. 다음으로 atan2 함수를 사용해서 새로운 전방 벡터를 각도로 변환한다. 마지막으로 우주선 액터의 회전값을 이 새로운 각도로 설정한다. SDL 2D 좌표 시스템에서는 $+y$가 아래를 향하므로 y값을 반전해야 한다는 걸 잊지 말자. 지금까지 설명한 코드의 내용은 다음과 같다.

```
// (우주선과 운석은 액터다)
Vector2 shipToAsteroid = asteroid->GetPosition() - ship->GetPosition();
shipToAsteroid.Normalize();
// 새 전방 벡터를 atan2 함수를 사용해서 각도로 변환한다 (SDL을 위해 y값을 반전시킨다)
float angle = Math::Atan2(-shipToAsteroid.y, shipToAsteroid.x);
ship->SetRotation(angle);
```

아크탄젠트 함수의 사용은 2D 게임에서 매우 잘 동작한다. 하지만 이 아크탄젠트 함수는 모든 물체가 x-y 평면에 존재하는 2D 게임과 같은 경우에만 동작한다. 3D 게임에서는 다음 절에서 설명할 내적을 통한 접근법을 사용하는 것이 좋다.

두 벡터 사이의 각도 구하기: 내적

두 벡터 사이의 **내적**dot product 결과는 단일 스칼라 값이다. 게임에서 내적을 사용하는 가장 일반적인 경우는 두 벡터 사이의 각도를 찾는 것이다. 다음 방정식은 벡터 $\vec{a}$와 $\vec{b}$의 내적을 계산한다.

$$\vec{a} \cdot \vec{b} = a_x \cdot b_x + a_y \cdot b_y$$

또한 내적은 각의 코사인cosine과 관계가 있다. 그래서 두 벡터 사이의 각도는 다음과 같이 표현할 수 있다.

$$\vec{a} \cdot \vec{b} = \|\vec{a}\| \|\vec{b}\| \cos\theta$$

그림 3.8에 나와 있는 공식은 코사인 법칙을 토대로 한 것이다. 이 공식을 사용하면 세타를 구할 수 있다.

$$\theta = \arccos\left(\frac{\vec{a} \cdot \vec{b}}{\|\vec{a}\| \|\vec{b}\|}\right)$$

두 벡터 $\vec{a}, \vec{b}$가 단위 벡터라면 각 벡터의 길이가 1이므로 분모를 생략할 수 있다.

$$\theta = \arccos\left(\hat{a} \cdot \hat{b}\right)$$

단위 벡터를 사용했으므로 식이 단순해졌는데, 방향만이 중요하다면 미리 벡터를 정규화해두는 것이 좋다.

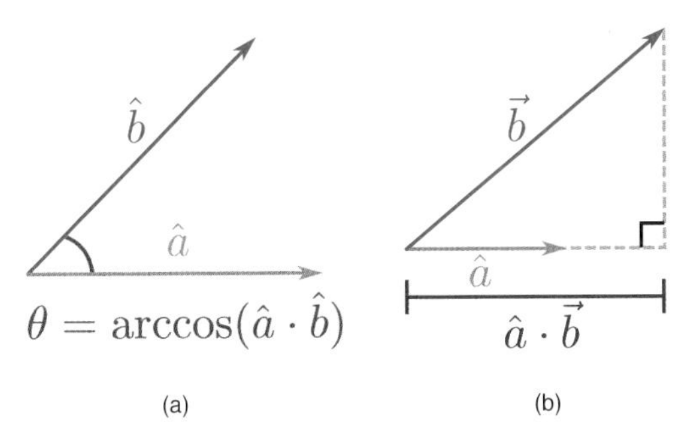

그림 3.8 두 단위 벡터 사이의 각도 계산

예를 들어 전방 벡터 $\hat{f}$를 가진 위치 p에 있는 플레이어를 생각해보자. 새로운 적이 위치 e에 나타난다. 기존 전방 벡터와 p에서 e로의 벡터 사이의 각도를 구해볼 것이다. p에서 e로의 벡터 v는 다음과 같다.

$$\vec{v} = \vec{e} - \vec{p}$$

그리고 이번 경우에는 방향만이 중요하므로 $\vec{v}$를 정규화한다.

$$\hat{v} = \left\langle \frac{v_x}{\|\vec{v}\|}, \frac{v_y}{\|\vec{v}\|} \right\rangle$$

마지막으로 $\hat{f}$와 $\hat{v}$ 사이의 각도를 결정하고자 내적 공식을 사용한다.

$$\theta = \arccos\left(\hat{f} \cdot \hat{v}\right) = \arccos\left(f_x \cdot v_x + f_y \cdot v_y\right)$$

두 벡터 사이의 각도를 계산할 시 내적에서 발생할 수 있는 몇 가지 특별한 경우를 기억해두면 좋다. 두 단위 벡터 사이의 내적이 0이면 두 벡터가 수직한다는 것을 뜻한다. 왜냐하면 $\cos(\pi/2) = 0$이기 때문이다. 또한 내적값이 1이라면 두 벡터는 평행해서 같은 방향을 향하고 있다는 걸 뜻한다. 마지막으로 −1은 두 벡터가 **서로 평행하지만 반대 방향**antiparallel으로 향하고 있다는 걸 의미한다.

각도를 계산하기 위해 내적을 사용할 경우 한 가지 결점은 아크코사인arccosine이 $[0, \pi]$ 범위에서 각도를 반환한다는 것이다. 이 때문에 아크코사인은 두 벡터 사이의 최소 회전값을 주지만 이 회전값이 시계 방향인지 아니면 반시계 방향인지는 알 수 없다.

두 실수 사이의 곱셈처럼 내적도 덧셈과 결합에 대해서는 교환, 분배 법칙이 가능하다.

$$\vec{a}\cdot\vec{b} = \vec{b}\cdot\vec{a}$$
$$\vec{a}\cdot\left(\vec{b}+\vec{c}\right) = \vec{a}\cdot\vec{b}+\vec{a}\cdot\vec{c}$$
$$\vec{a}\cdot\left(\vec{b}\cdot\vec{c}\right) = \left(\vec{a}\cdot\vec{b}\right)\cdot\vec{c}$$

또 다른 유용한 팁으로 벡터 그자체의 내적은 길이 제곱값과 같다는 걸 들 수 있다.

$$\vec{v}\cdot\vec{v} = \left\|\vec{v}\right\|^2 = v_x^2 + v_y^2$$

Math.h 라이브러리는 Vector2와 Vector3에 대한 Dot 정적 함수를 정의했다. 예를 들어 oriForward와 newForward 사이의 각도를 구하려면 다음과 같이 사용하자.

```
float dotResult = Vector2::Dot(origForward, newForward);
float angle = Math::Acos(dotResult);
```

법선 벡터 계산하기: 외적

법선 벡터normal vector는 표면에 수직한 벡터다. 표면(삼각형 등)의 법선 벡터를 계산하면 3D 게임에서 매우 도움이 된다. 예를 들어 6장 '3D 그래픽스'에서 설명하는 광원 모델은 법선 벡터의 계산이 필요하다.

평행하지 않은 2개의 3D 벡터가 주어지면 두 벡터를 포함하는 평면은 반드시 존재한다. 외적은 그림 3.9에서 보여주듯이 그 평면에 **수직한 벡터**를 구한다.

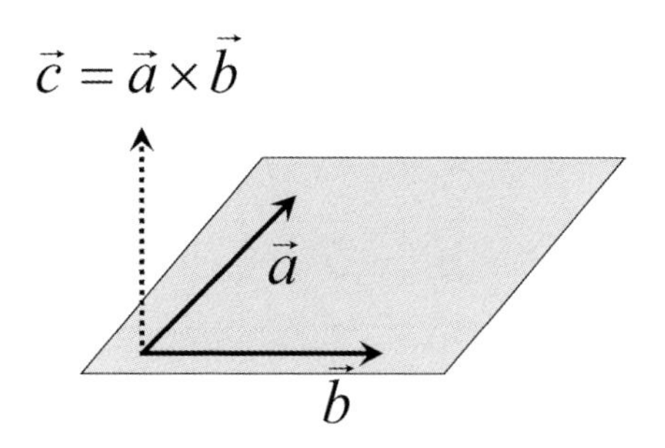

그림 3.9 왼손 좌표계상의 외적

외적은 2D 벡터에서는 동작하지 않는다. 그러나 2D 벡터를 3D 벡터로 변환하면 사용할 수 있다. 2D 벡터를 3D 벡터로 변환하려면 z 요소값 0을 2D 벡터에 추가하면 된다.

x 기호는 두 벡터 사이의 내적을 뜻한다.

$$\vec{c} = \vec{a} \times \vec{b}$$

기술적으로는 그림 3.9에서 평면에 수직인 두 번째 벡터 $-\vec{c}$가 존재할 수 있다. 평면에 수직한 벡터가 2개 있다는 것은 외적의 중요한 특성을 나타낸다. 즉 외적에서는 교환 법칙이 성립되지 않지만, 교환 후에 그 값을 반전시키면 그 결과는 원래의 외적과 동일하다.

$$\vec{a} \times \vec{b} = -\vec{b} \times \vec{a}$$

왼손 법칙left-hand rule을 사용하면 외적으로 구한 벡터가 향하는 방향을 빠르게 알 수 있다. 왼손의 집게 손가락을 a 방향으로 향하고, 중지를 b 방향으로 향한다. 필요하다면 손목을 회전시켜도 된다. 엄지 손가락은 자연히 c 방향을 가리키게 된다. 여기서는 왼손을 사용했으며 이 책의 좌표 체계는 왼손 기준이다(5장 'OpenGL'에서는 더 다양한 좌표계도 알아볼 것이다). 오른손 좌표계에서는 오른손 법칙을 사용한다.

외적의 수치 계산은 다음과 같다.

$$\vec{c} = \vec{a} \times \vec{b} = \langle a_y b_z - a_z b_y,\ a_z b_x - a_x b_z,\ a_x b_y - a_y b_x \rangle$$

외적 계산을 기억하는 인기 있는 니모닉mnemonic은 'xyzzy'다. 이 니모닉은 x 요소 외적 결과의 첨자 순서를 기억하는 데 도움을 준다.

$$c_x = a_y b_z - a_z b_y$$

y와 z 요소는 $x \rightarrow y \rightarrow z \rightarrow x$ 순서로 회전된 첨자를 가지며, 두 요소의 외적 결과는 다음과 같다.

$$c_y = a_z b_x - a_x b_z$$
$$c_z = a_x b_y - a_y b_x$$

내적처럼 외적에서도 특별히 고려해야 되는 경우가 있다. 외적이 벡터 (0, 0, 0)을 반환하면 $\vec{a}$와 $\vec{b}$가 평행하다는 것을 뜻한다. 두 평행한 벡터는 평면을 형성할 수 없다. 그래서 외적은 반환할 법선 벡터를 가지지 못한다.

삼각형은 단일 평면상에 놓여 있으므로 외적을 구하는 것이 가능하다. 그림 3.10은 삼각형 ABC를 보여준다. 법선 벡터를 계산하기 위해 먼저 삼각형 변에 해당하는 두 벡터를 만들자.

$$\vec{u} = B - A$$
$$\vec{v} = C - A$$

그러고 나서 두 벡터의 외적을 구하고 그 결과를 정규화한다. 그 결과는 이 삼각형의 법선벡터다.

$$\vec{n} = \vec{u} \times \vec{v}$$
$$\hat{n} = \frac{\vec{n}}{\left\|\vec{n}\right\|}$$

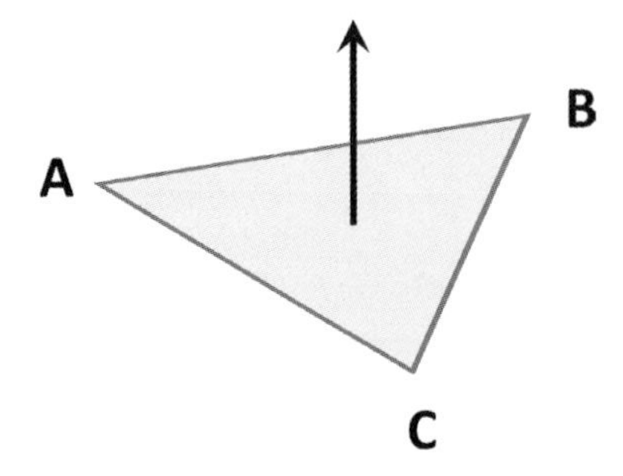

그림 3.10 삼각형 ABC의 법선 벡터

Math.h 라이브러리는 정적 함수 Cross를 제공한다. 예를 들어 다음 코드는 두 벡터 a, b 사이의 외적을 계산한다.

```
Vector3 c = Vector3::Cross(a, b);
```

기본 이동

2장의 게임 프로젝트에서는 우주선(Actor의 서브클래스)의 UpdateActor 함수를 우주선 이동을 위해 재정의했었다. 그러나 이동은 게임의 일반적인 특징이므로 이렇게 하기보다는 컴포넌트로 이동 행위를 캡슐화하는 것이 더 좋다. 이번 절에서는 먼저 액터가 게임 세계 주변을 돌아다닐 수 있도록 MoveComponent 클래스를 제작하는 방법을 설명한다. 이 클래스를 활용하면 화면 주변을 돌아다니는 운석을 만들 수 있다. 그리고 이번 절에서는 키보드 입력을 직접 가져올 수 있는, MoveComponent의 서브클래스인 InputComponent를 만드는 방법을 살펴본다.

기본 MoveComponent 클래스 제작

기본 수준에서 MoveComponent는 액터가 특정 속도로 앞을 향해 나아갈 수 있도록 해야 한다. 특정 속도로 나아가는 것을 지원하려면 먼저 액터의 전방 벡터를 계산하는 함수가 필요하다. 전방 벡터 계산 함수는 3장의 초반 부분인 '각도로부터 전방 벡터 변환' 절에서 구현했었다. 액터의 전방 벡터를 구했다면, 전진하는 액터의 위치는 다음과 같은 의사 코드로 표현하는 것이 가능하다.

```
position += GetForward( ) * forwardSpeed * deltaTime;
```

액터 회전(각도)을 갱신하는 것도 전방 벡터만 제외하면 이번 예와 비슷한 메커니즘이 적용된다. 액터의 회전에는 초당 회전을 나타내는 각속도와 델타 시간만이 필요하다.

```
rotation += angularSpeed * deltaTime;
```

이렇게 위치값과 회전값 갱신을 구현하면 액터는 상대적인 속도값에 의존해서 전진과 회전을 할 수 있다. Component의 서브클래스로서 MoveComponent를 구현하기 위해 먼저 리스트 3.1처럼 클래스를 선언하자. 리스트 3.1의 MoveComponent는 전진과 회전 이동을 위해 별도의 속도값을 가지고 있으며, 이 속도에 대한 getter/setter 함수를 가지고 있다. 또한 MoveComonent 클래스는 Update 함수를 재정의해서 액터를 움직이는 코드를 구현한다. MoveComponent의 생성자에서는 기본 갱신 순서값을 10으로 지정했다. 갱신 순서는 액터가 어떤 컴포넌트를 먼저 갱신할지에 관한 순서를 결정한다는 걸 기억하자. 다른 컴포넌트의 경우 기본 갱신 순서값이 100이므로 MoveComponent는 대부분의 다른 컴포넌트보다 앞서 갱신된다.

리스트 3.1 MoveComponent 선언

```
class MoveComponent : public Component
{
public:
   // 먼저 업데이트되도록 갱신 순서값을 낮춤
   MoveComponent(class Actor* owner, int updateOrder = 10);

   void Update(float deltaTime) override;

   float GetAngularSpeed() const { return mAngularSpeed; }
   float GetForwardSpeed() const { return mForwardSpeed; }
   void SetAngularSpeed(float speed) { mAngularSpeed = speed; }
   void SetForwardSpeed(float speed) { mForwardSpeed = speed; }
private:
   // 회전을 제어(초당 라디안)
   float mAngularSpeed;
   // 전방 이동을 제어(초당 단위)
   float mForwardSpeed;
};
```

리스트 3.2는 이동 관련 의사 코드를 실제 코드로 변환한 Update 함수 구현 내용이다. Component 클래스가 mOwner 멤버 변수를 통해 자신의 소유자에 접근할 수 있었음을 떠올리자. 이 mOwner 포인터를 사용하면 소유자 액터의 위치값과 회전값, 그리고 전방 벡터 값에 접근할 수 있다. 또한 Math::NearZero 함수의 사용도 유의깊게 살펴보자.

이 함수는 파라미터의 절댓값이 0에 가까운지를 결정하기 위해 작은 값인 엡실론epsilon과 비교한다. 이 아주 작은 값인 엡실론보다 작으면 속도는 0에 가깝다고 판단하고 액터의 회전이나 위치를 갱신하지 않는다.

리스트 3.2 MoveComponent::Update 구현

```
void MoveComponent::Update(float deltaTime)
{
   if (!Math::NearZero(mAngularSpeed))
   {
      float rot = mOwner->GetRotation();
      rot += mAngularSpeed * deltaTime;
      mOwner->SetRotation(rot);
   }
   if (!Math::NearZero(mForwardSpeed))
   {
      Vector2 pos = mOwner->GetPosition();
      pos += mOwner->GetForward() * mForwardSpeed * deltaTime;
      mOwner->SetPosition(pos);
   }
}
```

3장의 게임 프로젝트는 고전 애스터로이드 게임 버전이므로 또한 화면 래핑을 위한 코드가 필요하다. 즉 운석이 화면의 왼쪽으로 벗어나면 운석은 화면의 오른쪽 부분으로 순간 이동해야 한다. 이 코드는 여기서는 생략한다. 왜냐하면 이 코드는 일반적인 MoveComponent에 대해 필요한 내용이 아니기 때문이다. 하지만 3장의 소스 코드는 화면 래핑을 위한 수정된 코드를 포함한다.

이제 MoveComponent가 부착된, Actor의 서브클래스인 Asteroid를 선언하자. Asteroid는 이동을 위해 UpdateActor 함수의 재정의가 필요없다. 대신 리스트 3.3처럼 Asteroid의 생성자에서 운석 이미지를 나타내는 SpriteComponent와 MoveComponent를 생성한다. 생성자에서는 운석의 속도를 초당 150단위의 고정값으로 설정한다(초당 150픽셀을 이동한다는 것을 뜻한다).

리스트 3.3 Asteroid 생성자

```
Asteroid::Asteroid(Game* game)
 :Actor(game)
{
   // 랜덤하게 위치와 방향을 초기화한다
   Vector2 randPos = Random::GetVector(Vector2::Zero,
      Vector2(1024.0f, 768.0f));
   SetPosition(randPos);
   SetRotation(Random::GetFloatRange(0.0f, Math::TwoPi));

   // 스프라이트 컴포넌트를 생성하고 텍스처를 설정한다
   SpriteComponent* sc = new SpriteComponent(this);
   sc->SetTexture(game->GetTexture("Assets/Asteroid.png"));
   // 이동 컴포넌트를 생성하고 전방 속도를 설정한다
   MoveComponent* mc = new MoveComponent(this);
   mc->SetForwardSpeed(150.0f);
}
```

이 Asteroid 생성자에서 한 가지 새로운 부분은 Random 정적 함수의 사용이다. 이 함수들의 구현은 특별히 흥미롭지는 않다. 함수들은 단순히 벡터나 특정 범위에 있는 실숫값을 얻기 위해 내장된 C++ 무작위 수 생성 함수를 감싼 것에 불과하다. Random 함수는 각각의 운석이 임의의 위치와 방향을 가지도록 해준다.

이제 이 Asteroid 클래스를 사용하면 Game::LoadData 함수에서 다음 코드를 사용해서 몇 개의 운석 생성이 가능하다.

```
const int numAsteroids = 20;
for (int i = 0; i < numAsteroids; i++)
{
   new Asteroid(this);
}
```

이제 화면상에서 움직이는 운석을 볼 수 있을 것이다(그림 3.11).

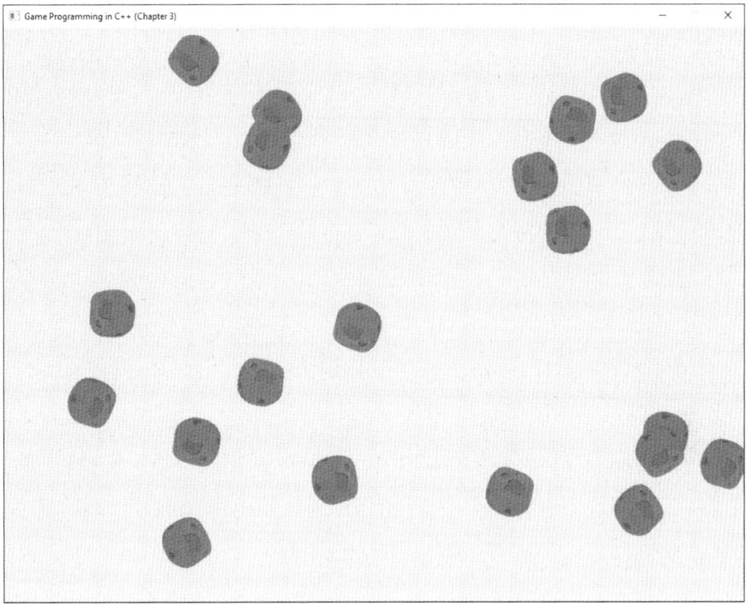

그림 3.11 이동 컴포넌트로 움직이는 운석들

InputComponent 클래스 제작

기본 MoveComponent는 플레이어가 제어하지 않는 운석과 같은 물체에 관해서는 환상적이다. 그러나 플레이어가 키보드로 우주선을 제어하기를 원한다면 딜레마에 빠질 것이다. 한 가지 아이디어는 2장의 게임 프로젝트처럼 Ship 클래스에서 입력에 대한 커스텀 함수를 만드는 것이다. 그러나 입력을 액터나 컴포넌트로 연결하는 것이 일반적인 방법이므로 게임 객체 모델에 입력을 통합하는 것이 좋다. 즉 상황에 따라 액터나 컴포넌트의 서브클래스가 입력을 재정의할 수 있는 함수가 필요하다.

이를 지원하기 먼저 Component에 구현 내용은 없는 빈 가상 함수 ProcessInput을 추가하자.

```
virtual void ProcessInput(const uint8_t* keyState) {}
```

그런 다음 Actor에서 두 함수를 선언한다.

- ProcessInput(비가상 함수)
- ActorInput(가상 함수)

그리고 커스텀 입력이 필요한 액터의 서브클래스는 ProcessInput이 아닌 ActorInput을 재정의한다(별도의 Update와 UpdateActor 함수가 있는 것처럼).

```
// Game이 호출하는 ProcessInput 함수 (재정의되지 않음)
void ProcessInput(const uint8_t* keyState);
// 특정 액터를 위한 입력 코드 (재정의됨)
virtual void ActorInput(const uint8_t* keyState);
```

Actor::ProcessInput 함수는 먼저 액터의 상태가 활성화돼 있는지 확인한다. 활성화돼 있다면 모든 컴포넌트의 ProcessInput을 호출한다. 그런 다음 액터가 재정의된 행위를 하도록 ActorInput을 호출한다.

```
void Actor::ProcessInput(const uint8_t* keyState)
{
   if (mState == EActive)
   {
      for (auto comp : mComponents)
      {
         comp->ProcessInput(keyState);
      }
      ActorInput(keyState);
   }
}
```

마지막으로 Game::ProcessInput에서는 모든 액터를 반복하면서 각 액터의 ProcessInput을 호출한다.

```
mUpdatingActors = true;
for (auto actor : mActors)
{
```

```
  actor->ProcessInput(keyState);
}
mUpdatingActors = false;
```

ProcessInput 내부에서 액터가 또다른 액터를 만들려고 하거나 액터가 컴포넌트를 다루는 루프 앞에서는 mUpdatingActors bool 값이 true로 설정돼야 한다.

그리고 새로운 액터를 추가할 때는 mActors 대신에 mPendingActors에 추가해야 한다. 이 형태는 벡터를 반복하는 동안에는 mActors가 수정되지 않도록 한 2장에서 사용한 테크닉과 같다.

이제 리스트 3.4처럼 InputComponent라는 MoveComponent의 서브클래스를 선언한다. InputComponent의 주된 임무는 소유자 액터의 앞뒤 이동과 회전을 제어하는 특정 키를 설정하는 것이다. 또한 재정의된 ProcessInput이 직접 MoveComponent의 전방 속도와 각 속도를 설정하므로 비정상적인 속도값이 설정되지 않도록 최대 속도에 제한을 둔다.

리스트 3.4 InputComponent 선언

```
class InputComponent : public MoveComponent
{
public:
   InputComponent(class Actor* owner);

   void ProcessInput(const uint8_t* keyState) override;

   // private 변수에 접근하기 위한 getter / setter 함수들
   // ...
private:
   // 최대 전방 속도 / 최대 각 속도
   float mMaxForwardSpeed;
   float mMaxAngularSpeed;
   // 전진 및 후진을 위한 키
   int mForwardKey;
   int mBackKey;
   // 각 운동을 위한 키
   int mClockwiseKey;
```

```
    int mCounterClockwiseKey;
};
```

리스트 3.5는 InputComponent::ProcessInput의 구현을 보여준다. 먼저 전방 속도를 0으로 설정하고 눌러진 키에 따라 올바른 전방 속도를 결정한다. 그런 다음 이 속도를 상속한 함수인 SetForwardSpeed로 넘긴다. 유저가 전진 키나 후진 키 둘 다를 누르거나 또는 두 키 다 누르지 않으면 전방 속도는 0이 된다. 각 속도를 설정하는 코드도 전방 속도를 설정하는 코드와 비슷하다.

리스트 3.5 InputComponent::ProcessInput 구현

```
void InputComponent::ProcessInput(const uint8_t* keyState)
{
    // MoveComponent 를 위한 전방 속도 계산
    float forwardSpeed = 0.0f;
    if (keyState[mForwardKey])
    {
        forwardSpeed += mMaxForwardSpeed;
    }
    if (keyState[mBackKey])
    {
        forwardSpeed -= mMaxForwardSpeed;
    }
    SetForwardSpeed(forwardSpeed);

    // MoveComponent를 위한 각 속도 계산
    float angularSpeed = 0.0f;
    if (keyState[mClockwiseKey])
    {
        angularSpeed += mMaxAngularSpeed;
    }
    if (keyState[mCounterClockwiseKey])
    {
        angularSpeed -= mMaxAngularSpeed;
    }
    SetAngularSpeed(angularSpeed);
}
```

이제 이 코드를 사용해서 InputComponent 인스턴스를 생성하면 우주선을 키보드로 제어할 수 있다(여기서는 Ship 생성자에 대한 코드는 생략하지만 이 생성자에서 InputComponent의 멤버 변수인 키와 최대 속도를 설정한다). 또한 SpriteComponent를 생성하고 이 SpriteComponent에 텍스처를 설정한다. 이제 유저가 제어 가능한 우주선을 얻었다(그림 3.12).

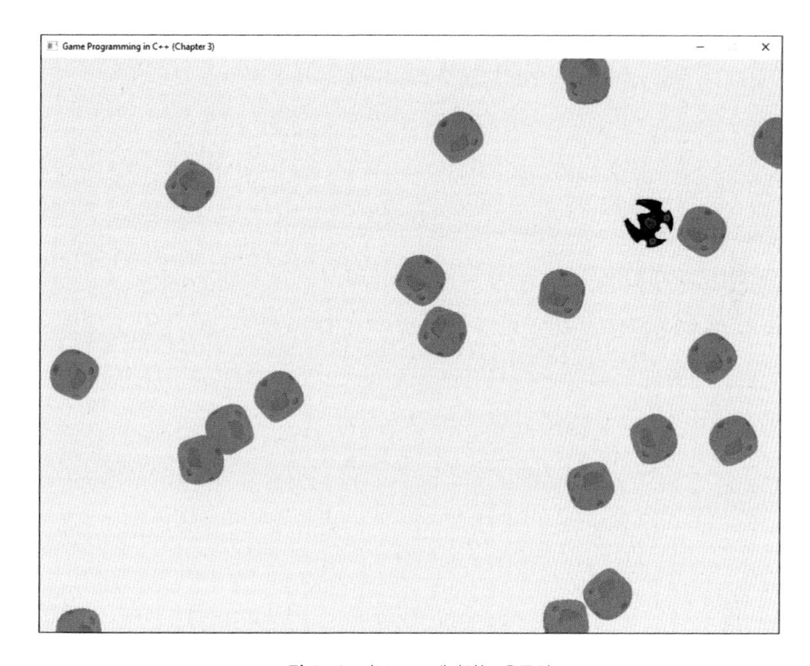

그림 3.12 키보드로 제어하는 우주선

이번에 구현한 것은 보다 유연한 입력 시스템 구축을 위한 첫 번째 단계다. 8장 '입력 시스템'에서는 보다 세부적으로 입력 시스템을 살펴본다.

뉴턴 물리

지금까지 3장에서 사용된 기본 이동에 대한 접근법은 일부 게임에서는 잘 동작하지만 실제 세계와 유사한 이동에 관해서는 물리적으로 정확한 접근이 필요하다. 다행히도 아이작 뉴턴Issac Newton이 운동 법칙을 설명하려고 **뉴턴 물리**(Nrwtonian physics, 고전 물리라고도 불린다)를 구축했다. 게임에서는 일반적으로 뉴턴 물리를 활용한다. 물체가 빛의 속도에 근접할 정도로는 이동하지 않고 양자 입자보다 크다면 뉴턴 물리가 제대로 성립하기 때문이다. 게임은 일반적으로 양자 물리가 적용되는 예외적 상황의 물체를 다루지 않으므로 뉴턴 물리는 게임에서 잘 동작한다.

뉴턴 물리에는 여러 다양한 주제가 있다. 이 책에서는 오직 회전력이 없는 운동 또는 **선형 역학**linear mechanics처럼 가장 기본적인 운동만을 고려한다. 뉴턴 물리의 다른 부분에 대한 세부 내용은 3장 '추가 독서' 절에 나열된 이안 밀링턴Ian Millington의 서적을 참조하거나 대학 수준의 물리학 서적을 참조한다.

선형 역학 개요

선형 역학의 2가지 핵심은 힘과 질량이다. 힘은 물체가 움직이는 데 영향을 미친다. **힘**Force은 크기와 방향을 갖고 있으므로 힘을 벡터로 표현하는 것이 자연스럽다. **질량**Mass은 물체에 내포된 물질의 양을 나타내는 스칼라다. 무게와 질량을 혼동하기 쉽지만 질량은 중력과 관계없는 독립적인 값이며, 반면 무게는 중력과 관계가 있다. 물체의 질량이 크면 클수록 물체의 운동을 변경하는 것은 어려워진다.

물체에 힘이 충분히 주어지면 물체는 움직이기 시작한다. **뉴턴의 제2운동법칙**Newton's second law of motion은 이러한 개념을 내포한다.

$$F = m \cdot a$$

이 방정식에서 F는 힘, m은 질량, 그리고 a는 **가속도**다(물체의 속도가 증가하는 비율). 힘은 질량 곱하기 가속도와 같으므로 가속도는 힘을 질량으로 나눈 값이며, 이 또한 참이다. 게임에서 임의의 물체는 질량을 갖고 있으며, 그 물체에 힘을 가하는 것은 게임에서의 일상적인 접근법이다. 이러한 접근법으로 개발자는 물체의 가속도를 계산한다.

물리학 과정에서 선형 역학은 위치와 속도와 가속도를 시간에 따른 함수로 표현하며 이러한 함수는 기호로 표현된다. 그리고 미적분을 사용해서 속도 함수를 위치 함수의 미분으로 표현하고, 가속도 함수를 속도 함수의 미분으로 표현한다.

그러나 이 표준 공식은 기호로 된 방정식이라는 점, 그리고 미분이 사용되므로 게임에서 사용하기는 어렵다. 게임에서는 물체에 힘을 가하는 동안 시간의 변화에 따른 가속도를 구하는 것이 필요하다. 물체의 가속도를 얻으면 물체의 속도 변화를 계산할 수 있다. 마지막으로 속도가 주어지면 물체의 위치 변화를 계산할 수 있다. 게임에서는 델타 시간, 즉 이산 시간 값을 사용해서 계산하므로 기호 방정식이 필요치는 않고 적분을 사용해야 한다. 하지만 기호로 표현되는 적분이 아닌 수치 적분을 사용해야 한다. 수치 적분은 기호 적분을 고정된 시간 간격으로 근사화한다. 매우 복잡하게 들릴지도 모르지만, 운좋게도 몇 줄의 코드 라인만을 사용해서 수치 적분을 구현하는 것이 가능하다.

오일러 적분을 사용한 위치 계산

수치 적분을 통해서 게임은 가속도를 기반으로 속도를 갱신한 다음, 속도를 기반으로 위치를 갱신한다. 그러나 물체의 가속도를 계산하기 위해 게임은 물체에 적용된 힘뿐만 아니라 물체의 질량도 알 필요가 있다.

또한 고려해야 하는 다양한 유형의 힘이 존재한다. 중력 같은 일부 힘은 일정하며 프레임마다 적용해야 한다. 대신에 다른 힘들은 단일 프레임에만 적용되는 **충격**impulse이나 힘일 수 있다.

예를 들어 캐릭터가 점프할 때는 반발력으로 인해 플레이어는 땅에서 벗어날 수 있다. 그러나 캐릭터는 최종적으로 땅으로 되돌아올 것이다. 왜냐하면 일정한 힘의 크기를 지닌 중력 때문이다. 다양한 힘이 물체에 동시에 작용하며 모든 힘은 벡터이므로 모든 힘을 더하면 해당 프레임마다 물체에 적용될 전체 힘을 구할 수 있다. 힘들의 총합을 질량으로 나누면 가속도를 얻는다.

```
acceleration = sumOfForces / mass;
```

속도와 위치를 계산하기 위해 수치 적분인 **오일러 적분**Euler integration을 사용하자.

```
// 오일러 적분
// 속도 갱신
velocity += acceleration * deltaTime;
// 위치 갱신
```

```
position += velocity * deltaTime;
```

이 계산에서는 힘, 가속도, 속도, 위치가 모두 벡터로 표시된다. 이 계산은 델타 시간에 의존하므로 물리를 시뮬레이션하는 컴포넌트의 `Update` 함수에 넣는다.

가변 시간 단계 문제

물리 시뮬레이션에 의존하는 게임의 경우 가변 프레임 시간(또는 **시간 단계**time step)은 문제의 소지가 된다. 수치 적분의 정확도가 시간 단계의 크기에 의존하기 때문이다. 시간 단계가 작을수록 근사값은 더욱더 정확하다.

또한, 프레임 레이트가 프레임마다 다를 경우 수치 적분의 정확도가 달라진다. 정확도의 변화는 게임 동작에 매우 큰 영향을 미친다. 슈퍼 마리오 브라더스를 플레이한다고 상상해보자. 마리오가 점프할 수 있는 거리는 프레임 레이트에 따라 달라져서 프레임 레이트가 낮으면 낮을수록 마리오는 더 멀리 점프하게 된다. 이는 프레임 레이트가 낮을수록 수치 적분의 오차가 커지기 때문이며, 왜곡된 점프 곡선을 초래한다. 즉 느린 머신에서 게임을 플레이하면 마리오는 빠른 머신에서 플레이하는 게임보다 훨씬 더 멀리 점프할 수 있는 것이다. 그림 3.13은 실제 시뮬레이션된 곡선이 큰 시간 단계 때문에 의도된 곡선과 크게 달라지는 예를 보여준다.

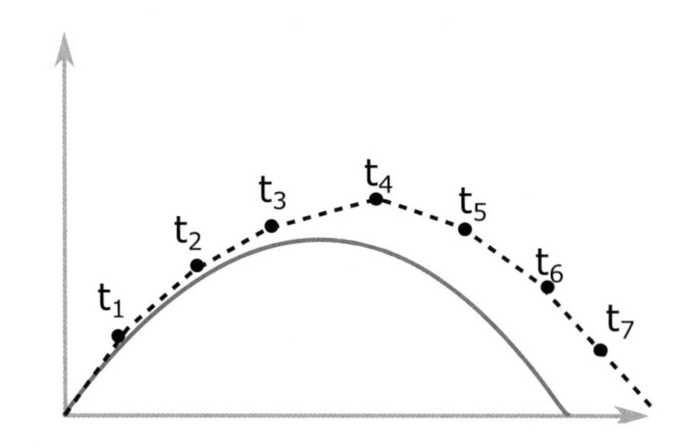

그림 3.13 실제 점프 곡선은 큰 시간 단계 때문에 의도된 점프 곡선에서 벗어난다

이런 이유로 물체의 위치를 계산하는 물리를 사용하는 게임에서는 가변 프레임 레이트를 사용하지 말아야 한다. 적어도 물리 시뮬레이션 코드에서는 말이다. 대신에 1장에서처럼 프레임을 제한하는 접근법을 사용하자. 이 경우에는 프레임 레이트가 목표 프레임 레이트를 초과하지 않으면 잘 동작한다. 좀 더 복잡한 대안책으로는 큰 시간 단계를 고정된 크기의 물리 시간 단계로 나누는 것을 고려해볼 수 있겠다.

기본 충돌 감지

충돌 감지collision detection는 게임 세계에서 두 물체가 서로를 접촉하는지 결정하는 방법이다. 1장에서 공이 벽과 패들과 충돌했는지를 결정하고자 간단한 충돌 감지 시스템을 구축했다. 그러나 3장 애스터로이드 게임 프로젝트에서는 우주선이 발사하는 레이저가 게임 세계의 소행성과 충돌하는지 아닌지를 결정하려면 좀 더 복잡한 계산이 필요하다.

충돌 감지에서 핵심 개념은 문제의 단순화다. 예를 들어 운석 이미지는 원이긴 하지만, 정확하게 원은 아니다. 운석의 실제 윤곽에 대해 충돌을 테스트하는 것이 보다 정확하겠지만, 충돌 감지란 목적에서는 운석을 원으로 생각하는 것이 보다 효율적이다. 비슷하게 레이저를 원으로 단순화하면 이 두 원이 충돌하는지만 결정하면 된다.

원과 원의 교차

두 원은 두 원 중심점 사이의 거리가 두 원 반지름 합보다 같거나 작은 경우에만 서로 교차한다. 그림 3.14는 두 원이 교차하는 상황을 보여준다. 첫 번째 경우에서 두 원은 교차하지 않을 정도로 멀리 떨어져 있다. 이 경우에 원들 중심점 사이의 거리는 두 반지름의 합보다 크다. 그러나 두 번째 경우에서 원은 교차하는데 이 경우 두 중심 사이의 거리는 두 원 반지름의 합보다 작다.

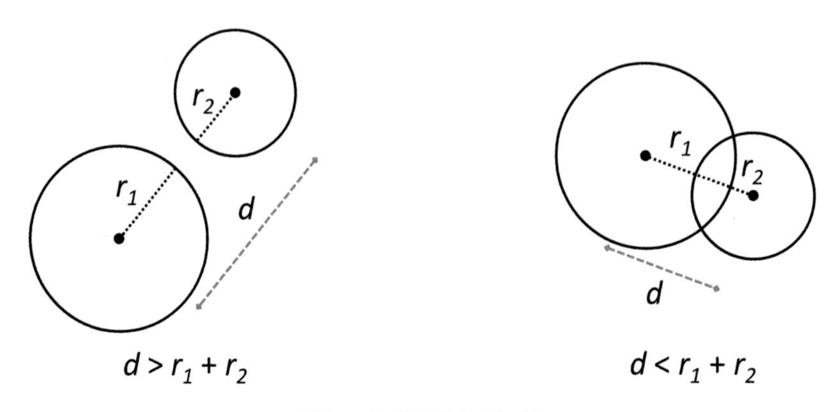

그림 3.14 두 원 사이의 교차 테스트

이 교차 테스트를 수행하려면 두 원 중심점 사이의 벡터를 만들고, 이 벡터의 크기를 계산해야 한다. 그런 후 각 반지름의 합과 이 벡터의 크기를 비교한다.

$$\|A.\,center - B.\,center\| \leq A.\,radius + B.\,radius$$

3장 초반부에서 언급한 길이와 길이 제곱에 대한 논의를 떠올려보자. 원이 교차할 경우 필요한 것은 거리와 반지름의 합 간의 비교다. 거리와 두 원 반지름의 합이 음수일 수는 없기에 방정식의 양쪽 항을 제곱해도 항등성은 유지된다.

$$\|A.\,center - B.\,center\|^2 \leq \left(A.\,radius + B.\,radius\right)^2$$

노트

이번 절에서 설명한 접근법은 구에서도 같은 원리가 적용되므로 잘 동작한다.

CircleComponent 서브클래스 제작

액터의 충돌 감지를 지원하기 위해 `CircleComponent`를 만들고, 두 원 컴포넌트 사이의 교차를 테스트할 방법을 만들자. 그런 다음 `CircleComponent`를 충돌이 필요한 액터에 추가한다.

먼저 리스트 3.6처럼 Component의 서브클래스로서 CircleComponent를 선언한다. CircleComponent가 필요로 하는 유일한 멤버 데이터는 반지름이다. 원의 중심은 단순히 소유자 액터의 위치다.

리스트 3.6 CircleComponent 선언

```
class CircleComponent : public Component
{
public:
   CircleComponent(class Actor* owner);

   void SetRadius(float radius) { mRadius = radius; }
   float GetRadius() const;

   const Vector2& GetCenter() const;
private:
   float mRadius;
};
```

다음으로 리스트 3.7처럼 참조로 두 원 컴포넌트를 파라미터로 받고 두 원이 서로 교차하면 true를 반환하는 전역 함수 Intersect 함수를 선언한다. Intersect 함수의 구현은 이전 절의 방정식을 그대로 반영한다. 먼저 두 중심 사이의 거리 제곱값을 계산한다. 그러고 나서 두 원 반지름 합의 제곱값과 비교한다.

리스트 3.7 CircleComponent 교차

```
bool Intersect(const CircleComponent& a, const CircleComponent& b)
{
   // 거리 제곱값을 계산
   Vector2 diff = a.GetCenter() - b.GetCenter();
   float distSq = diff.LengthSq();

   // 반지름 합의 제곱값을 계산
   float radiiSq = a.GetRadius() + b.GetRadius();
   radiiSq *= radiiSq;

   return distSq <= radiiSq;
}
```

이제 다른 컴포넌트처럼 CircleComponent를 다루도록 한다. 예를 들어 다음 코드 두 라인은 CircleComponent를 Asteroid 객체로 추가한다(mCircle은 CircleComponent의 멤버 변수 포인터다).

```
mCircle = new CircleComponent(this);
mCircle->SetRadius(40.0f);
```

우주선이 발사한 각 레이저는 모든 운석에 대한 충돌을 검사하는 것이 필요하므로 Game에 Asteroid 포인터에 대한 std::vector를 추가한다. 그런 다음 Laser::UpdateActor에서 운석과의 교차 여부를 테스트한다.

```
void Laser::UpdateActor(float deltaTime)
{
   //운석과 교차하는가?
   for (auto ast : GetGame()->GetAsteroids())
   {
      if (Intersect(*mCircle, *(ast->GetCircle())))
     {
         // 이 레이저가 운석과 교차한다면,
         // 레이저와 운석은 죽었다고 설정한다
         SetState(EDead);
         ast->SetState(EDead);
         break;
      }
   }
}
```

각 운석에서 호출하는 GetCircle 함수는 운석의 CircleComponent 포인터를 반환하는 public 함수다. mCircle 변수는 레이저의 CircleComponent다.

CircleComponent는 운석의 경우에는 잘 동작할 것이다. 왜냐하면 게임상에서 모든 물체의 충돌을 원의 형태로 근사화했기 때문이다. 하지만 원이 모든 유형의 물체에 대해 잘 동작하지는 않으며, 특히 3D에서는 잘 동작하지 않는다. 10장 '충돌 감지'에서는 충돌 감지 주제를 보다 심도 있게 살펴본다.

게임 프로젝트

3장의 게임 프로젝트에서는 고전 게임 애스터로이드Asteroid의 기본 버전을 구현했다. 3장의 초반 절에서는 게임 프로젝트에서 사용되는 대부분의 새로운 코드를 다뤘으며 MoveComponent와 InputComponent로 이동을 구현했다. CircleComponent 코드는 우주선의 레이저가 운석과 충돌하는지 여부를 테스트한다. 게임 프로젝트에서 빠져 있는 중요한 부분은 운석이 우주선과 충돌하지 않는다는 것이다(연습 3.2에서는 우주선과 운석이 충돌하는 로직을 구현해본다). 코드는 책의 깃허브 저장소 Chapter03 디렉토리에서 이용할 수 있다. 윈도우 운영체제에서는 Chapter03-windows.sln을 열고, 맥에서는 Chapter03-mac.xcodeproj을 열어서 실행한다.

3장 초반부에서 다루지 않았던 게임 기능 중 하나는 플레이어가 스페이스바를 누를 때 레이저를 생성하는 방법이다. 스페이스바 입력 감지는 우주선에만 고유하며, 따라서 ActorInput 함수를 재정의해야 한다. 하지만 플레이어가 스페이스바를 누르고 있거나 또는 스페이스를 빠르게 누른다면 너무 많은 레이저가 생성이 돼 게임을 하찮게 보이게 할 것이다. 대신에 우주선이 매 0.5초당 레이저를 한 발만 발사할 수 있도록 쿨다운을 구현하면 좋다. 쿨다운을 구현하기 위해 먼저 float형인 mLaserCooldown 멤버 변수를 Ship 클래스에 추가한다. 그리고 이 값을 0으로 초기화한다. 다음으로 ActorInput에서 플레이어가 스페이스바를 누르고 있는지, 그리고 mLaserCooldown이 0보다 같거나 작은지를 확인한다. 두 조건을 모두 충족하면 레이저를 생성하고, 레이저의 위치와 회전값을 우주선의 위치와 회전값으로 설정한다(그래서 레이저는 우주선에서 시작하며 우주선이 향하는 방향으로 나아가게 된다). 그리고 mLaserCooldown을 0.5f으로 설정한다.

```
void Ship::ActorInput(const uint8_t* keyState)
{
   if (keyState[SDL_SCANCODE_SPACE] && mLaserCooldown <= 0.0f)
   {
      // 레이저를 생성하고 레이저의 위치와 회전값을 설정
      Laser* laser = new Laser(GetGame());
      laser->SetPosition(GetPosition());
      laser->SetRotation(GetRotation());

      // 레이저의 쿨다운 값 재설정 (0.5초)
```

```
      mLaserCooldown = 0.5f;
    }
}
```

그런 다음 델타 시간으로 mLaserCooldown을 감소시키기 위해 UpdateActor를 재정의한다.

```
void Ship::UpdateActor(float deltaTime)
{
  mLaserCooldown -= deltaTime;
}
```

이렇게 하면 플레이어가 다시 레이저를 발사할 수 있을 때까지 mLaserCooldown 값으로 제어하는 것이 가능하다. 즉, ActorInput은 타이머가 만료되지 않았다면 레이저를 생성하지 않으므로 플레이어는 빈번하게 발사를 할 수 없게 된다. 레이저 발사 준비가 되면 운석을 향해 쏠 수 있으며 이전에 다뤘던 충돌 코드를 통해서 운석을 파괴하는 것이 가능하다.(그림 3.15 참조).

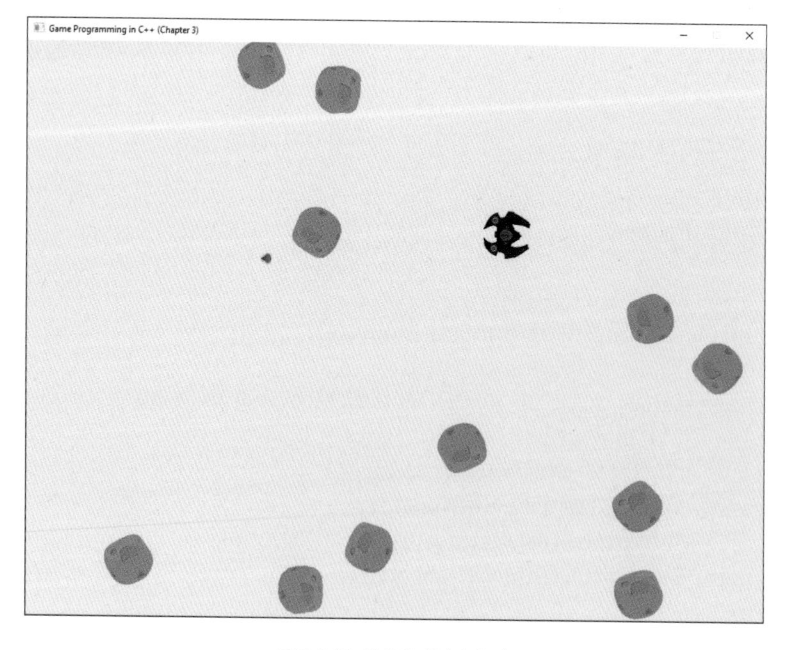

그림 3.15 운석에 레이저 쏘기

레이저가 운석과 충돌하지 않았더라도 1초 후에 레이저가 강제로 사라지도록(그리고 게임 세계에서 삭제되도록) Laser에 float 변수를 선언한다.

요약

벡터는 크기와 방향을 나타낸다. 벡터를 사용하면 두 점 사이의 벡터 생성(뺄셈 사용), 두 점 사이의 거리 계산(뺄셈과 길이 사용), 두 벡터 사이의 각도 찾기(내적 사용), 그리고 표면의 법선 벡터 계산(외적을 사용)을 포함한 다양한 연산이 가능해진다.

기본 이동을 위해 3장에서는 액터가 회전하고 전방으로 이동 가능하게 해주는 MoveComponent 클래스를 제작하는 방법을 보여줬다. 앞으로 이동하려면 액터의 전방 벡터에 이동 속도와 델타 시간을 곱해서 구한 벡터를 액터의 현재 위치에 더해야 한다. 이를 통해 액터는 새로운 좌표를 얻을 수 있었다. 또한 3장에서는 액터나 컴포넌트로 입력을 전달하고자 입력 관련 함수를 재정의하는 방법을 배웠고, MoveComponent를 상속한 InputComponent를 제작하는 방법도 배웠다.

뉴턴 물리에서 물체의 가속도는 물체의 가해진 힘을 물체의 질량으로 나눈 값이다. 오일러 적분을 사용하면 프레임마다 속도나 위치의 변화를 계산할 수 있었다.

마지막으로 충돌 감지는 두 물체가 서로 교차하는지를 결정하는 방법이다. 3장의 게임 프로젝트와 같이 일부 유형의 게임은 원을 사용해서 물체의 충돌을 판단한다. 두 원은 두 원 중심점 사이의 거리가 두 원 반지름의 합보다 작으면 교차하는 것으로 간주한다. 두 값의 비교 결과는 제곱한 값으로 비교해도 동일하므로 최적화를 위해 제곱한 값으로 비교한다.

추가 독서

에릭 렝겔Eric Lengyel은 3D 게임 프로그래밍에서 사용된 모든 다양한 수학점 개념을 심층적으로 파고들어 제공했다. 특히 그래픽 프로그래머를 지망한다면 에릭 렝겔의 책에 있는 진보된 주제를 리뷰해야 한다. 글렌 필더Glenn Fielder가 운영하는 게임 사이트 개퍼Gaffer에는 다양한 형태의 수치 적분과 시간 단계를 고정하는 것이 어째서 중요한

지에 관한 글을 포함한 게임의 물리 기초를 설명한 글들이 많다. 마지막으로 이안 밀링턴의 책에서는 게임에서 뉴턴 물리를 구현하는 방법을 자세히 설명했다.

- Fielder, Glenn. *Gaffer on Games*. Accessed July 18, 2016. http://gafferongames.com/.
- Lengyel, Eric. *Mathematics for 3D Game Programming and Computer Graphics*, 3rd edition. Boston: Cengage, 2011.
- Millington, Ian. *Game Physics Engine Development*, 2nd edition. Boca Raton: CRC Press, 2010.

연습

3장의 첫 번째 연습에서는 이번 장에서 설명했던 다양한 벡터 테크닉을 복습한다. 다음 2개의 연습에서는 3장의 게임 프로젝트에 새로운 기능을 추가해본다.

연습 3.1

1. 벡터 $\vec{a} = (2, 4)$, $\vec{b} = (3, 5)$, 그리고 스칼라 값 $s = 2$가 주어졌을 때 다음을 계산하자.

   (a) $\vec{a} + \vec{b}$

   (b) $s \cdot \vec{a}$

   (c) $\vec{a} \cdot \vec{b}$

2. 그림 3.16의 삼각형은 아래의 세 점 A, B, C로 그려진 것이다.

   $A = \langle -1, 1 \rangle$

   $B = \langle 2, 4 \rangle$

   $C = \langle 3, 3 \rangle$

   3장에서 설명했던 벡터 연산을 사용해서 θ를 계산하자.

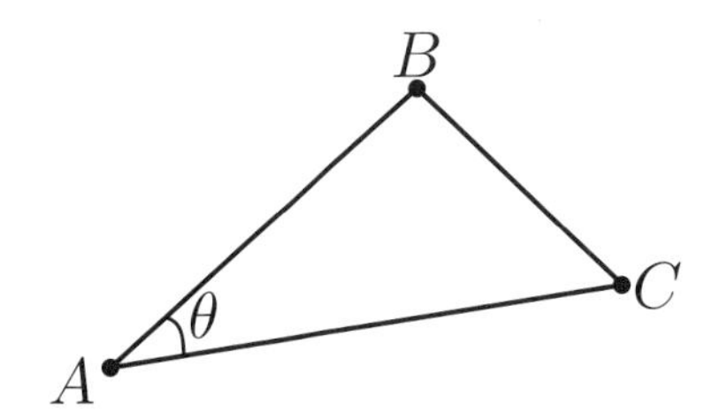

그림 3.16 연습 3.1의 문제 2를 위한 삼각형

3. 타깃으로 향하는 화살표를 가진 플레이어가 있다고 가정하자. 게임을 처음 시작할 때 화살표는 x축 (1, 0)을 가리킨다.
   플레이어의 초기 위치는 (4, 0)이다.
   이제 (5, 6) 위치에 새 물체를 생성한다.
   (a) 플레이어의 초기 위치에서 새로운 목표물까지의 단위 벡터는 무엇인가?
   (b) 초기 화살표 방향과 (a)에서 계산된 벡터 사이의 회전 각도를 계산하라.
   (c) 초기 화살표 방향과 (a)에서 계산된 벡터로 생성된 평면과 수직한 벡터를 계산하라.

연습 3.2

3장 게임 프로젝트는 현재 우주선이 운석과 부딪히지 않는다. 운석과 우주선이 충돌하도록 구현해본다. 충돌을 추가하려면 먼저 우주선에 `CollisionComponent`를 만들고 반지름을 지정해야 한다. 그리고 `Ship::UpdateActor`에서 모든 운석과의 충돌을 테스트한다(레이저와 운석과의 충돌을 테스트한 것처럼). 우주선이 운석과 충돌하면 우주선의 위치를 화면의 중심으로 초기화하고 회전값은 0으로 설정한다.

추가 기능으로 우주선이 운석과 충돌한 후 1~2초 정도 화면에 출력되지 않게 구현한다. 우주선은 이 딜레이 후에 화면 중심에 다시 나타나야 한다.

연습 3.3

뉴턴 물리를 사용하도록 `MoveComponent`를 수정해본다. 먼저, `MoveComponent`가 멤버 변수로서 질량, 힘의 총합, 그리고 속도를 가지도록 변경한다. 그런 다음 `Update` 함수에서 전방 이동에 대한 코드를 변경해서 힘으로부터 가속도를, 가속도로부터 속도를, 그리고 속도로부터 위치를 계산한다.

그리고 컴포넌트에 힘을 설정하는 메소드를 구현한다. 한 가지 방법은 Vector2를 파라미터로 받는 AddForce 함수를 추가하고 힘의 총합 변수에 그 힘을 더하는 것이다. 힘의 총합으로부터 가속도를 계산하고 난 다음에는 힘의 총합을 초기화해야 한다. 이 방법을 사용하면 충격력의 경우에는 AddForce를 한 번만 호출하면 된다. 그러나 일정하게 작용하는 힘에 대해서는 프레임마다 AddForce를 호출해야 한다.

마지막으로 뉴턴 물리를 지원하는 새로운 MoveComponent가 잘 동작하도록 InputComponent, Asteroid, Ship을 수정한다.

4장

인공지능

인공지능(AI, Artificial Intelligence) 알고리즘은 게임에서 컴퓨터가 제어하는 오브젝트의 행위를 결정하는 데 사용한다. 4장에서는 3가지의 유용한 AI 게임 테크닉을 다룬다.

- 상태 기계로 행위 변경하기
- 오브젝트가 세계 주변을 돌아다니도록 경로 계산하기(길 찾기)
- 2인용 턴 기반 게임(미니맥스와 게임 트리)에서 의사결정 내리기

4장에서는 이러한 AI 기술 중 일부를 적용해서 타워 디펜스 게임 프로젝트를 제작하는 방법을 보여준다.

상태 기계 행위(State Machine Behaviors)

아주 간단한 게임에서 AI는 항상 같은 행위를 한다. 예를 들어 2인용 퐁 게임에서 AI는 공이 움직일 때 공의 위치를 추적한다. 이 행위는 게임 전반에서 바뀌지 않으므로 상태가 없는 것과 마찬가지다. 하지만 게임이 보다 복잡해질수록 AI의 행위는 여러 시점에서 다르게 동작한다. 팩맨에서 각 유령은 3가지 다른 행위를 가진다.

- 플레이어 쫓아가기
- 흩어지기(유령이 '홈 지역' 세트로 돌아오기)
- 플레이어로부터 멀어지기

이러한 행위의 변화를 표현하는 한 가지 방법으로 각 행위가 하나의 상태를 가지는 **상태 기계**State Machine란 것이 있다.

상태 기계 설계하기

상태 그 자체는 부분적으로 하나의 상태 기계만 정의한다. 그래서 상태 기계 설계에 있어서는 상태 기계를 변경하거나 상태 기계 간 **전이**transition하는 방법을 결정하는 것이 중요하다. 또한 각 상태는 해당 상태에 진입하거나 빠져나갈 때 특정 행위를 수행한다.

게임 캐릭터의 AI에 상태 기계를 구현할 때는 서로 다른 상태가 어떻게 상호 연결되는지를 계획하는 것이 현명하다. 스텔스 게임에서 기본 가드guard 캐릭터를 예로 들어 보자. 기본적으로 가드는 미리 정해진 경로를 순찰한다. 가드는 순찰하는 동안 플레이어를 감지하면 플레이어를 공격하기 시작한다. 그리고 어떤 시점에서라도 플레이어로부터 치명적인 데미지를 받는다면 죽는다. 이 예에서 가드 AI는 3가지 유형의 상태를 가지고 있다.

- 순찰Patrol
- 공격Attack
- 사망Death

다음으로 각 상태에 대한 전이를 정의해야 한다. 사망 상태 전이는 간단하다. 가드가 치명적인 데미지를 받으면 사망으로 전이한다. 이 상황은 현재의 상태에 관계없이 일어난다. 가드는 순찰 상태에 있는 동안 플레이어를 찾으면 공격 상태로 진입한다. 그림 4.1의 상태 기계 다이어그램은 이러한 상태와 전이가 결합한 결과를 보여준다.

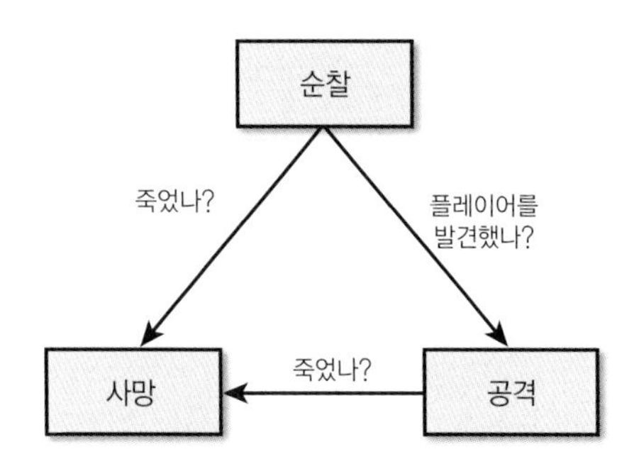

그림 4.1 기본 스텔스 AI 상태 기계

이 AI는 제 기능을 수행하지만 대부분의 스텔스 게임에서 AI 캐릭터는 더 복잡하다. 가드가 순찰 상태에 있는 동안 수상한 소리를 듣는다고 가정해보자. 현재 상태 기계에서는 가드가 계속 순찰만 한다. 이상적인 상황은, 소리를 들은 가드가 깜짝 놀라서 플레이어를 찾는 것이다. 조사Inverstigate 상태가 이 행위를 나타낸다.

또한 이 상태 기계 예에서 가드는 플레이어를 감지하면 항상 공격한다. 하지만 다양성을 위해 가드가 바로 공격 상태로 넘어가는 대신에 가끔 알람을 트리거할 수 있다면 좋을 것이다. 경고Alert 상태가 이 행위를 나타낸다. 경고 상태에서는 랜덤하게 플레이어를 공격하는 상태나 또다른 새로운 상태로 전이한다. 이러한 사소한 개선을 추가하면 그림 4.2에서 보여주듯이 상태 기계를 좀더 복잡하게 만든다.

경고 상태에서는 75%, 25% 비율의 2가지 전이가 존재한다. 이 전이는 전환의 확률을 나타낸다. 따라서 경고 상태에 있을 때 AI가 공격 상태로 전이할 확률은 75%다. 알람Alarm 상태에서는 AI가 알람에 의한 트리거를 끝마친 후에(아마도 게임 세계에서 일부 물체와 상호작용해서) 100% 공격 상태로 전환한다.

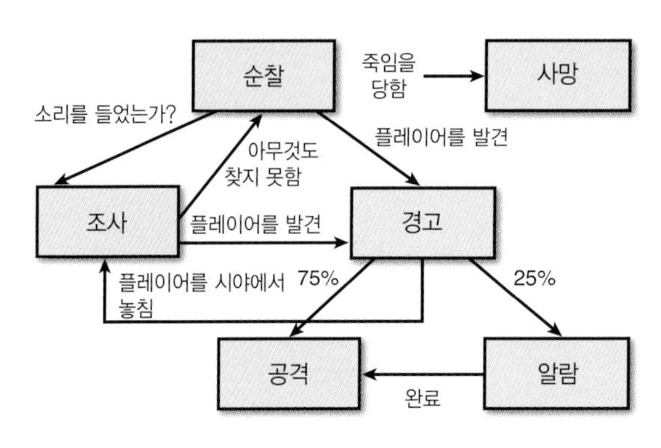

그림 4.2 좀 더 복잡한 AI 상태 기계

상태 기계를 좀 더 좋게 개선하는 것은 가능하다. 하지만 AI 상태 기계를 설계하는 원리는 상태의 수에 상관없이 같다. 어떤 경우라도 상태 기계를 정의하면 다음 단계는 상태 기계를 위한 코드를 구현하는 것이다.

기본 상태 기계 구현

상태 기계를 구현하는 데는 몇 가지 방법이 존재한다. 적어도 코드는 현재 상태를 기반으로 AI의 행위를 갱신해야 한다. 그리고 상태 기계는 상태 진입 및 상태 종료 시의 액션을 지원해야 한다. AIComponent 클래스는 이러한 상태 행위를 캡슐화한다.

오직 2가지 상태만 있다면 강력하지는 않겠지만, Update에서 단순히 이진값만 검사하면 잘 동작할 것이다. 보다 유연하게 구현하려면 여러 상태를 표현하는 열거형을 사용하면 된다. 그림 4.1의 상태 기계에 대한 열거형 선언은 다음과 같다.

```
enum AIState
{
   Patrol,
   Death,
   Attack
};
```

그런 다음 멤버 데이터로 AIState의 인스턴스를 가진 AIComponent를 만들자. 또한 각 상태에 대한 별도의 갱신 함수를 정의해야 한다.

- UpdatePatrol
- UpdateDeath
- UpdateAttack

AIComponent::Update 함수는 AIState 멤버 변수에 대한 switch 문을 가지고 있으며, 현재 상태에 해당하는 갱신 함수를 호출한다.

```
void AIComponent::Update(float deltaTime)
{
   switch (mState)
   {
   case Patrol:
      UpdatePatrol(deltaTime);
      break;
   case Death:
      UpdateDeath(deltaTime);
      break;
   case Attack:
      UpdateAttack(deltaTime);
      break;
   default:
      // 유효하지 않은 상태
      break;
   }
}
```

별도의 ChangeState 함수로 상태 기계의 전이를 다룰 수 있다. 여러 갱신 함수는 ChangeState 함수를 호출해서 상태 전이를 초기화한다. 다음과 같이 ChangeState 함수를 구현하자.

```
void AIComponent::ChangeState(State newState)
{
   // 현재 상태 빠져 나가기
   // switch 문을 사용해서 일치하는 Exit 함수 호출
   // ...
```

```
    mState = newState;
    // 현재 상태 진입하기
    // switch 문을 사용해서 일치하는 Enter 함수 호출
    // ...
}
```

비록 이 구현은 간단하기는 하지만 문제가 있다. 먼저 확장성이 부족하다. 상태를 많이 추가하면 할수록 Update와 ChangeState 둘 다 가독성이 떨어지게 된다. 또한 별도의 Update, Enter, Exit 함수가 많아지면 코드를 다루기가 어렵게 된다.

또한 여러 AI 간에 기능을 혼합하고 일치시키는 것도 쉽지 않다. 여러 AI 캐릭터는 일부 기능을 공유할 수 있는데, 예를 들어 두 AI가 대부분의 상태 기계는 다르지만 둘 다 순찰 상태는 가지고 있다고 가정하자. 좀 전에 언급한 기본 구현법으로는 이 둘 AI 컴포넌트 사이에 순찰 코드를 공유하는 것은 쉽지 않다.

클래스로서의 상태

좀 전에 설명했던 접근법보다 나은 접근법은 클래스를 사용해서 각 상태를 나타내는 것이다. 먼저 AIState라는 모든 상태에 대한 기본 클래스를 정의한다.

```
class AIState
{
public:
    AIState(class AIComponent* owner)
        :mOwner(owner)
    { }
    // 각 상태의 구체적인 행동
    virtual void Update(float deltaTime) = 0;
    virtual void OnEnter() = 0;
    virtual void OnExit() = 0;
    // 상태의 이름 얻기
    virtual const char* GetName() const = 0;
protected:
    class AIComponent* mOwner;
};
```

기본 클래스는 상태를 제어하고자 몇 가지 가상 함수를 포함한다. Update 함수는 상태를 갱신하며, OnEnter 함수는 상태 진입 시의 전이 코드를 구현한다. 그리고 OnExit에서는 종료 전이 코드를 구현한다. GetName 함수는 상태에 대해 사람이 읽을 수 있는 이름 문자열을 반환한다. 또한, AIState 클래스는 mOwner 멤버 변수를 사용해서 AIComponent와 연관시켜야 한다.

그리고 다음과 같이 AIComponent 클래스를 선언한다.

```
class AIComponent : public Component
{
public:
   AIComponent(class Actor* owner);

   void Update(float deltaTime) override;
   void ChangeState(const std::string& name);

   // 새 상태를 맵에 추가한다
   void RegisterState(class AIState* state);
private:
   // 상태의 이름과 AIState 인스턴스를 매핑한다
   std::unordered_map<std::string, class AIState*> mStateMap;
   // AI의 현재 상태
   class AIState* mCurrentState;
};
```

AIComponent는 상태 이름과 AIState 인스턴스 포인터의 해시 맵을 가진다. RegisterState 함수는 AIState를 인자로 받아서 맵에 해당 상태를 추가한다.

```
void AIComponent::RegisterState(AIState* state)
{
   mStateMap.emplace(state->GetName(), state);
}
```

AIComponent::Update 함수 또한 간단하다. 이 함수는 단순히 상태가 존재하면 해당 상태의 Update 함수를 호출한다.

```
void AIComponent::Update(float deltaTime)
{
    if (mCurrentState)
    {
        mCurrentState->Update(deltaTime);
    }
}
```

하지만 ChangeState 함수는 리스트 4.1처럼 몇 가지 작업을 수행한다. 먼저 ChangeState 함수는 현재 상태의 OnExit 함수를 호출한다. 다음으로 이 함수는 맵에서 변경하고자 하는 상태를 찾으려고 시도한다. 이 상태를 찾으면 ChangeState 함수는 mCurrentState를 새로운 상태로 변경한 뒤 이 새로운 상태의 OnEnter 함수를 호출한다. 맵에서 다음 상태를 찾을 수 없으면 에러 메시지를 출력하고 mCurrentState를 nullptr로 설정한다.

리스트 4.1 AIComponent::ChangeState 구현

```
void AIComponent::ChangeState(const std::string& name)
{
    // 먼저 현재 상태를 빠져 나온다
    if (mCurrentState)
    {
        mCurrentState->OnExit();
    }

    // 맵에서 새로운 상태를 찾는다
    auto iter = mStateMap.find(name);
    if (iter != mStateMap.end())
    {
        mCurrentState = iter->second;
        // 새로운 상태로 진입한다
        mCurrentState->OnEnter();
    }
    else
    {
        SDL_Log("Could not find AIState %s in state map", name.c_str());
        mCurrentState = nullptr;
```

```
    }
}
```

아래 AIPatrol 클래스처럼 AIState의 서브클래스를 선언하면 이 패턴을 사용할 수 있다.

```
class AIPatrol : public AIState
{
public:
    AIPatrol(class AIComponent* owner);

    // 이 상태에 대한 행위를 재정의
    void Update(float deltaTime) override;
    void OnEnter() override;
    void OnExit() override;

    const char* GetName() const override
    { return "Patrol"; }
};
```

그런 다음 Update, OnEnter, OnExit의 구체적인 행위를 구현한다. AIPatrol에서는 캐릭터가 죽을 때 AIDeath로 상태를 변경한다. 전이를 초기화하기 위해 소유자 컴포넌트의 ChangeState 함수를 호출한다. ChangeState 함수에는 새로운 상태의 이름을 인자로 넘긴다.

```
void AIPatrol::Update(float deltaTime)
{
    // 일부 갱신 작업
    // ...
    bool dead = /* 자신이 죽었는지 판단 */;
    if (dead)
    {
        // AI 컴포넌트에 상태를 변경하라고 알림
        mOwner->ChangeState("Death");
    }
}
```

ChangeState 호출에서 AIComponent는 자신의 상태 맵을 살펴보고 Death라는 이름의 상태를 찾으면 이 상태로 전이한다. 비슷하게 그림 4.1의 기본 상태 기계를 완성하고자 AIDeath와 AIAttack 클래스를 선언하자.

상태들을 AIComponent의 상태 맵에 등록하려면 먼저 Actor와 Actor의 AIComponent를 생성한다. 그런 다음 RegisterState 함수를 호출해서 추가하려는 상태를 상태 기계에 등록한다.

```
Actor* a = new Actor(this);
// AIComponent 생성
AIComponent* aic = new AIComponent(a);
// AIComponent에 상태 등록
aic->RegisterState(new AIPatrol(aic));
aic->RegisterState(new AIDeath(aic));
aic->RegisterState(new AIAttack(aic));
```

그런 다음 AIComponent를 순찰 상태로 설정하려면 다음과 같이 ChangeState를 호출한다.

```
aic->ChangeState("Patrol");
```

이 접근법은 각 상태가 별도의 서브클래스에서 구현됐으므로 유용하다. 이를 통해 AIComponent는 간결함을 유지할 수 있기 때문이다. 또한 이 접근법은 여러 다양한 AI 캐릭터가 같은 상태를 재사용하기 쉽게 해준다. 새 액터의 AIComponent에다가 원하는 상태를 등록만 해주면 되기 때문이다.

길 찾기

길 찾기pathfinding 알고리즘은 두 지점의 경로상에 있는 장애물을 피해서 길을 찾는다. 이 길 찾기의 복잡성은 두 점 사이에는 여러 다양한 경로 집합이 존재할 수 있다는 사실에 있다. 하지만 이러한 경로 중 아주 적은 수의 경로만이 최단 경로다. 예를 들어 그림 4.3은 점 A와 점 B 사이의 잠재적 경로를 보여준다. 장애물의 표면을 따라 이동하는 AI는 지능적으로 보이지 않는데, 왜냐하면 점선으로 표시된 경로가 더 짧기 때문이다. 그래서 최단 경로를 찾기 위해서 모든 가능한 경로를 효율적으로 탐색하기 위한 방법이 필요하다.

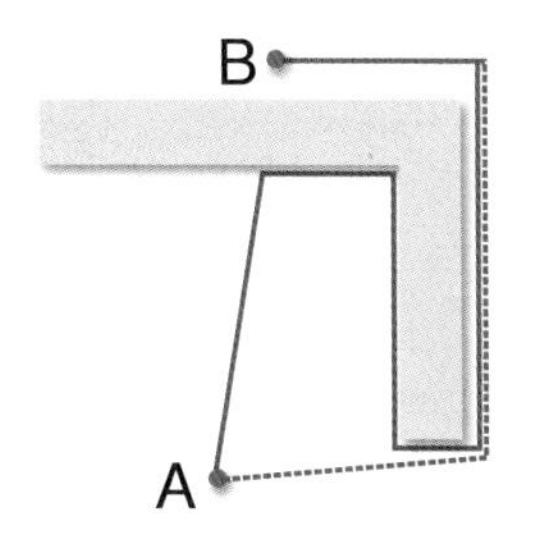

그림 4.3 A에서 B로 이동하기 위한 2가지 경로

그래프

길 찾기 문제를 풀기 전에 먼저 AI가 통과할 수 있는 게임 세계의 부분을 표현하는 방법이 필요하다. 일반적으로는 **그래프**graph 데이터 구조를 많이 선택한다. 그래프는 일련의 **노드**(node, 정점이라고도 한다)를 포함한다. 이 노드는 **에지**(edge, 모서리)를 통해 서로 연결된다. 이 에지는 방향성이 없는 경우가 있는데 **방향성이 없다**는 것은 양 방향으로 이동할 수 있다는 걸 의미한다. 반면 **방향성이 있다**는 것은 에지가 오직 한 방향으로만 이동할 수 있다는 걸 뜻한다. AI가 플랫폼에서 뛰어 내릴 수는 있지만, 다시 뛰어 올라갈 수는 없는 경우 방향성 있는 에지를 사용하면 된다. 이 연결은 플랫폼에서 땅으로의 방향성 있는 에지로 나타낼 수 있다.

에지는 선택적으로 에지와 관련된 **가중치**weight를 가질 수 있는데, 가중치는 에지를 이동하는 데 드는 비용을 나타낸다. 게임에서 가중치는 노드 사이의 최소한의 거리를 뜻한다. 그러나 이 가중치는 에지를 이동하는 것이 얼마나 어려운지를 나타내는 뜻으로 수정해서 사용할 수 있다.

예를 들어 에지가 게임 세계에서 모래더미를 지나간다면 콘크리트를 이동하는 같은 길이의 에지보다는 더 큰 가중치를 가져야 할 것이다. 에지에 가중치가 없는 그래프(**균일 그래프**)는 모든 에지의 가중치가 일정한 그래프다. 그림 4.4는 방향성이 없고 가중치가 없는 간단한 그래프를 보여준다.

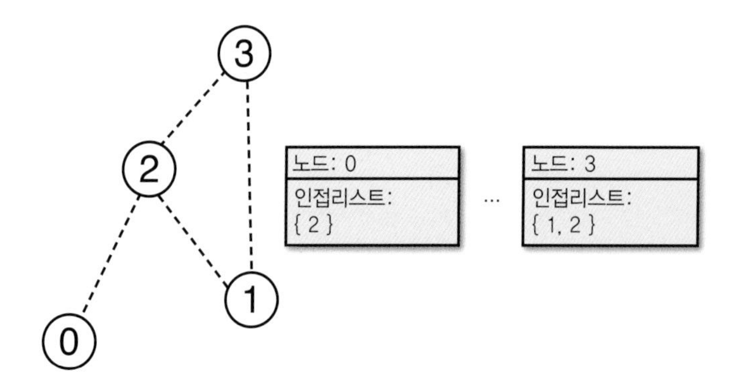

그림 4.4 샘플 그래프

메모리상에 그래프를 나타내는 데는 여러 가지 방법이 있으나 이 책에서는 **인접 리스트**adjacency list를 사용한다. 이 표현에서 각 노드는 std::vector를 사용해서 인접 노드 컬렉션을 가진다. 그리고 그래프는 그런 노드의 단순한 집합이다.

```
struct GraphNode
{
  // 각 노드는 인접 노드의 포인터들을 가지고 있다
  std::vector<GraphNode*> mAdjacent;
};

struct Graph
{
  // 그래프는 노드들을 포함한다
  std::vector<GraphNode*> mNodes;
};
```

가중 그래프에서 각 노드는 연결된 노드 리스트 대신에 외부로 향하는 에지를 저장한다.

```
struct WeightedEdge
{
  // 이 에지에 어떤 노드가 연결돼 있는가?
  struct WeightedGraphNode* mFrom;
  struct WeightedGraphNode* mTo;
  // 이 에지의 가중치
```

```
  float mWeight;
};
struct WeightedGraphNode
{
  // 외부로 향하는 에지를 저장한다
  std::vector<WeightedEdge*> mEdges;
};
// (가중 그래프는 WeightedGraphNode를 가진다)
```

에지의 '시작'과 '끝'을 참조하면 노드 A에서 B로 향하는 방향성 있는 에지의 지원이 가능하다. 이 경우에는 노드 B의 mEdges 벡터가 아니라 노드 A의 mEdges 벡터에 에지를 추가해야 한다. 방향성 없는 에지를 원한다면 간단히 각 방향별로 하나씩해서 2개의 방향성 있는 에지를 추가하면 된다(예를 들면 A에서 B로 그리고 B에서 A로).

여러 게임은 여러 가지 방식을 사용해서 그래프를 통해 게임 세계를 나타낸다. 세계를 격자 형태의 사각형으로 분할하는 것은 일반적인 접근법이다. 이 접근법은 '문명'이나 'XCOM' 같은 턴 기반 전략 게임에서 매우 일반적이다. 하지만 여러 다른 유형의 게임에서는 이 방법을 사용하는 것이 실현 가능하지 않을 수도 있다. 단순성을 위해 이번 절에는 격자 형태의 사각형으로 게임 세계를 표현한다. 그러나 4장의 후반부에서는 다른 가능한 방법으로 게임 세계를 표현하는 방법을 살펴볼 것이다.

너비 우선 탐색(Breadth-First Search)

게임이 사각형 격자로 설계된 미로에서 일어난다고 가정하자. 게임은 오직 4개의 기본적인 방향으로의 이동만 가능하다. 미로에서 각각의 이동은 길이가 일정하므로 가중치 없는 그래프로 이 미로를 표현할 수 있다. 그림 4.5는 샘플 미로와 이 미로에 해당하는 그래프를 보여준다.

이제 쥐 AI 캐릭터가 미로(시작 노드)의 어떤 사각형에서 시작해서 미로상의 치즈 조각(목표 노드)에 대한 최단 거리를 찾는다고 상상해보자. 한 가지 접근법은 먼저 시작 노드로부터 한 칸 떨어진 모든 사각형을 검사하는 것이다. 이 사각형 중 아무것도 치즈를 포함하지 않으면 시작 노드에서 두 칸 떨어진 모든 사각형을 검사한다. 이 과정을 치즈가 발견되거나 더 이상 유효한 이동이 없을 때까지 반복한다. 이 알고리즘은 가까운 노드에서 목표를 발견할 수 없으면 더 먼 노드를 고려하므로 치즈에 대한 최단 경로를 놓치지 않을 것이다. 이 방식을 **너비 우선 검색**BFS, Breadth-First Search이라 한다. BFS 알고리즘은 에지에 가중치가 없거나 모든 에지가 양의 같은 가중치를 가질 경우 최단 경로를 찾는 것을 보장한다.

BFS 알고리즘을 수행하는 동안 몇 가지 데이터를 기록하면 최소한의 이동 횟수로 경로를 재구성할 수 있다. 경로가 계산되면 AI 캐릭터는 이 경로를 따라 이동할 수 있게 된다.

BFS 동안에 각 노드는 직전에 방문한 노드를 알아야 한다. **부모**parent 노드라 불리는 해당 노드는 BFS가 완료된 후 경로를 재구성하는 데 도움이 된다. 이 데이터를 `GraphNode` 구조체에 추가할 수 있지만, `GraphNode`는 부모 노드에 의해 데이터가 변경되지 않도록 분리하는 것이 좋다. 부모 노드는 시작 노드와 목표 노드에 따라 변하기 때문이다. 또한 데이터를 분리하면 멀티 스레드를 통해 동시에 몇 개의 경로를 계산할 경우 각 탐색이 서로간에 간섭하지 않는 것을 보장할 수 있다.

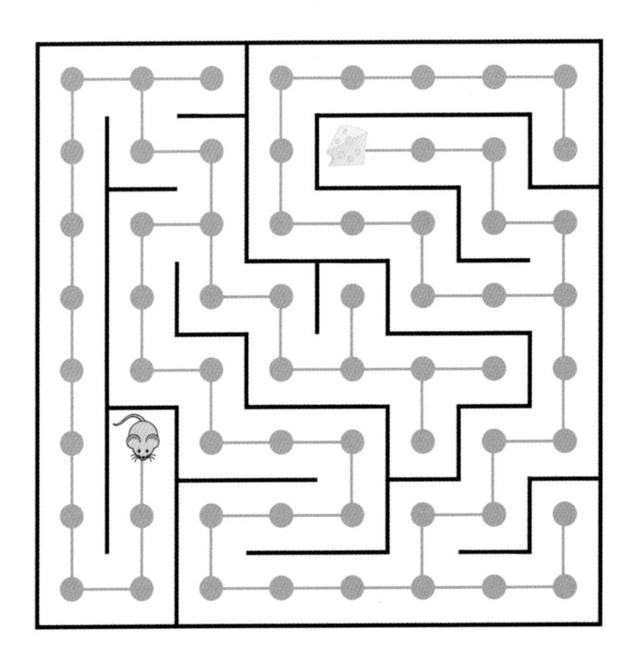

그림 4.5 사각형 격자 미로와 이에 해당하는 그래프

이를 지원하기 위해 먼저 NodeToParentMap이라 불리는 맵 타입을 정의한다. 이 맵은 키와 값이 GraphNode 포인터(포인터는 const 형이다. 그래프 노드는 수정할 필요가 없기 때문이다)인 unordered map이다.

```
using NodeToParentMap =
  std::unordered_map<const GraphNode*, const GraphNode*>;
```

이 노드 맵을 사용하면 리스트 4.2처럼 BFS의 구현이 가능해진다. BFS를 구현하는 가장 간단한 방법은 큐의 사용이다. 큐는 노드를 추가하거나 제거할 때 선입선출FIFO, First-In, First-Out 행동을 한다는 것을 떠올리자. enqueue 연산을 통해 노드를 큐에 추가할 수 있고, dequeue를 통해 노드를 제거할 수 있다. 먼저 시작 노드를 큐에 추가하고 루프에 진입한다. 각 반복에서는 큐로부터 노드를 꺼낸 뒤 해당 노드의 이웃을 큐에 추가한다. 부모 맵을 확인함으로써 이미 검사한 노드를 큐에 다시 추가하는 걸 피할 수 있다.

좀 더 구체적으로 설명하자면, 큐에서 꺼낸 노드의 이웃 노드는 outMap에 대괄호를 사용해서 자신의 부모가 등록돼 있는지 조회한다. 키 값이 이미 맵에 존재한다면 검사가 된 노드이므로 큐에 추가하지 않는다. 키가 맵상에 존재하지 않으면 outMap은 nullptr을 반환하며, 이는 해당 노드의 부모가 설정되지 않았음을 의미하므로 노드 맵에 부모를 등록하고 자신을 큐에 추가한다.

시작 노드와 목표 노드 사이에 어떤 경로도 존재하지 않는다면 루프는 종료할 것이다. 알고리즘이 시작점에서 도달 가능한 모든 노드를 검사했기 때문이다. 모든 가능성이 소진됐으므로 큐는 비게 되고 루프는 종료된다.

리스트 4.2 너비 우선 탐색

```
bool BFS(const Graph& graph, const GraphNode* start,
 const GraphNode* goal, NodeToParentMap& outMap)
{
   // 경로를 찾았는지를 알 수 있는 플래그
   bool pathFound = false;
   // 고려해야 될 노드
   std::queue<const GraphNode*> q;
```

```
    // 시작 노드를 큐에 넣는다
    q.emplace(start);

    while (!q.empty())
    {
        // 큐에서 노드를 꺼낸다
        const GraphNode* current = q.front();
        q.pop();
        if (current == goal)
        {
            pathFound = true;
            break;
        }

        // 큐에는 없는 인접 노드를 꺼낸다
        for (const GraphNode* node : current->mAdjacent)
        {
            // 시작 노드를 제외하고
            // 부모가 null이면 큐에 넣지 않은 노드다
            const GraphNode* parent = outMap[node];
            if (parent == nullptr && node != start)
            {
                // 이 노드의 부모 노드를 설정하고 큐에 넣는다
                outMap[node] = current;
                q.emplace(node);
            }
        }
    }

    return pathFound;
}
```

Graph g가 존재한다고 가정했을 때 다음 두 라인처럼 코드를 작성하면 그래프의 두 노드 사이에서 BFS를 수행할 수 있다.

```
NodeToParentMap map;
bool found = BFS(g, g.mNodes[0], g.mNodes[9], map);
```

BFS가 성공하면 `outMap`의 부모 포인터를 사용해서 경로 재구축이 가능하다. 경로상에서 목표 노드의 상위 노드는 선행 노드를 가리키기 때문이다. 똑같은 로직으로 목표 노드를 선행하는 노드의 부모 노드는 목표점으로부터 2칸 떨어져 있다. 이 부모 포인터 체인을 따라가면 결국 시작 노드에 도달하게 되며, 목표점에서 시작점까지의 경로를 얻게 된다.

그런데 아쉽지만 우리는 목표점에서 시작점까지가 아니라 반대 방향인 시작점에서 목표점까지의 경로를 얻길 원한다. 이를 위한 한 가지 방법은 스택을 사용해서 경로를 반전시키는 것이다. 하지만 보다 현명한 접근은 탐색 자체를 반전시키는 것이다. 예를 들어 시작 지점으로 쥐의 위치를, 그리고 목표 지점으로 치즈 노드를 전달하는 것 대신 반대로 전달하자. 그렇게 해서 목표 노드로부터 부모 포인터를 따라가면 원하는 경로를 얻을 수 있다.

BFS는 경로가 존재한다면 시작 노드와 목표 노드 사이의 경로를 항상 발견한다. 하지만 가중 그래프에서 BFS는 최단 경로의 발견을 보장하지 않는다. 왜냐하면 BFS는 에지의 가중치를 전혀 고려하지 않기 때문이다. BFS에서 모든 에지의 이동값은 같다. 그림 4.6에서 점선으로 표시된 경로가 최단 거리다. 하지만 BFS는 두 번의 이동만 필요한 실선 경로를 반환한다.

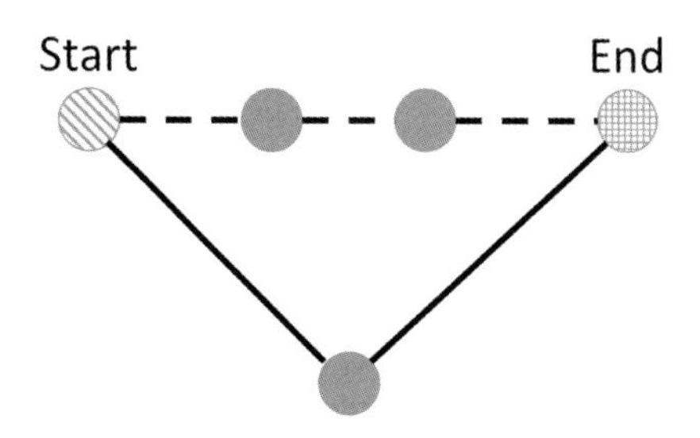

그림 4.6 BFS는 점선으로 표시된 경로가 더 짧다 하더라도 실선의 경로를 반환한다

BFS 관련 또 다른 문제점은 노드가 목표 노드의 반대 방향에 있다 하더라도 노드를 테스트하는 데 있다. 좀 더 복잡한 알고리즘을 적용하면 최적의 솔루션을 찾는 과정에서 테스트할 노드의 수를 줄이는 것은 가능하다.

게임에서 사용된 대부분의 다른 길 찾기 알고리즘은 전반적으로 BFS와 같은 구조를 갖고 있다. 반복마다 조사할 하나의 노드를 선택하고 해당 노드의 이웃을 데이터 구조에 추가한다. 차이점은 여러 길 찾기 알고리즘이 다양한 순서로 노드를 평가한다는 데 있다.

휴리스틱

많은 탐색 알고리즘은 예상되는 결과를 근사하는 함수인 **휴리스틱**heuristic, 즉 경험적 방법에 의존한다. 길 찾기에서 휴리스틱은 주어진 노드로부터 목표 노드까지의 예상되는 비용이다. 휴리스틱은 경로를 더 빠르게 찾는 데 도움을 줄 수 있다. 예를 들어 BFS의 각 반복마다 BFS는 다음 노드가 목표로부터 멀어지는 방향에 있다 하더라도 큐에서 해당 노드를 꺼냈었다. 휴리스틱을 사용하면 특정 노드가 목표에 알마나 가까운지를 예상할 수 있으며, 그래서 우선 좀 더 가까운 노드를 살펴본다. 이렇게 하면 길 찾기 알고리즘은 반복 횟수를 줄여서 빨리 종료하는 것이 가능해진다.

표기법 h(x)는 휴리스틱을 나타낸다. x는 그래프상의 노드다. 그래서 $h(x)$는 노드 x에서 목표 노드까지의 추정 비용을 뜻한다.

휴리스틱 함수는 노드 x에서 목표까지의 실제 비용보다 같거나 작으면 항상 **허용**된다. 휴리스틱이 이따금 실제 비용보다 크게 평가한다면 이 휴리스틱은 허용돼서는 안 되며, 사용하지 말아야 한다. 이번 절 후반부에 설명할 A* 알고리즘은 최단 경로를 보장하기 위해서 허용 가능한 휴리스틱이 필요하다.

사각형 격자에서 휴리스틱을 계산하는 데는 2가지 방법이 있다. 예를 들어 그림 4.7에서 마킹된 노드는 목표를 나타내고, 짙은 단색 노드는 시작점을 나타낸다. 회색 사각형은 지나갈 수 없는 영역을 나타낸다.

그림 4.7 왼쪽에 있는 **맨해튼 거리**Manhattan distance 휴리스틱은 대도시의 도시 구획을 따라 이동하는 것과 유사하다. 건물은 5블럭 떨어져 있지만 길이가 5블록인 루트는 다양하다. 맨해튼 거리는 대각선의 이동은 유효하지 않다고 가정한다. 대각선 이동이 유효하면 맨해튼 거리는 종종 비용을 초과 평가해서 휴리스틱을 허용 가능하지 않게 한다.

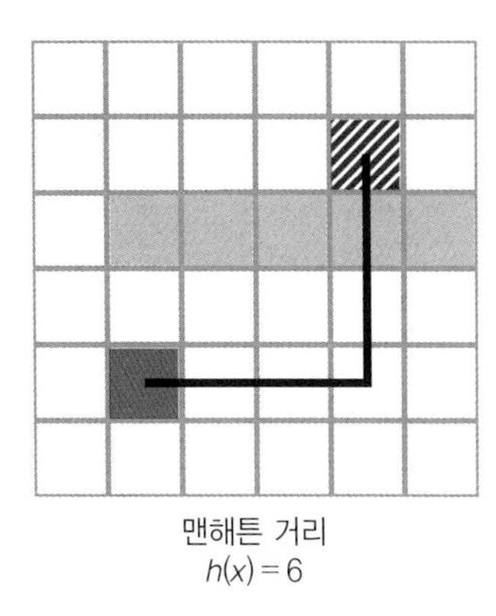

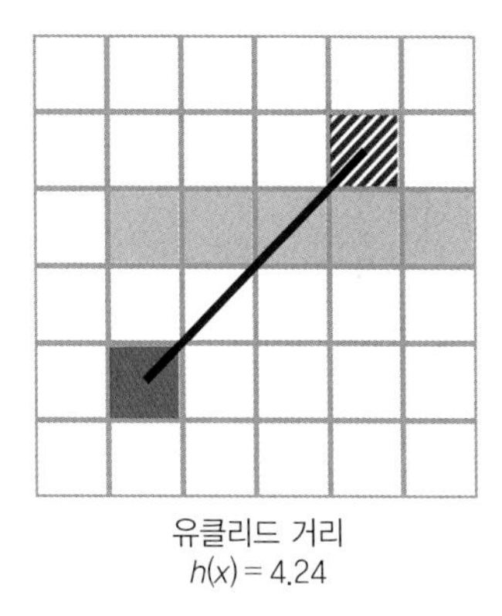

그림 4.7 맨해튼 휴리스틱(왼쪽)과 유클리드 휴리스틱(오른쪽)

2D 격자에서 맨해튼 거리는 다음과 같은 공식으로 계산한다.

$$h(x) = |start.x - end.x| + |start.y - end.y|$$

휴리스틱의 두 번째 타입은 그림 4.7 오른쪽에 나타낸 **유클리드 거리**Euclidean distance다. 표준 거리 공식을 사용해서 이 휴리스틱을 계산하는데 이 휴리스틱은 일직선으로 경로를 평가한다. 유클리드 거리는 사각형 격자보다 좀 더 복잡한 세계에서 잘 동작한다. 2D에서 유클리드 거리 방정식은 다음과 같다.

$$h(x) = \sqrt{(start.x - end.x)^2 + (start.y - end.y)^2}$$

유클리드 거리 함수는 맨해튼 거리에서는 허용되지 않는 경우에도 거의 항상 허용 가능하다. 이는 유클리드 거리가 추천할 만한 휴리스틱 함수라는 걸 뜻한다. 그러나 맨해튼 휴리스틱은 제곱근을 사용하지 않으므로 계산에 있어서는 더 효율적이다.

유클리드 거리 휴리스틱이 실제 비용을 초과 평가하는 유일한 경우는 게임이 레벨에 존재하는 두 노드 사이를 텔레포트하는 것과 같은 비유클리드 이동을 허락하는 경우다.

그림 4.7에서 두 휴리스틱 $h(x)$ 함수는 시작 노드로부터 목표 노드까지 이동하는 실제 비용을 낮게 평가한다. 왜냐하면 휴리스틱 함수는 인접 리스트에 관해 아무런 정보도 없기 때문이다. 그래서 특정 지역을 지날 수 있는지 없는지를 휴리스틱은 알지 못한다. 이 상황은 휴리스틱이 노드 x가 목표 노드에 얼마나 가까운지에 대한 하한

경계가 되므로 괜찮다. 즉 휴리스틱은 노드 x가 적어도 휴리스틱이 산출한 거리만큼은 떨어져 있음을 보장한다. 이러한 사실은 상대적인 관점에서 유용한 정보다. 예를 들어, 휴리스틱은 노드 A나 노드 B 중 어느 노드가 목표 노드에 더 가까운지를 추정할 수 있으며 이 추정치를 사용하면 다음에 노드 A로 탐색할지 또는 노드 B로 탐색할지를 결정할 수 있다.

다음 절에서는 휴리스틱 함수를 사용한 보다 복잡한 길 찾기 알고리즘을 살펴본다.

탐욕 최우선 탐색

BFS는 FIFO순으로 노드를 다루기 위해 큐를 사용했다. **탐욕 최우선 탐색**GBFS, Greedy Best-First Search은 대신 어느 노드를 다음에 고려해야 하는지를 결정하기 위해 $h(x)$ 휴리스틱 함수를 사용한다. 이 GBFS는 합리적인 길 찾기 알고리즘처럼 보일 수도 있지만, 최단 경로를 보장해주지 않는다. 그림 4.8은 샘플 GBFS 탐색의 결과 경로를 보여준다. 회색인 노드는 통과할 수 없는 영역이다. 경로는 곧장 아래로 이동하는 것이 아니라 시작점에서 4개의 이동이 더 추가됐다.

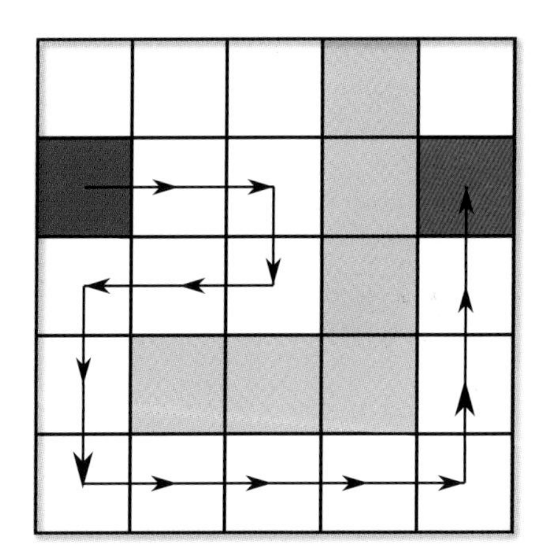

그림 4.8 탐욕 최우선 경로

노트

비록 GBFS가 최적의 경로를 보장해주지는 않지만, GBFS는 A*가 되기 위해 몇 가지만 수정하면 되므로 이해하면 도움이 된다. A* 알고리즘은 휴리스틱이 허용 가능하다면 최단 경로를 보장한다. 그래서 A*로 넘어가기 전에 GBFS 구현을 이해하는 것은 중요하다.

GBFS는 탐색을 진행하는 동안 하나의 큐를 사용하는 대신에 2개의 집합을 사용한다. **열린 집합**open set에는 평가를 위한 노드가 포함된다. 노드가 평가를 위해 선택되면 해당 노드는 **닫힌 집합**closed set으로 이동한다. 노드가 닫힌 집합에 있다면 GBFS는 더 이상 그 노드를 조사하지 않는다. 열린 집합이나 닫힌 집합에 있는 노드가 경로상에 있을 거란 보장은 없지만, 이 집합들은 불필요한 노드를 쳐내는 데 도움이 된다.

열린 집합에서 개발자는 휴리스틱 비용이 가장 적게 드는 노드를 제거한 뒤 이 노드를 테스트하는 작업을 수행한다. 그리고 닫힌 집합은 해당 노드가 닫힌 집합에 속하는지를 알아내기 위해 활용된다. 노드가 열린 집합의 멤버인지 또는 닫힌 집합의 멤버인지를 추적하려면 추가 데이터에 이진값을 사용하면 된다. 그리고 닫힌 집합의 경우에는 노드가 닫힌 집합 소속인지 아닌지 여부만 판별하면 되기 때문에 닫힌 집합을 관리하는 별도의 컬렉션을 사용할 필요는 없다.

열린 집합을 관리하기에 적합한 보편적인 자료 구조는 우선순위 큐다. 하지만 여기서는 간결함을 위해 벡터를 사용한다. 벡터를 사용하면 열린 집합에서 가장 낮은 비용을 가진 요소를 찾기 위해 선형 검색을 해야 한다.

BFS와 마찬가지므로 각각의 노드는 GBFS 탐색 동안 노드를 위한 추가 데이터가 필요하다. 추가 데이터의 수가 많으므로 이 데이터를 캡슐화한 구조체를 정의하면 좋다. 가중 그래프를 사용하므로 부모 에지는 해당 노드로 들어오는 에지다. 그리고 각 노드는 자신의 휴리스틱 값과 자신이 열린 집합에 존재하는지 또는 닫힌 집합에 존재하는지를 추적할 수 있어야 한다.

```
struct GBFSScratch
{
   const WeightedEdge* mParentEdge = nullptr;
   float mHeuristic = 0.0f;
```

```
    bool mInOpenSet = false;
    bool mInClosedSet = false;
};
```

그런 다음 키가 노드의 포인터이고 값이 GBFSScratch의 인스턴스인 맵을 정의한다.

```
using GBFSMap =
    std::unordered_map<const WeightedGraphNode*, GBFSScratch>;
```

이제 탐욕 최우선 탐색을 위한 필수 구성 요소를 갖췄다. GBFS 함수는 WeightGraph, 시작 노드, 목표 노드, 그리고 GBFSMap의 참조를 파라미터로 받는다.

```
bool GBFS(const WeightedGraph& g, const WeightedGraphNode* start,
          const WeightedGraphNode* goal, GBFSMap& outMap);
```

GBFS 함수의 시작 부분에 열린 집합 벡터를 정의하자.

```
std::vector<const WeightedGraphNode*> openSet;
```

다음으로 평가 중인 노드인 현재 노드를 추적할 변수가 필요하다. 이 현재 노드 변수는 알고리즘이 진행됨에 따라 변경된다. 최초 시작 시 현재 노드는 시작 노드다. 그리고 이 노드를 닫힌 집합에 있다고 표시한다.

```
const WeightedGraphNode* current = start;
outMap[current].mInClosedSet = true;
```

그러고 나서 GBFS의 메인 루프에 진입한다. 이 메인 루프에서는 몇 가지 작업을 한다. 먼저 현재 노드와 인접한 모든 노드를 살펴본다. 메인 루프는 닫힌 집합에 있지 않은 노드만을 고려한다. 이 노드들은 현재 노드로부터 자신의 노드로 향하는 부모 에지를 가진다. 그리고 코드는 열린 집합에는 없는 노드의 휴리스틱(노드로부터 목표까지)을 계산한 다음, 해당 노드를 열린 집합에 추가한다.

```
do
{
   // 인접 노드를 열린 집합에 추가한다
   for (const WeightedEdge* edge : current->mEdges)
   {
      // 이 인접 노드의 추가 데이터를 얻는다
      GBFSScratch& data = outMap[edge->mTo];
      // 이 노드가 닫힌 집합에 없다면 추가한다
      if (!data.mInClosedSet)
      {
         // 인접 노드의 부모 에지를 설정
         data.mParentEdge = edge;
         if (!data.mInOpenSet)
         {
            // 이 노드의 휴리스틱을 계산하고 열린 집합에 추가한다
            data.mHeuristic = ComputeHeuristic(edge->mTo, goal);
            data.mInOpenSet = true;
            openSet.emplace_back(edge->mTo);
         }
      }
   }
}
```

ComputeHeuristc 함수는 맨해튼 거리나 유클리드 거리 같은 휴리스틱 $h(x)$ 함수를 사용하면 된다. 각 노드에 저장된 추가 정보(세계에서 노드의 위치 정보 같은)가 필요할 수도 있다.

현재 노드에 인접한 노드를 처리한 후에는 열린 집합을 살펴본다. 열린 집합이 비어 있다면 평가할 노드가 없다는 것을 뜻한다. 이 경우는 시작점에서 목표점까지의 경로가 존재하지 않을 때 발생한다.

```
if (openSet.empty())
{
   break; // 루프에서 벗어난다
}
```

열린 집합에 여전히 노드가 있다면 알고리즘은 계속 진행된다. 열린 집합에서 가장 낮은 휴리스틱 비용을 가진 노드를 찾으면 해당 노드를 닫힌 집합으로 이동해야 한다. 이 노드는 새로운 현재 노드가 된다.

```
// 열린 집합에서 가장 비용이 낮은 노드를 찾자
auto iter = std::min_element(openSet.begin( ), openSet.end( ),
   [&outMap](const WeightedGraphNode* a, const WeightedGraphNode* b)
{
      return outMap[a].mHeuristic < outMap[b].mHeuristic;
});
// 현재 노드를 설정하고 이 노드를 열린 집합에서 닫힌 집합으로 이동시킨다
current = *iter;
openSet.erase( iter);
outMap[current].mInOpenSet = false;
outMap[current].mInClosedSet = true;
```

가장 낮은 휴리스틱 값을 찾기 위해 <algorithm> 헤더에 있는 std::min_element 함수를 사용했다. 이 함수의 세 번째 파라미터는 한 요소가 다른 요소보다 작은지를 결정하기 위한 방법을 지정하는 특별한 유형의 함수(람다 표현식으로 부른다)를 파라미터로 받는다. min_element 함수는 최솟값을 가진 요소의 반복자를 반환한다.

마지막으로 메인 루프에서는 현재 노드가 목표 노드가 아니라면 진행을 계속한다.

```
} while (current != goal);
```

루프는 위의 while 조건문이 거짓이거나 초기 break 문(열린 집합이 빈 경우)에 걸렸을 때 벗어난다. GBFS가 경로를 발견했는지의 여부는 현재 노드와 목표 노드의 값을 비교하면 된다.

```
return (current == goal) ? true : false;
```

그림 4.9는 예제의 최초 시작점으로부터 GBFS가 두 번 반복된 상황을 보여준다. 첫 번째 반복이 진행된 그림 4.9(a)에서는 시작 노드(A2)가 닫힌 집합에 있다. 그리고 시

작 노드의 인접 노드는 열린 집합에 있다. 편의를 위해 맨해튼 거리 휴리스틱을 사용한다. 화살의 방향은 자식 노드에서 부모 노드로의 방향이다. 그리고 열린 집합에서 가장 낮은 휴리스틱 비용을 갖는 노드, 즉 $h = 3$인 노드를 선택한다. 이 노드는 새로운 현재 노드가 되며 닫힌 집합으로 이동한다. 그림 4.9(b)는 두 번째 반복을 보여주는데, 여기서는 C2가 열린 집합에서 가장 낮은 비용을 가진 노드가 된다.

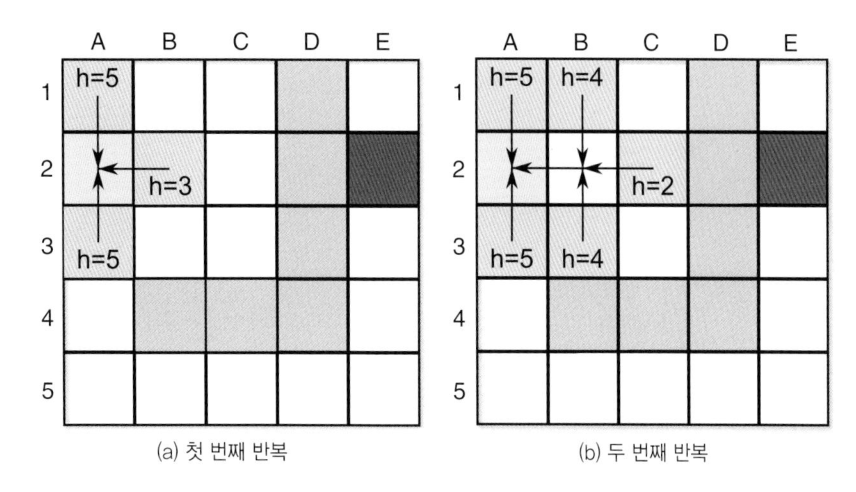

그림 4.9 탐욕 최우선 탐색 스냅샷: (a) 첫 번째 반복 (b) 두 번째 반복

열린 집합에 있는 노드가 가장 낮은 휴리스틱 비용을 가지고 있다고 해서 해당 노드가 최적의 경로상에 있다는 걸 뜻하지는 않는다는 것을 명심하자. 예를 들어 그림 4.9(b)에서 노드 C2는 최적의 경로에 있지 않다. 하지만 불행하게도 GBFS 알고리즘은 경로를 찾기 위해 C2를 선택한다. 이 문제를 고치기 위해 일부 개선이 필요한 것은 명확해 보인다.

리스트 4.3은 탐욕 최우선 탐색 함수의 전체 코드를 보여준다.

리스트 4.3 탐욕 최우선 탐색

```
bool GBFS(const WeightedGraph& g, const WeightedGraphNode* start,
        const WeightedGraphNode* goal, GBFSMap& outMap)
{
   std::vector<const WeightedGraphNode*> openSet;
   // 시작 노드를 현재 노드로 설정하고 닫힌 집합에 있다고 마킹한다
   const WeightedGraphNode* current = start;
```

```
    outMap[current].mInClosedSet = true;
    do
    {
        // 열린 집합으로 인접 노드를 추가한다
        for (const WeightedEdge* edge : current->mEdges)
        {
            // 이 노드의 추가 데이터를 얻는다
            GBFSScratch& data = outMap[edge->mTo];
            // 닫힌 집합에 있는 노드가 아니라면 테스트 필요
            if (!data.mInClosedSet)
            {
                // 인접 노드의 부모 에지를 설정한다
                data.mParentEdge = edge;
                if (!data.mInOpenSet)
                {
                    // 이 노드의 휴리스틱 값을 계산한다. 그리고 열린 집합에 추가한다
                    data.mHeuristic = ComputeHeuristic(edge->mTo, goal);
                    data.mInOpenSet = true;
                    openSet.emplace_back(edge->mTo);
                }
            }
        }

        if (openSet.empty())
        { break; }

        // 열린 집합에서 가장 낮은 비용을 가진 노드를 찾는다
        auto iter = std::min_element(openSet.begin(), openSet.end(),
            [&outMap](const WeightedGraphNode* a, const WeightedGraphNode* b)
        {
            return outMap[a].mHeuristic < outMap[b].mHeuristic;
        });
        // 현재 노드로 설정하고 열린 집합에서 닫힌 집합으로 이동시킨다
        current = *iter;
        openSet.erase(iter);
        outMap[current].mInOpenSet = false;
        outMap[current].mInClosedSet = true;
    } while (current != goal);
    // 경로를 찾았는가?
    return (current == goal) ? true : false;
}
```

A* 탐색

GBFS의 단점은 GBFS가 최적의 경로를 보장해주지 않는 데 있다. 하지만 운좋게도 GBFS를 약간만 수정하면 **A* 탐색**('에이 스타'로 발음한다)으로 변환하는 것이 가능하다. A*는 시작 노드에서 임의의 노드로의 실제 비용을 뜻하는 **경로 비용**path-cost을 추가했다. 표기법 $g(x)$는 노드 x의 경로 비용을 나타낸다. A*는 새로운 현재 노드를 선택할 때 노드의 경로 비용 $g(x)$와 휴리스틱 $h(x)$의 총합인 $f(x)$가 가장 낮은 노드를 선택한다.

$$f(x) = g(x) + h(x)$$

A*가 최적의 경로를 찾기 위해서는 몇 가지 조건을 충족해야 한다. 우선 시작점과 목표점 사이에는 당연히 경로가 존재해야 한다. 또한 휴리스틱은 허용 가능해야 한다(즉 실제 비용을 초과해서는 안 된다). 마지막으로 모든 에지의 가중치는 0과 같거나 커야 한다.

A*를 구현하려면 GBFS에서 했던 것처럼 먼저 `AStarScratch`를 정의한다. `AStarScratch` 구조체에는 $g(x)$ 값을 저장하기 위해 `mActualFromStart`라는 float 타입 멤버 변수가 있다는 점이 GBFS에서 사용한 구조체와의 유일한 차이점이다.

GBFS 코드와 A* 코드 사이에도 추가적으로 차이점이 존재한다. 노드를 열린 집합에 추가할 때 A*는 경로 비용 $g(x)$를 계산해야 한다. 그리고 최소 비용의 노드를 선택할 때도 A*는 $f(x)$ 비용이 가장 낮은 노드를 선택한다. 마지막으로 A*는 **노드 채택**node adoption이라는 프로세스를 사용해서 어느 노드가 부모가 되는지를 선택한다.

GBFS 알고리즘에서 인접 노드는 항상 현재 노드를 부모 노드로 설정했지만 A*는 그렇지 않다. A*에서 노드의 경로 비용 값 $g(x)$는 부모 노드의 $g(x)$값에 따라 달라진다. 노드 x의 경로 비용 값은 해당 노드 부모의 경로 비용 값에 부모로부터 노드 x로의 에지를 이동하는 데 드는 비용을 더한 값이기 때문이다. 그래서 노드 x에 부모를 할당하기 전에 A*는 $g(x)$ 값이 더 개선될 수 있을지를 확인해야 한다.

그림 4.10(a)에서는 맨해튼 휴리스틱 함수를 또 한 번 사용했다. 현재 노드 (C3)는 자신의 인접 노드를 확인한다. C3의 왼쪽 노드 B3는 $g = 2$이며 부모 노드는 B2다. 만약 B3의 부모 노드가 C3가 된다면 $g = 4$가 돼 경로 비용 값이 커지게 된다. 그래서 A*는 이 경우 B3의 부모를 변경하지 않을 것이다.

그림 4.10(b)는 A*에 의해 계산된 최종 경로를 보여주며, 이 최종 경로는 GBFS를 사용했을 때보다 훨씬 낫다.

노드 채택을 제외하면 A* 코드는 GBFS 코드와 매우 유사하다. 리스트 4.4는 대부분의 코드 변경사항을 포함한 인접 노드에 대한 루프를 보여준다. 텍스트로 보여주지 않은 유일한 변경 사항은 $h(x)$ 대신 $f(x)$를 기반으로 열린 집합에서 최소 비용 노드를 선택하는 코드다. 4장의 게임 프로젝트에서는 완성된 A* 구현 코드를 제공한다.

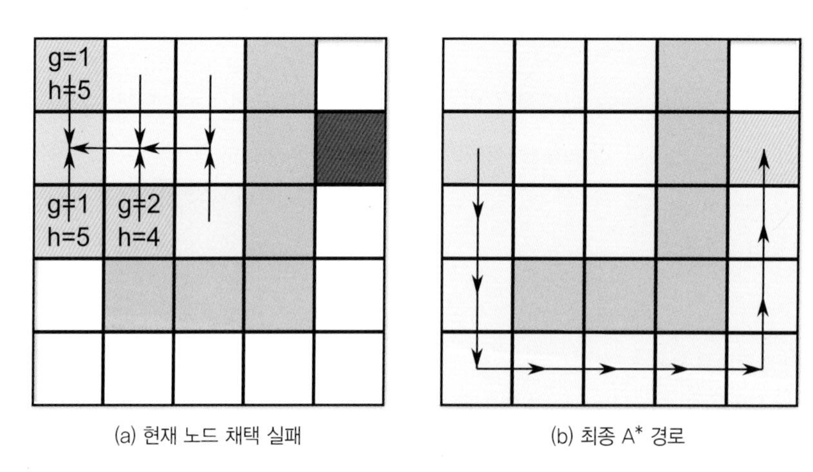

(a) 현재 노드 채택 실패 (b) 최종 A* 경로

그림 4.10 (a) 현재 노드 채택 실패; (b) 최종 A* 경로

리스트 4.4 A* 탐색에서 인접 노드에 대한 루프

```
for (const WeightedEdge* edge : current->mEdges)
{
   const WeightedGraphNode* neighbor = edge->mTo;
   // 이 노드의 추가 데이터를 얻는다
   AStarScratch& data = outMap[neighbor];
   // 닫힌 집합에 없는지를 확인
   if (!data.mInClosedSet)
   {
      if (!data.mInOpenSet)
      {
         // 열린 집합에 없다면 부모는 반드시 열린 집합에 있어야 한다
         data.mParentEdge = edge;
         data.mHeuristic = ComputeHeuristic(neighbor, goal);
         // 실제 비용은 부모의 실제 비용 + 부모에서 자신으로 이동하는 에지의 가중치다
```

```
            data.mActualFromStart = outMap[current].mActualFromStart +
               edge->mWeight;
            data.mInOpenSet = true;
            openSet.emplace_back(neighbor);
         }
         else
         {
            // 현재 노드가 부모 노드가 될지를 판단하고자 새로운 실제 비용을 계산한다
            float newG = outMap[current].mActualFromStart + edge->mWeight;
            if (newG < data.mActualFromStart)
            {
               // 현재 노드가 이 노드의 부모 노드로 채택됨
               data.mParentEdge = edge;
               data.mActualFromStart = newG;
            }
         }
      }
   }
```

노트

A*를 효율적으로 사용하기 위한 최적화는 복잡한 주제다. 최적화를 위해 고려해볼 사항 중 하나는 열린 집합에 동등한 위치의 노드가 많이 존재한다면 어떤 일이 일어날지에 관한 것이다. 이런 경우는 사각형 격자 그래프상에서 많이 발생하며, 특히 맨해튼 휴리스틱을 사용한다면 종종 발생한다. 노드를 선택할 때 열린 집합에 비용이 동일한 노드가 너무 많다면 경로를 끝나게 하는 노드를 선택 못 할 확률이 높아지게 된다. 결국 이 상황은 그래프상에서 노드를 더 탐색하게 되는 상황을 초래하므로 A*는 더욱더 느려지게 된다.

이 동일한 비용 문제를 제거하는 데 도움을 주는 한 가지 방법은 휴리스틱 함수에 가중치를 추가하는 것이다. 예를 들어 휴리스틱에 0.75와 같은 임의의 값을 곱하는 것이 이에 해당할 수 있다. 이렇게 하면 휴리스틱 $h(x)$ 함수에 비해 경로 비용 $g(x)$ 함수에 좀 더 많은 가중치를 두게 되며, 경로 비용이 더 많이 반영된다는 것은 시작 노드에서 좀 더 떨어져 있는 노드를 탐색하고 있을 확률이 높다는 것을 의미한다.

효율성 관점에서 볼 때 A* 알고리즘은 사실 격자 기반 길 찾기에 적합하지는 않다. 다른 길 찾기 알고리즘이 격자상에서 훨씬 효율적이다. 효율적인 알고리즘 중 하나로 스티브 라빈의 Game AI Pro 2에서 설명한 JPS+ 알고리즘이 있다('추가 독서' 절 참조). 그러나 A*는 모든 그래프에서 동작하는 반면 JPS+ 알고리즘은 오직 격자에 기반을 둔 그래프에서만 동작한다.

데이크스트라 알고리즘

미로 예제로 돌아와서 이제는 미로상에 여러 개의 치즈가 있다고 가정하자. 그리고 쥐를 가장 가까운 치즈를 향해 이동시킨다고 가정하자. 휴리스틱은 어느 치즈가 가장 가까운지를 추정할 수 있고, A* 알고리즘은 그 치즈에 대한 경로를 찾을 수 있다. 하지만 휴리스틱을 기반으로 선택된 치즈는 실제로 가까운 치즈가 아닐 수 있다. 왜냐하면 휴리스틱은 단지 추정에 불과할 뿐이기 때문이다.

데이크스트라 알고리즘 Dijkstra's algorithm에는 시작 노드는 있지만 목표는 없다. 대신 데이크스트라는 그래프상의 시작 노드에서 모든 도달 가능한 노드까지의 거리를 계산한다. 미로 예제에서 데이크스트라는 쥐로부터 도달 가능한 모든 노드의 거리를 구한 후 모든 치즈 조각에 대한 실제 이동 비용을 구해서 쥐가 가장 가까운 치즈로 이동할 수 있게 해준다.

이전 절의 A* 코드는 데이크스트라 알고리즘으로 변환 가능하다. 먼저 $h(x)$ 휴리스틱 요소를 제거하자. 이렇게 하면 $h(x)=0$인 휴리스틱 함수와 등가라는 것을 뜻하며, 실제 비용보다 같거나 낮음을 보장하기 때문에 허용될 수 있다.

다음으로 목표 노드를 제거하고 열린 집합이 빌 때만 루프를 종료하도록 한다. 그러면 코드는 시작점에부터 모든 도달 가능한 노드에 대한 경로 비용 $g(x)$를 계산한다.

에츠허르 데이크스트라Edsger Dijkstra가 만든 알고리즘의 원 공식은 조금 다르다. 하지만 이번 절에서 제안한 접근법은 기능적으로 원 공식과 동일하다(AI 서적에서는 때때로 이 접근법을 **균일 비용 탐색**uniform cost search이라고 부르기도 한다). 흥미롭게도 데이크스트라 알고리즘은 GBFS와 A*보다 앞서 나왔다. 하지만 게임에서는 일반적으로 A* 같은 경험에 기반을 둔 접근법을 선호한다. 왜냐하면 휴리스틱 기반 접근법이 데이크스트라 알고리즘보다 노드 탐색의 수가 훨씬 적기 때문이다.

길 따라가기

길 찾기 알고리즘이 경로를 생성하면 AI는 그 경로를 따라가야 한다. 경로는 일련의 점으로 추상화할 수 있다. 그러면 AI는 이 경로를 따라 점에서 점으로 이동만 하면 된다. `NavComponent`라는 `MoveComponent`의 하위 클래스를 만들어서 경로 이동을 구현하자. `MoveComponent`는 이미 액터를 앞방향으로 이동시킬 수 있으므로 `NavComponent`

는 액터가 경로를 따라 이동할 때 옳은 방향을 향할 수 있도록 액터를 회전시켜주기만 하면 된다.

먼저 NavComponent에서 TurnTo 함수는 특정 점을 향하고자 액터를 회전시킨다.

```
void NavComponent::TurnTo(const Vector2& pos)
{
   // 향하려는 점으로의 벡터를 구한다
   Vector2 dir = pos - mOwner->GetPosition();
   // 새 각도는 이 방향 벡터의 atan2다
   // (y값을 반전시킨다. +y는 화면 아래 방향이기 때문)
   float angle = Math::Atan2(-dir.y, dir.x);
   mOwner->SetRotation(angle);
}
```

NavComponent는 mNextPoint 변수를 가지고 있는데 이 변수는 경로상에서 이동할 다음 지점을 가리킨다. Update 함수는 액터가 mNextPoint에 도달했는지 여부를 테스트한다.

```
void NavComponent::Update(float deltaTime)
{
   // 다음 지점에 도착했다면 이동할 새 지점을 얻고 해당 지점을 향해 회전한다
   Vector2 diff = mOwner->GetPosition() - mNextPoint;
   if (diff.Length() <= 2.0f)
   {
      mNextPoint = GetNextPoint();
      TurnTo(mNextPoint);
   }
   // 액터를 전진시킨다
   MoveComponent::Update(deltaTime);
}
```

위의 코드에서 GetNextPoint 함수는 경로상의 다음 지점을 반환한다는 것을 가정한다. 액터가 경로상의 첫 번째 지점에서 시작한다고 가정한다면 mNextPoint는 두 번째 지점 값으로 초기화되며, 액터는 두 번째 지점을 향하도록 회전한다. 이후 루프에서

는 두 번째 지점에 도달할 때까지 선형속도로 액터를 이동시킨다.

이 방식으로 경로를 따라 이동을 갱신하는 데는 한 가지 이슈가 있다. 이 방식은 액터가 너무 빨리 움직여서 한 번에 노드를 뛰어넘지는 않는다고 가정한다. 만약 한 번에 노드를 뛰어넘어버리면 액터와 점은 결코 가까워질 수 없으며, 따라서 액터는 패닉에 빠지게 될 것이다.

기타 그래프 표현

실시간 액션 게임에서 중립 캐릭터Non-Player Character, NPC는 대개 격자상의 사각형에서 사각형으로 이동하지 않는다. 이 때문에 그래프로 세계를 표현하는 것이 더 복잡해지게 된다. 이번 절에서는 경로 노드와 네비게이션 메시를 사용한 2가지 대안적 접근법을 설명한다.

경로 노드(Path node, 웨이포인트waypoint 그래프라고도 한다)는 1990년도 초기에 1인칭 슈팅 게임FPS, First-Person Shooter의 출현과 함께 인기를 얻었다. 이 접근 방식에서 디자이너는 게임 세계에서 AI가 이동할 수 있는 위치에 경로 노드를 배치한다. 이 경로 노드는 그래프상의 노드로 직접 변환된다.

일반적으로 경로 노드 사이의 에지는 자동적으로 생성된다. 알고리즘은 다음과 같이 동작한다.

- 각 경로 노드에 대해 해당 노드와 해당 노드 근처에 있는 노드 사이에 장애물이 있는지 여부를 시험한다.
- 각 노드 사이에 차단이 없다면 에지를 생성한다.

선분 캐스트line segment cast나 유사 충돌 테스트가 노드 사이에 차단이 있는지를 결정할 수 있다. 10장 '충돌 감지'에서는 선분 캐스트를 구현하는 방법을 설명한다.

경로 노드를 사용할 시 주된 결점은 AI가 노드 또는 에지의 위치로만 이동할 수 있다는 것이다. 이 때문에 경로 노드가 삼각형을 형성한다 하더라도 삼각형 내부가 유효한 위치라고 보장할 방법이 없다. 길 찾기 알고리즘은 노드나 에지가 아닌 위치의 경우 장애물이 존재할 가능성이 있으므로 유효하지 않다고 가정해야 한다.

위의 상황을 피하려면 게임 세계는 AI가 이동에 제약을 받지 않는 공간을 많이 주거나 AI의 이동을 위해 많은 경로 노드를 제공해야 한다. 첫 번째는 AI가 믿음직스럽지 못한 행동을 할 수 있기 때문에 바람직하지 않다. 그리고 두 번째는 단순히 비효율적이다. 노드와 에지가 많아지면 많아질수록 길 찾기 알고리즘이 해답을 찾는 데는 더욱더 시간이 걸리기 때문이다. 이 상황은 성능과 정확도 간 트레이드 오프가 필요함을 의미한다.

다른 게임에서는 **내비게이션 메시**navigation mesh를 사용한다. 이 접근법에서 그래프상의 각 노드는 볼록 다각형convex polygon에 해당하며 인접 노드는 인접한 볼록 다각형이다. 각 노드를 볼록 다각형으로 정의하면 몇 개의 볼록 다각형만으로도 게임 세계의 전체 지역을 나타낼 수 있다. 내비게이션 메시를 사용하면 AI는 볼록 다각형 내부의 어떠한 지점도 안전하게 이동할 수 있다. 즉 AI의 기동성이 향상됐음을 의미한다. 그림 4.11은 경로 노드와 내비게이션 메시 간 표현 방식의 비교를 보여준다.

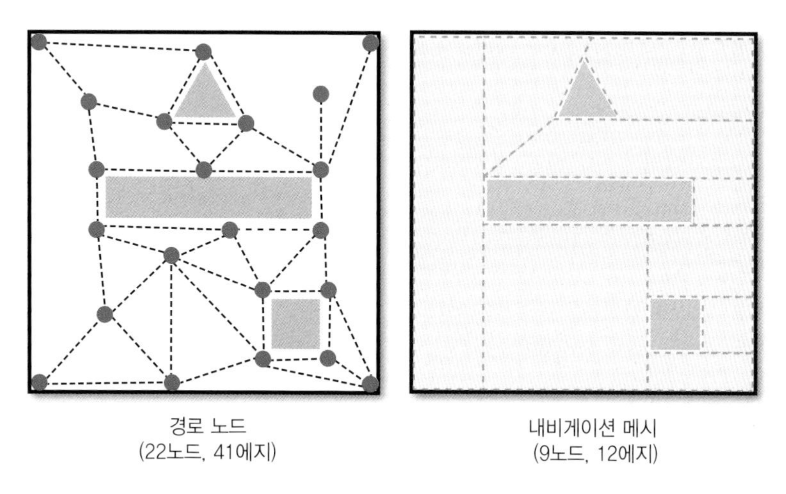

그림 4.11 경로 노드(a) 그리고 내비게이션 메시(b)의 장소 표현

내비게이션 메시는 크기가 다른 여러 캐릭터의 이동에 대해 더욱더 효과적이다. 게임에 농장 주위를 돌아다니는 소와 닭이 있다고 가정하자. 닭이 소보다 작다는 걸 감안하면 소는 갈 수 없지만 닭은 접근할 수 있는 지역이 존재할 것이다. 따라서 닭을 위해 설계된 경로 노드 네트워크는 소에 대해서는 제대로 동작하지 않아야 한다. 이는 게임이 경로 노드를 사용한다면 각각의 생명체에 대한 별도의 2개 그래프를 가져야

한다는 것을 뜻한다. 대조적으로 내비게이션 메시에서 각각의 노드는 볼록 다각형이다. 그래서 내비게이션 메시는 캐릭터가 특정 지역에 적합한지 여부를 계산하는 것이 가능하다. 따라서 게임은 닭과 소 모두에 하나의 내비게이션 메시만을 사용할 수 있다.

내비게이션 메시를 사용하는 대부분의 게임에서는 자동적으로 내비게이션 메시를 생성한다. 내비게이션 메시의 자동 생성은 디자이너가 AI 경로 지정에 따른 영향을 걱정할 필요없이 레벨을 변경할 수 있기에 유용하다. 하지만 내비게이션 메시 생성 알고리즘은 복잡하다. 다행히 내비게이션 메시 생성을 구현한 오픈 소스 라이브러리가 있다. 가장 인기 있는 라이브러리 Recast는 3D 레벨의 삼각형 기하로 구성된 내비게이션 메시를 생성한다. Recast에 대한 자세한 내용은 4장의 마지막 절인 '추가 독서'를 참조한다.

게임 트리

틱택토나 체스 같은 게임은 대부분의 실시간 게임과는 매우 다르다. 이러한 유형의 게임은 플레이어가 2명이며 각 플레이어는 차례를 번갈아가며 진행한다. 또한 **적대적인** 상황에 놓여 있으므로 두 플레이어가 서로 대결하는 구조다. 이런 유형의 게임에 대한 AI 요구 사항은 실시간 게임의 요구 사항과는 매우 다르다. 게임은 게임 상태를 유지하는 것이 필요하며, 이 상태는 AI의 의사결정에 영향을 미친다. 게임 상태를 유지하는 한 가지 접근법은 **게임 트리**game tree라는 트리 구조를 사용하는 것이다. 게임 트리에서 루트 노드는 게임의 현재 상태를 나타낸다. 각각의 에지는 게임에서 가능한 이동을 나타내며 각 이동은 새로운 게임 상태와 연결된다.

그림 4.12는 진행 중인 틱택토 게임의 게임 트리를 보여준다. 루트 노드로부터 시작해서 현재 플레이어(**맥스 플레이어**max player라고도 부른다)는 3가지 이동의 선택이 가능하다. 맥스 플레이어가 이동을 하면 게임 상태는 트리의 첫 번째 레벨에 있는 노드로 전이한다. 그러면 적(**민 플레이어**min player라고 부른다)은 트리의 두 번째 레벨로 이끄는 이동을 선택한다. 이 과정은 게임의 종료 상태를 나타내는 리프 노드leaf node에 도달할 때까지 반복된다.

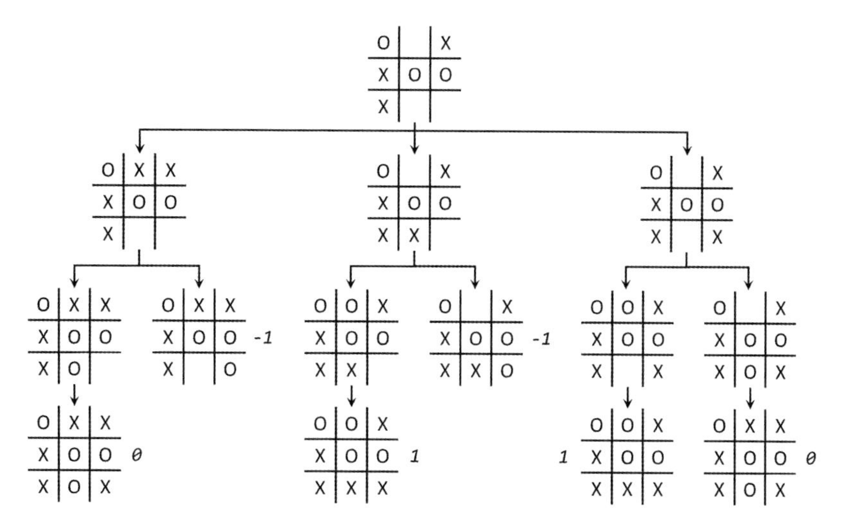

그림 4.12 틱택토 게임에 대한 게임 트리의 일부분

틱택토 게임에서는 오직 승리, 패배, 무승부 3가지 결과만이 존재한다. 그림 4.12에서 리프 노드에 할당된 숫자 값은 이런 결과를 나타낸다. 이 값들은 맥스 플레이어의 관점에서 얻은 값이다. 1은 맥스 플레이어(×)가 승리했음을 뜻하고, −1은 민 플레이어(○)가 승리했음을 뜻한다. 그리고 0은 비겼음을 뜻한다.

여러 게임들은 다양한 상태를 가질 수 있다. 틱택토 게임의 경우 상태는 단순한 2D 배열 형식의 보드로 표현하면 된다.

```
struct GameState
{
  enum SquareState { Empty, X, O };
  SquareState mBoard[3][3];
};
```

게임 트리 노드는 해당 노드의 게임 상태뿐만 아니라 자식 노드 리스트도 저장한다.

```
struct GTNode
{
   // 자식 노드
   std::vector<GTNode*> mChildren;
```

```
    // 이 노드의 게임 상태
    GameState mState;
};
```

완전한 게임 트리를 생성하려면 루트 노드를 현재 게임의 상태로 설정하고 이동 가능한 자식 노드를 생성해야 한다. 그런 다음 첫 번째 레벨의 각 노드에 대해서도 이 과정을 반복하고 모든 이동이 완료될 때까지 진행한다.

게임 트리의 크기는 잠재적인 이동의 수에 따라 지수적으로 커진다. 틱택토 게임의 경우 게임 트리의 상한선은 9!, 즉 362,880개의 노드가 필요하다. 9! 크기의 노드라면 틱택토 게임은 완전한 게임 트리를 생성해서 평가하는 것이 문제가 되지 않는다. 하지만 체스의 경우 완전한 게임 트리는 10^{120}!의 노드를 가지므로 시간과 공간의 복잡도를 완전히 평가하는 것이 불가능하다. 지금은 완전한 게임 트리가 있다고 가정하겠다. 나중에는 불완전 트리를 다루는 방법을 설명할 것이다.

미니맥스

미니맥스minimax 알고리즘은 2인용 게임 트리를 평가해서 현재 플레이어에 대한 최선의 이동을 결정한다. 미니맥스는 각 플레이어가 자신에게 가장 최선인 선택을 한다고 가정한다. 점수는 맥스 플레이어의 관점이므로 맥스 플레이어는 자신의 점수를 극대화하려는 반면 민 플레이어는 맥스 플레이어의 점수를 최소화하는 데 집중한다.

예를 들어 그림 4.12에서 맥스 플레이어(이 경우 X)는 3가지 이동이 가능하다. 맥스 플레이어가 상단 가운데나 하단 가운데를 선택하면 민 플레이어(O)는 하단 오른쪽을 선택하면 이길 수 있다. 민 플레이어는 맥스 플레이어의 선택에 따라 이 승리를 얻을 수 있으며 맥스 플레이어는 자신의 잠재적인 최종 점수를 극대화하려면 상단 가운데나 하단 가운데가 아닌, 하단 오른쪽을 선택한다.

맥스 플레이어가 하단 오른쪽을 선택하면 민 플레이어는 상단 가운데나 하단 가운데를 선택하는 것이 가능한데 선택의 결과는 1이나 0이다. 민 플레이어는 맥스 플레이어의 점수를 최소화하는 것이 목적이므로 민 플레이어는 하단 가운데를 선택한다. 이 결과 게임은 동점으로 끝나게 되며, 두 플레이어 모두 틱택토 게임에서 최적화된 플레이를 했을 경우 예상되는 결과라고 할 수 있겠다.

미니맥스의 구현을 위해서 리스트 4.5에서는 민 플레이어와 맥스 플레이어의 행동에 대해 별도의 함수를 사용한다. 두 함수 모두 최초에는 노드가 리프 노드인지를 시험한다. 리프 노드일 경우 GetScore 함수를 호출해서 점수를 계산한다. 다음으로 두 함수는 재귀 호출을 사용해서 최선의 하위 트리를 결정한다. 맥스 플레이어의 경우 최선의 하위 트리는 최고의 값을 산출하는 트리다. 반대로 민 플레이어는 가장 낮은 값을 가진 하위 트리를 찾는다.

리스트 4.5 MaxPlayer와 MinPlayer 함수

```
float MaxPlayer(const GTNode* node)
{
   // 리프 노드라면 점수를 리턴한다
   if (node->mChildren.empty())
   {
      return GetScore(node->mState);
   }
   // 최댓값을 가지는 하위 트리를 찾는다
   float maxValue = -std::numeric_limits<float>::infinity();
   for (const GTNode* child : node->mChildren)
   {
      maxValue = std::max(maxValue, MinPlayer(child));
   }
   return maxValue;
}

float MinPlayer(const GTNode* node)
{
   // 리프 노드라면 점수를 반환한다
   if (node->mChildren.empty())
   {
      return GetScore(node->mState);
   }
   // 최솟값을 가진 하위 트리를 찾는다
   float minValue = std::numeric_limits<float>::infinity();
   for (const GTNode* child : node->mChildren)
   {
      minValue = std::min(minValue, MaxPlayer(child));
   }
   return minValue;
```

```
}
```

루트 노드에서 MaxPlayer를 호출하면 맥스 플레이어에 대한 최선의 점수를 반환한다. 그러나 이 함수는 AI 플레이어가 알고 싶어하는 최적화된 다음 이동을 지정하지는 않는다. 최선의 이동을 결정하는 코드는 리스트 4.6에 있는 별도의 MinimaxDecide 함수에 있다. MinimaxDecide 함수는 MaxPlayer 함수와 비슷하지만 MinimaxDecide 함수는 어떤 자식 노드가 최선의 값을 산출하는지를 추적한다.

리스트 4.6 MinimaxDecide 구현

```
const GTNode* MinimaxDecide(const GTNode* root)
{
   // 최댓값을 가진 하위 트리를 찾고 해당 선택을 저장한다
   const GTNode* choice = nullptr;
   float maxValue = -std::numeric_limits<float>::infinity();
   for (const GTNode* child : root->mChildren)
   {
      float v = MinPlayer(child);
      if (v > maxValue)
      {
         maxValue = v;
         choice = child;
      }
   }
   return choice;
}
```

불완전 게임 트리 다루기

4장에서 언급했듯이 완전 게임 트리를 생성하는 것은 항상 가능하지는 않지만, 미니맥스 코드를 수정하면 불완전 게임 트리에 대응하는 것이 가능하다. 먼저 함수는 노드가 아닌 함수 상태에 따라 동작해야 한다. 다음으로 코드는 자식 노드를 반복하기보다는 주어진 상태로부터 가능한 다음 이동을 반복해야 한다. 이렇게 수정하는 것은 미니맥스 알고리즘이 사전에 트리를 생성하기보다는 실행 시간 동안에 트리를 생성한다는 것을 뜻한다.

체스처럼 트리가 너무 크다면 전체 트리를 생성하는 것은 가능하지 않다. 숙련된 체스 플레이어가 오직 8번의 다음 수를 예측할 수 있는 것처럼 AI도 게임 트리의 깊이를 제한해야 한다. 즉 코드는 노드가 게임 상태의 마지막에 있지 않다 하더라도 리프로써 노드를 다룬다는 것을 뜻한다.

정보에 입각한 결정을 내리기 위해 미니맥스는 이 종료되지 않은 상태가 얼마나 좋은지를 알아야 한다. 하지만 종료 상태와는 다르게 정확한 점수를 알아내는 것은 불가능하다. 그러므로 점수를 얻어내는 함수는 종료되지 않은 상태의 품질을 근사화하는 휴리스틱 요소가 필요하다. 즉 점수는 틱택토 게임에서처럼 {−1, 0, 1}과 같은 3개 중 하나를 선택하는 것이 아닌, 특정 범위 내의 값을 가진다는 것을 의미한다.

휴리스틱 요소를 추가하면 미니맥스가 최선의 결정을 내리는 것을 보장할 수 없다는 걸 의미하기에 주의해야 한다. 휴리스틱은 게임 상태의 품질을 근사화하려고 하지만, 이 근삿값이 얼마나 정확한지는 알 수 없다. 불완전 게임 트리를 사용하면 미니맥스에 의해 선택된 이동은 차선책에 불과하므로 결국 완전 트리의 최선의 선택과 비교해 볼 때 손실이 발생할 수밖에 없다.

리스트 4.7은 MaxPlayerLimit 함수를 보여준다(다른 함수들도 유사하게 수정할 필요가 있다). 이 코드는 GameState가 3개의 멤버 함수 IsTerminal, GetScore, GetPossibleMoves를 가지고 있다고 가정한다. IsTerminal 함수는 상태가 종료 상태이면 true를 반환한다. GetScore 함수는 종료되지 않은 상태의 휴리스틱 값을 리턴하거나 종료 상태의 점수를 반환한다. GetPossibleMoves는 현재 상태 이후에 움직일 수 있는 이동에 대한 게임 상태 벡터를 리턴한다.

리스트 4.7 MaxPlayerLimit 구현

```
float MaxPlayerLimit(const GameState* state, int depth)
{
   // depth가 0이거나 상태가 terminal이면 최대 깊이에 도달했다는 걸 뜻한다
   if (depth == 0 || state->IsTerminal())
   {
      return state->GetScore();
   }
   // 최댓값을 가진 하위 트리를 찾는다
   float maxValue = -std::numeric_limits<float>::infinity();
```

```
    for (const GameState* child : state->GetPossibleMoves())
    {
        maxValue = std::max(maxValue, MinPlayer(child, depth - 1));
    }
    return maxValue;
}
```

휴리스틱 함수는 게임에 따라 다양하다. 예를 들어 단순한 체스 게임의 휴리스틱 함수는 각 플레이어가 가진 말의 수를 세고, 각각의 말에 가중치를 부여할 수 있다. 하지만 이런 단순한 휴리스틱의 결점은 때때로 짧은 기간에 장기말을 희생하는 것이 긴 기간 동안 장기말을 살려놓는 것보다 좋을 때도 있다는 데 있다. 다른 휴리스틱은 왕의 안전이나 여왕의 기동력, 체스판 중앙의 통제 등을 고려한다. 궁극적으로는 몇 가지 다른 요인들이 휴리스틱에 영향을 미친다.

보다 복잡한 휴리스틱을 위해서는 많은 연산이 필요하다. 하지만 대부분의 게임에서는 AI의 연산에 시간 제한이라는 제약을 설정한다. 예를 들어 체스 게임 AI는 10초 이내로 다음 턴을 결정해야 할 수도 있다. 이런 시간 제한 설정은 AI의 지능을 낮출 수 있으므로 탐색하려는 깊이 및 휴리스틱 복잡성 등과 균형을 맞춰야 한다.

알파 베타 가지치기

알파 베타 가지치기 Alpha-beta pruning는 평가하려는 노드의 수를 줄이는 미니맥스 알고리즘의 최적화 기법이다. 그래서 알파 베타 가지치기는 계산 시간을 증가시키지 않고 탐색하려는 최대 깊이를 증가시키는 것이 가능하다.

그림 4.13은 알파 베타 가지치기로 단순화된 게임 트리를 보여준다. 형제 노드에 대한 평가 순서를 왼쪽에서 오른쪽순으로 한다고 가정했을 때 맥스 플레이어는 먼저 하위 트리 B를 조사한다. 그러면 민 플레이어는 값이 5인 리프 노드를 보게 된다. 그래서 민 플레이어는 5와 다른 값 중에서 하나를 선택하는데 이 다른 값이 5보다 크면 민 플레이어는 5를 선택한다. 그래서 이 상황은 하위 트리 B로부터 얻을 수 있는 상한선은 5이며, 하한선은 음의 무한대 값이라는 것을 뜻한다. 민 플레이어는 계속해서 값이 0인 리프 노드를 보게 되며, 민 플레이어는 최소 점수를 원하므로 값이 0인 리프 노드를 선택한다.

제어는 이제 하위 트리 B가 0의 값을 가진다는 것을 아는 맥스 플레이어 함수로 돌아온다. 계속해서 맥스 플레이어는 하위 트리 C를 조사한다. 민 플레이어는 먼저 −3의 값을 가진 리프 노드를 살펴본다. 이전과 마찬가지로 하위트리 C의 상한선은 −3이다. 그러나 맥스 플레이어는 이미 하위트리 B가 0의 값을 가진 걸 알고 있으며, 이 값은 −3보다 좋다. 즉, 맥스 플레이어는 하위 트리 C로부터 하위 트리 B보다 더 나은 결과를 얻을 수 없는 것이다. 알파 베타 가지치기는 이를 인식해서 결과적으로 C의 다른 자식 노드를 조사하지 않는다.

알파 베타 가지치기는 **알파**와 **베타**라는 2개의 변수를 필요로 한다. **알파**는 현재 레벨이나 그 이상에서 맥스 플레이어에게 보장하는 최고 점수다. 반대로 **베타**는 현재 레벨이나 그 이상에서 민 플레이어에게 보장하는 최고 점수다. 다시 말해서 알파와 베타는 점수의 상한과 하한 경곗값이다.

처음에 알파는 음의 무한대 값이고 베타는 양의 무한대 값이다. 즉 두 플레이어는 최악의 점수로 시작한다. 리스트 4.8에서 보여주듯이 `AlphaBetaDecide` 함수는 알파 베타를 음의 무한대, 양의 무한대 값으로 초기화한 후 `AlphaBetaMin` 함수를 호출해서 재귀 반복을 한다.

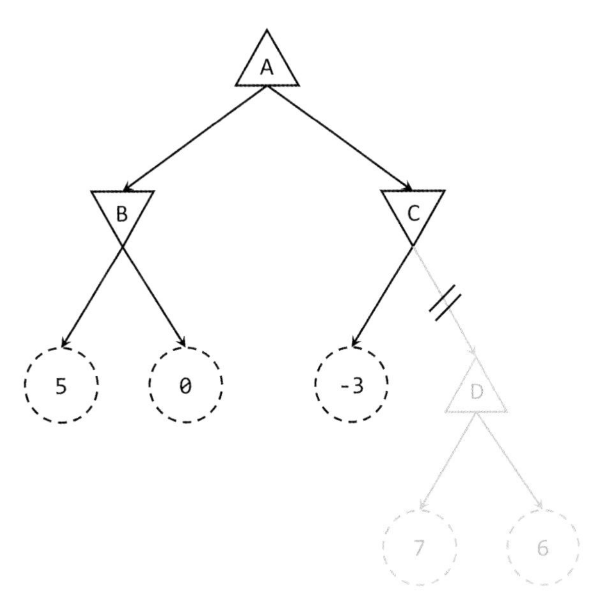

그림 4.13 알파 베타 가지치기로 단순화된 게임 트리

리스트 4.8 AlphaBetaDecide 구현

```
const GameState* AlphaBetaDecide(const GameState* root, int maxDepth)
{
   const GameState* choice = nullptr;
   // 알파는 음의 무한대, 베타는 양의 무한대 값으로 시작한다
   float maxValue = -std::numeric_limits<float>::infinity();
   float beta = std::numeric_limits<float>::infinity();
   for (const GameState* child : root->GetPossibleMoves())
   {
      float v = AlphaBetaMin(child, maxDepth - 1, maxValue, beta);
      if (v > maxValue)
      {
         maxValue = v;
         choice = child;
      }
   }
   return choice;
}
```

리스트 4.9의 AlphaBetaMax 함수는 MaxPlayerLimit 함수를 토대로 구현했다. 어떤 반복에서도 최댓값이 베타값보다 같거나 크다면 이전 베타값은 더 좋아질 수 없다. 이 상황에서는 함수가 남아 있는 형제 노드를 확인할 필요가 없기에 결과를 반환하고 종료한다. 그렇지 않고 최댓값이 베타값보다 작고 알파값보다 크다면 코드는 알파값을 증가시킨다.

리스트 4.9 AlphaBetaMax 구현

```
float AlphaBetaMax(const GameState* node, int depth, float alpha,
                   float beta)
{
   if (depth == 0 || node->IsTerminal())
   {
      return node->GetScore();
   }
   float maxValue = -std::numeric_limits<float>::infinity();
   for (const GameState* child : node->GetPossibleMoves())
   {
```

```
      maxValue = std::max(maxValue,
         AlphaBetaMin(child, depth - 1, alpha, beta));
      if (maxValue >= beta)
      {
         return maxValue; // 베타 가지치기
      }
      alpha = std::max(maxValue, alpha); // 알파값을 증가
   }
   return maxValue;
}
```

마찬가지로 리스트 4.10에서 AlphaBetaMin 함수는 최솟값이 알파와 같거나 더 작은지를 검사한다. 이 경우에는 이전 알파값이 더 좋아질 수 없으므로 함수는 종료된다. 그렇지 않으면 코드는 상황에 따라 베타값을 감소시킨다.

리스트 4.10 AlphaBetaMin 구현

```
float AlphaBetaMin(const GameState* node, int depth, float alpha,
                   float beta)
{
   if (depth == 0 || node->IsTerminal())
   {
      return node->GetScore();
   }
   float minValue = std::numeric_limits<float>::infinity();
   for (const GameState* child : node->GetPossibleMoves())
   {
      minValue = std::min(minValue,
         AlphaBetaMax(child, depth - 1, alpha, beta));
      if (minValue <= alpha)
      {
         return minValue; // 알파 가지치기
      }
      beta = std::min(minValue, beta); // 베타값을 감소시킨다
   }
   return minValue;
}
```

자식 노드에 대한 평가 순서는 내쳐지는 노드 수에 영향을 미치는 데 주목하자. 이는 일관된 깊이 제한을 가진다 하더라도, 시작 상태에 따라 실행 시간이 달라질 수 있음을 뜻한다. 이런 상황은 AI가 고정된 시간 제한을 가진다면 문제가 된다. 불완전한 탐색은 AI가 어떤 이동을 해야 할지 결정 못했다는 것을 의미하기 때문이다. 이에 대한 해결책으로서, 깊이 제한값을 증가시키면서 알고리즘을 여러 번 실행하는 **반복적인 심화 방법**이 대안이 될 수 있겠다. 예를 들어 먼저 3의 깊이 제한으로 알파 베타 가지치기를 실행해 기준이 되는 이동을 산출한다. 그리고 시간이 다 소진될 때까지 4의 깊이 제한으로 실행하고 계속해서 5의 깊이 제한으로 실행한다. 이전 반복에서 기본 이동을 구했기 때문에 특정 깊이에서 불완전한 탐색을 했다 하더라도 AI가 어떤 이동을 해야 할지 선택하는 데는 문제가 없다.

게임 프로젝트

그림 4.14, 4장의 게임 프로젝트는 타워 디펜스 게임이다. 이런 유형의 게임에서 적은 왼쪽에 있는 시작 타일에서 오른쪽에 있는 마지막 타일로 이동하려 한다. 초기에 적들은 왼쪽에서 오른쪽으로 똑바로 이동한다. 하지만 플레이어는 격자상의 사각형에 탑을 세울 수 있으므로 경로는 상황에 따라 탑 주변으로 이동하게 변경된다. 코드는 깃허브 저장소 `Chapter04` 디렉토리에서 이용 가능하다. 윈도우 운영체제에서는 `Chapter04-windows.sln`을 열고 맥에서는 `Chapter04-mac.xcodeproj`을 열어 실행한다.

타일을 선택하고자 마우스를 클릭한다. 타일을 선택한 후에는 타워를 세우기 위해 B 키를 사용한다. 적 비행기는 A* 길 찾기 알고리즘을 사용해서 타워 주변을 지나간다. 세워진 각각의 타워 때문에 AI는 상황에 따라 경로를 변경한다. 플레이어가 적을 완전히 차단할 수 없도록 하기 위해 플레이어가 타워를 세우는 것을 요청하면 코드는 먼저 적이 이동할 수 있는 경로가 여전히 존재하는지를 확인한다. 타워가 적을 완전히 차단하면 게임은 플레이어가 타워를 세우는 걸 허락하지 않는다.

코드의 간결함을 위해 게임 프로젝트의 `Tile` 클래스는 A* 탐색에 사용된 추가 데이터뿐만 아니라 모든 그래프 관련 정보를 포함한다. 모든 타일을 생성하고 그래프를 초기화하는 코드는 `Grid` 클래스의 생성자에 있다. `Grid` 클래스는 또한 실제 A* 검색을 수행하는 FindPath 함수를 포함한다.

4장의 소스 코드는 또한 별도의 Search.cpp 파일에 책에서 설명한 탐색 알고리즘과 미니맥스 알고리즘을 포함한다. 그리고 액터가 사용하지는 않았지만 상태 기계와 관련된 AIState의 서브클래스와 AIComponent의 구현도 포함하고 있다.

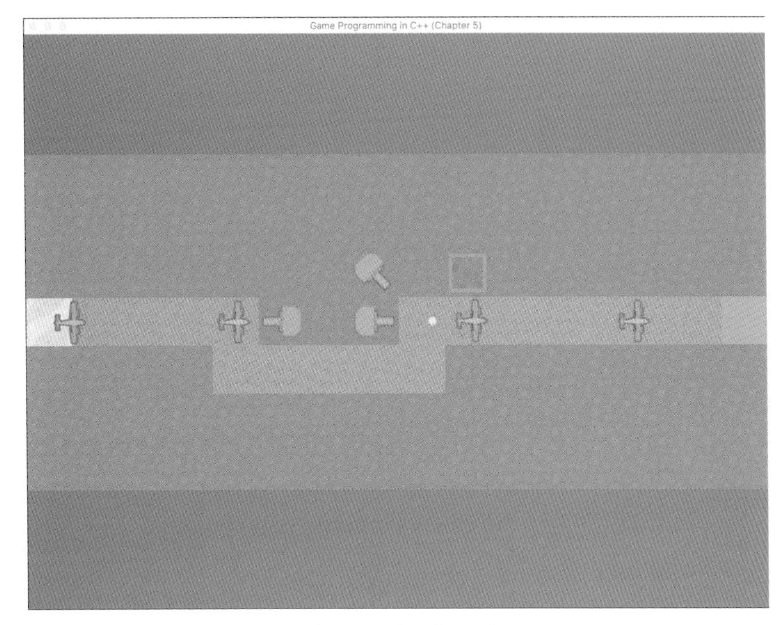

그림 4.14 4장 게임 프로젝트

요약

인공 지능은 다양한 세부 분야가 존재하는 깊이가 있는 주제다. 상태 기계를 사용하면 효율적인 방식으로 게임상에서 캐릭터를 AI로 제어하는 것이 가능해진다. switch 구문을 통해서 간단하게 상태 기계를 구현할 수 있지만, 상태 설계 패턴은 각 상태에 대한 별도의 클래스를 만들어서 유연성을 증가시킨다.

길 찾기 알고리즘은 게임상의 두 지점에 대한 최단 경로를 찾는다. 길 찾기 알고리즘의 구현을 위해서는 먼저 게임 세계에 대한 그래프 구현을 결정해야 한다. 사각형 격자의 경우 그래프 구현은 간단하다. 하지만 여러 게임에서는 경로 노드나 내비게이션 메시를 사용한다. 가중치 없는 그래프에서 너비 우선 탐색(BFS)은 경로가 존재한다면 최단 경로의 발견을 보장해준다. 하지만 가중 그래프에서는 최단 경로를 찾기 위해서는 A*나 데이크스트라 알고리즘 같은 다른 알고리즘의 사용이 필요하다.

체커나 체스 같은 2인 플레이어 턴기반 게임에서 게임 트리는 현재 게임 상태에서 이동 가능한 경우의 수를 표현한다. 미니맥스 알고리즘은 현재 플레이어가 자신의 점수를 극대화하길 원한다고 가정하며, 적은 현재 플레이어의 점수를 최소화하는 걸 목표로 삼고 있다고 가정한다. 알파 베타 가지치기는 미니맥스를 최적화하지만 대부분의 게임에서 트리는 깊이 제한을 가져야 한다.

추가 독서

AI 기술을 다루는 자료는 많다. 스튜어트 러셀Stuart Russell과 피터 노빅Peter Norvig의 저서는 오직 일부 내용만 게임에 적용할 수 있기는 하지만, 여러 기술을 설명하는 인기 있는 AI 책이다. 매트 버크랜드Mat Buckland의 책은 비록 오래됐지만 여러 유용한 게임 AI 주제를 다룬다. 스티브 라빈Steve Rabin의 Game AI Pro 시리즈에는 여러 게임 AI 개발자가 작성한 다양하고 흥미로운 글들이 있다.

- Buckland, Mat. *Programming Game AI by Example*. Plano: Wordware Publishing, 2005.
- Mononen, Mikko. "Recast Navigation Mesh Toolkit." Accessed July 7, 2017. https://github.com/recastnavigation.
- Pratt, Stephen. "Study: Navigation Mesh Generation." Accessed July 7, 2017. http://critterai.org/projects/nmgen_study/index.html.
- Rabin, Steve, *Ed. Game AI Pro 3: Collected Wisdom of Game AI Professionals*. Boca Raton: CRC Press, 2017.
- Russell, Stuart, and Peter Norvig. *Artificial Intelligence: A Modern Approach, 3rd edition*. Upper Saddle River: Pearson, 2009.

연습

4장의 2가지 연습에서는 게임 프로젝트에서 사용하지 않은 기술을 구현한다. 처음에는 상태 기계를 살펴보며, 두 번째는 포인어로(Four in a row) 게임에 대해 알파 베타 가지치기를 사용한다.

연습 4.1

4장의 게임 프로젝트 코드에서 `Enemy`나 `Tower` 클래스, 또는 두 클래스 모두 AI 상태 기계를 사용하도록 갱신해본다. 먼저 AI가 가져야 하는 행위를 고려하고 상태 기계 그래프를 설계하자. 다음으로 이런 행위를 구현하고자 제공된 `AIComponent`와 `AIState` 기본 클래스를 사용한다.

연습 4.2

포인어로(Four in a row) 게임에서 플레이어는 6행 7열의 수직 격자를 가진다. 2명의 플레이어는 열의 상단에 조각을 차례대로 놓는다. 그런 다음 조각을 열에서 가장 낮은 자유 위치로 끌어내린다. 게임은 한 플레이어가 수평이나 수직, 또는 대각선으로 연속 4개의 조각을 얻을 때까지 계속된다.

연습 4.2의 게임 코드는 인간 플레이어가 마우스 클릭을 사용해서 게임 진행이 가능하도록 구현했다. 그리고 AI의 경우에는 시작 시에 유효한 선택지 중 하나를 랜덤하게 선택하도록 구현했는데, 이 대신에 AI가 깊이 제한을 가진 알파 베타 가지치기를 사용해서 선택을 하도록 수정해본다.

5장

OpenGL

5장에서는 게임에서 그래픽을 위한 OpenGL을 사용하는 방법에 관해 자세히 설명한다. 5장은 OpenGL의 초기화, 삼각형의 사용, 셰이더 프로그램 작성, 변환을 위한 행렬 사용, 텍스처 지원 추가 등을 포함한 여러 주제를 다룬다. 5장의 게임 프로젝트는 3장 '벡터와 기초 물리'의 게임 프로젝트 기반으로 OpenGL의 모든 그래픽 렌더링 기능을 사용하도록 변환한다.

OpenGL 초기화

SDL 렌더러는 2D 그래픽을 지원하지만 3D 그래픽은 지원하지 않는다. 그래서 이 책의 모든 후속 장에서 사용하는 3D 그래픽으로 전환하려면 SDL 2D 그래픽스를 2D와 3D 그래픽스 모두를 지원하는 다른 라이브러리로 전환해야 한다.

이 책에서는 OpenGL 라이브러리를 사용한다. OpenGL은 약 25년 동안 이어져온 2D/3D 크로스 플랫폼 그래픽을 위한 산업 표준 라이브러리다. 당연히 라이브러리는 오랜 세월에 걸쳐 다양한 방식으로 진화해왔다. OpenGL의 초기 버전이 사용했던 함수 세트는 현대 OpenGL의 함수 세트와는 매우 다르다. 이 책은 OpenGL 3.3까지 정의된 함수를 사용한다.

> **경고** **오래된 OpenGL 버전은 최신 버전과 매우 다르다**
>
> 온라인 OpenGL 레퍼런스를 참조할 경우 오래된 OpenGL 버전의 레퍼런스가 많이 존재하므로 주의하자.

5장의 목표는 SDL 그래픽스를 사용한 3장의 게임 프로젝트를 OpenGL 그래픽스로 변환하는 것이다. 라이브러리의 전환을 위해서는 많은 단계적 과정이 필요하다. 이번 절에서는 OpenGL을 설정하고 초기화하는 방법을 살펴본다. 그리고 GLEW이라 불리는 헬퍼 라이브러리를 살펴본다.

OpenGL 윈도우 설정

OpenGL을 사용하면 이전 장에서 사용했던 `SDL_Renderer`를 삭제해야 한다. 따라서 Game에 있는 `mRenderer`나 `SDL_CreateRenderer`, 그리고 `GenerateOutput`에서 사용된 SDL 함수 호출을 포함해 `SDL_Renderer`에 대한 모든 참조를 제거해야 한다. `SpriteComponent` 코드도 `SDL_Renderer`에 의존하므로 변경하지 않으면 제대로 동작하지 않을 것이다. 현재 `Game::GenerateOutput`에 있는 모든 코드는 OpenGL이 제대로 설정돼 실행될 때까지 주석처리하자.

SDL로 윈도우를 생성하는 경우에는 `SDL_CreateWindow`의 마지막 파라미터에 `SDL_WINDOW_OPENGL`을 인자로 넘겨서 OpenGL을 사용하는 윈도우를 요청하는 것이 가능하다.

```
mWindow = SDL_CreateWindow("Game Programming in C++ (Chapter 5)", 100, 100,
   1024, 768, SDL_WINDOW_OPENGL);
```

OpenGL 윈도우를 생성하기에 앞서 OpenGL의 버전이나 색상 깊이, 그리고 몇몇 파라미터에 대한 속성 설정이 가능하다. 파라미터를 설정하기 위해 SDL_GL_SetAttribute 함수를 호출한다.

```
// OpenGL 윈도우 속성 설정 (윈도우를 생성하기 전에 사용할 것)
// 함수 호출이 성공하면 0을 반환하고 실패하면 음수를 리턴한다.
SDL_GL_SetAttribute(
SDL_GLattr attr, // 설정할 속성
int value        // 해당 속성의 값
);
```

SDL_GLattr 열거형 값에는 여러 가지 속성이 있지만, 5장에서는 일부 속성만 사용한다. 속성을 설정하고자 Game::Initialize 함수 내부의 SDL_CreateWindow 호출에 앞서 리스트 5.1의 코드를 추가한다. 이 코드는 몇몇 속성을 설정한다. 먼저 해당 코드는 OpenGL 코어 프로파일을 요청한다.

노트

OpenGL은 3개의 주요 프로파일을 지원한다.

- 코어
- 호환성
- ES

코어 프로파일은 데스크톱 환경에서 추천하는 기본 프로파일이다. 코어와 호환성 프로파일의 유일한 차이점은 호환성 프로파일의 경우 프로그램에서 더 이상 사용되지 않는 OpenGL 함수의 호출을 허락한다는 점이다. OpenGL ES 프로파일은 모바일 개발을 위한 용도로 사용된다.

리스트 5.1 OpenGL 속성 요청

```
// 코어 OpenGL 프로파일 사용
SDL_GL_SetAttribute(SDL_GL_CONTEXT_PROFILE_MASK,
                    SDL_GL_CONTEXT_PROFILE_CORE);
// 3.3 버전으로 지정
SDL_GL_SetAttribute(SDL_GL_CONTEXT_MAJOR_VERSION, 3);
SDL_GL_SetAttribute(SDL_GL_CONTEXT_MINOR_VERSION, 3);
// RGBA 채널마다 8비트 크기인 색상 버퍼 요청
SDL_GL_SetAttribute(SDL_GL_RED_SIZE, 8);
SDL_GL_SetAttribute(SDL_GL_GREEN_SIZE, 8);
SDL_GL_SetAttribute(SDL_GL_BLUE_SIZE, 8);
SDL_GL_SetAttribute(SDL_GL_ALPHA_SIZE, 8);
// 더블 버퍼링 활성화
SDL_GL_SetAttribute(SDL_GL_DOUBLEBUFFER, 1);
// OpenGL이 하드웨어 가속을 사용하도록 강제
SDL_GL_SetAttribute(SDL_GL_ACCELERATED_VISUAL, 1);
```

그 다음 두 속성은 OpenGL 버전 3.3을 요청한다. OpenGL 3.3보다 새로운 버전이 존재하기는 하지만, 3.3버전은 이 책에서 필요로 하는 모든 기능을 지원하며, ES 프로파일과 밀접하게 연관된 기능 세트를 가지고 있다. 그러므로 이 책의 대부분의 코드는 모바일 장치에서도 잘 작동해야 한다.

그 다음 속성은 각 채널의 비트 깊이를 지정한다. 이 경우에 프로그램은 RGBA마다 8비트를 요청한다. 그래서 픽셀당 32비트 크기를 가진다. 마지막에서 두 번째 라인은 더블 버퍼링 활성화를 요청한다. 마지막 속성 설정 함수는 하드웨어 가속을 사용한 OpenGL 실행을 요청한다. 하드웨어 가속을 사용한다는 것은 OpenGL 렌더링이 그래픽 하드웨어GPU에서 수행될 것임을 뜻한다.

OpenGL 콘텍스트와 GLEW 초기화

OpenGL 속성이 설정되고 윈도우를 생성했다면 다음 단계는 OpenGL 콘텍스트를 생성하는 것이다. **콘텍스트**context는 OpenGL이 인식하는 모든 상태나 오브젝트를 포함하는 OpenGL의 세계라고 생각하면 된다. OpenGL의 콘텍스트는 색상 깊이, 로드된 이미지나 모델, 그리고 여러 다양한 OpenGL 오브젝트를 포함한다(하나의 OpenGL

프로그램에 여러 개의 콘텍스트를 생성하는 것이 가능하지만, 이 책에서는 하나의 콘텍스트만 생성한다).

콘텍스트를 생성하기 위해 먼저 Game에 다음 멤버 변수를 추가한다.

```
SDL_GLContext mContext;
```

다음으로 SDL_CreateWindow로 SDL 윈도우를 생성한 직후에 다음 코드 라인을 추가한다. 이 코드는 OpenGL 콘텍스트를 생성하며 멤버 변수에 콘텍스트를 저장한다.

```
mContext = SDL_GL_CreateContext(mWindow);
```

윈도우를 생성하고 제거하는 것처럼 OpenGL 콘텍스트를 소멸자에서 제거해야 한다. 이를 위해 다음 코드 라인을 Game::Shutdown 내부의 SDL_DeleteWindow 호출 바로 앞에 추가한다.

```
SDL_GL_DeleteContext(mContext);
```

프로그램은 이제 OpenGL 콘텍스트를 생성하지만, OpenGL 3.3 기능에 대한 완전한 접근을 얻기 위해 통과해야 되는 마지막 허들 하나가 있다. OpenGL은 확장 시스템과의 하위 호환성을 지원한다. 이 확장 기능을 사용하려면 일반적으로 좀 지루하기는 하지만, 원하는 확장 기능을 수동으로 요청해야 한다. 이 과정을 간소화하기 위해 GLEW(OpenGL Extension Wrangler Library)라 불리는 오픈 소스 라이브러리를 사용한다. 간단한 하나의 함수 호출로 GLEW은 자동적으로 현재 OpenGL 콘텍스트 버전에서 지원하는 모든 확장 함수를 초기화한다. 그래서 이 경우에 GLEW은 OpenGL 3.3이나 그 이전 버전이 지원했던 확장 함수를 모두 초기화한다.

GLEW을 초기화하고자 OpenGL 콘텍스트를 생성한 후 바로 다음 코드를 추가한다.

```
// GLEW 초기화
glewExperimental = GL_TRUE;
```

```
if (glewInit() != GLEW_OK)
{
   SDL_Log("Failed to initialize GLEW.");
   return false;
}
// 일부 플랫폼에서 GLEW은 에러 코드를 내보낸다.
// 그러므로 에러값을 제거하자
glGetError();
```

glewExperimental 라인은 일부 플랫폼에서 코어 콘텍스트를 사용할 때 발생할 수도 있는 초기화 에러를 막는다. 또한 일부 플랫폼에서는 GLEW을 초기화할 때 에러 코드를 내보내므로 glGetError 함수를 호출해서 에러 코드를 제거해야 한다.

> **노트**
>
> 통합 그래픽(2012년 또는 이전 버전)을 사용하는 일부 구형 PC 머신은 OpenGL 3.3 버전을 실행하는 데 문제를 일으킬 수도 있다. 이 경우 새로운 그래픽 드라이버로 업데이트하거나 OpenGL 버전 3.1 요청을 시도해보자.

프레임 렌더링

OpenGL 함수를 사용하려면 Game::GenerateOutput에서 화면을 클리어하고 장면을 그린 뒤 버퍼를 스왑하는 과정이 필요하다.

```
// 색상을 회색으로 설정
glClearColor(0.86f, 0.86f, 0.86f, 1.0f);
// 색상 버퍼 초기화
glClear(GL_COLOR_BUFFER_BIT);

// 장면을 그린다

// 버퍼를 스왑해서 장면을 출력한다
SDL_GL_SwapWindow(mWindow);
```

이 코드는 먼저 빨강색 86%, 녹색 86%, 파란색 86% 및 알파값을 100%로 해서 클리어 색상을 설정한다. 이 조합의 최종 색상은 회색이다. `GL_COLOR_BUFFER_BIT` 파라미터로 `glClear`을 호출하면 색상 버퍼를 지정된 색상으로 채운다. 마지막으로 `SDL_GL_SwapWindow` 함수는 전면 버퍼와 후면 버퍼를 교체한다. 이 시점에서는 아직 `SpriteComponent`를 그리지 않았으므로 회색 화면만이 나타난다.

삼각형 기초

2D 및 3D 게임의 그래픽 요구 사항은 크게 다르지 않다. 2장 '게임 객체와 2D 그래픽스'에서 설명했듯이 대부분의 2D 게임은 2D 캐릭터에 스프라이트를 사용한다. 한편 3D 게임은 시뮬레이션된 3D 환경을 어떻게든 평평한 2D 이미지로 만들어서 화면상에 표현한다.

초기 2D 게임은 스프라이트 이미지를 색상 버퍼의 원하는 위치에 간단히 복사할 수 있었다. **블리팅**blitting이라고 불리는 이 과정은 닌텐도 엔터테인먼트 시스템NES, Nintendo Entertainment System과 같은 스프라이트 기반 콘솔 게임기에서는 효율적이었다. 하지만 현대의 그래픽 하드웨어에서는 블리팅이 비효율적인 반면 폴리곤 렌더링은 매우 효율적이다. 이 때문에 2D든 3D든 최근의 모든 게임에서는 궁극적으로 폴리곤을 사용한다.

왜 폴리곤인가?

컴퓨터가 3D 환경을 시뮬레이션하는 데는 여러 가지 방법이 있지만, 폴리곤(다각형)이 여러 가지 이유로 게임에서 널리 사용된다. 다른 3D 그래픽 테크닉과 비교해보면 폴리곤은 런타임 시 많은 계산이 필요하지 않다. 또한 폴리곤은 크기를 가변적으로 조절할 수 있다. 하드웨어 성능이 떨어지는 곳에서 실행되는 게임은 폴리곤의 수를 떨어뜨린 3D 모델을 사용한다. 그리고 대부분의 3D 오브젝트를 폴리곤으로 표현할 수 있다는 것은 매우 중요하다고 볼 수 있다.

삼각형은 대부분의 게임에서 선택하는 폴리곤이다. 삼각형은 가장 간단한 폴리곤이며, 삼각형을 형성하려면 오직 3개의 **버텍스**(vertex, 정점)만이 필요하다. 또한 삼각형은 한 평면에만 놓일 수 있다. 즉 삼각형의 세 점은 **동일 평면상**에 있어야 한다. 마지막으로 삼각형은 쉽게 **테셀레이션**tessellation할 수 있는데, 이는 복잡한 3D 물체를 여러 개의 삼각형으로 쉽게 나눌 수 있다는 것을 뜻한다. 하지만 여기서 설명할 기술은 사각형 같은 폴리곤이 한 평면상에 놓일 수 있다면 다른 폴리곤도 사용할 수 있다.

2D 게임은 삼각형을 사용해서 사각형을 그리며, 사각형을 이미지 파일의 색상으로 채워서 스프라이트를 표현한다. 5장 후반부에서 이 과정을 더 자세하게 살펴볼 것이다.

정규화된 장치 좌표

삼각형을 그리기 위해서는 세 버텍스의 좌표를 지정해야 한다. SDL에서 화면 왼쪽 상단 좌표는 (0, 0)이었으며, 양수 x는 오른쪽으로 향하고 양수 y는 아랫쪽으로 향했던 걸 떠올려보자. 일반적으로 **좌표 공간**coordinate space은 원점의 위치가 어디이며, 좌표가 어느 방향으로 증가하는지를 지정한다. 좌표 공간의 **기본 벡터**(**기저 벡터**)basis vector는 좌표가 증가하는 방향을 나타낸다.

기본 기하학에서 좌표 공간 한 가지로 **직교 좌표계**Cartesian coordinate system가 있다(그림 5.1을 보자). 2D 직교 좌표계에서 원점(0, 0)은 특정 지점을 가리키며(일반적으로 중심) 양수 x는 오른쪽으로 향하며 양수 y는 위를 향한다.

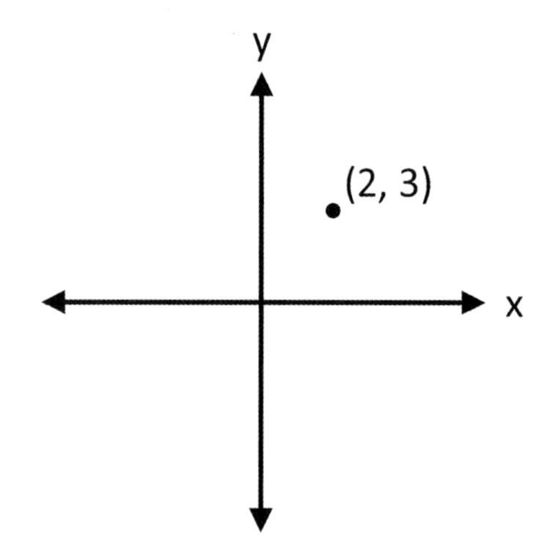

그림 5.1 직교 좌표계의 (2, 3) 위치에 그려진 점

정규화된 장치 좌표NDC, Normalized device coordinates는 OpenGL에서 사용하는 기본 좌표계다. OpenGL 윈도우에서 윈도우의 중심은 정규화된 장치 좌표의 중심이다. 그리고 아래 왼쪽은 (−1, −1)이며 상단 오른쪽은 (1, 1)이 된다.

이 좌표 체계는 윈도우의 너비, 높이와 관계없다. 그래서 정규화된 장치 좌표라 부른다. 내부적으로 그래픽 하드웨어는 이 NDC를 해당 윈도우와 일치하는 픽셀로 변환한다.

예를 들어 윈도우의 중심에 변의 길이가 단위 길이인 사각형을 그리려면 2개의 삼각형이 필요하다. 첫 번째 삼각형은 버텍스 (−0.5, 0.5), (0.5, 0.5), (0.5, −0.5)이다. 그리고 두 번째 삼각형은 버텍스 (0.5, −0.5), (−0.5, −0.5), (−0.5, 0.5)를 가진다. 그림 5.2는 이 사각형을 보여준다. 윈도우의 너비와 높이가 일정하지 않으면 정규화된 장치 좌표의 사각형은 화면상의 사각형처럼 보이지 않을 수 있다는 것을 유념하자.

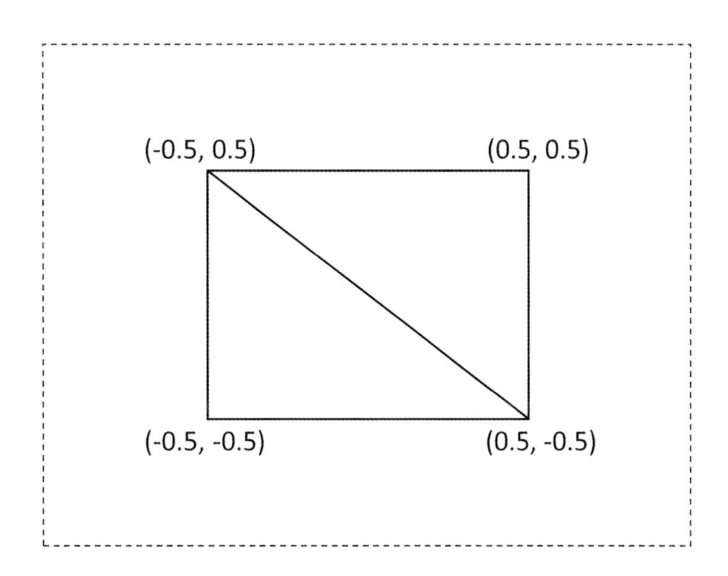

그림 5.2 2D 정규화된 장치 좌표로 그려진 사각형

3D에서 정규화된 장치 좌표의 z 요소 또한 [−1, 1]의 범위를 가지며, 양의 z값은 화면 안으로 들어가는 방향이다. 지금은 z값을 0으로 가정한다. 6장 '3D 그래픽스'에서 더 자세하게 3D에 관해 살펴볼 것이다.

버텍스 버퍼와 인덱스 버퍼

여러 개의 삼각형으로 구성된 3D 모델이 있다고 가정하자. 이 삼각형의 버텍스를 메모리상에 저장하려면 어떤 방법이 필요하다. 가장 간단한 방법은 인접한 배열이나 버퍼 형태로 각 삼각형의 좌푯값을 직접 저장하는 것이다. 예를 들어 3D 좌표를 사용한다면 다음 배열은 그림 5.2에서 보여주듯이 삼각형 2개의 버텍스를 포함한다.

```
float vertices[] = {
   -0.5f,  0.5f, 0.0f,
    0.5f,  0.5f, 0.0f,
    0.5f, -0.5f, 0.0f,
    0.5f, -0.5f, 0.0f,
   -0.5f, -0.5f, 0.0f,
   -0.5f,  0.5f, 0.0f,
};
```

이 간단한 예에서도 버텍스의 배열은 일부 중복 데이터를 갖고 있다. 특히 좌표 (−0.5, 0.5, 0.0)과 (0.5, −0.5, 0.0)은 두 번 나타난다. 이 중복을 제거할 수 있는 방법이 있다면 버퍼에 저장된 값의 수를 33% 줄일 수 있다. 즉 18개의 값을 가질 필요없이 12개만 가지면 되는 것이다. 단정밀도single-precision float 변수가 4바이트의 크기라면 중복을 제거해서 24바이트의 메모리를 절약할 수 있다. 이 값이 중요하게 보이지 않을 수도 있다. 하지만 2만 개의 삼각형을 가진 아주 큰 모델을 상상해보자. 이 경우 중복 좌표로 인해 낭비된 메모리의 양은 매우 크다.

이 문제를 해결하기 위한 솔루션은 2단계로 나누어서 접근한다. 먼저 3D 기하에서 사용한 고유한 좌표만을 담은 **버텍스 버퍼**vertex buffer를 생성한다. 그런 다음 각 삼각형의 버텍스를 지정하기 위해 이 버텍스 버퍼에 인덱스를 붙인다(배열에 인덱스를 붙이는 것처럼). **인덱스 버퍼**index buffer는 인덱스 3개로 구성된 개별 삼각형 정보를 배열 형태로 저장한다. 이 예의 샘플 사각형에서는 다음과 같은 버텍스 및 인덱스 버퍼가 필요하다.

```
float vertexBuffer[] = {
   -0.5f,   0.5f, 0.0f, // 버텍스 0
```

```
    0.5f,   0.5f, 0.0f, // 버텍스 1
    0.5f,  -0.5f, 0.0f, // 버텍스 2
   -0.5f, -0.5f, 0.0f  // 버텍스 3
};
unsigned short indexBuffer[] = {
   0, 1, 2,
   2, 3, 0
};
```

예를 들어 첫 번째 삼각형은 좌표(−0.5, 0.5, 0.0), (0.5, 0.5, 0.0), (0.5, −0.5, 0.0)에 해당하는 버텍스 0, 1 및 2를 가진다. 인덱스는 부동소수점 요소가 아닌 버텍스 번호(예를 들어 인덱스 버퍼의 두 번째 요소값 1은 버텍스 1을 나타낸다)라는 걸 명심하자. 또한 코드에서는 인덱스 버퍼에 unsigned short(일반적으로 16비트)를 사용해서 인덱스 버퍼의 메모리 사용 공간을 줄인다. 인덱스 버퍼의 메모리를 절약하고자 더 작은 비트 크기의 정수를 사용하는 것도 가능하다.

이번 예제에서 버텍스/인덱스 버퍼 조합은 12×4+6×2, 전체 60바이트를 사용한다. 한편 원래의 버텍스를 사용한다면 72바이트가 필요하다. 이 예제의 메모리 절약 효과는 오직 20%에 불과하지만, 더 복잡한 모델에서 버텍스/인덱스 버퍼 조합을 사용하면 훨씬 더 많은 메모리를 절약할 수 있다.

버텍스, 인덱스 버퍼를 사용하려면 먼저 OpenGL에게 이 사실을 전달해야 한다. OpenGL은 **버텍스 배열 개체**[vertex array object]를 사용해서 버텍스 버퍼와 인덱스 버퍼, 그리고 **버텍스 레이아웃**[vertex layout]을 캡슐화한다. 버텍스 레이아웃은 모델의 각 버텍스에 저장할 데이터를 지정한다. 지금은 버텍스 레이아웃이 3D 위치라고 가정한다(2D로 활용하고 싶다면 z 요소값을 0.0f로 사용하면 된다). 5장 후반부에서는 각 버텍스에 다른 데이터를 추가해볼 것이다.

모든 모델은 버텍스 배열 개체를 필요로 하므로 VertexArray 클래스에 그 과정을 캡슐화하면 좋다. 리스트 5.2는 이 클래스의 선언을 보여준다.

리스트 5.2 VertexArray 선언

```
class VertexArray
```

```
{
public:
   VertexArray(const float* verts, unsigned int numVerts,
   const unsigned int* indices, unsigned int numIndices);
   ~VertexArray();

   //이 버텍스 배열을 활성화 (활성화를 하면 이 버텍스 배열을 그릴 수가 있다)
   void SetActive();

   unsigned int GetNumIndices() const { return mNumIndices; }
   unsigned int GetNumVerts() const { return mNumVerts; }
private:
   // 버텍스 버퍼에 존재하는 버텍스의 수
   unsigned int mNumVerts;
   // 인덱스 버퍼에 존재하는 인덱스의 수
   unsigned int mNumIndices;
   // 버텍스 버퍼의 OpenGL ID
   unsigned int mVertexBuffer;
   // 인덱스 버퍼의 OpenGL ID
   unsigned int mIndexBuffer;
   // 버텍스 배열 개체의 OpenGL ID
  unsigned int mVertexArray;
};
```

VertexArray의 생성자는 버텍스와 인덱스 버퍼 포인터를 인자로 받아서 그 데이터를 OpenGL로 전달한다(해당 데이터는 그래픽 하드웨어상에 로드된다). 버텍스 버퍼와 인덱스 버퍼, 그리고 버텍스 배열 개체에 대한 몇 개의 unsigned integer 변수가 멤버 데이터로 있다는 데 주목하자. 멤버 데이터로 선언한 이유는 OpenGL은 생성한 개체의 포인터를 반환하지 않기 때문이다. 대신 OpenGL은 정수형 ID 번호를 돌려준다. ID 번호는 여러 유형의 개체에 대해서 고유하지 않다. 그런데 OpenGL은 여러 유형의 개체를 동시에 사용하므로 버텍스와 인덱스 버퍼 모두 ID가 1인 것도 가능하다.

VertexArray 생성자의 구현은 복잡하다. 먼저 버텍스 배열 개체를 생성한 뒤 mVertexArray 멤버 변수에 ID를 저장한다.

```
glGenVertexArrays(1, &mVertexArray);
```

```
glBindVertexArray(mVertexArray);
```

버텍스 배열 개체를 생성한 후 버텍스 버퍼를 생성하자.

```
glGenBuffers(1, &mVertexBuffer);
glBindBuffer(GL_ARRAY_BUFFER, mVertexBuffer);
```

glBindBuffer의 첫 번째 인자인 GL_ARRAY_BUFFER 파라미터는 버텍스 버퍼를 버퍼로 사용하겠다는 것을 뜻한다.

버텍스 버퍼를 생성했으면 이제 VertexArray 생성자로 전달된 버텍스 데이터를 이 버텍스 버퍼로 복사한다. 데이터를 복사하기 위해 몇 개의 파라미터를 필요로 하는 glBufferData를 사용한다.

```
glBufferData(
   GL_ARRAY_BUFFER,                // 데이터를 쓸 버퍼의 버퍼 타입
   numVerts * 3 * sizeof(float), // 복사할 바이트 크기
   verts,                          // 복사할 소스(포인터)
   GL_STATIC_DRAW                  // 이 데이터를 어떻게 사용할 것인가?
);
```

glBufferData에 개체 ID를 전달하지 않고 대신 현재 바인딩될 버퍼의 타입을 지정하는 데 주목하자. 이 경우에 GL_ARRAY_BUFFER는 막 생성한 버텍스 버퍼를 사용하겠다는 걸 뜻한다.

두 번째 파라미터 값으로는 각 버텍스의 데이터 크기에 버텍스 개수를 곱한 값인 바이트 크기를 전달한다. 지금은 각 버텍스가 (x, y, z) 3개의 float를 포함하고 있다는 걸 알 수 있다.

네 번째 매개변수는 버퍼 데이터를 어떻게 사용할지를 지정한다. GL_STATIC_DRAW는 데이터를 오직 한 번만 로드하며 버텍스가 자주 그려지는 경우에 사용되는 옵션이다.

다음으로 인덱스 버퍼를 생성한다. 인덱스 버퍼의 생성은 버퍼 타입을 인덱스 버퍼에 해당하는 GL_ELEMENT_ARRAY_BUFFER로 지정한 것을 제외하고는 버텍스 버퍼를 생성

하는 과정과 매우 유사하다.

```
glGenBuffers(1, &mIndexBuffer);
glBindBuffer(GL_ELEMENT_ARRAY_BUFFER, mIndexBuffer);
```

그런 다음 인덱스 데이터를 인덱스 버퍼로 복사한다.

```
glBufferData(
   GL_ELEMENT_ARRAY_BUFFER,            // 인덱스 버퍼
   numIndices * sizeof(unsigned int), // 데이터의 크기
   indices, GL_STATIC_DRAW);
```

여기에서 타입은 GL_ELEMENT_ARRAY_BUFFER이며, 크기는 인덱스의 수에 unsigned int의 크기를 곱한 것이다. unsigned int를 곱한 이유는 unsigned int가 인덱스에 사용된 타입이기 때문이다.

마지막으로 **버텍스 속성**이라고도 불리는 버텍스 레이아웃을 지정해야 한다. 앞에서 언급했듯이 현재의 레이아웃은 3개의 float 값을 가진 위치다.

첫 번째 버텍스 속성(속성 0)을 활성화하기 위해 glEnableVertexAttribArray을 사용한다.

```
glEnableVertexAttribArray(0);
```

그러고 나서 크기와 타입, 속성의 포맷을 지정하기 위해 glVertexAttribPointer를 사용한다.

```
glVertexAttribPointer(
  0,                  // 속성 인덱스 (첫 번째 버텍스 속성 인덱스는 0)
  3,                  // 요소의 수 (이번 예에서는 3)
  GL_FLOAT,           // 요소의 타입
  GL_FALSE,           // (정수형 타입에서만 사용된다)
  sizeof(float) * 3, // 간격 (일반적으로 각 버텍스의 크기)
  0                   // 버텍스의 시작에서 이 속성까지의 오프셋
```

```
);
```

위치는 버텍스 속성 0이며 3개의 요소 (x, y, z)가 있으므로 처음 두 파라미터는 0과 3이다. 각 요소는 float 값이므로 요소의 타입은 GL_FLOAT로 지정한다. 네 번째 파라미터는 정수형 타입에서만 관련이 있으므로 여기서는 값을 GL_FALSE로 설정한다. 마지막으로 **간격**stride은 연속한 버텍스 사이의 바이트 오프셋이다. 버텍스 버퍼에서 패딩Padding[1]이 없다면 간격은 버텍스의 크기가 된다. 마지막 파라미터인 오프셋 값은 0이다. 왜냐하면 위치 속성은 버텍스의 시작 위치와 동일하기 때문이다. 추가 속성에 대해서는 오프셋에 0이 아닌 값을 전달해야 한다.

VertexArray 소멸자에서는 버텍스 버퍼와 인덱스 버퍼, 그리고 버텍스 배열 객체를 해제한다.

```
VertexArray::~VertexArray()
{
  glDeleteBuffers(1, &mVertexBuffer);
  glDeleteBuffers(1, &mIndexBuffer);
  glDeleteVertexArrays(1, &mVertexArray);
}
```

마지막으로 SetActive 함수는 현재 사용할 버텍스 배열을 지정하는 glBindVertexArray 함수를 호출한다.

```
void VertexArray::SetActive()
{
  glBindVertexArray(mVertexArray);
}
```

Game::InitSpriteVerts상의 다음 코드는 VertexArray 클래스의 인스턴스를 할당하고 mSpriteVerts라는 Game의 멤버 변수에 해당 인스턴스를 저장한다.

1 패딩은 빈 공간을 채운다는 것을 뜻한다. 예를 들어, 4바이트로 정렬되는 구조체의 경우 내부에 1바이트 char 변수만 선언했다 하더라도 구조체의 크기는 4바이트로 인식된다. 나머지 3바이트는 컴파일러에 의해 더미값으로 채워졌으며, 이런 경우를 패딩됐다고 한다. – 옮긴이

```
mSpriteVerts = new VertexArray(vertexBuffer, 4, indexBuffer, 6);
```

여기에서 버텍스와 인덱스 버퍼 변수는 스프라이트 사각형의 배열이다. 이 경우에는 버텍스 버퍼에 4개의 버텍스가 있으며, 인덱스 버퍼에는 6개의 인덱스가 있다(사각형에는 2개의 삼각형 존재). 모든 스프라이트가 궁극적으로 같은 버텍스를 사용할 것이므로 5장의 후반부에서는 스프라이트를 그리기 위해 이 멤버 변수를 사용할 것이다.

셰이더

현대의 그래픽스 파이프라인은 단순히 버텍스/인덱스 버퍼만 제공받아서 삼각형을 그리지 않는다. 버퍼뿐만 아니라 버텍스를 어떻게 그려야 할지를 지정하는 작업이 필요하다. 예를 들면 삼각형은 고정된 색상으로 그릴 것인가? 또는 텍스처에서 얻은 색상을 버텍스에 사용할 것인가? 그려야 하는 모든 픽셀에 광원 계산을 할 것인가? 등이 이에 해당한다.

장면을 그리는 데 사용하는 방법에는 여러 가지 테크닉이 존재하므로 보편적으로 널리 적용되는 단 한 가지 방법이란 존재하지 않으며, 여러 가지 방법을 사용해야 원하는 장면을 최종적으로 그릴 수 있다. 커스터마이징을 최대한 지원하고자 OpenGL을 포함한 대부분의 그래픽 API에서는 **셰이더 프로그램**shader program을 지원한다. 셰이더 프로그램은 그래픽 하드웨어상에서 특정 태스크를 수행할 때 실행되는 작은 프로그램이다. 주목할 부분은 셰이더는 자신만의 메인 기능을 가진 별도의 프로그램이란 것이다.

노트

셰이더 프로그램은 C++ 프로그래밍 언어를 사용하지 않는다. 이 책에서는 셰이더 프로그램에서 GLSL 프로그래밍 언어를 사용한다. GLSL이 표면적으로는 C와 닮아보이지만 GLSL에 종속된 여러 구문이 존재한다. 이 책에서는 GLSL의 모든 세부 내용을 보여주기보다는 필요에 따라 개념을 소개한다.

셰이더는 별도의 프로그램이므로 별도의 파일로 셰이더를 작성한다. 그리고 C++ 코드에서는 이 셰이더 프로그램을 로드해서 컴파일한다. 그런 다음 OpenGL에게 이 셰이더 프로그램을 사용하도록 요청한다.

게임에서는 여러 유형의 셰이더를 사용할 수 있지만, 이 책에서는 2가지 가장 중요한 셰이더에 중점을 둔다.

- 버텍스 셰이더
- 프래그먼트(픽셀) 셰이더[2]

버텍스 셰이더

버텍스 셰이더vertex shader 프로그램은 그려질 모든 삼각형의 모든 버텍스에 대해 한 번씩 실행된다. 버텍스 셰이더는 입력으로써 버텍스 속성 데이터를 받는다. 그러면 버텍스 셰이더는 이 버텍스 셰이더 속성을 적절하게 수정한다. 버텍스의 속성을 수정해야 하는 이유가 지금 시점에서는 명확해보이지 않지만, 5장의 내용이 계속 진행돼감에 따라 버텍스의 속성을 수정하는 이유는 보다 명확해질 것이다.

삼각형이 3개의 버텍스를 가지고 있다는 걸 감안하면 버텍스 셰이더를 삼각형마다 세 번씩 실행하는 것으로 생각할 수 있다. 하지만 버텍스 및 인덱스 버퍼를 사용하면 일부 삼각형들은 버텍스를 공유하므로 버텍스 셰이더를 덜 호출할 것이다. 이것이 버텍스 버퍼만을 사용하는 대신 버텍스와 인덱스 버퍼를 사용할 시의 추가적인 이점이다. 프레임마다 같은 모델을 여러 번 그린다면 버텍스 셰이더는 모델을 그릴 때마다 매번 독립적으로 호출된다는 것에 유의하자.

프래그먼트 셰이더

삼각형의 버텍스가 버텍스 셰이더를 거친 후에 OpenGL은 삼각형에 해당하는 픽셀이 어떤 색상을 가지는지를 결정해야 한다. 삼각형을 픽셀로 변환하는 과정을 **래스터 변환**rasterization이라 한다. 다양한 래스터 변환 알고리즘이 존재하지만, 최근에는 그래픽 하드웨어가 래스터 변환을 수행한다.

2 한국에서는 픽셀이라는 단어가 더 범용적으로 사용되고 있어서 프래그먼트 셰이더를 픽셀 셰이더로 수정하려 했지만 원서를 존중해 프래그먼트 셰이더를 그대로 사용했다. – 옮긴이

프래그먼트 셰이더(fragment shader, **픽셀 셰이더**)의 역할은 각 픽셀의 색상을 결정하는 것이다. 그래서 프래그먼트 셰이더 프로그램은 모든 픽셀마다 한 번씩 실행된다. 이 색상은 텍스처나 색상, 재질 같은 표면 속성을 고려해서 결정된다. 장면에 조명이 존재한다면 픽셀 셰이더는 광원 계산도 고려해야 한다. 일반적인 3D 게임에서는 버텍스 셰이더보다는 프래그먼트 셰이더가 잠재적으로 계산할 부분이 훨씬 많으므로 더 많은 코드를 포함한다.

기본 셰이더 작성하기

C++ 코드에서 하드 코딩된 문자열로 셰이더 프로그램을 로드할 수도 있겠지만, 셰이더 프로그램은 별도의 파일로 저장하는 것이 좋다. 이 책은 버텍스 셰이더 파일에 대해서 `.vert` 확장자를 사용하고, 프래그먼트 셰이더 파일에 대해서는 `.frag` 확장자를 사용한다.

이 소스 파일은 프로그래밍 언어가 다르므로 해당 장의 Shaders 하위 디렉토리에 있다. 예를 들어 `Chapter05/Shaders` 폴더는 5장의 셰이더에 대한 소스 파일을 포함한다.

Basic.vert 파일

`Basic.vert`는 버텍스 셰이더 코드를 포함한다. 이 코드는 C++ 코드가 아니다.

모든 GLSL 셰이더 파일은 먼저 사용하려는 GLSL 프로그래밍 언어의 버전을 지정해야 한다.

다음 라인은 OpenGL 3.3에 해당하는 GLSL의 버전을 나타낸다.

```
#version 330
```

이 파일은 버텍스 셰이더이므로 각 버텍스에 대한 버텍스 속성을 지정해야 한다. 이 속성은 앞서 생성했던 버텍스 배열 개체의 속성과 일치해야 하며, 버텍스 배열 개체는 버텍스 셰이더의 입력이 된다. 하지만 GLSL의 메인 함수는 어떤 파라미터도 받지 않는다. 대신 셰이더 입력은 전역 변수 비슷한 형태로 받는다. 전역 변수는 특별한 키워드로 표시된다.

지금은 하나의 입력변수, 3D 위치 변수만을 가지고 있다. 다음 라인은 이 입력 변수를 선언한다.

```
in vec3 inPosition;
```

inPosition 변수의 타입은 vec3이며 3개의 부동 소수점 값의 벡터에 해당한다. 이 변수에는 버텍스의 위치에 해당하는 x, y, z 요소를 포함한다. vec3의 각 요소는 . 문법으로 접근할 수 있다. 예를 들어 inPosition.x는 벡터의 x 요소에 접근한다.

C/C++ 프로그램처럼 셰이더 프로그램은 셰이더 프로그램의 엔트리 포인트인 main 함수가 있다.

```
void main()
{
   // 여기에 셰이더 코드를 작성
}
```

main 함수가 void를 리턴하므로 셰이더의 결과물을 저장하려면 GLSL이 제공하는 전역 변수를 사용해야 한다. 이번 예에서는 셰이더의 버텍스 위치 출력값을 저장하기 위해 기본으로 제공하는 gl_Position 변수를 사용한다.

지금은 버텍스 셰이더가 직접 inPosition에서 gl_Position으로 버텍스 위치를 복사한다. 하지만 gl_Position은 위치값인 (x, y, z) 좌표에다가 네 번째 요소인 **w 요소** w component를 필요로 한다. 5장의 후반부에 이 w가 무엇을 나타내는지 살펴볼 것이다. 지금은 w가 항상 1.0이라고 가정한다. vec3로부터 vect4로 inPosition을 변환하기 위해 다음 구문을 사용하자.

```
gl_Position = vec4(inPosition, 1.0);
```

리스트 5.3은 버텍스 위치 수정 없이 단순히 복사만 하는 Basic.vert 코드를 보여준다.

리스트 5.3 Basic.vert.code

```
// GLSL 3.3 요청
#version 330

// 모든 버텍스 속성은 여기에
// 현재 버텍스 속성은 위치 하나뿐임
in vec3 inPosition;

void main( )
{
   // inPosition을 gl_Position로 직접 전달
   gl_Position = vec4(inPosition, 1.0);
}
```

Basic.frag 파일

프래그먼트 셰이더의 역할은 현재 픽셀의 출력 색상을 결정하는 것이다. `Basic.frag`는 모든 픽셀을 파란색으로 출력하도록 하드 코딩돼 있다.

버텍스 셰이더처럼 프래그먼트 셰이더는 항상 `#version` 라인으로 시작한다. 그리고 출력 색상을 저장하기 위해 `out` 변수 지정자를 사용해서 전역 변수를 선언한다.

```
out vec4 outColor;
```

`outColor` 변수는 RGBA 색상 버퍼의 4개 요소에 해당하는 `vec4` 타입의 변수다.

다음으로 프래그먼트 셰이더 프로그램의 엔트리 포인트를 선언한다. 이 함수에서 최종적으로 구한 색상을 `outColor`에 저장한다. 푸른색의 RGBA 값은 (0.0, 0.0, 1.0, 1.0)이며, 다음과 같이 할당한다.

```
outColor = vec4(0.0, 0.0, 1.0, 1.0);
```

리스트 5.4는 `Basic.frag` 파일 전체 소스 코드를 보여준다.

리스트 5.4 Basic.frag 코드

```
// GLSL 3.3 요청
#version 330

// 색상 버퍼로 출력되는 컬러
out vec4 outColor;

void main()
{
 // 푸른색으로 설정
 outColor = vec4(0.0, 0.0, 1.0, 1.0);
}
```

셰이더 로딩

별도의 셰이더 파일을 작성하고 난 후에는 게임의 C++ 코드에서 이 셰이더를 로드해서 OpenGL이 셰이더를 인식할 수 있도록 해야 한다. 고수준 레벨에서는 다음과 같은 단계를 수행해야 한다.

1. 버텍스 셰이더를 로드하고 컴파일한다.
2. 프래그먼트 셰이더를 로드하고 컴파일한다.
3. 2개의 셰이더를 '셰이더 프로그램'에 서로 연결시킨다.

셰이더를 로드하는 데는 여러 단계가 있으므로 리스트 5.5처럼 별도의 Shader 클래스를 선언하면 좋다.

리스트 5.5 초기 Shader 클래스 선언

```
class Shader
{
public:
   Shader();
   ~Shader();
   // 주어진 이름으로 버텍스/프래그먼트 셰이더 로드
   bool Load(const std::string& vertName,
             const std::string& fragName);
```

```
    // 이 셰이더를 활성화된 셰이더 프로그램으로 설정
    void SetActive();
private:
    // 지정된 셰이더를 컴파일
    bool CompileShader(const std::string& fileName,
                       GLenum shaderType, GLuint& outShader);
    // 셰이더가 성공적으로 컴파일됐는지 확인
    bool IsCompiled(GLuint shader);
    // 버텍스/프래그먼트 프로그램이 연결됐는지 확인
    bool IsValidProgram();
    // 셰이더 오브젝트 ID를 저장
    GLuint mVertexShader;
    GLuint mFragShader;
    GLuint mShaderProgram;
};
```

여기서는 멤버 변수가 셰이더 오브젝트 ID와 어떻게 연결되는지 확인하자. 멤버 변수는 버텍스나 인덱스 버퍼처럼 오브젝트 ID를 가진다(`GLuint`는 단순히 `unsigned int`의 OpenGL 버전이다).

`CompileShader`, `IsCompiled`, `IsValidProgram` 함수는 `Load` 함수에서 사용하는 헬퍼 함수이므로 `private` 섹션에 선언한다.

CompileShader 함수

CompileShader는 3개의 파라미터를 전달받는다.

- 컴파일할 셰이더 파일의 이름
- 셰이더 타입
- 셰이더의 ID를 저장할 참조 파라미터

반환값은 `CompileShader` 호출이 성공했는지 아닌지를 나타내는 `bool`이다.

리스트 5.6은 `CompileShader`의 구현부를 보여준다. 몇 단계로 구성이 돼 있는데 먼저 파일을 로드하기 위해 `ifstream`을 생성한다. 그런 다음 문자열 스트림을 사용해서 파일의 전체 내용을 단일 문자열로 로드하고, `c_str` 함수를 사용해서 C 스타일의 문자열 포인터를 얻는다.

다음으로 glCreateShader 함수 호출은 셰이더에 해당하는 OpenGL 셰이더 오브젝트를 생성한다. 그리고 이 ID를 outShader에 저장한다. shaderType 파라미터는 GL_VERTEX_SHADER, GL_FRAGMENT_SHADER, 또는 다른 셰이더 타입일 수도 있다.

glShaderSource 호출은 셰이더 소스 코드를 포함하는 스트링을 지정한다. 그리고 glCompileShader는 코드를 컴파일한다. 그런 다음 IsCompiled 헬퍼 함수를 사용해서 셰이더가 정상적으로 컴파일됐는지 유효성을 체크한다.

셰이더 파일을 로드할 수 없거나 컴파일하는 데 실패하는 등의 에러가 발생한 경우 CompileShader는 에러 메시지를 출력하고 false를 리턴한다.

리스트 5.6 Shader::CompileShader 구현

```
bool Shader::CompileShader(const std::string& fileName,
 GLenum shaderType,
 GLuint& outShader)
{
   // 파일을 연다
   std::ifstream shaderFile(fileName);
   if (shaderFile.is_open())
   {
      // 모든 텍스트를 읽어서 스트링으로 만든다
      std::stringstream sstream;
      sstream << shaderFile.rdbuf();
      std::string contents = sstream.str();
      const char* contentsChar = contents.c_str();

      // 지정된 타입의 셰이더를 생성한다
      outShader = glCreateShader(shaderType);
      // 소스 문자열을 설정하고 컴파일 시도
      glShaderSource(outShader, 1, &(contentsChar), nullptr);
      glCompileShader(outShader);

      if (!IsCompiled(outShader))
      {
         SDL_Log("Failed to compile shader %s", fileName.c_str());
         return false;
```

```
        }
    }
    else
    {
        SDL_Log("Shader file not found: %s", fileName.c_str());
        return false;
    }
    return true;
}
```

IsCompiled 함수

리스트 5.7의 IsCompiled 함수는 셰이더 오브젝트가 컴파일됐는지를 확인한다. 컴파일되지 못했으면 이 함수는 컴파일 에러 메시지를 출력한다. 에러 메시지를 통해 왜 셰이더가 컴파일에 실패했는지에 대한 정보를 얻는 것이 가능하다.

리스트 5.7 Shader::IsCompiled 구현

```
bool Shader::IsCompiled(GLuint shader)
{
    GLint status;
    // 컴파일 상태를 질의한다
    glGetShaderiv(shader, GL_COMPILE_STATUS, &status);
    if (status != GL_TRUE)
    {
        char buffer[512];
        memset(buffer, 0, 512);
        glGetShaderInfoLog(shader, 511, nullptr, buffer);
        SDL_Log("GLSL Compile Failed:\n%s", buffer);
        return false;
    }
    return true;
}
```

glGetShaderiv 함수는 셰이더 컴파일 상태를 질의하며 함수는 정숫값으로 상태 코드를 반환한다. 이 상태가 GL_TRUE가 아니면 컴파일 에러가 있었다는 걸 의미한다. 오

류가 발생하면 glGetShaderInfoLog로 사람이 읽을 수 있는 컴파일 에러 메시지를 얻을 수 있다.

Load 함수

리스트 5.8의 Load 함수는 버텍스와 프래그먼트 셰이더의 파일 이름을 인자로 받은 뒤 이 셰이더들을 컴파일하고 서로 연결시킨다.

리스트 5.8 코드는 CompileShader를 사용해서 버텍스와 프래그먼트 셰이더를 컴파일한다. 그런 후 셰이더의 오브젝트 ID를 mVertexShader와 mFragShader에 저장한다. CompileShader 호출이 실패하면 Load 함수는 false를 리턴한다.

리스트 5.8 Shader::Load 구현

```
bool Shader::Load(const std::string& vertName,
                  const std::string& fragName)
{
   // 버텍스와 프래그먼트 셰이더 컴파일
   if (!CompileShader(vertName, GL_VERTEX_SHADER, mVertexShader) ||
       !CompileShader(fragName, GL_FRAGMENT_SHADER, mFragShader))
   {
      return false;
   }
   // 버텍스/프래그먼트 셰이더를 서로 연결하는
   // 셰이더 프로그램을 생성
   mShaderProgram = glCreateProgram();
   glAttachShader(mShaderProgram, mVertexShader);
   glAttachShader(mShaderProgram, mFragShader);
   glLinkProgram(mShaderProgram);

   // 프로그램이 성공적으로 연결됐는지 검증
   if (!IsValidProgram())
   {
      return false;
   }
   return true;
}
```

프래그먼트 셰이더와 버텍스 셰이더를 컴파일하고 난 후에는 셰이더 프로그램이라는 세 번째 오브젝트를 사용해서 두 셰이더를 서로 연결한다. 오브젝트를 그릴 준비가 되면 OpenGL은 삼각형을 렌더링하고자 현재 활성화된 셰이더 프로그램을 사용한다.

셰이더 프로그램은 glCreateProgram으로 생성하며 이 함수는 새로운 셰이더 프로그램에 대한 오브젝트 ID를 반환한다. 그런 다음 셰이더 프로그램에 버텍스와 프래그먼트 셰이더를 추가하기 위해 glAttatchShader를 사용한다. 그리고 glLinkProgram을 사용해서 모든 추가된 셰이더를 최종 셰이더 프로그램에 연결시킨다.

셰이더 컴파일에서처럼 셰이더 연결이 성공했는지를 알기 위해 IsValidProgram 헬퍼 함수를 사용한다.

IsValidProgram 함수

IsValidProgram 함수는 IsCompiled 코드와 매우 유사하다. 이 두 함수는 오직 2가지의 차이점만이 있을 뿐이다. 첫째, glGetShaderiv를 호출하는 것 대신에 glGetProgramiv를 호출한다.

```
glGetProgramiv(mShaderProgram, GL_LINK_STATUS, &status);
```

둘째, glGetShaderInfoLog를 호출하는 대신 glGetProgramInfoLog를 호출한다.

```
glGetProgramInfoLog(mShaderProgram, 511, nullptr, buffer);
```

SetActive 함수

SetActive 함수는 셰이더 프로그램을 활성화시킨다.

```
void Shader::SetActive()
{
   glUseProgram(mShaderProgram);
}
```

OpenGL은 삼각형을 그릴 때 활성화된 셰이더를 사용한다.

Unload 함수

Unload 함수는 셰이더 프로그램과 버텍스 셰이더, 그리고 프래그먼트 셰이더를 삭제한다.

```
void Shader::Unload()
{
   glDeleteProgram(mShaderProgram);
   glDeleteShader(mVertexShader);
   glDeleteShader(mFragShader);
}
```

셰이더를 게임에 추가하기

이제 Shader 클래스를 사용하기 위해 Game의 멤버 변수로 Shader 포인터를 추가한다.

```
class Shader* mSpriteShader;
```

변수는 mSpriteShader로 이름지었는데 왜냐하면 이 셰이더는 스프라이트를 그리는 데 사용되기 때문이다. LoadShader 함수는 셰이더 파일을 로드하고 셰이더를 활성화시킨다.

```
bool Game::LoadShaders()
{
   mSpriteShader = new Shader();
   if (!mSpriteShader->Load("Shaders/Basic.vert", "Shaders/Basic.frag"))
   {
      return false;
   }
   mSpriteShader->SetActive();
}
```

LoadShaders는 Game::Initialize에서 OpenGL과 GLEW의 초기화가 끝난 후, 그리고 mSpriteVerts 버텍스 배열 개체가 생성되기 전에 호출한다.

심플한 버텍스/프래그먼트 셰이더를 생성하고 삼각형을 로드했으므로 이제 삼각형을 그릴 수 있는 모든 준비를 마쳤다.

삼각형 그리기

앞에서 언급했듯이 삼각형을 사용하면 화면상에 사각형 스프라이트를 그릴 수 있다. 이미 단위 사각형 버텍스와 픽셀을 그릴 수 있는 기본 셰이더는 로드했다. 이전과 마찬가지로 SpriteComponent의 Draw 함수가 스프라이트를 그린다.

먼저 SpriteComponent::Draw의 선언을 변경해서 이 함수가 SDL_Renderer* 대신에 Shader*를 인자로 받게 한다. 그러고 나서 glDrawElements를 호출해서 사각형을 그린다.

```
void SpriteComponent::Draw(Shader* shader)
{
   glDrawElements(
      GL_TRIANGLES,     // 그려야 할 폴리곤/프리미티브의 타입
      6,                // 인덱스 버퍼에 있는 인덱스의 수
      GL_UNSIGNED_INT, // 각 인덱스의 타입
      nullptr           // nullptr
   );
}
```

glDrawElements의 첫 번째 파라미터는 그리려는 요소의 유형을 지정한다(이번 예에서는 삼각형). 두 번째 파라미터는 인덱스 버퍼에 있는 인덱스의 수다. 이번 예에서 단위 사각형에 대한 인덱스 버퍼는 6개의 인덱스를 가지므로 파라미터에 6을 넘긴다. 세 번째 파라미터는 각 인덱스의 타입이다. 각 인덱스는 unsigned int로 설정됐다. 마지막 파라미터는 nullptr이다.

glDrawElements 호출을 위해서는 활성화된 버텍스 배열 개체와 활성화된 셰이더가 필요하다. 매 프레임에서 SpriteComponents를 그리기 전에 스프라이트 버텍스 배열

개체와 셰이더 모두를 활성화해야 한다. 리스트 5.9처럼 Game::GenerateOutput 함수에서 이 작업을 수행한다. 셰이더와 버텍스 배열이 활성화되도록 설정한 후에는 장면에서 각 스프라이트마다 Draw 함수를 한 번씩 호출한다.

리스트 5.9 스프라이트를 그리는 Game::GenerateOutput

```
void Game::GenerateOutput()
{
   // 색상 버퍼 초기화 컬러를 회색으로 설정
   glClearColor(0.86f, 0.86f, 0.86f, 1.0f);
   // 색상 버퍼 초기화
   glClear(GL_COLOR_BUFFER_BIT);

   // 스프라이트 셰이더와 버텍스 배열 개체를 활성화
   mSpriteShader->SetActive();
   mSpriteVerts->SetActive();

   // 모든 스프라이트를 그린다
   for (auto sprite : mSprites)
   {
      sprite->Draw(mSpriteShader);
   }

   // 버퍼 스왑
   SDL_GL_SwapWindow(mWindow);
}
```

이 코드를 지금 실행하면 어떻게 될 것 같은가? 프래그먼트 셰이더는 오직 파란색만을 출력하도록 구현했다. 그래서 SpriteComponent는 푸른 사각형으로 보일 것이라고 생각하는 것이 합리적이다. 하지만 다른 이슈 때문에 현재 출력은 예상과 다르게 나타난다. 모든 스프라이트는 같은 스프라이트 버텍스를 사용하는데 이 스프라이트 버텍스는 NDC 좌표로 단위 사각형을 정의하고 있다. 즉 모든 SpriteComponent는 같은 단위 사각형을 그리므로 지금 바로 게임을 실행하면 그림 5.3처럼 회색 배경과 하나의 사각형만을 보게 될 것이다.

그림 5.3 수많은 NDC 단위 사각형 그리기(여러 개를 그리지만 하나의 사각형으로 보일 뿐이다)

각 스프라이트마다 다른 버텍스 배열을 정의하면 문제를 해결할 수 있을 것 같기는 하다. 하지만 한 개의 버텍스 배열을 가지고도 여러 스프라이트를 원하는 위치에 그리는 것이 가능하다. 핵심은 버텍스 속성을 변환하는 버텍스 셰이더의 기능을 이용하는 것이다.

변환 기초

게임에 주변을 돌아다니는 10개의 운석이 있다고 가정해 보자. 이 10개의 운석은 각각 다른 버텍스 배열 개체로 나타낼 수 있다. 이러한 버텍스 배열 개체는 화면상에서 운석을 다른 위치에 나타내기 위해 필요하며, 이는 각 운석을 그리기 위한 삼각형이 다른 NDC(정규화된 장치 좌표)를 필요로 한다는 걸 의미한다.

가장 간단한 아이디어는 10개의 다른 버텍스 버퍼를 생성하고 각 버텍스 버퍼를 하나의 운석에 대응시킨 뒤 이 버텍스 버퍼를 필요에 따라 재계산하는 것이다. 하지만 이렇게 하면 계산 측면이나 메모리 사용 측면에서 낭비가 심하다. 버텍스 버퍼의 버텍스를 변경하고 변경된 내용을 OpenGL에 다시 알리는 것은 효율적이지 못하다.

대신 추상적인 관점에서 스프라이트를 생각해보자. 모든 스프라이트는 궁극적으로 사각형일 뿐이다. 여러 스프라이트는 화면상의 위치가 다를 수 있고 크기나 회전값도 다를 수 있지만, 그래도 스프라이트는 사각형이다.

스프라이트를 이런 관점에서 생각한다면 효율적인 해결책은 사각형에 대해서는 버텍스 버퍼를 하나만 가지고 이 버텍스 버퍼를 재활용하는 것이다. 사각형을 그릴 시에는 NDC 단위 사각형을 활용해서 스프라이트를 임의의 위치, 크기, 방향을 가진 사각형으로 변경하거나 **변환**transform하면 된다.

한 유형의 오브젝트에 대해 하나의 버텍스 버퍼만을 재사용한다는 콘셉트는 3D에도 확장해서 적용 가능하다. 예를 들어 숲에서 진행되는 게임에서는 수백 개의 나무가 존재하며, 이들 나무들은 서로간에 약간의 차이만이 있을 뿐이다. 같은 나무에 대한 모든 인스턴스가 별도의 버텍스 버퍼를 가지는 것은 비효율적이며 대신에 하나의 나무 버텍스 버퍼를 생성한 다음 게임에서 나무의 위치와 크기, 방향에 약간의 변화를 준다면 효율적으로 여러 인스턴스를 그리는 것이 가능할 것이다.

오브젝트 공간

3D 모델링 프로그램을 사용해서 3D 오브젝트를 만들 때 일반적으로는 정규화된 장치 좌표로 버텍스 위치를 나타내지 않는다. 대신 위치는 오브젝트 그 자체의 임의의 원점에 상대적이다. 이 원점은 보통 오브젝트의 중심에 해당한다. 하지만 반드시 그럴 필요는 없다. 이 오브젝트 그 자체에 대한 상대적인 좌표 공간을 **오브젝트 공간**object space, 또는 **모델 공간**model space이라 한다.

5장 초반부에서 설명했듯이 좌표 공간을 정의하려면 좌표 공간의 원점과 좌표 요소가 증가하는 방향(기저 벡터)이 필요하다. 예를 들어 일부 3D 모델링 프로그램은 +y를 위 방향으로 사용하지만, 다른 프로그램에서는 +z를 위 방향으로 사용한다. 이러한 서로 다른 기저 벡터는 서로 다른 오브젝트 공간을 정의한다. 그림 5.4는 사각형의 중심이 오브젝트 공간의 원점이고 +y는 위로 증가하고 +x는 오른쪽으로 증가하는 2D 사각형을 보여준다.

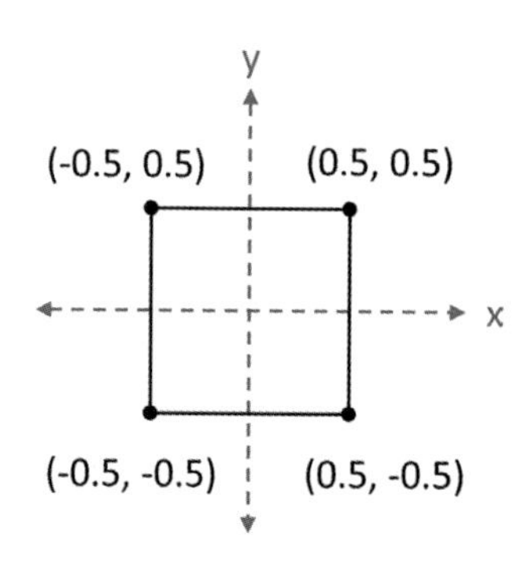

그림 5.4 오브젝트 공간 원점에 상대적인 좌표

이제 빌딩 사무실에서 진행하는 게임을 상상해보자. 컴퓨터 모니터나 키보드, 책상, 사무실 의자 등등 모델이 필요할 것이다. 이 각각의 모델은 자신만의 오브젝트 공간에서 생성할 수 있으며, 이는 각 오브젝트의 버텍스 위치가 해당 모델 고유의 오브젝트 공간 원점에 상대적이라는 걸 뜻한다.

게임을 실행하면 각각의 고유 모델은 자신의 버텍스 배열 개체VAO, Vertex Array Object에 로드된다. 예를 들어 게임은 모니터의 VAO, 키보드 등의 VAO를 가진다. 그리고 장면을 그릴 때 각 오브젝트의 버텍스는 버텍스 셰이더로 전달된다. `Basic.vert`처럼 버텍스 위치를 수정 없이 직접 프래그먼트 셰이더에 넘긴다면 이 버텍스 위치는 정규화된 장치 좌표로서 기대된다.

하지만 직접 넘긴 버텍스 모델 좌표는 NDC가 아니고 각 오브젝트 공간에 상대적인 좌표이므로 문제가 된다. 그래서 버텍스 셰이더에서 버텍스 위치를 그대로 통과시키면 의미 없는 출력만을 얻는다.

세계 공간

여러 오브젝트들이 다른 오브젝트 공간 좌표를 갖는 문제를 해결하려면 먼저 게임 세계 그 자체에 대한 좌표 공간을 정의해야 한다. **세계 공간**world space이라 불리는 이 좌표 공간은 자신만의 원점과 기저 벡터를 가지고 있다. 빌딩 사무실이 무대인 게임에서 세계 공간의 원점은 빌딩 1층 바닥의 중심에 놓일 수 있다.

사무실 플래너가 책상과 의자를 사무실의 여러 위치와 방향으로 배치하는 경우가 많으므로 게임상의 오브젝트는 세계 공간 원점에 상대적인, 임의의 위치와 크기, 방향을 가진다. 예를 들어 사무실에 5개의 같은 책상 인스턴스가 놓인다면 이 인스턴스 각각은 오브젝트가 세계 공간에서 어떻게 표현되는지를 설명하는 정보가 필요하다.

책상의 각 인스턴스를 그릴 때는 각 책상에 대해 같은 버텍스 배열 개체를 사용한다. 그러나 이제 각 인스턴스는 오브젝트 공간 좌표를 세계 공간으로 변환하는 방법을 지정하는 추가적인 정보가 더 필요하다. 이 여분의 데이터는 인스턴스를 그릴 때 버텍스 셰이더로 보낼 수 있으며, 버텍스 셰이더가 필요에 따라 버텍스 좌표를 보정하는 데 쓰인다. 물론 그래픽 하드웨어는 버텍스 위치를 그리기 위해 NDC 좌표를 필요로 하므로 버텍스를 세계 공간으로 변환한 후에도 추가적인 단계가 더 필요하다. 지금은 오브젝트 공간에서 세계 공간으로 버텍스를 변환하는 방법을 살펴보자.

세계 공간으로 변환

좌표 공간을 변환할 때는 두 좌표 공간 사이에 기저 벡터가 같은지 또는 그렇지 않은지를 알아야 한다. 예를 들어 오브젝트 공간의 점(0, 5)을 고려해 보자. 오브젝트 공간에서 +y를 위 방향으로 정의한다면 점 (0, 5)는 원점에서 다섯 단위 '위'에 있다는 것을 뜻한다. 그러나 세계 공간에서 +y가 오른쪽 방향이라면 점 (0, 5)는 원점에서 오른쪽으로 다섯 단위 떨어진 곳에 놓이게 된다.

지금은 오브젝트 공간과 세계 공간의 기저 벡터가 동일하다고 가정한다. 게임은 현재 2D이므로 오브젝트 공간과 세계 공간 모두 +y가 위 방향이고 +x는 오른쪽을 향한다고 가정한다.

노트

여기서 사용된 2D 좌표 체계는 +y가 아래 방향인 SDL 좌표 체계와는 다르다! 그래서 `Actor::GetForward` 코드는 더 이상 y 요소를 반전시킬 필요가 없다. 또한 어떤 계산에서 atan2를 사용했다면 첫 번째 파라미터를 더 이상 반전시키지 않아도 된다.

이제 그림 5.4와 같이 오브젝트 공간 원점을 중심으로 하는 단위 사각형을 생각해보자. 세계 공간의 원점은 게임 창의 중심이라고 가정한다. 목표는 오브젝트 공간 원점이 중심인 단위 사각형을 세계 공간의 원점을 기준으로 임의의 위치와 크기 그리고 방향을 가진 사각형으로 표현하는 것이다.

예를 들어 사각형의 한 인스턴스가 세계 공간에서는 크기가 2배이고 세계 공간 원점의 오른쪽 방향으로 50단위 떨어져서 나타나야 한다고 가정해보자. 사각형의 각 버텍스에 수학 연산을 적용하면 이 목표를 달성할 수 있다.

한 가지 방법은 정확한 버텍스 위치를 계산하기 위해 대수 방정식을 사용하는 것이다. 비록 이 방법으로는 접근하지는 않겠지만, 대수 방정식은 우리가 선호할 해결책을 이해하는 데 유용한 징검다리 역할을 한다. 5장에서는 2D 좌표 체계를 중점적으로 설명하지만, 여기서 설명한 방법은 3D에서도 동일하게 잘 동작한다(z 요소만 추가하면 된다).

이동(translation)

이동은 점을 **변환**시키거나 오프셋값으로 이동시킨다. 점 (x, y)가 주어졌을 때 다음 방정식을 사용하면 오프셋 (a, b)만큼 점을 이동시킬 수 있다.

$$x' = x + a$$
$$y' = y + b$$

예를 들어 점 (1, 3)은 오프셋 (20, 15)로 다음과 같이 이동한다.

$$x' = 1 + 20 = 21$$
$$y' = 3 + 15 = 18$$

삼각형의 모든 버텍스에 같은 이동을 적용하면 삼각형의 이동이 가능해진다.

스케일

스케일scale[3]을 삼각형의 각 버텍스에 적용하면 삼각형의 크기는 커지거나 작아진다. **균등 스케일**uniform scale에서는 버텍스의 각 요소에 같은 스케일 팩터 s를 사용해서 스케일한다.

3 신축이라는 용어도 고려했지만 크기를 늘리거나 줄인다는 의미로 스케일이란 단어가 더 적합하고 판단했기에 해당 용어를 번역하지 않았다. – 옮긴이

$$x' = x \cdot s$$
$$y' = y \cdot s$$

그래서 점 (1, 3)을 5배수로 늘리려면 다음과 같이 균등 스케일하면 된다.

$$x' = 1 \cdot 5 = 5$$
$$y' = 3 \cdot 5 = 15$$

삼각형의 각 버텍스를 5배 스케일링하면 삼각형의 크기는 5배 커진다.

비균등 스케일non-uniform scale에서는 각 요소에 대해 별도의 스케일 팩터(s_x, s_y)를 곱한다.

$$x' = x \cdot s_x$$
$$y' = y \cdot s_y$$

단위 사각형을 변환하는 경우 비균등 스케일은 정사각형 대신에 직사각형을 만들어 낸다.

회전

3장 '벡터와 기초 물리'에서 단위 원에 대해 설명했던 내용을 떠올려보자. 단위 원은 점 (1, 0)에서 시작한다. 90도 또는 $\frac{\pi}{2}$ 라디안 회전은 점 (0, 1)로의 반시계 방향 회전이며, 180도 또는 π 라디안 회전은 점 (−1, 0)이 된다. 이 회전은 비록 일반적인 단위 원 다이어그램에서 z축을 그리지 않는다 하더라도 기술적으로 z축에 대한 회전이다.

사인과 코사인을 사용하면 다음과 같이 임의의 점 (x, y)를 각도 θ만큼 회전시키는 공식은 다음과 같다.

$$x' = x\cos\theta - y\sin\theta$$
$$y' = x\sin\theta + y\cos\theta$$

방정식은 x와 y값에 의존한다. 예를 들어 (5, 0)을 270도만큼 회전시키는 식은 다음과 같다.

$$x' = 5 \cdot \cos(270°) - 0 \cdot \sin(270°) = 0$$
$$y' = 5 \cdot \sin(270°) + 0 \cdot \cos(270°) = -5.$$

단위 원에서처럼 각도 θ는 반시계방향 회전을 나타낸다.

이 회전은 원점을 기준으로 한 회전임을 명심하자. 오브젝트 공간 원점 중심에 삼각형이 놓인 경우, 각 버텍스를 회전하면 삼각형은 원점을 중심으로 회전한다.

변환을 결합

앞의 수식들은 각 변환을 독립적으로 적용하지만 동일한 버텍스에 대해서는 여러 변환을 동시에 적용하는 것이 일반적이다. 예를 들어 사각형이 있다면 이 사각형을 이동시키고 회전시키는 작업 둘 다 필요할 수 있다. 이러한 변환들을 적용할 때는 올바른 순서로 결합하는 것이 중요하다.

삼각형이 다음과 같은 점이 있다고 가정하자.

$$
\begin{aligned}
A &= (-2,\ -1) \\
B &= (0, 1) \\
C &= (2,\ -1)
\end{aligned}
$$

이 오리지널 삼각형은 그림 5.5(a)처럼 위쪽으로 곧게 뻗어 있다. 이제 삼각형을 (5,0)으로 이동시킨 뒤 90도 회전시킨다고 가정하자. 먼저 삼각형을 회전시킨 뒤 이동시킨다면 다음과 같은 식을 얻을 수 있다.

$$
\begin{aligned}
A' &= (-2\cos 90° + 1\sin 90° + 5,\ -2\sin 90° - 1\cos 90° + 0) = (6,\ -2) \\
B' &= (-1\sin 90° + 5,\ 1\cos 90° + 0) = (4,\ 0) \\
C' &= (2\cos 90° + 1\sin 90° + 5,\ 2\sin 90° - 1\cos 90° + 0) = (6,\ 2)
\end{aligned}
$$

이 식의 결과는 그림 5.5(b)처럼 삼각형이 회전해서 왼쪽으로 곧게 뻗으며 오른쪽으로 이동했다.

만약 변환 순서를 뒤집어서 이동을 먼저 적용한다면 다음과 같은 공식이 적용된다.

$$
\begin{aligned}
A' &= ((-2 + 5)\cos 90° + 1\sin 90°,\ (-2 + 5)\sin 90° - 1\cos 90°) = (1,\ 3) \\
B' &= (5\cos 90° - 1\sin 90°,\ 5\sin 90° + 1\cos 90°) = (-1,\ 5) \\
C' &= ((2 + 5)\cos 90° + 1\sin 90°,\ (2 + 5)\sin 90° - 1\cos 90°) = (1,\ 7)
\end{aligned}
$$

이동을 먼저 적용한 후 두 번째로 회전을 적용하는 경우 삼각형은 여전히 왼쪽을 향하게 된다. 하지만 삼각형은 그림 5.5(c)처럼 원점을 기준으로 몇 단위 위에 놓이게 된다. 삼각형을 오른쪽으로 먼저 이동시킨 후 원점을 기준으로 회전시켰으므로 이런 결과를 얻게 된 것이다. 이 결과는 우리가 원치 않는 것이다.

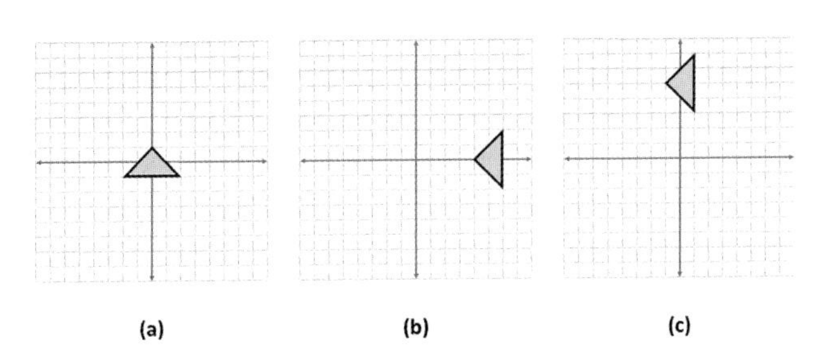

그림 5.5 (a) 초기의 삼각형, (b) 회전시킨 후 이동, (c) 이동시킨 후 회전

변환 순서가 중요하므로 일관성 있는 순서를 갖는 것이 중요하다. 오브젝트 공간에서 세계 공간으로의 변환에서는 항상 스케일, 회전, 이동순으로 변환을 적용하자. 이를 염두에 두고 스케일, 회전, 이동에 대한 3개의 방정식 모두를 (s_x, s_y)로 스케일, θ로 회전, (a, b)로 이동하는 하나의 방정식으로 통합하자.

$$x' = s_x \cdot x\cos\theta - s_y \cdot y\sin\theta + a$$
$$y' = s_x \cdot x\sin\theta + s_y \cdot y\cos\theta + b$$

방정식 통합에 따른 문제

이전 절에서 도출한 결합된 방정식은 문제를 간단히 하는 해결책으로 보일 수 있다. 오브젝트 공간에서 임의의 버텍스를 얻어서 각 요소에 방정식을 적용하면 세계 공간으로 변환된 임의의 스케일, 회전, 위치를 가진 버텍스를 얻을 수 있었다.

하지만 앞에서 언급했듯이 이 작업은 오직 버텍스를 오브젝트 공간에서 세계 공간으로 변환만 할 뿐이다. 세계 공간의 좌표는 장치 좌표에 대해 정규화돼 있지 않으므로 여전히 버텍스 셰이더에서는 많은 변환을 적용해야 한다. 이 추가적인 변환은 일반적으로 지금까지 설명한 방정식처럼 간단한 것이 없다. 간단하지 않은 이유는 여러 좌표 체계 사이의 기저 벡터가 다르기 때문이다. 이러한 추가 변환을 하나의 방정식으로 결합해버리면 복잡성이 불필요하게 증가한다.

이 문제에 대한 해결책은 각 요소에 대해 별도의 방정식을 사용하지 않고 대신 행렬을 사용해 여러 변환을 표현하는 것이다. 여러 변환은 행렬 곱셈으로 쉽게 결합할 수 있다.

행렬과 변환

행렬matrix은 m행과 n열이 있는 값의 격자다. 예를 들어 2×2 행렬은 다음과 같이 a에서 d 값을 가지는 행렬로 표현하는 것이 가능하다.

$$\begin{bmatrix} a & b \\ c & d \end{bmatrix}$$

컴퓨터 그래픽스 분야에서는 행렬을 사용해서 변환을 표현한다. 이전 절에서 언급한 모든 변환은 해당 변환에 대응하는 행렬 표현이 존재한다. 선형 대수에 경험이 있다면 행렬이 선형 방정식 시스템의 문제를 푸는 데 사용됨을 알고 있을 것이다. 따라서 이전 절에서의 방정식 체계를 행렬로 표현할 수 있는 것은 당연하다.

이번 절에서는 게임 프로그래밍에 사용되는 행렬의 기본 사용 사례 몇 가지를 살펴본다. 벡터와 마찬가지로 코드에서 이러한 행렬을 어떻게, 언제 사용해야 하는지를 이해하는 것이 가장 중요하다. 이 책의 `Math.h` 파일에는 모든 필요한 기능을 구현한 연산자, 멤버 함수, 정적 함수를 가진 `Matrix3`와 `Matrix4` 클래스가 정의돼 있다.

행렬 곱셈

스칼라와 마찬가지로 두 행렬은 서로 곱할 수 있다. 다음 행렬이 있다고 가정하자.

$$A = \begin{bmatrix} a & b \\ c & d \end{bmatrix} \quad B = \begin{bmatrix} e & f \\ g & h \end{bmatrix}$$

곱셈 $C = AB$의 결과는 다음과 같다.

$$C = AB = \begin{bmatrix} a & b \\ c & d \end{bmatrix} \begin{bmatrix} e & f \\ g & h \end{bmatrix} = \begin{bmatrix} a \cdot e + b \cdot g & a \cdot f + b \cdot h \\ c \cdot e + d \cdot g & c \cdot f + d \cdot h \end{bmatrix}$$

즉 C의 왼쪽 위 요소는 A의 첫 번째 행과 B의 첫 번째 열과의 내적이다.

행렬 곱셈은 같은 차원을 가진 행렬을 요구하지 않는다. 하지만 왼쪽 행렬의 열의 수는 오른쪽 행렬의 행의 수와 같아야 한다. 예를 들어 다음 곱셈은 유효한 곱셈이다.

$$\begin{bmatrix} a & b \end{bmatrix} \begin{bmatrix} c & d \\ e & f \end{bmatrix} = \begin{bmatrix} a \cdot c + b \cdot e & a \cdot d + b \cdot f \end{bmatrix}$$

행렬 곱셈은 결합은 가능하지만 교환은 가능하지 않다.

$$AB \neq BA$$
$$A(BC) = (AB)C$$

행렬을 사용한 점의 이동

변환 측면에서 보면 행렬은 임의의 점으로 표현하는 것이 가능하다. 예를 들어 점 $p = (x, y)$는 하나의 행(**행 벡터**row vector)으로 나타낼 수 있다.

$$p = \begin{bmatrix} x & y \end{bmatrix}$$

또한 하나의 열(**열 벡터**column vector)로도 p를 나타낼 수도 있다.

$$p = \begin{bmatrix} x \\ y \end{bmatrix}$$

행 벡터로 표현하든 열 벡터로 표현하든 문제는 없지만, 일관된 하나의 방식을 사용하는 것이 중요하다. 그 이유는 점이 행인지 또는 열인지에 따라 벡터가 곱셈의 왼쪽 또는 오른쪽에 위치될지가 결정되기 때문이다.

변환 행렬 T가 있다고 가정하자.

$$T=\begin{bmatrix} a & b \\ c & d \end{bmatrix}$$

행렬 곱셈을 사용하면 이 행렬로 점 p를 변환해서 변환된 점 (x', y')을 얻을 수 있다. 하지만 p가 행일 때 T를 곱한 결과와 p가 열일 때 T를 곱한 결과는 서로 다르다.

p가 행이라면 곱셈은 다음과 같다.

$$\begin{bmatrix} x' & y' \end{bmatrix} = pT = \begin{bmatrix} x & y \end{bmatrix}\begin{bmatrix} a & b \\ c & d \end{bmatrix}$$
$$x' = a \cdot x + c \cdot y$$
$$y' = b \cdot x + d \cdot y$$

하지만 p가 열이라면 곱셈은 다음과 같은 결과를 산출한다.

$$\begin{bmatrix} x' \\ y' \end{bmatrix} = Tp = \begin{bmatrix} a & b \\ c & d \end{bmatrix}\begin{bmatrix} x \\ y \end{bmatrix}$$
$$x' = a \cdot x + b \cdot y$$
$$y' = c \cdot x + d \cdot y$$

이 곱셈은 x'와 y'에 대해 2가지 다른 값을 돌려주지만, 오직 하나만이 올바른 해답이다. 변환 행렬의 올바른 계산은 행 벡터 또는 열 벡터의 사용 여부에 달려 있기 때문이다.

행 벡터 또는 열 벡터의 사용 여부는 강제돼 있지 않다. 대부분의 선형 대수 교과서에서는 열 벡터를 사용한다. 하지만 컴퓨터 그래픽스에서는 리소스나 그래픽 API에 따라 행 벡터 또는 열 벡터를 사용한다. 이 책에서는 행 벡터를 사용하는데 주 이유는 변환이 주어진 점에 대해 왼쪽에서 오른쪽순으로 적용되기 때문이다. 다음 방정식은 점 q를 먼저 행렬 T로 변환한다. 그런 다음 행렬 R로 변환시킨다.

$$q' = qTR$$

각 변환 행렬에 **트랜스포즈**transpose[4]를 적용하면 행 벡터를 열 벡터로, 열 벡터를 행 벡

4 트랜스포즈가 적용된 행렬을 전치 행렬이라 한다. – 옮긴이

터로 전환하는 것이 가능하다. 행렬의 트랜스포즈는 원래 행렬의 첫 번째 행이 결과 행렬의 첫 번째 열이 되도록 행렬을 회전시킨다.

$$\begin{bmatrix} a & b \\ c & d \end{bmatrix}^T = \begin{bmatrix} a & c \\ b & d \end{bmatrix}$$

점 q를 열 벡터로 사용한 방정식으로 전환하길 원한다면 다음과 같이 계산하면 된다.

$$q' = R^T T^T q$$

이 책의 나머지 부분에서 행렬은 행 벡터를 사용한다고 가정한다. 하지만 이런 행렬의 트랜스포즈는 열 벡터로도 작업 가능하게 변환됨을 기억하자.

마지막으로 **항등 행렬**identity matrix은 대문자 I로 표시되는 특별한 유형의 행렬이다. 항등 행렬은 같은 수의 행과 열을 가진다. 항등 행렬에서 모든 값은 대각선을 제외하고 0이다. 대각선 값은 모두 1이다. 예를 들어 3×3 항등 행렬은 다음과 같다.

$$I_3 = \begin{bmatrix} 1 & 0 & 0 \\ 0 & 1 & 0 \\ 0 & 0 & 1 \end{bmatrix}$$

항등 행렬을 임의의 행렬과 곱하면 행렬은 변경되지 않는다. 즉 다음과 같다.

$$MI = M$$

세계 공간으로 변환, 재검토

행렬로 스케일, 회전, 이동 변환을 표현하는 것이 가능하다. 변환을 결합한 통합 방정식을 유도하는 대신 행렬을 서로 곱하자. 결합된 세계 변환 행렬을 얻으면 이 세계 변환 행렬로 오브젝트의 모든 버텍스를 세계 공간으로 변환하는 것이 가능해진다.

이전과 마찬가지로 2D 변환을 먼저 살펴보자.

스케일 행렬

스케일 변환을 적용하기 위해 2×2 스케일 행렬을 사용한다.

$$S(s_x, s_y) = \begin{bmatrix} s_x & 0 \\ 0 & s_y \end{bmatrix}$$

예를 들어 점 (1, 3)을 스케일 행렬 $S(5, 2)$로 변환해 보자.

$$\begin{aligned} \begin{bmatrix} 1 & 3 \end{bmatrix} S(5,2) &= \begin{bmatrix} 1 & 3 \end{bmatrix} \begin{bmatrix} 5 & 0 \\ 0 & 2 \end{bmatrix} \\ &= \begin{bmatrix} 1 \cdot 5 + 3 \cdot 0 & 1 \cdot 0 + 3 \cdot 2 \end{bmatrix} \\ &= \begin{bmatrix} 5 & 6 \end{bmatrix} \end{aligned}$$

회전 행렬

2D 회전 행렬은 θ로 z축에 대한 회전을 나타낸다.

$$R(\theta) = \begin{bmatrix} \cos\theta & \sin\theta \\ -\sin\theta & \cos\theta \end{bmatrix}$$

그래서 점 (0, 3)은 다음과 같이 90도 회전이 가능하다.

$$\begin{aligned} \begin{bmatrix} 0 & 3 \end{bmatrix} R(90^\circ) &= \begin{bmatrix} 0 & 3 \end{bmatrix} \begin{bmatrix} \cos 90^\circ & \sin 90^\circ \\ -\sin 90^\circ & \cos 90^\circ \end{bmatrix} \\ &= \begin{bmatrix} 0 & 3 \end{bmatrix} \begin{bmatrix} 0 & 1 \\ -1 & 0 \end{bmatrix} \\ &= \begin{bmatrix} -3 & 0 \end{bmatrix}. \end{aligned}$$

이동 행렬

2×2 행렬은 2D 스케일 및 회전 행렬의 표현이 가능하지만 2×2 크기로는 일반적인 2D 이동 행렬을 표현할 방법이 없다. 이동 $T(a, b)$를 표현하는 유일한 방법은 이동 행렬을 3×3 행렬로 표현하는 것이다.

$$T(a,b)=\begin{bmatrix} 1 & 0 & 0 \\ 0 & 1 & 0 \\ a & b & 1 \end{bmatrix}$$

그러나 1×2 행렬은 충분한 열을 가지고 있지 않으므로 점을 나타내는 1×2 행렬과 3×3 행렬은 곱할 수 없다. 행 벡터에 추가 열을 더해서 1×3 행 벡터로 만드는 것만이 이 두 행렬을 곱할 수 있는 유일한 방법이다. 이를 위해 점에 추가 요소를 더한다. **동차**homogenous 좌표는 n차원 공간을 나타내기 위해 $n+1$ 요소를 사용한다. 그래서 2D 공간에서 동차 좌표는 3개의 요소를 사용한다.

이 세 번째 요소를 z 요소라고 부르는 것이 합리적으로 보일지 모르겠지만, 이는 부적절한 명칭이다. 왜냐하면 3D 공간을 나타내려 한 것이 아님에도 3D 공간에 대한 z 요소를 사용하려 했기 때문이다. 그러므로 이 특별한 동차 좌표에서는 z를 사용하지 않고 **w 요소**를 사용한다. 2D, 3D 동차 좌표 둘 다 w를 사용한다. 그래서 동차 좌표로 나타낸 2D 점은 (x, y, w)이며, 동차 좌표로 표현된 3D 점은 (x, y, z, w)이다.

지금은 w 요소에 값 1만을 사용할 것이다. 예를 들어 $p(x, y)$는 동차 좌표 $(x, y, 1)$로 표현된다. 동차 좌표가 어떻게 동작하는지를 이해하고자 점 (1, 3)을 (20, 15)만큼 이동시킨다고 가정하자. 먼저 1의 값을 가진 w로 동차 좌표 점을 나타낸다. 그리고 점을 이동 행렬과 곱한다.

$$\begin{bmatrix} 1 & 3 & 1 \end{bmatrix} T(20,15) = \begin{bmatrix} 1 & 3 & 1 \end{bmatrix} \begin{bmatrix} 1 & 0 & 0 \\ 0 & 1 & 0 \\ 20 & 15 & 1 \end{bmatrix}$$
$$= \begin{bmatrix} 1\cdot1+3\cdot0+1\cdot20 & 1\cdot0+3\cdot1+1\cdot15 & 1\cdot0+3\cdot0+1\cdot1 \end{bmatrix}$$
$$= \begin{bmatrix} 21 & 18 & 1 \end{bmatrix}$$

이 계산에서 w 요소는 1을 유지하고 있다는 데 주목하자. 하지만 x, y 요소는 원하는 양만큼 이동했다.

변환 결합

앞에서 언급했듯이 여러 변환 행렬은 서로 곱해서 결합하는 것이 가능하다. 그러나 2×2 행렬에 3×3 행렬을 곱할 수 없다. 그러므로 스케일 및 회전 변환을 동차 좌표로 동작하는 3×3 행렬로 표현해야 한다.

$$S(s_x, s_y) = \begin{bmatrix} s_x & 0 & 0 \\ 0 & s_y & 0 \\ 0 & 0 & 1 \end{bmatrix}$$

$$R(\theta) = \begin{bmatrix} \cos\theta & \sin\theta & 0 \\ -\sin\theta & \cos\theta & 0 \\ 0 & 0 & 1 \end{bmatrix}$$

이제 스케일, 회전, 이동 행렬을 3×3 행렬로 표현했으므로 이를 결합해서 하나의 변환 행렬을 만들 수 있다. 오브젝트 공간에서 세계 공간으로 변환하는 이 결합 행렬은 **세계 변환 행렬**world transform matrix이다. 세계 변환 행렬을 계산하기 위해 스케일, 회전, 이동 행렬을 다음과 같은 순서로 곱하자.

$$WorldTransform = S(s_x, s_y)\, R(\theta)\, T(a,b)$$

이 곱셈 순서는 변환을 적용하려는 순서(스케일, 회전, 변환)와 일치한다. 이렇게 얻은 세계 변환 행렬을 버텍스 셰이더에 전달하고 오브젝트의 모든 버텍스를 전달된 세계 변환 행렬로 변환시킨다.

세계 변환을 액터에 추가

`Actor` 클래스의 정의에는 이미 위치에 대한 `Vector2`와 스케일에 대한 float, 그리고 각도 회전에 대한 float 값이 이미 존재한다. 이제 이 다양한 속성을 세계 변환 행렬 속으로 결합해야 한다.

먼저 `Actor` 클래스에 `Matrix4`와 `bool`, 2개의 멤버 변수를 추가한다.

```
Matrix4 mWorldTransform;
bool mRecomputeWorldTransform;
```

mWorldTransform 변수는 당연히 세계 변환 행렬을 저장한다. Matrix3 대신에 Matrix4를 사용하는 이유는 버텍스 레이아웃에서 모든 버텍스가 z 요소를 갖고 있다고 가정했기 때문이다(2D에서는 실제 z 요소가 필요하지 않다). 3D에 대한 동차 좌표는 (x, y, z, w)이므로 4×4 행렬이 필요하다.

bool 변수는 세계 변환 행렬을 재계산할 필요가 있는지를 저장한다. 액터의 위치, 스케일, 회전이 변경된 경우에만 세계 변환을 재계산하고 bool 변수를 업데이트한다. 액터의 위치, 스케일, 회전에 대한 각 setter 함수에서 mRecomputeWorldTransform 값을 true로 설정한다. 이런 방식으로 각 요소의 속성이 변경되면 세계 변환 행렬을 다시 계산해야 한다.

또한 생성자에서 mRecomputeWorldTransform 값을 true로 초기화해서 각 액터가 적어도 한 번은 세계 변환 행렬 계산을 하도록 보장해야 한다.

그리고 다음과 같이 ComputeWorldTransform 함수를 구현한다.

```
void Actor::ComputeWorldTransform()
{
   if (mRecomputeWorldTransform)
   {
      mRecomputeWorldTransform = false;
      // 스케일, 회전, 이동 행렬순으로 결합해서 세계 변환 행렬 구함
      mWorldTransform = Matrix4::CreateScale(mScale);
      mWorldTransform *= Matrix4::CreateRotationZ(mRotation);
      mWorldTransform *= Matrix4::CreateTranslation(
        Vector3(mPosition.x, mPosition.y, 0.0f));
   }
}
```

다양한 Matrix4 정적 함수를 사용해서 스케일, 회전, 이동 관련 행렬을 생성했다. CreateScale은 균등 스케일 행렬을 생성하며 CreateRotationZ는 z축에 대한 회전 행렬을 생성한다. 그리고 CreateTranslation은 이동 행렬을 만든다.

Actor::Update에서는 컴포넌트가 업데이트 전에 ComputeWorldTransform를 한 번 호출하고 UpdateActor를 호출한 후(잠정적으로 액터가 변경됐다고 판단)에 ComputeWorldTransform을 한 번 더 호출한다.

```
void Actor::Update(float deltaTime)
{
   if (mState == EActive)
   {
      ComputeWorldTransform();

      UpdateComponents(deltaTime);
      UpdateActor(deltaTime);

      ComputeWorldTransform();
   }
}
```

그런 다음 Game::Update에서는 '대기 중인' 액터(다른 액터를 갱신하는 동안 생성된 액터)가 올바른 세계 변환 행렬을 가지도록 ComputeWorldTransform의 호출을 추가한다.

```
// Game::Update (대기 중인 액터를 mActors로 이동)
for (auto pending : mPendingActors)
{
   pending->ComputeWorldTransform();
   mActors.emplace_back(pending);
}
```

소유자의 세계 변환이 갱신될 때 컴포넌트에게 통지할 수 있는 방법이 있다면 좋을 것이다. 통지 방법을 구현하면 컴포넌트는 상황에 따른 반응이 가능해진다. 이를 지원하기 위해 기본 컴포넌트 클래스에 가상 함수 선언을 추가한다.

```
virtual void OnUpdateWorldTransform() { }
```

다음으로 ComputeWorldTransform 함수 내부에서 액터의 컴포넌트 각각에 대해 OnUpdateWorldTransform 함수를 호출한다. 리스트 5.10은 ComputeWorldTransform의 최종 버전을 보여준다.

리스트 5.10 Actor::ComputeWorldTransform 구현

```
void Actor::ComputeWorldTransform()
{
   if (mRecomputeWorldTransform)
   {
      mRecomputeWorldTransform = false;
      // 스케일, 회전, 이동순
      mWorldTransform = Matrix4::CreateScale(mScale);
      mWorldTransform *= Matrix4::CreateRotationZ(mRotation);
      mWorldTransform *= Matrix4::CreateTranslation(
         Vector3(mPosition.x, mPosition.y, 0.0f));

      // 컴포넌트에 세계 변환이 갱신됐다고 통지
      for (auto comp : mComponents)
      {
         comp->OnUpdateWorldTransform();
      }
   }
}
```

지금은 모든 컴포넌트에 대한 OnUpdateWorldTransform을 구현하지는 않을 것이다. 하지만 계속되는 다음 장의 일부 컴포넌트에서 이 함수를 사용할 것이다.

이제 액터는 세계 변환 행렬을 저장한다. 하지만 버텍스 셰이더에서는 아직 행렬을 사용하고 있지 않다. 따라서 지금까지 설명한 코드로 게임을 실행하면 그림 5.3과 같은 시각적 출력만을 얻을 수 있다. 셰이더에서 세계 변환 행렬을 사용하기 전에 먼저 다른 변환에 대해 설명할 필요가 있다.

세계 공간에서 클립 공간으로 변환하기

세계 변환 행렬을 사용하면 버텍스를 세계 공간으로 변환할 수 있다. 다음 단계는 버텍스를 버텍스 셰이더가 원하는 출력인 **클립 공간**clip space으로 변환하는 것이다. 클립 공간은 정규화된 장치 좌표의 가까운 친척에 해당한다. 유일한 차이점은 클립 공간이 w 요소를 갖고 있다는 데 있다. 이 때문에 gl_Position 변수는 버텍스 위치를 저장하기 위해 vect4로 선언됐다.

뷰-투영 행렬view-projection matrix은 세계 공간을 클립 공간으로 변환시킨다. 이름에서 알 수 있듯이 뷰-투영 행렬은 2개의 행렬을 가진다.

- 뷰 행렬
- 투영 행렬

뷰는 가상 카메라가 게임 세계를 바라보는 방법을 설명하며, **투영** 행렬은 가상 카메라의 시점으로부터 클립 공간으로 변환하는 방법을 지정한다. 두 행렬에 대해서는 6장 '3D 그래픽스'에서 보다 자세하게 설명한다. 지금은 게임이 2D이므로 간단한 뷰-투영 행렬을 사용한다.

정규화된 장치 좌표에서는 화면의 왼쪽 하단부가 (−1, −1)이고 화면의 오른쪽 상단부가 (1, 1)이었음을 떠올리자. 그리고 화면 스크롤이 없는 2D 게임을 고려해보자. 게임 세계에 관해 생각해볼 수 있는 간단한 방법은 윈도우의 해상도를 떠올리는 것이다. 예를 들어 게임 창이 1024×768이라면 일반적으로 게임 세계를 해당 해상도보다 더 크게 만들지는 않는다.

다시 말해 창의 중심이 세계 공간의 원점이고 세계 공간에서의 단위와 창의 화면 픽셀이 1:1 비율인 세계 공간의 시점을 고려해보자. 이 경우에는 세계 공간에서 1단위를 위로 이동하면 창에서 1픽셀씩 위로 이동시키는 것과 같다. 1024×768 해상도에서는 그림 5.6처럼 창의 왼쪽 아래 구석이 세계 공간의 (−512, −384)에 해당하고 창의 오른쪽 위 구석이 (512, 384)에 해당하는 걸 의미한다.

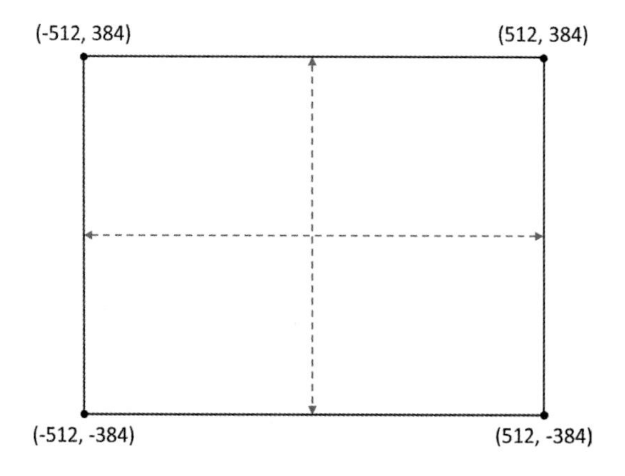

그림 5.6 화면 해상도가 1024×768이고 세계 공간에서의 단위와 픽셀이 1:1 비율인 세계 공간의 시점

이런 세계 시점에서 세계 공간을 클립 공간으로 변환하는 것은 어렵지 않다. 단순히 x좌표를 너비/2로 나누고, y좌표를 높이/2로 나누면 된다. 2D 동차 좌표의 행렬 형태인 뷰-투영 행렬은 다음과 같다.

$$SimpleViewProjection = \begin{bmatrix} 2/width & 0 & 0 \\ 0 & 2/height & 0 \\ 0 & 0 & 1 \end{bmatrix}$$

예를 들어 1024×768 해상도와 점 (256, 192)가 세계 공간에 주어졌을 때 점을 SimpleViewProjection으로 곱하면 다음과 같은 결과를 얻을 수 있다.

$$\begin{bmatrix} 256 & 192 & 1 \end{bmatrix} \begin{bmatrix} 2/1024 & 0 & 0 \\ 0 & 2/768 & 0 \\ 0 & 0 & 1 \end{bmatrix} = \begin{bmatrix} 512/1024 & 384/768 & 1 \end{bmatrix}$$
$$= \begin{bmatrix} 0.5 & 0.5 & 1 \end{bmatrix}$$

이 식이 잘 동작하는 이유는 정규화된 장치 좌표처럼 x축 [−512, 512] 범위를 [−1, 1]로 정규화했고, y축의 [−384, 384] 범위를 [−1, 1]로 정규화했기 때문이다!

이제 세계 변환 행렬과 SimpleViewProjection 행렬을 결합하면 오브젝트 공간의 임의의 버텍스 x를 다음과 같이 클립 공간으로 변환하는 것이 가능해진다.

$$v' = v(WorldTransform)(SimpleViewProjection)$$

위의 식은 모든 버텍스에 대해 SimpleViewProjection이 그 유용성을 지속하는 한 버텍스 셰이더에서 계속 사용한다.

변환 행렬을 사용하는 셰이더로 갱신

이번 절에서는 `Transform.vert`라는 새로운 버텍스 셰이더 파일을 만들 것이다. 기본 코드는 리스트 5.3 `Basic.vert` 파일의 복사본으로 시작한다. 이미 알고 있겠지만 이 셰이더 파일은 C++이 아니라 GLSL로 코드를 작성한다.

먼저 타입 지정자 `uniform`으로 `Transform.vert` 파일 내에 새로운 전역 변수를 선언한다. uniform은 셰이더 프로그램의 수많은 호출 사이에서도 동일하게 유지되는 전역 변수다. 이 변수는 셰이더가 실행될 때마다(예를 들면 버텍스마다, 또는 픽셀마다) 매번 변경되는 in, out 변수와는 대조가 된다. uniform 변수를 선언하려면 uniform 키워드를 타입, 이름 앞에 놓는다.

이번 예에서는 2개의 다른 행렬이 필요하다. 다음과 같이 이 2개의 uniform 변수를 선언한다.

```
uniform mat4 uWorldTransform;
uniform mat4 uViewProj;
```

여기서 mat4 타입은 3D 공간에서 동차 좌표가 필요한 4×4 행렬에 해당한다.

그리고 버텍스 셰이더의 메인 함수에서 코드를 변경한다. 먼저 3D inPosition을 동차 좌표로 변경한다.

```
vec4 pos = vec4(inPosition, 1.0);
```

이 위치는 오브젝트 공간에 있다는 걸 기억하자. 그래서 이 다음에는 이 위치를 세계 변환 행렬로 곱해서 세계 공간 좌표로 변환해야 한다. 그러고 나서 변환된 위치값을 뷰-투영 행렬로 곱해서 클립 공간의 좌표로 변환한다.

```
gl_Position = pos * uWorldTransform * uViewProj;
```

리스트 5.11은 이러한 변경 사항이 모두 적용된 Transform.vert의 최종 버전을 보여준다.

리스트 5.11 Transform.vert 버텍스 셰이더

```
#version 330
// 세계 변환 및 뷰-투영 행렬을 위한 uniform
uniform mat4 uWorldTransform;
uniform mat4 uViewProj;
```

```
// 버텍스 속성
in vec3 inPosition;
void main()
{
   vec4 pos = vec4(inPosition, 1.0);
   gl_Position = pos * uWorldTransform * uViewProj;
}
```

다음으로 Game::LoadShaders의 코드를 Basic.vert에서 Transform.vert를 사용하도록 변경한다.

```
if (!mSpriteShader->Load("Shaders/Transform.vert", "Shaders/Basic.frag"))
{
   return false;
}
```

이제 버텍스 셰이더는 세계 변환 행렬과 뷰-투영 행렬을 위한 uniform 변수가 필요하므로 이 uniform을 C++ 코드에서 설정하는 방법이 필요하다. OpenGL은 활성화된 셰이더 프로그램에 uniform 변수를 설정하는 함수를 제공한다. 이런 함수의 래퍼wrapper 함수는 Shader 클래스에 추가하면 좋다. 리스트 5.12처럼 SetMatrixUniform라는 함수를 Shader 클래스에 추가한다.

리스트 5.12 Shader::SetMatrixUniform 구현

```
void Shader::SetMatrixUniform(const char* name, const Matrix4& matrix)
{
   // 해당 이름의 uniform을 찾는다
   GLuint loc = glGetUniformLocation(mShaderProgram, name);
   // 행렬 데이터를 uniform에 전송한다
   glUniformMatrix4fv(
      loc,       // uniform ID
      1,         // 행렬의 수 (이번 경우는 오직 하나)
      GL_TRUE,   // 행 벡터를 사용하면 TRUE로 설정
      matrix.GetAsFloatPtr() // 행렬 데이터에 대한 포인터
   );
}
```

SetMatrixUniform 함수는 행렬뿐만 아니라 문자열로써 이름을 인자로 받는 데 주목하자. 이름은 셰이더 파일에서 변수 이름에 해당한다. 그래서 uWorldTransform에 대해서는 파라미터가 "uWorldTransform"다. 두 번째 파라미터는 셰이더 프로그램의 해당 uniform에 보내는 행렬이다.

SetMatrixUniform의 구현에서 glGetUniformLocation 함수 호출로 uniform의 위치 ID를 얻는다. 기술적으로 ID는 프로그램 실행 동안 변경되지 않으므로 uniform을 업데이트할 때마다 ID 값을 질의할 필요는 없다. 특정 uniform 값을 캐싱해두면 이 코드의 성능을 향상시킬 수 있다.

glUniformMatrix4fv 함수는 행렬을 uniform에 할당한다. 이 함수의 세 번째 파라미터는 행 벡터를 사용한다면 GL_TRUE로 설정해야 한다. GetAsFloatPtr 함수는 Matrix4의 간단한 헬퍼 함수로 해당 행렬의 float*형 포인터다.

노트

OpenGL은 **유니폼 버퍼 개체**(Uniform Buffer Objects, UBO)라는 uniform을 설정하는 새로운 방법을 제공한다. UBO를 사용하면 셰이더에 여러 개의 uniform을 그룹화해서 그룹화된 uniform 모두를 한꺼번에 보낼 수 있다. uniform이 많은 셰이더 프로그램에서는 개별적으로 각 uniform의 값을 설정하는 것보다는 그룹화하는 것이 더 효율적이다.

예를 들어, 개발자는 프레임당 한 번만 갱신되는 uniform들을 그룹화하거나 오브젝트별로 갱신되는 uniform을 그룹화하는 것이 가능하다. 뷰-투영 행렬은 한 프레임에 한 번만 변경될 것이고, 액터의 경우에는 세계 변환 행렬 등이 있으므로 오브젝트별로 변경되는 uniform 그룹으로 분류하면 좋다. 이런 그룹화를 통해, 프레임 기준으로 한 번만 변경되는 모든 uniform은 단 한 번의 함수 호출로 전부 갱신이 가능하며 오브젝트도 오브젝트 고유의 uniform들을 한 번에 갱신하는 것이 가능해진다. 이를 구현하려면 셰이더에서 uniform을 선언하는 방법과 C++ 코드에서 해당 데이터를 반영하는 방법을 변경해야 한다.

하지만 이 글을 쓰는 현재 일부 하드웨어는 여전히 UBO에 대한 지원이 부족하다. 특히 일부 노트북의 통합 그래픽 칩셋은 유니폼 버퍼 개체를 완전히 지원하지 않는다. 또한 다른 하드웨어에서는 UBO가 이전 방식으로 설정된 uniform보다 더 느릴 수 있다. 그러나 버퍼 개체 개념은 DirectX 11이나 그 이상의 버전 등 여러 그래픽스 API에서 널리 사용되고 있다.

이제 버텍스 셰이더의 행렬 uniform을 설정하는 방법을 알았으니 버텍스 셰이더에 행렬 uniform을 전달해보자. 이번 뷰-투영 행렬은 프로그램에서 변경되지 않으므로 뷰-투영 행렬은 한 번만 설정하면 충분하다. 그러나 화면에 그려지는 각 스프라이트 컴포넌트는 컴포넌트 소유자 액터의 세계 변환 행렬로 그려지므로 세계 변환 행렬은 프레임마다 설정해야 한다.

Game::LoadShaders에서는 화면 너비를 1024×768로 가정한 뷰-투영 행렬을 생성하고 난 다음, 이 행렬을 버텍스 셰이더에 전달하는 다음 두 라인을 추가한다.

```
Matrix4 viewProj = Matrix4::CreateSimpleViewProj(1024.f, 768.f);
mShader.SetMatrixUniform("uViewProj", viewProj);
```

SpriteComponent의 세계 변환 행렬은 약간 더 복잡하다. 액터의 세계 변환 행렬은 게임 세계에서 액터의 위치와 스케일, 그리고 방향을 나타낸다. 그러나 스프라이트의 경우에는 텍스처의 크기를 토대로 사각형의 크기를 스케일해야 한다. 예를 들어 액터가 1.0f의 스케일을 갖고 있고 액터의 스프라이트에 해당하는 텍스처 이미지가 128×128이라면 단위 사각형을 128×128까지 스케일 업해야 한다. 지금은 SDL의 경우와 마찬가지로 텍스처를 로드하는 방법을 알고 있고, 스프라이트 컴포넌트가 mTexWidth와 mTexHeight 멤버 변수를 통해 이 텍스처의 차원을 알고 있다고 가정한다.

리스트 5.13은 SpriteComponent::Draw의 구현을 보여준다. 먼저 텍스처의 너비와 높이로 스케일하기 위한 스케일 행렬을 생성한다. 그런 다음 이 행렬을 소유자 액터의 세계 변환 행렬에 곱해서 스프라이트의 세계 변환 행렬을 완성한다. 다음으로 SetMatrixUniform을 호출해서 버텍스 셰이더 프로그램에 uWorldTransform을 전달한다. 마지막으로 glDrawElements을 호출해서 이전과 마찬가지로 삼각형을 그린다.

리스트 5.13 현재까지 구현된 SpriteComponent::Draw

```
void SpriteComponent::Draw(Shader* shader)
{
   // 텍스처의 너비와 높이로 사각형을 스케일
   Matrix4 scaleMat = Matrix4::CreateScale(
      static_cast<float>(mTexWidth),
```

```
        static_cast<float>(mTexHeight),
        1.0f);
    Matrix4 world = scaleMat * mOwner->GetWorldTransform();
    // 세계 변환 행렬을 설정
    shader->SetMatrixUniform("uWorldTransform", world);
    // 사각형을 그린다
    glDrawElements(GL_TRIANGLES, 6, GL_UNSIGNED_INT, nullptr);
}
```

셰이더에 추가된 세계 변환 행렬과 뷰-투영 행렬을 사용하면 이제 그림 5.7처럼 임의의 위치, 스케일, 회전값을 가진 개별 스프라이트 컴포넌트를 세계에서 볼 수 있다. 물론 모든 사각형은 `Basic.frag`가 푸른색만 출력하므로 단색이다. 이 부분은 이전 장의 SDL 2D 렌더링과 동등한 모습을 달성하고자 수정해야 할 마지막 항목이다.

그림 5.7 다양한 세계 변환 행렬로 스프라이트 컴포넌트 그리기

텍스처 매핑

텍스처 매핑texture mapping은 삼각형의 표면에 **텍스처**(이미지)를 렌더링하는 테크닉이다. 텍스처 매핑은 삼각형을 그릴 때 단색을 사용하는 대신에 텍스처의 색상을 사용 가능하게 해준다.

텍스처 매핑을 사용하기 위해서는 우선 이미지 파일이 필요하다. 다음으로 각 삼각형에 텍스처를 적용하는 방법을 결정해야 한다. 단순한 스프라이트 사각형만 있다면 사각형의 왼쪽 상단 모서리는 텍스처의 왼쪽 상단 모서리와 일치시키면 된다. 하지만 텍스처는 게임에서 임의의 3D 오브젝트에 사용한다. 예를 들어 텍스처를 캐릭터 얼굴에 올바르게 적용하려면 텍스처의 어떤 부분이 어떤 삼각형에 해당하는지를 알아야 한다.

이를 지원하려면 버텍스 버퍼의 모든 버텍스에 대해 추가적인 버텍스 속성이 필요하다. 지금까지는 버텍스 속성으로 각 버텍스에 3D 위치만을 저장했었다. 텍스처 매핑을 위해 각 버텍스는 이제 해당 버텍스에 해당하는 텍스처 위치를 지정하는 텍스처 좌표가 필요하다.

텍스처 좌표는 일반적으로 정규화된 좌표다. OpenGL에서 좌표는 그림 5.8에서 보여주는 것처럼 텍스처의 하단 왼쪽 모서리가 (0, 0)이고 오른쪽 상단 모서리가 (1, 1)이다. U **컴포넌트**는 텍스처의 오른쪽 방향을 정의하고, V **컴포넌트**는 텍스처의 위쪽 방향을 정의한다. 그래서 많은 곳에서 텍스처 좌표의 동의어로서 UV **좌표**라는 용어를 사용한다.

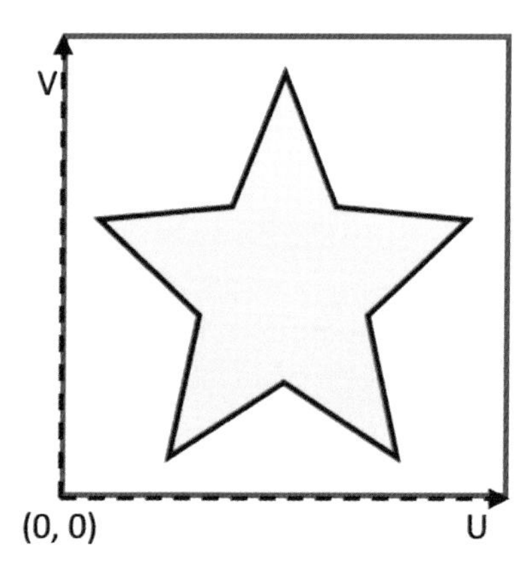

그림 5.8 OpenGL에서 텍스처에 대한 UV 좌표

OpenGL은 텍스처의 왼쪽 하단을 원점으로 사용하므로 하단의 행에서 시작하는 이미지 픽셀 데이터 포맷을 기대한다. 그러나 대부분의 이미지 파일 포맷은 자신의 데이터 시작을 상단 행에서부터 시작해서 저장한다. 이 차이를 고려하지 않으면 거꾸로 된 텍스처가 나타나는 결과를 초래한다. 이 문제를 해결하는 데는 여러 가지 방법이 있다.

- V 컴포넌트를 뒤집는다.
- 이미지를 반전시켜서 로드한다.
- 디스크에 이미지를 뒤집어서 저장한다.

이 책에서는 간단히 V 컴포넌트를 뒤집는다. 즉 왼쪽 상단 구석이 (0, 0)이라고 가정한다. 이 형식은 DirectX가 사용하는 텍스처 좌표 체계에 해당한다.

삼각형의 각 버텍스는 자신만의 별도의 UV 좌표를 가진다. 삼각형의 각 버텍스에 대한 UV 좌표를 알고 있다면 3개 버텍스 각각으로부터의 거리를 기반으로 텍스처 좌표를 블렌딩(**보간**interpolating)해서 삼각형 내부의 모든 픽셀을 채우는 것이 가능하다. 예를 들어 삼각형의 정확한 중심에 있는 픽셀은 그림 5.9처럼 세 버텍스의 UV 좌표 평균값에 해당한다.

2D 이미지는 색상이 다른 픽셀들의 격자에 불과하다. 그래서 텍스처 좌표를 얻었다면 이 UV 좌표를 사용해서 텍스처의 특정 픽셀을 구해야 한다. 이 '텍스처의 픽셀'은 **텍스처 픽셀**texture pixel, 또는 **텍셀**texel이라 부른다. 그래픽 하드웨어는 **샘플링**sampling이라는 프로세스를 통해서 특정 UV 좌표에 해당하는 텍셀을 선택한다.

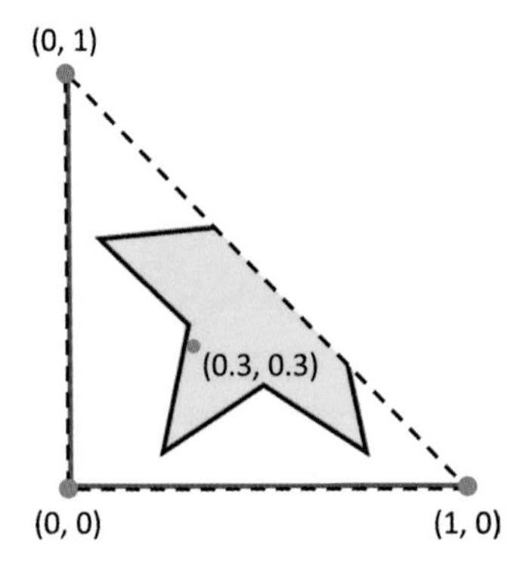

그림 5.9 삼각형에 적용된 텍스처 매핑

정규화된 UV 텍스처를 사용할 시 한 가지 문제점은 약간의 차이만 있는 두 UV 좌표의 경우 이미지 파일에서 같은 텍셀을 선택할 수 있다는 점이다. UV 좌표에서 가장 근접한 텍셀을 선택하고 그 텍셀을 색상으로 사용하는 아이디어를 **최근접 이웃 필터링**nearest-neighbor filtering이라고 부른다.

그러나 최근접 이웃 필터링에는 몇 가지 문제가 있다. 3D 세계에 있는 벽에 텍스처를 매핑한다고 가정해보자. 플레이어가 벽에 더 가까워짐에 따라 벽은 화면상에서 보다 크게 보이게 된다. 이는 페인트 프로그램에서 이미지 파일을 확대한 것같이 보이며, 각 개별 텍셀이 화면상에서 매우 커지므로 텍스처는 뭉툭해지거나 **픽셀레이션**pixelation[5]돼 나타난다.

이 픽셀레이션을 해결하고자 **이중 선형 필터링**bilinear filtering을 사용한다. 이중 선형 필터링을 사용하면 가장 가깝게 인접한 각 텍셀의 블렌딩을 기반으로 색상을 선택한다. 벽 예제에서 이중 선형 필터링을 사용하면 플레이어가 벽에 가까워짐에 따라 벽은 픽셀레이션된 것처럼 보이지 않고 흐리게 보인다. 그림 5.10은 별 텍스처 일부분에 최근접 이웃 필터링과 이중 선형 필터링을 적용했을 때의 차이를 보여준다.

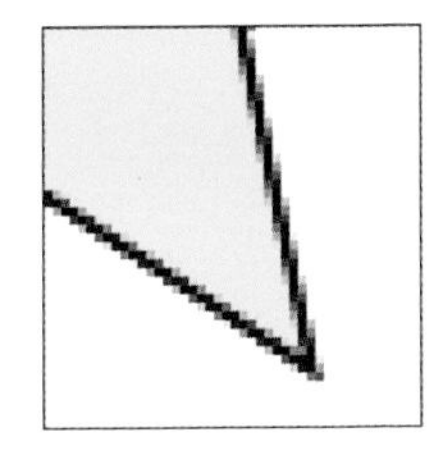
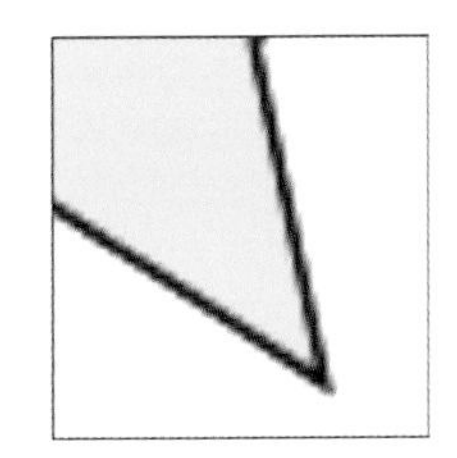

그림 5.10 최근접 이웃 필터링(왼쪽) 그리고 이중 선형 필터링(오른쪽)

13장 '중급 그래픽스'에서는 텍스처 품질을 좀 더 향상시키는 방법을 살펴본다. 지금은 모든 텍스처에 이중 선형 필터링을 활성화한다.

OpenGL에서 텍스처 매핑을 사용하려면 3가지 작업이 필요하다.

- 이미지 파일(텍스처)을 로드하고 OpenGL 텍스처 오브젝트를 생성한다.
- 버텍스 포맷에 텍스처 좌표를 포함하도록 갱신한다.
- 텍스처를 사용하도록 셰이더를 갱신한다.

5 픽셀레이션은 각각의 픽셀들이 보이는 효과를 뜻한다. 폴리곤 객체와 시점이 가깝게 설정될 때 상대적으로 작은 텍스처 맵이 커지는 결과로 나타난다. - 옮긴이

텍스처 로딩

OpenGL에서 사용하는 이미지는 SDL 이미지 라이브러리를 사용해서 로드할 수도 있지만, Simple OpenGL Image Library[SOIL]이 좀 더 사용하기 쉽다. SOIL은 PNG, BMP, JPG, TGA, 그리고 DDS를 포함한 다양한 파일 포맷을 읽을 수 있다. SOIL은 OpenGL과 함께 동작하도록 설계됐으므로 텍스처 오브젝트를 생성하는 OpenGL 코드와 쉽게 연결된다.

리스트 5.14는 텍스처 파일을 로딩하고 OpenGL로 텍스처를 사용하는 부분을 캡슐화한 Texture 클래스의 선언을 보여준다. 함수의 멤버 변수의 이름은 대부분 따로 설명할 필요없이 자명하다. 예를 들어 Load 함수는 파일에서 텍스처를 로드한다. 멤버 변수에는 텍스처의 너비와 높이가 있으며 OpenGL 텍스처 ID가 있다.

리스트 5.14 Texture 클래스 선언

```
class Texture
{
public:
   Texture();
   ~Texture();

   bool Load(const std::string& fileName);
   void Unload();

   void SetActive();
   int GetWidth() const { return mWidth; }
   int GetHeight() const { return mHeight; }
private:
   // 이 텍스처의 OpenGL ID
   unsigned int mTextureID;
   // 텍스처의 너비/높이
   int mWidth;
   int mHeight;
};
```

Load의 구현은 Texture 클래스 코드의 대부분을 포함한다. 먼저 채널 수를 저장하기 위한 로컬 변수를 선언하며, SOIL_load_image 함수를 호출해서 텍스처를 로드한다.

```
int channels = 0;
unsigned char* image = SOIL_load_image(
   fileName.c_str(), // 파일이름
   &mWidth, // 너비 저장
   &mHeight, // 높이 저장
   &channels, // 채널 수 저장
   SOIL_LOAD_AUTO // 이미지 파일 타입 또는 자동
);
```

SOIL이 이미지 파일을 로드하는 데 실패하면 SOIL_load_image는 nullptr을 반환한다. 따라서 이미지가 제대로 로드됐는지를 보증하는 체크 코드를 추가해야 한다.

그런 다음 이미지가 RGB인지 또는 RGBA인지를 알아내야 한다. 이것은 채널의 수를 토대로 알아낼 수 있다(채널의 수가 3이면 RGB를 의미하고 4라면 RGBA를 뜻한다).

```
int format = GL_RGB;
if (channels == 4)
{
   format = GL_RGBA;
}
```

그리고 glGenTextures를 사용해서 OpenGL 텍스처 오브젝트(mTextureID에 ID를 저장)를 생성한다. 그런 다음 glBindTexture을 사용해서 텍스처를 활성화시킨다.

```
glGenTextures(1, &mTextureID);
glBindTexture(GL_TEXTURE_2D, mTextureID);
```

glBindTexture에 전달된 GL_TEXTURE_2D 타깃은 가장 일반적인 텍스처 타깃이지만, 고급 텍스처 유형을 위한 다른 타깃도 존재한다.

OpenGL 텍스처 오브젝트를 얻은 후에 할 일은 glTexImage2D 함수로 원본 이미지 데이터를 텍스처 오브젝트에 복사하는 일인데 glTexImage2D 함수는 꽤 많은 파라미터를 사용한다.

```
glTexImage2D(
   GL_TEXTURE_2D,     // 텍스처 타깃
   0,                 // LOD (지금은 0으로 가정)
   format,            // OpenGL이 사용해야 되는 색상 포맷
   mWidth,            // 텍스처의 너비
   mHeight,           // 텍스처의 높이
   0,                 // 보더 - "이 값은 0이어야 한다"
   format,            // 입력 데이터의 색상 포맷
   GL_UNSIGNED_BYTE,  // 입력 데이터의 비트 깊이
                      // Unsigned byte는 8비트 채널을 지정한다
   image              // 이미지 데이터의 포인터
);
```

OpenGL에 이미지 데이터를 복사한 후에는 SOIL에 메모리상의 이미지 데이터 해제를 알린다.

```
SOIL_free_image_data(image);
```

마지막으로 glTexParameteri 함수를 사용해서 이중 선형 필터링을 활성화시킨다.

```
glTexParameteri(GL_TEXTURE_2D, GL_TEXTURE_MIN_FILTER, GL_LINEAR);
glTexParameteri(GL_TEXTURE_2D, GL_TEXTURE_MAG_FILTER, GL_LINEAR);
```

지금은 glTexParameteri 함수가 받는 파라미터에 대해서는 신경쓰지 말자(해당 파라미터들은 13장 '중급 그래픽스'에서 자세히 설명한다).

리스트 5.15는 Texture::Load의 최종 버전을 보여준다.

리스트 5.15 Texture::Load 구현

```
bool Texture::Load(const std::string& fileName)
{
   int channels = 0;
   unsigned char* image = SOIL_load_image(fileName.c_str(),
      &mWidth, &mHeight, &channels, SOIL_LOAD_AUTO);
```

```
    if (image == nullptr)
    {
        SDL_Log("SOIL failed to load image %s: %s",
            fileName.c_str(), SOIL_last_result());
        return false;
    }
    int format = GL_RGB;
    if (channels == 4)
    {
        format = GL_RGBA;
    }
    glGenTextures(1, &mTextureID);
    glBindTexture(GL_TEXTURE_2D, mTextureID);
    glTexImage2D(GL_TEXTURE_2D, 0, format, mWidth, mHeight, 0, format,
            GL_UNSIGNED_BYTE, image);
    SOIL_free_image_data(image);
    // 이중 선형 필터링 활성화
    glTexParameteri(GL_TEXTURE_2D, GL_TEXTURE_MIN_FILTER, GL_LINEAR);
    glTexParameteri(GL_TEXTURE_2D, GL_TEXTURE_MAG_FILTER, GL_LINEAR);
    return true;
}
```

Texture::Unload와 Texture::SetActive 함수는 모두 한 줄로 구성된다. Unload는 텍스처 오브젝트를 삭제하며 SetActive은 glBindTexture를 호출한다.

```
void Texture::Unload()
{
    glDeleteTextures(1, &mTextureID);
}

void Texture::SetActive()
{
    glBindTexture(GL_TEXTURE_2D, mTextureID);
}
```

이전에 SDL_Texture에서 했던 것처럼 Game의 맵에 텍스처를 로드하자. Game::GetTexture 함수는 요청된 텍스처에 대한 Texture*를 리턴한다. 그리고 SpriteComponent는 SDL_Texture* 대신에 Texture* 멤버 변수가 필요하다.

마지막으로 SpriteComponent::Draw에서 버텍스를 그리기 직전에 mTexture의 SetActive를 호출하는 코드를 추가한다. 이는 그리려는 각 스프라이트 컴포넌트마다 다른 활성화된 텍스처를 설정할 수 있다는 걸 뜻한다.

```
// SpriteComponent::Draw에서...
// 현재 텍스처를 설정
mTexture->SetActive();
// 사각형을 그린다
glDrawElements(GL_TRIANGLES, 6,
   GL_UNSIGNED_INT, nullptr);
```

버텍스 포맷 갱신

텍스처 매핑을 사용하기 위해 버텍스는 텍스처 좌표를 가져야 하므로 스프라이트 VertexArray를 업데이트해야 한다.

```
float vertices[] = {
 -0.5f,  0.5f, 0.f, 0.f, 0.f, // 왼쪽 상단
  0.5f,  0.5f, 0.f, 1.f, 0.f, // 오른쪽 상단
  0.5f, -0.5f, 0.f, 1.f, 1.f, // 오른쪽 하단
 -0.5f, -0.5f, 0.f, 0.f, 1.f  // 왼쪽 하단
};
```

V 텍스처 좌표는 이미지 데이터를 얻는 방법에 있어서 OpenGL의 특이한 방식 때문에 플립됐음을 기억하자.

각 버텍스에서 처음 3개의 부동 소수점 값은 위치고, 다음 두 부동 소수점 값은 텍스처 좌표다. 그림 5.11은 이 새로운 버텍스 포맷에 대한 메모리 레이아웃을 보여준다.

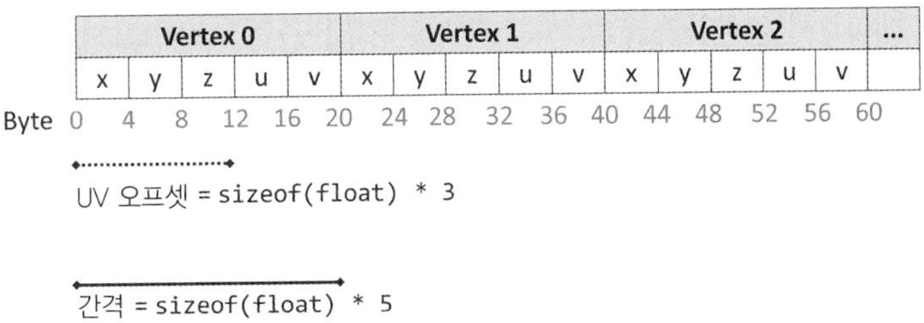

	Vertex 0					Vertex 1					Vertex 2					...
	x	y	z	u	v	x	y	z	u	v	x	y	z	u	v	
Byte	0	4	8	12	16	20	24	28	32	36	40	44	48	52	56	60

UV 오프셋 = sizeof(float) * 3

간격 = sizeof(float) * 5

그림 5.11 위치와 텍스처 좌표를 가진 버텍스의 레이아웃

버텍스 레이아웃을 변경했으므로 VertexArray 생성자의 코드도 변경해야 한다. 간결함을 위해 모든 버텍스는 3D 위치와 2D 텍스처 좌표를 가진다고 가정한다(이후 장에서는 이 부분을 변경할 것이다).

버텍스의 크기가 바뀌었으므로 각 버텍스가 이제는 버텍스마다 5개의 실숫값을 갖고 있다는 걸 지정하고자 glBufferData 호출을 수정해야 한다.

```
glBufferData(GL_ARRAY_BUFFER, numVerts * 5 * sizeof(float),
   verts, GL_STATIC_DRAW);
```

인덱스 버퍼는 여전히 동일하므로 인덱스 버퍼에 대한 glBufferData 호출은 바뀌지 않는다. 그러나 버텍스의 간격이 이제는 5개의 실수 크기라는 걸 지정하기 위해 버텍스 속성 0을 변경해야 한다.

```
glEnableVertexAttribArray(0);
glVertexAttribPointer(0, 3, GL_FLOAT, GL_FALSE,
   sizeof(float) * 5, // 버텍스 간격은 이제 5개의 float
   0);                // 버텍스 위치는 여전히 오프셋 0
```

위의 코드는 위치 버텍스 속성만 수정한다. 그러나 이제는 두 번째 버텍스 속성인 텍스처 좌표가 존재하므로 버텍스 속성 1을 활성화하고 그 포맷을 지정해야 한다.

```
glEnableVertexAttribArray(1);
glVertexAttribPointer( 1, // 버텍스 속성 인덱스
```

```
   2,                          // 컴포넌트의 수 (UV, 2)
   GL_FLOAT,                   // 각 컴포넌트의 타입
   GL_FALSE,                   // GL_FLOAT에서는 사용되지 않음
   sizeof(float) * 5,          // 간격 (간격은 항상 버텍스의 크기다)
   reinterpret_cast(sizeof(float) * 3) // 오프셋 포인터
);
```

이 glVertexAttribPointer 호출의 마지막 파라미터는 조금 지저분하다. OpenGL은 버텍스의 시작에서 이 속성까지의 바이트 수를 알아야 한다. 이 속성까지의 바이트 수는 sizeof(float) * 3이다. 하지만 OpenGL은 오프셋 포인터를 원한다. 그래서 reinterpret_cast를 사용해서 타입을 void*로 강제변환해야 한다.

> **Tip**
>
> C++ 코드에서 버텍스 포맷을 표현하기 위해 구조체를 사용할 시에 버텍스 속성까지의 오프셋을 구하고 싶다면, offsetof 매크로를 사용해서 수동으로 오프셋을 계산하지 않고 자동으로 오프셋을 구하는 것이 가능하다. 이 offsetof 매크로는 버텍스 요소 사이에 패딩이 있는 경우 특히 유용하다.

셰이더 갱신

이제 버텍스 포맷은 텍스처 좌표를 사용하므로 새로운 2개의 셰이더를 작성해야 한다.

- Sprite.vert: Transform.vert의 복사본으로 수정
- Sprite.frag: Basic.frag의 복사본으로 수정

Sprite.vert 셰이더

이전에는 오직 하나의 버텍스 속성만 있었으므로 변수로 위치 하나만을 선언했다. 하지만 이제는 복수개의 버텍스 속성이 있으므로 어떤 속성 슬롯이 어떤 변수에 해당하는지를 구체적으로 지정해야 한다. 이 때문에 변수 선언은 다음과 같이 변경된다.

```
layout(location=0) in vec3 inPosition;
layout(location=1) in vec2 inTexCoord;
```

layout 명령어는 속성 슬롯이 어떤 변수에 해당하는지를 지정한다. 여기서는 버텍스 속성 슬롯 0에 float 3개를 가진 3D 벡터를 지정했고, 버텍스 속성 슬롯 1에는 float 2개의 2D 벡터를 지정했다. 이 슬롯 번호는 glVertexAttribPointer 함수를 호출했을 때의 슬롯 번호에 해당한다.

다음으로, 텍스처 좌표가 버텍스 셰이더로의 입력이긴 하지만(텍스처 좌표가 버텍스 레이아웃에 있기 때문) 프래그먼트 셰이더 또한 텍스처 좌표를 알아야 한다. 왜냐하면 프래그먼트 셰이더는 픽셀의 색상을 결정하기 위해 텍스처 좌표를 알아야 하기 때문이다. 다행히 버텍스 셰이더에서 전역 out 변수를 선언하면 버텍스 셰이더에서 프래그먼트 셰이더로 데이터를 전달하는 것이 가능하다.

```
out vec2 fragTexCoord;
```

그런 다음 버텍스 셰이더의 메인 함수에서 버텍스 입력 변수로부터 출력 변수로 텍스처 좌표를 직접 복사하는 라인을 추가한다.

```
fragTexCoord = inTexCoord;
```

위 코드가 잘 동작하는 이유는 OpenGL이 자동적으로 삼각형의 면에 걸쳐 버텍스 셰이더 출력을 자동으로 보간해주기 때문이다. 따라서 삼각형이 오직 3개의 버텍스만 있다 하더라도 삼각형 면의 모든 임의의 픽셀은 프래그먼트 셰이더에서 자신에 해당하는 텍스처 좌표를 알 수 있다.

리스트 5.16은 Sprite.vert 셰이더 코드의 전체 소스 코드를 보여준다.

리스트 5.16 Sprite.vert 구현

```
#version 330
// 세계 변환 및 뷰-투영 행렬에 대한 uniform
uniform mat4 uWorldTransform;
uniform mat4 uViewProj;

// 속성 0 은 위치, 1은 텍스처 좌표
```

```
layout(location = 0) in vec3 inPosition;
layout(location = 1) in vec2 inTexCoord;

// 텍스처 좌표를 출력에 추가한다
out vec2 fragTexCoord;

void main()
{
   // 위치를 동차 좌표로 변환
   vec4 pos = vec4(inPosition, 1.0);
   // 위치를 세계 공간로 변환한뒤 클립 공간으로 변환
   gl_Position = pos * uWorldTransform * uViewProj;
   // 텍스처 좌표를 프래그먼트 셰이더에 전달
   fragTexCoord = inTexCoord;
}
```

Sprite.frag 셰이더

원칙적으로 버텍스 셰이더의 모든 out 변수들은 프래그먼트 셰이더에서 이에 해당하는 in 변수를 갖고 있어야 한다. 프래그먼트 셰이더에서 in 변수의 이름과 타입은 버텍스 셰이더에서의 out 변수와 일치하는 동일한 이름과 타입을 갖고 있어야 한다.

```
in vec4 fragTexCoord;
```

그리고 제공된 텍스처 좌표로 색상을 얻기 위해 텍스처 샘플러 uniform을 추가해야 한다.

```
uniform sampler2D uTexture;
```

sampler2D 타입은 2D 텍스처를 샘플링할 수 있는 특별한 타입이다. 버텍스 셰이더에서 사용된 세계 변환 행렬이나 뷰-투영 uniform과는 다르게 이 샘플러 uniform은 C++ 코드에서 바인딩이 필요없다. 왜냐하면 지금 구조에서는 한 번에 오직 하나의 텍스처만 바인딩하기 때문이다. 그래서 OpenGL은 자동으로 셰이더의 텍스처 샘플러가 활성화된 텍스처에 유일하게 대응함을 안다.

마지막으로 다음과 같이 메인 함수에서 최종 픽셀에 해당하는 outColor에 텍셀을 할당한다.

```
outColor = texture(uTexture, fragTexCoord);
```

위의 코드는 버텍스 셰이더로부터 넘겨받은 텍스처 좌표(텍스처 좌표는 삼각형의 면에 걸쳐 보간됐다)를 사용해서 텍스처로부터 색상을 샘플링한다.

리스트 5.17은 Sprite.frag의 전체 소스 코드를 보여준다.

리스트 5.17 Sprite.frag 구현

```
#version 330
// 버텍스 셰이더에서 얻은 텍스처 좌표 입력값
in vec2 fragTexCoord;
// 출력 색상
out vec4 outColor;
// 텍스처 샘플링을 위해 필요
uniform sampler2D uTexture;

void main()
{
   // 텍스처로부터 색상을 샘플링
   outColor = texture(uTexture, fragTexCoord);
}
```

그리고 Game:LoadShaders의 코드를 변경해서 Sprite.vert와 Sprite.frag를 로드한다. SpriteComponents에 텍스처를 설정했던 액터의 이전 코드는 이제 SOIL을 사용해서 텍스처를 문제 없이 로드한다. 이 코드를 통해 이제는 스프라이트 컴포넌트가 텍스처 매핑을 통해 그림 5.12처럼 그려진다. 하지만 여전히 수정해야 될 한 가지 이슈가 있다. 현재의 코드는 투명해야 될 픽셀을 검정색으로 그리고 있다.

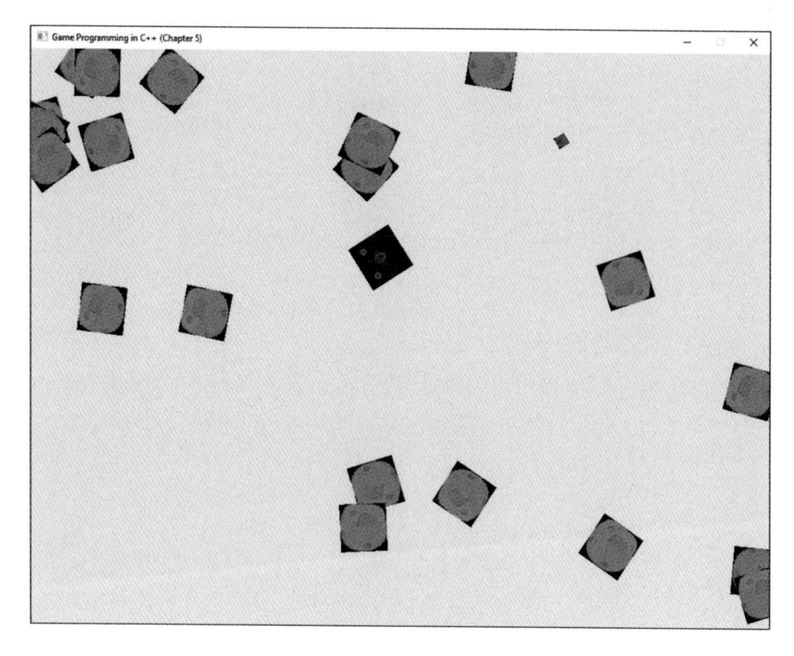

그림 5.12 텍스처 매핑 스프라이트

알파 블렌딩

알파 블렌딩alpha blending은 픽셀에 투명도를 섞는 방법을 결정한다(알파 채널의 값은 1보다 작다). 알파 블렌딩은 다음 형태의 방정식을 사용해서 픽셀의 색상을 계산한다.

$$outputColor = srcFactor \cdot sourceColor + dstFactor \cdot destinationColor$$

이 방정식에서 **소스 색상**source color은 프래그먼트 셰이더에서 그리려는 새로운 소스의 색상이며, 대상 색상은 색상 버퍼에 이미 존재하는 색상이다. 팩터 파라미터를 지정해서 알파 블렌딩 함수를 커스터마이징하는 것이 가능하다.

원하는 투명도의 알파 블렌딩 결과를 얻으려면 픽셀의 알파에 소스 팩터(소스 알파)를 설정하고, 대상 팩터는 (1 − 소스 알파)로 설정한다.

$$outputColor = srcAlpha \cdot sourceColor + (1 - srcAlpha) \cdot destinationColor$$

예를 들어 색상당 8비트이고 일부 픽셀의 색상 버퍼에는 빨간색이 저장돼 있다고 가정하자. 이 경우 대상 색상은 다음과 같다.

$$destinationColor = (255,\ 0,\ 0)$$

다음으로 파란색 픽셀을 그린다. 소스 색상은 다음과 같다.

$$sourceColor = (0,\ 0,\ 255)$$

이제 소스 알파가 0이라고 가정하자. 이는 픽셀이 완전히 투명하다는 걸 뜻한다. 이 경우 방정식은 다음과 같이 최종 색상을 평가한다.

$$outputColor = 0 \cdot (0,\ 0,\ 255) + (1-0) \cdot (255,\ 0,\ 0)$$
$$outputColor = (255,\ 0,\ 0)$$

이 결과는 완전히 투명한 픽셀을 원한 결과다. 알파가 0이면 소스 색상은 완전히 무시되며 색상 버퍼에 이미 있는 색상만을 사용한다.

코드에서 이 알파 블렌딩을 활성화하기 위해 Game::GenerateOuput에 다음 코드를 추가한다. 모든 스프라이트를 그리는 코드 앞에 추가한다.

```
glEnable(GL_BLEND);
glBlendFunc(
   GL_SRC_ALPHA,            // srcFactor = srcAlpha
   GL_ONE_MINUS_SRC_ALPHA // dstFactor = 1 - srcAlpha
);
```

glEnable을 호출해서 색상 버퍼 블렌딩 기능을 켠다(기본으로는 비활성화돼 있다). 그런 다음 glBlendFunc를 사용해서 원하는 srcFactor값과 dstFactor값을 지정한다.

알파 블렌딩을 사용하면 그림 5.13처럼 스프라이트가 올바르게 보인다. 2D OpenGL 렌더링 코드는 이제 이전에 구현했던 SDL 2D 렌더링 기능과 동일하게 동작하게 됐다. 여기까지 도달하는 데 많은 작업을 필요로 했지만, 이를 통해 얻은 이점은 이제 게임 코드가 6장의 주제인 3D 그래픽 지원을 위한 토대를 갖췄다는 데 있다.

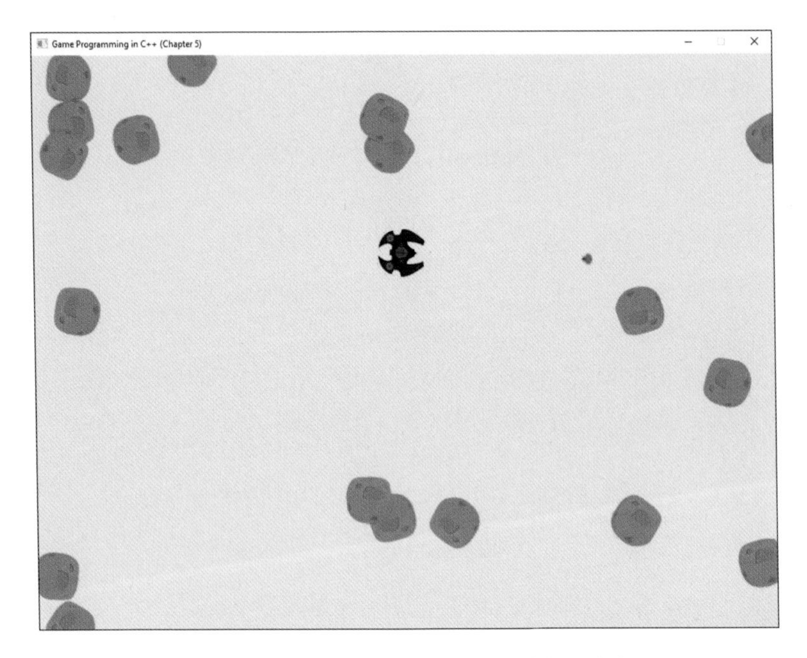

그림 5.13 알파 블렌딩이 적용된 텍스처가 매핑된 스프라이트

게임 프로젝트

5장의 게임 프로젝트는 SDL 그래픽스에서 OpenGL로 게임 코드를 변환했던 모든 코드를 보여준다. 게임 프로젝트는 3장의 애스터로이드 게임 프로젝트를 OpenGL을 사용한 코드로 변환했다. 컨트롤 방식은 3장과 같다. 우주선을 이동하기 위해 WASD 키를 사용하며 레이저를 쏘기 위해 스페이스 바를 사용한다. 코드는 책의 깃허브 저장소 `Chapter05` 디렉토리에서 이용할 수 있다. 윈도우 운영체제에서는 `Chapter05-windows.sln`을 열고 맥에서는 `Chapter05-mac.xcodeproj`을 열어 실행한다.

요약

그래픽 하드웨어는 폴리곤에 최적화돼 있으므로 2D나 3D 게임은 세계에 있는 모든 그래픽 오브젝트를 표현하고자 폴리곤(항상 삼각형)을 내부적으로 사용한다. 이미지로 생각할 수 있는 2D 스프라이트조차도 텍스처가 삼각형에 매핑된 사각형이다. 그래픽 하드웨어에 삼각형을 전송하려면 각 버텍스의 속성을 선언해야 하고 버텍스와 인덱스 버퍼를 생성해야 한다.

모든 현대 그래픽스 API는 프로그래머가 폴리곤 렌더링 방법을 지정하기 위해 버텍스와 프래그먼트 셰이더를 사용할 것을 기대한다. 이 셰이더는 셰이더 프로그래밍 언어(C++이 아니다)로 별도의 프로그램으로 작성한다. 버텍스 셰이더는 클립 공간으로 버텍스의 위치를 최소한으로 출력하는 반면 프래그먼트 셰이더는 모든 픽셀의 최종 색상을 결정한다.

변환은 각 버텍스 인스턴스에 별도의 버텍스 버퍼나 인덱스 버퍼를 사용하지 않고도 동일한 오브젝트의 여러 인스턴스를 그리는 것을 가능하게 해준다. 오브젝트 공간은 오브젝트의 원점에 상대적인 좌표 공간이며, 세계 공간은 게임 세계에 상대적인 좌표 공간이다.

게임은 변환을 표현하기 위해 행렬을 사용한다. 그리고 변환을 위한 여러 행렬이 존재한다.

- 스케일
- 회전
- 이동

스케일, 회전, 이동순으로 행렬을 결합해서 오브젝트 공간으로부터 세계 공간으로 변환할 수 있는 세계 변환 행렬을 얻는다. 세계 공간으로부터 클립 공간으로 버텍스를 변환하려면 뷰-투영 행렬을 사용한다. 2D 게임에서는 세계 공간의 1단위를 윈도우에서의 1픽셀과 동일하게 맞춰서 세계 공간에서 클립 공간으로의 변환을 단순화할 수 있다.

텍스처 매핑은 삼각형의 면에 텍스처의 일부분을 적용한다. 이를 구현하려면 버텍스 속성에 텍스처 좌표(UV)가 필요하다. 프래그먼트 셰이더에서는 UV 좌표로부터 텍스처 색상을 샘플링한다. 이 샘플링은 UV 좌표에 가장 근접한 텍스처 픽셀(텍셀)의 색상에 토대를 둘 수도 있고, 또는 근접해 있는 텍셀들을 고려한 이중 선형 필터링에 기반을 둘 수도 있다.

마지막으로 일련의 작업이 간단해 보이기는 하지만, OpenGL에서 스프라이트를 출력하려면 많은 코드량이 필요하다. 먼저 OpenGL과 GLEW을 초기화해야 한다. 다음으로 모든 삼각형을 그리기 위해 버텍스 배열 개체를 생성하고, 버텍스 레이아웃을 지정해야 하며, 버텍스와 프래그먼트 셰이더를 작성해야 한다. 그리고 이러한 셰이더 프로그램을 로드하는 코드를 작성해야 한다. 또한, 오브젝트 공간에서 클립 공간으로 버텍스를 변환하려면 uniform 변수를 사용해서 세계 변환과 뷰-투영 행렬을 설정해야 한다. 텍스처 매핑을 추가하고자 이미지를 로드한 뒤 UV 좌표를 포함하도록 버텍스 레이아웃을 변경해야 했다. 그리고 텍스처로부터 색상을 샘플링할 수 있도록 셰이더를 갱신했다.

추가 독서

장차 OpenGL 개발자가 되려는 이를 위한 수많은 훌륭한 온라인 참조 자료가 존재한다. 공식 OpenGL 레퍼런스 페이지는 각 함수의 파라미터 역할을 알아보는 데 유용하다. 모든 OpenGL 튜토리얼 사이트 중에서 최고의 사이트 중 하나는 Learn OpenGL이다. 게임 개발에 사용된 그래픽 기술을 광범위하게 살펴보려면 토마스 아케닌-몰러 외Thomas Akenine-Moller et al.의 Real-Time Rendering이 최고의 레퍼런스다.

- Akenine-Moller, Thomas, Eric Haines, and Naty Hoffman. *Real-Time Rendering*, 3rd edition. Natick: A K Peters, 2008.
- *Learn OpenGL*. Accessed November 24, 2017. http://learnopengl.com/.
- *OpenGL Reference Pages*. Accessed November 24, 2017. https://www.opengl.org/sdk/docs/man/.

연습

5장의 연습에서는 5장의 게임 프로젝트를 일부 수정을 통해 다양한 OpenGL 함수를 사용함으로써 보다 많은 경험을 쌓는 것을 목표로 한다.

연습 5.1

배경의 클리어 색상을 수정해서 색상을 부드럽게 변경시켜보자. 예를 들어 검은색에서 시작해서 수초에 걸쳐 푸른색으로 부드럽게 변경시켜본다. 그런 다음 다른 색상(예를 들어 빨간색)을 선택하고, 수초에 걸쳐 부드럽게 다른 색상으로 변경시킨다. 이 부드러운 전이가 가능하도록 `Game::Update`에서 `deltaTime`을 사용하는 방법을 고려하자.

연습 5.2

스프라이트 버텍스를 수정해서 각 버텍스가 자신과 관련된 RGB 색상을 가지도록 하자. 이 RGB 색상은 **버텍스 색상**vertex color로 알려져 있다. 버텍스 셰이더를 갱신해서 버텍스 색상을 입력으로 받고 프래그먼트 셰이더로 버텍스 색상을 넘기자. 그런 후 프래그먼트 셰이더를 변경해서 단순히 텍스처로부터 샘플링된 색상을 그리기보다는 버텍스 색상과 텍스처 색상의 평균을 그려보자

6장

3D 그래픽스

6장에서는 2D 환경에서 완전한 3D 게임으로 전환하는 방법을 살펴본다. 3D 게임으로의 전환을 위해서는 몇 가지 변경이 필요하다. 먼저, 3D 회전을 포함한 액터 변환을 다룰 수 있어야 하는데 이 변환은 조금 복잡하다. 또한, 3D 모델을 로드하고 그릴 수 있어야 한다. 마지막으로, 대부분의 3D 게임 장면에서 제공하는 여러 타입의 조명을 구현해야 한다. 6장의 게임 프로젝트는 이 모든 3D 테크닉이 구현된 장면을 보여줄 것이다.

3D에서 액터 변환

이 책에서 사용한 액터 변환 표현은 2D 그래픽스에서 잘 동작한다. 하지만 완전한 3D 세계를 지원하기 위해서는 일부 수정이 필요하다. 당연하지만 위치 벡터 `Vector2`는 `Vector3`가 될 것이다. 그러나 이 과정에서 중요한 질문을 하지 않을 수 없다. 어느 방향이 세계에서 x, y이고 z인가? 대부분의 2D 게임은 x가 수평 방향이고 y가 수직 방향인 좌표 시스템을 사용한다. 하지만 2D 좌표 체계에서도 +y는 위나 아래일 수 있으니 좌표 체계는 구현 방법에 의존한다고 볼 수 있다. 세 번째 요소를 더하면 가능한 표현 방법이 증가한다. 임의로 방향을 결정할 수 있겠지만 일단 결정되면 일관성을 유지해야 한다. 이 책에서는 '+x는 앞으로, +y는 오른쪽으로, +z는 위쪽으로'라고 정했다. 그림 6.1은 이 좌표 시스템을 보여준다.

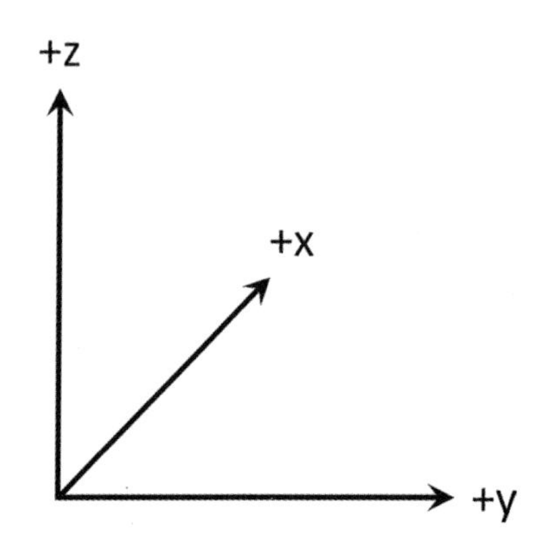

그림 6.1 이 책에서 사용되는 3D 좌표 시스템

왼손을 사용해서 엄지가 위쪽으로 향하게 하면 검지는 앞으로 향하고 중지는 오른쪽으로 향할텐데, 이 왼손이 그림 6.1의 좌표 시스템과 완전히 일치함을 알 수 있을 것이다. 그래서 이런 타입의 좌표 시스템을 **왼손 좌표 시스템**left-handed coordinated system이라 부른다. +y가 왼쪽으로 향한다면 오른손 좌표 시스템이 될 것이다.

3D를 위한 변환 행렬

3D 좌표를 사용하는 것은 동차 좌표가 존재함을 뜻한다(x, y, z, w). 변환 행렬을 구현하기 위해 w 요소가 필요했던 것을 떠올리자. 3D 좌표에서 변환 행렬은 4×4 행렬이

된다. 이러한 수정은 이동과 스케일에 대해서는 간단하다.

4×4 이동 행렬은 오프셋 (a, b, c)로 이동시킨다.

$$T(a,b,c)=\begin{bmatrix} 1 & 0 & 0 & 0 \\ 0 & 1 & 0 & 0 \\ 0 & 0 & 1 & 0 \\ a & b & c & 1 \end{bmatrix}$$

마찬가지로 스케일 행렬은 세 요소를 스케일한다.

$$S(s_x,\ s_y,\ s_z)=\begin{bmatrix} s_x & 0 & 0 & 0 \\ 0 & s_y & 0 & 0 \\ 0 & 0 & s_z & 0 \\ 0 & 0 & 0 & 1 \end{bmatrix}$$

하지만 3D에서 회전은 그렇게 단순하지 않다.

오일러 각

3D상에서 회전을 표현하는 건 2D보다 복잡하다. 이전에는 액터가 회전에 대해 하나의 float값만 필요했었다. 이건 2D상에서만 가능한 회전이었으므로 결국 z축에 대한 회전을 표현했던 것이었다. 하지만 3D에서는 세 좌표축 전부에서도 회전하는 것이 유효하다. 3D 회전에 대한 접근 방식 중 하나로 **오일러 각**Euler angle이라는 것이 있는데 오일러 각은 각 축에 대한 회전을 표현하는 3가지 용어가 있다(**요**yaw, **피치**pitch, **롤**roll). 요, 피치, 롤이라는 이름은 항공 관련 전문 용어에서 유래됐다. 요는 상향축에 대한 회전이며, 피치는 측면축에 대한 회전이다. 그리고 롤은 전방축에 대한 회전이다. 그림 6.1의 좌표계에서 요는 +z에 대한 회전이며, 피치는 +y에 대한 회전이다. 그리고 롤은 +x에 대한 회전이다.

3개의 다른 회전 각도인 각각의 오일러 각에 대한 별도의 회전 행렬을 만든 뒤 이 행렬들을 결합하면 최종 회전 행렬을 구하는 것이 가능하다. 이 세 행렬을 곱할 때에는 곱셈의 순서가 오브젝트의 최종 회전에 영향을 미친다. 곱셈 순서의 일반적인 접근법은 롤, 피치, 요순으로 곱하는 것이다.

$$FinalRot = (RollMatrix)(PitchMatrix)(YawMatrix)$$

그러나 오일러 각을 적용하는 데 있어 올바른 순서란 존재하지 않는다. 가능한 순서 중 하나를 선택해서 그 순서를 고수해야 한다.

오일러 각을 사용할 때 단점 중 하나는 임의의 회전을 유도하는 것이 어렵다는 데 있다. 우주선이 오브젝트 공간에서 +x(전방)축을 향하고 있다고 가정하자. 이제 우주선이 위치 P에 있는 임의의 오브젝트를 향하도록 회전하길 원한다. 이 새로운 방향을 얻기 위해서는 오일러 각에서는 요, 피치, 롤의 결합이 필요하며, 이런 별도의 각을 결합하는 것은 쉽지 않다.

또한 처음에 오일러 각도와 방향을 가진 오브젝트가 있다고 가정하자. 그리고 목표 오일러 각도와 방향도 알고 있다고 가정하자. 이 상황에서 우리는 일정 시간 동안 초기 방향에서 목표 방향으로 부드럽게 전이하거나 **보간하기**를 원한다. 각 각도를 별도로 보간한다면 오일러 각도를 보간하는 것이 가능하다. 그러나 여러 상황에서 이런 보간은 올바르게 보이지 않는다. 왜냐하면 각 요소를 별도로 보간하면 보간이 이상한 방향에서 나타나는 특이한 상황과 맞딱뜨릴 수 있기 때문이다.

게임에서 오일러 각을 사용할 수는 있겠지만 임의의 축에 대한 회전에 대해서는 오일러 각보다 더 잘 동작하는 또 다른 대안이 존재한다.

쿼터니언

수많은 게임은 오일러 각 대신에 **쿼터니언**quaternion[1]을 사용한다. 쿼터니언의 공식적인 수학 정의는 복잡하다. 이 책에서는 쿼터니언을 임의의 축(x, y, z가 아닌)에 대한 회전을 나타내는 방법이라고 간주한다.

기본 정의

3D 그래픽스는 **단위 쿼터니언**unit quaternion을 사용한다. 단위 쿼터니언은 크기가 1인 쿼터니언이다. 쿼터니언은 벡터와 스칼라 두 요소 모두를 가진다. 이 책에서는 쿼터니언의 벡터와 스칼라 요소를 다음 표기법을 사용해서 표현한다.

$$q = [q_v,\ q_s]$$

벡터 및 스칼라 요소의 계산은 정규화된 회전 축 $\hat{a}$와 회전 각도 θ에 의존한다.

$$q_v = \hat{a}\sin\frac{\theta}{2}$$

$$q_s = \cos\frac{\theta}{2}$$

이 방정식은 정규화된 회전축에서만 잘 동작한다. 정규화되지 않은 축을 위 공식에 적용하면 단위 쿼터니언이 아닌 값을 산출하며, 이는 게임상에서 오브젝트가 찢겨지는 듯한(균일하지 않게 오브젝트가 뻗어나가는 현상) 현상을 유발한다.

쿼터니언을 사용해서 우주선이 임의의 오브젝트를 향하도록 회전시켜보자. 오일러 각을 사용해서 문제를 풀려면 정확한 요, 피치, 롤 각도를 계산해야 하는데 이는 매우 어렵다. 그러나 쿼터니언은 이 문제를 쉽게 해결한다. 초기에 우주선은 x축을 향하고 있으며 위치 S에 있다. 이제 우주선은 임의의 점 P를 향하도록 회전하길 원한다. 먼저 우주선에서 새로운 지점으로의 벡터를 계산한 뒤 이 벡터를 정규화하자.

$$NewFacing = \frac{P - S}{\|P - S\|}$$

다음으로 초기에 향한 방향과 대상 물체를 향한 방향의 외적을 통해서 회전축을 계산한다. 그리고 이 벡터를 정규화한다.

$$\hat{a} = \frac{\langle 1, 0, 0\rangle \times NewFacing}{\|\langle 1, 0, 0\rangle \times NewFacing\|}$$

다음으로 내적과 아크코사인을 사용해서 회전 각도를 계산한다.

$$\theta = \arccos\left(\langle 1, 0, 0\rangle \cdot NewFacing\right)$$

마지막으로 위에서 구한 회전축과 각도를 결합해 점 P로 향하는 우주선의 회전을 나타내는 쿼터니언을 생성한다. P가 3D 공간상의 어떤 위치에 있다 하더라도 이 프로세스는 잘 동작한다.

문제가 발생하는 한 가지 경우는 새롭게 향하게 될 방향과 원래 향했던 방향이 평행할 경우로 이 경우 외적은 모든 요소가 0인 벡터를 생성한다. 이 벡터는 길이가 0이므로 벡터를 정규화하기 위해 0으로 나누면 회전축이 깨진다. 그러므로 계산을 하는 모든 코드에서는 NewFacing이 최초에 향했던 방향과 평행하지 않음을 검증해야 한다. 두 방향이 평행하면 오브젝트는 이미 NewFacing 방향으로 향하고 있음을 뜻한다. 이 경우에 쿼터니언은 항등 쿼터니언이며 회전을 적용할 필요가 없다. 벡터가 서로 반대 방향을 향한다면 상향 벡터를 기준으로 π 라디안만큼 회전시켜주면 된다.

회전 결합

쿼터니언의 또 다른 일반 연산 중 하나는 기존 쿼터니언에 추가 회전을 적용하는 것이다. 두 쿼터니언 p, q가 주어졌을 때 **그라스만 곱**Grassmann product은 대상을 q로 회전한 뒤 p로 회전시킨다.

$$(pq)_v = p_s q_v + q_s p_v + p_v \times q_v$$
$$(pq)_s = p_s q_s - p_v \cdot q_v$$

곱셈에서 q의 왼쪽에 p가 있더라도 회전은 오른쪽에서 왼쪽 순서로 적용된다. 또한 그라스만 곱은 외적을 사용하므로 교환할 수 없다. 그래서 p와 q의 순서를 바꾸면 회전 순서를 바꾼다.

행렬과 유사하게 쿼터니언은 역 쿼터니언을 가진다. 단위 쿼터니언에서 쿼터니언의 역은 벡터 요소를 반전시키면 된다.

$$q^{-1} = [-q_v, \ q_s]$$

역 쿼터니언이 있으므로 다음과 같이 정의된 항등 쿼터니언도 있다.

$$i_v = \langle 0, \ 0, 0 \rangle$$
$$i_s = 1$$

벡터를 쿼터니언으로 회전시키기

3D 벡터 v를 쿼터니언 q로 회전시키기 위해 먼저 v를 다음처럼 쿼터니언 r로 나타낸다.

$$r = [\vec{v},\ 0]$$

그리고 두 쿼터니언의 그라스만 곱인 r'을 계산한다.

$$r' = (qr)q^{-1}$$

그러면 회전된 벡터는 쿼터니언 r'의 벡터 요소와 같다.

$$\vec{v}' = r'_v$$

구면 선형 보간

쿼터니언은 **구면 선형 보간**Slerp, Spherical Linear Interpolation이라는 보다 정확한 보간 형태를 지원한다. Slerp 방정식은 두 쿼터니언 a, b와 a에서 b까지의 [0, 1] 범위 분수값을 인자로 받는다. 예를 들어 다음 식은 a에서 b경로로 25% 회전한 쿼터니언을 생성한다.

$$Slerp(a, b, 0.25)$$

간결함을 위해 이번 절에서 Slerp의 계산에 대해서는 생략한다.

쿼터니언을 회전 행렬로

게임은 세계 변환 행렬을 사용하므로 쿼터니언을 코드에서 사용하려면 회전 행렬로 변환해야 한다. 쿼터니언을 행렬로 변환하는 것은 매우 복잡하다.

$$q_v = \langle q_x, q_y, q_z \rangle$$
$$q_s = q_w$$
$$Rotate(q) = \begin{bmatrix} 1-2q_y^2-2q_z^2 & 2q_xq_y+2q_wq_z & 2q_xq_z-2q_wq_y & 0 \\ 2q_xq_y-2q_wq_z & 1-2q_x^2-2q_z^2 & 2q_yq_z+2q_wq_x & 0 \\ 2q_xq_z+2q_wq_y & 2q_yq_z-2q_wq_x & 1-2q_x^2-2q_y^2 & 0 \\ 0 & 0 & 0 & 1 \end{bmatrix}$$

코드상의 쿼터니언

벡터 및 행렬과 마찬가지로 쿼터니언에 대해서도 `Math.h` 헤더 파일에 `Quaternion`

클래스를 정의했다. 리스트 6.1은 이 클래스에서 가장 유용한 함수들을 보여준다. 쿼터니언의 곱셈 순서는 게임 프로그래머에게 종종 혼선을 주므로(예를 들어 p로 회전한 후 다음에 q로 회전하려면 qp로 곱셈을 해야 한다) 혼선을 주지 않도록 Math.h 라이브러리에서 곱셈 연산자를 사용하는 대신에 Concatenate 함수를 선언했다.

이 함수는 일반적으로 기대하는 순서로 쿼터니언 인자를 받는다. 그래서 회전 q를 적용한 후 p로 회전할 때의 함수 호출은 다음과 같다.

```
Quaternion result = Quaternion::Concatenate(q, p);
```

리스트 6.1 Quaternion 클래스

```
class Quaternion
{
public:
   // 함수/데이터 생략
   // ...

   // 축과 각도로부터 쿼터니언 생성
   explicit Quaternion(const Vector3& axis, float angle);
   // 구면 선형 보간
   static Quaternion Slerp(const Quaternion& a, const Quaternion& b,
float f);
   // 쿼터니언 곱셈 잇기 (q로 회전한뒤 p의 회전은 그라스만 곱 pq를 사용한다)
   static Quaternion Concatenate(const Quaternion& q, const Quaternion&
p);
   // v = (0, 0, 0); s = 1
   static const Quaternion Identity;
};
// Matrix4...
// Quaternion에서 Matrix4 생성
static Matrix4 CreateFromQuaternion(const class Quaternion& q);
// Vector3...
// Vector3를 Quaternion으로 변환
static Vector3 Transform(const Vector3& v, const class Quaternion& q);
```

새로운 액터 변환

Actor 클래스는 이제 위치에 대해서는 Vector3, 회전에 내해서는 Quaternion, 그리고 스케일에 대해서는 float를 가진다.

```
Vector3 mPosition;
Quaternion mRotation;
float mScale;
```

이 새로운 변환을 사용하기 위해 ComputeWorldTransform에서 세계 변환 행렬을 계산하는 코드는 다음과 같이 변경된다.

```
// 스케일, 회전, 이동
mWorldTransform = Matrix4::CreateScale(mScale);
mWorldTransform *= Matrix4::CreateFromQuaternion(mRotation);
mWorldTransform *= Matrix4::CreateTranslation(mPosition);
```

그리고 액터의 전방 벡터를 얻으려면 초기 전방 벡터($+x$)를 회전 쿼터니언으로 변환해야 한다.

```
Vector3 GetForward() const
{
   return Vector3::Transform(Vector3::UnitX, mRotation);
}
```

그런 다음 MoveComponent::Update 함수와 같은, 하나의 각도를 사용해서 회전을 적용했던 코드를 수정해야 한다. 현재는 문제를 간단히 하기 위해 MoveComponent는 +z 축(요)에 대해서만 회전을 한다. 쿼터니언을 사용해서 갱신한 코드는 리스트 6.2에 있다. 이 코드는 먼저 소유자 액터의 회전 쿼터니언을 얻는다. 그런 다음 추가 회전을 나타내는 새로운 쿼터니언을 생성한다. 마지막으로 최종 회전 쿼터니언을 얻기 위해서 원래의 회전과 새로운 쿼터니언을 연결한다.

리스트 6.2 쿼터니언으로 MoveComponent::Update 구현

```
void MoveComponent::Update(float deltaTime)
{
   if (!Math::NearZero(mAngularSpeed))
   {
      Quaternion rot = mOwner->GetRotation();
      float angle = mAngularSpeed * deltaTime;
      // 회전 증가분을 위한 쿼터니언을 생성
      // (상향축을 기준으로 회전)
      Quaternion inc(Vector3::UnitZ, angle);
      // 이전 쿼터니언과 새 쿼터니언을 연결한다
      rot = Quaternion::Concatenate(rot, inc);
      mOwner->SetRotation(rot);
   }

   // 전진 속도를 사용한 위치 갱신은 전과 동일
   // ...
}
```

3D 모델 로딩

스프라이트 기반 게임의 경우 모든 스프라이트는 하나의 사각형으로 그리는데, 이는 버텍스 버퍼와 인덱스 버퍼를 하드 코딩해도 별 문제가 되지 않음을 뜻한다. 하지만 완전한 3D 게임에서는 다양한 삼각형 메시가 수없이 많다. 예를 들어 1인칭 슈팅 게임에는 적 메시, 무기 메시, 캐릭터 메시, 환경 메시 등이 있다. 아티스트는 블렌더나 오토데스크, 마야 같은 3D 모델링 프로그램으로 이런 모델을 만든다. 게임에서는 이런 모델을 버텍스 및 인덱스 버퍼로 로드하는 코드가 필요하다.

모델 포맷 선택

3D 모델을 사용하려면 먼저 파일에 모델을 저장하는 방법을 결정하는 것이 필요하다. 한 가지 방법은 모델링 프로그램을 하나 선택해서 해당 프로그램에 특화된 파일 포맷 로딩을 지원하는 것이다. 하지만 이렇게 하면 몇 가지 결점이 존재한다. 먼저

3D 모델링 프로그램의 기능 세트는 게임보다 훨씬 많다. 모델링 프로그램은 NURBS, quads, n-gons 등 여러 다른 타입의 지오메트리geometry를 지원한다. 또한 모델링 프로그램은 광선 추적ray-tracing을 포함한다. 그리고 복잡한 조명과 렌더링 테크닉을 지원한다. 이런 모든 기능을 게임으로 복제하는 것은 쉽지 않다.

또한 대부분의 모델링 파일은 런타임 때 불필요한 많은 양의 데이터를 가진다. 예를 들면 파일 포맷에는 모델의 실행 취소 기록을 저장할 수도 있다. 게임은 실행 때 이런 데이터를 필요로 하지 않는다. 이런 추가적인 모든 정보는 모델링 파일 포맷이 매우 크며, 런타임 시 파일을 로딩할 때 성능을 떨어뜨린다는 것을 뜻한다.

또한 모델링 파일 포맷은 내용이 불분명한 부분이 있으며, 어떤 포맷의 경우에는 문서 자체가 존재하지 않을 수도 있다. 그래서 리버스 엔지니어링을 통해서 파일 포맷을 분석하지 않으면 게임에 파일 포맷을 로드하는 것 자체가 불가능할 수도 있다.

마지막으로 하나의 모델링 포맷을 선택하면 게임은 하나의 특정한 프로그램과 직접적으로 연관된다. 새 아티스트가 완전히 다른 모델링 프로그램을 사용하길 원한다면 어떻게 되겠는가? 특정 포맷을 사용해버리면 다른 포맷으로의 쉬운 변환 프로세스가 존재하지 않는한 포맷 변경이 어려워진다.

익스체인지 포맷exchange format은 여러 모델링 프로그램에서 동작하는 걸 목표로 한다. 가장 인기 있는 포맷으로는 FBX와 COLLADA가 있으며, 이런 포맷은 여러 모델링 프로그램이 지원한다. 이런 포맷들을 로딩하기 위한 SDK가 존재하기는 하지만, 여전히 포맷은 런타임 시에 게임에서 필요로 하는 데이터보다 훨씬 더 많은 데이터를 포함한다.

유니티Unity나 에픽Epic사의 언리얼 엔진Unreal Engine 같은 상업용 엔진이 동작하는 방법을 살펴보는 것은 도움이 된다. 두 엔진은 자신의 편집기에 FBX 같은 파일 포맷의 임포트를 지원하지만, 런타임에서는 이 포맷을 사용하지 않는다. 대신에 임포트를 할 때 내부 엔진 포맷으로 변경하는 변환 프로세스가 있다. 이 변환 프로세스를 통해 런타임 시에 게임은 내부 포맷으로 모델을 로드한다.

다른 엔진들은 인기 있는 모델링 프로그램을 위한 익스포트 플러그인을 지원한다. 익스포트 플러그인은 모델링 프로그램의 포맷을 게임 실행 시에 사용할 수 있도록 설계된 커스텀 포맷으로 변환한다.

독자성을 위해 이 책에서는 커스텀 파일 포맷을 사용한다. 바이너리 파일 포맷이 보다 효율적이지만(그리고 실제로 대부분의 게임이 바이너리 파일을 사용한다), 단순성을 위해 이 책의 모델 파일 포맷은 JSON[JavaScript Object Notation] 텍스트 파일 포맷을 사용한다. JSON 파일 포맷을 사용하면 수동으로 모델 파일을 쉽게 편집할 수 있으며, 모델 파일이 적절히 로드됐는지를 검증하는 것을 쉽게 해준다. 14장 '레벨 파일과 바이너리 데이터'에서 이진 포맷을 사용하는 방법을 살펴볼 것이다.

리스트 6.3은 이 책에서 사용하는 gpmesh 파일 포맷으로 정육면체를 표현했다. 첫 번째 항목은 현재 값이 1인 버전을 지정한다. 다음 줄은 모델에 대한 버텍스 포맷을 지정한다. 5장 'OpenGL'에서 버텍스 포맷으로서 위치에 3개의 float값이 필요했고, 텍스처 좌표에 2개의 float를 사용했던 것을 떠올리자. 여기서 지정된 PosNormTex 포맷은 위치와 텍스처 좌표에다가 버텍스 법선을 위한 3개의 float값을 더 추가했다. 지금은 버텍스 법선이 무엇인지는 신경쓰지 말자. 6장에서 조명을 설명할 때 이 주제에 관해 다시 살펴볼 것이다.

리스트 6.3 Cube.gpmesh

```
{
   "version":1,
   "vertexformat":"PosNormTex",
   "shader":"BasicMesh",
   "textures":[
      "Assets/Cube.png"
   ],
   "vertices":[
      [1.0,1.0,-1.0,0.57,0.57,-0.57,0.66,0.33],
      [1.0,-1.0,-1.0,0.57,-0.57,-0.57,0.66,0.0],
      [-1.0,-1.0,-1.0,-0.57,-0.57,-0.57,1.0,0.33],
      [-1.0,1.0,-1.0,-0.57,0.57,-0.57,0.66,0.66],
      [1.0,0.99,1.0,0.57,0.57,0.57,0.33,0.33],
      [0.99,-1.0,1.0,0.57,-0.57,0.57,0.0,0.0],
      [-1.0,-1.0,1.0,-0.57,-0.57,0.57,0.66,0.33],
      [-1.0,1.0,1.0,-0.57,0.57,0.57,0.33,0.66]
   ],
```

```
  "indices":[
    [1,3,0],
    [7,5,4],
    [4,1,0],
    [5,2,1],
    [2,7,3],
    [0,7,4],
    [1,2,3],
    [7,6,5],
    [4,5,1],
    [5,6,2],
    [2,6,7],
    [0,3,7]
  ]
}
```

셰이더 항목은 모델을 그리는 데 사용할 셰이더 프로그램을 지정한다(6장 후반부에 BasicMesh 셰이더 프로그램을 정의할 것이다). 그리고 텍스처 배열은 모델과 관련된 텍스처 리스트를 지정한다.

마지막 두 항목 버텍스와 인덱스는 모델에 대한 버텍스 버퍼와 인덱스 버퍼를 지정한다. 버텍스의 각 행은 하나의 개별 버텍스이지만, 인덱스의 각 행은 한 개의 삼각형을 뜻한다.

물론 모델 파일 포맷은 모델링 프로그램에서 해당 포맷으로 모델을 생성하는 방법을 가지고 있지 않다면 특별히 유용하지는 않을 것이다. 모델 파일 포맷을 생성하기 위해 GitHub 코드 저장소의 Exporter 디렉토리에는 2가지 익스포터가 있다. 하나는 블렌더 모델링 프로그램을 위한 익스포트 스크립트로 이 책 전반에 걸쳐 사용된 기본 형식의 메시를 지원한다. 나머지 하나는 에픽 언리얼 엔진을 위한 익스포터 플러그인이다. 이 플러그인은 메시뿐만 아니라 12장 '뼈대 애니메이션'에서 사용하는 애니메이션 데이터도 익스포트한다. 이 익스포터 코드는 블렌더와 언리얼에 상대적으로 특화돼 있다. 그래서 여기서는 이 두 플러그인에 대한 설명은 생략한다. 하지만 관심이 있다면 저장소에서 코드를 열어보기 바란다. 또한 각 익스포터는 자신을 모델링 프로그램에서 사용하는 방법을 설명한 텍스트 파일도 포함하고 있다.

버텍스 속성 갱신

gpmesh 파일이 버텍스당 3개의 버텍스 속성(위치, 법선, 텍스처 좌표)을 사용하므로 지금부터는 모든 메시가 이 포맷을 사용한다고 가정하겠다. 이 때문에 사각형 메시 또한 법선이 필요하다. 그림 6.2는 이 새로운 버텍스 레이아웃을 보여준다.

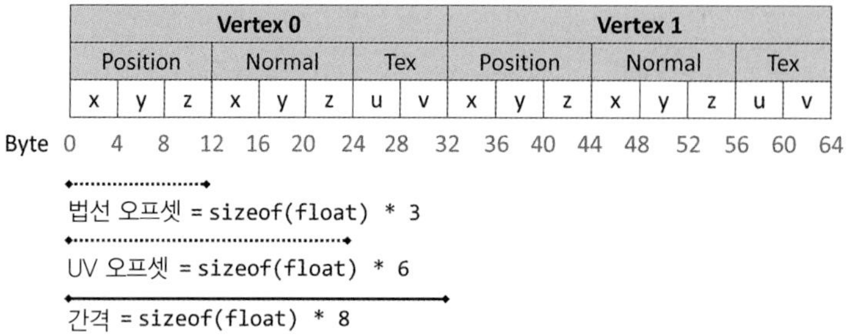

Vertex 0								Vertex 1							
Position			Normal			Tex		Position			Normal			Tex	
x	y	z	x	y	z	u	v	x	y	z	x	y	z	u	v

Byte 0 4 8 12 16 20 24 28 32 36 40 44 48 52 56 60 64

법선 오프셋 = sizeof(float) * 3

UV 오프셋 = sizeof(float) * 6

간격 = sizeof(float) * 8

그림 6.2 위치와 법선, 텍스처 좌표를 가진 버텍스 레이아웃

이제 모든 버텍스 배열은 새로운 버텍스 레이아웃을 사용할 것이다. 그래서 VertexArray 생성자는 이 새로운 레이아웃을 지정하도록 변경해야 한다. 가장 신경 써야 되는 부분은 각 버텍스의 크기가 이제 8 float이란 것을 반영하고 법선을 위한 속성을 추가하는 것이다.

```
// 위치는 3개의 float
glEnableVertexAttribArray(0);
glVertexAttribPointer(0, 3, GL_FLOAT, GL_FALSE, 8 * sizeof(float), 0);
// 법선은 3개의 float
glEnableVertexAttribArray(1);
glVertexAttribPointer(1, 3, GL_FLOAT, GL_FALSE, 8 * sizeof(float),
   reinterpret_cast<void*>(sizeof(float) * 3));
// 텍스처 좌표는 2개의 float
glEnableVertexAttribArray(2);
glVertexAttribPointer(2, 2, GL_FLOAT, GL_FALSE, 8 * sizeof(float),
   reinterpret_cast<void*>(sizeof(float) * 6));
```

그리고 새로운 버텍스 레이아웃을 참조하도록 Sprite.vert도 수정하자.

```
// 속성 0는 위치, 1은 법선, 2는 텍스처 좌표다.
layout(location = 0) in vec3 inPosition;
layout(location = 1) in vec3 inNormal;
layout(location = 2) in vec2 inTexCoord;
```

마지막으로 Game::CreateSpriteVerts에서 생성한 사각형에 법선을 위한 3개의 float를 추가한다(스프라이트 셰이더 프로그램에서는 사용하지 않으므로 이 3개의 float값은 0이어도 된다). 이렇게 수정하면 스프라이트는 새 버텍스 레이아웃에서도 정상적으로 동작한다.

gpmesh 파일 로딩

gpmesh 포맷은 JSON이며, JSON 포맷을 파싱하는 데 사용되는 라이브러리는 많이 있다. 이 책에서는 RapidJSON(http://rapidjson.org)을 사용하는데, 이 라이브러리는 JSON 파일을 효율적으로 읽어들인다. 5장의 텍스처와 마찬가지로 메시 로딩은 Mesh 클래스로 캡슐화한다. 리스트 6.4는 Mesh 클래스의 선언을 보여준다.

리스트 6.4 Mesh 선언

```
class Mesh
{
public:
   Mesh();
   ~Mesh();
   // 메시 로드/언로드
   bool Load(const std::string& fileName, class Game* game);
   void Unload();
   // 이 메시에 해당하는 버텍스 배열을 얻는다
   class VertexArray* GetVertexArray() { return mVertexArray; }
   // 특정 인덱스에 해당하는 텍스처를 얻는다
   class Texture* GetTexture(size_t index);
   // 셰이더의 이름을 얻는다
   const std::string& GetShaderName() const { return mShaderName; }
   // 오브젝트 공간 바운딩 구체 반지름을 얻는다
   float GetRadius() const { return mRadius; }
private:
```

```
    // 이 메시에 사용되는 텍스처들
    std::vector<class Texture*> mTextures;
    // 메시의 버텍스 배열
    class VertexArray* mVertexArray;
    // 메시가 지정한 셰이더 이름
    std:string mShaderName;
    // 오브젝트 공간 바운딩 구체의 반지름값 저장
    float mRadius;
};
```

이전과 마찬가지로 Mesh 클래스에는 Load, Unload 함수와 생성자와 소멸자가 있다. 그러나 Load 함수는 Game에 대한 포인터를 파라미터로 받는 데 주목하자. Game의 포인터를 받는 이유는 게임이 로드된 텍스처의 맵을 갖고 있으므로 Mesh 클래스가 메시와 관련된 모든 텍스처에 접근할 수 있도록 하기 위해서다.

Mesh의 멤버 데이터에는 텍스처 포인터(gpmesh 파일에서 지정된 각 텍스처에 해당)의 벡터와 VertexArray 포인터(버텍스/인덱스 버퍼용) 그리고 오브젝트 공간에서의 바운딩 구체에 대한 반지름을 포함한다. 이 바운딩 구체의 반지름은 메시 파일을 로드할 때 계산한다. 반지름은 단순히 오브젝트 공간의 원점과 원점에서 가장 멀리 떨어진 점과의 거리다. 로드 시 반지름을 계산해두면 오브젝트 공간에서의 반지름을 필요로 하는 모든 충돌 컴포넌트가 반지름 데이터에 접근할 수 있다. 10장 '충돌 감지'에서 충돌에 관해 자세히 설명한다. 성능 향상을 위해 이 반지름을 gpmesh 익스포터에서 계산해도 된다.

Mesh::Load의 구현은 내용이 길긴 하지만 특별히 흥미를 끄는 부분은 없다. 먼저 2개의 임시 벡터를 만든다. 하나는 모든 버텍스에 관한 것이고, 하나는 모든 인덱스에 관한 것이다. RapidJSON 라이브러리로 모든 값의 읽기를 마치고 난 후 VertexArray 객체를 생성한다. Mesh::Load의 전체 구현은 6장의 GitHub의 Chapter06 디렉토리에서 게임 프로젝트를 열어 확인할 수 있다.

또한 Game에 로드된 메시의 맵과 GetMesh 함수를 만든다. 텍스처와 마찬가지로 GetMesh 함수는 메시가 이미 맵에 있는지를 확인해서 디스크에서 메시를 로드해야 되는지의 여부를 결정한다.

3D 메시 그리기

3D 메시를 로드하고 난 후의 다음 단계는 3D 메시를 그리는 것이다. 그러나 3D 메시를 화면에 그리기 전에 선행돼야 할 많은 주제가 있다.

이런 주제에 관해 본격적으로 뛰어들기 전에 먼저 재정비를 하자. Game에서 렌더링 종속적인 코드의 양이 증가돼서 렌더링과 관련된 코드와 그렇지 않은 코드를 분리하는 것이 어려워졌다. 여기에다 3D 메시 그리기 코드를 추가하면 해당 문제가 더 복잡해질 것이다. 이 문제를 해결하고자 모든 렌더링 코드를 캡슐화하는 별도의 Renderer 클래스를 만들면 좋을 것이다. 이 코드는 이전에 Game에 있었던 코드와 같은 코드이며, 단지 별도의 클래스로 이동시켰을 뿐이다. 리스트 6.5는 Renderer 클래스의 간추린 선언을 보여준다.

리스트 6.5 간추린 Renderer 클래스 선언

```
class Renderer
{
public:
   Renderer();
   ~Renderer();
   // 렌더러를 초기화하고 종료하는 함수
   bool Initialize(float screenWidth, float screenHeight);
   void Shutdown();
   // 텍스처와 메시를 언로드
   void UnloadData();
   // 프레임을 그린다
   void Draw();

   void AddSprite(class SpriteComponent* sprite);
   void RemoveSprite(class SpriteComponent* sprite);
   class Texture* GetTexture(const std::string& fileName);
   class Mesh* GetMesh(const std::string& fileName);
private:
   bool LoadShaders();
   void CreateSpriteVerts();
   // 멤버 데이터. 생략
   // ...
};
```

Game 클래스는 Game::Initialize에서 Renderer의 인스턴스를 초기화한다. Initialize 함수는 화면의 너비와 높이를 인자로 받고, 이 파라미터를 멤버 변수에 저장한다. 그리고 Game::GenerateOutput는 렌더러 인스턴스의 Draw 함수를 호출한다. 로드된 텍스처 맵, 로드된 메시 맵, SpriteComponents에 대한 벡터도 모두 Renderer로 이동한다. 코드 전반에 있는 이 맵과 벡터에 관계된 코드는 Renderer 클래스로 옮겨야 한다. 하지만 이 코드들은 새로운 것이 아니라서 Renderer 클래스로 단순히 이동시켜주기만 하면 된다. 지금부터 모든 렌더링 관련 코드는 Game 대신에 Renderer에 포함될 것이다.

클립 공간으로의 변환, 재검토

5장에서 구현했던 OpenGL 2D 렌더링에서 간단한 뷰-투영 행렬이 세계 공간 좌표를 클립 공간 좌표로 축소했던 걸 떠올려보자. 3D 게임에서는 이러한 타입의 뷰-투영 행렬만으로는 충분치 않다. 대신 뷰-투영 행렬을 별도의 뷰 행렬과 투영 행렬로 분해해야 한다.

뷰 행렬

뷰 행렬view matrix은 세계에서 카메라 또는 눈의 위치 및 방향을 나타낸다. 9장 '카메라'에서는 카메라에 관한 몇 가지 다른 구현을 설명한다. 하지만 지금은 카메라에 관해 간단히만 설명한다. look-at **행렬**은 카메라의 위치와 방향을 나타낸다.

일반적으로 look-at 행렬을 구성하는 요소는 3가지다.

- 눈의 높이
- 눈이 바라보는 타깃의 위치
- 위쪽 방향

이 파라미터들을 사용해서 먼저 4개의 벡터를 계산한다.

$$\hat{k} = \frac{target - eye}{\left\| target - eye \right\|}$$

$$\hat{i} = \frac{up \times \hat{k}}{\left\| up \times \hat{k} \right\|}$$

$$\hat{j} = \frac{\hat{k} \times \hat{i}}{\left\| \hat{k} \times \hat{i} \right\|}$$

$$\vec{t} = \left\langle -\hat{i} \cdot eye, -\hat{j} \cdot eye, -\hat{k} \cdot eye \right\rangle$$

이 벡터들로 다음과 같이 look-at 행렬의 요소들을 정의한다.

$$LookAt = \begin{bmatrix} i_x & j_x & k_x & 0 \\ i_y & j_y & k_y & 0 \\ i_z & j_z & k_z & 0 \\ t_x & t_y & t_z & 1 \end{bmatrix}$$

카메라를 이동시키는 빠른 방법은 카메라를 위한 액터를 만드는 것이다. 이 액터의 위치는 눈의 위치를 나타낸다. 그러면 타깃 위치는 카메라 액터의 앞에 있는 어떤 점이 될 것이다. 위쪽 방향은 액터가 뒤집혀지지 않는다면 +z가 될 것이다(현재는 이 상황에 있다고 가정한다). 이 파라미터를 Matrix4::CreateLookAt 함수에 전달하면 유효한 뷰 행렬이 생성된다.

예를 들어 카메라 액터가 mCameraActor라면 다음 코드는 뷰 행렬을 생성한다.

```
// 카메라 위치
Vector3 eye = mCameraActor->GetPosition( );
// 카메라 앞의 10 유닛 떨어진 점
Vector3 target = mCameraActor->GetPosition( ) +
   mCameraActor->GetForward( ) * 10.0f;
Matrix4 view = Matrix4::CreateLookAt(eye, target, Vector3::UnitZ);
```

투영 행렬

투영 행렬projection matrix은 3D 세계가 화면상의 2D 세계에 그려질 때 평평해지는 정도를 결정한다. 3D 게임에서는 2가지 타입의 투영 행렬이 존재한다.

- 직교 투영orthographic projection
- 원근 투영perspective projection

직교 투영에서는 카메라에서 멀리 떨어져 있는 오브젝트든 가까이에 있는 오브젝트든 그 크기가 같다. 이는 물체가 카메라로부터 가까이 있는지 멀리 떨어져 있는지를 플레이어가 지각할 수 없음을 의미한다. 대부분의 2D 게임은 직교 투영을 사용한다. 그림 6.3은 직교 투영으로 렌더링된 장면을 보여준다.

원근 투영에서는 카메라보다 멀리 떨어져 있는 물체는 카메라에 가까이 있는 물체보다 더 작게 보인다. 따라서 플레이어는 화면에 깊이가 있음을 인지한다. 대부분의 3D 게임에서는 이 형태의 투영을 사용한다. 또한 6장의 게임 프로젝트에서도 원근 투영을 사용한다. 그림 6.4는 그림 6.3처럼 같은 3D 장면을 보여주지만, 원근 투영을 사용한다는 점이 다르다.

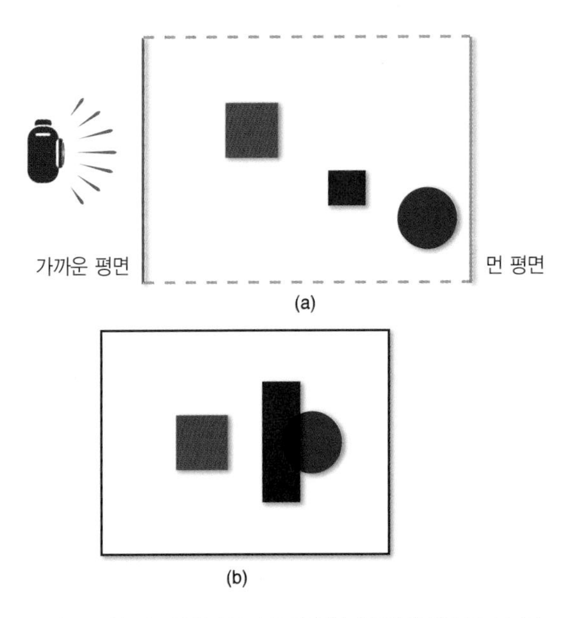

그림 6.3 (a) 직교 투영의 톱 다운 시점 (b) 화면상의 최종 2D 이미지

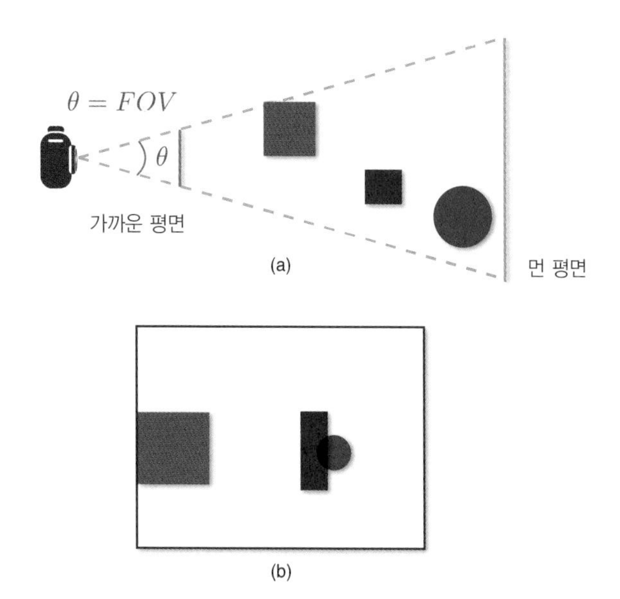

그림 6.4 (a) 원근 투영의 톱 다운 시점 (b) 화면상의 최종 2D 이미지

이 각각의 투영은 가까운 평면과 먼 평면을 가진다. 가까운 평면은 일반적으로 카메라에 매우 가깝다. 카메라와 가까운 평면 사이에 있는 모든 물체는 화면상에 보이지 않는다. 이는 카메라가 물체에 너무 가까워지면 게임에서 물체가 부분적으로 사라지는 이유가 된다. 게임은 때때로 플레이어에게 퍼포먼스 향상을 위해 '그려질 부분의 거리'를 줄이는 것을 허용한다. 이를 위해 종종 먼거리의 평면을 당기는 방법을 사용한다.

직교 투영 행렬은 4개의 파라미터가 있다.

- 뷰의 너비
- 뷰의 높이
- 가까운 평면과의 거리
- 먼 평면과의 거리

이 파라미터를 사용해서 직교 투영 행렬을 구성하면 다음과 같다.

$$Orthographic = \begin{bmatrix} \frac{2}{width} & 0 & 0 & 0 \\ 0 & \frac{2}{height} & 0 & 0 \\ 0 & 0 & \frac{1}{far-near} & 0 \\ 0 & 0 & \frac{near}{near-far} & 1 \end{bmatrix}$$

이 직교 투영 행렬은 5장의 SimpleViewProjection 행렬과 비슷하지만, 가까운 평면과 먼 평면을 기술하는 추가적인 내용이 있다는 데 유념하자.

원근 투영은 **수평 시야각**FOV, horizontal Field Of View이라 불리는 추가 파라미터를 가진다. FOV는 투영을 통해 볼 수 있는 카메라의 수평 시야 각도다. 이 FOV, 즉 시야를 변경하면 3D 세계가 눈에 들어오는 범위를 조정할 수 있다. 다음 행렬은 원근 투영 행렬을 보여준다.

$$yScale = \cot\left(\frac{fov}{2}\right)$$

$$xScale = yScale \cdot \frac{height}{width}$$

$$Perspective = \begin{bmatrix} xScale & 0 & 0 & 0 \\ 0 & yScale & 0 & 0 \\ 0 & 0 & \frac{far}{far-near} & 1 \\ 0 & 0 & \frac{-near \cdot far}{far-near} & 0 \end{bmatrix}$$

원근 행렬은 동차 좌표의 w 요소를 변경한다. 그리고 **원근 나누기**perspective divide는 변환된 버텍스의 각 요소를 w 요소로 나눈다. 그래서 w 요소는 다시 1이 된다. 이 w로 나누는 연산에 의해 물체가 카메라에서 더 멀리 떨어져 있을수록 물체의 크기는 더 많이 축소된다. OpenGL은 자동으로 장면에 대한 원근 나누기를 수행한다.

노트

여기서는 직교 행렬과 원근 행렬의 유도는 생략한다.

두 타입의 투영 행렬은 `Math.h` 라이브러리에 헬퍼 함수로 구현돼 있다. `Matrix4::CreateOrtho`로 직교 행렬을 생성할 수 있으며, `Matrix4::CreatePerspectiveFOV`을 사용해서 원근 행렬 생성이 가능하다.

뷰-투영 계산하기

뷰-투영 행렬은 뷰와 투영 행렬 간의 단순한 곱이다.

$$ViewProjection = (View)(Projection)$$

그런 다음 버텍스 셰이더가 세계 공간에서 클립 공간으로 버텍스 위치를 변환하도록 이 뷰-투영 행렬을 사용한다.

화가 알고리즘을 버리고 Z-버퍼링을 사용하자

2장 '게임 객체와 2D 그래픽스'에서는 화가 알고리즘을 소개했었다. 화가 알고리즘은 오브젝트를 뒤에서부터 앞으로 그린다는 걸 떠올리자. 이 알고리즘은 2D 게임에는 잘 동작하지만, 3D 게임에서는 복잡성에 직면하게 된다.

화가 알고리즘 블루스

화가 알고리즘의 근본적인 문제점은, 3D 게임에서는 앞뒤 정렬 순서가 정적이지 않다는 데 있다. 카메라가 장면에 걸쳐 이동하거나 회전하는 경우 물체가 앞에 있는지 또는 뒤에 있는지는 매번 변경된다. 3D 장면에서 화가의 알고리즘을 사용하기 위해서는 프레임마다 장면상에 있는 모든 삼각형을 뒤에서부터 앞으로 정렬해야 한다. 복잡도가 그렇게 높지 않은 장면에서라도 이 빈번한 정렬은 성능 병목 현상을 초래한다.

화면 분할 게임의 경우에는 이 성능 저하 현상이 더욱더 심각해진다. 플레이어 A와 플레이어 B가 서로 마주본다면 앞뒤 순서는 각 플레이어마다 다르다. 그래서 시점별로 오브젝트를 정렬해야 한다.

또한, 화가의 알고리즘은 불필요한 대량 그리기 연산을 수행하고 프레임마다 단일 픽셀에 여러 번 색상을 덮어쓰는 등 많은 문제를 야기한다. 화가의 알고리즘에서는 가까이 있는 물체가 이미 장면에 그려진 물체의 픽셀을 덮어쓰는 경우가 종종 발생하는 데 현대의 3D 게임에서 픽셀의 최종 색상을 계산하는 과정은 렌더링 파이프라인 과정 중에서 가장 비싼 비용이 드는 부분 중 하나다. 최종 색상 계산에 사용하는 프래그먼트 셰이더에는 텍스처링, 조명, 그리고 수많은 여러 고급 테크닉에 관한 코드를 포함하기 때문이다. 그러므로 3D 게임에서는 가능한 한 픽셀이 다시 그려지는 걸 최대한 제거하는 것을 목표로 한다.

마지막으로 삼각형이 겹치는 문제가 있다. 그림 6.5에서 3개의 삼각형을 보자. 어느 삼각형이 더 뒤쪽에 있는가? 정답은 '어떤 삼각형도 더 뒤쪽에 있지 않다'다. 이 경우에 화가의 알고리즘이 삼각형을 올바르게 그릴 수 있는 유일한 방법은 하나의 삼각형을 절반으로 분할하는 것이지만 좋은 방법은 아니다. 이런 이유로 3D 게임에서는 오브젝트를 그리기 위해 화가의 알고리즘을 사용하지 않는다.

그림 6.5 겹치는 삼각형, 화가의 알고리즘 실패 사례

Z 버퍼링

Z 버퍼링(Z-buffering, 깊이 버퍼링)은 렌더링 과정 동안 메모리 버퍼를 추가로 사용한다. **z 버퍼**(깊이 버퍼)로 알려진 이 버퍼는 장면의 색상 버퍼처럼 각 픽셀에 대한 데이터를 저장한다. 하지만 색상 버퍼가 색상 정보를 저장하는 반면 z 버퍼는 각 픽셀마다 카메라로부터 거리(깊이)를 저장한다. 색상 버퍼와 z 버퍼, 그리고 다른 버퍼를 포함한, 그래픽을 표현할 때 필요한 버퍼 세트를 통칭해서 **프레임 버퍼**frame buffer라 부른다.

프레임이 시작되면 z 버퍼를 클리어(색상 버퍼 지우듯이)해야 한다. z 버퍼는 정규화된 장치의 최대 깊이 값 1.0으로 각 픽셀을 초기화한다. 그리고 렌더링 동안에는 픽셀을 그리기 전에 z 버퍼링은 픽셀의 깊이를 계산한다. 픽셀의 깊이가 z 버퍼에 저장된 현재 깊이 값보다 더 작다면(카메라에 더 가까이 있다는 걸 의미한다) 해당 픽셀을 색상 버퍼로 그린다. 그러고 나서 z 버퍼는 해당 픽셀의 깊이 값을 갱신한다.

그림 6.6은 장면에 대한 z 버퍼의 시각적 모습을 보여준다. 구가 정육면체보다 더 가까이 있어서 z 버퍼의 값이 0에 더 가까우므로 검정색에 가깝다. 프레임에 그려지는 최초의 오브젝트는 항상 자신의 픽셀에 대한 색상과 깊이 정보 모두를 색상 버퍼와 z 버퍼에 기록한다. 그러나 두 번째 오브젝트를 그릴 때는 z 버퍼에 있는 값보다 더 0에 가까이 있는 깊이를 가진 픽셀만 그린다. 리스트 6.6은 z 버퍼 알고리즘에 대한 의사 코드를 보여준다.

리스트 6.6 z 버퍼링 의사 코드

```
// zBuffer[x][y]는 해당 픽셀의 깊이 값을 가진다
foreach MeshComponent m in scene
   foreach Pixel p in m
      float depth = p.Depth()
      if zBuffer[p.x][p.y] < depth
         p.draw
      endif
   endfor
endfor
```

그림 6.6 샘플 장면(왼쪽)과 이에 해당하는 z 버퍼(오른쪽)

z 버퍼링을 사용하면 장면에서 물체의 순서가 임의로 배치된다 하더라도 물체에 투명도만 없다면 제대로 보인다. 하지만 이게 순서는 크게 상관이 없다는 것을 뜻하지 않는다. 예를 들어 장면을 뒤에서부터 앞으로 그리면 화가의 알고리즘에서 나타났던 동일한 양의 중복 그리기를 하게 된다. 거꾸로 장면을 앞에서부터 뒤로 그리면 중복 그리기는 0이 된다. 하지만 z 버퍼링의 이득은 어떤 임의의 순서라도 잘 동작하는 데 있다. 그리고 z 버퍼링은 오브젝트별 또는 삼각형에 토대를 둔 것이 아니라 픽셀 단위로 수행되므로 그림 6.5의 겹치는 삼각형에도 잘 동작한다.

다행스러운 점은 z 버퍼링은 그래픽 프로그래머가 더 이상 구현해야 할 항목이 아니라는 것이다. 개발자는 단지 z 버퍼링을 활성화해주기만 하면 된다. OpenGL은 개발자가 최소한의 작업으로 z 버퍼링을 사용할 수 있도록 지원하고 있다(OpenGL은 z 버퍼 용어 대신에 깊이 버퍼라는 용어를 사용한다). z 버퍼를 사용하려면 먼저 OpenGL 콘텍스트를 생성하기에 앞서 깊이 버퍼를 요청해야 한다(24비트가 일반적인 크기다).

```
SDL_GL_SetAttribute(SDL_GL_DEPTH_SIZE, 24);
```

그리고 다음 호출은 깊이 버퍼링을 활성화한다.

```
glEnable(GL_DEPTH_TEST);
```

glClear 함수는 깊이 버퍼를 초기화하는 데 사용되며, 한 번의 호출을 통해 색상 버퍼와 깊이 버퍼 초기화가 가능하다.

```
glClear(GL_COLOR_BUFFER_BIT | GL_DEPTH_BUFFER_BIT);
```

z 버퍼링은 잘 작동하기는 하지만 몇 가지 문제점이 있다. 먼저 투명한 물체에서는 의도한 대로 z 버퍼링이 잘 동작하지 않는다. 게임에 반투명한 물이 있고 이 물 아래에 바위가 있다고 가정해 보자. z 버퍼링에서 먼저 수면을 그리면 z 버퍼에 기록이 되며, 바위는 깊이 값이 물보다 더 크기 때문에 그려지지 않는다.

이 딜레마에 대한 해결책은 불투명한 오브젝트를 z 버퍼를 사용해서 먼저 렌더링하는 것이다. 그런 다음 깊이 버퍼 쓰기를 비활성화하고, 투명한 오브젝트를 뒤에서부터 앞으로 렌더링한다. 픽셀이 렌더링될 때마다 불투명한 오브젝트 너머에 있는 투명한 픽셀은 그려지지 않도록 각 픽셀의 깊이를 테스트해야 한다. 투명한 오브젝트를 렌더링할 때는 화가의 알고리즘을 사용해야 한다는 걸 의미하지만, 투명한 오브젝트의 수는 그렇게 많지는 않을 것이다.

이 책에서는 투명한 3D 오브젝트를 사용하지는 않지만 스프라이트 렌더링에서는 투명도가 있는 텍스처를 지원하기 위해 알파 블렌딩을 사용했음을 기억하자. 이 알파 블렌딩은 z 버퍼링과 궁합이 잘 맞지 않으므로 3D 오브젝트에 대한 알파 블렌딩은 비활성화한다. 그리고 스프라이트에만 알파 블렌딩을 재활성화한다. 마찬가지로 스프라이트는 z 버퍼를 비활성화한 후 렌더링해야 한다.

이 때문에 렌더링은 두 단계에 걸쳐 진행된다. 먼저 알파 블렌딩은 비활성화하고 z 버퍼링은 활성화한 후 모든 3D 오브젝트를 렌더링한다. 그러고 나서 모든 스프라이트는 알파 블렌딩을 활성화하고, z 버퍼링은 끈 채로 렌더링한다. 이렇게 하면 모든 2D 스프라이트는 3D 장면의 제일 앞에 나타난다. 3D 게임은 일반적으로 UI나 HUD 요소를 위해 2D 스프라이트를 사용하므로 이렇게 해도 문제는 없다.

BasicMesh 셰이더

6장에서 버텍스 레이아웃에 버텍스 법선에 대한 지원을 포함하기 위해 `Sprite.vert` 셰이더 파일을 수정했던 걸 떠올리자. 스프라이트 버텍스 셰이더에 대한 이 수정된 코드와 5장의 `Sprite.frag` 셰이더는 완전한 3D 메시에서도 잘 동작한다. 3D 메시의 경우 뷰-투영 행렬 uniform은 다른 값으로 설정되지만, 버텍스/프래그먼트 셰이더 코드는 그대로 유지해도 된다. 즉 `BasicMesh.vert/BasicMesh.frag` 셰이더 파일은 `Sprite.vert/Sprite.frag` 셰이더 파일의 단순한 복사본이다.

다음으로 `Renderer`에 뷰와 투영 행렬을 위한 `Matrix4` 변수와 메시 셰이더를 위한 `Shader*` 멤버 변수를 추가한다. 그리고 `Renderer::LoadShaders`에서 `BasicMesh` 셰이더를 로드한다(스프라이트 셰이더를 로딩하는 코드와 매우 유사한 코드다). 또한 뷰와 투영 행렬을 초기화한다. 뷰 행렬은 x축을 향하는 look-at 행렬로 초기화하고 투영 행렬은 원근 행렬로 초기화한다.

```
mMeshShader->SetActive();
// 뷰-투영 행렬 수정
mView = Matrix4::CreateLookAt(
   Vector3::Zero,  // 카메라 위치
   Vector3::UnitX, // 타깃 위치
   Vector3::UnitZ  // 상향 벡터
);
mProjection = Matrix4::CreatePerspectiveFOV(
   Math::ToRadians(70.0f), // 수평 FOV
   mScreenWidth,           // 뷰의 너비
   mScreenHeight,          // 뷰의 높이
   25.0f,                  // 가까운 평면과의 거리
   10000.0f                // 먼 평면과의 거리
);
mMeshShader->SetMatrixUniform("uViewProj", mView * mProjection);
```

문제를 단순화하고자 여기서는 모든 메시가 같은 셰이더(gpmesh 파일에 저장돼 있는 셰이더 속성은 무시)를 사용한다고 가정한다. 연습 6.1에서는 여러 메시 셰이더에 대한 지원을 추가해 본다.

어쨌든 이제 메시를 위한 셰이더가 있으니 다음 단계는 3D 메시를 그리기 위해 MeshComponent 클래스를 만들어야 한다.

MeshComponent 클래스

오브젝트 공간에서 클립 공간으로 버텍스를 변환하는 모든 코드는 버텍스 셰이더에 있었다는 걸 상기하자. 각 픽셀의 색상을 채우는 코드는 프래그먼트 셰이더에 있다. 따라서 MeshComponent 클래스는 화면 그리기에 있어 많은 작업을 하지 않는다.

리스트 6.7은 MeshComponent 클래스의 선언을 보여준다. SpriteComponent와는 다르게 MeshComponent 클래스는 그리기 순서 변수가 없다는 데 주목하자. 3D 메시 렌더링에서는 z 버퍼링을 사용하므로 순서는 중요하지 않아서 MeshComponent에는 그리기 순서와 관련된 변수가 없다. 유일한 멤버 데이터는 텍스처 인덱스와 메시 포인터

다. gpmesh는 연관된 텍스처를 여러 개 가질 수 있으며, 인덱스는 MeshComponent를 그릴 때 사용할 특정 텍스처를 결정한다.

리스트 6.7 MeshComponent 선언

```
class MeshComponent : public Component
{
public:
   MeshComponent(class Actor* owner);
   ~MeshComponent();
   // 제공된 셰이더로 이 메시 컴포넌트를 그린다
   virtual void Draw(class Shader* shader);
   // 메시 컴포넌트가 사용하는 메시/텍스처를 설정
   virtual void SetMesh(class Mesh* mesh);
   void SetTextureIndex(size_t index);
protected:
   class Mesh* mMesh;
   size_t mTextureIndex;
};
```

Renderer는 MeshComponent 포인터에 대한 벡터와 이러한 컴포넌트를 추가하고 제거하는 함수를 가진다. MeshComponent의 생성자와 소멸자에서는 이 Renderer의 추가/삭제 함수를 호출한다.

리스트 6.8의 Draw 함수는 먼저 세계 변환 행렬 uniform을 설정한다. MeshComponent는 소유자 액터의 세계 변환 행렬을 직접 사용하는데, 왜냐하면 SpriteComponent처럼 추가적인 스케일링이 필요하지 않기 때문이다. 다음으로 코드는 메시와 관련된 텍스처와 버텍스 배열을 활성화한다. 마지막으로 glDrawElements는 삼각형을 그린다. 여러 메시는 다양한 크기의 인덱스 버퍼 크기를 가지므로 인덱스 버퍼 크기는 여기서 하드 코딩되지 않았다.

리스트 6.8 MeshComponent::Draw 구현

```
void MeshComponent::Draw(Shader* shader)
{
   if (mMesh)
```

```
    {
        // 세계 변환 설정
        shader->SetMatrixUniform("uWorldTransform",
            mOwner->GetWorldTransform());
        // 활성화될 텍스처 설정
        Texture* t = mMesh->GetTexture(mTextureIndex);
        if (t) { t->SetActive(); }
        // 활성화될 메시의 버텍스 배열 설정
        VertexArray* va = mMesh->GetVertexArray();
        va->SetActive();
        // 메시를 그린다
        glDrawElements(GL_TRIANGLES, va->GetNumIndices(),
            GL_UNSIGNED_INT, nullptr);
    }
}
```

마지막으로 Renderer에는 모든 메시 컴포넌트를 그리는 코드가 필요하다. 프레임 버퍼를 초기화한 후 Renderer는 먼저 깊이 버퍼를 활성화하고 알파 블렌딩은 비활성화한 채로 모든 메시를 그린다. 그 다음에는 모든 스프라이트를 이전과 같은 방식으로 그린다. 모든 것을 그린 후 Renderer는 전면 버퍼와 후면 버퍼를 스왑한다. 리스트 6.9는 메시를 렌더링하는 데 필요한 새롭게 추가된 코드만을 보여준다. 코드는 카메라를 이동시킬 수 있다는 가정하에 뷰-투영 행렬을 프레임마다 재계산한다.

리스트 6.9 Renderer::Draw에서 MeshComponent 그리기

```
// 깊이 버퍼를 활성화하고 알파 블렌딩을 끈다
glEnable(GL_DEPTH_TEST);
glDisable(GL_BLEND);
// 기본 메시 셰이더를 활성화
mMeshShader->SetActive();
// 뷰-투영 행렬 갱신
mMeshShader->SetMatrixUniform("uViewProj", mView * mProjection);
for (auto mc : mMeshComps)
{
    mc->Draw(mMeshShader);
}
```

MeshComponent는 다른 컴포넌트와 마찬가지로 임의의 액터에 붙어 액터의 메시를 그린다. 그림 6.7은 실제로 구와 정육면체 메시를 그린 MeshComponent를 보여준다.

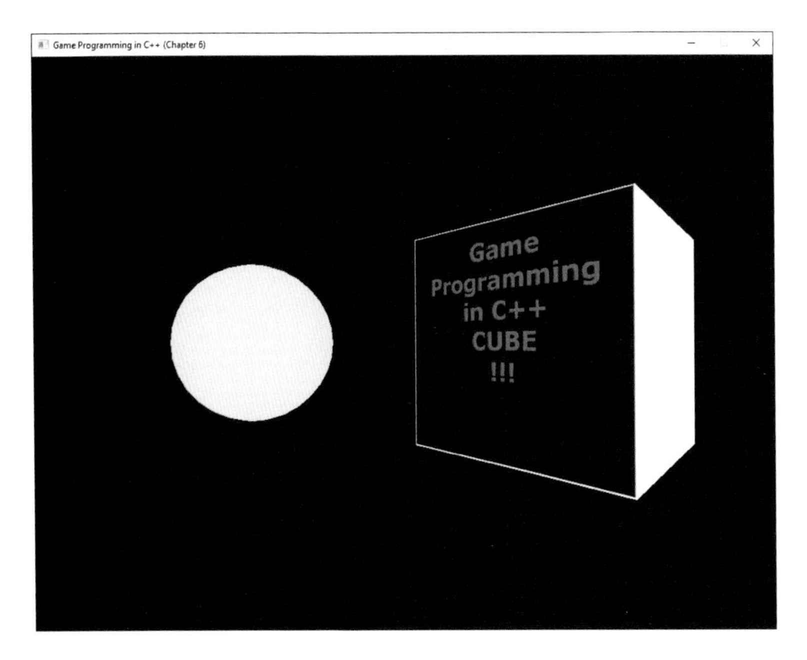

그림 6.7 MeshComponent로 간단한 장면 그리기

조명

지금까지 메시 프래그먼트 셰이더는 픽셀에 대한 최종 색상으로서 텍스처 색상을 직접 사용했다. 그러나 명암이 존재하지 않는다면 장면은 단조롭게 보인다. 태양이나 전구 같은 콘셉트를 근사화하거나 장면에 간단한 다양성을 부여하려면 조명이 필요하다.

버텍스 속성 재검토

조명 메시는 버텍스 위치와 UV 텍스처 좌표를 가진 버텍스 속성보다 더 복잡한 버텍스 속성을 필요로 한다. 조명 메시는 버텍스 법선도 필요하다. 6장 앞부분에서 이 버텍스 속성을 추가하기는 했지만, **버텍스 법선**vertex normal에 대한 개념은 좀 더 설명이 필요하다. 법선은 표면에 수직인 벡터다. 하지만 하나의 점은 표면이 아니므로 뭔가 버텍스 법선은 난센스같이 들린다. 그렇다면 이 점에 대한 법선은 어떻게 만들 수 있겠는가?

그림 6.8(a)처럼 해당 버텍스를 포함하는 삼각형의 법선들 평균을 구하면 버텍스 법선의 계산이 가능하다. 이 방식은 표면이 부드러운 모델에서는 잘 동작하지만 날카로운 모서리를 가지고 있는 모델에서는 잘 동작하지 않는다. 예를 들어 평균화된 버텍스 법선으로 정육면체를 렌더링하면 정육면체의 구석 부분은 둥글게 나타난다.[2] 이 문제를 해결하려면 아티스트는 정육면체의 구석에 여러 개의 버텍스를 만들고, 각 버텍스가 다른 법선을 가지도록 제작해야 한다. 그림 6.8(b)는 이 방식으로 작성된 정육면체를 보여준다.

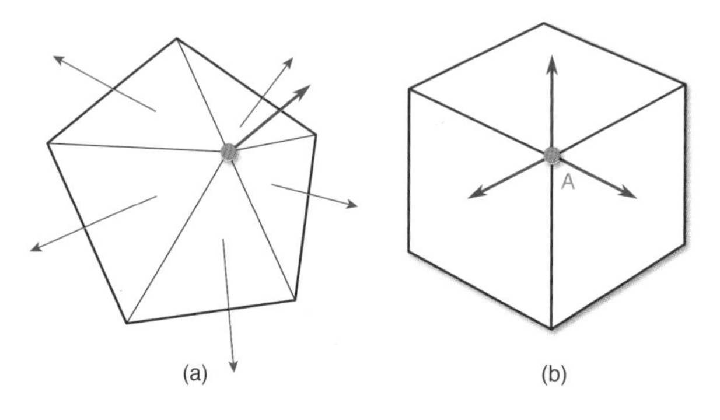

그림 6.8 (a) 평균화된 버텍스 법선. (b) 정육면체상의 버텍스 A는 표면의 법선 3개 중 하나를 사용한다.

프래그먼트 셰이더로 버텍스를 보내면 모든 버텍스 속성이 삼각형에 걸쳐 보간됐다는 걸 떠올리자. 이는 삼각형의 표면에 있는 임의의 모든 픽셀은 삼각형에 있는 3개의 버텍스 법선들로 보간된 법선 값을 가진다는 걸 뜻한다.

광원의 유형

선택할 수 있는 잠재적인 광원은 많지만, 몇 개의 광원 타입만이 3D 게임상에서 지속적으로 사용된다. 일부 광원은 전체 장면에 영향을 미치지만, 다른 광원은 광원 주변의 영역에만 영향을 미친다.

주변광

주변광Ambient Light은 장면에서 모든 단일 오브젝트에 적용되는 균일한 양의 빛이다. 주변광의 양은 하루 중의 시간에 따라, 게임의 여러 레벨에 따라 다를 수 있다. 밤으로 설정된 레벨은 대낮에 설정된 레벨보다 더 어둡고 차가울 것이고, 대낮으로 설정된 레벨은 좀 더 밝고 따뜻한 느낌을 가질 것이다.

주변광은 균일한 양을 제공하므로 오브젝트의 여러 면을 다르게 비춰주지 않는다. 즉 주변광은 장면에 있는 모든 물체의 모든 부분에 균일하게 적용되는 전역적인 빛의 양이다. 아래 그림 6.9(a)처럼 태양이 구름 때문에 빛의 세기가 약해져서 주변을 비슷한 밝기로 비춰주는 상황을 떠올리면 되겠다.

그림 6.9 (a) 자연에서 **주변광의 예 (b) 방향광**

코드에서 주변광의 가장 간단한 표현은 빛의 색상과 세기를 나타내는 RGB 색상값이다. 예를 들어 (0.2, 0.2, 0.2)는 (0.5, 0.5, 0.5)보다 더 어둡다.

방향광

방향광directional light은 특정 방향으로 발산하는 빛이다. 주변광처럼 방향광은 전체 장면에 영향을 미친다. 하지만 방향광은 특정 방향에서 오므로 방향광은 물체의 한쪽 측면을 밝혀주지만, 다른 측면은 어둡게 남겨둔다. 방향광의 한 예로 날씨가 좋을 때의 태양을 들 수 있다. 빛의 방향은 태양이 그날의 어디에 있는지에 달려 있다. 태양을 마주보는 쪽은 밝지만, 등진 쪽은 어둡다. 그림 6.9(b)는 옐로스톤 국립공원Yellowstone

National Park에서의 방향광을 보여준다(게임에서의 그림자는 방향광 그 자체의 속성이 아니며, 추가적인 계산을 통해 그림자를 만든 것이다).

방향광을 사용하는 게임은 전체 레벨에서 보통 태양이나 달을 나타내는 유일한 방향광만을 가진다. 하지만 항상 그렇지만은 않다. 예를 들어 야간의 스포츠 경기장의 광원을 근사하려면 여러 개의 방향광을 사용해야 한다.

코드에서 방향광은 RGB 색상값과(주변광처럼) 빛의 방향을 위한 정규화된 벡터가 필요하다.

점광

점광point light은 특정 점에 존재하며 그 점에서 모든 방향으로 빛을 내뿜는다. 점광은 특정 점에서 시작하므로 점광 또한 물체의 한 측면만 밝힌다. 일반적으로 점광은 빛이 도달해서 영향을 미치는 반경을 가진다. 예를 들어 그림 6.10(a)처럼 어두운 방에 있는 전구를 생각해 보자. 전구 주변에 매우 가까이 있는 영역은 빛이 눈에 보이지만, 거리가 멀어질수록 빛의 세기가 약해져 빛은 점차 소멸한다. 점광은 무한대로 발산하지 않는다.

코드에서 점광은 RGB 색상, 광원의 위치, 광원으로부터 떨어진 거리가 증가할 때 조명값이 얼마나 감소해야 되는지를 결정하는 **감쇄**falloff 반경을 가져야 한다.

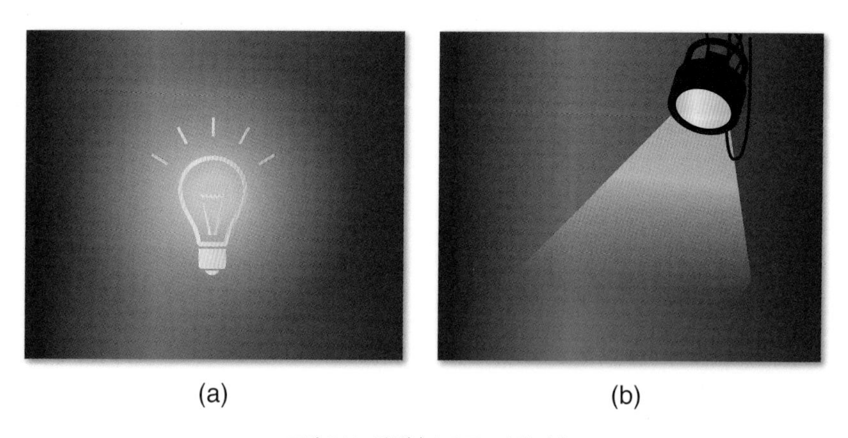

그림 6.10 점광(a)과 스포트라이트(b)

스포트라이트

스포트라이트spotlight는 점광과 유사하지만 점광처럼 모든 방향으로 빛을 내뿜는 대신에 원뿔 형태로 빛을 뿜는다. 스포트라이트를 시뮬레이션하려면 점광의 모든 파라미터 외에 추가적으로 원뿔의 각도가 필요하다. 스포트라이트의 전형적인 예는 극장의 스포트라이트와 어둠 속의 플래시 라이트를 들 수 있다. 그림 6.10(b)는 스포트라이트를 보여준다.

퐁 반사 모델

광원을 시뮬레이션하려면 광원과 관련된 데이터가 필요할 뿐 아니라 광원이 장면에 있는 오브젝트에 얼마나 많은 영향을 미치는지를 계산해야 한다. 광원을 근사하는 검증된 방법으로 **양방향 반사도 분포 함수**BRDF, bidirectional reflectance distribution function가 있다. BRDF는 빛이 표면에서 반사되는 양을 근사하는 함수다. 여러 유형의 BRDF가 존재하지만 많이 쓰이는 고전적 모델 중 하나로 **퐁 반사 모델**Phong reflection model이 있다.

퐁 모델은 빛의 2차 반사를 계산하지 않으므로 제한된 광원 모델이다. 즉 반사 모델은 각 오브젝트를 전체 장면에서 유일한 오브젝트로 여기고 광원을 비춘다. 현실 세계에서는 흰 벽면에 빨간 빛을 비추면 방의 나머지 부분을 불그스럼한 색으로 채울 것이다. 그러나 이러한 형태는 퐁 모델에서는 일어나지 않는다.

퐁 모델은 빛을 3개의 요소로 구분한다.

- 주변 반사ambient
- 난반사diffuse
- 정반사specular

그림 6.11은 이 요소들을 보여준다. 3가지 요소 모두 표면에 영향을 미치는 빛의 색상뿐만 아니라 표면 색상을 고려한다.

주변 반사 요소ambient component는 장면의 전반적인 조명이다. 그러므로 주변 반사 요소는 주변광과 직접 연결하는 것이 좋다. 주변광은 전체 장면에 균등하게 적용되므로 주변 반사 요소는 다른 광원이나 카메라에 대해 독립적이다.

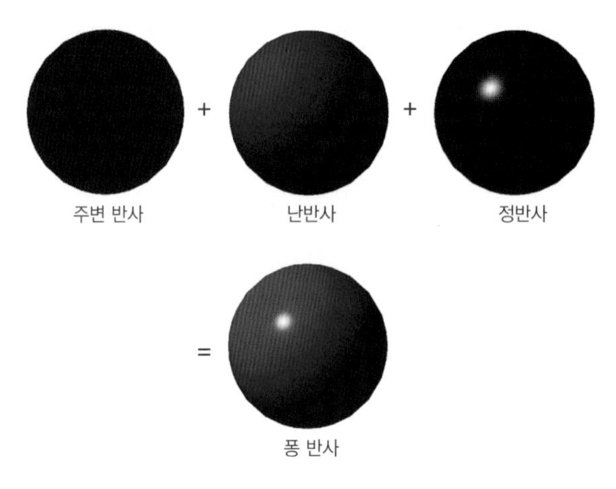

그림 6.11 퐁 반사 모델

난반사 요소diffuse component는 표면으로부터 나오는 빛의 주 반사다. 모든 방향광이나 점광, 또는 스포트라이트가 난반사 요소를 결정한다. 난반사 요소 계산에는 표면의 법선 벡터와 표면에서 광원으로의 벡터가 사용된다. 카메라의 위치는 난반사 요소에 영향을 미치지 않는다.

퐁 모델의 마지막 요소는 **정반사 요소**specular component다. 정반사 요소는 표면의 광택을 근사한다. 광택이 나는 금속 물체처럼 높은 반사도를 가진 오브젝트는 광이 나지 않는 검정색으로 채색된 물체보다 더 밝은 하이라이트를 가진다. 난반사 요소처럼 정반사 요소도 광원 벡터와 표면의 법선 벡터에 의존한다. 그러나 반사도는 카메라의 위치에 따라서도 달라진다. 여러 다른 각도에서 광택이 나는 물체를 바라보면 사람이 지각할 수 있는 반사율이 변화되기 때문이다.

그림 6.12는 측면에서 퐁 반사 모델을 살펴본 것이다. 퐁 반사를 계산하려면 몇몇 변수를 포함한 일련의 계산이 필요하다.

- $\hat{n}$—정규화된 표면 법선 벡터
- $\hat{l}$—표면에서 광원으로의 정규화된 벡터
- $\hat{v}$—표면에서 카메라(눈) 위치로의 정규화된 벡터
- $\hat{r}$—$\hat{n}$에 대한 -$\hat{l}$의 정규화된 반사 벡터
- α—정반사 지수(오브젝트의 광택을 결정)

또한 광원에 대한 색상이 필요하다.

- k_a — 주변 색상
- k_d — 분산 색상
- k_s — 반사 색상

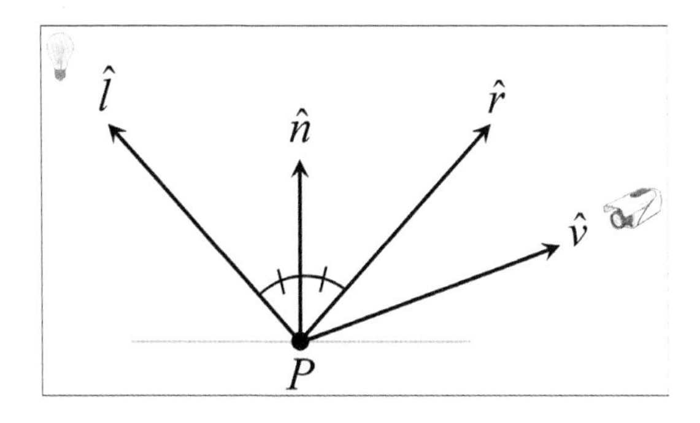

그림 6.12 퐁 반사 계산 다이어그램(스케일되지 않은 벡터)

퐁 반사 모델에서는 표면에 적용된 광원을 다음과 같이 계산한다.

$$Ambient = k_a$$
$$Diffuse = k_d\left(\hat{n}\cdot\hat{l}\right)$$
$$Specular = k_s\left(\hat{r}\cdot\hat{v}\right)^{\alpha}$$
$$Phong = Ambient + \sum_{\forall lights}\begin{cases} Specular + Diffuse & \text{if } \hat{n}\cdot\hat{l} > 0 \\ \text{그렇지 않으면} & 0 \end{cases}$$

난반사와 정반사 요소는 장면에 있는 모든 광원을 이용해서 계산하지만 주변 요소는 하나뿐이다. $\hat{n}\cdot\hat{l}$ 테스트는 광원이 자신을 마주보는 표면에만 영향을 미침을 보증한다.

어쨌든 여기서 설명한 방정식은 장면의 모든 광원에 대한 색상을 산출한다. 표면의 최종 색상은 표면의 색상과 빛의 색을 곱한 값이다. 광원색과 표면색은 RGB 값이므로 각 요소별 곱셈을 사용한다.

보다 복잡한 구현에서는 표면 색상을 별도의 주변 반사, 난반사, 정반사 색상으로 분리한다. 이 구현에서 방정식은 하나의 곱셈이 아닌, 각각 별도의 색상을 곱하도록 변경된다.

남아 있는 한 가지 질문은 얼마나 자주 BRDF를 계산해야 하는 점이다. 일반적으로 3가지 방법이 존재한다.

- 표면마다 한 번씩(플랫 셰이딩[flat shading])
- 버텍스마다 한 번씩(고라우드 셰이딩[Goroud shading])
- 픽셀마다 한 번씩(퐁 셰이딩[Phong shading])

픽셀당 조명이 계산상으로 더 비싸지만 현대 그래픽 하드웨어는 픽셀당 조명을 쉽게 다룰 수 있다. 어떤 게임에서는 미를 살리기 위해서 다른 유형의 셰이딩을 선택하기도 하지만, 6장에서는 픽셀당 조명에만 집중한다.

조명 구현

이 절에서는 게임에 주변광과 방향광을 추가하는 방법을 살펴본다. 주변광과 방향광을 구현하려면 버텍스와 프래그먼트 셰이더의 수정이 필요하다. `BasicMesh.vert/.frag` 셰이더는 새로운 `Phong.vert/.frag` 셰이더의 시작점이다(이 셰이더 코드는 C++이 아니라 GLSL이다). 이 셰이더 코드를 수정해서 모든 메시가 새로운 퐁 셰이더를 사용하도록 변경할 것이다.

조명이 픽셀 단위이므로 퐁 프래그먼트 셰이더는 추가로 몇 개의 uniform이 필요하다.

- 카메라 위치
- 주변광 색상
- 방향광을 위한 몇 개의 변수

리스트 6.10을 보자.

리스트 6.10 Phong.frag 광원 uniform

```
// 방향광을 위한 구조체 정의
struct DirectionalLight
{
    // 방향광
    vec3 mDirection;
    // 난반사 색상
    vec3 mDiffuseColor;
```

```
    // 정반사 색상
    vec3 mSpecColor;
};

// 조명을 위한 uniform
// 세계 공간에서의 카메라 위치
uniform vec3 uCameraPos;
// 주변광
uniform vec3 uAmbientLight;
// 표면에 대한 정반사 지수
uniform float uSpecPower;
// 방향광(지금은 오직 하나)
uniform DirectionalLight uDirLight;
```

DirectionalLight 구조체 선언에 주목하자. GLSL은 C/C++처럼 구조체 선언을 지원한다. 다음으로 C++로 돌아와서 DirectionalLight에 해당하는 구조체를 선언하고 주변광과 방향광에 대한 두 멤버 변수를 Renderer에 추가한다.

glUniform3fv와 glUniform1f 함수는 3D 벡터와 float uniform을 각각 설정한다. Shader에 2개의 새로운 함수 SetVectorUniform와 SetFloatUniform를 만들어서 이 함수들을 호출하자. 이 함수들의 구현은 5장에서 SetMatrixUniform 함수를 구현했을 때와 비슷하다.

```
void Renderer::SetLightUniforms(Shader* shader)
{
   // 카메라 위치는 인버트된 뷰 행렬(역행렬)에서 얻을 수 있다.
   Matrix4 invView = mView;
   invView.Invert();
   shader->SetVectorUniform("uCameraPos", invView.GetTranslation());
   // 주변광
   shader->SetVectorUniform("uAmbientLight", mAmbientLight);
   // 방향광
   shader->SetVectorUniform("uDirLight.mDirection", mDirLight.mDirection);
   shader->SetVectorUniform("uDirLight.mDiffuseColor",
      mDirLight.mDiffuseColor);
   shader->SetVectorUniform("uDirLight.mSpecColor", mDirLight.mSpecColor);
}
```

함수는 uDirLight 구조체의 특정 멤버를 참조하기 위해 . 표기법을 사용한다.

뷰 행렬에서 카메라 위치를 얻어내려면 뷰 행렬의 역행렬을 구해야 한다. 역행렬을 구한 후 네 번째 행의 처음 3요소(GetTranslation 멤버 함수로 반환된다)가 카메라의 세계 공간의 위치에 해당한다.

다음으로 gpmesh 파일 포맷을 갱신해서 specularPower 속성을 가진 메시 표면의 정반사 지수specular power를 지정한다. 그런 다음 이 속성을 읽어들일 수 있도록 Mesh::Load 코드를 갱신한 뒤 메시를 그리기 전에 MeshComponent::Draw에서 uSpecPower uniform을 설정한다.

GLSL로 돌아와서, Phong.vert 버텍스 셰이더는 일부 변경이 필요하다. 카메라 위치와 방향광의 위치는 모두 세계 공간에 있다. 하지만 버텍스 셰이더에서 계산된 gl_Position은 클립 공간에 있다. 표면에서 카메라로 향하는 올바른 벡터를 얻으려면 세계 공간상의 위치가 필요하다. 또한 입력 버텍스 법선은 오브젝트 공간에 있다. 하지만 이 버텍스 법선 또한 세계 공간에서 필요하다. 그래서 버텍스 셰이더는 세계 공간의 법선과 세계 공간의 위치를 계산해서 이 값들을 out 변수를 통해 프래그먼트 셰이더로 보내야 한다.

```
// 세계 공간에서의 법선
out vec3 fragNormal;
// 세계 공간에서의 위치
out vec3 fragWorldPos;
```

그래서 프래그먼트 셰이더의 변수로서 fragNormal과 fragWorldPos를 선언한다. 다음으로 버텍스 셰이더의 메인 함수에서는 리스트 6.11처럼 fragNormal와 fragWorldPos를 계산한다. swizzle이라고 알려진 .xyz 문법은 4D 벡터에서 x, y, z 요소를 추출하고 이 값으로 새로운 3D 벡터를 생성한다. 이 기능은 vec4와 vec3를 효율적으로 변환한다.

코드는 또한 법선을 동차 좌표로 변환해서 세계 변환 행렬과 곱셈이 되도록 한다. 그러나 w 요소는 여기서 1 대신에 0이다. 그 이유는 법선은 위치가 아니라서 법선을 이동시키는 것은 의미가 없기 때문이다. w 요소를 0으로 설정한다는 것은 세계 변환 행렬의 이동 요소가 곱셈으로 인해 0이 된다는 것을 뜻한다.

리스트 6.11 Phong.vert 메인 함수

```
void main()
{
   // 위치를 동차 좌표로 변환
   vec4 pos = vec4(inPosition, 1.0);
   // 위치를 세계 공간상의 위치로 변환
   pos = pos * uWorldTransform;
   // 세계 공간상의 위치를 저장
   fragWorldPos = pos.xyz;
   // 위치를 클립 공간 좌표로 변환
   gl_Position = pos * uViewProj;

   // 법선을 세계 공간상의 법선으로 변환 (w = 0)
   fragNormal = (vec4(inNormal, 0.0f) * uWorldTransform).xyz;

   // 텍스처 좌표를 프래그먼트 셰이더로 전달
   fragTexCoord = inTexCoord;
}
```

리스트 6.12의 프래그먼트 셰이더는 이전 절의 방정식에서 설명한 대로 퐁 반사 모델을 계산한다. fragNormal 법선은 정규화된다는 것에 주목하자. OpenGL이 삼각형의 전 표면에 걸쳐 해당 픽셀의 법선 벡터를 얻기 위해 삼각형에 있는 버텍스의 법선 벡터들을 보간하는데, 보간의 각 단계에서 두 정규화된 벡터를 보간할 시 그 결과는 정규화된 벡터를 보장해주지 않기 때문이다. 따라서 보간을 통해 얻은 벡터는 재정규화돼야 한다.

방향광은 한 방향으로 발산하므로 표면에서 광원으로 향하는 벡터는 광원 벡터를 반전시키면 된다. 프래그먼트 셰이더는 몇 가지 새로운 GLSL 함수를 사용한다. dot 함수는 내적을 계산하며 reflect는 반사 벡터를 계산한다. max는 두 값 중 최대값을 선택하며 pow는 지수값을 계산한다. clamp 함수는 벡터에 전달된 각 요소의 값을 지정된 범위값으로 제한한다. 이번 경우에서 유효한 조명값은 0.0(빛 없음)에서부터 1.0(해당 색상의 최대 조명)까지다. 최종 색은 텍스처 색상과 퐁 광원의 곱이다.

R과 V의 내적이 음수라면 비정상적인 경우가 발생한다. 이 경우에는 정반사 요소가 음수라서 장면으로부터 빛을 없애버릴 수 있다. max 함수 호출은 내적이 음수라면 0을 선택하기 때문에 이 문제를 막아준다.

리스트 6.12 Phong.frag 메인 함수

```
void main()
{
   // 표면 법선
   vec3 N = normalize(fragNormal);
   // 표면에서 광원으로의 벡터
   vec3 L = normalize(-uDirLight.mDirection);
   // 표면에서 카메라로 향하는 벡터
   vec3 V = normalize(uCameraPos - fragWorldPos);
   // N에 대한 -L의 반사
   vec3 R = normalize(reflect(-L, N));

   // 퐁 반사 계산
   vec3 Phong = uAmbientLight;
   float NdotL = dot(N, L);
   if (NdotL > 0)
   {
      vec3 Diffuse = uDirLight.mDiffuseColor * NdotL;
      vec3 Specular = uDirLight.mSpecColor *
      pow(max(0.0, dot(R, V)), uSpecPower);
      Phong += Diffuse + Specular;
   }

   // 최종색은 텍스처 색상 곱하기 퐁 광원 (알파값 = 1)
   outColor = texture(uTexture, fragTexCoord) * vec4(Phong, 1.0f);
}
```

그림 6.13은 그림 6.7의 구와 정육면체에 퐁 셰이더를 사용해서 광원을 적용한 결과를 보여준다.

- **주변광**—어두운 회색(0.2, 0.2, 0.2)
- **방향광 방향**—아래, 왼쪽(0, −0.7, −0.7)

- **방향광 난반사 색상** — 녹색(0, 1, 0)
- **방향광 정반사 색상** — 밝은 녹색(0.5, 1, 0.5)

그림 6.13에서 구의 정반사 지수는 10.0을 설정했고, 정육면체의 정반사 지수는 100.0f로 지정해서 구가 정육면체보다 더 광택이 나게 했다.

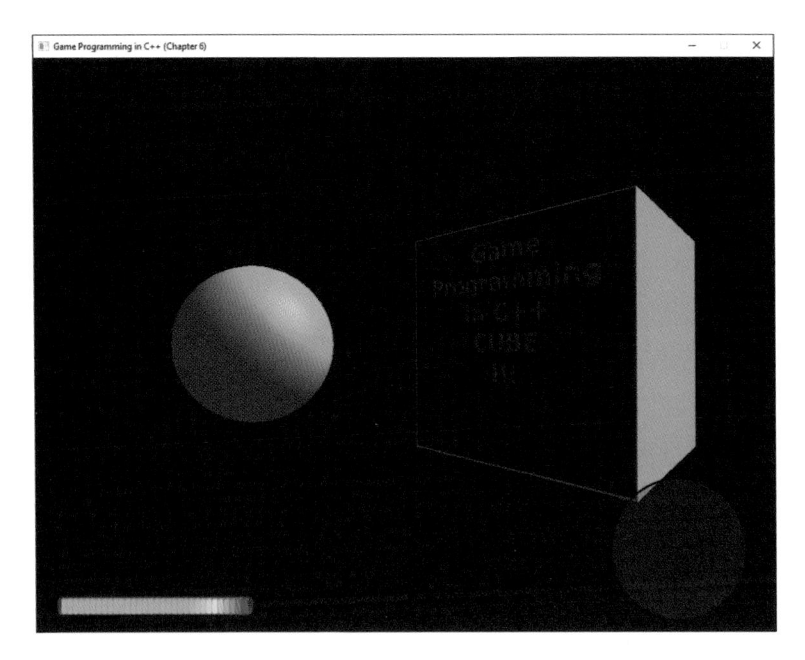

그림 6.13 퐁 셰이더가 적용된 장면

게임 프로젝트

6장의 게임 프로젝트는 앞에서 설명했던 대부분의 주제를 구현했다.

- 메시 로딩
- MeshComponent
- 퐁 셰이더

그림 6.14는 6장 게임 프로젝트의 최종 버전을 보여준다. 코드는 책의 깃허브 저장소의 Chapter06 디렉토리에서 이용할 수 있다. 윈도우 운영체제에서는 Chapter06-windows.sln을 열고 맥에서는 Chapter06-mac.xcodeproj을 실행하자.

Game의 LoadData 함수는 세계에 있는 다양한 액터들을 인스턴스화한다. 그리고 심플하게 구현된 CameraActor는 카메라가 세계에서 이동 가능하게 해준다. 앞뒤로 이동하기 위해 W키와 S키를 사용하고 회전하기 위해 A키와 D키를 사용하자(9장에서는 보다 복잡한 카메라를 설명한다. 현재의 카메라는 1인칭 카메라의 간단한 버전이다).

체력이나 레이더 같은 화면상의 스프라이트 요소는 현재 동작하지 않는다. 화면상의 스프라이트는 단지 스프라이트 렌더링이 여전히 잘 동작한다는 걸 보여주기 위해 화면상에 출력했을 뿐이다. 11장 '유저 인터페이스'에서는 다양한 UI 기능을 구현하는 방법을 살펴볼 것이다.

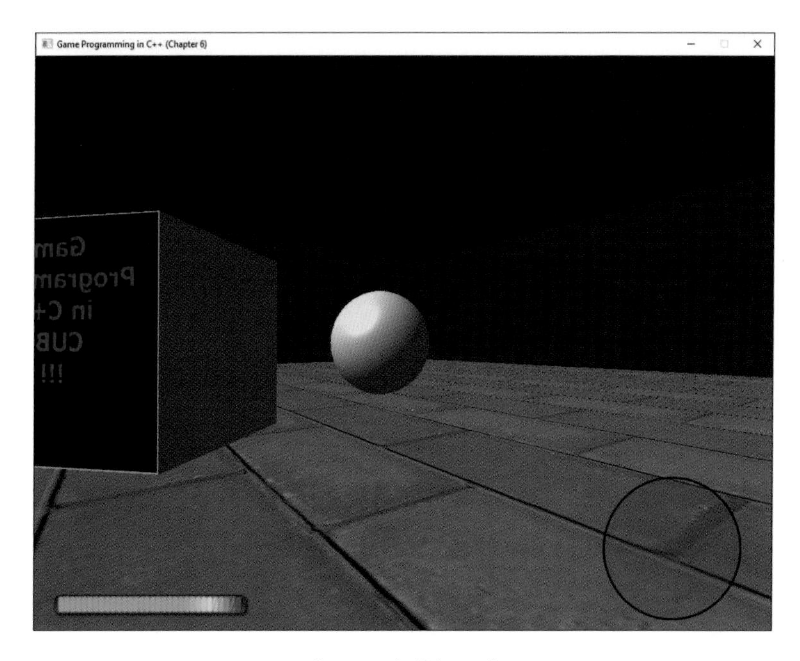

그림 6.14 6장 게임 프로젝트

요약

6장에서는 2D 게임 세계를 3D 게임 세계로 전환하는 과정을 설명했다. 액터는 이제 3D 위치와 임의의 축에서의 회전을 위한 쿼터니언을 가진다.

3D 장면에서는 또한 좀 더 복잡한 뷰-투영 행렬을 필요로 한다. look-at 행렬의 사용은 뷰 행렬을 생성하는 데 선호되는 방법이다. 투영 행렬은 직교 행렬 또는 원근 행렬을 사용하지만 원근 투영이 장면에 깊이를 부여한다. 3D 게임은 또한 어떤 픽셀이 화면에 보일지를 결정하기 위해 화가 알고리즘을 사용하지 않고 z 버퍼링을 사용한다.

심플한 gpmesh 파일 포맷은 복잡한 파일 포맷의 쓸모없는 데이터를 제거했으며, 실행 시 3D 모델에 대한 인덱스 버퍼와 버텍스 버퍼를 생성하는 데 충분한 정보를 포함한다. `MeshComponent` 클래스는 모든 액터에 붙을 수 있으며, 셰이더를 통해 3D 메시 렌더링이 구현된다.

게임에서는 여러 종류의 광원을 사용할 수 있다. 주변광과 방향광은 전체 장면에 영향을 미치는 반면 점광과 스포트라이트는 오직 특정 지역에만 영향을 미친다. 조명이 장면에 얼마나 영향을 미치는지를 근사하는 한 가지 방법은 퐁 반사 모델을 사용하는 것이다. 퐁 반사 모델은 주변 반사, 난반사, 정반사의 3가지 구성 요소를 가진다.

추가 독서

렌더링은 게임 프로그래밍에서 고도로 전문화된 분야이며, 렌더링에 능숙하려면 수학에 대한 강력한 기초가 필요하다. 이용할 수 있는 우수한 자료는 많다. 다소 오래된 내용도 있지만 토마스 아케닌-몰러Thomas Akenine-Moller의 책은 렌더링 프로그래머를 위한 인기 있는 참고 자료이며, 업데이트된 네 번째 에디션이 곧 발간된다. 이 책에서는 비록 OpenGL을 사용하지만 대체할 수 있는 API가 존재한다. PC나 Xbox의 경우에는 DirectX API가 독점하고 있다. 프랭크 루나Frank Luna의 서적은 DirectX 11을 사용하는 방법을 설명한다. 마지막으로 매트 파Matt Pharr의 서적은 물리 기반 렌더링이라는 사실적인 광원 테크닉을 위한 훌륭한 지침서다.

- Akenine-Moller, Thomas, Eric Haines, and Naty Hoffman. *Real-Time Rendering*, 3rd edition. Natick: A K Peters, 2008.
- Luna, Frank. *Introduction to 3D Game Programming with DirectX 11*. Dulles: Mercury Learning and Information, 2012.
- Pharr, Matt, Wenzel Jakob, and Greg Humphreys. *Physically Based Rendering: From Theory to Implementation*, 3rd edition. Cambridge: Elsevier, 2017.

연습

6장의 연습에서는 기존 게임 프로젝트에 개선 사항을 추가하는 것을 목표로 한다. 첫 번째 연습에서는 여러 셰이더로 다양한 메시 렌더링 지원을 추가해본다. 두 번째 연습에서는 점광을 추가해서 게임상의 광원에 유연성을 크게 증가시켜본다.

연습 6.1

메시 렌더링 코드를 수정해서 여러 셰이더로 다양한 메시를 그리도록 구현한다. 이를 위해서는 맵에 여러 셰이더의 저장하고, 각 셰이더에 자신만의 uniform이 제대로 설정됐는지를 검증하는 작업이 필요하다.

하지만 셰이더 간 빈번한 전환은 비효율적이다. 이 문제를 해결하고자 해당 셰이더별로 메시 컴포넌트를 그룹화하자. 예를 들어 BasicMesh 셰이더로 그려지는 10개의 메시가 있고 퐁 셰이더로 그려지는 5개의 메시가 있다면 코드는 두 셰이더 간 반복적으로 왔다갔다 해서는 안 된다. 대신에 먼저 BasicMesh를 사용하는 메시를 모두 그리고 그 다음에 퐁을 사용하는 모든 메시를 그리자.

이를 테스트하기 위해 gpmesh 파일을 수정해서 일부는 BasicMesh로 그리고, 일부는 Phong으로 그린다. gpmesh 파일은 JSON이기 때문에 파일 편집은 어떤 편집기에서도 가능하다.

연습 6.2

점광은 제한된 반경에서만 영향을 미치며, 이런 광원은 장면 여러 곳에 배치될 수 있다. 퐁 셰이더를 수정해서 장면상에서 최대 4개의 점광을 지원하도록 구현해본다. 방향광에 대한 구조체처럼 점광에 대한 구조체를 만든다. 이 구조체에는 광원의 위치와 난반사 색상, 정반사 색상, 정반사 지수, 그리고 영향을 미치는 반경 범위가 필요하다. 그런 다음 uniform으로써 점광 배열을 생성한다(배열은 C/C++처럼 GLSL에서도 동작한다).

퐁 방정식은 정반사와 난반사에 대해 모든 광원을 고려해야 한다는 것을 제외하면 동일하다. 또한 점광은 픽셀이 빛의 영향 반경 이내에 있을 경우에만 계산돼야 한다. 이를 테스트하고자 여러 점광을 여러 가지 색상으로 다양한 위치에서 생성한다.

7장

오디오

간혹 간과되지만 오디오는 게임에서 중요한 역할을 차지한다. 게임 플레이 상황에 대한 오디오 신호를 제공한다든지 게임의 전반적인 분위기를 강화하는 역할 등 퀄리티 높은 사운드는 게임에 많은 생명력을 부여한다.

7장에서는 오디오 관련 강력한 기능을 제공하는 FMOD API를 활용해서 단순히 사운드 파일을 플레이하는 것 이상의 오디오 시스템을 구축하는 방법을 살펴본다. 여기서는 효과음 추가, 사운드 믹싱, 위치 기반 3D 오디오 추가, 사운드 이벤트 사용에 관한 주제를 다룰 것이다.

오디오 구축하기

가장 기본적인 오디오 시스템은 필요에 따라 WAV나 OGG 파일 같은 독립실행형 사운드 파일을 로드하고 재생한다. 이런 접근법은 간단한 2D 게임에서는 완벽히 수용되겠지만, 이 정도로는 한계가 있다. 대부분의 싱글 게임에서는 하나의 사운드 파일만을 갖고 있지는 않다. 게임에 주변을 돌아다니는 캐릭터가 있다고 가정하자. 캐릭터의 발이 땅에 부딪칠 때마다 발자국 소리를 재생해야 한다. 반복적으로 재생하는 발자국 소리 사운드 파일이 오직 하나뿐이라면 이 소리만 계속해서 반복될 것이다.

적어도 하나의 발자국 소리 사운드 파일보다는 다양성을 위해 10개의 여러 사운드 파일이 있다면 좋을 것이다. 플레이어가 걸을 때마다 게임은 랜덤하게 이 10개의 발자국 소리 사운드 파일 중 하나를 선택할 것이다. 또는 플레이어는 다양한 표면 위를 걸을 수 있는데 잔디를 걸을 때의 발소리는 콘크리트 위에서의 발자국 소리와는 다르게 들려야 할 것이다. 이 경우 게임은 플레이어가 걷고 있는 표면을 기반으로 발자국 소리를 정확히 선택하는 방법이 필요하다.

또 다른 고려 사항으로 게임은 제한된 수의 사운드만 동시에 플레이할 수 있다는 걸 들 수 있다. **사운드 채널**channel을 사용하면 재생 중인 사운드를 추적할 수 있는데, 채널 수는 제한을 가진다. 임의의 시간에 화면상에 몇몇 적이 있는 게임을 상상해보자. 각 적이 개별적으로 발자국 소리를 내면 플레이어의 귀를 완전히 뒤덮을 뿐 아니라 이용 가능한 모든 채널을 차지할 수 있다. 적을 공격하는 플레이어 캐릭터의 특정 사운드는 적의 발자국 소리보다 훨씬 더 중요하다. 따라서 사운드는 다양한 우선순위를 가져야 한다.

이제 벽난로가 있는 3D 게임을 고려해보자. 그리고 플레이어 캐릭터가 게임 세계를 이동할 때 벽난로 소리가 모든 스피커에서 같은 볼륨 레벨로 재생된다고 상상해보자. 플레이어가 벽난로 바로 옆에 서 있거나 수백 미터 떨어져 있어도 소리는 동일하게 들린다. 이 상황은 매우 비현실적이다. 게임은 플레이어와 벽난로 사이의 거리를 고려해서 이 거리를 기반으로 볼륨을 계산하는 작업이 필요하다.

그래서 게임이 오디오를 플레이하기 위해 사운드 파일을 필요로 한다 하더라도 이러한 사운드를 올바르게 재생하려면 추가적인 정보가 필요하다. 이상적으로 어떤 사운드가 '올바른' 것인지에 대해서는 오디오 프로그래머가 판단해서는 안 된다. 특별한 모델링 프로그램으로 3D 아티스트가 모델을 만드는 것과 마찬가지로 사운드 디자이너는 자신만의 스킬 세트용으로 설계된 외부 도구를 사용해서 동적 사운드를 생성한다.

FMOD

파이어라이트 테크놀로지스Firelight Technologies가 제작한 FMOD(https://fmod.com)는 비디오 게임에서 인기 있는 사운드 엔진 중 하나다. FMOD는 윈도우, 맥, 리눅스, iOS, 안드로이드, HTML5, 그리고 최신 콘솔을 포함한 대부분의 게임 플랫폼을 지원한다. FMOD의 현재 버전에는 별도의 두 컴포넌트가 있다.

- FMOD 스튜디오: 사운드 디자이너를 위한 외부 저작 툴
- FMOD APIapplication programming interface: FMOD를 사용하는 게임에 제공되는 API

FMOD 스튜디오 툴은 사운드 디자이너에게 강력한 기능을 제공해 주며 앞에서 언급했던 수많은 기능의 구현을 가능하게 해준다. **사운드 이벤트**sound event는 하나 이상의 사운드 파일과 연결할 수 있으며, 이러한 사운드 이벤트는 동작을 동적으로 조정할 수 있는 **파라미터**parameter를 가진다. FMOD 스튜디오는 또한 디자이너가 다양한 소리를 믹싱하는 방법을 제어 가능하게 해준다. 예를 들어 디자이너는 음악과 사운드 효과음을 별도의 트랙에 놓고 트랙의 볼륨을 개별적으로 조정할 수 있다.

노트

7장에서는 FMOD 스튜디오를 사용하는 방법은 다루지 않는다. 하지만 공식 FMOD 웹사이트에는 이용할 수 있는 훌륭한 참조 문서가 많이 있다. 관심 있는 독자들을 위해 7장의 오디오 콘텐츠에 사용된 FMOD 스튜디오 프로젝트를 깃허브 저장소의 FMODStudio/Chapter07 디렉토리에 올려두었다.

FMOD API는 두 부분으로 구성된다. FMOD 로우 레벨 API는 FMOD의 토대에 해당한다. FMOD 저수준 API는 사운드를 로드하고 연주하며 채널을 관리하는 기능을 포함한다. 또한 3D 환경에서 사운드를 갱신하거나 사운드에 디지털 효과음을 추가하는 등의 기능도 포함하고 있다. 저수준 API를 그대로 사용하면 문제는 없지만, 그 경우 FMOD 스튜디오에서 생성한 모든 이벤트는 사용할 수 없다. FMOD 스튜디오에 대

한 지원은 FMOD 스튜디오 API를 요구한다. 이 API는 FMOD 저수준 API에 기반을 둔다. 하지만 FMOD 스튜디오 API를 사용한다고 해서 오디오 프로그래머가 저수준 API에 접근할 수 없는 것은 아니다. 대부분의 경우 7장은 FMOD 스튜디오 API를 사용한다.

FMOD 설치

FMOD의 라이선스 조항 때문에 깃허브에 있는 책의 소스 코드에는 FMOD 라이브러리와 헤더 파일을 포함하고 있지 않다. 다행히 FMOD는 무료로 다운받을 수 있으며, 상용 프로젝트에도 매우 우호적인 라이선스 조항을 가지고 있다(자세한 내용은 FMOD 사이트를 참조하자). FMOD 라이브러리를 다운로드하기 위해 FMOD 사이트(https://fmod.com)에 접속한 다음, 계정을 생성한다.

FMOD 웹사이트 계정이 이미 있거나 생성했다면 다운로드 링크를 클릭하자. 여기서는 FMOD Engine에 대한 다운로드를 찾는다. Older 버튼을 누른 다음 드롭다운 박스에서 버전 1.09.09를 선택했는지 확인하자(1.10.x 버전이나 상위 버전은 7장의 코드에서 동작하지 않는다). 다음으로 윈도우 환경에서 개발하고 있다면 윈도우를 선택하고 맥에서 개발하고 있다면 맥을 선택한다.

윈도우에서는 설치 프로그램을 실행하고 기본 설치 디렉토리를 선택한다. 다른 디렉토리를 선택하면 즉시 사용할 수는 없다. 왜냐하면 비주얼 스튜디오 프로젝트 파일이 기본 디렉토리를 직접 가리키고 있기 때문이다. 그러나 FMOD API를 다른 디렉토리에 설치하고 싶다면 비주얼 스튜디오 프로젝트 파일을 변경하면 된다(비주얼 스튜디오 프로젝트 파일의 포함 디렉토리, 라이브러리 디렉토리, 그리고 DLL 파일을 실행 디렉토리로 복사하는 '빌드 후 이벤트'를 변경해야 한다).[1]

맥에서 FMOD API를 설치하려면 DMG 패키지 파일을 다운로드해야 한다. 이 패키지 파일을 열고 이 파일의 모든 콘텐츠를 책의 소스 코드가 복사된 곳에 있는 `External/FMOD` 디렉토리로 복사한다. 복사한 후 폴더 구성은 `External/FMOD/FMOD Programmers API` 디렉토리로 끝나야 한다.

1 FMOD 최신 버전을 설치해서 게임 프로젝트를 빌드하면 정상적으로 컴파일되지 않지만, 몇몇 API 이름을 수정하면 빌드가 가능하다. 하지만 기본 헤더 등의 경로가 변경됐기에 최신 버전을 사용하려면 여기에 언급된 프로젝트 속성들을 전부 수정해야 한다. – 옮긴이

설치가 제대로 됐는지를 확인하기 위해 PC상에서는 Chapter07/Chapter07Windows.sln 파일을 열고 맥에서는 Chapter07-mac.xcodeproj을 열어서 코드가 제대로 컴파일되고 실행이 되는지를 확인하자.

> **노트**
>
> 8장 '입력 시스템'만 제외하고 7장 이후의 모든 장에서는 7장의 오디오 코드를 사용한다. 따라서 FMOD를 제대로 설치하는 것이 중요하다. 그렇지 않으면 이어지는 장의 모든 프로젝트를 제대로 실행할 수 없을 것이다.

오디오 시스템 생성

Renderer 클래스가 Game 클래스와는 별도로 구성된 것처럼 오디오를 다루는 새로운 AudioSystem 클래스를 작성하는 것이 바람직하다. 별도의 AudioSystem 클래스 작성은 FMOD API 호출이 코드 전반에 걸쳐 있지 않게 해준다.

리스트 7.1은 AudioSystem의 초기 선언을 보여준다. Initialize, Shutdown, 그리고 Update 함수의 선언은 현시점에서 표준을 지키고 있다. 멤버 변수는 저수준 API 시스템뿐만 아니라 FMOD 스튜디오 시스템에 대한 포인터를 포함한다. 대부분의 경우에서 mSystem 포인터를 사용하겠지만, 이 포인터 목록에는 mLowLevelSystem도 포함한다.

리스트 7.1 초기 AudioSystem 클래스 선언

```
class AudioSystem
{
public:
   AudioSystem(class Game* game);
   ~AudioSystem();

   bool Initialize();
   void Shutdown();
   void Update(float deltaTime);
private:
   class Game* mGame;
   // FMOD 스튜디오 시스템
```

```
    FMOD::Studio::System* mSystem;
    // FMOD 저수준 시스템 (거의 접근할 일은 없음)
    FMOD::System* mLowLevelSystem;
};
```

헤더 파일 fmod_studio.hpp은 FMOD 스튜디오 API 타입을 정의한다. 하지만 이 파일을 포함하지 않기 위해 AudioSystem.h에서는 FMOD 타입에 대한 전방 선언을 한다. 이렇게 하면 AudioSystem.cpp에만 FMOD 헤더를 포함하면 된다.

AudioSystem::Initialize에서 다루는 FMOD 초기화는 몇 가지 단계가 필요하다. 먼저 에러에 대한 로깅을 설정하기 위해 Debug_Initialize 함수를 호출한다.

```
FMOD::Debug_Initialize(
    FMOD_DEBUG_LEVEL_ERROR, // 에러일 경우에만 로그를 남긴다
    FMOD_DEBUG_MODE_TTY // stdout으로 로그 출력
);
```

Debug_Initialize의 첫 번째 파라미터는 로깅 메시지의 로깅 레벨 수준을 제어한다(기본 로깅은 매우 자세하게 로그를 남긴다). 두 번째 파라미터는 로그 메시지를 쓸 위치를 지정한다. 이번 경우, 로그 메시지는 stdout에 쓴다. 또한 커스텀 디버그 코드가 있는 게임에서는 FMOD 로그 메시지 출력을 커스텀 콜백 함수에서 처리하도록 선언하는 것도 가능하다.

노트

디버그 로깅 메시지의 초기화는 7장의 경우처럼 FMOD 로깅 빌드를 사용하는 경우에만 관련이 있다. 에러 로깅을 활성화하면 개발 기간 동안에는 매우 유용하지만, 출시된 게임 버전에서는 로깅을 포함해서는 안 된다.

다음으로 아래 코드로 FMOD 스튜디오 시스템의 인스턴스를 생성한다.

```
FMOD_RESULT result;
result = FMOD::Studio::System::create(&mSystem);
```

```
if (result != FMOD_OK)
{
   SDL_Log("Failed to create FMOD system: %s",
      FMOD_ErrorString(result));
   return false;
}
```

함수는 반환값으로 FMOD_RESULT를 리턴한다. FMOD 함수는 항상 결괏값을 반환해서 호출자에게 FMOD 함수 호출 결과를 알려준다. FMOD_ErrorString 함수는 에러 코드를 가독성 있는 메시지로 변환한다. AudioSystem::Initialize는 FMOD 시스템 생성에 실패하면 false를 리턴한다.

시스템을 생성한 후 다음 단계는 FMOD 시스템의 initialize 함수를 호출하는 것이다.

```
result = mSystem->initialize(
   512,                      // 동시에 출력할 수 있는 사운드의 최대 갯수
   FMOD_STUDIO_INIT_NORMAL, // 기본 설정 사용
   FMOD_INIT_NORMAL,         // 기본 설정
   nullptr                   // 대부분 nullptr
);
// result == FMOD_OK 인지 검증…
```

여기서 첫 번째 파라미터는 최대 채널수를 지정한다. 다음 두 파라미터는 FMOD 스튜디오와 FMOD 저수준 레벨 API의 동작을 조정한다. 지금은 기본 파라미터를 사용한다. 추가적인 드라이버 데이터를 사용하려는 경우 마지막 파라미터를 사용할 수 있지만, 일반적으로는 사용되지 않기에 이 파라미터는 nullptr로 지정한다.

노트

FMOD는 멤버 함수가 소문자로 시작하는 네이밍 컨벤션(naming convention)을 사용한다. 이 부분은 이 책의 네이밍 컨벤션과 다르다. 이 책에서는 멤버 함수의 첫 문자로 대문자를 사용한다.

마지막으로 초기화를 완료한 다음 저수준 시스템 포인터를 얻어서 저장한다.

```
mSystem->getLowLevelSystem(&mLowLevelSystem);
```

AudioSystem의 Shutdown와 Update 함수에서는 각각 하나의 함수 호출을 하도록 작성한다. Shutdown 함수는 mSystem->release( )를 호출하고, Update 함수는 mSystem->update( )를 호출한다. FMOD는 프레임마다 한 번씩 update 함수 호출을 요구한다. 이 함수는 3D 오디오 계산 갱신과 같은 작업을 수행한다.

이제 Renderer처럼 Game에 AudioSystem 포인터를 멤버 변수로 추가하자.

```
AudioSystem* mAudioSystem;
```

그런 다음 Game::Initialize에서 객체를 생성하고 mAudioSystem->Initialize( )를 호출한다. 그리고 UpdateGame에서는 mAudioSystem->Update(deltTime)을 호출하고 Shutdown에서는 mAudioSystem->Shutdown을 호출한다.

Game::GetAudioSystem 함수는 편의를 위해 구현했으며, AudioSystem 포인터를 반환한다.

앞에서 언급한 함수들을 통해 이제 FMOD는 초기화되고 업데이트 가능해졌다. 물론 아직까지는 아무런 소리도 들리지 않는다.

뱅크와 이벤트

FMOD 스튜디오에서 **이벤트**event는 게임에서 재생하는 사운드에 해당한다. 이벤트는 여러 개의 관련 사운드 파일과 파라미터, 이벤트 타이밍에 대한 정보 등을 가진다. 게임에서는 사운드 파일을 직접 재생하기보다는 이 이벤트를 통해서 사운드 파일을 재생한다.

뱅크bank는 이벤트나 샘플 데이터, 그리고 스트리밍 데이터를 담고 있는 컨테이너다. **샘플 데이터**sample data는 이벤트가 참조하는 원본 오디오 데이터다. 이 데이터는 사운드 디자이너가 FMOD 스튜디오로 임포트한 사운드 파일(WAV, OGG 파일 같은)에서 가져온다. 런타임 시 샘플 데이터는 미리 로드되거나 필요에 따라 로드된다. 그래서 이벤트는 관련 샘플 데이터가 메모리에 존재하기 전까지는 재생할 수 없다. 스트리밍 데이터는 한 번에 작은 크기로 메모리로 스트림되는 샘플 데이터다. **스트리밍 데이터** streaming data를 사용하는 이벤트는 데이터를 미리 로드할 필요 없이 사운드 재생이 가능하다. 일반적으로 음악 및 대화 파일이 스트리밍 데이터로 사용된다.

사운드 디자이너는 FMOD 스튜디오에서 한 개 이상의 뱅크를 생성해야 한다. 그리고 게임은 이 뱅크들을 런타임 시 로드한다. 게임이 뱅크를 로드하고 나면 이 뱅크 내부에 포함된 이벤트의 접근이 가능해진다.

FMOD는 이벤트와 관련된 2개의 클래스를 가진다. EventDescription 클래스는 샘플 데이터, 볼륨 설정, 파라미터 등 이벤트와 관련된 정보를 포함한다. EventInstance 클래스는 이벤트의 활성화된 인스턴스다. 그리고 이벤트를 재생한다. 다시 말해서 EventDescription은 이벤트의 타입과 같으며 EventInstance는 타입의 인스턴스라고 할 수 있겠다. 예를 들어 폭발 이벤트가 있다면 전역적으로 하나의 EventDescription을 가질 것이다. 하지만 활성화된 폭발 인스턴스의 수에 따라 EventInstance는 여러 개가 된다.

로드된 뱅크와 이벤트를 사용하기 위해 AudioSystem의 private 데이터에 2개의 맵을 추가한다.

```
// 로드된 뱅크를 관리하는 맵
std::unordered_map<std::string, FMOD::Studio::Bank*> mBanks;
// 이벤트 이름과 EventDescription 맵
std::unordered_map<std::string, FMOD::Studio::EventDescription*> mEvents;
```

두 맵에는 키값으로 문자열을 가진다. mBanks에서 문자열은 뱅크의 파일 이름이다. 그리고 mEvents에서 문자열은 이벤트를 위해 FMOD가 할당한 이름이다. FMOD 이벤트는 경로 형식으로 이름을 가진다. 예를 들면 event:/Explosion2D와 같은 형식을 취한다.

뱅크 로딩과 언로딩

뱅크를 로딩하려면 mSystem 객체에서 loadBankFile 함수를 호출해야 한다. 그러나 이 함수를 호출한다고 해서 샘플 데이터를 로드하는 것은 아니며, 이벤트와 관련된 부분에 쉽게 접근할 수 있는 것도 아니다. 리스트 7.2에서 보여주듯이 loadBankFile 함수 하나만을 호출하기보다는 좀 더 많은 일을 하는 LoadBank라는 새로운 함수를 AudioSystem에 작성해두면 좋다. 뱅크가 로드되면 mBanks 맵으로 뱅크를 추가한다. 그런 다음 뱅크에 대한 샘플 데이터를 로드한다. 그리고 getEventCount와 getEventList를 사용해서 뱅크에 있는 모든 이벤트 디스크립션description에 관한 리스트를 얻자. 마지막으로 이 각각의 이벤트에 쉽게 접근할 수 있도록 mEvents 맵에 추가한다.

리스트 7.2 AudioSystem::LoadBank 구현

```
void AudioSystem::LoadBank(const std::string& name)
{
   // 두 번 로딩되지 않게 한다
   if (mBanks.find(name) != mBanks.end())
   {
      return;
   }
   // 뱅크 로드
   FMOD::Studio::Bank* bank = nullptr;
   FMOD_RESULT result = mSystem->loadBankFile(
      name.c_str(), // 뱅크의 파일 이름
      FMOD_STUDIO_LOAD_BANK_NORMAL, // 일반적인 방식으로 로딩
      &bank // 뱅크 포인터 저장
   );

   const int maxPathLength = 512;
   if (result == FMOD_OK)
   {
      // 뱅크를 맵에 추가
      mBanks.emplace(name, bank);
      // 스트리밍 형식이 아닌 모든 샘플 데이터를 로드
      bank->loadSampleData();
      // 뱅크의 이벤트를 수를 얻는다
      int numEvents = 0;
      bank->getEventCount(&numEvents);
      if (numEvents > 0)
      {
```

```
            // 뱅크에서 이벤트 디스크립션 리스트를 얻는다
            std::vector<FMOD::Studio::EventDescription*> events(numEvents);
            bank->getEventList(events.data(), numEvents, &numEvents);
            char eventName[maxPathLength];
            for (int i = 0; i < numEvents; i++)
            {
               FMOD::Studio::EventDescription* e = events[i];
               // event:/Explosion2D 같은 이벤트의 경로를 얻는다
               e->getPath(eventName, maxPathLength, nullptr);
               // 이벤트를 맵에 추가한다
               mEvents.emplace(eventName, e);
            }
         }
      }
   }
```

비슷하게 AudioSystem::UnloadBank 함수를 구현한다. 이 함수는 처음에 mEvents 뱅크에서 뱅크의 모든 이벤트를 제거한다. 그리고 뱅크를 언로드하고 mBanks 맵에서 뱅크를 제거한다.

손쉬운 정리를 위해 AudioSystem::UnloadAllBanks 함수를 작성한다. 이 함수는 모든 뱅크를 언로드하며 mEvents와 mBanks를 정리한다.

모든 FMOD 스튜디오 프로젝트는 "Master Bank.bank"와 "Master Bank.strings.bank"라는 2개의 기본 뱅크 파일을 가진다. FMOD 스튜디오 라이브러리는 런타임 시에 두 마스터 뱅크를 먼저 로드하지 않았다면 다른 뱅크나 이벤트에 액세스할 수 없다. 마스터 뱅크는 항상 존재하므로 다음 코드처럼 AudioSystem::Initialize에서 두 마스터 뱅크를 로드한다.

```
// 마스터 뱅크 로드 (Master Bank.strings.bank를 먼저 로드)
LoadBank("Assets/Master Bank.strings.bank");
LoadBank("Assets/Master Bank.bank");
```

코드가 먼저 마스터 스트링 뱅크를 로드하는 데 주의하자. 마스터 스트링 뱅크는 FMOD 스튜디오 프로젝트에서 작성한 모든 이벤트와 다른 데이터를 사람이 읽을 수

있는 이름을 포함한 특별한 뱅크다. 이 뱅크를 로드하지 않으면 코드상에서 이름으로 뱅크나 이벤트에 접근하는 것이 불가능하다. 이름을 사용하지 못하면 코드에서는 GUID(전역적으로 고유한 ID)를 사용해서 모든 FMOD 스튜디오 데이터에 접근해야 한다. 기술적으로만 따진다면 마스터 스트링 뱅크의 로딩은 선택 사항이긴 하지만 스트링을 로드해두면 AudioSystem의 손쉬운 구현이 가능하므로 로드하는 것이 좋다.

이벤트 인스턴스를 생성하고 재생하기

FMOD EventDescription이 주어지면 createInstance 멤버 함수를 사용해서 해당 이벤트에 대한 FMOD EventInstance를 생성한다. EventInstance가 생성됐으면 인스턴스의 start 함수로 이벤트 재생을 시작한다. AudioSystem의 PlayEvent 함수 최초 구현은 다음과 같다.

```
void AudioSystem::PlayEvent(const std::string& name)
{
   // 이벤트가 존재하는지 확인
   auto iter = mEvents.find(name);
   if (iter != mEvents.end())
   {
      // 이벤트의 인스턴스를 생성한다.
      FMOD::Studio::EventInstance* event = nullptr;
      iter->second->createInstance(&event);
      if (event)
      {
         // 이벤트 인스턴스를 시작한다.
         event->start();
         // release는 이벤트 인스턴스가 정지할 때 이벤트 소멸자 실행을 예약한다
         // (반복하지 않는 이벤트는 자동으로 정지한다)
         event->release();
      }
   }
}
```

이 버전의 PlayEvent는 사용하기 간단하지만 FMOD의 기능을 드러내지 못하는 게 문제다. 예를 들어 이벤트가 반복되는 이벤트인 경우 이벤트를 정지시킬 방법이 없

다. 또한 이벤트 파라미터를 설정할 방법이 없으며, 이벤트 볼륨을 변경하는 방법 등도 존재하지 않는다.

PlayEvent로부터 직접 EventInstance 인스턴스를 반환받고자 하는 유혹에 빠질 수도 있겠다. 그러면 호출자는 모든 FMOD 멤버 함수에 접근할 수 있다. 하지만 이 방법은 이상적이지 못한데 왜냐하면 FMOD API를 오디오 시스템 외부에 노출하기 때문이다. 이런 상황은 사운드를 간단히 재생하거나 정지하길 원하는 프로그래머가 FMOD API에 대해 알아야 한다는 걸 뜻한다.

또한 원본 포인터 노출은 FMOD의 이벤트 인스턴스에 대한 메모리 정리 방법 때문에 위험할 수 있다. FMOD는 이벤트의 release 함수가 호출되면 이벤트가 멈춘 후에 메모리에서 이벤트를 해제한다. 그리고 호출자가 EventInstance 포인터에 접근 가능하고 이벤트가 해제된 뒤 EventInstance를 역참조하는 상황이 발생하면 메모리 접근 위반의 원인이 된다. release 호출을 건너뛰는 것도 좋은 생각이 아닌 게 그렇게 해버리면 시간이 지남에 따라 시스템에 메모리 누수가 발생하기 때문이다. 따라서 좀 더 견고한 해결책이 필요하다.

SoundEvent 클래스

PlayEvent에서 직접 EventInstance 포인터를 반환받아 사용하는 대신 개발자가 정수 ID를 통해서 각 활성화된 이벤트 인스턴스에 접근하게 한다. 그리고 활성화된 이벤트를 다루기 위해 SoundEvent라는 새 클래스를 작성한다. 이 클래스는 정수 ID를 사용해서 이벤트를 참조한다. PlayEvent에서는 SoundEvent의 인스턴스를 반환한다.

모든 인스턴스를 관리하기 위해 AudioSystem은 부호 없는 정수형과 이벤트 인스턴스에 대한 새로운 맵이 필요하다.

```
std::unordered_map<unsigned int,
   FMOD::Studio::EventInstance*> mEventInstances;
```

또한 0으로 초기화된 sNextID 정적 변수도 추가한다. PlayEvent가 이벤트 인스턴스를 생성할 때마다 sNextID 값을 증가시키고 이벤트 인스턴스를 새로운 ID와 함께 맵에 추가한다. 그러고 나서 PlayEvent 함수는 리스트 7.3처럼 특정 이벤트 인스턴스와 연관된 ID를 가진 SoundEvent 객체를 리턴한다(SoundEvent 클래스의 선언은 곧 소개한다).

리스트 7.3 이벤트 ID를 사용한 AudioSystem::PlayEvent 구현

```
SoundEvent AudioSystem::PlayEvent(const std::string& name)
{
   unsigned int retID = 0;
   auto iter = mEvents.find(name);
   if (iter != mEvents.end())
   {
      // 이벤트의 인스턴스를 생성한다
      FMOD::Studio::EventInstance* event = nullptr;
      iter->second->createInstance(&event);
      if (event)
      {
         // 이벤트 인스턴스를 시작한다
         event->start();
         // 새 아이디를 얻어 맵에 추가한다
         sNextID++;
         retID = sNextID;
         mEventInstances.emplace(retID, event);
      }
   }
   return SoundEvent(this, retID);
}
```

sNextID가 unsigned int 타입이므로 ID는 PlayEvent를 40억 회 이상 호출한 다음 처음부터 다시 반복한다. 이 부분은 문제가 되지는 않지만 항상 염두에 둬야 할 사항이다.

이제 PlayEvent에서는 이벤트 인스턴스의 release를 호출하지 않는다. 대신에 AudioSystem::Update가 더 이상 필요 없는 이벤트 인스턴스를 정리한다. 프레임마다 Update는 getPlayBackState를 사용해서 맵의 각 이벤트 인스턴스 재생 상태를 검사한다. 그런 다음 Update는 정지 상태에 있는 이벤트 인스턴스만을 해제하고 맵에서 이벤트를 제거한다. 즉 이렇게 구현하면 이벤트 정지와 역참조의 타이밍 문제가 발생

하지 않음을 보장해준다. 호출자가 이벤트를 계속 유지하길 원한다면 이벤트를 정지시키는 대신에 일시 중단 상태로 두면 된다. 리스트 7.4는 Update 함수의 구현을 보여준다.

리스트 7.4 Event ID를 사용하는 AudioSystem::Update 구현

```
void AudioSystem::Update(float deltaTime)
{
   // 정지된 이벤트를 찾는다
   std::vector<unsigned int> done;
   for (auto& iter : mEventInstances)
   {
      FMOD::Studio::EventInstance* e = iter.second;
      // 이 이벤트의 상태값을 얻는다
      FMOD_STUDIO_PLAYBACK_STATE state;
      e->getPlaybackState(&state);
      if (state == FMOD_STUDIO_PLAYBACK_STOPPED)
      {
         // 이벤트를 해제하고 id를 done 맵에 추가한다
         e->release();
         done.emplace_back(iter.first);
      }
   }
   // 완료된 이벤트 인스턴스를 맵에서 제거
   for (auto id : done)
   {
      mEventInstances.erase(id);
   }
   // FMOD 업데이트
   mSystem->update();
}
```

다음으로 AudioSystem에 ID를 파라미터로 받는 GetEventInstance 헬퍼 함수를 추가한다. ID가 맵에 존재한다면 이 함수는 해당 EventInstance 포인터를 반환한다. 그렇지 않으면 GetEventInstance는 nullptr을 반환한다. 여러 클래스가 이벤트 인스턴스에 접근하는 걸 막기 위해 GetEventInstance 함수는 AudioSystem의 protected 영역에 선언한다. 하지만 SoundEvent는 이 함수로의 접근이 필요하므로 SoundEvent는

AudioSystem의 friend로 선언한다.

리스트 7.5는 SoundEvent의 선언을 보여준다. 멤버 데이터에는 AudioSystem 포인터와 ID가 있다. 기본 생성자는 public인 반면 파라미터를 가진 생성자는 protected다. AudioSystem이 SoundEvent의 friend이므로 오직 AudioSystem만이 이 생성자에 접근할 수 있으며, 이는 AudioSystem만이 SoundEvents에 ID를 할당할 수 있음을 뜻한다. SoundEvent의 함수 나머지 부분은 사운드 이벤트를 일시 중단하거나 볼륨 변경, 이벤트 파라미터 설정과 같은 다양한 이벤트 인스턴스 기능들에 대한 래퍼wrapper다.

리스트 7.5 SoundEvent 선언

```
class SoundEvent
{
public:
   SoundEvent( );
   // 관련 FMOD 이벤트 인스턴스가 존재하면 true를 반환
   bool IsValid( );
   // 이벤트를 처음부터 재시작
   void Restart( );
   // 이벤트를 정지한다
   void Stop(bool allowFadeOut = true);
   // Setters
   void SetPaused(bool pause);
   void SetVolume(float value);
   void SetPitch(float value);
   void SetParameter(const std::string& name, float value);
   // Getters
   bool GetPaused( ) const;
   float GetVolume( ) const;
   float GetPitch( ) const;
   float GetParameter(const std::string& name);
protected:
   // 이 생성자는 protected로 선언 그리고 AudioSystem을 friend로 설정
   // 이를 통해 오직 AudioSystem만이 이 생성자에 접근할 수 있다
   friend class AudioSystem;
   SoundEvent(class AudioSystem* system, unsigned int id);
private:
   class AudioSystem* mSystem;
   unsigned int mID;
```

```
};
```

대부분의 SoundEvent 멤버 함수 구현부는 구문이 매우 유사하다. 멤버 함수들은 GetEventInstance를 호출해서 EventInstance 포인터를 얻는다. 그런 다음 EventInstance의 일부 함수를 호출한다. 예를 들어 SoundEvent::SetPaused의 구현은 다음과 같다.

```
void SoundEvent::SetPaused(bool pause)
{
   auto event = mSystem ?
      mSystem->GetEventInstance(mID) : nullptr;
   if (event)
   {
      event->setPaused(pause);
   }
}
```

코드는 mSystem과 event 포인터가 null이 아닌지를 확인한다. 이렇게 하면 ID가 맵에 존재하지 않아도 함수는 크래시[crash]되지 않을 것이다. 비슷하게 SoundEvent::IsValid 함수는 mSystem이 null이 아니고 ID가 AudioSystem 이벤트 인스턴스 맵에 있는 경우에만 true를 반환한다.

이제 지금까지 구축한 코드를 사용하면 재생을 시작한 후 이벤트를 제어하는 것이 가능하다. 예를 들어 다음 코드는 Music이라는 이벤트 재생을 시작하고 mMusicEvent에 SoundEvent를 저장한다.

```
mMusicEvent = mAudioSystem->PlayEvent("event:/Music");
```

다른 곳에서는 Music 이벤트를 다음과 같이 일시 중단 상태로 전환할 수 있다.

```
mMusicEvent.SetPaused(!mMusicEvent.GetPaused());
```

SoundEvent의 추가로 이제 2D 오디오에 대한 FMOD의 꽤 괜찮은 통합 버전을 가지게 됐다.

3D 위치 기반 오디오

3D 게임에서 대부분의 사운드 효과음은 **위치**position에 기반한다. 이는 벽난로와 같은 게임 세계에 있는 오브젝트가 소리를 낸다는 것을 뜻한다. 게임에는 이 소리를 듣는 **리스너**listener가 가상 마이크로폰이 존재한다. 예를 들어 리스너가 벽난로를 향하고 있다면 벽난로가 앞에 있는 것처럼 소리가 들려야 한다. 리스너가 벽난로를 등졌을 경우 벽난로는 리스너의 뒤편에서 소리를 내야 한다.

또한, 위치 기반 오디오는 리스너가 사운드로부터 더 멀리 떨어짐에 따라 사운드의 볼륨이 감소하거나 줄어들게 한다. **감쇄 함수**falloff function는 사운드의 볼륨이 리스너가 멀어짐에 따라 어떻게 감소하는지를 설명한다. FMOD 스튜디오에서 3D 사운드 이벤트는 사용자가 설정할 수 있는 감쇄 함수를 가진다.

위치 기반 오디오의 효과는 출력 장치 3개 이상 구성된 **서라운드 사운드** 시스템에서 그 효과가 여실히 드러난다. 예를 들어 일반적인 **5.1채널** 구성(그림 7.1 참조)은 저주파 음향을 위한 서브우퍼(또는 LFE)와 정면-왼쪽, 정면-중심, 정면-오른쪽, 후면-왼쪽, 후면-오른쪽 스피커로 구축된다. 게임상의 벽난로 예에서 플레이어가 화면상의 벽난로로 향한다면 플레이어는 정면 스피커부터 소리가 나오는 걸 기대할 것이다.

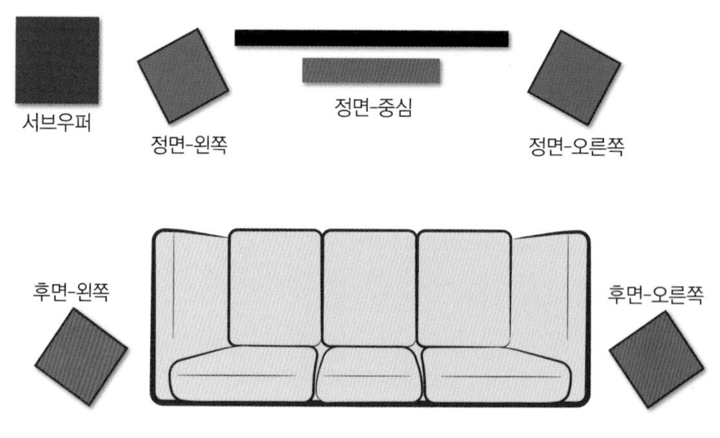

그림 7.1 A 5.1 서라운드 사운드 설정

다행스럽게도 FMOD는 위치 기반 오디오 지원을 내장하고 있다. 이 기능을 게임에 통합하려면 리스너와 모든 활성화된 3D 이벤트 인스턴스에 대한 위치와 방향 데이터를 제공해야 한다. 이를 위해서는 3가지 작업이 필요하다.

- 리스너를 설정
- SoundEvent에 위치 기반 기능 추가
- 액터와 사운드 이벤트를 연관시키는 AudioComponent 제작

기본 리스너 설정

기본 리스너를 설정하는 일반적인 방법은 카메라를 리스너로 사용하는 것이다. 이 경우에 리스너의 위치는 세계에서 카메라의 위치이며, 리스너의 방향은 카메라의 방향이다. 이러한 접근법은 7장의 게임 프로젝트처럼 1인칭 카메라 시점의 게임에서 잘 동작한다. 하지만 3인칭 카메라는 이 절의 뒷부분에서 설명하겠지만 고려해야 할 추가적인 이슈가 있다.

3D 위치 기반 오디오 라이브러리(FMOD뿐만 아니라)를 사용할 때 주의해야 될 점은 라이브러리가 게임과는 다른 좌표 시스템을 사용한다는 것이다. 예를 들어 FMOD는 +z가 전방이고 +x가 오른쪽, 그리고 +y가 위쪽인 왼손 좌표계를 사용한다. 그러나 7장의 게임은 +x가 전방, +y가 오른쪽, z+가 위쪽인 왼손 좌표계를 사용한다. 그래서 게임에서 FMOD로 좌표와 방향을 넘길 때 좌표를 변환해야 한다. 이 작업은 Vector3와 FMOD의 벡터 타입 간 변환을 할 때 일부 요소의 교환을 필요로 한다. 이를 돕기 위해 VecToFMOD 헬퍼 함수를 추가하자.

```
FMOD_VECTOR VecToFMOD(const Vector3& in)
{
    // 게임좌표 (+x 전방, +y 오른쪽, +z 위쪽)를
    // FMOD (+z 전방, +x 오른쪽, +y 위쪽) 좌표로 변환
    FMOD_VECTOR v;
    v.x = in.y;
    v.y = in.z;
    v.z = in.x;
    return v;
}
```

다음으로 AudioSystem에 SetListener라는 함수를 추가한다. 이 함수는 리스트 7.6처럼 뷰 행렬을 인자로 받아서 뷰 행렬로부터 리스너의 위치와, 전방 벡터, 그리고 상향 벡터를 구해서 FMOD에 전달한다. 뷰 행렬을 인자로 받기 때문에 렌더러에 뷰 행렬을 설정하는 코드 부분에서 SetListener를 호출하면 되겠다. 그런데 뷰 행렬은 세계 공간을 뷰 공간으로 변환하는 행렬이고, 우리가 필요로 하는 것은 카메라의 세계 공간상의 정보다.

그래서 뷰 행렬로부터 리스너의 세계 공간 정보를 얻기 위해 추가 작업을 한다. 먼저 뷰 행렬의 역행렬을 구한다. 이 뷰 행렬의 역행렬에서 네 번째 행(GetTranslation 함수로 얻을 수 있다)의 처음 세 요소는 카메라의 세계 공간 위치에 해당한다. 세 번째 행(GetZAxis 함수로 얻을 수 있다)의 처음 세 요소는 전방 벡터이며, 두 번째 행(GetYAxis 함수로 얻을 수 있다)의 처음 세 요소는 상향 벡터에 해당한다. 이렇게 얻은 3개 벡터 모두에 FMOD 좌표 체계로 변환시키는 VecToFMOD 헬퍼 함수를 적용한다.

리스트 7.6 AudioSystem::SetListener 구현

```
void AudioSystem::SetListener(const Matrix4& viewMatrix)
{
   // 뷰 행렬의 역행렬을 구해서 필요로 하는 세계 공간의 벡터를 얻는다
   Matrix4 invView = viewMatrix;
   invView.Invert();
   FMOD_3D_ATTRIBUTES listener;
   // 위치와 전방 벡터, 상향 벡터를 설정
   listener.position = VecToFMOD(invView.GetTranslation());
   // 뷰 행렬의 역행렬에서 세 번째 행은 전방 벡터
   listener.forward = VecToFMOD(invView.GetZAxis());
   // 뷰 행렬의 역행렬에서 두 번째 행은 상향 벡터
   listener.up = VecToFMOD(invView.GetYAxis());
   // 속도를 0으로 설정 (도플러 효과를 사용할 시 수정)
   listener.velocity = {0.0f, 0.0f, 0.0f};
   // FMOD로 보낸다 (0 = 리스너는 하나)
   mSystem->setListenerAttributes(0, &listener);
}
```

SetListener는 현재 FMOD_3D_ATTRIBUTES의 속도 파라미터를 모두 0으로 설정한다. 속도 파라미터는 이 절 뒷부분에서 설명하는 사운드 이벤트의 도플러 효과를 활성화할 때만 의미를 가진다.

SoundEvent에 위치 기반 기능 추가

각 EventInstance는 자신의 세계 위치와 방향을 나타내는 3D 속성을 가진다. 이 3D 속성을 다룰 수 있도록 리스트 7.7처럼 기존 SoundEvent 클래스에 새로운 함수 Is3D와 Set3DAttributes 함수를 추가한다.

FMOD 스튜디오에서 사운드 이벤트를 생성할 때 이벤트는 2D이거나 3D일 수 있다. Is3D 함수는 이벤트가 3D이면 true를 리턴한다. 그렇지 않으면 false를 반환한다.

Set3DAttributes 함수는 세계 변환 행렬을 인자로 받아 행렬을 FMOD의 3D 속성으로 변환한다. 이 함수를 사용하면 액터의 세계 변환 행렬을 전달받아 이벤트의 위치와 방향을 갱신하는 것이 간단해진다. 이 함수는 행렬의 역행렬을 구하는 것이 필요치 않다는 데 주목하자. 왜냐하면 행렬이 세계 변환 행렬이기 때문이다. 그러나 여전히 게임과 FMOD 간 좌표 체계 변환은 필요하다.

리스트 7.7 SoundEvent의 Is3D와 Set3DAttributes 구현

```
bool SoundEvent::Is3D() const
{
   bool retVal = false;
   auto event = mSystem ? mSystem->GetEventInstance(mID) : nullptr;
   if (event)
   {
      // 이벤트 디스크립션을 얻는다
      FMOD::Studio::EventDescription* ed = nullptr;
      event->getDescription(&ed);
      if (ed)
      {
         ed->is3D(&retVal); // 이 이벤트는 3D인가?
      }
   }
   return retVal;
```

```
}
void SoundEvent::Set3DAttributes(const Matrix4& worldTrans)
{
   auto event = mSystem ? mSystem->GetEventInstance(mID) : nullptr;
   if (event)
   {
      FMOD_3D_ATTRIBUTES attr;
      // 위치, 전방, 상향 벡터 설정
      attr.position = VecToFMOD(worldTrans.GetTranslation());
      // 세계 공간에서 첫 번째 행은 전방 벡터
      attr.forward = VecToFMOD(worldTrans.GetXAxis());
      // 세 번째 행은 상향 벡터
      attr.up = VecToFMOD(worldTrans.GetZAxis());
      // 속도를 0으로 설정 (도플러 효과를 사용한다면 수정)
      attr.velocity = { 0.0f, 0.0f, 0.0f };
      event->set3DAttributes(&attr);
   }
}
```

액터와 사운드 이벤트를 연관시키는 AudioComponent 작성

AudioComponent 클래스가 제 기능을 수행하려면 사운드 이벤트와 특정 액터를 연관시켜야 한다. 액터가 움직이면 AudioComponent는 관련 이벤트의 3D 속성을 갱신한다. 또한 액터가 죽으면 액터와 관련된 사운드 이벤트를 중단해야 한다.

리스트 7.8은 AudioComponent의 선언을 보여준다. 2개의 std::vector 컬렉션이 존재한다. 하나는 2D 이벤트에 대한 것이고, 하나는 3D 이벤트에 대한 것이다. 컴포넌트로부터 상속하지 않은 유일한 멤버 함수는 PlayEvent와 StopAllEvents다.

리스트 7.8 AudioComponent 선언

```
class AudioComponent : public Component
   AudioComponent(class Actor* owner, int updateOrder = 200);
   ~AudioComponent();

   void Update(float deltaTime) override;
   void OnUpdateWorldTransform() override;
```

```
    SoundEvent PlayEvent(const std::string& name);
    void StopAllEvents();
private:
    std::vector<SoundEvent> mEvents2D;
    std::vector<SoundEvent> mEvents3D;
};
```

AudioComponent::PlayEvent 함수는 먼저 AudioSystem의 PlayEvent 함수를 호출한다. 그런 다음 이벤트가 3D인지 아닌지 여부를 확인해서 두 벡터 중 어디에 SoundEvent를 저장할지를 결정한다. 마지막으로 이벤트가 3D이면 SoundEvent의 Set3DAttributes 함수를 호출한다.

```
SoundEvent AudioComponent::PlayEvent(const std::string& name)
{
    SoundEvent e = mOwner->GetGame()->GetAudioSystem()->PlayEvent(name);
    //이 SoundEvent는 2D인가 아니면 3D인가
    if (e.Is3D())
    {
        mEvents3D.emplace_back(e);
        // 초기 3D 속성 설정
        e.Set3DAttributes(mOwner->GetWorldTransform());
    }
    else
    {
        mEvents2D.emplace_back(e);
    }
    return e;
}
```

AudioComponent::Update 함수(설명 생략)에서는 더 이상 유효하지 않은 mEvents2D나 mEvents3D의 모든 이벤트를 제거한다(IsValid가 false를 반환한다).

다음으로 OnUpdateWorldTransform 함수를 오버라이드한다. 소유자 액터는 세계 변환 행렬을 계산할 때마다 OnUpdateWorldTransform 함수를 호출해서 각 컴포넌트에 통지한다. AudioComponent에서는 세계 변환이 변경될 때마다 mEvents3D에 있는 모든 3D 이벤트의 3D 속성을 갱신해야 한다.

```
void AudioComponent::OnUpdateWorldTransform()
{
   Matrix4 world = mOwner->GetWorldTransform();
   for (auto& event : mEvents3D)
   {
      if (event.IsValid())
      {
         event.Set3DAttributes(world);
      }
   }
}
```

마지막으로 AudioComponent::StopAllEvents(코드 설명 생략)는 두 벡터에 있는 모든 이벤트의 중단을 호출하고 벡터를 클리어한다. AudioComponent의 소멸자가 이 함수를 호출하지만 게임이 액터의 사운드 이벤트를 중단하고자 하는 상황에서도 이 함수가 호출될 수 있다.

지금까지의 구현을 통해 이제 AudioComponent를 액터에 붙여서 사운드 이벤트를 재생하는 것이 가능해졌다. AudioComponent는 상황에 따라 관련 이벤트의 3D 속성을 자동으로 갱신한다.

3인칭 게임상의 리스너

카메라 위치와 방향을 직접 사용하는 리스너는 카메라가 플레이어 캐릭터의 시점에 있는 1인칭 게임에서는 잘 동작한다. 하지만 카메라가 플레이어 캐릭터를 따라가는 3인칭 게임에서는 그렇게 간단하지 않다. 그림 7.2는 3인칭 게임을 측면에서 바라본 것이다. 플레이어 캐릭터는 위치 *P*에 있고 카메라는 위치 *C*에 있다. 위치 *A*는 플레이어 캐릭터 바로 옆에 있는 사운드 이펙트를 나타낸다. 위치 *B*는 카메라에 가까이 있는 사운드 이펙트다.

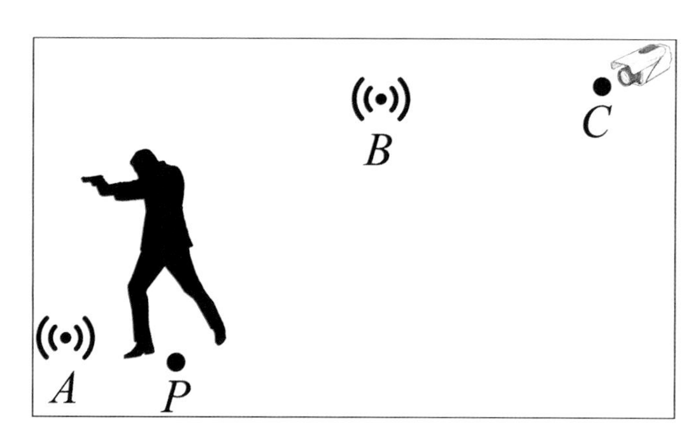

그림 7.2 3인칭 게임에서의 사운드 이펙트

이제 리스너가 앞의 코드처럼 카메라 위치와 방향을 사용한다고 가정하자. 이 경우에는 사운드 A와 B는 앞에서 들리는 것처럼 소리가 날 것이다. 이 상황은 사운드 이펙트가 화면상에서 보이므로 괜찮다. 그래서 플레이어는 사운드를 앞에서 인식해도 문제는 없다. 하지만 사운드 B는 사운드 A보다 더 크게 소리가 날 것이다. 상식적으로 플레이어 바로 옆에 있는 소리가 더 크게 들려야 하므로 이 상황은 문제가 있다. 그리고 사운드 B가 없더라도 플레이어 바로 옆에 있는 사운드는 감쇄가 적용돼 소리가 거의 들리지 않아 사운드 디자이너를 좌절시킬지도 모른다.

카메라의 위치와 방향 대신에 리스너가 플레이어의 위치와 방향을 사용하면 사운드 A는 사운드 B보다 소리가 커진다. 그러나 사운드 B는 플레이어 뒤쪽에 있으므로 뒤에서 소리가 난다. 하지만 사운드 B는 화면상에 보이므로 플레이어 뒤에서 들리는 것은 매우 어색하다. 사운드 B도 플레이어 앞에서 소리가 나는 것처럼 처리돼야 한다.

즉 우리가 기대하는 것은 플레이어 위치를 기반으로 한 감쇄지만 방향에 대해서는 카메라 기반인 것이다. 가이 솜버그Guy Sombrrg는 이 문제를 해결하는 훌륭한 솔루션을 제시했다(그의 책은 7장의 마지막 '추가 독서'에서 확인하자). 플레이어 위치 P, 카메라 위치 C, 사운드 위치 S가 주어졌을 때 먼저 두 벡터를 계산한다. 한 벡터는 카메라에서 사운드까지의 벡터이고, 또 다른 벡터는 플레이어에서 사운드로의 벡터다.

$$PlayerToSound = S - P$$
$$CameraToSound = S - C$$

PlayerToSound 벡터의 길이는 감쇄 거리다. 정규화된 *CameraToSound* 벡터는 사운드의 방향이다. 정규화된 *CameraToSound* 벡터에 *PlayerToSound*의 길이를 곱하면 사운드의 가상 위치를 얻는다.

$$VirtualPos = \|PlayerToSound\| \frac{CameraToSound}{\|CameraToSound\|}$$

그림 7.3에서 보여주는 이 가상 위치는 사운드의 올바른 방향과 감쇄를 보여준다. 리스너 그 자체는 이전처럼 카메라를 직접 사용한다.

이 접근법은 사운드의 세계 위치가 7장 후반부에서 설명할 차폐와 같은 요인이 적용된다면 성립되지 않을 수도 있으므로 주의한다.

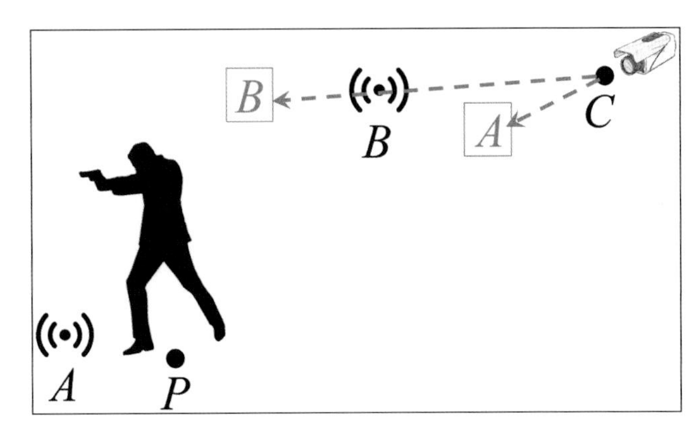

그림 7.3 가상 위치를 가진 3인칭 게임에서의 사운드 이펙트

도플러 효과

길모퉁이 서 있다고 가정해보자. 경찰차가 다가올 때는 사이렌 소리의 피치가 증가한다. 거꾸로 경찰차가 지나가면 소리의 피치는 감소한다. 이 상황이 실제 도플러 효과의 한 예로 그림 7.4는 이를 잘 묘사하고 있다.

도플러 효과(Doffler effect, 도플러 이동)는 음파가 대기를 통과하는 데 시간이 걸리므로 발생한다. 경찰차가 가까워질수록 각 음파는 가까이서 시작하고 이는 파동이 더 빨리 도착한다는 것을 뜻한다. 이로 인해 주파수가 증가해 피치가 높아진다. 자동차가 리스너 바로 옆에 있을 때는 소리의 실제 피치가 들린다. 마지막으로 자동차가 리스너를 지나갈 때는 반대의 효과가 일어난다. 음파는 더 먼 곳에서 도착하므로 피치가 낮아진다. 도플러 효과는 모든 유형의 파동에 적용되지만 음파에서 그 효과를 쉽게 관찰할 수 있다.

그림 7.4 도플러 효과

게임에서 도플러 효과는 차량 같은 오브젝트에 사실적인 효과음을 만들어낸다. FMOD는 자동적으로 도플러 이동에 따른 피치를 계산한다. FMOD에 `setListenerAttributes`와 `set3DAttributes`에 올바른 속도를 넘겨주기만 하면 된다. 올바른 속도를 구하려면 제3장 '벡터와 기초 물리'에서 간단히 설명했듯이 힘을 활용한 올바른 물리 기반 이동 접근법이 필요하다.

또한 저수준 API를 통해 접근할 수 있는 추가 도플러 매개변수가 있다. `set3DSettings` 함수는 다음과 같은 파라미터를 설정할 수 있다.

```
mLowLevelSystem->set3DSettings(
   1.0f,  // 도플러 스케일, 1 = 정상, 1보다 더 크면 과장된 소리를 낸다
   50.0f, // 게임 단위의 크기 = 1미터 (7장 프로젝트는 50)
   1.0f   // (도플러와 관계없음, 1로 남겨둔다)
);
```

믹싱 및 이펙트

디지털화된 사운드의 이점 중 하나는 재생하는 동안 조작이 쉽다는 것이다. 리스너에 상대적인 사운드 위치를 기반으로 해서 우리는 이미 사운드를 조작해봤다. **디지털 신**

호 처리DSP, Digital Signal Processing 용어는 신호에 대한 연산 조작을 뜻한다. 오디오에서 볼륨을 조정하거나 신호의 피치를 조정하는 것은 DSP의 한 예다.

게임에서 2가지 일반적인 DSP 효과는 리버브reverb와 **이퀄라이제이션**equalization이다. 리버브(반향)는 밀폐된 구역에서 소리가 튀는 것을 시뮬레이션한다. 예를 들어 동굴 내부에서의 사운드 효과음은 파형이 벽에서 튀므로 반향음을 가진다. 한편으로 이퀄라이제이션은 사운드 볼륨 레벨을 설정된 범위로 표준화시킨다.

FMOD 스튜디오는 DSP 이펙트 체인 설정을 가능하게 해준다. 사운드는 출력에 앞서 신호를 수정하는 여러 단계를 통과한다. 각 사운드 이벤트는 자신만의 DSP 체인을 가져도 되겠지만 일반적으로는 여러 사운드를 유형별로 그룹화한다. 그러고 난 뒤 각 사운드 그룹에 개별적인 DSP 이펙트 체인을 설정해서 사운드 효과를 적용한다.

버스

FMOD 스튜디오에서 **버스**bus는 사운드의 그룹화를 뜻한다. 예를 들어 개발자는 사운드 이펙트에 대한 버스, 음악에 대한 버스, 대화에 대한 버스를 가질 수 있다. 각각의 버스는 자신에 부착된 다양한 DSP 효과를 개별적으로 가진다. 그리고 실행 시에 버스를 조정하는 것이 가능하다. 예를 들어 많은 게임에서는 여러 카테고리의 사운드에 별도의 볼륨 슬라이더를 제공한다. 이 기능은 버스를 사용하면 구현하기가 쉽다.

기본적으로 모든 프로젝트는 루트 경로가 `bus:/.`인 마스터 버스를 가진다. 하지만 사운드 디자이너는 원하는 수만큼 버스를 추가할 수 있다. 뱅크 로드 시 이벤트 디스크립션을 로드하는 것처럼 버스도 동시에 로드한다. 먼저 `AudioSystem`에 버스 맵을 추가하자.

```
std::unordered_map<std::string, FMOD::Studio::Bus*> mBuses;
```

그런 다음 뱅크를 로드할 때 `mBuses`에 추가할 버스 리스트를 얻기 위해 뱅크의 `getBusCount`와 `getBusList`를 호출한다(이 부분은 이벤트 디스크립션 로드에 대한 코드와 매우 비슷하다. 그래서 해당 코드는 생략한다).

다음으로 버스를 제어하기 위해 AudioSystem에 다음과 같은 함수를 추가한다.

```
float GetBusVolume(const std::string& name) const;
bool GetBusPaused(const std::string& name) const;
void SetBusVolume(const std::string& name, float volume);
void SetBusPaused(const std::string& name, bool pause);
```

이 함수들의 구현은 모두 비슷하며 특이할 만한 사항은 없다. 예를 들어 SetVolume 함수는 다음과 같다.

```
void AudioSystem::SetBusVolume(const std::string& name, float volume)
{
   auto iter = mBuses.find(name);
   if (iter != mBuses.end())
   {
      iter->second->setVolume(volume);
   }
}
```

7장의 게임 프로젝트에는 마스터, SFX, 음악의 3가지 버스가 있다. 발소리, 발사음 루프 및 폭발음을 포함한 사운드 이펙트는 SFX 버스를 통과한다. 반면 배경 음악은 음악 버스를 통과한다.

스냅샷

FMOD에서 **스냅샷**snapshot은 버스를 제어하는 특별한 유형의 이벤트다. 스냅샷도 이벤트이므로 같은 이벤트 인터페이스를 사용하며, 기존의 PlayEvent 함수에서도 스냅샷이 잘 동작한다. 유일한 차이는 스냅샷의 경로가 event:/. 대신 snapshot:/로 시작한다는 점이다.

7장의 게임 프로젝트는 스냅샷을 사용해서 SFX 버스의 리버브를 활성화한다. 리버브를 비활성화하거나 활성화하기 위해 R키를 사용하자.

차폐

작은 아파트에 살고 있는데 옆집에서 파티가 열렸다고 상상해보자. 파티 음악은 시끄럽고 벽을 통해 들려온다. 이전에 들은 노래지만 벽을 통해 들릴 때의 소리는 뭔가 다르게 들린다. 저음이 주를 이루며 고주파 영역의 소리를 듣기는 어렵다. 그림 7.5(a)에서 보여주듯이 이런 현상을 **소리 차폐**sound occlusion라고 한다.

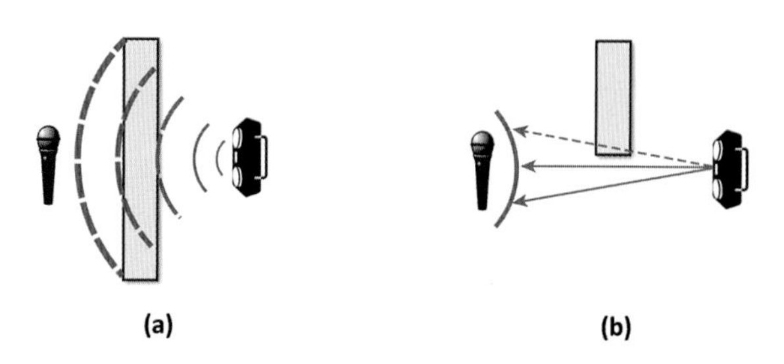

그림 7.5 소리 차폐 (a) 그리고 차폐 테스트(b)

소리 차폐는 사운드가 소리 진원지에서 리스너로의 직접적인 경로가 없을 때 발생한다. 대신 소리는 리스너에 도달하기 위해 일부 물질을 통과해야 한다. 소리 차폐의 뚜렷한 결과는 고주파 사운드의 볼륨을 줄이는 **로우 패스 필터**low pass filter다.

차폐를 구현하려면 2가지 별도의 작업이 필요하다.

- 차폐의 감지
- 차폐가 적용된 사운드의 수정

차폐 감지에 대한 한 가지 방법은 그림 7.5(b)처럼 소리 진원지와 리스너 주변 원호 사이에 선분을 그리는 것이다. 모든 선분이 물체에 부딪침 없이 리스너에 도달할 수 있다면 차폐가 없다. 일부 선분만 리스너에 도달한다면 부분적인 차폐가 있다. 그리고 선분이 도달할 수 없다면 완전한 차폐를 뜻한다. 이런 형태의 감지는 10장 '충돌 감지'에서 다루는 충돌 계산을 요구한다.

FMOD에서 차폐를 가진 사운드를 수정하는 것은 간단하다. 하지만 저수준 API를 호출해야 한다. 우선 FMOD를 초기화할 때 소프트웨어 로우 패스 필터링을 활성화한다.

```
result = mSystem->initialize(
```

```
    512, // 동시에 출력할 수 있는 사운드의 최대 수
    FMOD_STUDIO_INIT_NORMAL, // 기본 세팅 사용
    FMOD_INIT_CHANNEL_LOWPASS, // 로우 패스 필터 초기화
    nullptr // null
);
```

다음으로 차폐에 영향을 받는 각 이벤트 인스턴스에 차폐 파라미터를 설정한다. 예를 들어 다음 코드는 이벤트에 차폐를 활성화한다.

```
// 채널 그룹을 사용할 수 있도록 커맨드를 비운다
mSystem->flushCommands();
// 이벤트로부터 채널 그룹을 얻는다
FMOD::ChannelGroup* cg = nullptr;
event->getChannelGroup(&cg);
// 차폐 인자를 설정한다 - occFactor는 0.0 (차폐 없음)에서 1.0 (완전한 차폐)값을 가진다
cg->set3DOcclusion(occFactor, occFactor);
```

게임 프로젝트

7장의 게임 프로젝트는 7장에서 다룬 대부분의 오디오 기능을 보여준다. 코드는 이 책의 깃허브 저장소 Chapter07 디렉토리에서 이용할 수 있다. 윈도우 운영체제에서는 Chapter07-windows.sln을 열고 맥에서는 Chapter07-mac.xcodeproj을 열어 실행한다. 7장의 콘텐츠에 해당하는 FMOD 스튜디오 프로젝트는 FMODStudio/Chapter07에 있다.

음악 트랙은 백그라운드로 재생된다. 플레이어가 걸어다닐 때는 발자국 이벤트가 발생한다. 구는 위치 기반 발사 소리를 출력한다.

- E—폭발음(2D)을 재생한다
- M—음악 이벤트를 일시 중단하거나 재개한다
- R—스냅샷을 통해서 SFX 버스의 리버브 DSP를 활성화/비활성화시킴
- 1—기본 발자국 소리 파라미터 설정

- 2—수풀을 지나갈 때의 발자국 소리 파라미터 설정
- ——마스터 버스 볼륨을 줄인다
- +—마스터 버스 볼륨을 증가시킨다

이러한 동작에 대한 모든 해당 함수 호출은 `Game::HandleKeyPress`에서 확인할 수 있다.

7장에서 사용된 사운드 파일은 https://opengameart.org 및 http://freesound.org에서 가져온 것으로 게임용 고품질 사운드를 찾는 데 매우 유용한 사이트다.

요약

대부분의 게임에서는 단순히 사운드 파일을 재생하는 것을 넘어선 오디오 시스템이 필요하다. 7장에서는 FMOD API를 사용해서 프로덕션 수준의 사운드 시스템을 게임에 구현하는 방법을 소개했다. 오디오 시스템은 뱅크와 재생 이벤트를 로드한다. `SoundEvent` 클래스는 처리 중인 이벤트 인스턴스를 관리하고 이 인스턴스의 조작을 가능하게 해준다.

위치 기반 오디오는 3D 환경에서의 사운드를 시뮬레이션한다. 리스너의 속성과 모든 3D 이벤트 인스턴스를 설정함으로써 오디오는 듣는 사람이 실제 3D 환경에 있는 것처럼 작동한다. 1인칭 게임은 리스너로 카메라의 위치와 방향을 직접 사용할 수 있었던 반면 3인칭 게임은 보다 복잡하다. 빠르게 움직이는 물체의 경우 도플러 효과는 물체가 접근하거나 멀어질 때 사운드의 피치를 변경한다.

믹싱은 사운드 환경에 좀 더 세밀한 제어를 제공한다. 버스는 다양한 소리들을 카테고리로 그룹화해서 그룹별로 독립적인 제어를 가능하게 해준다. 또한 스냅샷은 실행 시에 리버브와 같은 DSP 효과를 활성화/비활성화를 가능하게 해서 동적으로 버스를 변경시킨다. 마지막으로 차폐는 표면을 통과한 사운드를 시뮬레이션한다.

추가 독서

최근까지 게임 오디오 프로그래머를 갈망하는 이를 위한 레퍼런스를 찾기는 어려웠다. 하지만 가이 솜버그Guy Somberg의 훌륭한 책에는 수많은 경험을 가진 베테랑 개발자의 글들이 많이 있다. 이 책에서는 현재 이용할 수 있는 게임 오디오에 관한 대부분의 내용을 다루고 있다.

- Somberg, Guy, Ed. *Game Audio Programming: Principles and Practices*. Boca Raton: CRC Press, 2016.

연습

7장의 연습은 7장에서 구현된 오디오 기능을 기반으로 한다. 첫 번째 연습에서는 도플러 효과를 추가해보며, 두 번째 연습에서는 3인칭 리스너에 대한 가상 위치를 구현해본다.

연습 7.1

속도 파라미터가 올바르게 설정되도록 리스너와 이벤트 인스턴스 속성 코드를 수정한다. 그런 다음 도플러 효과를 테스트하기 위해 `Game::LoadData`에서 생성된 구 액터를 앞뒤로 빠르게 이동시키자. 도플러 효과의 세기를 조절하고 싶다면 `set3DSettings`를 사용한다. 도플러 효과가 올바르게 동작한다면 발사 루프 소리에서 도플러 효과를 지각할 수 있어야 한다.

연습 7.2

7장의 3인칭 리스너 공식을 사용해서 이벤트 인스턴스의 가상 위치를 구현해본다. 7장의 게임 프로젝트에 있는 `CameraActor` 클래스를 깃허브의 `Exercise/7.2`에 있는 `CameraActor` 클래스로 대체하자. 이 버전의 `CameraActor`는 테스트 목적을 위해 기본 3인칭 카메라를 구현했다.

8장

입력 시스템

8장에서는 키보드나 마우스, 그리고 컨트롤러를 포함한 게임에서 쓰이는 다양한 입력 장치를 자세히 살펴본다. 8장은 게임상의 모든 액터와 컴포넌트가 자신이 필요로 하는 입력과 상호작용할 수 있도록 이러한 장치들을 시스템에 통합하는 방법을 설명한다.

입력 장치

입력이 없다면 게임은 영화나 텔레비전처럼 정적인 형태의 엔터테인먼트가 될 것이다. 게임이 키보드나 마우스, 또는 다양한 입력 장치에 반응한다는 사실은 게임과 입력 장치가 상호작용이 가능함을 뜻한다. 우리는 게임 루프의 '프로세스 입력' 단계 동안 입력 장치의 현재 상태를 가져온다. 그리고 이 현재 입력 상태는 게임 루프의 '게임 세계 갱신' 단계 동안 게임 세계에 영향을 미친다.

일부 입력 장치에서는 이진값만을 얻을 수 있다. 예를 들어 키보드에서는 각 키의 상태를 얻을 수 있고, 이 상태는 키를 눌렀는지 또는 뗐는지에 따라 true나 false가 된다. 입력 장치는 키가 '반쯤 눌러졌는지'를 감지할 수 없으므로 키가 '반쯤 눌러졌는지'를 파악할 수 있는 방법은 없다.

다른 입력 장치는 값의 범위를 제공한다. 예를 들어 대부분의 조이스틱은 사용자가 조이스틱을 특정 방향으로 얼마나 움직였는지를 결정할 수 있도록 두 축의 범위값을 제공한다.

게임에서 사용하는 대부분의 장치는 **복합적**이며, 이는 여러 유형의 입력이 하나의 장치에 결합돼 있다는 걸 뜻한다. 예를 들어 일반적인 컨트롤러는 이진값만을 얻을 수 있는 버튼뿐만 아니라 범위값을 제공하는 2개의 조이스틱과 트리거를 가진다. 비슷하게 마우스의 이동과 스크롤 휠은 범위 값일 수 있지만, 마우스 버튼은 이진값을 제공한다.

폴링

이 책 초반부에서는 키보드의 모든 키에 대한 이진 상태를 얻기 위해 `SDL_GetKeyboardState` 함수를 사용했다. 3장 '벡터와 기초 물리'에서는 이 키보드 상태를 모든 액터의 `ProcessInput` 함수에 전달했고, 액터는 키보드 상태를 모든 컴포넌트의 `ProcessInput` 함수에 전달했다. 그러고 나서 이 함수에서는 W키를 눌렀을 때 플레이어 캐릭터를 앞으로 전진시키는 것과 같은 액션을 실행할지 여부를 결정하기 위해 특정 키의 상태를 조회했다. 프레임마다 특정 키의 값을 확인했으므로 이 접근법은 키의 상태를 **폴링**polling하는 것으로 간주된다.

폴링을 기반으로 설계된 입력 시스템은 이해하기에는 개념적으로 단순하다. 그리고 이런 이유로 많은 게임 개발자는 폴링 접근법을 사용하는 것을 선호한다. 폴링은 특히 캐릭터 이동 등에 잘 동작한다. 왜냐하면 프레임마다 일부 입력 장치의 상태를 알아야 하며, 이 입력 장치의 상태를 기반으로 캐릭터 이동을 갱신해야 되기 때문이다. 그리고 사실 이 책의 코드는 대부분의 입력 요구 사항에 대해 이 기본 폴링 방식을 고수한다.

상승 에지와 하강 에지

스페이스를 누르면 캐릭터가 점프하는 게임을 고려해보자. 프레임마다 스페이스바의 상태를 체크해야 할 것이다. 스페이스바를 처음 세 프레임이 지나간 후 네 번째 프레임에서 눌렀다고 가정하자. 플레이어는 6프레임 이전까지 스페이스바를 계속 누른다. 그런 다음 스페이스바에서 손을 뗀다. 이 행동은 그림 8.1과 같이 x축이 각 프레임에서의 시간에 해당하고, y축이 해당 프레임의 이진값에 해당하는 그래프로 그릴 수 있다. 4프레임에서 스페이스바는 `0`에서 `1`로 변경되며, 6프레임에서는 `1`에서 `0`으로 다시 돌아온다. 입력이 `0`에서 `1`로 변하는 프레임은 **상승 에지**[positive edge 또는 rising edge]이며, 입력이 `1`에서 `0`으로 변하는 프레임은 **하강 에지**[negative edge 또는 falling edge]다.

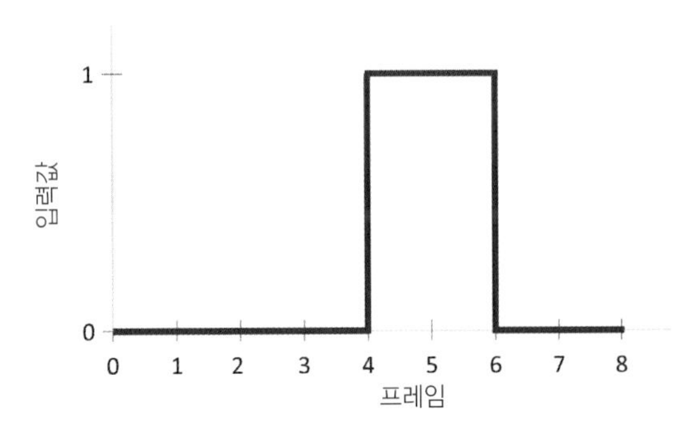

그림 8.1 9 프레임에 걸쳐 폴링한 스페이스바 그래프

이제 캐릭터에 대한 프로세스 입력이 다음과 같을(의사 코드) 경우 어떻게 될지 생각해보자.

```
if (spacebar == 1)
   character.jump()
```

그림 8.1의 샘플 입력에서 이 코드는 character.jump( ) 함수를 4프레임에서 한 번, 5프레임에서 한 번, 두 번 호출한다. 그리고 플레이어가 10프레임 동안 버튼을 계속 누른다면 character.jump( )를 10번 호출한다. 하지만 스페이스바 값이 1일 때 프레임마다 캐릭터를 점프하게 하고 싶지는 않을 것이다. 대신 스페이스바가 상승 에지를 가진 프레임에서만 character.jump( )를 호출하면 좋을 것이다. 그림 8.1의 입력 그래프에서 상승 에지는 네 번째 프레임이다. 상승 에지에서만 처리하면 플레이어가 스페이스바를 얼마나 오래 누르고 있든 상관없이 캐릭터는 한 번만 점프한다. 이 경우의 의사 코드는 다음과 같다.

```
if (spacebar has positive edge)
   character.jump()
```

의사 코드에서 'has positive edge' 용어는 마지막 프레임에서 키가 0이었고 현재 프레임에서 키가 1이라는 것을 의미한다. 하지만 현재 프레임의 키보드의 상태를 얻기 위해 SDL_GeyKeyboardState를 사용하는 방법은 위의 의사 코드를 구현하는 방법으로 충분하지 않다. 0으로 초기화된 spacebarLast 변수를 추가해서 마지막 프레임의 값을 추적하고 이 변수를 사용해서 마지막 프레임이 0이고 현재 프레임의 값이 1인 경우에만 점프를 하게 한다.

```
if (spacebar == 1 and spacebarLast == 0)
   character.jump()

spacebarLast = spacebar
```

위의 의사 코드가 그림 8.1의 예에서 어떻게 실행될지 생각해보자. 프레임 3에서는 spacebarLast 값을 spacebar의 현재값, 0으로 설정한다. 그리고 프레임 4에서는 spacebar는 1이고, spacebarLast는 0이다. 그래서 character.jump( )가 트리거된다.

그리고 spacebarLast는 spacebar의 현재값, 1이 된다. 프레임 5에서는 spacebar와 spacebarLast 둘 다 1이다. 그래서 캐릭터는 점프하지 않는다.

코드 전반에서 이 패턴을 사용할 수 있다. 그러나 이전 프레임 키값을 자동으로 추적하는 시스템을 구축하면 더 좋을 것이다. 이를 구축하면 키가 상승 에지인지 또는 하강 에지인지를 시스템에서 쉽게 확인할 수 있으므로 팀의 다른 프로그래머는 자신이 작성하지 않은 코드 사용에 대한 부담을 줄일 수 있다.

입력 마지막 프레임의 값을 저장하고 그 값을 현재 프레임의 값과 비교하는 접근법을 일반화하면 표 8.1과 같이 4가지 가능한 결과가 존재한다. 둘 다 값이 0이면 버튼의 상태는 None이다. 그리고 두 값이 모두 1이면 플레이어가 연속되는 프레임 동안 키를 누르는 버튼 상태인 Held임을 뜻한다. 마지막으로 값이 다르면 버튼 상태는 상승 에지나 하강 에지이며, 버튼 상태는 Pressed나 Released임을 나타낸다.

표 8.1 마지막 프레임과 현재 프레임의 키 값이 주어졌을 때 가능한 4가지 입력 상태

마지막 프레임	현재 프레임	버튼 상태
0	0	None
0	1	Pressed
1	0	Released
1	1	Held

공격력을 채우기 위해 플레이어가 키를 계속 눌러야 하는 게임에서 이 접근법을 고려해보자. 키의 Pressed 상태가 감지된 프레임에서는 공격력을 충전하기 시작한다. 그리고 이어지는 프레임에서의 키의 상태가 Held 상태에 있는 한 계속해서 공격력을 채운다. 마지막으로 키의 상태가 Released가 되면 플레이어가 키를 놓아버렸음을 뜻하므로 이제 적당히 채워진 레벨의 파워로 공격을 실행한다.

하지만 W가 1인, 앞으로 이동하는 액션에 대해서는 해당 프레임의 입력값을 확인하는 이전 방법을 사용하는 것이 좋다. 8장의 입력 시스템은 이 기본값을 조회하거나 다양한 입력 상태를 조회하는 옵션을 제공한다.

이벤트

1장 '게임 프로그래밍 개관'에서 SDL은 다양한 이벤트를 생성했고, 프로그램은 이 이벤트에 대해 선택적으로 응답했다. 현재 프로그램은 SDL_Quit 이벤트에 대해서만 응답하는데 이 이벤트는 플레이어가 윈도우를 종료할 시 발생한다. Game::ProcessInput은 프레임마다 큐에 이벤트가 있는지 검사하고 이벤트가 있다면 선택적으로 이벤트에 반응한다.

또한 SDL은 입력 장치에 대한 이벤트도 생성한다. 예를 들어 플레이어가 키보드상의 키를 누를 때마다 SDL은 SDL_KEYDOWN 이벤트(Pressed 버튼 상태에 해당)를 생성한다. 역으로 플레이어가 키를 뗄 때 SDL은 SDL_KEYUP 이벤트(Released 상태에 해당)를 발생시킨다. 상승 에지나 하강 에지에만 관심이 있다면 SDL_KEYDOWN 이벤트와 SDL_KEYUP 이벤트는 이 액션에 응답하는 코드를 빠르게 셋업할 수 있는 유용한 이벤트다.

그러나 앞으로 이동하기 위해 W키를 누르는 경우 SDL 이벤트는 오직 상승 에지와 하강 에지만을 제공하기에 W키를 계속 누르고 있는지를 추적하기 위해서는 추가 코드가 필요하다. 이벤트를 기반으로 입력 시스템을 완전히 새롭게 설계할 수도 있겠지만, 8장에서는 마우스 휠 스크롤같이 필요한 경우에만 SDL 이벤트를 사용한다.

SDL 이벤트와 여러 폴링 기능은 미묘한 관계다. SDL_GetKeyboardState에서 가져온 키보드 상태는 메시지 펌프 루프에서 SDL_PollEvents를 호출한 후에만 갱신된다. 이는 코드가 SDL_PollEvents를 호출하는 위치를 알기 때문에 상태 데이터가 언제 변경되는지를 안다는 것을 의미한다. 상태 데이터가 변경되는 시점을 알 수 있다는 사실은 이전 프레임의 데이터를 저장하는 입력 시스템을 구현하는 데 도움이 된다.

기본 입력 시스템 아키텍처

다양한 입력 장치를 살펴보기 전에 먼저 입력 시스템의 구조를 살펴보자. 지금은 액터와 컴포넌트가 함수 ProcessInput 호출을 통해서 현재 키보드의 상태를 인식한다. 그러나 이 메커니즘은 ProcessInput이 SDL 함수를 직접 호출하지 않으면 마우스나 컨트롤러에 접근할 수 없다는 걸 뜻한다. 간단한 게임(그리고 8장 외에서 주로 사용된 접근법)에서는 이 방법이 잘 동작하겠지만 액터나 컴포넌트에 대한 코드를 작성하는 프로그래머 입장에서는 SDL 함수와 관련된 특정 지식은 불필요하다. 게다가 일부

SDL 입력 함수는 함수 호출 간 상태 차이를 반환한다. 개발자가 한 프레임 동안 이런 함수를 두 번 이상 호출하면 첫 번째 호출 다음에는 상태 변화가 없음을 뜻하는 0의 값을 얻을 것이다.

이런 문제를 해결하기 위해 별도의 InputSystem 클래스를 선언한다. InputSystem 클래스는 InputState라는 헬퍼 클래스에 데이터를 채운다. 그런 다음 ProcessInput를 사용해서 InputState를 액터/컴포넌트에 상수 참조로 전달한다. 또한 액터/컴포넌트가 관심 있어 하는 상태를 쉽게 조회하도록 InputState는 몇몇 헬퍼 함수를 가진다.

리스트 8.1은 기본 InputSystem과 관련 있는 코드의 초기 선언을 보여준다. 먼저 표 8.1에서 설명했던 4개의 다른 상태에 해당하는 ButtonState 열거형을 선언한다. 다음으로 InputState 구조체를 선언하자. 마지막으로 InputSystem을 선언한다. InputSystem은 Game처럼 Initialize/Shutdown 함수를 포함한다. 또한 InputSystem은 SDL_PollEvents 전에 호출되는 PrepareForUpdate 함수를 가진다. 그리고 이벤트를 폴링한 후에 호출되는 Update 함수도 있다. GetState 함수는 멤버 데이터를 가진 InputState의 상수 참조를 반환한다.

리스트 8.1 기본 InputSystem 선언

```
enum ButtonState
{
   ENone,
   EPressed,
   EReleased,
   EHeld
};

// 입력의 현재 상태를 포함하는 래퍼
struct InputState
{
   KeyboardState Keyboard;
};

class InputSystem
{
public:
```

```
    bool Initialize();
    void Shutdown();

    // SDL_PollEvents 루프 직전에 호출된다
    void PrepareForUpdate();
    // SDL_PollEvents 루프 직후에 호출된다
    void Update();

    const InputState& GetState() const { return mState; }
private:
    InputState mState;
};
```

이 코드를 게임에 통합하기 위해 InputSystem 포인터형의 mInputSystem 변수를 Game 멤버 데이터로 추가하자. Game::Initialize에서는 InputSystem을 할당하고 초기화하며 Game::Shutdown에서는 InputSystem을 삭제한다.

그리고 다음과 같이 Actor와 Component 둘 다 ProcessInput의 선언을 변경한다.

```
void ProcessInput(const InputState& state);
```

Actor의 ProcessInput은 재정의하지 않았었는데 왜냐하면 Actor는 자신에게 부착된 모든 컴포넌트의 ProcessInput만 호출하기 때문이다. 하지만 액터는 자신에게만 통지되는 특정 입력을 처리하도록 재정의 가능한 ActorInput 함수를 가지고 있다. 그래서 ProcessInput처럼 ActorInput의 선언도 InputState의 상수 참조를 전달받도록 변경한다.

마지막으로 Game::ProcessInput의 구현은 다음과 같이 변경된다.

```
void Game::ProcessInput() {
    mInputSystem->PrepareForUpdate();

    // SDL_PollEvent 루프...

    mInputSystem->Update();
```

```
    const InputState& state = mInputSystem->GetState();

    // 여기서는 대상이 되는 키를 모두 처리한다...

    // 키 상태를 모든 액터의 ProcessInput로 보낸다...
}
```

InputSystem 사용을 통해 이제 개발자는 몇몇 입력 장치에 대한 지원을 추가하는 데 필요한 기본 사항을 갖추게 됐다. 이 각각의 입력 장치를 지원하려면 상태를 캡슐화한 새로운 클래스를 제작한 뒤 해당 클래스의 인스턴스를 InputState 구조체에 추가해야 한다.

키보드 입력

SDL_GetKeyboardState 함수는 키보드 상태에 대한 포인터를 반환했다는 걸 기억하자. 특히 SDL_GetKeyboardState의 반환값은 내부 SDL 데이터를 가리키며, 응용프로그램의 생명주기를 걸쳐 변경되지 않는다. 따라서 키보드의 현재 상태를 추적하기 위해서는 한 번만 초기화된 단일 포인터만 있으면 된다. 그러나 SDL은 SDL_PollEvents를 호출할 때 현재 키보드 상태를 덮어쓰므로 이전 프레임 상태를 저장하기 위해서는 별도의 배열이 필요하다.

그래서 리스트 8.2처럼 이전 프레임 상태를 저장하기 위해 KeyboardState에 멤버 데이터를 선언한다. KeyboardState는 현재 상태를 가리키는 포인터와 이전 상태를 위한 배열을 가진다. 배열의 크기는 SDL이 키보드 스캔 코드에 대해 사용하는 버퍼 크기와 같다. KeyboardState 멤버 함수에는 키의 기본 현재값을 얻어오는 메소드(GetKeyValue)와 4가지 버튼 상태 중 하나를 반환하는 메소드(GetKeyState)가 있다. 마지막으로 InputSystem을 KeyboardState의 friend로 선언한다. 이렇게 하면 InputSystem이 KeyboardState의 멤버 데이터를 직접 조작하기가 쉬워진다.

리스트 8.2 KeyboardState 선언

```
class KeyboardState
{
public:
   // InputSystem을 friend로 선언해서 멤버 데이터를 쉽게 갱신하게 한다
   friend class InputSystem;

   // 키의 이진값 true/false를 얻는다
   bool GetKeyValue(SDL_Scancode keyCode) const;

   // 현재/이전 프레임을 토대로 상태를 얻는다
   ButtonState GetKeyState(SDL_Scancode keyCode) const;
private:
   // 현재 상태
   const Uint8* mCurrState;
   // 이전 프레임의 상태
   Uint8 mPrevState[SDL_NUM_SCANCODES];
};
```

다음으로 InputState의 멤버 데이터로 Keyboard라는 KeyboardState 인스턴스를 추가한다.

```
struct InputState
{
   KeyboardState Keyboard;
};
```

그리고 InputSystem 클래스의 Initialize와 PrepareForUpdate 함수에 코드를 추가한다. Initialize에서는 mCurrState 포인터를 먼저 설정하고 mPrevState의 메모리를 0으로 초기화한다(게임을 시작하기 전에 키는 어떤 상태도 가지고 있지 않다). SDL_GetKeyboardState 함수로 현재 상태의 포인터를 얻으며 memset으로 mPrevState의 메모리를 초기화한다.

```
// (InputSystem::Initialize 함수 내에서)
```

```
// 현재 상태의 포인터를 설정한다
mState.Keyboard.mCurrState = SDL_GetKeyboardState(NULL);
// 이전 상태 메모리를 0으로 초기화한다
memset(mState.Keyboard.mPrevState, 0,
   SDL_NUM_SCANCODES);
```

그리고 PrepareForUpdate에서는 모든 '현재' 데이터를 이전 버퍼로 복사한다. PrepareForUpdate를 호출할 때의 '현재' 데이터는 이전 프레임의 데이터임을 명심하자. 새로운 프레임에서 PrepareForUpdate를 호출하는 시점에서는 아직 SDL_PollEvents는 호출되지 않았기 때문이다. SDL_PollEvents는 mCurrState가 가리키는 내부 SDL의 키보드 상태 데이터를 갱신하므로 SDL_PollEvents 호출 전후의 상황을 이해하는 것은 매우 중요하다. 그래서 SDL이 현재 상태를 덮어쓰기 전에 memcpy를 사용해서 현재 버퍼를 이전 버퍼로 복사한다.

```
// (InputSystem::PrepareForUpdate 내부에서)
memcpy(mState.Keyboard.mPrevState,
   mState.Keyboard.mCurrState,
   SDL_NUM_SCANCODES);
```

다음으로 KeyboardState의 멤버 함수를 구현해야 한다. GetKeyValue는 간단하다. mCurrState 버퍼에 색인을 해서 값이 1이면 true를 반환하고, 값이 0이면 false를 리턴한다.

리스트 8.3에 있는 GetKeyState 함수는 약간 복잡하다. GetKeyState 함수는 4개의 버튼 상태 중 어느 것을 반환해야 되는지를 결정하기 위해 현재 프레임과 이전 프레임의 키 상태 둘 다를 사용한다. 표 8.1에 있는 항목들을 소스 코드로 매핑해서 GetKeyState를 구현한다.

리스트 8.3 KeyboardState::GetKeyState 구현

```
ButtonState KeyboardState::GetKeyState(SDL_Scancode keyCode) const
{
   if (mPrevState[keyCode] == 0)
   {
```

```
        if (mCurrState[keyCode] == 0)
        { return ENone; }
        else
        { return EPressed; }
    }
    else // 이전 상태는 1이다
    {
        if (mCurrState[keyCode] == 0)
        { return EReleased; }
        else
        { return EHeld; }
    }
}
```

이제 개발자는 KeyboardState의 GetKeyValue 함수를 사용해서 키 값에 접근하는 것이 가능하다. 예를 들어 다음 코드는 스페이스바의 현재값이 true인지를 확인한다.

```
if (state.Keyboard.GetKeyValue(SDL_SCANCODE_SPACE))
```

그러나 무엇보다 InputState 객체의 이점은 키의 버튼 상태를 조회할 수 있다는 데 있다. 예를 들어 다음의 Game::ProcessInput 코드는 Escape 키의 버튼 상태가 EReleased인지를 감지하고 EReleased 경우에만 게임을 종료 상태로 만든다.

```
if (state.Keyboard.GetKeyState(SDL_SCANCODE_ESCAPE)
    == EReleased)
{
    mIsRunning = false;
}
```

즉 Escape 키를 누르면 즉시 게임이 종료되지는 않지만, 키를 놓으면 게임은 종료된다.

마우스 입력

마우스 입력에는 신경써야 할 3개의 주요 입력 타입이 있다.

- 버튼 입력
- 마우스 이동
- 스크롤 휠 이동

버튼 입력 코드는 버튼의 수가 몇 개 안 된다는 점을 제외하면 키보드 코드와 비슷하다. 이동 입력은 2가지의 입력 모드(절대 및 상대)가 있어서 좀 더 복잡하다. 프레임마다 한 번의 함수 호출로 마우스 입력을 폴링할 수 있지만, 스크롤 휠의 경우 SDL은 이벤트를 통해서만 데이터를 알려주므로 일부 SDL 이벤트를 처리하기 위해서는 InputSystem에 약간의 코드를 추가해야 된다.

기본값으로 SDL은 시스템 마우스 커서를 보여준다(시스템 마우스 커서를 갖고 있는 플랫폼에서는). 그리고 SDL_ShowCursor 함수를 사용하면 커서를 활성화하거나 비활성화하는 것이 가능하다. SDL_TRUE를 인자로 넘기면 커서가 활성화되며 SDL_FALSE를 인자로 넘기면 커서는 비활성화된다. 예를 들어 다음 코드는 커서를 비활성화한다.

```
SDL_ShowCursor(SDL_FALSE);
```

버튼과 위치

마우스의 위치와 마우스 버튼의 상태를 알아내려면 SDL_GetMouseState 함수를 한 번 호출하면 된다. 이 함수의 리턴값은 버튼 상태의 비트마스크다. 그리고 마우스의 x/y 좌표를 얻기 위해 두 정수 타입의 주소를 다음과 같이 전달한다.

```
int x = 0, y = 0;
Uint32 buttons = SDL_GetMouseState(&x, &y);
```

노트

마우스 위치에 대해 SDL은 SDL 2D 좌표계를 사용한다. SDL 2D 좌표계는 왼쪽 상단 구석이 (0, 0)이고, 양의 x는 오른쪽으로 향하며, 양의 y는 아래쪽으로 향한다. 좌표계는 자신이 선호하는 다른 좌표계로 쉽게 변환할 수 있다.

예를 들어 5장 'OpenGL'의 뷰-투영 좌표계로 변환하려면 다음 코드 두 줄을 사용하면 된다.

```
x = x - screenWidth/2;
y = screenHeight/2 - y;
```

SDL_GetMouseState의 리턴값이 비트마스크bitmask이므로 특정 버튼을 뗐는지 또는 누르고 있는지를 알아내려면 올바른 비트값으로 비트 단위 AND 연산을 사용해야 한다. 예를 들어 SDL_GetMouseState로 채워진 버튼 변수가 주어지면 다음 코드는 왼쪽 마우스 버튼을 누른 상태라면 true가 된다.

```
bool leftIsDown = (buttons & SDL_BUTTON(SDL_BUTTON_LEFT)) == 1;
```

SDL_BUTTON 매크로는 요청한 버튼을 기반으로 비트를 이동시킨다. 그리고 비트 단위 AND 연산은 버튼이 눌러진 상태라면 1을 반환하고, 뗀 상태라면 0을 리턴한다. 표 8.2는 SDL이 지원하는 5개의 여러 마우스 버튼에 해당하는 버튼 상수를 보여준다.

표 8.2 SDL 마우스 버튼 상수

Button	Constant
Left	SDL_BUTTON_LEFT
Right	SDL_BUTTON_RIGHT
Middle	SDL_BUTTON_MIDDLE
Mouse button 4	SDL_BUTTON_X1
Mouse button 5	SDL_BUTTON_X2

이제 리스트 8.4처럼 MouseState의 초기 선언을 작성하는 데 충분한 지식을 가졌다. 이전 버튼의 비트마스크와 현재 버튼의 비트마스크를 저장하기 위해 32비트 unsigned integer를 사용한다. 그리고 현재 마우스 위치를 저장하기 위해 Vector2를

사용한다. 리스트 8.4는 버튼 함수의 구현에 대해서는 생략하고 있다. 왜냐하면 버튼 함수의 구현부는 키보드의 키에 대한 함수와 거의 동일하기 때문이다. 유일한 차이점은 앞에서 설명했듯이 버튼 함수가 비트마스크를 사용하는 데 있다.

리스트 8.4 MouseState 선언

```
class MouseState
{
public:
   friend class InputSystem;

   // 마우스 위치
   const Vector2& GetPosition() const { return mMousePos; }

   // 버튼
   bool GetButtonValue(int button) const;
   ButtonState GetButtonState(int button) const;
private:
   // 마우스 위치 저장
   Vector2 mMousePos;
   // 버튼 데이터 저장
   Uint32 mCurrButtons;
   Uint32 mPrevButtons;
};
```

그리고 InputState에 Mouse라는 MouseState 인스턴스를 추가한다. 그런 다음 InputSystem의 PrepareForUpdate에 다음 코드를 추가한다. 이 코드는 현재 버튼 상태를 이전 상태에 복사한다.

```
mState.Mouse.mPrevButtons = mState.Mouse.mCurrButtons;
```

Update에서는 MouseState 멤버를 갱신하기 위해 SDL_GetMouseState를 호출한다.

```
int x = 0, y = 0;
mState.Mouse.mCurrButtons = SDL_GetMouseState(&x, &y);
mState.Mouse.mMousePos.x = static_cast<float>(x);
```

```
mState.Mouse.mMousePos.y = static_cast<float>(y);
```

이제 InputState의 기본 마우스 정보에 접근해 보자. 예를 들어 왼쪽 마우스 버튼이 EPressed 상태에 있는지를 확인하려면 다음 코드를 사용하면 된다.

```
if (state.Mouse.GetButtonState(SDL_BUTTON_LEFT) == EPressed)
```

상대 모션

SDL은 마우스의 움직임을 감지하는 데 있어 2가지 다른 모드를 제공한다. 기본 모드로 SDL은 마우스의 현재 좌표를 알린다. 하지만 때때로 개발자는 프레임 간 마우스의 상대적인 변화를 알기 원할 수도 있다. 예를 들어 PC상의 많은 1인칭 게임에서는 카메라를 회전하기 위해 마우스를 사용한다. 카메라의 회전 속도는 플레이어가 얼마나 빨리 마우스를 이동시키는지에 의존한다. 이 경우 마우스의 정확한 좌표는 유용하지 않지만, 프레임 간 상대적인 이동은 유용하다.

이전 프레임의 마우스 위치를 저장해두면 프레임 간 상대적인 이동을 구하는 것이 가능하다. 하지만 SDL은 SDL_GetRelativeMouseState 함수를 호출해서 상대적인 이동을 구할 수 있는 마우스 모드를 지원한다. SDL의 상대 마우스 모드의 큰 이점은 이 모드가 프레임마다 마우스를 숨기거나 윈도우 영역에 마우스를 고정시키는 것이 가능하고, 또는 마우스를 중심에 배치할 수 있다는 데 있다. 이 모드를 사용하면 플레이어가 실수로 마우스 커서를 윈도우 영역 바깥으로 이동시키는 것을 막아준다.

상대 마우스 모드를 활성화하려면 다음과 같이 코드를 작성한다.

```
SDL_SetRelativeMouseMode(SDL_TRUE);
```

상대 마우스 모드를 비활성화하려면 파라미터로 SDL_FALSE를 전달한다.

상대 마우스 모드가 활성화되면 SDL_GetMouseState를 사용하는 대신 SDL_GetRelativeMouseState를 사용해야 한다.

InputSystem에서 상대 마우스 모드를 지원하기 위해 먼저 상대 마우스 모드를 활성화 또는 비활성화하는 함수를 추가한다.

```
void InputSystem::SetRelativeMouseMode(bool value)
{
   SDL_bool set = value ? SDL_TRUE : SDL_FALSE;
   SDL_SetRelativeMouseMode(set);

   mState.Mouse.mIsRelative = value;
}
```

MouseState의 mIsRelative 변수에 상대 마우스 모드의 상태를 저장한다. 초깃값은 false로 설정한다.

다음으로 InputSystem::Update의 코드를 변경해서 상대 마우스 모드일 경우 올바른 마우스의 위치와 버튼값을 얻어올 수 있도록 함수를 변경한다.

```
int x = 0, y = 0;
if (mState.Mouse.mIsRelative)
{
   mState.Mouse.mCurrButtons = SDL_GetRelativeMouseState(&x, &y);
}
else
{
   mState.Mouse.mCurrButtons = SDL_GetMouseState(&x, &y);
}
mState.Mouse.mMousePos.x = static_cast<float>(x);
mState.Mouse.mMousePos.y = static_cast<float>(y);
```

이 코드로 이제 개발자는 상대 마우스 모드를 활성화해서 MouseState를 통해 상대적인 마우스 위치에 접근하는 것이 가능하다.

스크롤 휠

스크롤 휠의 경우 SDL은 휠의 현재 상태를 조회하는 기능을 제공하지 않는다. 대신

SDL은 SDL_MOUSEWHEEL 이벤트를 생성한다. 그래서 입력 시스템에서 스크롤 휠을 지원하려면 먼저 입력 시스템에 SDL 이벤트를 전달해야 한다. ProcessEvent 함수를 통해서 SDL 이벤트를 전달받을 수 있으며, 입력 시스템에 마우스 휠 이벤트를 전달하기 위해 Game::ProcessInput에서 이벤트를 폴링하는 루프를 수정한다.

```
SDL_Event event;
while (SDL_PollEvent(&event))
{
   switch (event.type)
   {
      case SDL_MOUSEWHEEL:
         mInputSystem->ProcessEvent(event);
         break;
      // 다른 case들은 생략...
   }
}
```

다음으로 MouseState에 다음 멤버 변수를 추가한다.

```
Vector2 mScrollWheel;
```

대부분의 마우스가 수평 수직 방향 둘 다를 지원하므로 SDL은 두 방향의 스크롤링 값을 알려준다. 그래서 MouseState에서는 Vector2를 사용한다.

그런 다음 InputSystem을 변경해야 한다. 먼저 리스트 8.5처럼 event.wheel 구조체의 스크롤 휠 x/y 값을 읽도록 ProcessEvent를 구현한다.

리스트 8.5 스크롤 휠에 대한 InputSystem::ProcessEvent 구현

```
void InputSystem::ProcessEvent(SDL_Event& event)
{
   switch (event.type)
   {
   case SDL_MOUSEWHEEL:
      mState.Mouse.mScrollWheel = Vector2(
         static_cast<float>(event.wheel.x),
```

```
         static_cast<float>(event.wheel.y));
      break;
   default:
      break;
   }
}
```

그리고 마우스 휠 이벤트는 스크롤 휠이 움직이는 프레임에서만 트리거되므로 PrepareForUpdate 함수에서 mScrollWheel 변수는 리셋해야 한다.

```
mState.Mouse.mScrollWheel = Vector2::Zero;
```

위 코드는 스크롤 휠이 프레임 1에서는 움직이지만 프레임 2에서는 움직이지 않는다는 것을 보장한다. 그래서 프레임 2에서는 잘못된(프레임 1의) 스크롤 값을 보고받지 않는다.

지금까지 구현한 코드로 이제는 다음과 같이 프레임마다 스크롤 휠 상태 접근이 가능하다.

```
Vector2 scroll = state.Mouse.GetScrollWheel();
```

컨트롤러 입력

여러 가지 이유로 SDL에서 컨트롤러 입력을 감지하는 것은 마우스나 키보드 입력을 감지하는 것보다 더 복잡하다. 먼저 컨트롤러는 키보드나 마우스보다 훨씬 다양한 센서를 갖고 있다. 예를 들어 표준 마이크로소프트 Xbox 컨트롤러는 2개의 아날로그 조이스틱과 방향 패드, 4개의 표준 버튼, 3개의 특수 버튼, 2개의 범퍼 버튼, 그리고 2개의 트리거 등 데이터를 얻기 위한 많고 다양한 센서를 갖고 있다.

또한 PC/Mac 사용자는 하나의 키보드와 마우스를 가지지만, 컨트롤러의 경우 여러 개의 컨트롤러를 연결하는 것이 가능하다. 마지막으로 컨트롤러는 **핫 스와핑**hot swapping

을 지원하는데 이는 프로그램이 실행 중인 동안 컨트롤러를 연결하거나 분리하는 것이 가능하다는 걸 뜻한다. 이러 요인은 컨트롤러 입력을 다루는 데 복잡성을 증대시킨다.

> **노트**
>
> 컨트롤러와 플랫폼에 따라 SDL은 컨트롤러를 감지하기 위해서 컨트롤러에 대한 드라이버를 설치해야 될 경우도 있다.

컨트롤러를 사용하기 전에 앞서 컨트롤러를 다루는 SDL 서브시스템을 초기화해야 한다. SDL 서브시스템을 활성화하기 위해서는 `Game::Initialize`의 `SDL_Init` 호출에 `SDL_INIT_GAMECONTROLLER` 플래그를 추가하면 된다.

```
SDL_Init(SDL_INIT_VIDEO | SDL_INIT_AUDIO | SDL_INIT_GAMECONTROLLER);
```

컨트롤러 한 개 활성화하기

지금은 컨트롤러를 하나만 사용하며 이 컨트롤러는 게임이 시작될 때 이미 연결돼 있었다고 가정한다. 컨트롤러를 초기화하기 위해서는 `SDL_GameControllerOpen` 함수를 사용해야 한다. 이 함수는 초기화가 성공하면 `SDL_Controller` 구조체에 대한 포인터를 반환하며, 실패하면 `nullptr`를 리턴한다. 컨트롤러의 상태를 알아보기 위해서는 `SDL_Controller*` 변수를 조회해보면 된다.

우선 컨트롤러가 한 개라고 생각하고 `InputState` 멤버 변수로 `mController`라는 `SDL_Controller*` 포인터를 추가한다. 그리고 컨트롤러 0을 열기 위해 다음과 같은 함수 호출을 추가한다.

```
mController = SDL_GameControllerOpen(0);
```

컨트롤러를 비활성화하려면 파라미터로 `SDL_GameController` 포인터를 취하는 `SDL_GameControllerClose` 함수를 호출한다.

Tip

기본으로 SDL은 마이크로소프트 Xbox와 같은 공통 컨트롤러를 지원한다. 여러 다양한 컨트롤러의 버튼 레이아웃을 지정하는 컨트롤러 매핑은 인터넷에서 쉽게 찾을 수 있다. SDL_GameControllerAddMappingsFromFile 함수는 제공된 파일에서 컨트롤러 매핑을 로드해준다. 커뮤니티에서 관리하고 있는 매핑 파일은 깃허브 https://github.com/gabomdq/ SDL_GameControllerDB에서 이용할 수 있다.

플레이어가 컨트롤러를 갖고 있다는 걸 추측하고 싶지 않다면 코드상에서 컨트롤러에 접근하려고 할 때마다 null 체크를 하도록 한다.

버튼

SDL의 게임 컨트롤러는 다양한 버튼을 지원한다. SDL은 마이크로소프트 Xbox 컨트롤러의 버튼 이름을 미러링하는 명명 규칙을 사용한다. 예를 들어 버튼의 이름은 A, B, X, Y다. 표 8.3은 SDL에 정의된 다양한 버튼 상수를 나열한다. 여기서 *는 여러 가능한 값을 나타내는 와일드카드다.

표 8.3 SDL 컨트롤러 버튼 상숫값들

버튼	상수
A, B, X, Y	SDL_CONTROLLER_BUTTON_*(*를 A, B, X, 또는 Y로 대체)
Back	SDL_CONTROLLER_BACK
Start	SDL_CONTROLLER_START
왼쪽/오른쪽 스틱 누르기	SDL_CONTROLLER_BUTTON_*STICK(*를 LEFT나 RIGHT로 대체)
왼쪽/오른쪽 숄더	SDL_CONTROLLER_BUTTON_*SHOULDER(*를 LEFT나 RIGHT로 대체)
방향패드	SDL_CONTROLLER_BUTTON_DPAD_*(*를 UP, DOWN, LEFT 또는 RIGHT로 대체)

왼쪽 및 오른쪽 스틱 버튼은 사용자가 왼쪽/오른쪽 스틱을 물리적으로 누를 때 사용된다. 예를 들어 일부 게임에서는 전력질주를 위해 오른쪽 스틱을 누른다.

SDL에는 모든 컨트롤러 버튼의 상태를 동시에 조회하는 메커니즘을 가지고 있지 않다. 그래서 SDL_GameControllerGetButton 함수를 사용해 각 버튼을 개별적으로 조회해야 한다.

컨트롤러 버튼 이름에 대한 열거형은 컨트롤러가 가질 수 있는 버튼의 최대 수인 SDL_CONTROLLER_BUTTON_MAX 멤버를 정의하고 있는데 이 값을 활용하자. 리스트 8.6처럼 ControllerState 클래스의 첫 번째 버전에는 현재의 버튼 상태와 이전의 버튼 상태에 대한 배열을 포함한다. 또한 코드는 컨트롤러에 연결돼 있는지 여부를 판단하기 위해 이진값을 가지고 있다. 마지막으로 클래스는 버튼의 값과 버튼의 상태를 조회하는 함수에 대한 선언을 가지고 있다.

리스트 8.6 ControllerState 클래스 초기 버전

```
class ControllerState
{
public:
   friend class InputSystem;

   // 버튼
   bool GetButtonValue(SDL_GameControllerButton button) const;
   ButtonState GetButtonState(SDL_GameControllerButton button)
      const;

   bool GetIsConnected() const { return mIsConnected; }
private:
   // 현재/이전 버튼
   Uint8 mCurrButtons[SDL_CONTROLLER_BUTTON_MAX];
   Uint8 mPrevButtons[SDL_CONTROLLER_BUTTON_MAX];
   // 컨트롤러가 연결돼 있는가?
   bool mIsConnected;
};
```

이제 ControllerState의 인스턴스를 InputState에 추가한다.

```
ControllerState Controller;
```

다음으로 InputSystem::Initialize에서 컨트롤러 0 열기를 시도하고 mController 포인터가 nullptr인지 아닌지에 따라 mIsConnected 변수를 설정한다. 그리고 mCurrButtons와 mPrevButtons 둘 다 메모리값을 초기화한다.

```
mState.Controller.mIsConnected = (mController != nullptr);
memset(mState.Controller.mCurrButtons, 0,
   SDL_CONTROLLER_BUTTON_MAX);
memset(mState.Controller.mPrevButtons, 0,
   SDL_CONTROLLER_BUTTON_MAX);
```

키보드와 마찬가지로 PrepareForUpdate 코드에서는 현재의 버튼 상태를 이전의 버튼 상태로 복사한다.

```
memcpy(mState.Controller.mPrevButtons,
   mState.Controller.mCurrButtons,
   SDL_CONTROLLER_BUTTON_MAX);
```

마지막으로 Update에서 mCurrButtons 배열을 반복하면서 해당 버튼에 대한 상태를 조회하는 SDL_GameControllerGetButton 함수의 호출 결과를 각 버튼의 요소값에 저장한다.

```
for (int i = 0; i < SDL_CONTROLLER_BUTTON_MAX; i++)
{
   mState.Controller.mCurrButtons[i] =
      SDL_GameControllerGetButton(mController,
         SDL_GameControllerButton(i));
}
```

위의 코드로 이제 키보드 및 마우스 버튼에서 사용했던 패턴처럼 특정한 게임 컨트롤러 버튼의 상태를 조회하는 것이 가능해졌다. 예를 들어 다음 코드는 컨트롤러의 A 버튼이 현재 프레임에서 상승 에지를 갖고 있는지 확인한다.

```
if (state.Controller.GetButtonState(SDL_CONTROLLER_BUTTON_A) == EPressed)
```

아날로그 스틱과 트리거

SDL은 총 6개의 축을 지원한다. 각 아날로그 스틱은 2개의 축을 가진다. 하나는 x 방향이고 다른 하나는 y 방향이다. 또한 트리거 각각은 1개의 축을 가지고 있다. 표 8.4는 축의 리스트를 보여준다(앞에서도 사용했지만 *는 와일드카드를 나타낸다).

표 8.4 SDL 컨트롤러 축 상숫값

버튼	상수
왼쪽 아날로그 스틱	SDL_CONTROLLER_AXIS_LEFT*(*를 X나 Y로 대체)
오른쪽 아날로그 스틱	SDL_CONTROLLER_AXIS_RIGHT*(*를 X나 Y로 대체)
왼쪽/오른쪽 트리거	SDL_CONTROLLER_AXIS_TRIGGER*(*를 LEFT나 RIGHT로 대체)

트리거의 경우 값의 범위는 0에서 32,767이며, 0은 트리거에 어떠한 입력도 없음을 뜻한다. 아날로그 스틱 축의 경우 값의 범위는 −32,768에서 32,767이며, 0은 스틱이 기울어지지 않고 중심을 맞추고 있다는 것을 나타낸다. 양의 y축 값은 아날로그 스틱의 아래쪽에 해당하며, 양의 x축 값은 오른쪽에 해당한다.

그러나 이러한 축의 연속적인 입력과 관련된 문제는 API에서 지정한 범위가 이론적인 것에 불과하다는 데 있다. 각 개별 장치는 부정확도를 가지기 때문이다. 예를 들어 가운데로 돌아가는 아날로그 스틱 중 하나를 움직인 후에 손을 떼보면 이 부정확도를 관찰하는 것이 가능하다. 스틱이 움직이지 않으므로 스틱 x와 y축에 대한 값으로 0을 기대하는 것은 합리적이다. 하지만 실제로 값은 0에 가깝긴 하지만 정확히 0은 아니다. 거꾸로 플레이어가 스틱을 계속해서 오른쪽으로 세게 유지한다면 스틱 x축이 알리는 값은 최댓값에 가깝겠지만 정확히 최댓값과 일치하지는 않는다.

이 상황은 2가지 이유로 게임에서 문제가 된다. 먼저 원치 않는 입력이 발생해서 플레이어가 입력 축을 변경시키지 않았지만 게임은 뭔가가 발생하고 있다고 보고받을 가능성이 있다. 예를 들어 플레이어가 컨트롤러를 테이블에 완전히 놓았다고 가정하자. 플레이어는 게임상의 캐릭터가 움직이지 않는 것을 당연히 기대할 것이다. 그러나 앞에서 언급한 문제를 다루지 못한다면 게임은 축에 대한 입력 값을 감지해서 캐릭터를 이동시킬 것이다.

또한 많은 게임에서는 아날로그 스틱이 한 방향으로 얼마나 멀리 움직였는지를 기반으로 캐릭터를 이동시킨다. 그래서 스틱을 약간만 움직이면 캐릭터는 천천히 걷는 반면 스틱을 계속해서 한 방향으로 이동시키면 캐릭터를 전력질주하게 만든다. 그러나 축이 최댓값을 가질 때만 플레이어가 전력질주하게 만든다면 플레이어는 결코 전력질주하지 못할 것이다.

이 문제를 해결하기 위해 축의 입력을 처리하는 코드는 값을 **필터링**filtering해야 한다. 특히 0에 가까운 값을 0으로 해석하고 최소 최대에 가까운 값을 최솟값 또는 최댓값으로 해석해야 한다. 또한 정숫값을 정규화된 부동소수점 값 범위로 변환하면 입력 시스템을 사용하기가 편리해진다. 양과 음의 값을 모두 가지는 축은 정규화된 값으로 −1.0에서 1.0의 범위를 가진다.

그림 8.2는 하나의 축에 대한 필터링의 예를 보여준다. 선 위의 숫자는 필터링 전의 정숫값이며, 선 아래 숫자는 필터링 후의 부동소수점 값이다. 0.0으로 해석하고 싶은 0에 가까운 영역은 **데드 존**dead zone이라 부른다.

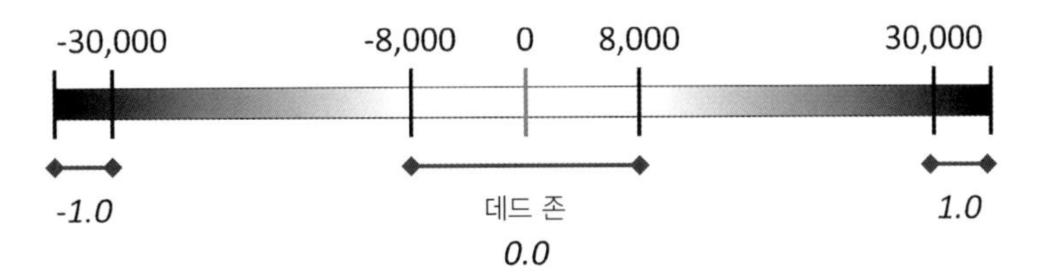

그림 8.2 위쪽 값이 입력값이고 아래쪽 값이 출력값인 축에 대한 샘플 필터링

리스트 8.7은 입력 시스템이 트리거와 같은 1차원 축을 필터링하는 데 사용하는 `InputSystem::Filter1D` 함수의 구현을 보여준다. 먼저 데드 존과 최댓값에 대한 2개의 상수를 선언한다. 여기서 데드 존은 250이며, 그림 8.2에서 사용된 데드 존보다는 값이 작다. 이 값은 트리거에서 잘 동작한다(하지만 필요에 따라 상수 파라미터로 만들거나 유저가 설정 가능하게 할 수 있다).

그리고 삼항 연산자를 사용해서 입력의 절댓값을 얻는다. 이 값이 데드 존 상수보다 작다면 `0.0f`를 반환한다. 그렇지 않으면 입력값을 데드 존과 최댓값 사이를 나타내는 분숫값으로 변환한다. 예를 들어 `deadZone`과 `maxValue` 사이의 중간 입력값은 `0.5f`다.

그런 다음 분숫값의 부호가 원래 입력의 부호와 일치하는지를 확인한다. 마지막으로 입력값이 최댓값 상수보다 더 큰 경우를 처리하기 위해 값을 −1.0에서 1.0의 범위로 한정한다. Math::Clamp의 구현은 Math.h 헤더 파일에 있다.

리스트 8.7 Filter1D 구현

```
float InputSystem::Filter1D(int input)
{
   // 값이 데드 존보다 작으면 0%로 해석한다
   const int deadZone = 250;
   // 값이 최댓값보다 크면 100%로 해석한다
   const int maxValue = 30000;

   float retVal = 0.0f;

   // 입력의 절댓값을 얻는다
   int absValue = input > 0 ? input : -input;
   // 데드 존 내의 입력값은 무시한다
   if (absValue > deadZone)
   {
      // 데드 존과 최댓값 사이의 분숫값을 계산
      retVal = static_cast<float>(absValue - deadZone) /
         (maxValue - deadZone);

      // 원래값의 부호와 일치시킨다
      retVal = input > 0 ? retVal : -1.0f * retVal;

      // 값이 -1.0f 와 1.0f 범위를 벗어나지 않게 한다
      retVal = Math::Clamp(retVal, -1.0f, 1.0f);
   }
   return retVal;
}
```

데드 존이 5000인 Filter1D 함수를 사용하면 5000의 입력값은 0.0f를 반환하고 -17500의 값은 -0.5f를 리턴한다.

Filter1D 함수는 오직 트리거와 같은 단일 축일 경우에만 잘 동작한다. 그러나 아날로그 스틱은 2개의 다른 축이 하나로 결합돼 있으므로, 다음 절에서 설명하겠지만 2

차원으로 아날로그 스틱을 필터링하는 것이 더 좋다.

이제 왼쪽, 오른쪽 트리거를 위해 ControllerState에 2개의 float값을 추가한다.

```
float mLeftTrigger;
float mRightTrigger;
```

InputSystem::Update에서는 두 트리거의 값을 읽기 위해 SDL_GameControllerGetAxis 함수를 사용한다. 그리고 이 값에 Filter1D 함수를 호출해서 값을 0.0에서 1.0의 범위로 변환한다(트리거는 음숫값을 가지지 않는다). 예를 들어 다음 코드는 mLeftTrigger의 값을 설정한다.

```
mState.Controller.mLeftTrigger =
   Filter1D(SDL_GameControllerGetAxis(mController,
      SDL_CONTROLLER_AXIS_TRIGGERLEFT));
```

그리고 GetLeftTrigger()와 GetRightTrigger() 함수를 추가해서 트리거 값에 접근한다. 예를 들어 다음 코드는 왼쪽 트리거 값을 얻는다.

```
float left = state.Controller.GetLeftTrigger();
```

2차원에서 아날로그 스틱 필터링하기

아날로그 스틱은 일반적으로 스틱의 방향을 플레이어 캐릭터가 이동하는 방향과 일치시킨다. 예를 들어 스틱을 대각선 위쪽으로 밀면 캐릭터 또한 화면상에서 해당 방향으로 이동한다. 이를 구현하기 위해서는 x축과 y축을 동시에 해석해야 한다.

x축과 y축에 개별적으로 Filter1D 함수를 사용하면 문제없다고 생각될 수도 있겠지만, 그렇게 하면 재미있는 문제점이 발생한다. 플레이어가 스틱을 위쪽 방향으로 계속 밀면 정규화된 벡터값은 〈0.0, 1.0〉이 된다. 한편 플레이어가 위쪽과 오른쪽 방향으로 스틱을 움직이면 정규화된 벡터는 〈1.0, 1.0〉이다. 이 두 벡터의 길이는 다르며, 이 벡터를 캐릭터가 이동하는 속도로 사용한다면 문제가 된다. 캐릭터는 한 방향으로

똑바로 이동하는 것보다 대각선으로 이동할 때 더 빠르게 이동하는 것이다!

길이가 1보다 큰 벡터는 정규화하면 되겠지만, 각 축을 개별적으로 다룬다는 것은 개발자가 데드 존과 최댓값을 여전히 사각형 범위로 해석한다는 걸 의미한다. 더 좋은 접근법은 두 축을 그림 8.3에서 보여주듯이 동심원으로써 해석하는 것이다. 사각형 경계는 원래 입력값을 나타내며, 내부 원은 데드 존, 그리고 바깥 원은 최댓값을 나타낸다.

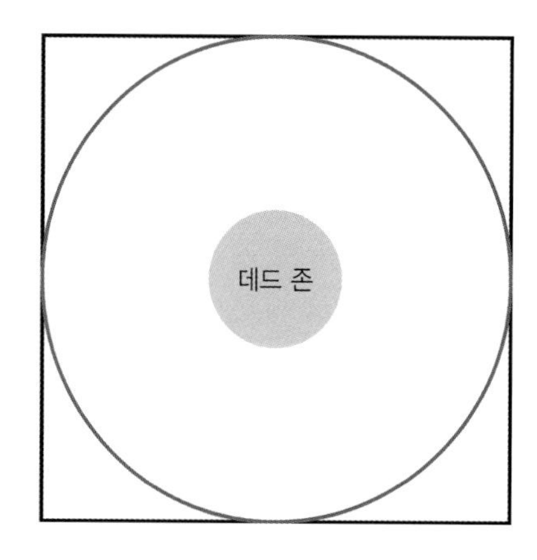

그림 8.3 2차원상의 필터링

리스트 8.8은 Filter2D 함수 코드이며, 아날로그 스틱의 x축과 y축을 인자로 받아 2차원상에서 필터링한다. 먼저 2D 벡터를 생성한 뒤 벡터의 길이를 결정한다. 데드 존보다 작은 길이는 Vector2::Zero가 된다. 데드 존보다 큰 길이의 경우에는 데드 존과 최댓값 사이의 분숫값이 되며 벡터의 길이를 이 분숫값으로 설정한다.

리스트 8.8 InputSystem::Filter2D 구현

```
Vector2 InputSystem::Filter2D(int inputX, int inputY)
{
   const float deadZone = 8000.0f;
   const float maxValue = 30000.0f;

   // 2D 벡터를 만든다
   Vector2 dir;
   dir.x = static_cast<float>(inputX);
```

```
    dir.y = static_cast<float>(inputY);

    float length = dir.Length();

    // If 길이가 데드 존보다 작다면 입력 없음으로 처리
    if (length < deadZone)
    {
        dir = Vector2::Zero;
    }
    else
    {
        // 데드 존과 최댓값 동심원 사이의 분숫값을 계산
        float f = (length - deadZone) / (maxValue - deadZone);
        // f 값을 0.0f와 1.0f 사이로 한정
        f = Math::Clamp(f, 0.0f, 1.0f);
        // 벡터를 정규화한뒤 분숫값으로
        // 벡터를 스케일
        dir *= f / length;
    }
    return dir;
}
```

그리고 ControllerState에 왼쪽 및 오른쪽 스틱에 대한 2개의 Vector2를 추가한다. InputSystem::Update는 각 스틱의 두 축에 대한 값을 얻어온 다음 Filter2D를 실행해서 최종 아날로그 스틱값을 얻는다. 예를 들어 다음 코드는 왼쪽 스틱을 필터링하고 컨트롤러의 상태 결과를 저장한다.

```
x = SDL_GameControllerGetAxis(mController,
    SDL_CONTROLLER_AXIS_LEFTX);
y = -SDL_GameControllerGetAxis(mController,
    SDL_CONTROLLER_AXIS_LEFTY);
mState.Controller.mLeftStick = Filter2D(x, y);
```

위 코드에서 y축 값을 반전시키는 부분에 유의하자. y축 값을 반전시키는 이유는 SDL이 +y가 아래쪽인 SDL 좌표계에서의 y축 값을 반환하기 때문이다. 따라서 게임 좌표계에서 원하는 값을 얻으려면 값을 반전시켜야 한다.

그리고 다음 코드와 같이 InputState를 통해 왼쪽 스틱의 값에 접근한다.

```
Vector2 leftStick = state.Controller.GetLeftStick();
```

복수개의 컨트롤러 지원

복수개의 컨트롤러 지원은 하나를 지원하는 것보다 좀 더 복잡하다. 이번 절에서는 복수개의 컨트롤러를 지원하는 코드를 완전히 구현하지는 않지만, 이를 지원하는 데 필요한 여러 코드들을 간단히 설명한다. 먼저 게임 시작 시 모든 연결된 컨트롤러를 초기화하기 위해 모든 조이스틱을 반복하면서 각 조이스틱을 식별하기 위한 컨트롤러 감지 코드를 재작성해야 한다. 다음과 같이 각 컨트롤러를 개별적으로 여는 것이 가능하다.

```
for (int i = 0; i < SDL_NumJoysticks(); ++i)
{
   // 이 조이스틱이 컨트롤러인가?
   if (SDL_IsGameController(i))
   {
      // 이 컨트롤러를 사용하기 위해서 열자
      SDL_GameController* controller = SDL_GameControllerOpen(i);
      // SDL_GameController* 벡터에 포인터를 추가한다
   }
}
```

다음으로 InputState를 변경해서 하나의 ControllerState가 아니라 복수개의 ControllerState를 포함하도록 수정한다. 또한 이런 다양한 컨트롤러 각각을 지원하기 위해 InputSystem의 모든 함수를 갱신한다.

핫 스와핑(게임 중에 컨트롤러를 추가/제거)을 지원하기 위해 SDL은 컨트롤러를 추가하거나 제거할 때 2가지 다른 이벤트를 생성한다.

- SDL_CONTROLLERDEVICEADDED
- SDL_CONTROLLERDEVICEREMOVED

이러한 이벤트에 대한 자세한 내용은 SDL 문서를 참조하자(https://wiki.libsdl.org/SDL_ControllerDeviceEvent 참조).

입력 매핑

현재 InputState에서 데이터를 사용할 때는 특정 입력 장치와 키가 직접 액션에 매핑하고 있다고 가정하고 있다. 예를 들어 플레이어 캐릭터가 스페이스바의 상승 에지 상태일 때 점프한다면 ProcessInput에 다음과 같은 코드를 추가하면 된다.

```
bool shouldJump = state.Keyboard.GetKeyState(SDL_SCANCODE_SPACE)
                  == Pressed;
```

이 방법은 잘 동작하지만 이상적으로는 추상적인 '점프' 액션을 정의하는 것이 좋다. 추상적인 점프 액션을 정의하고 난 후에는 게임 코드에서 점프가 스페이스바에 해당한다고 지정하는 메커니즘을 구현하면 된다. 이를 지원하려면 추상적인 액션과 이 추상적인 액션에 대응하는 {장치, 버튼} 쌍 사이의 맵이 필요하다(연습 8.2에서 실제로 이 매핑을 구현해볼 것이다).

동일한 추상 액션에 여러 바인딩을 허용하면 시스템을 더욱더 향상시킬 수 있다. 즉 스페이스바와 컨트롤러의 A 버튼을 동시에 '점프'로 바인딩시킬 수 있다는 뜻이다.

이러한 추상 액션을 정의하면 얻는 또 다른 이점은 AI가 제어하는 캐릭터가 동일한 액션을 수행하기가 수월해지는 데 있다. AI가 점프해야 한다면 '점프' 액션을 하도록 AI 캐릭터에 명령을 내리기만 하면 된다. 별도의 입력 처리를 위한 코드 추가는 불필요하다.

추상적인 액션을 통해 향상되는 또 다른 이점은 W 및 S키나 또는 컨트롤러 축 하나에 해당하는 'ForwardAxis' 액션과 같은 축을 따른 이동의 정의를 가능하게 해주는 데 있다. 이 액션을 사용하면 개발자는 게임에서 캐릭터의 움직임을 구체적으로 지정하는 것이 가능해진다.

마지막으로 이러한 타입 매핑을 사용하기 위해서는 파일로부터 매핑 데이터를 로드하는 메커니즘을 추가하면 되는데, 이렇게 구현해두면 디자이너나 사용자가 코드를 수정하지 않고 매핑 설정을 하는 것이 가능해진다.

게임 프로젝트

8장의 게임 프로젝트는 5장의 게임 프로젝트에 8장에서 설명한 InputSystem의 전체 구현을 추가했다. 여기에는 키보드와 마우스, 그리고 컨트롤러에 관한 모든 코드를 포함한다. 5장 프로젝트에서는 2D 이동(그래서 위치는 Vector2를 사용했다)을 했었다. 코드는 책의 깃허브 저장소 Chapter08 디렉토리에서 이용할 수 있다. 윈도우 운영체제에서는 Chapter08-windows.sln을 열고, 맥에서는 Chapter08-mac.xcodeproj을 열어서 실행하자.

8장의 프로젝트에서 게임 컨트롤러는 우주선을 움직인다. 왼쪽 스틱은 우주선이 스틱 방향으로 이동하게 해주고, 오른쪽 스틱은 우주선의 방향을 회전시킨다. 오른쪽 트리거는 레이저를 발사한다. 이 구조는 '트윈 스틱 슈터[twin stick shooter]' 게임으로 대중화된 컨트롤 구조다.

입력 시스템이 왼쪽/오른쪽 스틱의 2D축을 반환하면 트윈 스틱 스타일 컨트롤을 구현하는 데는 그렇게 많은 코드를 필요로 하지 않는다. 먼저 Ship::ActorInput에서 왼쪽 및 오른쪽 스틱의 데이터를 얻고 멤버 변수에 해당 데이터를 저장하기 위해 다음 코드 라인을 추가한다.

```
if (state.Controller.GetIsConnected())
{
   mVelocityDir = state.Controller.GetLeftStick();
   if (!Math::NearZero(state.Controller.GetRightStick().Length()))
   {
      mRotationDir = state.Controller.GetRightStick();
   }
}
```

플레이어가 오른쪽 스틱에서 완전히 손을 뗐다면 우주선이 초기 각도 0으로 되돌아가지 않도록 오른쪽 스틱 값 체크 시 NearZero를 추가한다.

그런 다음 Ship::UpdateActor에서 속도의 방향과 속력, 델타 시간을 토대로 액터를 이동시키는 다음과 같은 코드를 추가한다.

```
Vector2 pos = GetPosition( );
pos += mVelocityDir * mSpeed * deltaTime;
SetPosition(pos);
```

mVelocityDir은 1보다 작을 수 있으므로 이 코드는 왼쪽 스틱을 한 방향으로 얼마나 멀리 움직였는지에 따라 이동폭이 결정된다는 것에 유의한다.

마지막으로 UpdateActor에는 액터를 회전시키기 위한 각을 구하기 위해 atan2 함수와 mRotationDir 벡터를 사용하는 다음 코드를 추가한다.

```
float angle = Math::Atan2(mRotationDir.y, mRotationDir.x);
SetRotation(angle);
```

Actor 클래스는 3D에서 사용했던 쿼터니언 회전과는 달리 각에 대해 하나의 float만을 사용했던 2D Actor 클래스로 되돌아갔다는 데 유의한다.

그림 8.4는 게임상에서 우주선이 주변을 돌아다니는 모습을 보여준다.

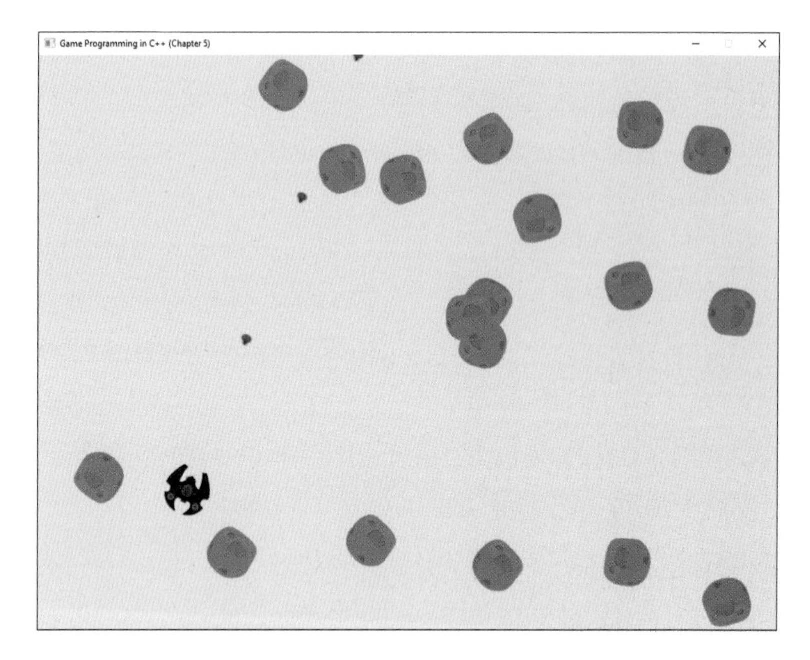

그림 8.4 8장 게임 프로젝트에서 주변을 돌아다니는 우주선

요약

다양한 입력 장치가 게임에 사용된다. 장치는 단일한 이진값이나 입력에 범위가 있는 값을 알려준다. 간단히 온/오프 상태를 알리는 키/버튼에 대해서는 현재 프레임의 값과 지난 프레임의 값 사이의 차이를 고려하면 된다. 이를 통해 'pressed'와 'released' 상태에 해당하는 입력의 상승 에지와 하강 에지를 감지할 수 있다.

SDL은 키보드, 마우스, 컨트롤러를 포함한 가장 일반적인 장치를 지원한다. 이런 각 장치의 입력 정보를 `InputState` 구조체에 추가한 뒤 각 액터의 `ProcessInput` 함수에 전달한다. 이렇게 구현하면 액터는 입력의 현재값뿐만 아니라 하강 에지, 상승 에지에 대한 입력 상태를 조회하는 것도 가능해진다.

트리거나 아날로그 스틱처럼 값의 범위를 제공하는 장치의 경우에는 일반적으로 해당 데이터를 필터링하는 작업이 필요하다. 필터링이 필요한 이유는 장치가 정지 상태에 있어도 장치는 잘못된 신호를 보낼 수 있기 때문이다. 8장에서 구현했던 필터링은 데드 존보다 작은 입력은 무시했으며, 입력이 '거의' 최대인 경우에는 최대 입력값으로 설정했다.

8장의 게임 프로젝트는 새 컨트롤러 입력 기능의 이점을 활용해서 트윈 스틱 슈터 스타일 형태의 이동 지원을 추가했다.

추가 독서

브루스 도슨Bruce Dawson은 입력을 기록한 다음, 다시 재생하는 방법을 책에서 다뤘다. 이 기능은 테스트를 할 때 매우 유용하다. 오큘러스 SDK 문서는 오큘러스 VR 터치 컨트롤러와 연결하는 방법을 설명한다. 마지막으로 믹 웨스트Mick West의 글은 입력 지연을 측정하는 방법을 설명한다. 입력 지연은 컨트롤러로부터 게임이 입력을 감지하는 데 걸린 시간을 뜻한다. 입력 지연은 일반적으로 입력 코드의 잘못은 아니지만, 웨스트의 자료에는 그럼에도 흥미로운 내용이 많다.

- Dawson, Bruce. "Game Input Recording and Playback." *Game Programming Gems 2*, edited by Mark DeLoura. Cengage Learning, 2001.
- *Oculus PC SDK*. Accessed November 29, 2017. https://developer.oculus.com/documentation/pcsdk/latest/.
- West, Mick. "Programming Responsiveness." Gamasutra. Accessed November 29, 2017. http://www.gamasutra.com/view/feature/1942/programming_responsiveness.php?print=1.

연습

8장의 연습에서는 입력 시스템을 개선해볼 것이다. 첫 번째 연습에서는 여러 컨트롤러에 대한 지원을 추가한다. 두 번째 연습에서는 입력 매핑을 구현한다.

연습 8.1

여러 컨트롤러를 지원하려면 InputState 구조체에 여러 개의 ControllerState 인스턴스가 있어야 했음을 떠올리자. 최대 4개의 컨트롤러를 동시에 지원하는 코드를 추가해본다. 초기화 시에는 연결된 컨트롤러를 감지하는 코드를 수정해서 컨트롤러를 개별적으로 활성화시키자. 그런 다음 하나의 컨트롤러 대신 모든 4개의 컨트롤러를 갱신하도록 Update 코드를 수정한다.

마지막으로 유저가 컨트롤러를 연결/해제할 때 동적으로 컨트롤러를 추가하거나 제거하기 위해 SDL이 보내는 이벤트를 감지하는 코드를 작성한다.

연습 8.2

액션에 대한 기본 입력 매핑 지원을 추가해본다. 이를 구현하기 위해 액션을 장치와 해당 장치상의 버튼/키에 매핑하는 텍스트 파일 포맷을 만든다. 예를 들어 '발사' 액션이 컨트롤러상의 A 버튼에 일치하도록 지정하는 엔트리는 다음과 같을 것이다.

```
Fire,Controller,A
```

그런 다음 InputSystem에서 이 데이터를 파싱한다. 그리고 맵에 저장한다. 그리고 InputState에 GetMappedButtonState 함수를 추가하자. 이 함수는 액션 이름을 인자로 받은 뒤 해당 장치의 ButtonState를 반환한다. 이 함수의 선언은 다음과 같다.

```
ButtonState GetMappedButtonState(const std::string& actionName);
```

9장

카메라

카메라는 3D 게임 세계에서 플레이어의 시점을 결정하며, 다양한 카메라 타입이 존재한다. 9장에서는 1인칭 카메라, 팔로우 카메라, 궤도 카메라, 경로를 따르는 스플라인 카메라 등 4가지 카메라의 구현을 설명한다. 그리고 카메라는 플레이어 캐릭터의 이동에 영향을 미치므로 9장에서는 여러 타입의 카메라에 대한 이동 코드를 갱신하는 방법에 관해서도 살펴본다.

1인칭 카메라

1인칭 카메라first-person camera는 게임 세계상에서 움직이는 캐릭터의 시점에서 게임 세계를 보여준다. 이런 타입의 카메라는 오버워치Overwatch 같은 1인칭 슈터 게임에서 인기가 있지만, 또한 스카이림Skyrim 같은 일부 롤플레잉 게임이나 곤 홈Gone Home[1] 같은 스토리텔링 기반의 게임에서도 볼 수 있다. 일부 디자이너는 1인칭 카메라가 비디오 게임에서 가장 몰입감이 있다고 생각한다.

카메라를 단순히 보기용으로 생각할 수 있지만, 카메라는 또한 플레이어 캐릭터가 게임 세계를 어떻게 움직여야 할지를 플레이어에게 알려준다. 즉 카메라와 이동 시스템 구현은 서로 의존적인 것임을 의미한다. PC에서 1인칭 슈터 게임의 일반적인 컨트롤은 키보드와 마우스를 사용한다. W/S 키는 앞뒤로 이동하고, A/D키는 캐릭터를 좌우로 이동시킨다. 마우스를 왼쪽이나 오른쪽으로 움직이면 상향축을 기준으로 캐릭터를 회전시킨다. 그리고 마우스를 위아래로 움직이면 캐릭터는 가만히 두고 오직 시점만을 조정한다.

기본 1인칭 이동

시점을 구현하는 것보다 이동을 구현하는 것이 더 쉬우므로 우선 이동 구현을 출발점으로 삼자. 1인칭 이동을 구현하는 `FPSActor`란 새 액터를 만든다. 6장 '3D 그래픽스'에서 변경했던 `MoveComponent`의 앞/뒤 이동은 3D 세계에서 잘 동작한다. 좌우 이동 구현은 몇 가지만 갱신하면 된다. 먼저 `Actor`에 `GetForward`와 같은 `GetRight` 함수를 만든다.

```
Vector3 Actor::GetRight() const
{
   // 쿼터니언 회전을 사용해서 단위 오른 축을 회전시킨다
   return Vector3::Transform(Vector3::UnitY, mRotation);
}
```

다음으로 캐릭터가 좌우로 이동하는 속도에 영향을 주는 mStrafeSpeed란 새 변수를 MoveComponent에 추가한다. Update 함수에서는 좌우로 이동하는 속도값으로 위치를 조정하도록 액터의 오른 축을 사용한다.

```
if (!Math::NearZero(mForwardSpeed) || !Math::NearZero(mStrafeSpeed))
{
   Vector3 pos = mOwner->GetPosition();
   pos += mOwner->GetForward() * mForwardSpeed * deltaTime;
   // 좌우 이동 속도를 토대로 위치 갱신
   pos += mOwner->GetRight() * mStrafeSpeed * deltaTime;
   mOwner->SetPosition(pos);
}
```

FPSActor::ActorInput에서는 A/D 키를 감지할 수 있으며, 좌우 이동 속도 조절이 가능하다. 이제 캐릭터는 표준 1인칭 WASD 컨트롤로 이동한다.

왼쪽/오른쪽 회전 또한 MoveComponent가 각속도를 사용해서 처리한다. 그래서 다음으로 할 작업은 마우스 왼쪽/오른쪽 움직임을 각속도로 변환하는 것이다. 먼저 게임은 SDL_RelativeMouseMode를 사용해서 상대 마우스 모드를 활성화하는 것이 필요하다. 8장 '입력 시스템에서' 상대 마우스 모드는 절댓값(x, y) 좌표와는 달리 프레임 간 (x, y) 값의 변화를 알려준다는 걸 떠올리자(9장에서는 8장에서 구현한 입력 시스템을 사용하지 않고 SDL 입력 함수를 직접 사용할 것이다).

상대적인 x 이동을 각속도로 변환하려면 리스트 9.1처럼 몇 가지 계산만 해주면 된다. 먼저 SDL_GetRelativeMouseState는 (x, y) 이동을 다룬다. maxMouseSpeed 상수는 프레임당 가능한 상대적인 이동의 최댓값이다. 비슷하게 maxAngularSpeed는 초당 회전의 최댓값이다. 개발자는 x값을 구한 뒤 maxMouseSpeed로 나누고 maxAngularSpeed를 곱한다. 이 계산 결과는 MoveComponent로 보내는 각속도를 산출한다.

리스트 9.1 마우스로부터 FPS 각속도 계산

```
// SDL로부터 상대적인 이동을 얻는다
int x, y;
```

```
Uint32 buttons = SDL_GetRelativeMouseState(&x, &y);
// 마우스 이동은 -500에서 500 사이의 값이라고 추정
const int maxMouseSpeed = 500;
// 초당 회전의 최대 속도
const float maxAngularSpeed = Math::Pi * 8;
float angularSpeed = 0.0f;
if (x != 0)
{
   // [-1.0, 1.0] 범위로 변환
   angularSpeed = static_cast<float>(x) / maxMouseSpeed;
   // 초당 회전을 곱한다
   angularSpeed *= maxAngularSpeed;
}
mMoveComp->SetAngularSpeed(angularSpeed);
```

피치 없는 카메라

카메라를 구현하는 첫 번째 단계는 CameraComponent라는 Component의 서브클래스를 만드는 것이다. 9장에 있는 모든 다양한 타입의 카메라는 CameraComponent에서 파생된다. 그래서 일반적인 카메라 기능은 이 새로운 컴포넌트에 구현하면 된다. CameraComponent의 선언은 다른 컴포넌트 서브클래스의 선언과 같다.

새로운 함수로는 단순히 뷰 행렬을 렌더러와 오디오 시스템으로 전달하는 SetViewMatrix라는 함수가 있다. 이 함수는 protected로 선언한다.

```
void CameraComponent::SetViewMatrix(const Matrix4& view)
{
   // 뷰 행렬을 렌더러와 오디오 시스템에 전달한다.
   Game* game = mOwner->GetGame();
   game->GetRenderer()->SetViewMatrix(view);
   game->GetAudioSystem()->SetListener(view);
}
```

FPS 카메라의 경우에는 CameraComponent의 서브클래스인 FPSCamera에다 Update 함수를 재정의한다. 리스트 9.2는 이 FPSCamera의 Update 코드를 보여준다. 현재

Update는 6장에서 소개한 기본 카메라 액터와 같은 로직을 사용한다. 카메라 위치는 소유자 액터의 위치이며 타깃 포인트는 소유자 액터 전방의 임의의 점이다. 그리고 상향 벡터는 z 축이다. 마지막으로 Matrix4::CreateLookAt은 뷰 행렬을 생성한다.

리스트 9.2 FPSCamera::Update 구현(피치는 구현되지 않음)

```
void FPSCamera::Update(float deltaTime)
{
   // 카메라의 위치는 소유자의 위치
   Vector3 cameraPos = mOwner->GetPosition();
   // 타깃은 소유자의 100 단위 앞에 있다고 가정
   Vector3 target = cameraPos + mOwner->GetForward() * 100.0f;
   // 상향축은 z 단위 벡터
   Vector3 up = Vector3::UnitZ;
   // look at 행렬을 생성한 뒤 뷰 행렬로 설정
   Matrix4 view = Matrix4::CreateLookAt(cameraPos, target, up);
   SetViewMatrix(view);
}
```

피치 추가(높낮이)

6장에서 요는 상향축을 중심으로 회전하고 피치는 측면축(이 경우에는 오른 축)을 중심으로 한 회전이었다는 걸 떠올리자. FPS 카메라에 피치를 통합하려면 몇 가지 수정이 필요하다. 카메라는 여전히 소유자의 전방 벡터로부터 시작하지만 피치를 추가하기 위해 추가 회전을 적용해야 한다. 추가 회전이 적용되면 새로운 뷰로 앞을 바라보게 된다. 이를 구현하기 위해 FPSCamera에 3개의 새로운 멤버 변수를 추가한다.

```
// 피치의 초당 회전 속도
float mPitchSpeed;
// 소유자의 전방 벡터에서 멀어질 수 있는 최대 피치 값
float mMaxPitch;
// 현재 피치 값
float mPitch;
```

mPitch 변수는 카메라의 현재(절대) 피치를 나타내며 mPitchSpeed는 현재 피치 방향으로의 초당 회전값이다. 마지막으로 mMaxPitch 변수는 피치가 전방 벡터로부터 멀어질 수 있는 최댓값이다. 대부분의 1인칭 게임은 플레이어가 위 아래로 볼 수 있는 피치 값을 제한한다. 이런 제한을 두는 이유는 플레이어가 위를 똑바로 마주볼 시 제어가 이상해질 수 있기 때문이다. 이런 경우를 막기 위해 기본 최대 피치 값으로 보통 60도(라디안으로 변환돼야 함)를 사용한다.

다음으로 리스트 9.3처럼 피치를 계산에 넣도록 FPSCamera::Update를 수정한다. 먼저 피치 속도와 델타 시간을 토대로 현재 피치 값을 갱신한다. 그리고 피치가 +/- 최대 피치를 초과하지 않도록 값의 제한을 둔다. 6장에서 쿼터니언이 임의의 축에 대한 회전을 나타냈다는 걸 떠올리자. 그러므로 이 피치는 쿼터니언으로 표현 가능하다. 이 회전은 소유자의 오른 축을 중심으로 한 회전이다(피치축은 소유자의 요에 의존하기 때문에 단순히 y 축은 아니다).

전방 시점은 피치 쿼터니언으로 변환된 소유자의 전방 벡터다. 이 전방 시점은 카메라 앞에 있는 타깃의 위치를 결정하는 데 사용할 수 있다. 또한 피치 쿼터니언으로 상향 벡터를 회전한다. 그런 다음 이 벡터들로부터 look-at 행렬을 만든다. 카메라 위치는 여전히 소유자의 위치다.

리스트 9.3 피치가 추가된 FPSCamera::Update 구현

```
void FPSCamera::Update(float deltaTime)
{
   // 부모 컴포넌트를 갱신 (지금은 아무것도 갱신하지 않는다)
   CameraComponent::Update(deltaTime);
   // 카메라의 위치는 소유자의 위치다
   Vector3 cameraPos = mOwner->GetPosition();

   // 피치 속도로 피치를 갱신
   mPitch += mPitchSpeed * deltaTime;
   // 피치 값을 [-max, +max] 범위로 제한
   mPitch = Math::Clamp(mPitch, -mMaxPitch, mMaxPitch);
   // 소유자의 오른 축 벡터에 대한
   // 피치 회전을 나타내는 쿼터니언으로 표현
   Quaternion q(mOwner->GetRight(), mPitch);
```

```
    // 피치 쿼터니언으로 소유자의 전방 벡터를 회전
    Vector3 viewForward = Vector3::Transform(
    mOwner->GetForward( ), q);
    // 전방 시점 100 단위 앞에 타깃 위치 설정
    Vector3 target = cameraPos + viewForward * 100.0f;
    // 피치 쿼터니언으로 상향축도 회전시킴
    Vector3 up = Vector3::Transform(Vector3::UnitZ, q);

    // look at 행렬을 생성하고 뷰 행렬로 설정
    Matrix4 view = Matrix4::CreateLookAt(cameraPos, target, up);
    SetViewMatrix(view);
}
```

마지막으로 FPSActor는 마우스의 상대적인 y 이동을 기반으로 피치 속도를 갱신한다. 피치 속도의 갱신을 위해서는 리스트 9.1에서 x 움직임을 토대로 각속도를 갱신하는 데 사용했던 코드와 거의 동일한 ProcessInput 코드가 필요하다. 이 코드를 사용하면 이제 1인칭 카메라는 소유자 액터의 피치를 변경하지 않고 상하 시점을 바꾸는 것이 가능해졌다.

1인칭 모델

1인칭 모델first-person model은 카메라의 일부는 아니지만, 대부분의 1인칭 게임에서는 1인칭 모델을 포함한다. 이 모델에는 팔이나 발 등과 같은 애니메이션되는 캐릭터의 일부가 있다. 플레이어가 무기를 가지고 다닌다면 플레이어가 피치를 올릴 때 무기 또한 위쪽으로 겨냥해야 한다. 플레이어 캐릭터가 바닥에 붙어 있다 하더라도 무기 모델의 피치는 올릴 수 있어야 한다.

이러한 구현은 1인칭 모델을 위한 별도의 액터를 사용하면 가능하다. 또한, FPSActor는 프레임마다 1인칭 모델의 위치와 회전을 갱신해야 한다. 1인칭 모델의 위치는 FPSActor의 위치에 오프셋을 더한 값이다. 이 오프셋은 1인칭 모델을 액터의 오른쪽에 배치시킨다. 모델의 회전은 FPSActor의 회전으로 시작한다. 그리고 추가 회전을 통해 뷰 피치를 갱신한다. 리스트 9.4는 방금 설명한 내용을 코드로 보여준다.

리스트 9.4 1인칭 모델의 위치와 회전값 갱신

```
// 액터 위치에 대한 FPS 모델의 상대적인 위치 갱신
const Vector3 modelOffset(Vector3(10.0f, 10.0f, -10.0f));
Vector3 modelPos = GetPosition();
modelPos += GetForward() * modelOffset.x;
modelPos += GetRight() * modelOffset.y;
modelPos.z += modelOffset.z;
mFPSModel->SetPosition(modelPos);

// 액터 회전값으로 회전값을 초기화
Quaternion q = GetRotation();

// 카메라의 피치 값으로 회전
q = Quaternion::Concatenate(q,
   Quaternion(GetRight(), mCameraComp->GetPitch()));
mFPSModel->SetRotation(q);
```

그림 9.1은 1인칭 모델을 사용한 1인칭 카메라를 보여준다. 겨냥 격자는 화면의 중심에 위치한 단순한 SpriteComponent다.

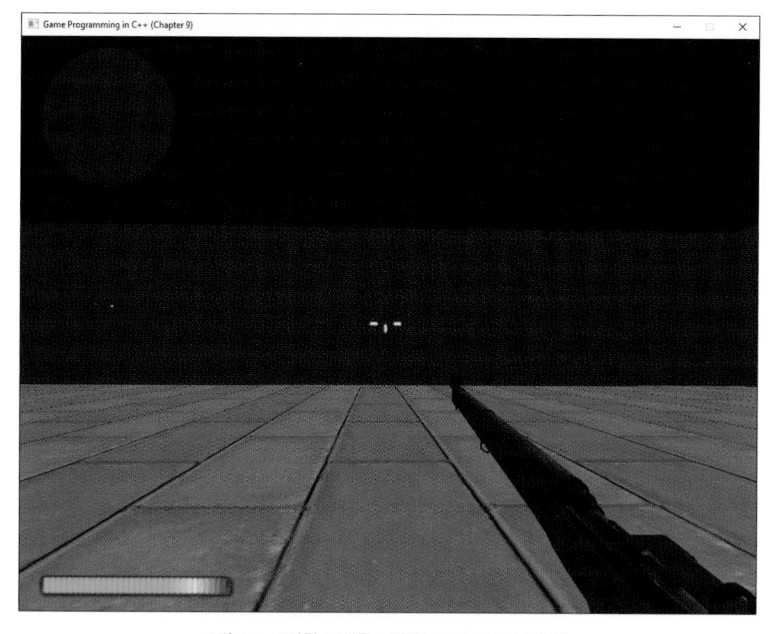

그림 9.1 1인칭 모델을 사용한 1인칭 카메라 표현

팔로우 카메라

팔로우 카메라follow camera는 타깃 오브젝트 뒤를 따라가는 카메라다. 이런 유형의 카메라는 카메라가 차 뒤를 따라가는 레이싱 게임과 호라이즌 제로 던Horizon Zero Dawn 같은 3인칭 액션/어드벤처 게임을 포함한 수많은 게임에서 널리 사용된다. 팔로우 카메라는 여러 다양한 유형의 게임에서 사용되므로 팔로우 카메라의 실제 구현도 다양하며 변형이 많다. 이번 절에서는 차를 따라가는 팔로우 카메라를 중점적으로 다룬다.

1인칭 캐릭터의 예와 마찬가지로 게임이 팔로우 카메라를 사용할 때 다양한 스타일의 움직임에 대응하도록 `FollowActor`라는 새 액터를 작성한다. 이동 컨트롤은 `W/S`로 차를 전진시키고 `A/D`키로 차를 왼쪽/오른쪽으로 회전시킨다. `MoveComponent`는 두 타입의 이동을 지원하므로 여기서는 수정이 필요없다.

기본 팔로우 카메라

기본 팔로우 카메라에서 카메라는 항상 소유자 액터의 뒤쪽과 위쪽으로 설정된 거리에서 소유자 액터를 따라간다. 그림 9.2는 기본 팔로우 카메라의 측면 시점을 보여준다. 카메라는 차 뒤로 *HDist* 수평 거리만큼, 차 위로 수직 거리 *VDist*만큼 떨어진 거리에 배치된다.

카메라의 타깃 지점은 차 그 자체는 아니고, 차 앞에 있는 점 *TargetPos*이다. 이로 인해 카메라는 차 그 자체를 직접 보는 것이 아니라 차량 앞의 지점을 보게 된다.

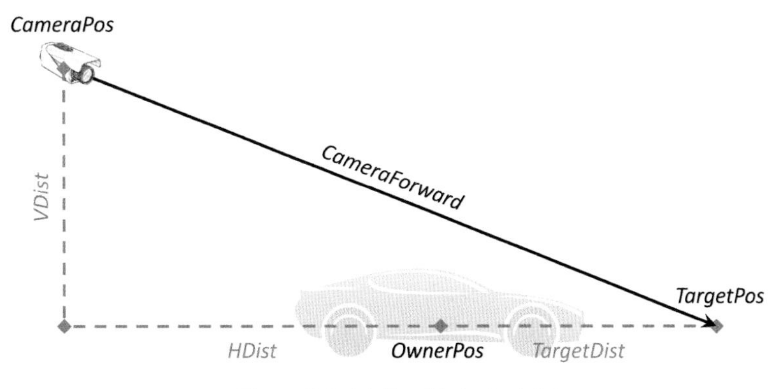

그림 9.2 차를 따라가는 기본 팔로우 카메라

카메라 위치를 계산하기 위해 벡터 더하기 및 스칼라 곱을 사용한다. 카메라 위치는 소유자 뒤로 *HDist* 단위이며, 소유자 위로 *VDist* 단위다. 방정식은 다음과 같다.

$$CameraPos = OwnerPos - OwnerForward \cdot HDist + OwnerUp \cdot VDist$$

이 방정식에서 *OwnerForward*와 *OwnerUp*는 소유자의 전방 및 상향 벡터다.

비슷하게 *TargetPos*는 소유자의 앞으로 *TargetDist* 단위만큼 떨어져 있는 지점이다.

$$TargetPos = OwnerPos + OwnerForward \cdot TargetDist$$

코드에서는 FollowCamera라는 CameraComponent의 새로운 서브클래스를 선언한다. FollowCamera는 수평 거리(mHorzDist)와 수직 거리(mVertDist), 대상 지점(mTargetDist)에 대한 멤버 변수를 가진다. 먼저 앞의 방정식을 사용해서 카메라 위치를 계산하는 함수를 만든다.

```
Vector3 FollowCamera::ComputeCameraPos() const
{
   // 소유자의 뒤쪽 및 위쪽에 카메라 위치 설정
   Vector3 cameraPos = mOwner->GetPosition();
   cameraPos -= mOwner->GetForward() * mHorzDist;
   cameraPos += Vector3::UnitZ * mVertDist;
   return cameraPos;
}
```

그리고 FollowCamera::Update 함수에서는 계산된 목표 지점과 카메라 위치를 사용해서 뷰 행렬을 생성한다.

```
void FollowCamera::Update(float deltaTime)
{
   CameraComponent::Update(deltaTime);
   // 타깃은 소유자 앞에 있는 대상 지점이다
   Vector3 target = mOwner->GetPosition() +
      mOwner->GetForward() * mTargetDist;
   // 카메라가 뒤집혀지는 경우는 없기에 위쪽 방향은 UnitZ이다
   Matrix4 view = Matrix4::CreateLookAt(GetCameraPos(), target,
```

```
      Vector3::UnitZ);
   SetViewMatrix(view);
}
```

이 기본 카메라는 게임 세계를 돌아다닐 때 차량을 성공적으로 추적하지만 매우 경직된 느낌을 띤다. 왜냐하면 카메라는 항상 대상으로부터 고정된 거리에 있으므로 속도감을 얻기가 어렵기 때문이다. 또한 차가 방향을 바꿀 때 차가 방향을 바꾸는 것이 아니고, 세계가 방향을 바꾸는 것처럼 보인다. 그래서 기본 팔로우 카메라가 좋은 시작점이긴 하지만, 매우 세련된 해결책은 아니다.

속도감을 향상시키는 한 가지 간단한 변화는 카메라와 소유자 사이의 수평 거리를 소유자의 속도 함수로 만드는 것이다. 정지 상태에서 수평 거리는 350단위이지만, 최대 속도로 이동할 때는 카메라가 따라가는 수평 거리를 500으로 증가시킨다. 이렇게 하면 차의 속도감을 지각하기가 쉬워진다. 하지만 카메라는 차가 방향을 바꿀 때는 여전히 경직된 것처럼 보인다. 기본 팔로우 카메라의 경직성을 해결하기 위해 카메라에 탄력성을 추가하자.

스프링 추가

카메라 위치는 방정식에서 구한 위치를 즉각 반영하지 않고 여러 프레임에 걸쳐 목표 위치로 도달하는 형태로 구현하는 것이 가능하다. 이를 위해 카메라 위치를 '이상적인' 카메라 위치와 '실제' 카메라 위치로 분리한다. 이상적인 카메라 위치는 기본 팔로우 카메라 방정식으로부터 얻은 위치인 반면 실제 카메라 위치는 뷰 행렬이 사용하는 위치다.

이상적인 카메라와 실제 카메라를 연결한 스프링이 있다고 상상해보자. 두 카메라는 초기에 같은 위치에 있다. 이상적인 카메라가 움직이면 스프링은 늘어나고 실제 카메라 또한 움직이기 시작하지만, 느린 비율로 움직인다. 최종적으로는 스프링이 완전히 늘어나게 되고, 실제 카메라는 이상적인 카메라만큼 빠르게 움직인다. 그리고 이상적인 카메라가 멈추면 스프링은 정상 상태로 되돌아간다. 이 시점에서 이상적인 카메라와 실제 카메라는 다시 같은 위치에 있게 된다. 그림 9.3는 이상적인 카메라와 실제 카메라를 연결하는 스프링에 대한 아이디어를 시각화한 것이다.

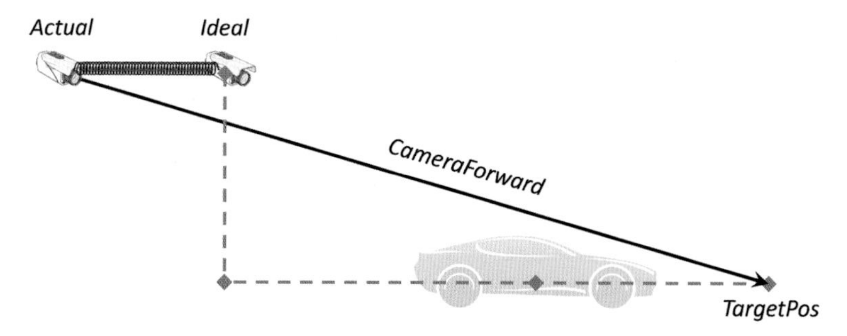

그림 9.3 이상적인 카메라와 실제 카메라를 연결한 스프링

스프링을 구현하려면 FollowCamera에 몇 가지 멤버 변수가 필요하다. 스프링 상수(mSpringConstant)는 스프링의 탄성을 나타내며 값이 클수록 탄성이 크다. 그리고 카메라의 실제 위치(mActualPos)와 속도(mVelocity)를 기록해야 하므로 2개의 벡터 멤버를 추가한다.

리스트 9.5는 FollowCamera::Update에서 스프링 처리에 대한 코드를 보여준다. 먼저 스프링 상수를 토대로 스프링 댐핑spring dampening을 계산한다. 이상적인 카메라 위치는 이전에 구현한 ComputeCameraPos 함수의 위치값이다. 그리고 실제 위치와 이상적인 위치의 차를 계산하고, 이 거리의 차와 이전 속도의 감쇄값을 토대로 카메라의 가속도를 계산한다. 그런 다음 3장 '벡터와 기초 물리'에서 설명한 오일러 적분 테크닉을 사용해서 카메라의 속도와 위치를 갱신한다. 마지막으로 타깃 위치 계산은 동일하게 유지하며, CreateLookAt 함수는 이상적인 위치가 아니라 실제 위치를 사용해서 뷰 행렬을 생성한다.

리스트 9.5 스프링을 사용한 FollowCamera::Update 구현

```
void FollowCamera::Update(float deltaTime)
{
   CameraComponent::Update(deltaTime);

   // 스프링 상숫값으로부터 댐핑(감쇄) 인자값 계산
   float dampening = 2.0f * Math::Sqrt(mSpringConstant);

   // 이상적인 위치 계산
   Vector3 idealPos = ComputeCameraPos();
```

```
    // 이상적인 위치와 실제 위치의 차를 계산
    Vector3 diff = mActualPos - idealPos;
    // 스프링의 가속도를 계산한다
    Vector3 acel = -mSpringConstant * diff - dampening * mVelocity;2

    // 속도를 갱신
    mVelocity += acel * deltaTime;
    // 실제 카메라의 위치를 갱신
    mActualPos += mVelocity * deltaTime;

    // 타깃은 소유자 앞에 있는 대상을 의미
    Vector3 target = mOwner->GetPosition( ) +
        mOwner->GetForward( ) * mTargetDist;

    // 뷰 행렬을 생성하기 위해 이상적인 위치가 아니라 실제 위치를 사용
    Matrix4 view = Matrix4::CreateLookAt(mActualPos, target,
        Vector3::UnitZ);
    SetViewMatrix(view);
}
```

스프링 카메라를 사용하면 얻을 수 있는 큰 이점은 소유자 오브젝트가 회전하면 카메라는 그 회전을 시간을 두고 따라잡는 데 있다. 이는 소유자 오브젝트가 회전할 때 소유자 오브젝트의 측면이 보인다는 것을 의미하며, 이 효과로 인해 세계가 회전하는 것이 아닌 오브젝트가 회전하고 있다는 느낌을 보다 명확히 전달받는다. 그림 9.4는 실제 스프링 팔로우 카메라를 보여준다.

여기서 사용된 빨간색 스포츠카 모델은 윌리 데카펜트리Willy Decarpentrie가 제작한 '레이싱 카Racing Car'다. 이 콘텐츠는 크리에이티브 커먼즈 저작자 표시하에 사용 가능하며 https://sketchfab.com에서 다운로드했다.

2 용수철에 작용하는 힘은 $F = -kx$다. 여기서 k는 탄성계수이며 x는 용수철이 늘어난 길이다. 한편, 기계 진동에서 힘은 $F = ma + cv$다. 여기서 m은 질량, a는 가속도, c는 댐핑 계수, v는 속도다. 두 식을 합해서 a에 관한 식으로 정리하면 $a = (-kx - cv)/m$이 된다. 그런데 이 책 전반에서는 질량에 크게 의미를 두지 않으므로 m값을 1로 둬도 문제가 되지 않는다. 그래서 가속도를 구하는 최종 공식은 $a = -kx - cv$가 된다. – 옮긴이

마지막으로 게임 시작 시 카메라가 올바르게 시작하도록 FollowActor가 최초 초기화될 때 호출하는 SnapToIdeal 함수를 만든다.

```
void FollowCamera::SnapToIdeal( )
{
   // 실제 위치를 이상적인 위치로 설정
   mActualPos = ComputeCameraPos( );
   // 속도를 0으로 초기화
   mVelocity = Vector3::Zero;
   // 타깃 지점과 뷰 행렬을 계산
   Vector3 target = mOwner->GetPosition( ) +
      mOwner->GetForward( ) * mTargetDist;
   Matrix4 view = Matrix4::CreateLookAt(mActualPos, target,
      Vector3::UnitZ);
   SetViewMatrix(view);
}
```

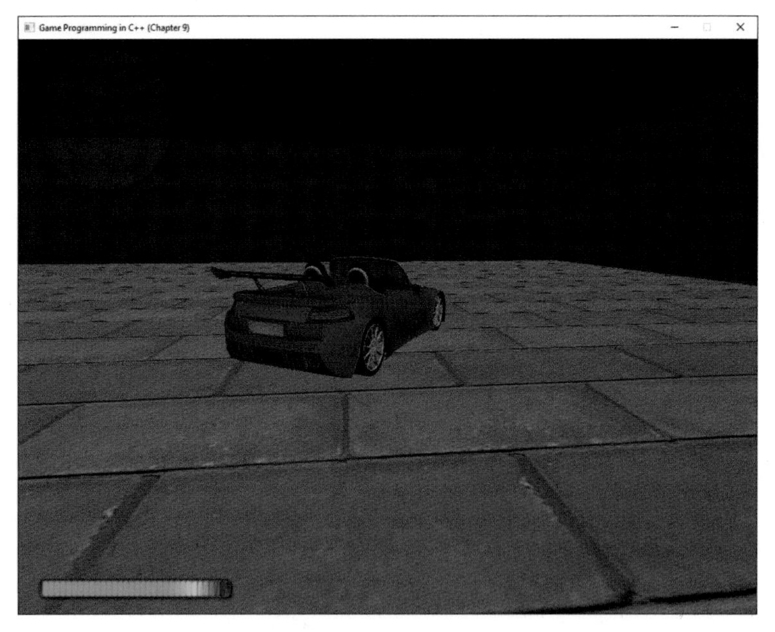

그림 9.4 차가 방향을 틀 때 차를 따라가는 스프링 팔로우 카메라

궤도 카메라

궤도 카메라orbit camera는 대상 물체에 초점을 맞추고 그 물체 주위를 공전한다. 이런 유형의 카메라는 플래닛 코스터Planet Coaster 같은 빌더 게임에서 사용한다. 궤도 카메라는 플레이어가 물체 주변 지역을 쉽게 볼 수 있게 해준다. 궤도 카메라의 가장 간단한 구현은 절대 세계 공간 위치보다는 대상과의 오프셋으로서 카메라 위치를 저장하는 것이다. 이렇게 하면 카메라의 회전은 항상 원점을 중심으로 회전한다는 이점을 취할 수 있다. 그래서 카메라 위치가 대상 오브젝트로부터의 오프셋이라면 대상 오브젝트에 대한 회전을 효율적으로 구현하는 것이 가능하다.

이번 절에서는 OrbitCamera와 OrbitActor를 작성할 것이다. 일반적으로 컨트롤러는 물체에 요와 피치를 적용하기 위해 마우스를 사용한다. 상대적인 마우스 이동을 회전값으로 변경하는 입력 코드는 9장 초반부 '1인칭 카메라' 절에서 설명한 코드와 같다. 그러나 플레이어가 오른쪽 마우스 버튼을 누를 때만 카메라가 회전하도록 제한을 추가한다(이런 형태가 일반적인 컨트롤 방식이므로). SDL_GetRelativeMouseState 함수가 버튼의 상태를 반환했었다. 다음 조건은 플레이어가 마우스 버튼을 누르고 있는지 여부를 테스트한다.

```
if (buttons & SDL_BUTTON(SDL_BUTTON_RIGHT))
```

OrbitCamera 클래스에는 다음 멤버 변수가 필요하다.

```
// 대상과의 오프셋
Vector3 mOffset;
// 카메라 상향 벡터
Vector3 mUp;
// 피치의 초당 회전 속도
float mPitchSpeed;
// 요의 초당 회전 속도
float mYawSpeed;
```

피치 속도(mPitchSpeed)와 요 속도(mYawSpeed)는 각 유형의 회전에 대한 카메라의 초당 현재 회전수를 기록한다. 소유자 액터는 마우스 이동을 토대로 이러한 속도를 갱신할 수 있다. 또한 OrbitCamera는 카메라의 상향 벡터(mUp)뿐만 아니라 카메라의 오프셋(mOffset)이 필요하다. 상향 벡터는 궤도 카메라가 요와 피치 모두에서 완전한 360도 회전을 허용하므로 필요하다. 즉 카메라는 거꾸로 뒤집을 수 있으므로 (0, 0, 1)을 보편적인 상향 벡터로 사용할 수 없으며, 카메라가 회전함에 따라 상향 벡터를 갱신해야 한다.

OrbitCamera의 생성자에서는 mPitchSpeed와 mYawSpeed 둘 다 0으로 초기화한다. mOffset은 아무 값으로 초기화할 수 있지만, 여기서는 물체의 뒤쪽 400단위에 있는 (−400, 0, 0) 좌표로 카메라를 초기화한다. mUp 벡터는 게임 세계의 상향 벡터값 (0, 0, 1)로 초기화한다.

리스트 9.6은 OrbitCamera::Update의 구현을 보여준다. 먼저 해당 프레임에 적용되는 요의 양을 나타내는 쿼터니언을 선언한다. 이 쿼터니언은 세계의 상향 벡터에 대한 쿼터니언이다. 이 쿼터니언을 사용해서 카메라의 오프셋과 상향 벡터를 변환한다. 다음으로 새 오프셋으로부터 카메라 전방 벡터를 계산한다. 카메라 전방 벡터와 카메라 상향 벡터와의 외적을 통해 카메라 오른쪽 벡터를 구한다. 그런 다음 이 카메라의 오른쪽 벡터를 사용해서 피치 쿼터니언을 계산하고 이 쿼터니언을 사용해서 카메라 오프셋과 상향 벡터를 회전시킨다.

리스트 9.6 OrbitCamera::Update 구현

```
void OrbitCamera::Update(float deltaTime)
{
   CameraComponent::Update(deltaTime);
   // 게임 세계의 상향 벡터와 요를 사용한 쿼터니언 생성
   Quaternion yaw(Vector3::UnitZ, mYawSpeed * deltaTime);
   // 오프셋과 상향 벡터를 요 쿼터니언을 사용해서 변환
   mOffset = Vector3::Transform(mOffset, yaw);
   mUp = Vector3::Transform(mUp, yaw);

   // 위의 벡터로부터 카메라의 전방/오른 축 벡터를 계산
   // 전방 벡터 => owner.position - (owner.position + offset)
   // = -offset
   Vector3 forward = -1.0f * mOffset;
   forward.Normalize();
   Vector3 right = Vector3::Cross(mUp, forward);
```

```
    right.Normalize();
    // 카메라 오른 축 벡터를 기준으로 회전하는 피치 쿼터니언 생성
    Quaternion pitch(right, mPitchSpeed * deltaTime);
    // 카메라 오프셋과 상향 벡터(카메라의 상향 벡터다)를 피치 쿼터니언으로 회전시킴
    mOffset = Vector3::Transform(mOffset, pitch);
    mUp = Vector3::Transform(mUp, pitch);

    // 변환 행렬을 계산
    Vector3 target = mOwner->GetPosition();
    Vector3 cameraPos = target + mOffset;
    Matrix4 view = Matrix4::CreateLookAt(cameraPos, target, mUp);
    SetViewMatrix(view);
}
```

look-at 행렬의 경우 카메라의 타깃 위치는 단순히 소유자의 위치며 카메라 위치는 소유자의 위치 + 오프셋이다. 그리고 상향 벡터는 카메라의 상향 벡터다. 지금까지의 구현을 통해 최종 궤도 카메라를 완성했다. 그림 9.5는 대상이 차량인 궤도 카메라를 보여준다.

그림 9.5 차량에 초점을 맞춘 궤도 카메라

스플라인 카메라

스플라인spline은 곡선상의 일련의 점들로 구성된 곡선을 수학적으로 표현한 것이다. 스플라인은 게임에서 인기 있다. 왜냐하면 스플라인은 오브젝트가 일정 기간 동안 곡선을 따라 부드럽게 움직일 수 있게 해주기 때문이다. 카메라가 미리 정의된 스플라인 경로를 따라갈 수 있으므로 스플라인은 컷신cutscene 카메라에 매우 유용하다. 이런 유형의 카메라는 또한 가드 오브 워God of War 같은 게임에서도 사용된다. 이 게임에서 카메라는 플레이어가 세계를 나아갈 때 설정된 경로를 따라 이동한다.

캣멀롬Catmull-Rom 스플라인은 상대적으로 계산하기 간단한 스플라인 타입이라서 게임과 컴퓨터 그래픽스에서 자주 사용된다. 이런 유형의 스플라인에서는 P_0에서 P_3까지 4개의 제어점을 요구한다. 실제 곡선은 P_1에서 P_2까지이며, P_0는 곡선이 시작되기 전의 제어점에 해당하며, P_3는 곡선이 끝난 후의 제어점에 해당한다. 최상의 결과를 얻으려면 이러한 제어점을 곡선상에 균등하게 배치해야 한다. 곡선상에 균등하게 배치하기 위해서는 유클리드 거리를 사용한다. 그림 9.6은 4개의 제어점을 가진 캣멀롬 곡선을 보여준다.

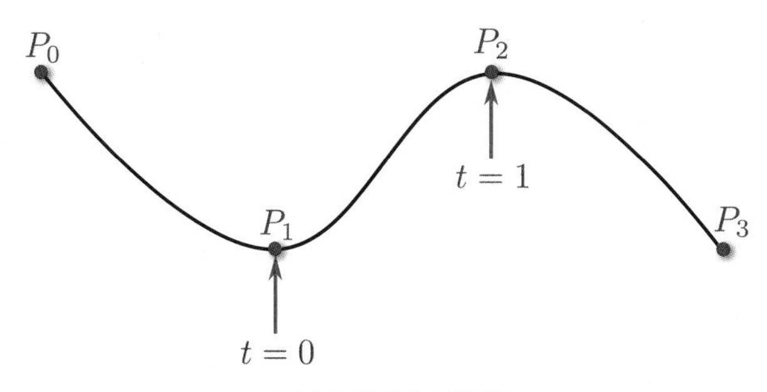

그림 9.6 캣멀롬 스플라인

이 4가지 제어점이 주어지면 다음 매개변수 방정식처럼 P_1, P_2 사이의 점을 표현할 수 있다. 여기서 $t=0$일 때는 P_1이며 $t=1$일 때는 P_2다.

$$p(t) = 0.5\cdot\left(2P_1 + \left(-P_0 + P_2\right)t + \left(2P_0 - 5P_1 + 4P_2 - P_3\right)t^2 + \left(-P_0 + 3P_1 - 3P_2 + P_3\right)t^3\right)$$

캣멀롬 스플라인 방정식은 오직 4개의 제어점만 있지만, 임의의 수의 제어점으로 스플라인을 확장하는 것도 가능하다. 이 확장된 스플라인은 제어점들이 경로점이 되거나 아닐 수 있으며, 경로 앞에 한 점 그리고 경로 뒤에 한 점이 여전히 존재하므로 잘 동작한다. 다시 말하자면 n점의 곡선을 나타내는 데는 $n + 2$개의 점이 필요하며 개발자는 4개의 인접한 점을 얻은 뒤 이 4개의 점들로 구성된 스플라인 방정식을 사용하면 된다.

스플라인 경로를 따르는 카메라를 구현하려면 먼저 스플라인을 정의하는 구조체를 정의해야 한다. Spline이 필요로 하는 유일한 멤버 데이터는 제어점을 담는 벡터다.

```
struct Spline
{
   // 스플라인에 대한 제어점
   // (세그먼트상에 n개의 점이 있다면 총 n + 2개의 점이 필요하다)
   std::vector<Vector3> mControlPoints;
   // startIdx = P1인 스플라인 세그먼트가 주어졌을 때
   // t값을 토대로 위치를 계산한다
   Vector3 Compute(size_t startIdx, float t) const;
   size_t GetNumPoints() const { return mControlPoints.size(); }
};
```

Spline::Compute 함수는 P_1에 해당하는 시작 인덱스와 [0.0, 1.0] 범위에 있는 t값을 스플라인 방정식에 적용한다. 또한 이 함수는 리스트 9.7에서 보여주듯이 startIdx가 유효한지를 검증하기 위해 경곗값 확인을 한다.

리스트 9.7 Spline::Compute 구현

```
Vector3 Spline::Compute(size_t startIdx, float t) const
{
   // startIdx가 경곗값을 초과하는지를 검사
   if (startIdx >= mControlPoints.size())
   { return mControlPoints.back(); }
   else if (startIdx == 0)
   { return mControlPoints[startIdx]; }
   else if (startIdx + 2 >= mControlPoints.size())
   { return mControlPoints[startIdx]; }

   // p0에서 p3까지의 점을 얻는다
```

```
    Vector3 p0 = mControlPoints[startIdx - 1];
    Vector3 p1 = mControlPoints[startIdx];
    Vector3 p2 = mControlPoints[startIdx + 1];
    Vector3 p3 = mControlPoints[startIdx + 2];

    // 캣멀롬 방정식으로 위치를 계산한다
    Vector3 position = 0.5f * ((2.0f * p1) + (-1.0f * p0 + p2) * t +
        (2.0f * p0 - 5.0f * p1 + 4.0f * p2 - p3) * t * t +
        (-1.0f * p0 + 3.0f * p1 - 3.0f * p2 + p3) * t * t * t);
    return position;
}
```

그리고 SplineCamera 클래스에 멤버 데이터로 Spline을 추가한다. 또한 SplineCamera에 P_1에 해당하는 현재 인덱스, 현재 t값, 속도, 카메라가 경로를 따라 이동해야 하는지 여부를 결정하는 플래그값을 기록한다.

```
// 카메라가 따라가는 스플라인 경로
Spline mPath;
// 현재 제어점 인덱스 및 t
size_t mIndex;
float mT;
// 초당 t의 변화율
float mSpeed;
// 경로를 따라 카메라가 이동해야 하는지의 여부
bool mPaused;
```

스플라인 카메라는 먼저 속도와 델타 시간의 함수로 t값을 증가시켜 갱신한다. t값이 1.0보다 같거나 크면 P_1은 경로상의 다음점으로 이동한다(경로상에는 충분한 점이 있다고 가정한다). P_1이 이동한다는 것은 또한 t값에서 1을 빼야 한다는 걸 의미한다. 스플라인에 더 이상 점이 존재하지 않는다면 스플라인 카메라는 멈춘다.

카메라 계산에서 카메라의 위치는 단순히 스플라인으로부터 계산된 점이다. 대상 지점을 계산하려면 스플라인 카메라가 이동하는 방향을 결정하기 위해 작은 델타값으로 t를 증가시켜야 한다. 마지막으로 상향 벡터는 스플라인이 거꾸로 뒤집혀지지 않는다는 것을 가정해서 (0, 0, 1)로 유지한다. 리스트 9.8은 SplineCamera::Update 코드를 보여준다. 그리고 그림 9.7은 실제 스플라인 카메라의 동작을 보여준다.

리스트 9.8 SplineCamera::Update 구현

```
void SplineCamera::Update(float deltaTime)
{
   CameraComponent::Update(deltaTime);
   // t값 갱신
   if (!mPaused)
   {
      mT += mSpeed * deltaTime;
      // 상황에 따라 다음 제어점으로 이동
      // 카메라 이동 속도는 한 프레임에 복수개의 제어점을
      // 건너뛸 만큼 빠르지는 않다고 가정한다.
      if (mT >= 1.0f)
      {
         // 경로를 진행하는 데 있어 충분한 점을 가져야 한다
         if (mIndex < mPath.GetNumPoints() - 3)
         {
            mIndex++;
            mT = mT - 1.0f;
         }
         else
         {
            // 경로 진행을 완료했으므로 카메라 이동을 중지시킨다
            mPaused = true;
         }
      }
   }

    // 카메라 위치는 현재 t/인덱스값에 해당하는 스플라인에 있다.
    Vector3 cameraPos = mPath.Compute(mIndex, mT);
    // 목표 지점은 t값에 작은 델타값을 더해서 얻은 위치다.
    Vector3 target = mPath.Compute(mIndex, mT + 0.01f);
// 스플라인 카메라는 거꾸로 뒤집어지지 않는다고 가정
    const Vector3 up = Vector3::UnitZ;
    Matrix4 view = Matrix4::CreateLookAt(cameraPos, target, up);
    SetViewMatrix(view);
}
```

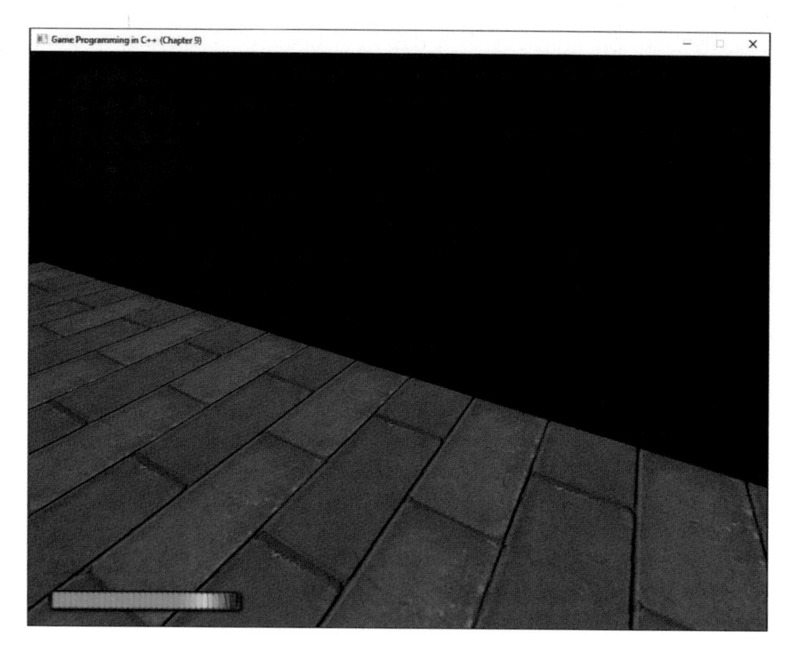

그림 9.7 게임상의 스플라인 카메라

언프로젝션

세계 공간의 점을 클립 공간으로 변환하기 위해서는 먼저 뷰 행렬을 투영 행렬과 곱해야 한다. 그런데 1인칭 슈팅 게임에서 플레이어가 조준점의 화면 위치를 토대로 발사체를 쏜다고 가정해 보자. 이 경우 조준점의 위치는 화면 공간상의 좌표다. 하지만 올바르게 발사체를 쏘려면 세계 공간에서의 조준점 위치가 필요하다. **언프로젝션** unprojection은 화면 공간 좌표로부터 세계 공간 좌표로 변환하는 계산이다.

5장 'OpenGL'에서 설명한 화면 공간 좌표 체계에서는 화면의 중심이 (0, 0)이고, 왼쪽 상단 구석이 (−512, 384)였고, 하단 오른쪽 구석이 (512, −384)였다.

언프로젝션을 계산하는 첫번째 단계는 화면 공간 좌표 x, y 요소를 [−1, 1]의 범위값을 가진 정규화된 장치 좌표로 변환하는 것이다.

$$ndcX = screenX / 512$$
$$ndcY = screenY / 384$$

그러나 여기에는 문제점이 있는데 하나의 (x, y) 좌표는 [0, 1]의 범위를 가지는 z 좌표도 가진다. z값이 0이면 가까운 평면의 점을 의미하고(카메라의 바로 앞에 있는) z값이 1이면 먼 평면의 점이다(카메라를 통해서 볼 수 있는 최대 거리). 그래서 언프로젝션을 올바르게 수행하기 위해서는 범위 [0, 1]에서의 z 요솟값이 필요하다. 그리고 좌표는 동차 좌표로 나타낸다.

$$ndc = (ndcX,\ ndcY,\ z,\ 1)$$

이제 언프로젝션 행렬을 생성한다. 언프로젝션 행렬은 뷰 투영 행렬의 역행렬이다.

$$Unprojection = ((View)(Projection))^{-1}$$

언프로젝션 행렬을 NDC에 곱하면 w 요솟값이 변경된다. 그래서 각 요솟값을 w로 나눠서 w 요소를 1로 되돌릴 수 있도록 재정규화가 필요하다. 이를 위해 다음 계산식이 필요하며 그 결과 세계 공간의 점을 얻게 된다.

$$temp = (ndc)(Unprojection)$$
$$worldPos = \frac{temp}{temp_w}$$

Renderer 클래스는 뷰 행렬과 투영 행렬 모두에 접근할 수 있는 유일한 클래스이므로 Renderer 클래스에 언프로젝션에 대한 함수를 추가한다. 리스트 9.9는 Unproject 함수 구현을 보여준다. 이 코드에서 TransformWithPerspDiv 함수는 언프로젝션 행렬과 w 요소를 사용해서 재정규화를 수행한다.

리스트 9.9 Renderer::Unproject 구현

```
Vector3 Renderer::Unproject(const Vector3& screenPoint) const
{
   // 화면 좌표를 장치 좌표로 변환 (-1에서 +1 범위)
   Vector3 deviceCoord = screenPoint;
   deviceCoord.x /= (mScreenWidth) * 0.5f;
   deviceCoord.y /= (mScreenHeight) * 0.5f;

   // 벡터를 언프로젝션 행렬로 변환
```

```
    Matrix4 unprojection = mView * mProjection;
    unprojection.Invert();
    return Vector3::TransformWithPerspDiv(deviceCoord, unprojection);
}
```

이제 Unproject를 사용하면 세계 공간상의 위치 계산이 가능하다. 그리고 이 함수를 활용해서 화면 공간 점으로 향하는 벡터를 만들어두면 다른 유용한 기능을 활용할 수 있는 기회를 얻을 수 있다. 그런 기능 중 하나는 **피킹**picking이다. 피킹은 3D 세계상에서 오브젝트를 클릭해서 선택할 수 있게 하는 기능이다. 그림 9.8은 마우스 커서로 피킹하는 모습을 보여준다.

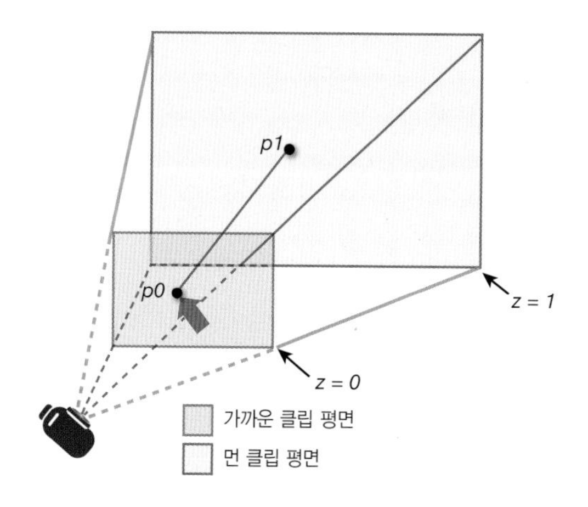

그림 9.8 마우스의 화면 공간 좌표로 향하는 벡터로 피킹

방향 벡터를 만들려면 Unproject를 두 번 사용해야 한다. 시작점에서 한 번 사용하고, 한 번은 끝점에서 사용한다. 그런 다음 벡터 간에 뺄셈을 한 뒤 이 벡터를 정규화한다. 이 과정을 리스트 9.10의 Renderer::GetScreenDirection 함수에 구현했다. 함수가 세계 공간에서 벡터 시작점과 방향을 계산하는 방법에 유의하자.

리스트 9.10 Renderer::GetScreenDirection 구현

```
void Renderer::GetScreenDirection(Vector3& outStart,
 Vector3& outDir) const
{
```

```
    // 시작점을 얻는다 (가까운 평면의 화면상의 중심)
    Vector3 screenPoint(0.0f, 0.0f, 0.0f);
    outStart = Unproject(screenPoint);
    // 끝점을 얻는다 (가까운 평면과 먼 평면 사이에 있는 화면상의 중심점)
    screenPoint.z = 0.9f;
    Vector3 end = Unproject(screenPoint);

    // 방향 벡터를 얻는다
    outDir = end - outStart;
    outDir.Normalize();
}
```

게임 프로젝트

9장의 게임 프로젝트는 언프로젝션 코드뿐만 아니라 9장에서 설명한 모든 카메라를 보여준다. 코드는 책의 깃허브 저장소의 Chapter09 디렉토리에서 이용 가능하다. 윈도우 운영체제에서는 Chapter09-windows.sln을 열고, 맥에서는 Chapter09-mac.xcodeproj을 열어 실행한다.

카메라는 1인칭 모드로 시작한다. 다른 카메라 간 전환을 하기 위해 1에서 4번 키를 사용한다.

- 1—1인칭 카메라 모드 활성화
- 2—팔로우 카메라 모드 활성화
- 3—궤도 카메라 모드 활성화
- 4—스플라인 카메라 모드 활성화 그리고 스플라인 모드 경로 재시작

카메라 모드에 따라 캐릭터는 다른 컨트롤을 가진다. 아래에 컨트롤에 대해 요약했다.

- 1인칭—앞뒤로 이동하기 위해 W/S 사용, 옆으로 이동하기 위해 A/D 사용, 회전은 마우스 사용
- 팔로우—앞뒤로 이동하기 위해 W/S 사용, 회전(요)하기 위해 A/D 사용

- 궤도 카메라 모드—오른쪽 마우스 버튼을 누른 상태에서 마우스를 움직여 회전시킴
- 스플라인 카메라 모드—컨트롤 없음(자동으로 이동)

요약

9장에서는 여러 다양한 타입의 카메라를 구현하는 방법을 소개했다. 1인칭 카메라는 세계를 이동하는 캐릭터의 시각에서 세계를 나타낸다. 전형적인 1인칭 제어 방식에서는 이동을 위해서는 WASD키를 사용하고 회전에 대해서는 마우스를 사용한다. 마우스를 좌우로 회전하면 캐릭터는 회전한다. 반면 마우스를 위아래로 움직이면 시점을 위아래로 변경한다. 또한 1인칭 뷰 피치를 사용해서 1인칭 모델의 방향을 지정했다.

기본 팔로우 카메라는 물체 뒤에서 경직된 느낌으로 따라간다. 그리고 이런 카메라는 회전할 때 캐릭터가 회전하고 있는지 세계가 회전하고 있는지를 구분하기가 어려우므로 회전이 세련되지 못하다. 이 점을 개선하기 위해서 '이상적인' 카메라와 '실제' 카메라 사이에 스프링을 추가한다. 이렇게 하면 대상이 선회할 때 눈에 띌 만한 부드러움이 카메라에 추가된다.

궤도 카메라는 보통 마우스나 조이스틱 컨트롤을 사용해서 물체 주위를 회전한다. 궤도 카메라를 구현하기 위해 위치는 대상 오브젝트로부터의 오프셋으로 표현한다. 그리고 쿼터니언과 일부 벡터 수학으로 요와 피치 회전을 적용해서 최종 뷰를 얻는다.

스플라인은 곡선상의 점들로 정의된 곡선이다. 스플라인은 카메라 컷신에 널리 사용된다. 캣멀롬 스플라인은 곡선의 n점을 나타내기 위해 최소 $n+2$개의 점이 필요하다. 캣멀롬 스플라인 방정식을 적용하면 이 스플라인 경로를 진행하는 카메라의 구현이 가능하다.

마지막으로 언프로젝션은 마우스로 오브젝트를 선택하거나 피킹하는 등의 여러 용도로 사용된다. 언프로젝션을 계산하기 위해 먼저 화면 공간 좌표를 정규화된 장치 좌표로 변환한다. 그런 다음 이 장치 좌표에 언프로젝션 행렬에 해당하는 뷰-투영 행렬의 역행렬을 곱한다.

추가 독서

게임 카메라를 주제로 한 책은 많지 않다. 그러나 메트로이드 프라임Metroid Prime 카메라 시스템에 대한 핵심 프로그래머였던 마크 헤이-허친슨Mark Haigh-Hutchinson은 게임 카메라와 관련된 다양한 기술에 대한 개요를 설명했다.

- Haigh-Hutchinson, Mark. *Real-Time Cameras*. Burlington: Morgan Kaufmann, 2009.

연습

9장의 연습에서는 일부 카메라에 몇 가지 기능을 추가해본다. 첫 번째 연습에서는 팔로우 카메라에 마우스 지원을 추가한다. 그리고 두 번째 연습에서는 스플라인 카메라에 기능을 추가해 본다.

연습 9.1

많은 팔로우 카메라는 유저가 제어할 수 있는 카메라 회전을 지원한다. 이번 연습에서는 유저가 카메라를 회전할 수 있도록 팔로우 카메라 구현 코드를 추가한다. 플레이어가 오른쪽 마우스 버튼을 눌렀을 때 카메라에 피치와 요를 적용한다. 플레이어가 오른쪽 마우스 버튼을 놓을 때는 피치/요 회전을 0으로 되돌린다.

회전에 대한 코드는 궤도 카메라의 회전 코드와 같다. 또한 궤도 카메라처럼 z축이 상향 벡터라고 추정하지 않는다. 플레이어가 마우스 버튼을 놓으면 스프링 때문에 카메라가 원래 방향으로 즉시 되돌아가지 않는다. 그러나 이 기능은 시각적으로 멋지게 보이므로 이 행동을 변경할 이유는 없다!

연습 9.2

현재 스플라인 카메라는 경로상의 한 방향으로만 이동하고 끝에 도달하면 멈춘다. 스플라인이 경로의 끝에 도달하면 뒤로 이동하도록 수정해보자.

10장

충돌 감지

게임 세계에서는 오브젝트가 서로 교차하는지를 결정하기 위해 충돌 감지를 사용한다. 충돌을 확인하기 위한 몇 가지 기본 방법을 이전 장에서도 설명하긴 했지만, 10장에서는 충돌 감지 주제에 관해 좀 더 심도 있게 살펴본다. 10장에서는 먼저 게임에서 사용되는 일반적인 기본 기하 타입을 소개한다. 그런 다음 이런 기본 기하 타입 간의 교차 계산을 다룬다. 그리고 게임 메커니즘에 충돌을 포함하는 방법을 설명하는 것으로 10장을 마무리한다.

기하 타입

게임을 위한 충돌 감지에서는 기하나 선형대수 같은 여러 다양한 개념을 활용한다. 이번 절에서는 게임에서 사용되는 일반적인 기본 기하 타입인 선분, 평면, 박스 등을 살펴본다. 여기서 설명할 각각의 기하 타입은 10장의 게임 프로젝트에 포함된 헤더 파일 Collision.h에 선언돼 있다.

선분

선분line segment은 시작 지점과 끝 지점으로 구성된다.

```
struct LineSegment
{
   Vector3 mStart;
   Vector3 mEnd;
};
```

선분상의 임의의 점을 계산하려면 다음 매개 방정식을 사용하면 되는데, *Start*와 *End*는 각각 시작 지점과 끝 지점이고 t는 파라미터다.

$$L(t) = Start + (End - Start)t \qquad \text{where } 0 \le t \le 1$$

편의성을 위해 t값이 주어졌을 때 선분상의 한 점을 반환하는 멤버 함수를 LineSegment 클래스에 추가한다.

```
Vector3 LineSegment::PointOnSegment(float t) const
{
   return mStart + (mEnd - mStart) * t;
}
```

선분의 매개 표현식은 손쉽게 광선이나 선의 정의로 확장할 수 있다. 광선은 위의 방정식을 따르지만 t값의 경계는 다음과 같다.

$$0 \le t \le \infty$$

마찬가지로 선은 t값에 경계가 없다.

$$-\infty \leq t \leq \infty$$

선분과 광선은 여러 다양한 유형의 충돌 감지를 위한 쓰임새가 많은 기본 기하 타입이다. 예를 들어 게임에서 직선으로 총알을 발사하거나 땅에 착지하는 경우 선분을 사용한다. 또한 조준용 십자선을 위해 선분을 사용하며(11장, '유저 인터페이스') 소리 차폐 테스트(7장, '오디오'), 마우스 피킹(9장, '카메라')에도 사용한다.

또 다른 유용한 연산은 임의의 한 점과 선분 사이의 최소 거리를 찾는 것이다. 선분이 점 A에서 시작하고 점 B에서 끝난다고 가정해보자. 임의의 점 C가 주어졌을 때 선분과 점 C 사이의 최소 거리를 구하려면 그림 10.1처럼 3가지의 다른 경우를 고려해야 한다.

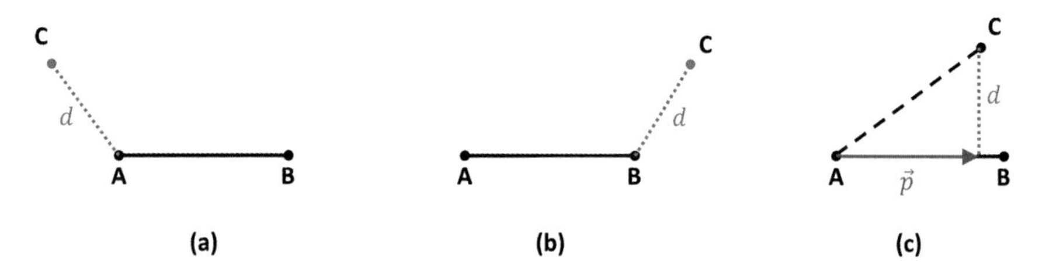

그림 10.1 점과 선분 사이의 최소 거리에 대한 3가지 경우

그림 10.1(a)와 같은 경우 AB와 AC 사이의 각이 90°보다 크다. 내적을 사용하면 90°보다 큰지를 확인하는 것이 가능하다. 내적이 음수이면 두 벡터 사이의 각이 둔각임을 의미하므로 C와 선분 사이의 최소 거리는 벡터 AC의 길이가 된다.

그림 10.1(b)에서 보여주는 두 번째 경우는 BA와 BC 사이의 각이 90°보다 크다. 첫 번째 경우처럼 내적으로 이 상황을 테스트할 수 있다. 이 경우에 최소 거리는 BC의 길이가 된다.

그림 10.1(c)와 같은 마지막 경우에는 AB에서 AB에 수직하는 C로의 선분을 그린다. 이 새 선분의 길이는 C와 AB 사이의 최소 거리다. 이 선분을 구하려면 먼저 벡터 p를 계산해야 한다.

p의 방향은 정규화된 AB와 같은 방향이므로 이미 알고 있다. 여기서는 **스칼라 투영** scalar projection이라는 내적의 특성을 사용해서 p를 구한다. 스칼라 투영은 직교 투영을 의미하며 이 예에서는 선분 AC를 선분 AB로 직교 투영하는 것을 뜻한다. 비단위 벡터 AB는 직각삼각형을 구성하기 위해 확장되거나 축소되야 한다(이 예에서는 축소됨).

즉 선분 AC가 선분 AB로 직교 투영된, 벡터 p의 길이는 AC와 정규화된 AB(즉 AB의 단위 벡터)의 내적이 된다.

$$\|\vec{p}\| = \overrightarrow{AC} \cdot \frac{\overrightarrow{AB}}{\|\overrightarrow{AB}\|}$$

《역자 보충: $\cos\theta = \|\vec{p}\| / \|\overrightarrow{AC}\|$, $\overrightarrow{AC} \cdot \frac{\overrightarrow{AB}}{\|\overrightarrow{AB}\|} = \|\overrightarrow{AC}\| \cos\theta = \|\vec{p}\|$

여기서 θ는 $\overrightarrow{AB}$와 $\overrightarrow{AC}$ 사이의 각이다.》

결국 벡터 p는 정규화된 AB 벡터와 p의 길이의 스칼라 곱이 된다.

$$\vec{p} = \|\vec{p}\| \frac{\overrightarrow{AB}}{\|\overrightarrow{AB}\|}$$

벡터의 제곱 길이와 내적은 같다는 걸 기억하고 몇 가지 대수적 계산을 사용하면 p는 다음과 같이 간소화된다.

$$\vec{p} = \left(\overrightarrow{AC} \cdot \frac{\overrightarrow{AB}}{\|\overrightarrow{AB}\|}\right) \frac{\overrightarrow{AB}}{\|\overrightarrow{AB}\|} = \frac{\overrightarrow{AC} \cdot \overrightarrow{AB}}{\|\overrightarrow{AB}\|} \frac{\overrightarrow{AB}}{\|\overrightarrow{AB}\|} = \frac{\overrightarrow{AC} \cdot \overrightarrow{AB}}{\|\overrightarrow{AB}\|^2} \overrightarrow{AB}$$
$$= \frac{\overrightarrow{AC} \cdot \overrightarrow{AB}}{\overrightarrow{AB} \cdot \overrightarrow{AB}} \overrightarrow{AB}$$

마지막으로 p에서 AC로의 벡터를 선언한다. 이 벡터의 길이는 AB와 C까지의 최소 거리다.

$$d = \|\overrightarrow{AC} - \vec{p}\|$$

거리는 양수값이며 AB에서 C까지의 최소 거리의 제곱값을 얻기 위해 방정식 양쪽을 제곱한다.

$$d^2 = \left\| \overrightarrow{AC} - \vec{p} \right\|^2$$

이렇게 하면 비용이 큰 제곱근 연산을 피할 수 있다. 대부분의 경우 10장 전반에 걸쳐 거리 대신에 거리의 제곱값을 계산한다. 리스트 10.1은 `MinDisSq` 함수를 보여준다.

리스트 10.1 LineSegment::MinDistSq 구현

```
float LineSegment::MinDistSq(const Vector3& point) const
{
   // 벡터 선언
   Vector3 ab = mEnd - mStart;
   Vector3 ba = -1.0f * ab;
   Vector3 ac = point - mStart;
   Vector3 bc = point - mEnd;
   // 케이스 1: C와 A의 거리를 구하는  경우
   if (Vector3::Dot(ab, ac) < 0.0f)
   {
      return ac.LengthSq();
   }
   // 케이스 2: C와 B의 거리를 구하는 경우
   else if (Vector3::Dot(ba, bc) < 0.0f)
   {
      return bc.LengthSq();
   }
   // 케이스 3: C를 선분에 투영해서 최소 거리를 구하는 경우
   else
   {
      // p를 계산
      float scalar = Vector3::Dot(ac, ab)
         / Vector3::Dot(ab, ab);
      Vector3 p = scalar * ab;
      // ac – p 길이 제곱값 계산
      return (ac - p).LengthSq();
   }
}
```

평면

선분이 무한히 확장되는 1차원 오브젝트인 것처럼, **평면**plane은 무한히 확장되는 평평한 2차원 표면이다. 게임에서는 평면을 땅이나 벽면을 추상화한 형태로 표현한다. 평면의 방정식은 다음과 같다.

$$P \cdot \hat{n} + d = 0$$

P는 평면상의 임의의 점이고 n은 평면에 수직하는 법선 벡터다. 그리고 d는 평면과 원점 사이의 부호 있는 최소 거리값이다.

게임 코드는 일반적으로 점이 해당 평면상에 놓여 있는지를 자주 확인한다(즉 점이 평면상에 있다면 평면의 방정식을 만족한다). 평면을 표현하기 위한 plane 구조체의 정의는 법선 벡터와 d 값만으로 충분하다.

```
struct Plane
{
   Vector3 mNormal;
   float mD;
};
```

정의상 삼각형은 단일 평면에 놓인다. 그래서 삼각형이 주어지면 평면의 방정식 유도가 가능하다. 삼각형을 구성하는 버텍스로 2개의 벡터를 만들고, 이 두 벡터로 외적을 하면 삼각형의 법선을 얻는데 이 법선은 평면의 법선과 같다. 평면의 임의의 한 점은 알고 있으므로(삼각형 버텍스 중 하나 선택) 이 버텍스와 점으로 리스트 10.2처럼 d 값을 구할 수 있다.

리스트 10.2 세 점으로 평면 생성

```
Plane::Plane(const Vector3& a, const Vector3& b, const Vector3& c)
{
   // a에서 b, a에서 c로의 벡터를 계산
   Vector3 ab = b - a;
   Vector3 ac = c - a;
   // 법선 벡터를 얻기 위해 외적을 한 뒤 정규화
   mNormal = Vector3::Cross(ab, ac);
```

```
    mNormal.Normalize( );
    // d = -P dot n
    mD = -Vector3::Dot(a, mNormal);
}
```

임의의 점 C와 평면 사이의 최소 거리를 구하는 것은 선분에서 했던 작업과 유사하다(선분은 내적의 스칼라 투영 특성을 사용했다). 그림 10.2는 평면을 측면에서 바라보면서 계산하는 과정을 보여준다.

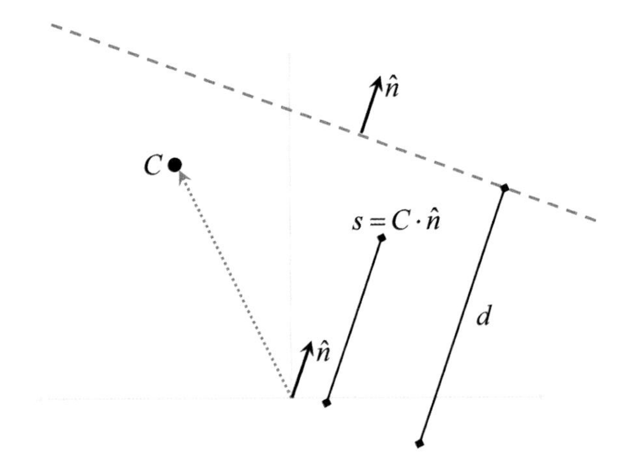

그림 10.2 점 C와 평면 사이의 최소 거리 계산

이미 우리는 평면 n의 법선을 알고 있고, 원점과 평면 사이의 거리 d도 알고 있다. 먼저 C와 법선 n의 내적을 통해서 스칼라 투영을 계산한다.

$$s = C \cdot \hat{n}$$

그리고 d값에 이 스칼라 투영값을 빼면 그 결과는 C와 평면 간 부호 있는 거리 차가 된다.

$$SignedDist = s - d = C \cdot \hat{n} - d$$

음숫값은 C가 평면 아래에 있다는 걸 의미하고(법선의 반대방향), 양수는 C가 평면 위에 있음을 의미한다. 부호 있는 거리 계산의 코드 구현은 다음과 같다.

```
float Plane::SignedDist(const Vector3& point) const
{
   return Vector3::Dot(point, mNormal) - mD;
}
```

바운딩 볼륨

현대 3D 게임은 수천 개의 삼각형으로 구성된 캐릭터와 오브젝트로 표현된다. 두 오브젝트의 충돌 여부를 결정하고자 할 때 오브젝트를 구성하는 모든 삼각형의 교차 여부를 테스트하는 것은 효율적이지 못하며, 이런 이유로 게임에서는 박스나 구체 같은 간소화된 **바운딩 볼륨**bounding volume을 사용한다. 두 오브젝트의 교차 판단을 위한 단순화된 충돌 계산을 통해 게임은 매우 향상된 효율성을 얻는다.

구체

3D 오브젝트의 가장 단순화된 경계 표현은 구체sphere다. 구체의 정의에 필요한 것은 구체의 중심과 반지름뿐이다.

```
struct Sphere
{
   Vector3 mCenter;
   float mRadius;
};
```

그림 10.3에서 볼 수 있듯이 바운딩 구체는 일부 오브젝트에는 적합하지만, 다른 오브젝트에는 적합하지 않다. 예를 들어 인간형 캐릭터 주위를 감싼 바운딩 구체는 캐릭터와 구체 경계 사이에 빈 공간이 많다. 물체에 대한 경계 부분이 헐렁하므로 두 물체의 바운딩 볼륨이 교차한다 하더라도 실제로는 충돌하지 않았음을 의미하는 **긍정 오류**false positive가 발생한다. 예를 들어 1인칭 슈터 게임에서 인간형 캐릭터에 바운딩 구체를 사용했다면 플레이어는 캐릭터의 왼쪽이나 오른쪽으로 탄환을 쐈는데 맞지 않았음에도 게임은 맞았다고 판정할 수 있다.

그러나 바운딩 구체를 사용하면 교차 계산이 매우 효율적이라는 이점을 가진다. 게다가 회전은 구체에 영향을 주지 않으므로 바운딩 구체는 3D 오브젝트의 회전에 상관없이 잘 동작한다. 그리고 공과 같은 일부 오브젝트에서 구체는 경계를 완벽히 표현한다.

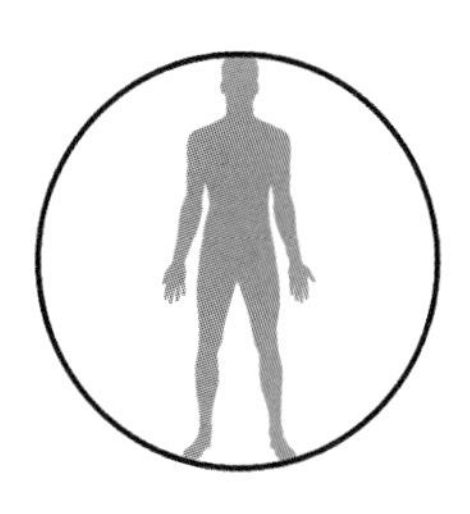
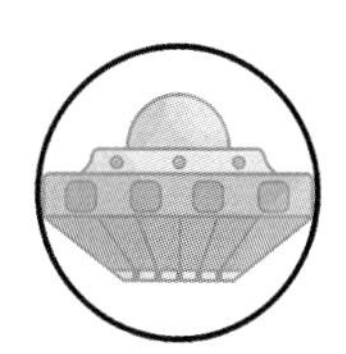

그림 10.3 다양한 물체에 대한 바운딩 구체

축 정렬 바운딩 박스

2D에서 **축 정렬 바운딩 박스**AABB, Axis-Aligned Bounding Box는 모서리가 x축과 y축에 평행한 사각형이다. 비슷하게 3D에서 AABB는 프리즘의 모든 면이 좌표축 평면의 하나와 평행한 사각형 프리즘이다.

AABB는 최소점과 최대점 두 점으로 정의한다. 2D상에서 최소점은 왼쪽 하단 점이며, 최대점은 오른쪽 상단점과 일치한다. 다시 말해서 최소점은 박스상에서 최솟값 x, y를 의미하며, 최대점은 박스상에서 x, y 최댓값을 가진다. 마찬가지로 3D상에도 최소점은 박스상에서 x,y,z 최솟값을 가지며, 최대점은 x,y,z 최댓값을 가진다. 구조체로 바꿔보면 다음과 같다.

```
struct AABB
{
   Vector3 mMin;
   Vector3 mMax;
};
```

AABB는 여러 점들을 이용하면 쉽게 생성할 수 있다. 예를 들어 모델을 로딩하는 경우 일련의 버텍스를 얻을 수 있고, 이 버텍스 시퀀스를 모델에 대한 AABB를 정의하는데 사용할 수 있다. 이를 위해 점을 파라미터로 받는 UpdateMinMax 함수를 구현한다.

UpdateMinMax 함수는 이 점의 값에 따라 min, max를 갱신한다.

```
void AABB::UpdateMinMax(const Vector3& point)
{
   // 각 요솟값을 별도로 갱신
   mMin.x = Math::Min(mMin.x, point.x);
   mMin.y = Math::Min(mMin.y, point.y);
   mMin.z = Math::Min(mMin.z, point.z);
   mMax.x = Math::Max(mMax.x, point.x);
   mMax.y = Math::Max(mMax.y, point.y);
   mMax.z = Math::Max(mMax.z, point.z);
}
```

새로운 점이 모든 다른 점에 대해 상대적으로 어디에 위치하는지를 알 수 없으므로 min, max 값을 갱신하려면 모든 요소를 개별적으로 테스트해야 한다.

그런 다음 점 리스트를 가진 컨테이너가 주어지면 먼저 컨테이너의 첫 번째 점값으로 AABB의 min, max를 초기화한다. 첫 번째 점을 제외한 나머지 점들에 대해서는 단순히 UpdateMinMax 함수를 호출한다.

```
// points는 std::vector<Vector3> 타입
AABB box(points[0], points[0]);
for (size_t i = 1; i < points.size(); i++)
{
   box.UpdateMinMax(points[i]);
}
```

AABB는 좌표 평면과 평행을 유지해야 하므로 물체의 회전은 AABB를 회전시키지 않고 대신 그림 10.4처럼 AABB의 면적을 변경한다. 일부 경우에서는 AABB 회전을 계산할 필요가 없을 수도 있다. 예를 들어 게임상에서 대부분의 인간형 캐릭터는 오직 상향축만을 기준으로 회전한다. 따라서 캐릭터의 AABB를 충분히 넓게 만들면 캐릭터가 회전해도 AABB는 변경할 필요가 없다(캐릭터를 너무 많이 움직이는 애니메이션에 대해서는 주의해야겠지만). 그러나 다른 오브젝트에는 회전에 대한 AABB를 계산하는 것이 필요하다.

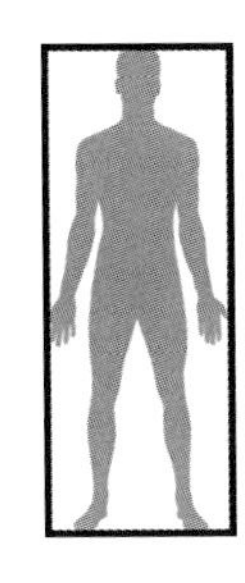
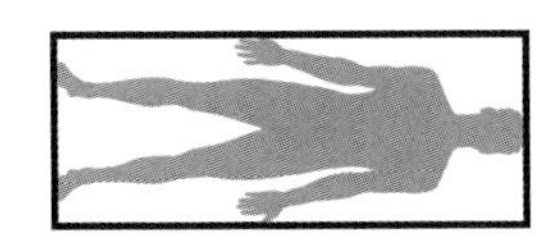
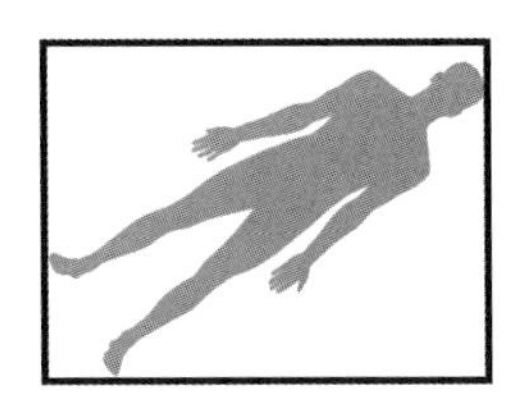

그림 10.4 캐릭터가 향하는 여러 방향에 대한 AABB

오브젝트 회전 후 AABB를 계산하는 한 가지 방법은 먼저 AABB의 구석을 나타내는 8개의 점을 생성하는 것이다. 이 점들은 단순히 min max 요소로 표현한 점들의 나열이다. 그런 다음 오브젝트의 각 점을 회전시킨 뒤 회전된 점으로부터 새로운 AABB를 생성하기 위해 UpdateMinMax를 사용한다. 이 과정은 리스트 10.3처럼 회전 후에 해당 오브젝트의 가장 작은 AABB는 계산하지 않음에 유의하자. 그러므로 게임은 여러 번의 회전 후에 에러 전파를 하지 않도록 원래 물체의 AABB를 저장해야 한다.

리스트 10.3 AABB::Rotate 구현

```
void AABB::Rotate(const Quaternion& q)
{
   // 박스의 구석 8개 점을 생성
   std::array<Vector3, 8> points;
   // Min 점은 항상 구석임
   points[0] = mMin;
   //Min, Max 점을 제외한 나머지 구석은 Min점과 Max점 요소 조합으로 구한다
   // 2개의 min, 1 max 순열로 구석점 생성
   points[1] = Vector3(mMax.x, mMin.y, mMin.z);
   points[2] = Vector3(mMin.x, mMax.y, mMin.z);
   points[3] = Vector3(mMin.x, mMin.y, mMax.z);
   // 2개의 max, 1 min 순열로 구석점 생성
   points[4] = Vector3(mMin.x, mMax.y, mMax.z);
   points[5] = Vector3(mMax.x, mMin.y, mMax.z);
   points[6] = Vector3(mMax.x, mMax.y, mMin.z);
   // Max 구석 점
   points[7] = Vector3(mMax);

   // 최초 점을 쿼터니언으로 회전시킴
   Vector3 p = Vector3::Transform(points[0], q);
```

```
    // 회전된 최초의 점으로 min/max 리셋
    mMin = p;
    mMax = p;
    // 남아 있는 점들을 회전시킨 뒤 min/max 갱신
    for (size_t i = 1; i < points.size(); i++)
    {
        p = Vector3::Transform(points[i], q);
        UpdateMinMax(p);
    }
}
```

방향성 있는 바운딩 박스

방향성 있는 바운딩 박스OBB, Oriented Bounding Boxes는 AABB처럼 축이나 평면에 대해 평행해야 한다는 제한이 없다. 그렇기 때문에 그림 10.5처럼 물체가 회전했다 하더라도 OBB는 해당 물체에 딱맞는 경곗값을 유지한다. OBB를 표현하는 한 가지 방법은 중심점과 회전을 위한 쿼터니언, 그리고 박스를 위한 값들(너비, 높이, 깊이)을 가지는 것이다.

```
struct OBB
{
    Vector3 mCenter;
    Quaternion mRotation;
    Vector3 mExtents;
};
```

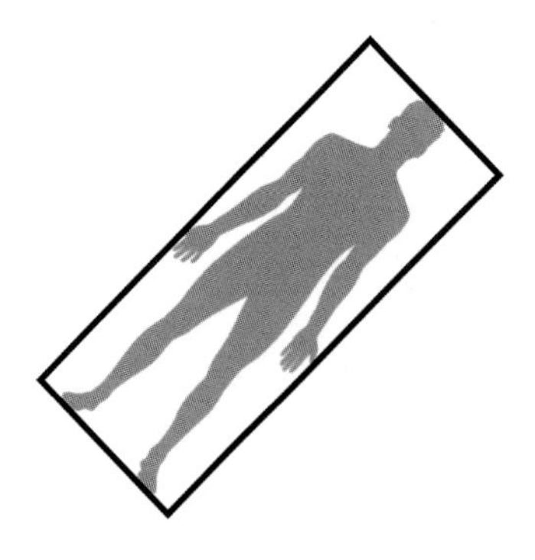

그림 10.5 회전한 인간형 캐릭터에 대한 방향성 있는 바운딩 박스

비록 OBB를 사용하는 것이 매력적으로 보이겠지만, OBB의 단점은 충돌 계산량이 AABB보다 너무 비싸다는 데 있다.

캡슐

캡슐capsule은 반지름을 가진 선분이다.

```
struct Capsule
{
   LineSegment mSegment;
   float mRadius;
};
```

그림 10.6처럼 캡슐은 게임에서 인간형 캐릭터를 나타내는 데 자주 사용된다. 캡슐은 또한 구체가 움직인 영역이다. 왜냐하면 구체가 이동을 할 때는 시작점과 끝점이 있고, 이동 중의 구체는 반경을 가지고 있기 때문이다.

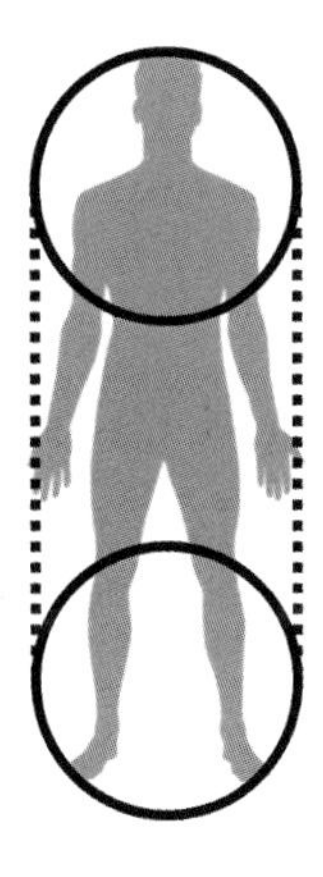

그림 10.6 인간형 캐릭터를 위한 캡슐

볼록 다각형

때론 게임은 기본 형태보다 더 정확한 물체의 경계를 필요로 한다. 2D 게임에서는 물체의 바운딩 볼륨을 **볼록 다각형**convex polygon으로 표현하는 것이 가능하다. 내부의 모든 각이 180도보다 작다면 그 다각형은 볼록 다각형이다.

볼록 다각형은 버텍스의 컬렉션으로 표현 가능하다.

```
struct ConvexPolygon
{
   // 버텍스는 시계 방향으로 정렬돼 있다
   std::vector<Vector2> mVertices;
};
```

이 버텍스들은 다각형의 모서리를 따라 시계 방향순, 또는 반시계 방향순으로 정렬돼야 한다. 정렬이 안 돼 있다면 오브젝트 간 교차 확인은 계산하기 매우 어렵다.

다각형이 볼록 다각형이고 시계 방향순으로 버텍스가 정렬돼 있는지를 검증하는 테스트가 없으므로 볼록 다각형 구조체는 개발자가 올바르게 사용한다고 가정한다.

교차 테스트

이전 절에서는 게임이 게임 오브젝트의 충돌을 표현하기 위해 여러 기하 타입을 사용하는 것을 살펴봤다. 그 다음 단계는 이 오브젝트 간 교차 여부를 테스트하는 것이다. 이번 절에서는 여러 가지 유용한 교차 테스트를 살펴본다. 먼저 오브젝트가 점을 포함하는지를 판정하는 방법을 살펴본다. 다음으로 여러 타입의 바운딩 볼륨 간 교차를 다룬다. 마지막으로는 동적으로 움직이는 오브젝트를 다루는 방법을 살펴본다.

점을 포함하는지 판정하는 테스트

물체가 특정한 점을 포함하는지 여부를 테스트하는 것은 그 자체로 매우 유용하다. 예를 들어 플레이어가 게임 세계의 특정 지역 내부에 있는지 여부를 판단하는 테스트에 이런 형태의 테스트를 사용할 수 있다. 또한 일부 물체의 교차 알고리즘은 물체에 근접한 점을 찾고, 그 점이 물체 내부에 있는지를 알아내는 데 의존한다. 이 절에서는 점이 해당 물체의 가장자리에 있다 하더라도 물체에 포함된 것으로 판단한다.

구의 점 포함 판정 테스트

구가 점을 포함하는지를 알아내기 위해 먼저 점과 구의 중심 사이의 거리를 구한다. 이 거리가 구의 반지름보다 같거나 작다면 구는 점을 포함한다.

거리와 반지름은 둘 다 양수이므로 제곱한 값을 사용해도 비교 연산은 항등성을 유지한다. 제곱근 연산을 피하고 하나의 곱셈만을 추가해서 비용이 큰 연산을 피하도록 하자.

```
bool Sphere::Contains(const Vector3& point) const
{
   // 구의 중심과 점 사이의 거리 제곱값 얻기
   float distSq = (mCenter - point).LengthSq();
   return distSq <= (mRadius * mRadius);
}
```

AABB 점 포함 판정 테스트

2D AABB에 대해서 점은 다음과 같은 경우가 참이면 박스 바깥에 있다.

- 점이 박스 왼쪽에 있다.
- 점이 박스 오른쪽에 있다.
- 점이 박스 위쪽에 있다.
- 점이 박스 아래쪽에 있다.

이 경우에 해당하지 않으면 박스는 점을 포함해야 한다.

이 테스트는 박스의 min, max 점과 박스 내부에 존재하는지를 확인할 점의 요소를 단순히 비교하기만 하면 된다. 예를 들어 x 요소가 `min.x`보다 작다면 점은 박스의 왼쪽에 있다.

이 개념은 3D AABB에도 쉽게 확장할 수 있다. 하지만 2D 박스는 네 번의 측면 검사가 필요한 반면 3D AABB에서는 6개의 면이 존재하므로 여섯 번의 검사가 필요하다.

```
bool AABB::Contains(const Vector3& point) const
{
   bool outside = point.x < mMin.x ||
      point.y < mMin.y ||
      point.z < mMin.z ||
      point.x > mMax.x ||
      point.y > mMax.y ||
      point.z > mMax.z;
   // 모두 참이 아니면 점은 박스 바깥에 있다
   return !outside;
}
```

캡슐의 점 포함 테스트

캡슐이 점을 포함하는지 유무를 테스트하려면 먼저 점과 선분 사이의 최소 거리 제곱값을 계산해야 한다. 최소 거리 제곱값을 계산하기 위해 `LineSegment::MinDistSq` 함수를 사용하자. 최소 거리 제곱값이 반지름 제곱값보다 같거나 작으면 캡슐은 점을 포함한다.

```
bool Capsule::Contains(const Vector3& point) const
{
   // 점과 선분 사이의 최소 거리 제곱값 구하기
   float distSq = mSegment.MinDistSq(point);
   return distSq <= (mRadius * mRadius);
}
```

볼록 다각형의 점 포함(2D) 테스트

2D 다각형이 점을 포함하는지를 테스트하는 방법에는 여러 가지가 존재한다. 가장 간단한 접근법 중 한 가지는 점과 각 버텍스 간 벡터를 만드는 것이다. 그리고 인접한 두 벡터 간 내적을 한 뒤 이 두 벡터가 이루는 각을 구하기 위해 아크코사인[arccosine] 계산을 한다. 이 각들의 모든 합이 360도에 가까우면 점은 폴리곤 내부에 있는 것이다. 그렇지 않으면 점은 폴리곤 바깥에 있다. 그림 10.7은 이 개념을 잘 보여준다.

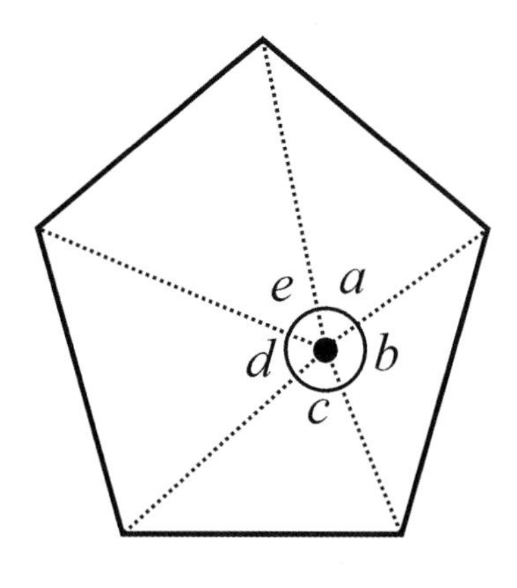

$$a+b+c+d+e=360°$$

그림 10.7 볼록 다각형이 점을 포함하는지를 판단하기 위한 각의 총합 테스트

이 유형의 테스트 코드는 리스트 10.4처럼 두 인접한 버텍스는 볼록 다각형 벡터에서도 인접한 인덱스 값을 가져야 한다.

리스트 10.4 ConvextPolygon::Contains 구현

```
bool ConvexPolygon::Contains(const Vector2& point) const
{
   float sum = 0.0f;
   Vector2 a, b;
   for (size_t i = 0; i < mVertices.size() - 1; i++)
   {
      // 점과 첫 번째 버텍스로 벡터 구성
      a = mVertices[i] - point;
      a.Normalize();
      // 점과 두 번째 버텍스로 벡터 구성
      b = mVertices[i + 1] - point;
      b.Normalize();
      // sum에 구한 각을 더한다
      sum += Math::Acos(Vector2::Dot(a, b));
   }
   // 마지막 버텍스와 처음 버텍스가 이루는 각을 구한다
   a = mVertices.back() - point;
   a.Normalize();
```

```
    b = mVertices.front() - point;
    b.Normalize();
    sum += Math::Acos(Vector2::Dot(a, b));
    // 값이 대략적으로 2pi에 가까우면 true 리턴
    return Math::NearZero(sum - Math::TwoPi);
}
```

안타깝게도 이 각의 총합 접근법은 그렇게 효율적이지 못하다. 왜냐하면 이 접근법은 몇몇 제곱근과 아크코사인 계산을 요구하기 때문이다. 보다 복잡하기는 하지만 다른 접근법 중에는 각의 총합 접근법보다 효율적인 게 많다. 그런 접근법 중 한 가지는 점에서 시작하는 무한한 광선을 그리고, 광선이 모서리와 몇 개나 교차하는지를 세는 것이다. 광선이 모서리와 홀수로 교차한다면 점은 폴리곤 내부에 있다. 그렇지 않으면 점은 바깥에 있다. 이 광선 접근법은 볼록 다각형뿐만 아니라 오목 다각형에서도 잘 동작한다.

바운딩 볼륨 테스트

여러 바운딩 볼륨 간 교차 테스트 계산은 매우 일반적이다. 예를 들어 플레이어와 벽의 충돌 검사를 위해 둘 다 AABB를 사용한다고 가정하자. 플레이어가 앞으로 이동할 시 플레이어의 바운딩 볼륨이 벽의 바운딩 볼륨과 교차하는지를 테스트한다. 그리고 플레이어와 벽이 교차한다면 플레이어의 위치를 더 이상 교차하지 않도록 수정한다(이 방법은 나중에 설명한다). 이번 절에서는 앞에서 설명했던 여러 유형의 바운딩 볼륨 간 가능한 모든 교차를 다루지는 않지만, 중요하다고 판단되는 교차는 살펴보겠다.

구체와 구체 교차 테스트

두 구체는 구체의 중심 사이의 거리가 각 구체의 반지름 합보다 작거나 같으면 교차한다. 구체의 점 포함 테스트처럼 효율성을 위해 양변을 제곱해도 항등성이 유지된다는 사실을 활용한다.

```
bool Intersect(const Sphere& a, const Sphere& b)
{
    float distSq = (a.mCenter - b.mCenter).LengthSq();
```

```
    float sumRadii = a.mRadius + b.mRadius;
    return distSq <= (sumRadii * sumRadii);
}
```

AABB와 AABB 교차 테스트

AABB 교차를 시험하는 로직은 AABB가 점을 포함하는지를 판단하는 로직과 같다. 두 AABB가 교차할 수 없는 경우를 테스트해본다. 이 테스트가 모두 참이 아니면 두 AABB는 교차해야 한다. 2D AABB에서 박스 A, B는 A가 B의 왼쪽에 있거나 A가 B의 오른쪽에 있거나 A가 B의 위에 있는 경우, 또는 A가 B의 아래에 있으면 교차하지 않는다. 이 테스트는 이전에 보여줬듯이 min과 max 점을 사용하면 된다. 예를 들어 A는 A의 `max.x`가 B의 `min.x`보다 작으면 B의 왼쪽에 있다. 그림 10.8은 2D AABB의 교차 테스트를 잘 보여준다.

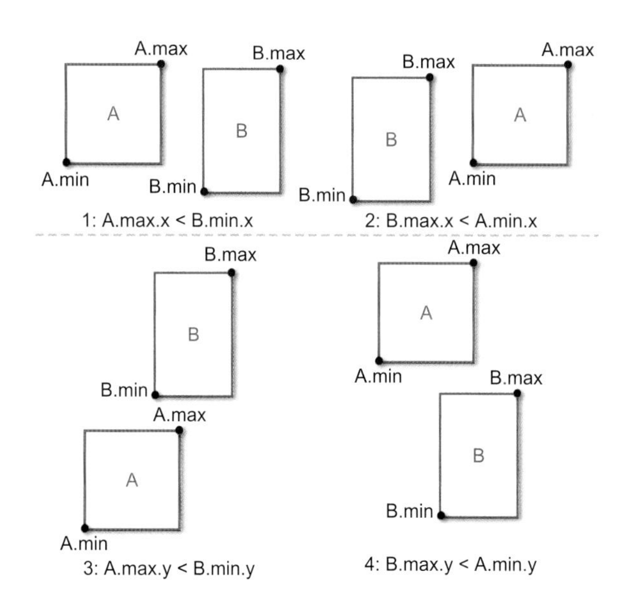

그림 10.8 두 2D AABB가 교차하지 않는 4가지 경우

2D AABB의 교차 테스트를 3D AABB의 교차 테스트로 변경할 때는 6개 요소를 다루기 위해 2가지 검사를 더 추가한다.

```
bool Intersect(const AABB& a, const AABB& b)
{

   bool no = a.mMax.x < b.mMin.x ||
      a.mMax.y < b.mMin.y ||
      a.mMax.z < b.mMin.z ||
      b.mMax.x < a.mMin.x ||
      b.mMax.y < a.mMin.y ||
      b.mMax.z < a.mMin.z;
   // 모두 참이 아니면 두 오브젝트는 교차한다
   return !no;
}
```

이러한 형태의 AABB 교차는 두 볼록한 오브젝트가 교차하지 않으면 A와 B를 구분하는 축이 존재해야 함을 나타내는 **분리 축 이론**separating axis theorem을 적용한 것이다. AABB의 경우에서는 3개의 축으로 박스 사이에 분리가 있는지를 테스트하고 있다. AABB가 특정 축으로 분리가 된다면 분리 축 정리에 따라 두 박스는 교차할 수 없다. 이 접근법을 10장의 연습 10.3에서 설명하겠지만 OBB로도 확장할 수 있다. 사실 이 접근법은 모든 볼록한 오브젝트에 적용 가능하다.

구와 AABB 교차 테스트

구와 AABB 교차 테스트를 하려면 먼저 구의 중심과 박스 사이의 최소 거리 제곱값을 계산해야 한다. 점과 AABB 사이의 최소 거리를 찾는 알고리즘은 각 요소를 개별적으로 테스트한다. 3가지 테스트 경우의 수가 존재한다.

- 점의 요소가 min보다 작다.
- 점의 요소가 min, max 사이에 있다.
- 점의 요소가 max보다 크다.

두 번째 경우 점과 박스 사이의 거리는 0이다. 다른 2가지의 경우 점과 박스 사이의 거리는 가장 가까운 모서리와의 거리다(또는 점과 min, max와의 거리).

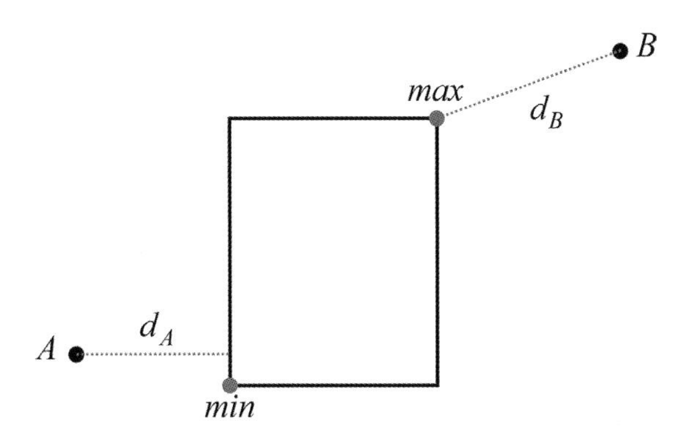

그림 10.9 점과 AABB 사이의 거리

Math::Max 함수를 여러 번 호출해서 거리를 구하자. 예를 들어 x 방향에서의 거리는 다음과 같다.

```
float dx = Math::Max(mMin.x - point.x, 0.0f);
dx = Math::Max(dx, point.x - mMax.x);
```

위의 코드는 point.x < min.x이면 min.x – point.x는 세 값 중에서 가장 크며, x축에 대한 델타값이 된다. 그렇지 않고 min.x < point.x < max.x라면 0이 가장 크다. 마지막으로 point.x > max.x라면 point.x – max.x가 가장 크다. 세 축 모두에 대한 델타를 얻으면 점과 AABB 사이의 최종 거리 제곱값을 계산하는 거리 공식을 사용한다.

```
float AABB::MinDistSq(const Vector3& point) const
{
   // 각각의 축과 점 사이의 거리를 계산한다
   float dx = Math::Max(mMin.x - point.x, 0.0f);
   dx = Math::Max(dx, point.x - mMax.x);
   float dy = Math::Max(mMin.y - point.y, 0.0f);
   dy = Math::Max(dy, point.y - mMax.y);
   float dz = Math::Max(mMin.z - point.z, 0.0f);
   dz = Math::Max(dy, point.z - mMax.z);
   // 거리의 제곱 공식
   return dx * dx + dy * dy + dz * dz;
}
```

MinDistSq 함수 구현으로 이제 구체와 AABB 간 교차 테스트가 가능해졌다. 구체의 중심과 AABB의 최소 거리 제곱을 알아내고 그 값이 반지름의 제곱보다 작거나 같다면 구와 AABB는 교차한다.

```
bool Intersect(const Sphere& s, const AABB& box)
{
   float distSq = box.MinDistSq(s.mCenter);
   return distSq <= (s.mRadius * s.mRadius);
}
```

캡슐과 캡슐 교차 테스트

두 캡슐의 교차는 개념적으로 간단하다. 캡슐은 반경이 있는 선분이므로 먼저 이 선분 사이의 최소 거리 제곱값을 구한다. 최소 거리 제곱값이 선분들의 반경의 합 제곱보다 작거나 같다면 두 캡슐은 교차한다.

```
bool Intersect(const Capsule& a, const Capsule& b)
{
   float distSq = LineSegment::MinDistSq(a.mSegment,
      b.mSegment);
   float sumRadii = a.mRadius + b.mRadius;
   return distSq <= (sumRadii * sumRadii);
}
```

안타깝지만 두 선분 사이의 최소 거리를 계산하는 것은 몇몇 가장자리의 경우 때문에 복잡하다. 10장에서는 이 문제를 깊이 파고들지 않는다. 하지만 소스 코드에는 두 선분에 대한 MinDistSq 구현을 제공한다.

선분 테스트

앞에서 언급했지만 선분은 충돌 감지에서 다양하게 활용된다. 10장의 게임 프로젝트는 공 발사체가 오브젝트와 충돌하는지를 테스트하기 위해 선분 테스트를 사용한다. 이번 절에서는 선분과 다른 오브젝트 간 몇 가지 핵심 테스트를 살펴본다. 이 테스트는 선분이 교차하는지 여부뿐만 아니라 최초로 교차되는 점을 알아내는 것도 포함한다.

이번 절은 이전에 정의했던 선분 매개 방정식을 사용한다.

$$L(t) = Start + (End - Start)t \quad \text{where } 0 \le t \le 1$$

대부분의 선분 교차 테스트 접근법은 선분을 무한히 긴 선으로 다룬다. 왜냐하면 무한한 선이 오브젝트와 교차하지 않으면 당연히 선분도 물체와 교차하지 않기 때문이다. 무한히 긴 선과 오브젝트가 교차한다면 t값이 [0, 1] 경계 내의 값인지를 확인해 선분과 오브젝트의 충돌을 최종 검증한다.

선분과 평면 교차 테스트

선분과 평면의 교차점을 찾으려면 점 $L(t)$가 평면상에 위치하게 하는 t를 찾아야 한다.

$$L(t) \cdot \hat{n} + d = 0$$

몇 가지 대수 계산을 수행해서 t를 구해보자. 먼저 $L(t)$를 치환한다.

$$\big(Start + (End - Start)t\big) \cdot \hat{n} + d = 0$$

내적은 덧셈에 대해 분배 법칙이 가능하므로 다음과 같이 고쳐쓸 수 있다.

$$Start \cdot \hat{n} + (End - Start) \cdot \hat{n}t + d = 0$$

마지막으로 위의 식을 t에 대한 식으로 정리하자.

$$\begin{aligned} &Start \cdot \hat{n} + (End - Start) \cdot \hat{n}t + d = 0 \\ &(End - Start) \cdot \hat{n}t = -Start \cdot \hat{n} - d \\ &t = \frac{-Start \cdot \hat{n} - d}{(End - Start) \cdot \hat{n}} \end{aligned}$$

분모의 내적이 0이 되면 0으로 나눗셈을 하게 되므로 주의한다. 이 경우는 선이 평면의 법선에 수직일 경우에만 발생하며 선이 평면과 평행하다는 것을 뜻한다. 이 경우에는 선이 평면상에 있을 경우에만 교차한다.

t값을 계산한 후에는 리스트 10.5처럼 t가 선분의 경계 내에 있는지를 테스트한다. Intersect 함수는 참조로 t값을 반환한다. 그리고 호출자는 선분과 평면의 교차점이 필요할 시 이 t값을 활용한다.

리스트 10.5 선분과 평면의 교차

```
bool Intersect(const LineSegment& l, const Plane& p, float& outT)
{
   // 분모값을 확인해서 t의 해가 존재하는지 확인
   float denom = Vector3::Dot(l.mEnd - l.mStart,
                              p.mNormal);
   if (Math::NearZero(denom)) // 분모가 0에 가깝다면
   {
      // 선과 평면이 교차하는 유일한 길은
      // 두 점이 모두 평면상의 점인 경우다. 즉 (P dot N) == d 평면의 방정식을 만족해야 한다.
      if (Math::NearZero(Vector3::Dot(l.mStart, p.mNormal) - p.mD))
      {
         outT = 0.0f;
         return true;
      }
      else
      { return false; }
   }
   else
   {
      float numer = -Vector3::Dot(l.mStart, p.mNormal) - p.mD;
      outT = numer / denom;
      // t가 선분 범위 내의 값인지 검증
      if (outT >= 0.0f && outT <= 1.0f)
      {
         return true;
      }
      else
      {
         return false;
      }
   }
}
```

선분과 구체의 교차 테스트

선분과 구 사이의 교차점을 찾기 위해 우선 선과 구체 C 사이의 거리가 구의 반지름 r과 같은 t가 있는지를 찾는다.

$$\begin{aligned}&\left\|L(t)-C\right\|=r\\&\left\|Start+(End-Start)t-C\right\|=r\\&\left\|Start-C+(End-Start)t\right\|=r\end{aligned}$$

이 방정식을 간단히 하기 위해 변수를 치환한다.

$$\begin{aligned}&X=Start-C\\&Y=End-Start\\&\left\|X+Yt\right\|=r\end{aligned}$$

t를 구하려면 길이 연산 내부에서 t를 끄집어낼 방법이 필요하다. 이를 위해 방정식 양쪽을 제곱하고 길이의 제곱을 내적 형태로 대체한다.

$$\begin{aligned}&\left\|X+Yt\right\|^2=r^2\\&(X+Yt)\cdot(X+Yt)=r^2\end{aligned}$$

내적은 벡터 덧셈에 대해 분배 법칙이 가능하므로 FOIL[first, outside, inside, last] 분배 법칙을 적용하자.

$$\begin{aligned}&(X+Yt)\cdot(X+Yt)=r^2\\&X\cdot X+2X\cdot Yt+Y\cdot Yt^2=r^2\end{aligned}$$

《역자 보충: FOIL 법칙 $(a+b)(c+d)=\underbrace{ac}_{\text{first}}+\underbrace{ad}_{\text{outside}}+\underbrace{bc}_{\text{inside}}+\underbrace{bd}_{\text{last}}$》

그런 다음 이 식을 이차방정식 형태로 정리한다.

$$\begin{aligned}&Y\cdot Yt^2+2X\cdot Yt+X\cdot X-r^2=0\\&a=Y\cdot Y\\&b=2X\cdot Y\\&c=X\cdot X-r^2\\&at^2+bt+c=0\end{aligned}$$

마지막으로 t에 관한 이차방정식 형태로 정리한다.

$$t = \frac{-b \pm \sqrt{b^2 - 4ac}}{2a}$$

이 이차방정식의 **판별식**(특히 제곱근 기호 아래 값)은 방정식의 해의 개수와 유형을 알려준다. 판별식이 음수라면 해는 허수다. 게임에는 목적상 물체의 허수 위치가 존재하지 않는다. 그러므로 음수 판별식은 선이 구체와 교차하지 않는다는 걸 의미한다. 음수 판별식을 제외하면 이차방정식의 해는 1개나 2개가 존재한다. 판별식이 0이라면 선이 구에 접하므로 1개의 해가 있다는 걸 의미한다. 판별식이 0보다 크면 구체와 교차하는 점이 2개 있다. 그림 10.10은 금방 언급한 3가지 가능한 상황을 보여준다.

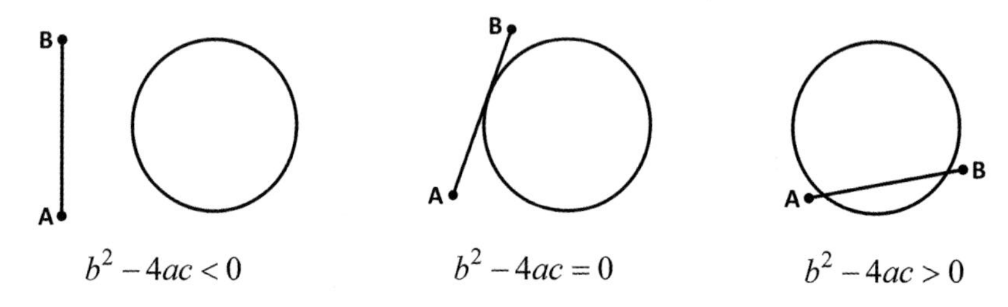

그림 10.10 선과 구의 교차에서 가능한 판별식 값들

t의 해를 구하면 t가 [0, 1] 범위 내부의 값인지를 검증한다. t는 2개의 해가 존재할 수 있기에 최초의 교차를 나타내는 작은 t값을 선택한다. 하지만 선분이 구의 내부에서 시작한다면 큰 t값이 교차점이다. 리스트 10.6은 선분과 구체의 교차 테스트 코드를 보여준다. 함수는 구체가 선분 전체를 포함하면 false를 반환한다.

리스트 10.6 선분과 구체의 교차

```
bool Intersect(const LineSegment& l, const Sphere& s, float& outT)
{
  // 방정식에 등장한 X, Y, a, b, c를 계산
  Vector3 X = l.mStart - s.mCenter;
  Vector3 Y = l.mEnd - l.mStart;
  float a = Vector3::Dot(Y, Y);
  float b = 2.0f * Vector3::Dot(X, Y);
```

```
    float c = Vector3::Dot(X, X) - s.mRadius * s.mRadius;
    // 판별식을 계산
    float disc = b * b - 4.0f * a * c;
    if (disc < 0.0f)
    {
       return false;
    }
    else
    {
       disc = Math::Sqrt(disc);
       // t의 min / max 해를 계산
       float tMin = (-b - disc) / (2.0f * a);
       float tMax = (-b + disc) / (2.0f * a);
       // t의 값이 선분 범위 내에 있는지 검사
       if (tMin >= 0.0f && tMin <= 1.0f)
       {
          outT = tMin;
          return true;
       }
       else if (tMax >= 0.0f && tMax <= 1.0f)
       {
          outT = tMax;
          return true;
       }
       else
       {
          return false;
       }
    }
}
```

선분과 AABB 테스트

선분과 AABB 교차 테스트 방법 중 하나는 박스의 각 가장자리에 평면을 만드는 것이다. 2D에서는 4개의 가장자리에 4개의 평면을 만들 수 있다. 평면은 무한하므로 가장자리 평면과 선분이 교차한다고 해서 선분이 박스와 교차한다는 걸 의미하지는 않는다. 그림 10.11(a)에서 선분은 P_1이 위쪽 모서리 평면과 교차하고 왼쪽 모서리 평면은 P_2와 교차한다. 박스는 이 점들을 포함하고 있지 않으므로 이 선분은 박스와 교차하지 않는다. 하지만 그림 10.11(b)에서 선분은 왼쪽 모서리 평면 P_3와 교차하는데 박스가 P3를 포함하므로 이 점은 교차점이다.[1]

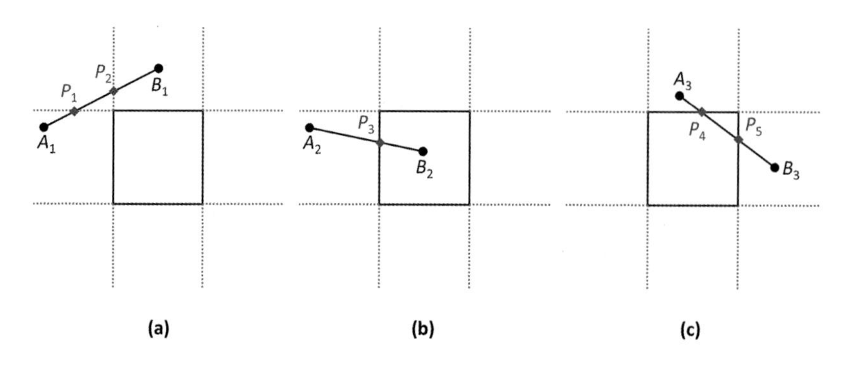

그림 10.11 박스가 아닌 측면 평면과의 교차 (a), 박스와 교차 (b), 박스와 두 점에서 교차 (c)

선분은 그림 10.11(c)처럼 복수 교차점도 가질 수 있다. P_4와 P_5 둘 다 박스와 교차한다. 이 경우에 교차는 시작점과 가까운 점을 반환하거나 선분 매개 방정식에서 작은 t값을 가지는 점을 반환해야 한다.

선분과 평면 교차에 대한 방정식은 다음과 같았음을 상기하자.

$$t = \frac{-Start \cdot \hat{n} - d}{(End - Start) \cdot \hat{n}}$$

여기서 각각의 평면은 좌표축과 평행하므로(3D에서는 좌표 평면에) 각 평면의 법선은 쉽게 구할 수 있다. 특히 3D의 경우에는 2개의 요소가 항상 0이고 한 요소만이 1이므로 위의 식은 간단하게 최적화된다. 즉 3개의 내적 요소 중 2개는 항상 0이라는 뜻이다.

예를 들어 2D상에서 왼쪽 모서리 평면의 법선은 왼쪽이나 오른쪽을 가리킨다. 2D에서 방향은 교차에 한해서는 중요하지 않다. 그래서 법선 벡터는 다음과 같다.

$$\hat{n} = \langle 1, 0 \rangle$$

1 2D상의 각 가장자리에 대한 대한 평면은 각 가장자리를 해당축과 z축으로 확장했다고 이미지화하면 된다. – 옮긴이

박스의 min 점은 왼쪽 모서리 평면에 있으므로 d 값은 다음과 같다.

$$d = -P \cdot \hat{n} = -min \cdot \langle 1, 0 \rangle = -min_x$$

마찬가지로 선분과 평면의 교차 방정식에서 내적은 x요소만으로 간소화된다. 즉, 왼 왼쪽 모서리 평면에 대한 교차점의 해를 구하는 최종 방정식은 다음과 같다.

$$t = \frac{-Start \cdot \langle 1, 0 \rangle - d}{(End - Start) \cdot \langle 1, 0 \rangle} = \frac{-Start_x - (-min_x)}{End_x - Start_x} = \frac{-Start_x + min_x}{End_x - Start_x}$$

다른 평면의 방정식도 비슷하게 유도된다. 3D에서는 테스트해야 될 면이 총 6개다. 리스트 10.7은 하나의 평면을 테스트하기 위한 작업을 캡슐화한 헬퍼 함수를 보여준다. 이 헬퍼 함수는 선분이 평면과 교차하면 t값을 `std::vector`에 추가한다. 교차 함수는 이 `std::vector`를 사용해 모든 가능한 t값을 순서대로 테스트한다.

리스트 10.7 선분과 AABB를 위한 헬퍼 함수

```
bool TestSidePlane(float start, float end, float negd,
   std::vector<float>& out)
{
   float denom = end - start;
   if (Math::NearZero(denom))
   {
      return false;
   }
   else
   {
      float numer = -start + negd;
      float t = numer / denom;
      // t값이 범위 내에 있는지 검사
      if (t >= 0.0f && t <= 1.0f)
      {
         out.emplace_back(t);
         return true;
      }
      else
      {
         return false;
```

```
        }
    }
}
```

리스트 10.8의 Intersect 함수는 선분과 AABB 6개 평면과의 교차 여부를 시험하기 위해 TestSidePlane 함수를 사용한다. Intersect 함수는 평면과 교차하는 각각의 점 *t*를 tValues 벡터에 저장하고, 오름차순으로 이 벡터를 정렬한 뒤 AABB에 포함되는 최초의 교차점을 반환한다. AABB가 교차점을 하나도 가지지 않는다면 false를 리턴한다.

리스트 10.8 선분과 AABB의 교차

```
bool Intersect(const LineSegment& l, const AABB& b, float& outT)
{
    // 교차 가능성 있는 모든 t값을 저장하는 벡터 선언
    std::vector<float> tValues;
    // x축에 수직한 평면 2개와 선분간 교차 확인
    TestSidePlane(l.mStart.x, l.mEnd.x, b.mMin.x, tValues);
    TestSidePlane(l.mStart.x, l.mEnd.x, b.mMax.x, tValues);
    // y축에 수직한 평면 2개와 선분간 교차 확인
    TestSidePlane(l.mStart.y, l.mEnd.y, b.mMin.y, tValues);
    TestSidePlane(l.mStart.y, l.mEnd.y, b.mMax.y, tValues);
    // z축에 수직한 평면 2개와 선분간 교차 확인
    TestSidePlane(l.mStart.z, l.mEnd.z, b.mMin.z, tValues);
    TestSidePlane(l.mStart.z, l.mEnd.z, b.mMax.z, tValues);

    // 오름차순으로 t값 정렬
    std::sort(tValues.begin(), tValues.end());
    // 박스가 이 교차점들을 포함하는지 확인
    Vector3 point;
    for (float t : tValues)
    {
        point = l.PointOnSegment(t);
        if (b.Contains(point))
        {
            outT = t;
            return true;
        }
```

```
    }

    //박스와 교차하는 점이 하나도 없다
    return false;
}
```

박스의 각 측면을 독립적으로 테스트하므로 어떤 평면이 선분과 교차하는지를 반환하도록 교차 함수를 수정하는 것이 가능하다. 이렇게 수정하면 물체가 상자 바깥으로 튀어나와야 하는 경우(10장의 게임 프로젝트에서 튕기는 볼처럼)에 유용하다. 여기서는 보여주지 않지만 이 작업을 구현하려면 `TestSidePlane` 각각의 호출을 박스의 측면과 연관지어야 한다. 그런 다음 교차한 측면(또는 측면의 법선)을 `Intersect` 함수가 얻도록 참조 파라미터를 추가하면 된다.

두 평면으로 묶인 무한한 **평판**slabs을 사용하면 선분과 AABB 교차는 좀 더 최적화가 가능해진다. 하지만 이 접근법을 사용하려면 추가적인 수학 배경 지식이 필요하다. 이 접근법은 10장의 '추가 독서' 절에서 열거된 책 중 크리스터 에릭손Christer Ericson의 책에서 설명하는 여러 주제 가운데 하나다.

동적 오브젝트

지금까지 살펴본 교차 테스트는 동시에 일어나는 사건의 테스트였다. 이는 게임에서 두 물체가 현재 프레임에서 교차하는지 여부를 테스트한다는 걸 의미한다. 이러한 테스트는 간단한 게임에 한해서는 충분할 수 있지만 현실적으로 문제점이 많다.

캐릭터가 종이로 탄환을 발사하는 경우를 생각해보자. 탄환은 바운딩 구체를 사용하고, 종이는 바운딩 박스를 사용한다. 각 프레임에서는 탄환이 종이와 교차하는지를 테스트할 것이다. 탄환은 빠르게 이동하므로 탄환이 종이와 정확히 교차하는 특정한 하나의 프레임이 존재할 가능성은 거의 없다. 즉 교차의 즉석 테스트는 그림 10.12처럼 교차 상황을 놓칠 수 있다.

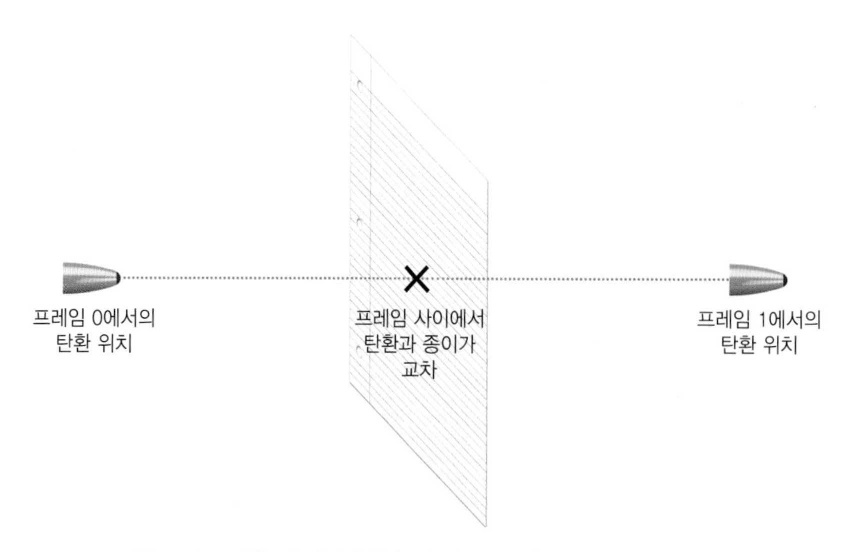

그림 10.12 프레임 0과 1에서의 즉석 교차 테스트는 탄환과 종이의 충돌을 놓친다

탄환과 같은 특정한 경우에는 탄환을 선분으로 다룸으로써 교차 문제를 해결하는 것이 가능하다. 선분의 시작점은 이전 프레임의 탄환 위치이고, 끝점은 현재 프레임의 탄환 위치다. 이렇게 하면 이전 프레임과 현재 프레임 사이의 특정 지점에서 탄환과 종이의 교차를 감지하는 것이 가능해진다. 그러나 이 방법은 탄환이 매우 작을 경우에만 동작한다. 커다란 물체는 선분으로 표현할 수 없다.

이동 중인 구체 2개의 충돌 같은 일부 유형의 오브젝트 충돌은 교차 시간에 바로 정확한 충돌을 알아내는 것이 가능하다. 하지만 2프레임에 걸쳐 회전하는 박스의 경우에는 충돌이 정확한지 파악하는 것은 어렵다. 여러 유형의 이동 오브젝트(물체)에 대해 프레임 사이의 여러 지점에서 충돌 여부를 판별하는 과정을 **연속 충돌 감지**CCD, Continuous Collision Detection라 한다.

교차 시점에 바로 충돌을 알아내는 방법을 맛보기 위해 이동 중인 두 구체 사이의 교차를 살펴보자. **구의 궤적 교차**swept-sphere Intersection라 불리는 이 교차는 비디오 게임 회사의 면접 질문에도 종종 오르내린다.

우리는 각각의 구체에 대해 이전 프레임과 현재 프레임의 중심점을 알고 있다. 구의 중심점을 선분 매개 방정식으로 표현해보자. 선분 매개 방정식에서 이전 프레임의 중심점은 $t=0$일 때이며, 현재 프레임의 중심점은 $t=1$일 때다. 구체 P에서 P_0는 이전 프레임 위치이고 P_1은 현재 프레임의 위치다. 똑같이 구체 Q는 Q_0, Q_1을 가진다. 그래서 두 구체 P와 Q는 위치에 대한 매개 방정식을 다음처럼 기술할 수 있다.

$$P(t) = P_0 + (P_1 - P_0)\,t$$
$$Q(t) = Q_0 + (Q_1 - Q_0)\,t$$

그리고 두 구체 사이의 거리가 두 구체 반지름의 합과 같을 때의 t값이 필요하다.

$$\left\| P(t) - Q(t) \right\| = r_p + r_q$$

지금부터는 선분과 구 교차 때 테스트했던 방식과 유사하게 진행한다. 양쪽변을 제곱하고 길이의 제곱을 내적으로 바꾼다.

$$\left\| P(t) - Q(t) \right\|^2 = \left(r_p + r_q\right)^2$$
$$\left(P(t) - Q(t)\right)\cdot\left(P(t) - Q(t)\right) = \left(r_p + r_q\right)^2$$
$$\left(P_0 + (P_1 - P_0)t - Q_0 - (Q_1 - Q_0)t\right)\cdot\left(P_0 + (P_1 - P_0)t - Q_0 - (Q_1 - Q_0)t\right) = \left(r_p + r_q\right)^2$$

그런 다음 식을 정리하고 변수를 치환한다.

$$\left(P_0 - Q_0 + \left((P_1 - P_0) - (Q_1 - Q_0)\right)t\right)\cdot\left(P_0 - Q_0 + \left((P_1 - P_0) - (Q_1 - Q_0)\right)t\right) = \left(r_p + r_q\right)^2$$
$$X = P_0 - Q_0$$
$$Y = (P_1 - P_0) - (Q_1 - Q_0)$$
$$(X + Yt)\cdot(X + Yt) = \left(r_p + r_q\right)^2$$

마지막으로 내적을 덧셈 분배 법칙으로 풀고 이차식 형태로 정리한다.

$$(X + Yt)\cdot(X + Yt) = \left(r_p + r_q\right)^2$$
$$a = Y\cdot Y$$
$$b = 2X\cdot Y$$
$$c = X\cdot X - \left(r_p + r_q\right)^2$$
$$at^2 + bt + c = 0$$
$$t = \frac{-b \pm \sqrt{b^2 - 4ac}}{2a}$$

선분과 구체의 교차와 같이 실수해 존재 유무를 결정하기 위해 판별식을 사용한다. 우리는 오직 2개의 t값 중 작은 값인 최초의 교차점에만 관심이 있다. 그리고 선분과 구체의 교차 테스트처럼 t가 범위 [0, 1] 안의 값인지를 검증해야 한다. 리스트 10.9는 구의 궤적 교차에 대한 코드를 보여준다. 함수는 참조값으로 t를 반환하며 호출자는 이 t값을 사용해서 교차 시점의 구체 위치를 결정한다.

리스트 10.9 구의 궤적 교차

```
bool SweptSphere(const Sphere& P0, const Sphere& P1,
 const Sphere& Q0, const Sphere& Q1, float& outT)
{
   // X, Y, a, b, c를 계산
   Vector3 X = P0.mCenter - Q0.mCenter;
   Vector3 Y = P1.mCenter - P0.mCenter -
      (Q1.mCenter - Q0.mCenter);
   float a = Vector3::Dot(Y, Y);
   float b = 2.0f * Vector3::Dot(X, Y);
   float sumRadii = P0.mRadius + Q0.mRadius;
   float c = Vector3::Dot(X, X) - sumRadii * sumRadii;
   // 판별식을 계산한다
   float disc = b * b - 4.0f * a * c;
   if (disc < 0.0f)
   {
      return false;
   }
   else
   {
      disc = Math::Sqrt(disc);
      // 최초 충돌만이 의미가 있으므로 2개의 해 중 작은 해만 다룬다
      outT = (-b - disc) / (2.0f * a);
      if (outT >= 0.0f && outT <= 0.0f)
      {
         return true;
      }
      else
      {
         return false;
      }
```

```
    }
}
```

게임 코드에 충돌 추가하기

이전 절에서는 충돌에 사용한 기하 오브젝트를 설명했으며, 이런 기하 오브젝트 간 교차를 감지하는 방법을 설명했다. 이번 절에서는 이런 기술을 게임 코드에 통합하는 방법을 살펴본다. BoxComponent 클래스가 액터 충돌 구현을 위해 새롭게 추가됐으며, PhysWorld 클래스는 액터간 충돌을 감지하기 위해 BoxComponent 인스턴스를 관리한다. 캐릭터 이동 및 발사체 발사 코드가 이 새로운 충돌 기능을 활용한다.

BoxComponent 클래스

BoxComponent 클래스 선언은 여타의 컴포넌트 선언과 다를 바 없다. 하지만 Update 함수를 재정의하는 대신에 OnUpdateWorldTransform 함수를 재정의한다. 소유자 액터는 세계 변환을 재계산할 때마다 BoxComponent의 OnUpdateWorldTransform 함수를 호출한다.

BoxComponent 클래스의 데이터 멤버에는 2개의 AABB 구조체 인스턴스가 있는데, 하나는 오브젝트 공간 경계를 위한 AABB이고, 다른 하나는 세계 공간상의 경계 AABB다. 오브젝트 공간의 경계는 BoxComponent가 초기화된 후에는 변경되지 않아야 한다. 하지만 세계 공간 경계는 소유자 액터의 세계 변환이 변경될 때마다 바뀐다. 마지막으로 BoxComponent 클래스는 BoxComponent를 세계 회전을 기반으로 회전시킬지를 정하는 이진값을 가진다. 액터가 회전하면 액터의 BoxComponent는 이 이진값에 따라 회전 유무를 선택할 수 있다.

리스트 10.10 BoxComponent 선언

```
class BoxComponent : public Component
{
public:
    BoxComponent(class Actor* owner);
```

```
    ~BoxComponent();
    void OnUpdateWorldTransform() override;
    void SetObjectBox(const AABB& model) { mObjectBox = model; }
    const AABB& GetWorldBox() const { return mWorldBox; }
    void SetShouldRotate(bool value) { mShouldRotate = value; }
private:
    AABB mObjectBox;
    AABB mWorldBox;
    bool mShouldRotate;
};
```

메시 파일의 오브젝트 공간 경계(바운딩)를 얻기 위해 Mesh 클래스에도 멤버 데이터로 AABB를 추가한다. gpmesh 파일을 로드할 때 Mesh는 각 버텍스마다 AABB::UpdateMinMax를 호출해서 최적화된 오브젝트 공간 AABB를 산출한다. 그러면 메시를 사용하는 액터는 메시의 오브젝트 공간 바운딩 박스를 얻어서 액터의 BoxComponent로 이 바운딩 박스를 전달한다.

```
Mesh* mesh = GetGame()->GetRenderer()->GetMesh("Assets/Plane.gpmesh");
// 충돌 박스 추가
BoxComponent* bc = new BoxComponent(this);
bc->SetObjectBox(mesh->GetBox());
```

오브젝트 바운딩 박스를 세계 바운딩 박스로 변환하기 위해서는 바운딩 박스에 스케일, 회전, 이동을 적용하면 된다. 세계 변환 행렬을 구축할 때처럼 회전은 원점이 중심이므로 순서가 중요하다. 리스트 10.11은 OnUpdateWorldTransform 함수 코드다. 박스의 크기는 소유자 액터의 스케일값을 min, max에 곱해서 조절한다. 박스를 회전하려면 이전에 설명한 AABB::Rotate에 소유자 액터의 쿼터니언을 전달해야 한다. mShouldRotate값이 true(기본값은 true다)인 경우에만 이 회전이 사용된다. 박스의 이동은 소유자 액터의 위치를 min과 max에 더하면 된다.

리스트 10.11 BoxComponent::OnUpdateWorldTransform 구현

```
void BoxComponent::OnUpdateWorldTransform()
{
```

```
    // 오브젝트 공간의 바운딩 박스로 리셋
    mWorldBox = mObjectBox;
    // 스케일
    mWorldBox.mMin *= mOwner->GetScale( );
    mWorldBox.mMax *= mOwner->GetScale( );
    // 회전
    if (mShouldRotate)
    {
        mWorldBox.Rotate(mOwner->GetRotation( ));
    }
    // 이동
    mWorldBox.mMin += mOwner->GetPosition( );
    mWorldBox.mMax += mOwner->GetPosition( );
}
```

PhysWorld 클래스

렌더러와 오디오 시스템 클래스가 별도로 구현된 것처럼 물리 세계를 위한 별도의 PhysWorld 클래스를 만들면 좋다. Game에 PhysWorld 포인터를 추가하고, Game::Initialize 함수에서 PhysWorld를 초기화한다.

PhysWorld는 리스트 10.12의 선언에서 보여주듯이 BoxComponent의 포인터 벡터와 public 함수 AddBox와 RemoveBox를 가진다. 그리고 BoxComponent의 생성자와 소멸자는 PhysWorld의 AddBox와 RemoveBox 함수를 호출한다. 이를 통해 PhysWorld 클래스는 렌더러가 모든 스프라이트 컴포넌트의 벡터를 가졌던 것처럼 모든 박스 컴포넌트의 벡터를 가진다.

리스트 10.12 PhysWorld 클래스의 선언

```
class PhysWorld
{
public:
    PhysWorld(class Game* game);
    // 박스 컴포넌트를 추가하거나/제거한다
    void AddBox(class BoxComponent* box);
    void RemoveBox(class BoxComponent* box);
```

```
    // 내부에서 쓰일 함수들
    // ...
private:
    class Game* mGame;
    std::vector<class BoxComponent*> mBoxes;
};
```

이제 PhysWorld는 게임 세계상의 모든 박스 컴포넌트를 추적할 수 있으니 다음 단계로 이러한 박스들의 충돌 테스트 기능 지원을 추가해보자. 선분을 파라미터로 받고 이 선분이 박스와 교차하면 true를 리턴하는 SegmentCast 함수를 정의한다. 이 SegmentCast 함수는 최초 충돌에 대한 참조 정보를 반환한다.

```
bool SegmentCast(const LineSegment& l, CollisionInfo& outColl);
```

CollisionInfo 구조체는 교차점과 교차 지점에서의 법선 벡터, 그리고 충돌에 관여한 BoxComponent와 Actor 객체 포인터를 포함한다.

```
struct CollisionInfo
{
    // 충돌 지점
    Vector3 mPoint;
    // 충돌 시의 법선 벡터
    Vector3 mNormal;
    // 충돌한 컴포넌트
    class BoxComponent* mBox;
    // 컴포넌트의 소유자 액터
    class Actor* mActor;
};
```

선분은 잠재적으로 여러 박스와 교차하므로 SegmentCast는 가장 가까운 교차가 가장 중요한 교차라고 가정한다. 박스 컴포넌트의 벡터는 정렬되지 않았으므로 SegmentCast는 최초로 발생한 교차를 단순히 리턴해서는 안 된다. 대신에 함수는 리스트 10.13처럼 모든 박스를 테스트하고 난 뒤 가장 작은 t값을 교차 결과로 반환해야 한다. 가장 작은 t값은 교차점이 선분의 시작점과 가장 가깝다는 것을 의미한다. SegmentCast는 앞에서 설명한 선분과 AABB 교차 함수를 활용한다. 하지만 이 교차 함수는 선분과 교차하는 평면의 법선 벡터를 반환하도록 수정됐다.

리스트 10.13 PhysWorld::SegmentCast 구현

```
bool PhysWorld::SegmentCast(const LineSegment& l, CollisionInfo& outColl)
{
   bool collided = false;
   // closestT를 무한대 값으로 초기화한다
   // 그래서 최초의 교차는 항상 closestT를 갱신한다
   float closestT = Math::Infinity;
   Vector3 norm;
   // 모든 박스를 대상으로 테스트한다
   for (auto box : mBoxes)
   {
      float t;
      // 선분과 박스가 교차하는가?
      if (Intersect(l, box->GetWorldBox(), t, norm))
      {
         // 이 교차가 이전 교차보다 시작점에서 더 가까운가?
         if (t < closestT)
         {
            outColl.mPoint = l.PointOnSegment(t);
            outColl.mNormal = norm;
            outColl.mBox = box;
            outColl.mActor = box->GetOwner();
            collided = true;
         }
      }
   }
   return collided;
}
```

SegmentCast를 활용한 공의 충돌

10장의 게임 프로젝트는 플레이어가 쏘는 공 발사체와 물체가 충돌하는지를 판별하기 위해 SegmentCast를 사용한다. 공이 오브젝트 표면과 충돌하면 공은 표면의 법선

방향으로 튕긴다. 즉, 공이 표면에 부딪치면 다른 방향을 향하도록 액터를 회전시켜야 한다.

먼저 액터가 특정 방향을 향하기 위해서는 회전값을 수정하는 함수가 필요하다. Actor에 내적, 외적, 그리고 쿼터니언을 사용해서 회전값을 변경하는 헬퍼 함수를 추가하자. 리스트 10.14는 이 헬퍼 함수 RotateToNewForward의 구현을 보여준다.

리스트 10.14 Actor::RotateToNewForward 구현

```
void Actor::RotateToNewForward(const Vector3& forward)
{
   // 단위 벡터와 진행 방향의 내적을 구한다
   float dot = Vector3::Dot(Vector3::UnitX, forward);
   float angle = Math::Acos(dot);

   // 진행 방향이 +X인가?
   if (dot > 0.9999f)
   { SetRotation(Quaternion::Identity); }
   // -X 방향으로 진행하고 있는가??
   else if (dot < -0.9999f)
   { SetRotation(Quaternion(Vector3::UnitZ, Math::Pi)); }
   else
   {
      // 외적을 통해 얻은 축을 기준으로 회전하라
      Vector3 axis = Vector3::Cross(Vector3::UnitX, forward);
      axis.Normalize();
      SetRotation(Quaternion(axis, angle));
   }
}
```

다음으로 BallActor 클래스를 구현한다. 그리고 BallActor의 구체적인 이동을 구현하는 새로운 MoveComponent 서브클래스 BallMove를 BallActor에 붙인다. 리스트 10.15에서 보여주는 BallMove::Update 함수는 처음에 볼이 이동하는 방향으로 선분을 생성한다. 이 선분이 게임 세계상에서의 뭔가와 교차하면 표면에서 튕길 것이다. Vector3::Reflect를 사용해서 이동 방향을 표면에서 반사시킨 다음 공이 이 새로운 방향을 향하도록 RotateNewForward를 사용한다.

리스트 10.15 공 이동을 위한 SegmentCast 사용하기

```
void BallMove::Update(float deltaTime)
{
   // 이동 방향으로 선분을 생성한다
   const float segmentLength = 30.0f;
   Vector3 start = mOwner->GetPosition();
   Vector3 dir = mOwner->GetForward();
   Vector3 end = start + dir * segmentLength;
   LineSegment ls(start, end);

   // 선분과 게임 세계와의 테스트 진행
   PhysWorld* phys = mOwner->GetGame()->GetPhysWorld();
   PhysWorld::CollisionInfo info;
   if (phys->SegmentCast(ls, info))
   {
      // 충돌했다면 표면 법선을 기준으로 해서 반사시킨다
      dir = Vector3::Reflect(dir, info.mNormal);
      mOwner->RotateToNewForward(dir);
   }

   // 전진 속도와 델타 시간으로 베이스 클래스 이동을 갱신
   MoveComponent::Update(deltaTime);
}
```

주의해야 할 점은 이번 절 이후에 그렇게 하겠지만, 플레이어에 BoxComponent를 추가할 때 일어나는 일에 대해서다. 플레이어가 공을 쏠 때 공이 플레이어와 충돌하는 것은 명백히 원치 않을 것이다. 다행히도 SegmentCast로부터 얻은 CollisionInfo에는 박스 컴포넌트를 소유한 액터의 포인터가 있다. 그래서 어딘가에 저장된 플레이어 포인터와 CollisionInfo의 액터 포인터를 비교해서 같다면 공이 플레이어와 충돌하지 않게 처리하면 된다.

PhysWorld에서 박스 충돌 테스트

10장의 게임 프로젝트에서는 사용하지 않았지만, 일부 게임에서는 물리 세계의 모든 박스 간 충돌 테스트가 필요할 수 있다. 이 테스트를 위한 우직한 구현은 세계상의 모

든 상자 쌍 조합에 충돌 테스트를 수행하는 것이다. 리스트 10.16에서 보여주는 이 기초적인 접근법은 $O(n^2)$ 알고리즘을 사용한다. 모든 상자를 대상으로 테스트를 수행하기 때문이다. TestPairwise 함수는 유저가 정의한 함수 f를 파라미터로 받아서 박스가 서로 교차하면 f를 호출한다.

리스트 10.16 PhysWorld::TestPairwise 구현

```
void PhysWorld::TestPairwise(std::function<void(Actor*, Actor*)> f)
{
   // 효율적이지 못한 구현 O(n^2)
   for (size_t i = 0; i < mBoxes.size(); i++)
   {
      // 이전 i 값 박스 컴포넌트와의 교차 테스트는 중복이므로 테스트할 필요 없음
      // 자신과의 교차 테스트도 불필요
      for (size_t j = i + 1; j < mBoxes.size(); j++)
      {
         BoxComponent* a = mBoxes[i];
         BoxComponent* b = mBoxes[j];
         if (Intersect(a->GetWorldBox(), b->GetWorldBox()))
         {
            // 교차 시 이를 처리하기 위한 함수를 호출
            f(a->GetOwner(), b->GetOwner());
         }
      }
   }
}
```

TestPairwise 함수는 개념적으로는 간단하지만, 불필요한 Intersect 함수 호출이 너무 많다. 이 함수는 세계상에서 서로 반대편에 있는 두 박스도 바로 옆에 있는 상자인 것처럼 처리한다. 10장 게임 프로젝트의 경우 144개의 박스가 존재한다. TestPairwise 함수는 144개의 박스에 대해 약 1만 번 이상의 Intersect 함수 호출을 실행해야 한다.

축 정렬 박스 2개가 두 좌표축에서 겹치지 않는다면 교차하지 않는다는 사실을 활용하면 TestPairwise의 최적화가 가능하다. 예를 들어 두 박스가 교차한다면 한 박스의 구간 [min.x, max.x]은 또 다른 박스의 구간 [min.x, max.x]와 겹쳐야 한다.

SAP[sweep and prune2] 알고리즘은 박스 교차 테스트의 수를 줄이기 위해 두 좌표축이 겹치는지의 유무를 관찰한다. SAP 알고리즘은 축을 선택하고 축을 따라 겹치는 부분이 있는 상자만을 테스트한다.

그림 10.13은 몇 개의 AABB를 보여주며 x축 방향으로 AABB의 간격을 보여준다. 박스 *A*와 박스 *B*의 x축 간격은 겹친다. 그래서 A와 B는 교차할 수 있다. 하지만 박스 *A*와 박스 *C*의 간격은 겹치지 않는다. 그래서 박스 *A*와 박스 *C*는 교차할 수 없다. 비슷하게 박스 *D*의 간격은 다른 박스들과는 겹치지 않는다.

그래서 박스 *D*는 나머지 박스들과 교차할 수 없다. 이 경우에 SAP 알고리즘은 6가지의 박스 선택 조합 대신에 (*A*, *B*) 그리고 (*B*, *C*) 2가지 쌍에 대해서만 `Intersect` 함수를 호출한다.

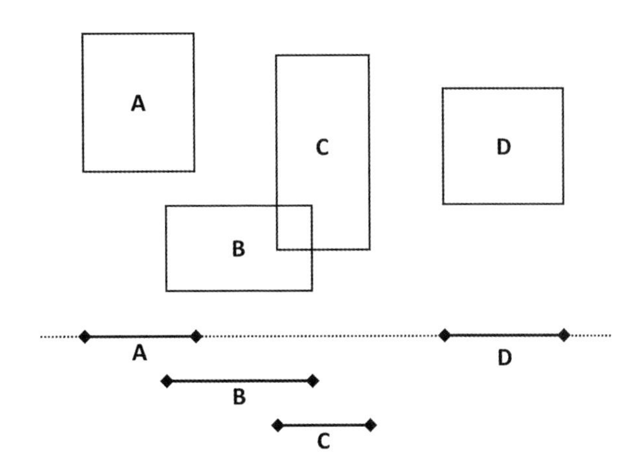

그림 10.13 x축으로 살펴본 AABB 간 간격

리스트 10.17은 x축에 대한 SAP 알고리즘 메소드가 동작하는 코드를 보여준다. 먼저 박스의 최소 x값으로 박스를 정렬한다. 그런 다음 외부 루프에서는 박스의 최대 x값을 얻어서 max에 그 값을 저장한다. 내부 루프에서는 `min.x`가 max보다 작은지만 살펴본다. 내부 루프에서 max보다 더 큰 `min.x`을 가진 최초의 박스와 만나면 외부 루프의 상자는 x축 간격이 겹치는 박스가 더 이상 없다는 것을 뜻한다. 즉 외부 루프 상자는 이제 교차 가능한 박스가 없으므로 내부 루프를 나오며, 외부 루프의 다음 상자에서 실행을 반복한다.

리스트 10.17 PhysWorld::TestSweepAndPrune 구현

```
void PhysWorld::TestSweepAndPrune(std::function<void(Actor*, Actor*)> f)
{
   // min.x로 정렬
   std::sort(mBoxes.begin(), mBoxes.end(),
      [](BoxComponent* a, BoxComponent* b) {
         return a->GetWorldBox().mMin.x <
               b->GetWorldBox().mMin.x;
   });
   for (size_t i = 0; i < mBoxes.size(); i++)
   {
      // for box[i]의 max.x값을 얻는다
      BoxComponent* a = mBoxes[i];
      float max = a->GetWorldBox().mMax.x;
      for (size_t j = i + 1; j < mBoxes.size(); j++)
      {
         BoxComponent* b = mBoxes[j];
         // box[j] min.x값이 box[i]의 max.x 경곗값을 초과한다면
         // box[i]와 가능한 충돌은 내부 루프에서 더 이상 존재하지 않으므로 빠져나온다
         if (b->GetWorldBox().mMin.x > max)
         {
            break;
         }
         else if (Intersect(a->GetWorldBox(), b->GetWorldBox()))
         {
            f(a->GetOwner(), b->GetOwner());
         }
      }
   }
}
```

10장 게임 프로젝트의 TestSweepAndPrune 함수는 TestPairwise 함수와 비교해서 어림잡아도 절반 정도로 Intersect 호출을 줄인다. 이 알고리즘의 복잡도는 평균 $O(n \log n)$이다. SAP 방법이 비록 정렬을 필요로 하기는 하지만, 상자가 몇 개 안 되는 경우가 아니면 일반적으로 TestPairwise 같은 우직한 쌍 테스트보다는 매우 효율적이다. SAP 알고리즘 계열 중 일부는 연습 10.2처럼 세 축 전부에서 쓸모없는 부분을 쳐

낸다. 이를 위해서는 여러 개의 정렬된 벡터가 필요하다. 세 축 전부에서 테스트를 하면 불필요한 박스를 모두 쳐내게 되므로 남아 있는 박스 세트는 서로 간에 반드시 교차해야 한다.

SAP는 넓은 단계[broad phase] 테크닉 범주에 속한다. 넓은 단계 테크닉은 개별 쌍의 충돌을 테스트하는 좁은 단계[narrow phase] 이전에 가능한 한 많은 충돌을 제거한다. 다른 테크닉 범주에는 그리드, 셀, 트리 등이 있다.

벽과 플레이어와의 충돌

MoveComponent는 캐릭터를 앞뒤로 움직이기 위해 mForwardSpeed 변수를 사용했다. 그러나 지금까지의 구현으로는 플레이어가 벽을 뚫고 지나가는 것을 막을 수 없다. 이를 수정하려면 플레이어뿐만 아니라 각각의 벽에(PlaneActor로 캡슐화된) BoxComponent를 추가해야 한다. 또한, PlaneActor 간의 충돌여부는 테스트할 필요할 필요가 없으므로 TestSweepAndPrune 함수는 사용하지 않는다. 대신 Game에 PlaneActor 포인터 벡터를 만든 다음, 플레이어 코드가 이 벡터를 사용한다.

기본 아이디어는 프레임마다 모든 PlaneActor와 플레이어와의 충돌을 계산하는 것이다. AABB가 교차한다면 플레이어의 위치를 조정해서 벽과 충돌하지 않게 한다. 이 계산을 이해하기 위해 2D상에서 이 상황을 시각화해보자.

그림 10.14는 플랫폼 AABB와 플레이어의 AABB 충돌을 묘사했다. 일단 축마다 차이를 계산한다. 예를 들어 dx1은 플레이어 max.x와 플랫폼 min.x의 차다. 반대로 dx2는 플레이어 min.x와 플랫폼 max.x 사이의 차다. 이러한 차이값 중에서 가장 작은 절대값이 두 AABB에서의 **최소 겹침**이다. 그림 10.14에서 최소 겹침은 dy1이다. 플레이어의 위치값에 dy1을 더하면 플레이어는 정확히 플랫폼의 바로 위에 서게 된다. 그러므로 충돌을 올바르게 보정하려면 최소 겹침의 축 방향으로 위치를 보정해주면 된다.

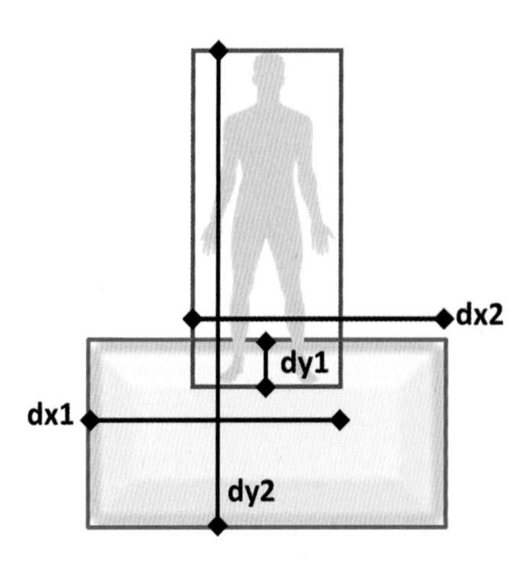

그림 10.14 2D상에서 최소 겹침 계산하기

3D에서는 축이 3개라서 6개의 차이값이 있다는 걸 제외하면 원리는 2D와 동일하다. 리스트 10.18의 `FPSActor::FixCollision` 함수는 최소 겹침 테스트를 구현한다. 플레이어의 위치가 변경되면 플레이어의 `BoxComponent` 또한 변경되므로 교차 시에 `BoxComponent`의 경곗값을 재계산해야 됨을 기억하자. 그리고 `UpdateActor`에서 `FixCollision` 함수를 호출한다. `UpdateActor` 함수는 `MoveComponent`가 플레이어의 위치를 갱신한 후에 호출된다.

리스트 10.18 FPSActor::FixCollisions 구현

```
void FPSActor::FixCollisions()
{
   // 박스를 갱신하기 전에 자신의 세계 변환 재계산이 필요
   ComputeWorldTransform();

   const AABB& playerBox = mBoxComp->GetWorldBox();
   Vector3 pos = GetPosition();

   auto& planes = GetGame()->GetPlanes();
   for (auto pa : planes)
   {
      // 이 PlaneActor와 충돌하는가?
      const AABB& planeBox = pa->GetBox()->GetWorldBox();
      if (Intersect(playerBox, planeBox))
```

```
            {
                // 각 축으로 겹침값을 계산
                float dx1 = planeBox.mMin.x - playerBox.mMax.x;
                float dx2 = planeBox.mMax.x - playerBox.mMin.x;
                float dy1 = planeBox.mMin.y - playerBox.mMax.y;
                float dy2 = planeBox.mMax.y - playerBox.mMin.y;
                float dz1 = planeBox.mMin.z - playerBox.mMax.z;
                float dz2 = planeBox.mMax.z - playerBox.mMin.z;

                // dx1/dx2 값중 절댓값이 가장 작은 값을 dx로 설정
                float dx = (Math::Abs(dx1) < Math::Abs(dx2)) ? dx1 : dx2;
                // 위의 로직과 똑같이 dy를 구함
                float dy = (Math::Abs(dy1) < Math::Abs(dy2)) ? dy1 : dy2;
                // 위의 로직과 똑같이 dz를 구함
                float dz = (Math::Abs(dz1) < Math::Abs(dz2)) ? dz1 : dz2;

                // 최소 겹침이 가장 작은 값으로 x/y/z 위치를 보정한다
                // dx가 가장 작을 경우
                if (Math::Abs(dx) <= Math::Abs(dy) &&
                    Math::Abs(dx) <= Math::Abs(dz))
                {
                    pos.x += dx;
                }
                // dy가 가장 작을 경우
                else if (Math::Abs(dy) <= Math::Abs(dx) &&
                         Math::Abs(dy) <= Math::Abs(dz))
                {
                    pos.y += dy;
                }
                else
                {
                    pos.z += dz;
                }

                // 재계산된 위치를 저장하고 박스 컴포넌트를 갱신한다
                SetPosition(pos);
                mBoxComp->OnUpdateWorldTransform();
            }
        }
    }
```

플레이어 아래 지면(플랫폼)은 PlaneActor 인스턴스를 사용하므로 위 코드는 플랫폼을 조금만 수정하면 플레이어가 착지했는지를 테스트하는 데도 사용할 수 있다. 연습 10.1에서는 플레이어에 점프를 추가하는 방법을 살펴볼 것이다.

게임 프로젝트

10장의 게임 프로젝트는 10장에서 설명한 BoxComponent와 PhysWorld로 여러 유형의 교차를 구현했다. 또한 게임 프로젝트는 공 발사체의 충돌을 감지하기 위해 SegmentCast를 사용했으며, 벽과 충돌하는 플레이어의 위치를 보정하는 로직을 구현했다. 그림 10.15는 10장에서 설명한 기술이 반영된 1인칭 슈팅 게임 화면을 보여준다. 코드는 책의 깃허브 저장소 Chapter10 디렉토리에서 이용할 수 있다. 윈도우 운영체제의 경우 Chapter10-windows.sln를 열고, 맥에서는 Chapter10-mac.xcodeproj를 열자.

이 게임 프로젝트의 제어는 9장에서 구현한 FPS 스타일의 컨트롤을 사용한다. 캐릭터는 W/S키로 앞뒤로 움직이고, A/D키로 좌우로 움직이며, 마우스는 캐릭터를 회전시킨다. 그리고 왼쪽 마우스 버튼을 클릭하면 화면 좌표로로부터 얻은 카메라 좌표(9장에서 설명한 바 있다) 벡터의 방향으로 공 발사체를 쏜다. 공 발사체는 공이 벽이나 목표물과 교차하는지를 SegmentCast를 사용해서 테스트한다. 목표물과 교차하면 공은 표면의 법선 벡터를 기준으로 반사돼 튕긴다. 공이 목표물을 맞추면 게임은 띵 효과음을 낸다.

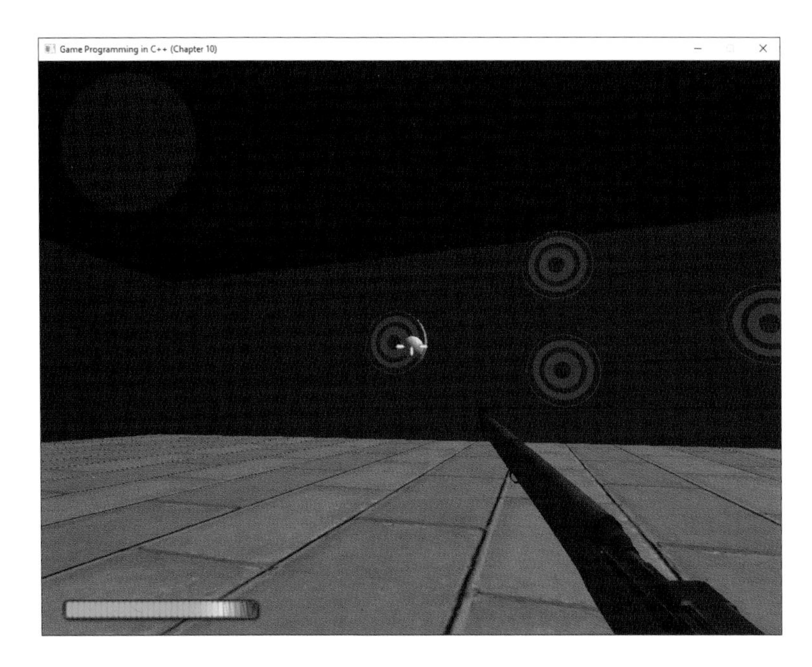

그림 10.15 10장 게임 프로젝트

요약

10장에서는 게임에서 충돌을 감지하는 기술에 관해 자세하게 소개했다. 게임은 충돌 감지를 위해 여러 유형의 기하 타입을 사용한다. 선분은 시작과 끝점이 있다. 평면은 평면의 법선 벡터와 원점까지의 거리로 표현된다. 구체는 심플한 바운딩 볼륨이지만 형태가 다양한 여러 캐릭터에 대해서는 긍정 오류[false positive]를 야기할 수 있다. 축 정렬 바운딩 박스[AABB]는 평면이 기본 축의 방향과 동일해야 되는 반면 방향성이 있는 바운딩 박스[OBB]는 이러한 제한이 없다.

10장에서는 여러 유형의 교차 테스트도 설명했다. 점 포함 테스트에서는 물체가 점을 포함하는지를 판정할 수 있었다. 또한 두 바운딩 볼륨이 서로 교차하는 상황을 확인했다. 10장에서는 또한 선분이 평면, 구체 그리고 여러 유형의 박스와 교차하는지를 다뤘다. 이동 오브젝트에는 게임이 프레임 사이에서 발생한 충돌을 놓지지 않도록 연속 충돌 감지 방법을 사용했다.

마지막으로 10장에서는 충돌 감지를 게임 코드에 통합하는 방법을 설명했다. BoxComponent 클래스는 오브젝트 공간 경계와(메시로부터 얻었다) 소유자 액터를 기반으로 업데이트된 세계 공간 경계를 가진다. PhysWorld는 세계상의 모든 박스 컴포넌트를 관리하며, SegmentCast는 모든 박스와 선분 테스트를 수행한다. 각각의 박스 간 충돌에는 SAP 범용 알고리즘을 사용하는 것이 보다 효율적이다. SAP 알고리즘은 두 박스에서 축을 따르는 각각의 박스 간격이 서로 겹치지 않으면 교차할 수 없다는 사실을 이용한다. 10장은 벽과 부딪치는 플레이어나 물체로부터 튕기는 공처럼 일부 게임에 특화된 기능을 구현하기 위해 선분 캐스트나 박스 컴포넌트 충돌을 사용하는 방법도 보여줬다.

추가 독서

크리스터 에릭슨Christer Ericson은 충돌 감지와 관련된 알고리즘의 수학적 기초와 사용 가능한 구현을 모두 포함한 내용을 상세히 저술했다. 이안 밀링턴Ian Millinton의 도서는 충돌 감지 알고리즘은 다루고 있지 않지만, 10장에서 세부적으로 다루지 않은 물리 엔진의 이동 시스템에 충돌을 통합하는 방법을 설명한다.

- Ericson, Christer. *Real-time Collision Detection*. San Francisco: Morgan Kaufmann, 2005.
- Millington, Ian. *Game Physics Engine Development*, 2nd edition. Boca Raton: CRC Press, 2010.

연습

10장에서는 첫 번째 연습으로 게임 프로젝트에 점프를 추가한다. 두 번째 연습에서는 10장에서 언급한 SAP 알고리즘 구현을 향상시켜본다. 마지막 연습에서는 방향성 있는 바운딩 박스 간의 OBB 및 OBB 교차를 구현해본다.

연습 10.1

플레이어 캐릭터에 점프를 추가해본다. 지면 오브젝트는 이미 축 정렬 바운딩 박스를 가지고 있다. 점프를 구현하기 위해 스페이스바 같은 키를 선택하자. 플레이어가 점프 키를 누를 때 +z 방향으로 추가 속도를 설정한다. 비슷하게 점프 속도를 감속시키도록 음의 z 중력 가속도를 추가한다. 점프의 정점에 도달하면 이후에 플레이어 캐릭터는 떨어지기 시작한다. 플레이어가 하강할 때 `FixCollisions`를 사용하면 플레이어가 `PlaneActor`의 위쪽에 있는지를 확인할 수 있다. 플레이어가 지면에 안착하면 중력을 비활성화시키고 z 속도를 0으로 설정한다.

코드 모듈화를 위해서 캐릭터의 여러 상태를 표현하는 간단한 상태 기계를 사용하는 것을 추천한다.

- 지면
- 점프
- 하강

추가 기능으로 지면 상태에서 하강 상태로 전이하는 것을 실험해보자. 플레이어가 플랫폼상을 걷고 있는지를 확인하기 위해 지면 상태에 있는 동안 `SegmentCast`를 아래 방향으로 계속 유지한다. `SegmentCast`가 실패하면 캐릭터의 상태를 지면에서 하강 상태로 전환한다.

연습 10.2

`SweepAndPrune` 함수를 세 좌표 축 모두에 적용해서 불필요한 부분을 제거하도록 변경하자. `PhysWorld`는 박스를 담는 3개의 벡터를 선언한다. 각각의 벡터는 좌표 축 하나와 관련된다. 그리고 `AddBox`와 `RemoveBox`가 세 벡터에 접근하도록 `PhysWorld`를 변경한다. 그런 다음 축별로 각각의 벡터를 정렬한다.

SAP 알고리즘 코드는 각 축마다 독립적으로 테스트해야 하며, 축을 따라 겹치는 박스 쌍의 벡터를 생성해야 한다. 그리고 세 축 전부 작업이 완료되면 코드는 겹쳐진 박스 쌍 벡터를 비교해야 한다. 세 축 모두에서 겹치는 상자들은 서로 교차하는 상자들이다.

연습 10.3

OBB와 OBB의 교차를 판단하는 새로운 `Intersect` 함수를 구현해보자. AABB처럼 분리된 축 접근을 사용한다(즉 교차할 수 없는지, 논리적으로 그런 결과가 나올 수 없는지). 그러나 AABB 테스트에는 3개의 축이 있었지만, OBB에서는 테스트할 축이 모두 15개다.

새로운 `Intersect` 함수를 구현하기 위해 먼저 각 OBB의 8개 구석값을 계산한다. 각 OBB는 각 박스에 해당하는 3개의 로컬 축을 가진다. 이 로컬 축은 올바른 점 집합으로 빼기를 해서 만든 벡터를 정규화하면 구할 수 있다. 각각의 박스는 3개의 로컬 축을 가지고 있으므로 총 6개의 잠재적인 분리된 축을 만든다. 다른 9개 벡터는 두 OBB 로컬 축 사이의 외적의 조합이다. 예를 들어 OBB A의 상향 벡터는 OBB B의 상향 벡터, 오른 축 벡터, 그리고 전방 벡터와 외적 연산을 한다.

축을 따른 박스의 간격을 계산하려면 각 박스의 구석과 축의 내적을 계산한다. 가장 작은 내적값은 간격의 최솟값이다. 그리고 내적의 가장 큰 값은 간격의 최댓값이다. 그런 다음 박스의 `[min, max]` 간격이 축을 따라 분리됐는지를 결정하자. 15개의 축에서 1개라도 분리가 됐다면 박스는 교차할 수 없다. 분리된 것이 하나도 없다면 두 박스는 교차해야 한다.

11장

유저 인터페이스

대부분의 게임은 메뉴 시스템, 인게임에서 헤드업 디스플레이(HUD) 같은 UI 요소를 포함한다. 메뉴 시스템은 플레이어에게 게임을 시작, 정지 같은 명령을 내리도록 돕는다. HUD는 게임플레이 동안 플레이어에게 정보를 제공하는 요소를 담고 있으며, 또한 목표물을 겨냥하기 위한 십자선이나 레이더 같은 요소를 담고 있다.

11장에서는 폰트를 통한 텍스트 렌더링, UI 스크린을 위한 시스템, 그리고 다양한 언어의 현지화를 포함해 유저 인터페이스를 구현하는 데 필요한 코어 시스템을 살펴본다. 또한 11장에서는 특정 HUD 요소의 구현에 관해서도 설명한다.

폰트 렌더링

트루타입TrueType 폰트 포맷에서 직선이나 베지어 곡선은 개별 문자(**글리프**라고도 한다)의 윤곽을 형성한다. SDL TTF 라이브러리는 이러한 트루타입 폰트를 로드하고 렌더링하는 기능을 제공한다. 라이브러리를 초기화한 후 진행해야 할 기본 단계는 특정 크기로 폰트를 로드하는 것이다. 그런 다음 SDL TTF는 문자열을 파라미터로 받아 폰트에 있는 글리프를 사용해서 문자열을 텍스처로 렌더링한다. 게임은 이 렌더링된 텍스처를 사용해서 다른 2D 스프라이트처럼 텍스처를 그린다.

Game 클래스는 지금까지 구축했던 시스템처럼 Game::Initialize에서 SDL TTF를 초기화한다. TTF_Init 함수는 성공적으로 실행되면 0을 반환하고, 에러가 발생하는 경우에는 -1을 리턴한다. 유사하게 Game::ShutDown은 라이브러리를 해제하기 위해 TTF_Quit 함수를 호출한다.

그리고 폰트에 특화된 기능을 캡슐화해서 사용하기 위해 Font 클래스를 리스트 11.1처럼 선언한다. Load 함수는 특정한 파일의 폰트를 로드하고 Unload 함수는 모든 폰트 데이터를 해제한다. RenderText 함수는 문자열과 문자열 색상, 그리고 폰트 크기를 파라미터로 받아 텍스트를 렌더링한 텍스처를 생성한다.

리스트 11.1 폰트 클래스 선언

```
class Font
{
public:
   Font();
   ~Font();
   // 파일로부터 폰트를 로드 및 언로드
   bool Load(const std::string& fileName);
   void Unload();
   // 해당 폰트와 문자열로 텍스처에 그린다
   class Texture* RenderText(const std::string& text,
                  const Vector3& color = Color::White,
                  int pointSize = 30);
private:
   // 폰트 크기와 폰트 데이터를 매핑
   std::unordered_map<int, TTF_Font*> mFontData;
};
```

TTF_OpenFont 함수는 .ttf 파일로부터 특정한 크기로 폰트를 로드하며, 해당 크기와 일치하는 TTF_Font 폰트 데이터의 포인터를 반환한다. 게임에서 다양한 크기의 텍스트를 지원하려면 TTF_OpenFont를 여러 번 호출해야 할 것이다. 리스트 11.2의 Font::Load 함수에서는 먼저 생성하고자 하는 폰트 크기의 벡터를 정의한 뒤 이 벡터를 순회하면서 TTF_OpenFont를 호출한다. TTF_OpenFont는 폰트 크기마다 한 번씩 호출되며, 생성한 각각의 TTF_Font는 mFontData 맵에 추가된다.

리스트 11.2 Font::Load 구현

```
bool Font::Load(const std::string& fileName)
{
   // 해당 폰트 사이즈를 지원
   std::vector<int> fontSizes = {
      8, 9, 10, 11, 12, 14, 16, 18, 20, 22, 24, 26, 28,
      30, 32, 34, 36, 38, 40, 42, 44, 46, 48, 52, 56,
      60, 64, 68, 72
   };
   // 각 크기의 폰트 사이즈마다 한 번씩 TTF_OpenFont 호출
   for (auto& size : fontSizes)
   {
      TTF_Font* font = TTF_OpenFont(fileName.c_str(), size);
      if (font == nullptr)
      {
         SDL_Log("Failed to load font %s in size %d", fileName.c_str(),
         size);
         return false;
      }
      mFontData.emplace(size, font);
   }
   return true;
}
```

다른 리소스처럼 로드한 폰트는 한 곳에서 관리한다. 폰트의 경우에는 Game 클래스에 키가 폰트 파일 이름이고, 값이 Font의 포인터인 맵에 추가한다. 그리고 GetFont 함수를 추가한다. GetTexture 유형의 함수처럼 GetFont는 맵상에서 데이터를 찾는다. 데이터가 없으면 폰트 파일을 로드하고 로드한 데이터를 맵에 추가한다.

리스트 11.3의 Font::RenderText 함수는 적당한 폰트 크기를 사용해서 주어진 문자열의 텍스처를 생성한다. 먼저 Vector3 색상을 각 요소의 범위가 0에서 255까지인 SDL_Color로 변환하고 요청한 폰트 크기와 일치하는 TTF_Font 데이터를 찾기 위해 mFontData 맵을 검색한다.

그런 다음 TTF_RenderText_Blended 함수를 호출한다. 이 함수는 TTF_Font*와 렌더링할 텍스트 문자열, 그리고 색상을 파라미터로 받는다. Blended 첨자는 폰트가 글리프에 알파 투명도를 포함해서 그릴 것이라는 것을 뜻한다. 안타깝게도 TTF_RenderText_Blended는 SDL_Surface 포인터를 반환하는데 OpenGL은 SDL_Surface를 직접 사용해서 화면에 그릴 수가 없다.

5장 'OpenGL'에서는 OpenGL 사용을 위해 로드된 텍스처를 캡슐화한 Texture 클래스를 제작했었다. 이 Texture 클래스에 SDL_Surface를 Texture로 변환하는 Texture::CreateFromSurface 함수를 추가한다(11장에서는 CreateFromSurface의 구현은 생략한다. 하지만 게임 프로젝트의 소스 코드에서 이 함수의 구현을 확인할 수 있다). SDL_Surface를 Texture 객체로 변환하고 난 뒤에는 SDL_Surface를 해제한다.

리스트 11.3 Font::RenderText 구현

```
Texture* Font::RenderText(const std::string& text,
   const Vector3& color, int pointSize)
{
   Texture* texture = nullptr;
   // SDL_Color 타입으로 색상을 변환
   SDL_Color sdlColor;
   sdlColor.r = static_cast<Uint8>(color.x * 255);
   sdlColor.g = static_cast<Uint8>(color.y * 255);
   sdlColor.b = static_cast<Uint8>(color.z * 255);
   sdlColor.a = 255;
   // 해당 크기의 폰트 데이터 검색
   auto iter = mFontData.find(pointSize);
   if (iter != mFontData.end())
   {
      TTF_Font* font = iter->second;
      // 텍스트를 그린다(알파값으로 블렌딩됨)
      SDL_Surface* surf = TTF_RenderText_Blended(font, text.c_str(),
```

```
                          sdlColor);
        if (surf != nullptr)
        {
            // SDL surface 객체를 texture 객체로 변환
            texture = new Texture();
            texture->CreateFromSurface(surf);
            SDL_FreeSurface(surf);
        }
    }
    else
    {
        SDL_Log("Point size %d is unsupported", pointSize);
    }
    return texture;
}
```

텍스처 생성은 비용이 크므로 UI 코드는 프레임마다 RenderText를 호출하지 않는다. 대신 UI 코드는 텍스트 문자열이 변경돼 그 결과를 텍스처로 저장하는 경우에만 RenderText를 호출한다. 그런 다음 UI 코드는 프레임마다 렌더링된 텍스트를 포함한 텍스처를 그린다. 효율성을 극대화하기 위해 알파벳상의 각 문자를 별도의 텍스처로 렌더링하고, 이 문자 텍스처들로 단어를 형성해서 문장을 만드는 것도 고려해볼 수 있겠다.

UI 스크린

UI 시스템은 HUD나 메뉴 등 여러 경우에 사용될 수 있으므로 유연성이 중요하다. 비록 어도브 플래시 같은 툴이 사용하는 데이터 주도 시스템이 있지만, 11장에서는 코드 기반 구현에 초점을 맞춘다. 하지만 여기서 제시하는 수많은 아이디어는 데이터 주도 시스템에도 적용할 수 있다.

UI는 여러 레이어를 포함한 것으로 생각하면 좋다. 예를 들어 게임플레이 동안 HUD[Head-Up Display]는 체력이나 점수 같은 플레이어와 관련된 정보를 보여준다. 플레이어가 게임을 정지하면 게임은 여러 옵션을 플레이어가 선택하도록 메뉴를 보여준다.

게임이 정지 메뉴를 보여주는 동안에도 여전히 정지 메뉴 아래 HUD 요소가 보이길 원할 수도 있다.

이제 정지 메뉴에서 옵션 중 하나로 게임 끝내기가 있다고 가정하자. 플레이어가 이 옵션을 선택하면 플레이어가 진짜로 게임을 끝낼 것인지를 묻는 확인용 다이얼로그 박스가 뜬다. 플레이어는 여전히 다이얼로그 박스 아래 HUD나 정지 메뉴를 볼 수 있어야 한다.

플레이어는 일반적으로 이 일련의 과정 동안에 UI의 최상단 레이어하고만 상호작용할 수 있다. 이는 자연히 UI를 여러 레이어로 구성된 스택의 사용으로 이끈다. 단일 UI 레이어는 `UIScreen` 클래스로 구현한다. 정지 메뉴나 HUD 같은 UI 스크린 각각의 타입은 `UIScreen`의 서브클래스다. 게임 세계를 그린 후 게임은 상향순으로 스택상의 모든 UI 스크린을 그린다. 특정 시점에서는 오직 UI 스택 상단의 `UIScreen`만이 입력 이벤트를 받을 수 있다.

리스트 11.4는 기본 `UIScreen` 클래스를 보여준다. 서브클래스가 재정의할 수 있는 몇 가지 가상 함수를 살펴보자.

- `Update`: UI 스크린의 상태를 갱신한다.
- `Draw`: 화면에 그린다.
- `ProcessInput`, `HandleKeyPress`: 여러 타입의 입력을 다루는 입력 처리 함수

또한 UI 스크린의 특정 상태도 추적할 수 있는데 `UIScreen`의 경우에는 오직 스크린이 활성화됐거나 닫혔는지에 대한 2가지 상태만이 필요하다.

UI 스크린은 제목도 있으므로 멤버 데이터에는 Font에 대한 포인터, 렌더링된 제목을 포함하는 텍스처, 그리고 화면상에서의 제목 위치 정보를 가진다. 그리고 서브클래스에서는 `SetTitle` 함수를 호출할 수 있는데 `SetTitle` 함수는 `Font::RenderText` 함수를 사용해서 `mTitle` 멤버에 값을 설정한다.

마지막으로 `UIScreen`은 액터가 아니라서 어떤 컴포넌트 타입도 `UIScreen`에 붙일 수 없다. 그래서 `UIScreen` 클래스는 `SpriteComponent`의 그리기 기능을 사용할 수 없다. 대신 화면상의 특정 위치에 텍스처를 그리는 `DrawTexture`라는 새로운 헬퍼 함수를

사용한다. 모든 UI 스크린은 상황에 따라 이 새 헬퍼 함수 DrawTexture를 호출한다.

리스트 11.4 초기 UIScreen 클래스 선언

```
class UIScreen
{
public:
   UIScreen(class Game* game);
   virtual ~UIScreen();
   // UIScreen의 서브클래스는 아래 함수들을 재정의할 수 있다
   virtual void Update(float deltaTime);
   virtual void Draw(class Shader* shader);
   virtual void ProcessInput(const uint8_t* keys);
   virtual void HandleKeyPress(int key);
   // UI의 활성화 여부를 기록
   enum UIState { EActive, EClosing };
   // 상태를 closing으로 설정
   void Close();
   // UI 스크린의 상태를 얻는다
   UIState GetState() const { return mState; }
   // 제목 텍스트를 변경
   void SetTitle(const std::string& text,
               const Vector3& color = Color::White,
               int pointSize = 40);
protected:
   // 텍스처를 그리기 위한 헬퍼 함수
   void DrawTexture(class Shader* shader, class Texture* texture,
                const Vector2& offset = Vector2::Zero,
                float scale = 1.0f);
   class Game* mGame;
   // UI 스크린의 제목 텍스트 렌더링을 위한 정보
   class Font* mFont;
   class Texture* mTitle;
   Vector2 mTitlePos;
   // UI 상태
   UIState mState;
};
```

UI 스크린 스택

게임에 UI 스크린 스택을 추가하려면 몇몇 위치에서의 연결이 필요하다. 먼저 UI 스택 구성을 위해 UIScreen 포인터 벡터를 Game 클래스에 추가한다. 여기서는 std::stack을 사용하지 않는다. 왜냐하면 전체 UI 스택을 반복하면서 조회할 필요가 있는데 std::stack에서는 이게 가능하지 않기 때문이다. 그리고 새로운 UIScreen을 스택에 추가하는(PushUI) 함수를 구현한다. 그리고 참조로 스택을 얻어내는 함수도 추가한다.

```
// 게임을 위한 UI 스택
std::vector<class UIScreen*> mUIStack;
// 참조로 스택을 반환한다
const std::vector<class UIScreen*>& GetUIStack();
// 특정 UIScreen을 스택에 추가한다
void PushUI(class UIScreen* screen);
```

UIScreen의 생성자는 PushUI를 호출하고 this 포인터를 전달한다. 즉 UIScreen(또는 UIScreen의 서브클래스)을 동적으로 할당하면 자동으로 스택에 UIScreen이 추가된다.

UI 스크린 갱신은 UpdateGame 함수에서 게임 세계상의 모든 액터가 갱신된 후에 일어난다. 코드는 UI 스크린 스택을 반복하면서 활성화된 UI 스크린의 Update 함수를 호출해서 UI 스크린을 갱신한다.

```
for (auto ui : mUIStack)
{
   if (ui->GetState() == UIScreen::EActive)
   {
      ui->Update(deltaTime);
   }
}
```

모든 UI 스크린을 갱신한 후 상태가 EClosing인 UI 스크린이 있다면 모두 삭제한다.

UI 스크린을 그리는 작업은 렌더러에서 수행해야 한다. Renderer::Draw 함수는 메시 셰이더를 사용해서 3D 메시 컴포넌트를 그린 뒤 스프라이트 셰이더를 사용해서 모든 스프라이트 컴포넌트를 그렸다. UI는 텍스처로 구성되므로 스프라이트가 사용하는 같은 셰이더를 사용해서 UI를 그리는 것이 타당하다. 그래서 렌더러는 모든 스프라이트 컴포넌트를 그린 후에 Game 객체에서 UI 스택을 얻은 뒤 각각의 UIScreen을 그린다.

```
for (auto ui : mGame->GetUIStack())
{
   ui->Draw(mSpriteShader);
}
```

테스트를 위해 HUD라는 UIScreen의 서브클래스를 생성한다. Game::LoadData에서 HUD의 인스턴스를 생성하고 mHUD 멤버 변수에 HUD의 인스턴스를 저장한다.

```
mHUD = new HUD(this);
```

HUD의 생성자는 UIScreen의 생성자를 호출하므로 HUD 객체는 게임의 UI 스택에 자동적으로 추가된다. 현재 HUD는 화면에 어떤 요소도 그리지 않으며 UIScreen의 가상 함수도 재정의하지 않았다(11장 후반부에서는 HUD에 여러 기능을 지원하는 방법에 관해 알아볼 것이다).

UI 스택에서 입력을 다루는 것은 조금 까다로운 면이 있다. 대부분의 경우 마우스를 클릭하는 특정한 입력 액션은 게임이나 UI에 영향을 주지만, 둘 동시에 영향을 미치지는 않는다. 그러므로 우선 입력이 게임 또는 UI로 전달되는지를 결정할 방법이 필요하다.

이를 구현하기 위해 먼저 3가지의 다른 상태를 갖는 mGameState 변수를 Game에 추가한다.

- 게임플레이
- 정지
- 나가기

게임플레이 상태에서 모든 입력 액션은 게임 세계로 전달되며, 이는 각 액터로 입력을 전달됨을 뜻한다. 한편 정지 상태에서 모든 입력 액션은 UI 스택의 상단에 있는 UI 스크린에 전달된다. 즉 Game::ProcessInput은 각 액터나 또는 UI 스크린의 ProcessInput 함수를 호출해야 한다.

```
if (mGameState == EGameplay)
{
   for (auto actor : mActors)
   {
      if (actor->GetState() == Actor::EActive)
      {
         actor->ProcessInput(state);
      }
   }
}
else if (!mUIStack.empty())
{
   mUIStack.back()->ProcessInput(state);
}
```

또한 이 과정을 확장해서 UI 스택 상단에 있는 UI 스크린이 입력의 처리 유무를 결정하게 만들 수 있다. UI 스크린이 입력 처리를 원치 않으면 해당 입력을 스택상에 있는 다음 최상단 UI로 포워딩한다.

비슷한 맥락으로 SDL_KEYDOWN이나 SDL_MOUSEBUTTON 이벤트가 발생하면 이벤트를 게임 세계나 스택 상단의 UI 스크린으로 보낸다(HandleKeyPress 함수를 경유한다).

게임의 상태를 추적하기 위해 mGameState 변수를 추가했으므로 게임 루프 또한 변경이 필요하다. 게임 루프의 상태는 게임이 EQuit 상태가 아닌 한 루프 상태를 유지한다. 게임 상태가 오직 EGamePlay인 경우에만 게임 세계의 모든 액터에 Update를 호출하도록 게임 루프를 수정한다. 게임은 정지 상태에 있는 동안에는 게임 세계의 오브젝트를 갱신하지 않는다.

정지 메뉴

이제 게임이 정지 상태를 지원하므로 정지 메뉴를 추가해보자. 먼저 UIScreen의 서브클래스인 PauseMenu를 선언한다. PauseMenu의 생성자는 게임 상태를 정지로 설정하고 UI 스크린의 제목 텍스트를 설정한다.

```
PauseMenu::PauseMenu(Game* game)
   :UIScreen(game)
{
   mGame->SetState(Game::EPaused);
   SetTitle("PAUSED");
}
```

소멸자에서는 게임플레이로 되돌아가도록 게임 상태를 EGameplay로 지정한다.

```
PauseMenu::~PauseMenu()
{
   mGame->SetState(Game::EGameplay);
}
```

마지막으로 HandleKeyPress 함수에서는 플레이어가 이스케이프 키를 누르면 정지 메뉴를 닫도록 구현한다.

```
void PauseMenu::HandleKeyPress(int key)
{
   UIScreen::HandleKeyPress(key);
   if (key == SDLK_ESCAPE)
   {
      Close();
   }
}
```

이 코드는 게임이 PauseMenu 인스턴스를 삭제하게 만든다. 그리고 인스턴스가 삭제되면 PauseMenu의 소멸자가 호출되며 소멸자는 게임 상태를 게임플레이 상태로 설정해 게임을 계속 진행할 수 있게 해준다.

정지 메뉴를 보기 위해서는 UIScreen의 생성자가 자동으로 스택에 UIScreen을 추가하므로 새로운 PauseMenu 객체를 생성하면 된다. 플레이어가 이스케이프 키를 누를 때 정지 메뉴가 나타나도록 Game::HandleKeyPress에서 정지 메뉴를 생성한다.

전반적인 흐름은 플레이어가 게임플레이 상태에서 정지 메뉴를 보기 위해 이스케이프 키를 누르는 것으로 진행된다. 정지 메뉴 객체의 생성은 게임을 정지 상태로 진입시키며, 이때부터는 액터가 갱신되지 않는다. 그리고 플레이어가 정지 메뉴에서 이스케이프 키를 누르면 정지 메뉴가 삭제되고, 다시 게임 플레이 상태로 복귀한다. 그림 11.1은 이 간단한 버전의 정지 메뉴(버튼이 없어서 아직 진정한 메뉴는 아니다)로 게임이 멈춘 화면을 보여준다.

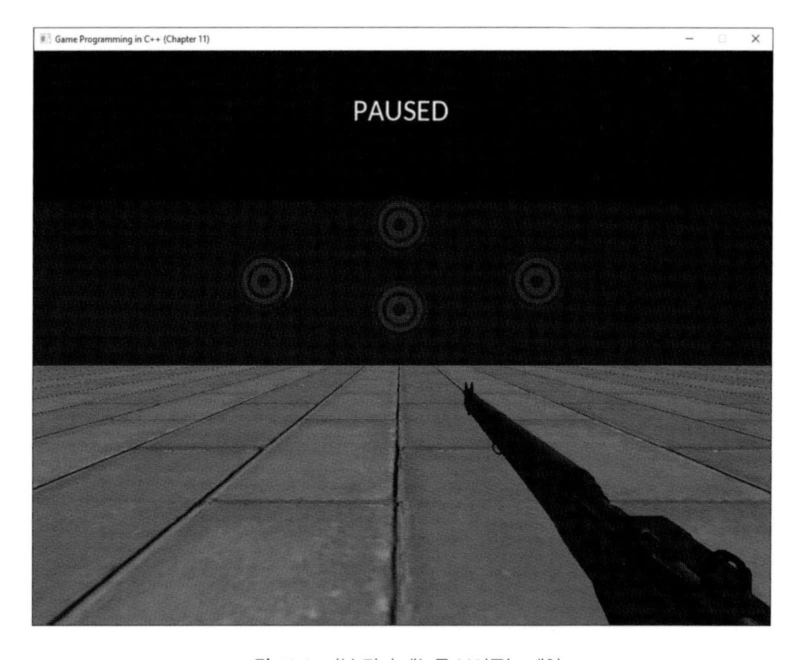

그림 11.1 기본 정지 메뉴를 보여주는 게임

버튼

게임에서 대부분의 메뉴는 플레이어와 상호작용할 수 있는 버튼이 있다. 예를 들어 정지 메뉴는 게임을 재개하거나 게임 종료, 옵션 설정, 그리고 기타 작업을 위한 버튼을 가진다. 여러 UI 스크린은 버튼이 필요하므로 기본 UIScreen 클래스로 버튼을 추가하는 것이 합당해보인다.

버튼 캡슐화를 위해 리스트 11.5처럼 Button 클래스를 선언한다. 모든 버튼은 텍스트 이름을 가진다고 가정한다. 그래서 이 텍스트의 렌더링을 위해 Font에 대한 포인터가 필요하다. 버튼은 화면상의 위치와 차원(너비와 높이)을 가진다. 마지막으로 플레이어가 버튼을 클릭하면 클릭한 버튼에 따라 특정 액션을 수행해야 한다.

버튼의 액션을 커스터마이징하기 위해 Button은 std::function 클래스를 사용해서 콜백 함수를 캡슐화한다. 이 함수는 독립형 함수이거나 일반적으로 람다 표현식이다. Button을 선언할 때 생성자는 이 콜백함수를 파라미터로 받는다. 그리고 코드가 버튼 클릭을 감지하면 이 함수를 호출한다. 이런 식으로 임의의 메뉴에서 만든 특정 버튼은 해당 버튼과 연관된 특정 함수를 호출한다.

리스트 11.5 Button 클래스 선언

```
class Button
{
public:
   // 생성자는 이름과 폰트, 콜백 함수
   // 그리고 위치와 너비/높이를 파라미터로 받는다.
   Button(const std::string& name, class Font* font,
      std::function<void()> onClick,
      const Vector2& pos, const Vector2& dims);
   ~Button();
   // 버튼의 이름을 설정하고 텍스처를 생성한다
   void SetName(const std::string& name);

   // 점이 버튼 경계 안에 있다면 true를 리턴한다
   bool ContainsPoint(const Vector2& pt) const;
   // 버튼을 클릭했을 경우 호출된다
   void OnClick();
   // Getter / Setter
```

```
    // ...
private:
    std::function<void()> mOnClick;
    std::string mName;
    class Texture* mNameTex;
    class Font* mFont;
    Vector2 mPosition;
    Vector2 mDimensions;
    bool mHighlighted;
};
```

Button 클래스는 주어진 점이 버튼의 2D 경계 내부에 있으면 true를 리턴하는 ContainsPoint 함수를 구현한다. 이 함수는 10장 '충돌 감지'에서 점이 경계 내에 있지 않은 4가지 경우에 대한 테스트를 한 것과 같은 접근법을 사용한다. 4가지 경우 중 하나라도 true가 아니면 버튼은 점을 포함해야 한다.

```
bool Button::ContainsPoint(const Vector2& pt) const
{
    bool no = pt.x < (mPosition.x - mDimensions.x / 2.0f) ||
        pt.x > (mPosition.x + mDimensions.x / 2.0f) ||
        pt.y < (mPosition.y - mDimensions.y / 2.0f) ||
        pt.y > (mPosition.y + mDimensions.y / 2.0f);
    return !no;
}
```

Button::SetName 함수는 mNameTex에 저장할, 버튼 이름 텍스처를 생성하기 위해 이전에 설명했던 RenderText 함수를 사용한다. OnClick 함수는 mOnClick 핸들러가 존재하면 이 핸들러를 호출한다.

```
void Button::OnClick()
{
    if (mOnClick)
    {
        mOnClick();
    }
```

```
}
```

그리고 버튼을 지원하도록 UIScreen에 멤버 변수를 추가한다.

- Button 포인터 맵
- 버튼을 위한 2개의 텍스처

텍스처 중 하나는 버튼이 선택되지 않았을 때의 텍스처이고, 다른 하나는 선택됐을 때의 버튼이다. 다른 텍스처를 사용하면 플레이어가 버튼이 선택됐는지 아님 선택되지 않았는지를 구분하는 것이 더 쉬워진다.

다음으로 새 버튼을 생성하기 쉽도록 헬퍼 함수를 추가한다.

```
void UIScreen::AddButton(const std::string& name,
   std::function<void()> onClick)
{
   Vector2 dims(static_cast<float>(mButtonOn->GetWidth()),
      static_cast<float>(mButtonOn->GetHeight()));
   Button* b = new Button(name, mFont, onClick, mNextButtonPos, dims);
   mButtons.emplace_back(b);
   // 다음 버튼의 위치를 갱신한다
   // 버튼의 높이값으로 위치값을 감소시킨 후 패딩값을 더한다
   mNextButtonPos.y -= mButtonOff->GetHeight() + 20.0f;
}
```

mNextButtonPos 변수는 UIScreen이 버튼을 어디에 그릴지를 제어한다. 변수를 좀 더 사용하면 버튼 그리는 방법을 세밀하게 제어할 수 있겠지만, 위의 코드를 사용하면 버튼 목록을 세로로 간단하게 그릴 수 있다.

다음으로 버튼을 그리기 위해 UIScreen::Draw에 코드를 추가한다. 먼저, 각 버튼에서는 버튼 텍스처(버튼이 선택됐는지에 따라 mButtonOn 또는 mButtonOff가 사용된다)를 그린다. 그런 다음 버튼의 텍스트를 그린다.

```
for (auto b : mButtons)
```

```
{
    // 버튼의 배경 텍스처를 그린다
    Texture* tex = b->GetHighlighted() ? mButtonOn : mButtonOff;
    DrawTexture(shader, tex, b->GetPosition());
    // 버튼의 텍스트를 그린다
    DrawTexture(shader, b->GetNameTex(), b->GetPosition());
}
```

플레이어는 버튼을 선택하고 클릭하는 데 마우스를 사용한다. 게임은 상대 마우스 모드를 사용하므로 마우스가 이동하면 카메라가 회전한다. 그래서 플레이어가 버튼을 클릭하려면 상대 마우스 모드를 비활성화해야 한다. 이 비활성화를 위한 책임을 PauseMenu 클래스에 위임한다. PauseMenu의 생성자에서 상대 마우스 모드를 비활성화하고 소멸자에서 다시 활성화시킨다. 이렇게 하면 플레이어가 게임플레이로 되돌아올 때 마우스는 다시 카메라를 회전시킬 수 있다.

리스트 11.6에서 UIScreen::ProcessInput은 마우스로 하이라이트된 버튼을 다룬다. 먼저 마우스의 위치를 얻고 마우스의 위치를 화면의 중심이 (0, 0)인 화면 공간 좌표로 변환한다. 그리고 렌더러로부터 화면의 너비와 높이를 얻는다. 그런 다음 mButtons 벡터에서 모든 버튼을 순회하면서 마우스 커서가 버튼의 경계 내부에 있는지를 결정하는 ContainsPoint 함수를 호출한다. 버튼이 마우스 커서를 포함하면 버튼은 하이라이트된 상태로 설정된다.

리스트 11.6 UIScreen::ProcessInput 구현

```
void UIScreen::ProcessInput(const uint8_t* keys)
{
    // UI에 버튼이 있는가?
    if (!mButtons.empty())
    {
        // 마우스의 위치를 얻는다
        int x, y;
        SDL_GetMouseState(&x, &y);
        // 화면 중심이 (0, 0)인 좌표로 변환 (1024x768 해상도로 가정)
        Vector2 mousePos(static_cast<float>(x), static_cast<float>(y));
        mousePos.x -= mGame->GetRenderer()->GetScreenWidth() * 0.5f;
        mousePos.y = mGame->GetRenderer()->GetScreenHeight() * 0.5f
```

```
                    - mousePos.y;
        // 마우스와 겹치는 버튼을 하이라이트 처리
        for (auto b : mButtons)
        {
            if (b->ContainsPoint(mousePos))
            {
                b->SetHighlighted(true);
            }
            else
            {
                b->SetHighlighted(false);
            }
        }
    }
}
```

마우스를 클릭하면 UIScreen::HandleKeyPress가 호출된다. ProcessInput 함수가 이미 마우스가 클릭한 버튼을 찾아냈기에 HandleKeyPress 함수는 간단히 클릭된 버튼의 OnClick 함수를 호출한다.

지금까지 언급한 코드로 PauseMenu 클래스에 버튼을 추가해본다. 게임을 재개하거나 게임을 종료하는 2개의 버튼을 추가하자.

```
AddButton("Resume", [this]() {
    Close();
});
AddButton("Quit", [this]() {
    mGame->SetState(Game::EQuit);
});
```

AddButton으로 전달하는 람다 표현식은 플레이어가 마우스를 클릭할 때 어떤 일이 일어날지를 정의한다. 플레이어가 재개 버튼을 클릭하면 정지 메뉴는 닫히며, 종료 버튼을 클릭하면 게임은 종료한다. 람다 표현식은 PauseMenu의 멤버에 접근할 수 있도록 this 포인터를 캡처한다. 그림 11.2는 재개버튼과 종료 버튼을 가진 정지 메뉴를 보여준다.

다이얼로그 박스

게임 종료와 같은 특정 메뉴 액션에는 플레이어에게 확인 다이얼로그 박스를 보여주는 것이 좋다. 이렇게 하면 플레이어가 실수로 버튼을 클릭해도 실수를 바로잡을 여지가 있다. UI 스크린 스택은 하나의 UI 스크린(정지 메뉴와 같은)에서 다이얼로그 박스로 제어를 이동시키는 것이 쉽다. 사실 다이얼로그 박스는 지금까지 만든 `UIScreen` 기능으로 구현할 수 있다. 이제 `DialogBox`라는 `UIScreen`의 새 서브클래스를 작성한다.

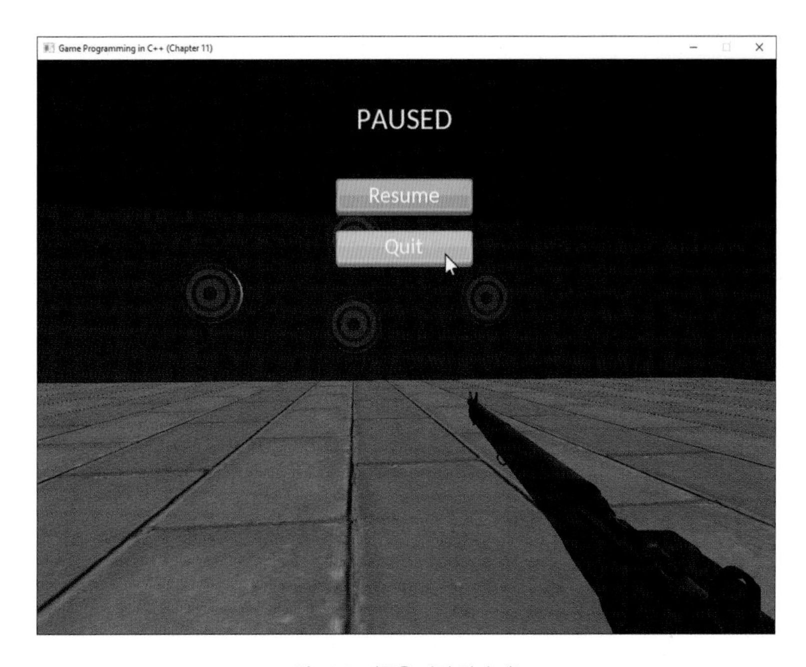

그림 11.2 버튼을 가진 정지 메뉴

`DialogBox` 생성자는 유저가 OK를 클릭했을 때 실행될 함수와 텍스트 문자열을 인자로 받는다.

```
DialogBox::DialogBox(Game* game, const std::string& text,
   std::function<void()> onOK)
   :UIScreen(game)
{
   // 다이얼로그 박스 위치를 조정
   mBGPos = Vector2(0.0f, 0.0f);
```

```
    mTitlePos = Vector2(0.0f, 100.0f);
    mNextButtonPos = Vector2(0.0f, 0.0f);
    // 배경 텍스처 설정
    mBackground = mGame->GetRenderer()->GetTexture("Assets/DialogBG.png");
    SetTitle(text, Vector3::Zero, 30);
    // 버튼을 추가한다
    AddButton("OK", [onOK]() {
        onOK();
    });
    AddButton("Cancel", [this]() {
        Close();
    });
}
```

먼저 생성자는 제목과 버튼 위치 멤버 변수를 초기화한다. UIScreen 화면 배경 텍스처인 UIScreen의 새 멤버 변수 mBackground를 사용하는 것에도 주목하자. UIScreen::Draw에서 다른 것들을 그리기에 앞서 배경을 그린다(배경이 존재한다면).

마지막으로 DialogBox에 OK 버튼과 Cancel 버튼을 설정한다. 두 버튼 모두에 콜백 함수뿐만 아니라 버튼의 텍스트 설정을 위해 DialogBox에 파라미터를 더 추가할 수 있겠지만, 여기서는 OK와 Cancel 텍스트만 사용한다. Cancel 버튼은 단순히 다이얼로그 박스를 닫는다.

DialogBox도 UIScreen이므로 DialogBox의 인스턴스를 동적으로 할당해서 UI 스택에 추가한다. 정지 메뉴의 경우 유저가 게임 종료를 원하는지 확인하는 다이얼로그 박스를 생성하도록 나가기 버튼을 변경한다.

```
AddButton("Quit", [this]() {
    new DialogBox(mGame, "Do you want to quit?",
        [this]() {
            mGame->SetState(Game::EQuit);
    });
});
```

그림 11.3은 게임 종료 시 방금 구현한 다이얼로그 박스를 보여준다.

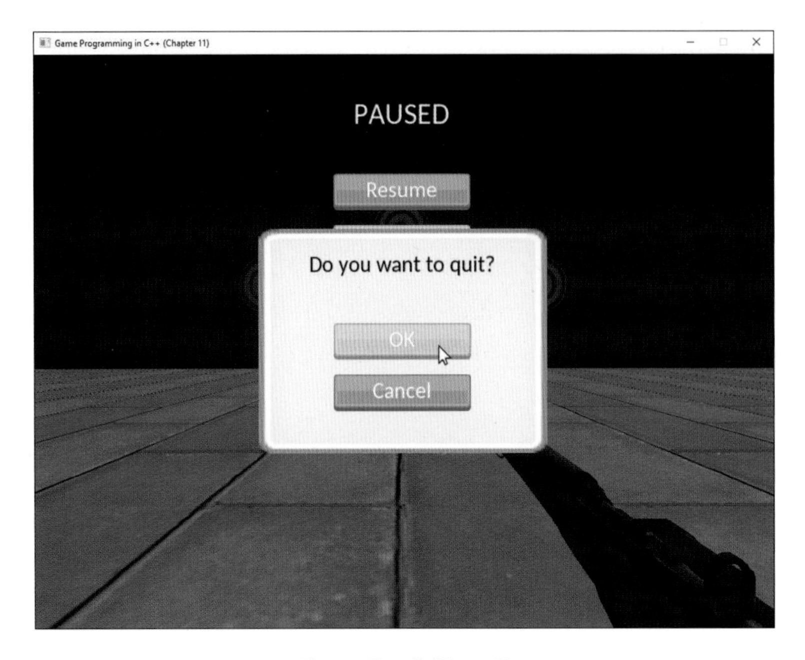

그림 11.3 종료 다이얼로그 박스

노트

앞에서 설명한 UI 시스템을 사용하면 메인 메뉴 화면 제작도 가능하다. 하지만 게임이 게임상의 모든 오브젝트를 단번에 생성할 수는 없으므로 Game 클래스에 별도의 상태가 필요하다. 즉 플레이어가 메인 메뉴를 완전히 넘어갈 때까지 대기하는 상태가 필요하다.

HUD 요소

HUD의 요소 유형은 게임에 따라 다양하다. HUD 요소에는 히트 포인트를 보여주거나 탄약 수, 점수, 또는 다음 목표를 가리키는 화살표 등이 있다. 이번 절에서는 1인칭 게임에서 일반적인 십자선(**조준망**)과 타깃 위치를 보여주는 레이더를 살펴본다.

조준망 추가

대부분의 1인칭 게임은 화면 중간에 조준망(십자선 같은)을 가지고 있다. 플레이어가 다른 물체를 겨냥하면 조준망은 다른 텍스처로 외형을 바꾸기도 한다. 예를 들어 플레이어가 물체를 집을 수 있다면 조준망은 손으로 바뀐다. 플레이어가 총을 쏘는 게임에서는 조준망의 색깔이 바뀔 수 있다. 텍스처 변경을 통해 색상 변경을 구현하면 이 2가지 행위는 본질적으로 차이가 없다.

여기서는 플레이어가 게임상의 목표물 중 하나를 겨냥할 때 빨간색으로 변하는 조준망을 구현한다. 이 작업을 위해 HUD에 플레이어가 적을 겨냥하고 있는지를 체크하기 위한 이진값과 여러 텍스처를 가리키는 멤버 변수를 추가한다.

```
// 십자선 텍스처
class Texture* mCrosshair;
class Texture* mCrosshairEnemy;
// 십자선이 적을 조준하고 있는지
bool mTargetEnemy;
```

대상이 되는 목표물을 구별할 수 있도록 TargetComponent라는 새 컴포넌트를 생성한다. 그런 다음 HUD의 멤버 변수로 TargetComponent 포인터에 대한 벡터를 선언한다.

```
std::vector<class TargetComponent*> mTargetComps;
```

그리고 mTargetComps에 타깃을 추가하거나 제거할 수 있는 AddTarget과 RemoveTarget을 추가한다. 이 함수들은 TargetComponent의 생성자와 소멸자에서 호출된다.

다음으로 리스트 11.7과 같이 UpdateCrosshair를 구현한다. 이 함수는 HUD::Update 함수가 호출한다. 먼저 mTargetEnemy 값을 false로 초기화한다. 그리고 9장 '카메라'에서 설명했던 GetScreenDirection 함수를 사용한다. 이 함수는 세계상에서 카메라가 현재 바라보는 곳의 정규화된 벡터를 반환한다. 이 벡터와 상수를 사용해서 선분을 만든 후 선분과 교차하는 최초의 액터를 찾기 위해 10장에서 살펴봤던 SegmentCast 함수를 사용한다.

그런 다음 이 액터가 TargetComponent인지를 판단한다. 현재로서는 액터가 TargetComponent인지를 확인하는 방법은 mTargetComps에 있는 TargetComponent의 소유자가 선분 캐스트를 통해 알아낸 액터와 동일한지를 파악하는 것이다. 액터가 어떤 컴포넌트를 가지고 있는지를 찾는 방법을 구현하고 나면 이 부분은 좀 더 최적화가 가능하다. 이 작업에 관해서는 14장 '레벨 파일과 바이너리 데이터'에서 설명한다.

리스트 11.7 HUD::UpdateCrosshair 구현

```
void HUD::UpdateCrosshair(float deltaTime)
{
   // 일반 커서로 리셋
   mTargetEnemy = false;
   // 선분을 만든다.
   const float cAimDist = 5000.0f;
   Vector3 start, dir;
   mGame->GetRenderer()->GetScreenDirection(start, dir);
   LineSegment l(start, start + dir * cAimDist);
   // 선분 캐스트
   PhysWorld::CollisionInfo info;
   if (mGame->GetPhysWorld()->SegmentCast(l, info))
   {
      // SegmentCast를 통해 얻은 액터가 타깃 컴포넌트의 소유자와 일치하는지를 체크
      for (auto tc : mTargetComps)
      {
         if (tc->GetOwner() == info.mActor)
         {
            mTargetEnemy = true;
            break;
         }
      }
   }
}
```

십자선 텍스처를 그리는 것은 간단하다. HUD::Draw에서 mTargetEnemy을 확인한 뒤 화면 중앙에 해당 텍스처를 그린다. 텍스처 크기 조정값으로 2.0f를 전달한다.

```
Texture* cross = mTargetEnemy ? mCrosshairEnemy : mCrosshair;
DrawTexture(shader, cross, Vector2::Zero, 2.0f);
```

플레이어가 물체를 타깃팅하기 위해 조준망을 이동하면 조준망은 그림 11.4처럼 빨간 십자선 텍스처로 변경된다.

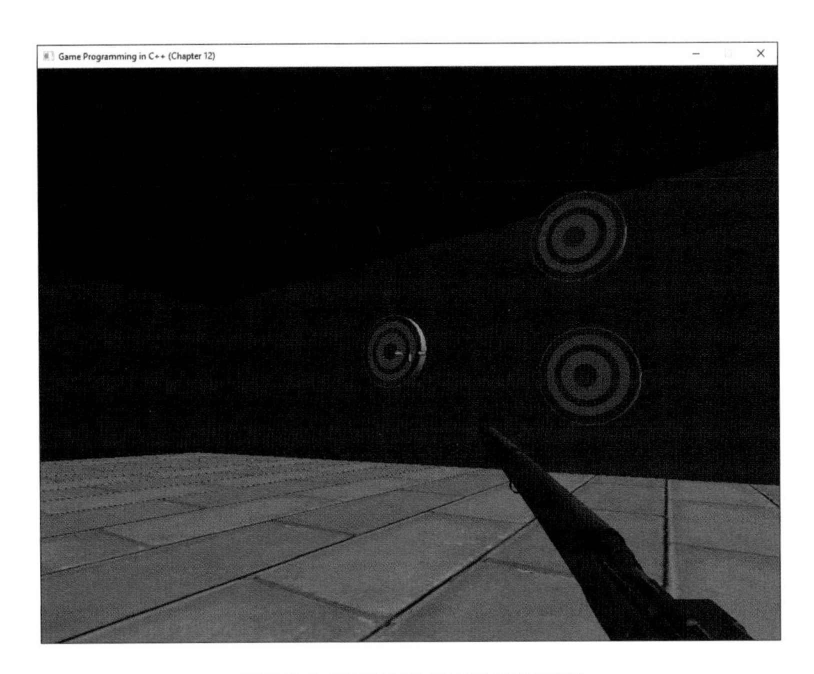

그림 11.4 목표물을 겨냥할 때의 빨간 조준망

레이더 추가

게임은 플레이어 기준 특정 반경 이내의 근처에 있는 적(또는 다른 물체)들을 보여주기 위한 레이더가 있다. 레이더상에 있는 이 적들은 점이나 원처럼 보이는 **신호**blips로 표현할 수 있다. 레이더를 통해 플레이어는 주변에 적이 있는지를 판단한다. 일부 게임에서는 항상 레이더상에 적들을 보여주는 반면 일부 다른 게임에서는 오직 특정 상태(적이 최근에 무기를 사용했는지와 같은)에 있는 적만을 보여준다. 하지만 이러한 상태는 적을 보여주는 기본적 접근법의 확장일 뿐이다.

레이더 작동을 구현하는 것은 두 파트로 나뉜다. 먼저 레이더상에 나타나는 액터의 추적이 필요하다. 그리고 프레임마다 플레이어에 상대적인 액터의 위치를 기반으로 레이더상의 신호를 갱신해야 한다. 가장 기초적인 접근법은 레이더 중심으로부터 Vector2 오프셋 형식으로 신호를 나타내는 것이다. 또한 다양한 텍스처로 신호의 다른 특성을 추가하면 좋다.

기존 코드를 활용하자. TagetComponent를 가진 액터는 레이더 범위에 있다면 레이더에 포착되야 한다.

이 기본적인 레이더를 구현하려면 HUD에 몇 가지 멤버 변수를 추가해야 한다.

```
// 레이더에 상대적인 신호의 2D 오프셋
std::vector<Vector2> mBlips;
// 레이더의 범위, 반지름값
float mRadarRange;
float mRadarRadius;
```

mBlips 벡터는 레이더 중심에서 상대적인 신호들의 2D 오프셋을 기록한다. 레이더를 갱신할 때 mBlips도 갱신된다. 그리고 레이더를 그릴 때는 배경을 먼저 그린 뒤 신호들의 2D 오프셋을 사용해서 신호 텍스처를 그린다.

마지막으로 mRaderRange와 mRadarRadius 변수는 레이더에 관한 파라미터다. 범위는 세계를 레이더가 얼마나 멀리 볼 수 있는지를 나타낸다. 예를 들어 2000 범위는 레이더가 세계 공간에서 2000단위의 범위를 인식한다는 걸 의미한다. 이 값을 사용해서 플레이어의 mRaderRange 이내에 있는 모든 목표물을 레이더상의 신호로 만든다. 반지름 변수는 화면상에 그려질 2D 레이더의 반경값이다.

게임에 50단위의 범위를 가진 레이더가 있다고 가정하자. 그리고 플레이어 바로 앞 25단위에 물체가 있다고 가정한다. 오브젝트 위치는 3D상에 있지만 플레이어의 위치와 물체 위치를 모두 화면 레이더상의 2D 좌표로 변환해야 한다. z축이 상향 벡터인 세계에서는 x-y 평면상으로 플레이어와 게임 오브젝트가 투영된다는 것을 의미한다. 즉 레이더는 레이더가 추적하는 플레이어와 오브젝트의 z 요소를 무시한다.

레이더는 세계 공간에서 항상 전방을 가리키며 게임 세계는 +x가 전방이므로 z 요소만을 무시하는 것만으로는 충분치 않다. 레이더에 플레이어와 액터를 제대로 나타내려면 (x, y, z) 좌표를 레이더 오프셋 표현인 2D 벡터 (y, x)로 전환해야 한다.

플레이어와 오브젝트의 위치로부터 각각 2D 레이더 좌표를 얻으면 플레이어에서 오브젝트로의 벡터 $\vec{a}$를 구할 수 있다. $\vec{a}$의 길이는 물체가 레이더 범위 안에 있는지를 결정한다. 레이더가 50단위의 범위를 가지며, 오브젝트가 25단위 앞에 있는 이전 예제의 경우에는 $\vec{a}$의 길이가 최대 범위보다 작다. 이는 오브젝트가 레이더의 중심과 가장자리 사이에 있다는 걸 뜻한다. $\vec{a}$를 레이더의 최대 범위값으로 나누면 레이더 반지름에 대한 오브젝트 오프셋의 비율을 구할 수 있다. 그리고 이 값에 레이더의 반지름을 곱해서 새로운 벡터 $\vec{r}$을 구한다.

$$\vec{r} = RadarRadius\left(\vec{a}\ /\ RadarRange\right)$$

그런데 대부분의 레이더는 플레이어가 회전할 때 같이 회전하므로 레이더상의 위쪽은 게임 세계에서 항상 전방과 일치한다. 이는 레이더 신호의 오프셋으로 $\vec{r}$을 바로 사용할 수 없다는 걸 뜻한다. 그래서 플레이어 전방 벡터의 x-y 평면 투영과 세계의 전방(x 방향) 사이의 각도를 알아내야 한다. x-y 평면상의 각도를 구해야 하므로 atant2 함수로 각도 θ를 계산한다. 그리고 θ를 사용해서 2D 회전 행렬을 구축한다. 2D 회전 행렬은 다음과 같았음을 떠올리자.

$$Rotation2D\left(\theta\right) = \begin{bmatrix} \cos\theta & \sin\theta \\ -\sin\theta & \cos\theta \end{bmatrix}$$

액터의 최종적인 신호 오프셋은 방금 얻은 행렬로 회전시킨 벡터 $\vec{r}$이다.

$$BlipOffset = \vec{r}\ \ Rotation2D\left(\theta\right)$$

리스트 11.8은 모든 신호의 위치를 계산하는 코드를 보여준다. 모든 타깃 컴포넌트를 순회하면서 타깃 컴포넌트를 소유한 액터가 레이더의 범위에 있는지를 테스트한다. 범위에 있으면 앞의 방정식을 사용해서 신호 오프셋을 계산한다.

리스트 11.8 HUD::UpdateRader 구현

```
void HUD::UpdateRadar(float deltaTime)
{
   // 신호 오프셋 벡터 클리어
   mBlips.clear();

   // 플레이어 위치를 레이더 좌표로 변환 (x축은 전방 벡터, z축은 상향 벡터)
   Vector3 playerPos = mGame->GetPlayer()->GetPosition();
   Vector2 playerPos2D(playerPos.y, playerPos.x);
   // 레이더의 전방은 플레이어의 전방과 같음
   Vector3 playerForward = mGame->GetPlayer()->GetForward();
   Vector2 playerForward2D(playerForward.x, playerForward.y);

   // 레이더를 회전시키기 위해 atan2 함수 사용
   float angle = Math::Atan2(playerForward2D.y, playerForward2D.x);
   // 2D 회전 행렬을 만든다
   Matrix3 rotMat = Matrix3::CreateRotation(angle);

   // 오브젝트 신호의 위치를 얻는다
   for (auto tc : mTargetComps)
   {
      Vector3 targetPos = tc->GetOwner()->GetPosition();
      Vector2 actorPos2D(targetPos.y, targetPos.x);

      // 플레이어와 타깃 사이의 벡터를 계산
      Vector2 playerToTarget = actorPos2D - playerPos2D;

      // 타깃이 범위 안에 있는지 확인
      if (playerToTarget.LengthSq() <= (mRadarRange * mRadarRange))
      {
         // playerToTarget 좌표를
         // 레이더 화면 중심으로부터의 오프셋으로 변환
         Vector2 blipPos = playerToTarget;
         blipPos *= mRadarRadius/mRadarRange;
         // 신호를 회전시켜 레이더 공간의 최종 좌표로 변환
         blipPos = Vector2::Transform(blipPos, rotMat);
         mBlips.emplace_back(blipPos);
      }
   }
```

```
}
```

레이더를 그리기 위해 먼저 배경을 그린다. 그리고 각 신호를 순회하면서 신호를 레이더 중심 + 신호의 오프셋 위치에 그린다.

```
const Vector2 cRadarPos(-390.0f, 275.0f);
DrawTexture(shader, mRadar, cRadarPos, 1.0f);
// 신호들
for (const Vector2& blip : mBlips)
{
   DrawTexture(shader, mBlipTex, cRadarPos + blip, 1.0f);
}
```

그림 11.5는 게임상에 구현된 레이더를 보여준다. 레이더상의 점은 게임 세계의 목표물 액터에 해당한다. 레이더 중간에 있는 화살은 플레이어가 어디에 있는지를 보여주기 위해 그린 텍스처다. 보면 알겠지만 이 텍스처는 레이더의 중앙에 그려진다.

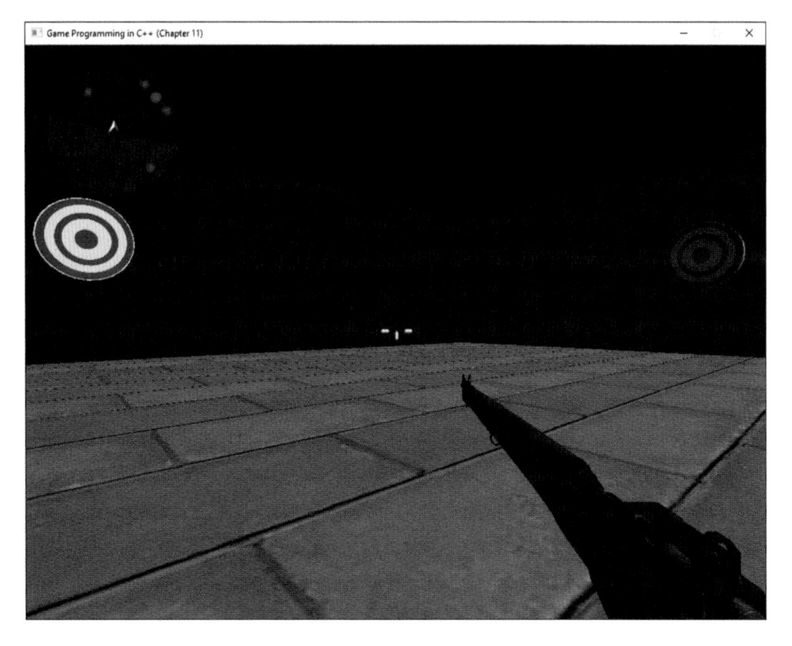

그림 11.5 게임상의 레이더

적이 플레이어 위에 있는지 또는 아래에 있는지를 나타내는 다양한 스타일의 신호를 포함하는 레이더로 확장하는 것도 가능하다. 이런 스타일로 전환하려면 플레이어와 오브젝트의 z 요소를 고려해야 한다.

현지화

현지화localization는 게임을 한 지역에서 다른 지역으로 상황에 맞게 변환하는 과정을 뜻한다. 현지화 요소 중 가장 일반적인 항목은 화면상에 보여주는 텍스트와 텍스트에 맞는 음성이다. 예를 들어 영국에서 작업하고 있는 게임 개발자는 중국에서 게임을 출시한다면 중국어로 현지화를 해야 한다. 현지화에서 가장 큰 비용은 콘텐츠 부분이다. 누군가는 텍스트와 대사를 모두 번역해야 하며, 대사의 경우 여러 액터는 여러 언어로 말해야 한다.

그러나 지역화의 책임은 프로그래머에도 할당된다. UI의 경우에 게임은 화면상에 여러 로케일locale로 텍스트를 쉽게 보여주는 시스템을 필요로 한다. 즉 '게임을 종료하길 원하세요?' 같은 문자열이 코드상에 하드 코딩돼서는 안 된다. 그대신 `"QuitText"` 같은 키와 화면에 출력되는 실제 텍스트 간의 변환을 위한 맵이 필요하다.

유니코드로 작업하기

텍스트를 현지화하는 경우 한 가지 문제점은 아스키 문자 각각은 내부적으로는 1바이트로 저장되지만 실제로는 7비트 정보만 가지는 데 있다. 7비트 정보뿐만이라는 것은 문자가 전체 128개라는 것을 의미한다. 이런 문자들 중 52개는 영어 대소문자이고, 문자의 나머지는 숫자나 기호다. 아스키는 다른 언어의 글리프glyph를 포함하지 않는다.

이 문제를 해결하기 위해 여러 회사의 컨소시움에서는 1980년도에 표준화된 **유니코드**Unicode를 소개했다. 이 책을 쓰는 시점에서 유니코드의 현재 버전은 이모지emoji뿐만 아니라 여러 다양한 언어의 글리프를 포함해서 10만 개 이상의 다양한 글리프를 지원한다.

단일 바이트는 256개의 구별된 값 이상을 표현할 수 없으므로 유니코드는 여러 바이트를 사용한 인코딩 방법을 고려해야 한다. 하나의 문자가 2바이트, 또는 4바이트를 포함하는 몇 가지 바이트 인코딩 방식이 존재한다. 하지만 가장 인기 있는 인코딩 방법은 **UTF-8**로, UTF-8은 문자열의 각 문자가 1에서 4바이트 사이의 다양한 길이를 가진다. 문자열 내에 어떤 문자는 1바이트일 수도 있고, 다른 문자는 2바이트이거나 3바이트, 4바이트가 될 수도 있다.

이 방식이 각 문자의 크기가 고정된 인코딩보다 다루기가 좀 더 복잡해 보이지만, UTF-8의 아름다움은 아스키와 완전히 하위 호환된다는 데 있다. 즉 아스키의 바이트 시퀀스가 UTF-8의 바이트 시퀀스와 동일하다는 걸 의미한다. UTF-8 문자열의 각 문자가 1바이트인 특수한 UTF-8의 경우는 아스키로 간주한다. 하위 호환성은 UTF-8이 JSON과 같은 파일 포맷뿐만 아니라 월드 와이드 웹의 기본 인코딩 방법인 이유다.

하지만 C++는 유니코드에 대한 내장 기능이 많이 없다. 예를 들어 `std::string` 클래스는 오직 아스키 문자만을 대상으로 한다. 그러나 `std::string`에 문자열을 UTF-8 문자열로 저장하면 유니코드로 활용할 수 있다. 하지만 문자열이 UTF-8로 인코딩되면 `length` 멤버 함수는 문자열에서 글리프(또는 문자)의 수를 제대로 알려주지 않기에 주의해야 한다. `length`는 `string` 객체에 저장된 바이트의 수를 알려주기 때문이다.

운좋게도 RapidJSON 라이브러리와 SDL TTF는 UTF-8 인코딩을 지원한다. 즉 `std::string`에 UTF-8 문자열을 저장한 뒤 RapidJSON 라이브러리, SDL TTF와 연동해서 사용하면 추가 코드 필요없이 UTF-8 문자열의 지원이 가능하다.

텍스트 맵 추가하기

`Game`에 키와 값이 `std::string`인 `std::unordered_map` 타입의 `mTextMap` 멤버 변수를 추가하자. 이 맵은 `"QuitText"`와 같은 키를 '게임을 종료하시겠습니까?' 같은 화면에 표시되는 텍스트와 매핑된다.

이 맵은 리스트 11.9처럼 JSON 파일 포맷으로 정의할 수 있다. 모든 언어는 그 언어만의 JSON 파일을 가지며 이를 통해 다른 언어 간 전환이 쉬워진다.

리스트 11.9 English.gptext 텍스트 맵 파일

```
{
   "TextMap":{
      "PauseTitle": "PAUSED",
      "ResumeButton": "Resume",
      "QuitButton": "Quit",
      "QuitText": "Do you want to quit?",
      "OKButton": "OK",
      "CancelButton": "Cancel"
   }
}
```

그리고 gptext 파일을 파싱하고 mTextMap에 내용을 채우는 LoadText 함수를 Game에 추가한다(이 함수는 파일을 분석하기 위해 다양한 RapidJSON 함수를 호출한다. 하지만 간결함을 위해 여기서는 이 함수 구현 부분 내용은 생략한다).

비슷하게 게임에서 키가 주어졌을 때 관련 텍스트를 반환하는 GetText 함수도 구현한다. 이 함수는 단지 mTextMap에서 찾기 명령만을 수행한다.

다음으로 Font::RenderText에서 2가지를 수정한다. 첫째, 파라미터로 얻은 텍스트 문자열을 직접 렌더링하지 않고 텍스트 맵에서 텍스트 문자열을 찾도록 수정한다.

```
const std::string& actualText = mGame->GetText(textKey);
```

그리고 TTF_RenderText_Blended를 호출하는 대신 TTF_RenderUTF8_Blended를 호출한다. 이 함수는 TTF_RenderText_Blended와 문법은 같지만, 아스키 문자열 대신에 UTF8로 인코딩된 문자열을 받는다.

```
SDL_Surface* surf = TTF_RenderUTF8_Blended(font,
   actualText.c_str(), sdlColor);
```

마지막으로 이전에 하드 코딩된 텍스트 문자열을 사용한 일부 코드를 텍스트 키를 사용하는 형태로 변경한다. 예를 들어 정지 메뉴의 제목 키는 이제 "PAUSED"가 아니라

"PauseTitle"이 된다. 이렇게 구축하면 RenderText를 호출할시 키와 연관된 올바른 텍스트가 맵에서 로드될 것이다.

> **Tip**
>
> 게임 코드에서 사용할 영어 텍스트를 정리했다면 현지화의 가장 빠른 방법은 텍스트 키로 영어 텍스트를 사용하는 것이다. 이렇게 하면 코드상에서 매번 현지화되지 않은 문자열 사용을 추적하지 않아도 된다. 하지만 이 방법은 나중에 누군가가 코드상의 영어 문자열을 바꾸면 화면상의 텍스트도 변경될 거라 생각해서 영어 문자열을 변경해버리면 위험할 수 있다.

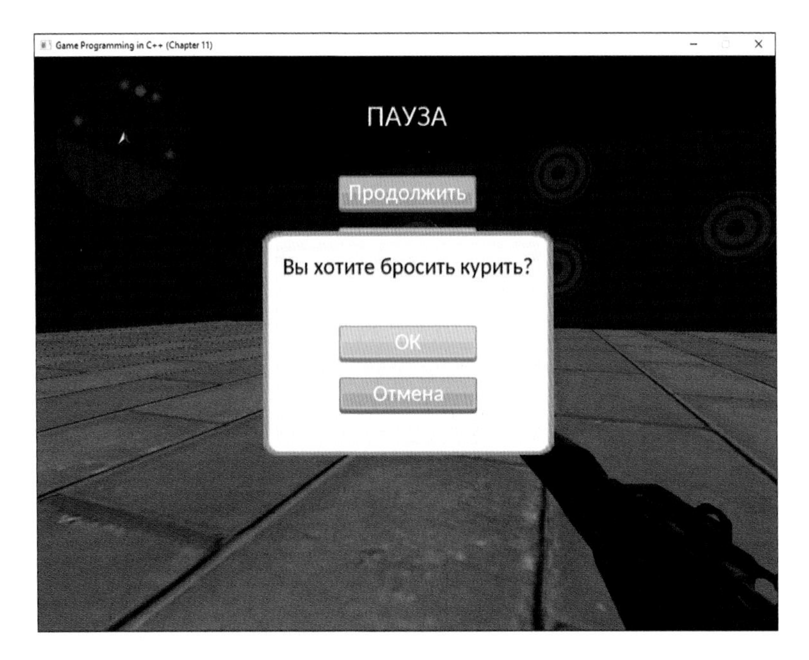

그림 11.6 러시아어로 된 정지 메뉴

기타 현지화 이슈

이번 절에서 설명한 코드는 트루타입 폰트가 모든 글리프를 지원하는 경우에만 정상 작동한다. 그런데 현실적으로 폰트 파일은 글리프의 일부분만을 포함하는 것이 일반적이다. 중국어 같은 일부 언어는 일반적으로 해당 언어 전용의 폰트 파일을 가진다.

이 문제를 해결하려면 gptext 파일에 폰트 엔트리를 추가해야 한다. 또한 mTextMap을 구축할 때 올바른 폰트를 로드해야 한다. 그리고 UI 코드의 나머지 부분에서는 이 올바른 폰트의 사용을 보장해야 한다.

현지화 관련 일부 문제의 경우 처음에는 명확히 보이지 않는다. 예를 들어 독일어 텍스트는 일반적으로 같은 내용의 영어 텍스트보다 20% 정도 더 길다. 이는 UI 요소가 영어 텍스트에는 딱 맞아도 독일어 텍스트에는 맞지 않을 수 있음을 뜻한다. 비록 이러한 문제는 콘텐츠 이슈이긴 하더라도 이 문제는 UI 코드가 특정한 패딩이나 텍스트 크기를 추정해야 하는 문제일 수도 있다. 이 문제를 피하려면 항상 렌더링된 폰트 텍스처의 크기를 알아내서 이 크기가 요구된 크기에 맞지 않으면 텍스트의 크기를 줄여야 한다.

마지막으로 일부 상황에서는 텍스트나 대사 또는 리소스 전반에 걸쳐 콘텐츠 현지화 작업이 필요할 수 있다. 예를 들어 독일에서 제3제국Third Reich과 관련된 심벌을 포함한 제품을 판매하는 것은 불법이다. 그래서 제2차 세계대전을 소재로 한 게임은 영어 버전에서 옛 독일 나치당의 만자나 또는 관련 심벌을 보여주지만, 독일어 버전은 이 심벌을 철십자 같은 대안으로 교체해야 한다. 또 다른 예로, 일부 게임은 중국에서 콘텐츠 제한을 많이 받는다(피를 지나치게 흘리는 등의 문제는 아니다). 하지만 이런 유형의 이슈는 프로그래머의 추가적인 도움 없이 해결할 수 있다. 왜냐하면 아티스트가 해당 지역에 대한 대안 콘텐츠를 제작해주면 되기 때문이다.

다양한 해상도 지원

PC와 모바일 게임에서는 플레이어가 다양한 화면 해상도로 게임을 즐기는 것이 매우 일반적이다. PC에서 일반 모니터 해상도는 1080p(1920×1080), 1440p(2560×1440), 그리고 4K(3840×2160)를 포함한다. 모바일 플랫폼은 믿기 어려울 정도로 다양한 디바이스 해상도를 가진다. 비록 렌더러 클래스는 현재 다양한 해상도로 윈도우 생성을 지원하지만, 11장의 UI 코드는 고정 해상도만을 가정했다.

여러 해상도를 지원하는 한 가지 방법은 UI 요소의 경우 특정 픽셀 좌표의 사용이나 절대 좌표의 사용을 피하는 것이다. 예를 들어 절대 좌표를 사용한다면 UI 요소를 정확히 좌표 (1900, 1000)에 놓고 이 좌표가 오른쪽 하단 구석과 일치한다고 판단한다.

이렇게 하는 대신에 좌표가 앵커anchor라는 화면의 특정한 부분에 상대적인 **상대 좌표** relative coordinate를 사용하면 좋다. 예를 들어 상대 좌표에서는 오른쪽 하단 구석을 기준으로 (−100, −100)에 요소를 놓을 수 있다. 이는 1080p 화면에서 (1820, 980)의 위치에 UI 요소를 표현할 수 있음을 뜻한다. 반면 1680×1050 화면에서는 요소가 (1580, 950)에 나타난다(그림 11.7을 살펴보자). 개발자는 화면상의 키 포인트(대개 화면의 중심이나 구석이다)에 상대적인 좌표를 표현할 수 있고, 또는 다른 UI 요소에 상대적인 좌표로도 표현할 수 있다. 이 상대 좌표를 구현하려면 앵커 포인트와 UI 요소의 상대 좌표가 필요하며 런타임에는 이 상대 좌표를 절대 좌표로 계산하는 동적인 계산이 필요하다.

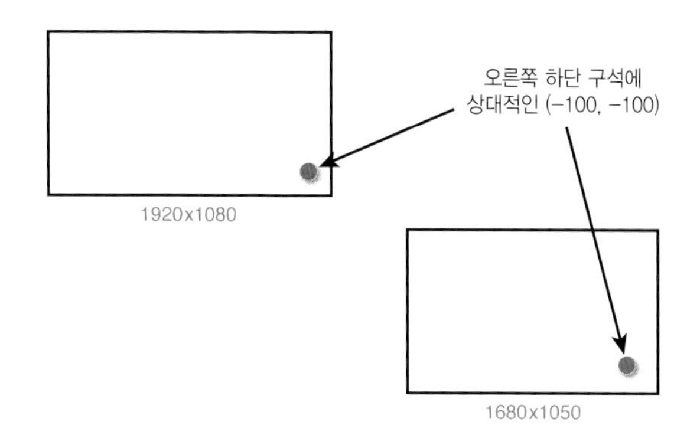

그림 11.7 화면의 오른쪽 하단 구석을 기준으로 상대적인 위치에 있는 UI 요소

개선해야 할 또 다른 사항은 해상도에 따라 UI 요소의 크기를 조정하는 것이다. UI 요소 크기 조정은 고해상도 화면에서 매우 유용한데, 왜냐하면 고해상도 화면에서 UI는 너무 작아져서 사용하기 힘들기 때문이다. 높은 해상도에서는 UI의 크기를 확대하거나 플레이어에게 UI 크기 조정이 가능하도록 옵션을 제공해주면 좋다.

게임 프로젝트

11장의 게임 프로젝트는 다양한 해상도에 대응하는 것을 제외하고 11장에서 설명한 모든 기능을 보여준다. `Game` 클래스는 `UIScreen` 클래스와 `PauseMenu` 클래스, `DialogBox` 클래스를 담는 UI 스택을 가지고 있다. HUD에서는 조준망과 레이더를

연습 11.2

액터가 플레이어 위에 있는지 또는 아래에 있는지에 따라 다양한 신호 텍스처를 사용하도록 레이더를 수정하자. 제공된 `BlipUp.png` 파일과 `BlipDown.png` 텍스처를 사용해서 여러 상태를 표시한다. 이 기능을 테스트하려면 높이를 구별하기 위해 일부 타깃 액터의 위치를 명시적으로 변경해야 한다.

연습 11.3

특정 액터를 가리키는 2D 화살표를 화면상에 구현하자. `ArrowTarget`이라는 새로운 타입의 액터를 만들고, 이 액터를 게임 세계 어딘가에 배치한다. 그러고 난 후 HUD에서 플레이어로부터 `ArrowTarget`까지의 벡터를 계산한다. 화면상의 2D 화살표를 회전시킬 각도를 결정하기 위해 x-y 평면상에서의 이 액터와 플레이어 전방 벡터 사이의 각을 사용한다. 마지막으로 텍스처 회전(회전 행렬로)을 지원하도록 `UIScreen::DrawTexture`에 코드를 추가한다.

12장

뼈대 애니메이션

3D 게임의 캐릭터 애니메이션은 2D 게임에서의 캐릭터 애니메이션과 매우 다르다. 12장에서는 3D 게임에서 가장 일반적으로 사용되는 애니메이션 기법인 뼈대 애니메이션을 살펴본다. 12장에서는 먼저 뼈대 애니메이션에 접근하기 위한 수학적 기초 내용을 살펴본 뒤 세부 구현으로 뛰어든다.

뼈대 애니메이션의 기초

2장 '게임 객체와 2D 그래픽스'에서 설명했듯이 2D 애니메이션의 경우 게임은 연속되는 이미지 파일을 사용해서 움직이는 캐릭터의 환영을 만들어낸다. 움직이는 3D 캐릭터를 위한 솔루션도 2D의 경우와 비슷하다. 3D 모델의 시퀀스를 만든 뒤 빠르고 연속적으로 이 다른 모델들을 렌더링한다. 이 방법은 개념적으로는 잘 동작하지만 현실적인 접근법은 아니다.

최신 게임과 비교해보면 다소 적은 1만 5,000개의 삼각형으로 구성된 캐릭터 모델을 생각해보자. 버텍스당 10바이트라고 가정하면 한 모델의 전체 메모리 사용량은 약 50에서 100KB다. 초당 30프레임으로 실행되는 2초짜리 애니메이션의 경우에는 전체 60개의 모델이 필요하다. 즉 이 하나의 애니메이션에 대한 전체 메모리 사용량은 3MB에서 6MB 정도 된다. 이제 게임이 여러 다양한 애니메이션과 다양한 캐릭터를 사용한다고 가정해보자. 게임 모델과 애니메이션에 대한 메모리 사용량은 매우 빠르게 높아진다.

그런데 게임에 20개의 다른 휴머노이드 캐릭터가 있다면 달리기와 같은 애니메이션 움직임은 거의 동일하다. 방금 설명한 우직한 방법을 사용하면 이 20개 캐릭터 각각은 자신의 애니메이션을 위한 다른 모델 세트가 필요하다. 즉 아티스트는 각 캐릭터마다 모델 세트 및 애니메이션을 수동으로 작성해야 함을 의미하며, 이는 매우 비효율적인 작업이다.

그래서 대부분의 3D 게임에서는 이런 문제를 해결하기 위해 해부학에서 답을 찾으려 한다. 인간과 같은 척추동물은 뼈가 있다. 이 뼈에는 근육이나 피부, 그리고 기타 조직이 붙어 있다. 뼈는 딱딱한 반면 다른 조직들은 그렇지 않다. 그러므로 뼈의 위치가 주어지면 뼈에 붙어 있는 조직의 위치를 유도하는 것이 가능하다.

마찬가지로 **뼈대 애니메이션**skeletal animation에서 캐릭터는 단단한 뼈대를 가진다. 애니메이터는 이 뼈대를 애니메이션에 사용한다. 그리고 모델의 각 버텍스는 뼈대에 있는 하나 이상의 본bone과 연관된다. 애니메이션이 본을 움직이면 버텍스는 연관된 본에 따라 값이 바뀐다(우리가 주변을 돌아다닐 때 피부가 당겨지는 것처럼). 이는 모델의 애니메이션 수에 상관없이 캐릭터는 한 개의 3D 모델만 있으면 된다는 것을 뜻한다.

노트

뼈대 애니메이션은 뼈대를 따라 변형되는 본과 버텍스가 있으므로 일부 사람들은 이 테크닉을 **스킨 애니메이션**(skinned animation)으로 부른다. 여기서 '스킨'은 모델의 버텍스를 뜻한다. 비슷하게 용어 본과 조인트(joint)는 해부학의 맥락에서는 다른 용어지만, 뼈대 애니메이션의 맥락에서는 교환 가능한 용어다.

뼈대 애니메이션의 이점은 같은 뼈대를 가진다면 여러 다른 캐릭터에서도 잘 동작한다는데 있다. 예를 들어 모든 휴머노이드 캐릭터가 같은 뼈대를 공유하는 것은 게임에서 일반적이다. 이런 상황에서 애니메이터는 뼈대에 대한 애니메이션 세트를 1개만 만들며, 모든 캐릭터는 이 애니메이션을 사용하는 것이 가능하다.

또한 오토데스크 마야Autodesk Maya나 블렌더Blender 같은 널리 사용되는 3D 모델 작성 프로그램은 뼈대 애니메이션을 지원한다. 그러므로 아티스트는 이런 툴을 사용해서 캐릭터를 위한 뼈대와 애니메이션 제작이 가능하다. 그리고 3D 모델과 마찬가지로 익스포터 플러그인exporter plugin을 작성해서 게임 코드에서 선호하는 포맷으로 익스포트하면 된다. 이 책에서는 뼈대와 애니메이션을 위해 3D 모델에서 사용했던 JSON 기반 파일 포맷을 사용한다(깃허브의 책 코드는 Exporter 디렉토리에 에픽 게임사의 언리얼 엔진에 대한 익스포터를 포함한다.)

이 절의 나머지 부분에서는 뼈대 애니메이션을 가능하게 하는 고급 개념과 수학을 살펴본다. 그런 다음 이어지는 절에서는 게임 코드에서 뼈대 애니메이션 구현하는 방법에 관해 자세히 설명한다.

뼈대와 포즈

뼈대skeleton를 일반적으로 표현하는 방법은 본의 계층 구조(트리)다. **루트 본**root bone은 계층 구조의 베이스이며 부모 본이 없다. 뼈대의 모든 본은 1개의 부모 본을 가진다. 그림 12.1은 휴머노이드 캐릭터에 대한 간단한 뼈대 계층 구조를 보여준다. 척추 본은 루트 본의 자식이며 차례로 왼쪽 및 오른쪽 엉덩이 본은 척추 본의 자식이다.

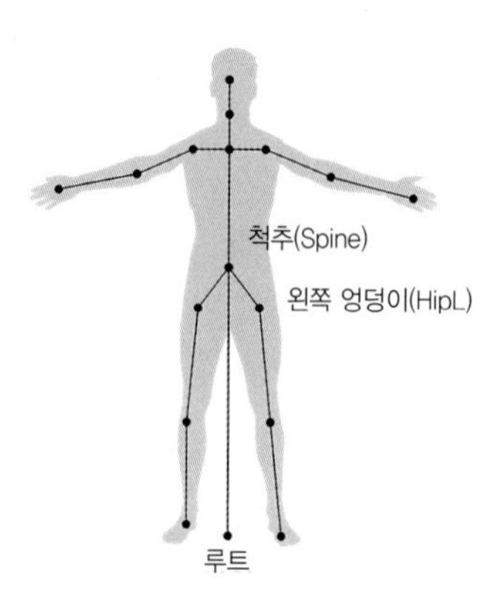

그림 12.1 본에 라벨 표시가 있는 기본 뼈대를 가진 캐릭터

이 본 계층 구조는 해부학을 모방한다. 예를 들어 사람이 자신의 어깨를 회전하면 팔은 그 회전을 따른다. 게임 뼈대를 사용해서 이를 표현하면 어깨 본이 팔꿈치 본의 부모이며, 팔꿈치 본은 손목 본의 부모이며, 손목 본은 손가락 본의 부모라고 말할 수 있다.

뼈대가 주어졌을 때 **포즈**pose는 뼈대의 설정을 표현한다. 예를 들어 캐릭터가 애니메이션으로 손을 흔들어 인사한다면 캐릭터의 손 본을 올려서 흔드는 애니메이션 안에 하나 이상의 포즈가 있다. 애니메이션은 시간 경과에 따라 뼈대가 전환되는 일련의 포즈 모음이다.

바인딩 포즈binding pose는 애니메이션을 적용하기 전 뼈대의 기본 포즈다. 바인딩 포즈에 대한 또 다른 용어로 t-포즈를 사용한다. 왜냐하면 일반적으로 캐릭터의 몸체가 바인딩 포즈에서 그림 12.1처럼 T 모양을 구성하기 때문이다. 아티스트는 캐릭터 모델을 만든 뒤 이 바인드 포즈 설정처럼 보이도록 만든다.

바인딩 포즈가 일반적으로 T처럼 보이는 이유는 12장의 후반부에서 설명하겠지만 본과 버텍스를 연관시키기가 쉽기 때문이다.

뼈대에서 본의 부모/자식 관계를 지정하는 것 외에도 각 본의 위치와 방향도 지정해야 한다. 3D 모델에서 각 버텍스는 모델의 오브젝트 공간 중심에 상대적인 위치였다는 걸 떠올리자. 휴머노이드 캐릭터의 경우 오브젝트 공간 원점의 일반적인 위치는 바인드 포즈상에서 캐릭터의 발 사이에 있다. 원점이 뼈대의 루트 본 위치와 일치하는 것은 우연이 아니다.

뼈대의 각 본은 2가지 방식으로 위치와 방향을 설명할 수 있다. **전역 포즈**global pose는 오브젝트 공간 원점에 상대적이다. 반대로 **로컬 포즈**local pose는 부모 본에 상대적이다. 루트 본은 부모가 없으므로 로컬 포즈와 전역 포즈는 동일하다. 즉 루트 본의 위치와 방향은 항상 오브젝트 공간 원점을 기준으로 한다.

모든 본에 로컬 포즈 데이터를 저장한다고 가정하자. 위치와 방향을 나타내는 한 가지 방법은 변환 행렬을 사용하는 것이다. 본의 좌표계에 있는 한 점은 이 로컬 포즈 변환 행렬을 사용해서 부모 본의 좌표계로 변환하는 것이 가능하다.

각 본이 로컬 포즈 행렬을 가지며 부모/자식 관계의 계층 구조가 주어지면 본에 대한 전역 포즈 행렬을 계산하는 것이 가능하다. 예를 들어 척추 본의 부모는 루트 본이다. 그래서 척추 본의 로컬 포즈 행렬은 루트 본을 기준으로 한 위치와 방향이다. 앞에서 정했듯이 루트 본의 로컬 포즈 행렬은 전역 포즈 행렬에 해당한다. 그래서 척추 본의 로컬 포즈 행렬을 루트 본의 전역 포즈 행렬로 곱하면 척추 본을 오브젝트 공간으로 변환하는 전역 포즈 행렬을 구할 수 있게 된다.

$$\left[SpineGlobal\right]=\left[SpineLocal\right]\left[RootGlobal\right]$$

척추 본의 좌표계에 한 점이 주어졌을 때 척추 본의 전역 포즈 행렬을 사용하면 해당 점은 오브젝트 공간 좌표로 변환된다.

마찬가지로 부모가 척추인 왼쪽 엉덩이의 전역 포즈 행렬을 얻기 위한 계산은 다음과 같다.

$$\begin{aligned}\left[HipLGlobal\right]&=\left[HipLLocal\right]\left[SpineLocal\right]\left[RootGlobal\right]\\\left[HipLGlobal\right]&=\left[HipLLocal\right]\left[SpineGlobal\right]\end{aligned}$$

로컬 포즈는 항상 전역 포즈로 변환 가능하므로 로컬 포즈만 저장하는 것이 합리적으로 보일 수 있다. 하지만 전역 형태로 일부 정보를 저장하면 프레임마다 요구되는 계산 수를 줄일 수 있다.

행렬로 본 포즈를 저장하는 것은 액터의 경우 잘 동작하지만, 본의 위치와 방향을 각각 벡터와 쿼터니언으로 분리한다. 이렇게 하는 주된 이유는 쿼터니언이 애니메이션

중에 본의 회전을 좀 더 정확히 보간해 주기 때문이다. 본 스케일링은 일반적으로 특이한 형태로 크기를 늘리거나 줄이는 카툰 형태의 캐릭터에서만 사용하므로 본 스케일링은 생략한다.

위치와 방향은 다음과 같은 BoneTransfom 구조체로 선언한다.

```
struct BoneTransform
{
   Quaternion mRotation;
   Vector3 mTranslation;
   // 행렬로 변환
   Matrix4 ToMatrix() const;
};
```

ToMatrix 함수는 변환을 행렬로 변환한다. ToMatrix는 멤버 데이터를 사용해서 회전 행렬과 이동 행렬을 만들고 이 행렬들을 곱한다. 이 함수는 직접 쿼터니언과 벡터 변수를 사용하기 때문에 많은 중간 계산이 필요하지만 최종적으로 그래픽 코드와 셰이더가 행렬을 사용하기 때문에 필수적인 함수다.

전체 뼈대를 정의하려면 각 본의 이름을 알아야 하며, 본의 부모와 본 변환을 알아야 한다. 본 변환은, 전체 뼈대가 바인드 포즈에 있을 때의 로컬 포즈(부모로부터의 변환)를 저장한다.

이 본들을 저장하는 한 가지 방법은 배열을 사용하는 것이다. 배열의 인덱스 0은 루트 본에 해당한다. 그리고 연속되는 본은 인덱스 번호로 부모를 참조한다. 예를 들어 그림 12.2에서 인덱스 1에 저장된 척추 본은 부모 인덱스 0을 가지고 있다. 루트 본이 척추본의 부모이기 때문이다. 마찬가지로 인덱스 2에 저장돼 있는 왼쪽 엉덩이 본에 인덱스 1의 부모가 있다.

인덱스	0	1	2	3	4
본	이름: Root 부모: –1 로컬 포즈: ...	이름: Spine 부모: 0 로컬 포즈: ...	이름: HipL 부모: 1 로컬 포즈: ...	이름: HipR 부모: 1 로컬 포즈: ...	...

그림 12.2 본의 배열로 표현된 뼈대

이 배열을 구성하는 본은 로컬 바인드 포즈 변환, 본 이름, 부모 인덱스를 포함하는 Bone 구조체로 표현된다.

```
struct Bone
{
   BoneTransform mLocalBindPose;
   std::string mName;
   int mParent;
};
```

그런 다음 뼈대를 구성하도록 본에 대한 std::vector를 정의하다. 루트 본은 자신의 부모를 −1로 설정한다. 하지만 모든 다른 본은 배열의 특정 인덱스 값으로 부모를 지정한다. 나중에 계산을 간소화하려면 부모는 자신의 자식 본보다 배열상에서 인덱스 값이 앞쪽에 있어야 한다. 예를 들어 왼쪽 엉덩이가 척추의 자식이라면 왼쪽 엉덩이가 척추보다 더 낮은 인덱스를 가지는 경우는 없어야 한다.

뼈대 데이터를 저장하는 JSON 기반 파일 포맷은 이 표현을 직접 반영한다. 리스트 12.1은 최초 2개의 본, 루트와 골반을 보여주는 뼈대 파일의 일부다.

리스트 12.1 뼈대 데이터 파일의 시작부

```
{
   "version":1,
   "bonecount":68,
   "bones":[
      {
         "name":"root",
         "parent":-1,
         "bindpose":{
            "rot":[0.000000,0.000000,0.000000,1.000000],
            "trans":[0.000000,0.000000,0.000000]
         }
      },
      {
         "name":"pelvis",
         "parent":0,
         "bindpose":{
```

```
            "rot":[0.001285,0.707106,-0.001285,-0.707106],
            "trans":[0.000000,-1.056153,96.750603]
          }
      },
      // ...
    ]
}
```

인버스 바인드 포즈 행렬

뼈대에 저장된 로컬 바인드 포즈 정보를 사용하면 앞서 설명한 바와 같이 행렬 곱을 사용해서 본에 대한 모든 전역 바인드 포즈 행렬을 쉽게 계산할 수 있다. 본의 좌표 공간에 점이 주어졌을 때 이 전역 바인드 포즈 행렬를 곱하면 점은 오브젝트 공간으로 변환된다. 이 상황은 뼈대가 바인드 포즈에 있다는 것을 가정한다.

본에 대한 **인버스 바인드 포즈 행렬**inverse bind pose matrix은 단순히 전역 바인드 포즈 행렬의 역행렬이다. 오브젝트 공간에 한 점이 주어졌을 때 해당 점에 인버스 바인드 포즈 행렬을 곱하면 해당점은 본의 좌표 공간으로 변환된다. 모델의 버텍스 좌표를 본의 공간 좌표로 변환하는 것은 실제로 매우 유용하다. 왜냐하면 모델의 버텍스는 오브젝트 공간에 존재하며 바인드 포즈상에서의 위치이기 때문이다. 그래서 인버스 바인드 포즈 행렬은 모델의 버텍스를 특정 본의 좌표 공간(바인드 포즈상의)으로 변환시켜 준다.

예를 들어 척추 본의 전역 바인드 포즈 행렬은 다음과 같이 계산한다.

$$[SpineBind]=[SpineLocalBind][RootBind]$$

전역 바인드 포즈 행렬에 대한 인버스 바인드 포즈 행렬은 다음과 같다.

$$[SpineInvBind]=[SpineBind]^{-1}\left(=[SpineLocalBind][RootBind]\right)^{-1}$$

인버스 바인드 포즈 행렬의 계산은 간단하게 두 단계를 거친다. 먼저 이전 절의 곱하기 절차를 사용해서 각 본의 전역 바인드 포즈 행렬을 계산한다. 그리고 인버스 바인드 포즈 행렬을 얻기 위해 각 본의 전역 바인드 포즈 행렬의 역행렬을 구한다.

각 본에 대한 인버스 바인드 포즈 행렬은 변하지 않으므로 뼈대를 로드할 때 이 행렬을 미리 계산해두면 좋다.

애니메이션 데이터

뼈대의 바인드 포즈는 각 본의 로컬 포즈로 표현할 수 있듯이 뼈대의 임의의 포즈에 대한 표현도 가능하다. 좀 더 구체적으로 말해서, 뼈대의 현재 포즈는 각 본의 로컬 포즈 모음이다. 그리고 **애니메이션**은 시간이 지남에 따라 플레이되는 일련의 포즈다. 개발자는 바인드 포즈를 사용해서 각 본의 로컬 포즈를 전역 포즈 행렬로 변환한다.

개발자는 이 애니메이션 데이터를 본 변환으로 구성된 동적 배열에 저장한다. 이 경우에 행은 본에 해당하고 열은 애니메이션의 프레임에 해당한다.

프레임 단위로 애니메이션을 저장하는 것과 관련된 한 가지 문제는 애니메이션의 프레임 레이트가 게임의 프레임 레이트와 동일하지 않다는 점이다. 예를 들어 게임은 60FPS로 갱신하지만 애니메이션은 30FPS로 갱신할 수 있다. 애니메이션 코드가 프레임마다 애니메이션의 재생 시간을 추적한다면 델타 시간으로 애니메이션을 갱신할 수 있다. 하지만 게임은 애니메이션 두 프레임 사이에서도 보간된 애니메이션 연출을 원할 수 있다. 이를 지원하기 위해 BoneTransform에 정적 함수인 Interpolate를 추가한다.

```
BoneTransform BoneTransform::Interpolate(const BoneTransform& a,
   const BoneTransform& b, float f)
{
   BoneTransform retVal;
   retVal.mRotation = Quaternion::Slerp(a.mRotation, b.mRotation, f);
   retVal.mTranslation = Vector3::Lerp(a.mTranslation,
   b.mTranslation, f);
   return retVal;
}
```

이 함수는 게임이 애니메이션 프레임 사이의 현재 로컬 포즈를 얻기 위해 애니메이션 두 프레임의 본 변환을 보간한다.

스키닝

스키닝skinning은 3D 모델의 버텍스를 뼈대에 있는 하나 이상의 본과 연관시키는 작업을 의미한다(애니메이션이 아닌 상황에서의 스키닝이라는 용어와는 뜻이 다르다). 이 작업을 하면 버텍스를 그릴 경우 관련 있는 본의 위치와 방향이 버텍스의 위치에 **영향**을 준다. 모델의 스키닝 정보는 게임 중에 변하지 않으며, 이 정보는 버텍스의 속성으로 저장된다.

스키닝의 일반적인 구현에서 각 버텍스는 4개의 서로 다른 본과 연관된다. 이 본 각각의 연관에는 가중치가 존재해서 4개의 본 각각이 버텍스에 얼마나 영향을 미치는지를 지정할 수 있다. 이 가중치는 합계가 1이어야 한다. 예를 들어 척추 본과 왼쪽 엉덩이 본은 캐릭터의 몸통 왼쪽 하단부에 있는 버텍스에 영향을 미칠 것이다. 버텍스가 척추에 더 가깝다면 척추 본은 0.7의 가중치를 가지며, 엉덩이 본은 0.3의 가중치를 가질 수 있다. 버텍스가 자신에 영향을 미치는 본을 하나만 가지고 있다면 그 하나의 본은 1.0의 가중치를 가진다.

지금은 본과 스키닝의 가중치를 위한 버텍스 속성을 추가하는 방법에 관해서는 신경쓰지 말자. 대신 버텍스에 영향을 미치는 하나의 본만을 가진 버텍스의 예를 고려해보자. 모델은 바인드 포즈로 구성되며 버텍스 버퍼에 저장된 버텍스는 오브젝트 공간에 존재한다. 하지만 임의의 포즈 *P*에서 모델을 그리려 한다면 바인드 포즈 기준 오브젝트 공간에 있는 각 버텍스를 현재 포즈인 *P*의 오브젝트 공간으로 변환해야 한다.

이 예를 구체화하기 위해 버텍스 v에 대한 유일한 본 영향이 척추 본이라고 가정한다. 이전 계산을 통해 척추에 대한 인버스 바인드 포즈 행렬은 이미 알고 있다. 또한 애니메이션 데이터로부터 현재 포즈 *P*에 대한 척추의 전역 포즈 행렬 계산도 가능하다. v를 현재 포즈의 오브젝트 공간으로 변환하기 위해 우선 v를 바인드 포즈상에서 척추의 로컬 공간으로 변환한다. 그런 다음 변환된 v를 현재 포즈의 오브젝트 공간으로 변환한다. 수학적으로는 다음과 같다.

$$v_{InCurrentPose} = v\left(\left[SpineBind\right]^{-1}\left[SpineCurrentPose\right]\right)$$

이제 v가 2개의 본에 영향을 받는다고 가정하자. 척추는 0.75의 가중치를 가지며 왼쪽 엉덩이는 0.25의 가중치를 가진다. 이 경우의 현재 포즈상의 v를 계산하려면 각 본의 현재 포즈 버텍스를 별도로 계산한 뒤 가중치를 사용해서 버텍스들을 보간해야 한다.

$$v_0 = v\left(\left[SpineBind\right]^{-1}\left[SpineCurrentPose\right]\right)$$
$$v_1 = v\left(\left[HipLBind\right]^{-1}\left[HipLCurrentPose\right]\right)$$
$$v_{InCurrentPose} = 0.75 \cdot v_0 + 0.25 \cdot v_1$$

마찬가지로 4개의 다른 본에 영향을 받는 버텍스에 대해서도 계산 확장이 가능하다.

척추와 같은 일부 본은 캐릭터 모델의 수백 개의 버텍스에 영향을 미친다. 이 각각의 버텍스를 위해서 척추의 인버스 바인드 포즈 행렬과 현재 포즈 행렬과의 곱을 매번 재계산하는 것은 불필요한 낭비다. 단일 프레임에서 이 곱셈의 결과는 결코 변경되지 않기 때문이다. **행렬 팔레트**matrix palette라는 행렬 배열을 미리 생성해두면 불필요한 계산을 줄이는 것이 가능하다. 이 배열의 각 인덱스에는 인덱스에 해당하는 본의 인버스 바인드 포즈 행렬과 현재 포즈 행렬의 곱셈 결과가 들어 있다.

예를 들어 척추가 본 배열의 인덱스 1에 있으면 행렬 팔레트의 인덱스 1에는 다음과 같은 행렬이 포함된다.

$$MatrixPalette[1] = \left[SpineBind\right]^{-1}\left[SpineCurrentPose\right]$$

이제 미리 계산된 팔레트 행렬을 사용해서 버텍스에 적용하는 것이 가능해졌다. 척추에만 영향을 받는 버텍스의 경우 버텍스가 현재 포즈로 변환된 위치는 다음과 같다.

$$v_{InCurrentPose} = v\left(MatrixPalette[1]\right)$$

이 행렬 팔레트를 사용하면 프레임마다 수천 개의 행렬 곱셈을 생략할 수 있다.

뼈대 애니메이션 구현

수학적 기초를 마련했으므로 이제 게임에 뼈대 애니메이션 지원을 추가해보자. 먼저 스키닝 모델이 필요로 하는 버텍스 속성(본의 영향 및 가중치)을 추가한다. 그런 다음 바인드 포즈에 모델을 그린다. 그리고 뼈대를 로드하는 기능을 추가하고 각 본에 대한 인버스 바인드 포즈를 계산한다. 그런 다음 애니메이션의 현재 포즈 행렬을 계산하고 행렬 팔레트를 저장한다. 이 작업을 하면 애니메이션의 첫 번째 프레임의 모델을 그리는 것이 가능해진다. 마지막으로 델타 시간 기반으로 애니메이션을 갱신하는 지원을 추가한다.

스키닝 버텍스 속성으로 그리기

다양한 버텍스 속성을 가진 모델을 그리는 것은 어렵지 않다 하더라도 6장 '3D 그래픽스'에서는 하나의 버텍스 레이아웃만 사용한다고 가정했다. 6장에서는 모든 3D 모델이 위치와 법선, 그리고 텍스처 좌표를 사용했다. 새로운 스키닝 버텍스 속성에 대한 지원을 추가하려면 중요한 변경 사항이 필요하다.

먼저 Skinned.vert라는 새로운 버텍스 셰이더를 생성한다. 셰이더는 C++가 아니라 GLSL로 작성한다. 새 프래그먼트 셰이더는 사용하지 않으며 대신 6장의 퐁 프래그먼트 셰이더를 사용해서 픽셀에 광원 효과를 준다. Skinned.vert의 초기 내용은 Phong.vert의 복사본으로 시작한다. 버텍스 셰이더는 각 입력 버텍스에서 기대하는 버텍스 레이아웃을 지정해야 한다. 그러므로 다음과 같이 Skinned.vert에서 버텍스 레이아웃의 선언을 변경해야 한다.

```
layout(location = 0) in vec3 inPosition;
layout(location = 1) in vec3 inNormal;
layout(location = 2) in uvec4 inSkinBones;
layout(location = 3) in vec4 inSkinWeights;
layout(location = 4) in vec2 inTexCoord;
```

이 선언 세트는 버텍스 레이아웃이 위치에 대해서는 3개의 float, 법선에 대해서 3개의 float, 버텍스에 영향을 미치는 본에 대해서는 4개의 unsigned int, 이 본 영향의 가중치로 4개의 float, 그리고 텍스처 좌표로 2개의 float를 가진다는 걸 뜻한다.

위치와 법선, 그리고 텍스처 좌표를 가진 이전 버텍스 레이아웃은 모든 값에 대해 단정밀도 부동 소수점(각각 4바이트)을 사용한다. 그러므로 옛 버텍스 레이아웃은 32바이트 크기를 가진다. 새 버텍스 레이아웃은 스키닝 가중치에 단 정밀도 부동 소수점을 사용하고 스키닝 본에 32비트 정수를 사용하면 32바이트가 더 추가돼 메모리에서 각 버텍스의 크기는 2배로 증가한다.

하지만 모델에서 본의 수를 256개로 제한하면 버텍스 크기의 최적화가 가능해진다. 이렇게 제한을 두면 본의 인덱스 범위는 0에서 255로 한정이 되며, 본을 1바이트로 표현할 수 있기 때문이다. 이를 통해 `inSkinBones`의 크기는 16바이트에서 4바이트로 줄어든다. 또한 스키닝 가중치도 0에서 255의 범위에 있도록 지정하면 OpenGL은 자동적으로 0-255 범위를 정규화된 부동 소수점 범위인 0.0-1.0으로 변환해준다. 이를 통해 `inSkinWeights`도 4바이트 크기로 줄이는 것이 가능하다. 즉 각 버텍스의 전체 크기는 옛 버텍스 레이아웃의 32바이트 크기와 스키닝 본과 가중치를 위한 추가 8바이트의 합이 된다. 그림 12.3은 이 새로운 버텍스 레이아웃을 보여준다.

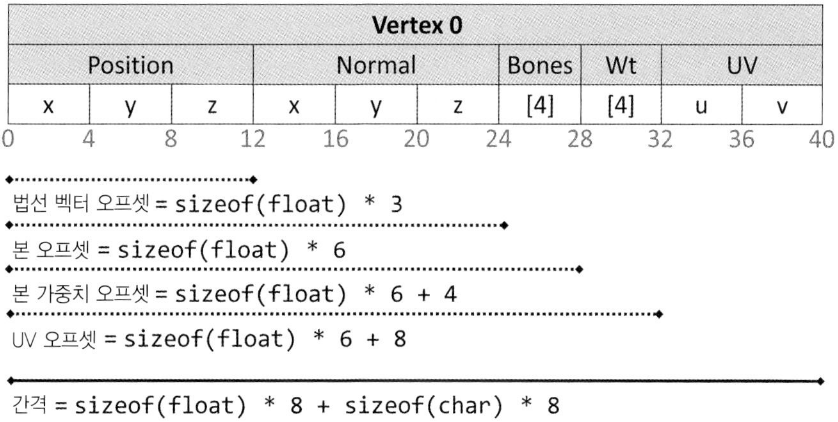

Vertex 0									
Position			Normal			Bones	Wt	UV	
x	y	z	x	y	z	[4]	[4]	u	v

0 4 8 12 16 20 24 28 32 36 40

법선 벡터 오프셋 = `sizeof(float) * 3`

본 오프셋 = `sizeof(float) * 6`

본 가중치 오프셋 = `sizeof(float) * 6 + 4`

UV 오프셋 = `sizeof(float) * 6 + 8`

간격 = `sizeof(float) * 8 + sizeof(char) * 8`

그림 12.3 버텍스에 영향을 미치는 본과 본의 가중치가 추가된 버텍스 레이아웃

`inSkinBones`과 `inSkinWeights`의 메모리 사용률을 줄이기 위해 셰이더 코드에서 특별히 변경해야 할 작업은 없다. 대신에 C++ 코드에서 버텍스 배열 속성을 정의할 때 이 속성의 추정 크기를 지정해야 한다. 5장 'OpenGL'에서 버텍스 배열 속성에 대한 정의는 `VertexArray` 생성자에서 했음을 떠올리자. 다른 타입의 버텍스 레이아웃을 지원하기 위해 `VertexArray.h`의 `VertexArray` 클래스 선언에 새로운 열거형을 추가한다.

```
enum Layout
{
   PosNormTex,
   PosNormSkinTex
};
```

그런 다음 VertexArray 생성자를 수정해서 파라미터로 레이아웃을 받도록 한다. 그리고 생성자 코드에서 레이아웃을 확인해서 버텍스 배열 속성을 정의하는 방법을 결정하게 한다. PosNormTex의 경우 이전에 작성한 버텍스 속성 코드를 사용한다. 레이아웃이 PosNormSkinTex이라면 리스트 12.2와 같은 레이아웃을 정의한다.

리스트 12.2 VertexArray 생성자에서 버텍스 속성 선언하기

```
if (layout == PosNormTex)
{ /* 6장과 동일 */ }
else if (layout == PosNormSkinTex)
{
   // 위치는 3개의 float
   glEnableVertexAttribArray(0);
   glVertexAttribPointer(0, 3, GL_FLOAT, GL_FALSE, vertexSize, 0);
   // 법선은 3개의 float
   glEnableVertexAttribArray(1);
   glVertexAttribPointer(1, 3, GL_FLOAT, GL_FALSE, vertexSize,
      reinterpret_cast<void*>(sizeof(float) * 3));

   // 스키닝 본 (int)
   glEnableVertexAttribArray(2);
   glVertexAttribIPointer(2, 4, GL_UNSIGNED_BYTE, vertexSize,
      reinterpret_cast<void*>(sizeof(float) * 6));
   // 스키닝 가중치 (float로 변환)
   glEnableVertexAttribArray(3);
   glVertexAttribPointer(3, 4, GL_UNSIGNED_BYTE, GL_TRUE, vertexSize,
      reinterpret_cast<void*>(sizeof(float) * 6 + 4));

   // 텍스처 좌표
   glEnableVertexAttribArray(4);
   glVertexAttribPointer(4, 2, GL_FLOAT, GL_FALSE, vertexSize,
```

```
    reinterpret_cast<void*>(sizeof(float) * 6 + 8));
}
```

처음 두 속성 위치와 법선에 대한 선언은 6장과 같다. glVertexAttribPointer 파라미터는 속성 번호, 속성 요소의 수, 속성 타입(메모리상의), OpenGL이 값을 정규화해야 하는지 여부, 버텍스의 크기(간격), 그리고 버텍스 시작점으로부터 해당 속성 직전까지의 바이트 오프셋이다. 위치와 법선은 둘 다 3개의 float 값으로 구성된다.

다음으로 스키닝 본과 가중치 속성을 정의한다. 본에 대해서는 셰이더에서 정숫값으로 사용하도록 glVertexAttribIPointer를 사용한다. inSkinBones는 4개의 부호 없는 정수를 사용하므로 일반적으로 사용하는 Attrib 버전 대신 AttribI 함수를 사용해야 한다. 여기서는 각 정수를 unsigned byte(0에서 255 범위)로 지정한다. 가중치의 경우 각 값이 unsigned byte로 메모리에 저장되지만, 이 값을 0.0에서 1.0 범위의 float 값으로 변환해야 한다.

마지막으로 텍스처 좌표는 버텍스 레이아웃의 뒷부분에 선언됐으며 오프셋값이 변경된 것을 제외하고 6장과 같다.

일단 버텍스 속성을 정의하면 그 다음 해야 할 작업은 스키닝 버텍스 속성을 가진 gpmesh 파일을 로드하는 메시 파일 로딩 코드를 수정하는 것이다(12장에서는 간결함을 위해 파일 로딩에 대한 코드는 생략한다. 하지만 늘 그렇듯이 소스 코드는 12장의 해당 게임 프로젝트에서 이용 가능하다).

다음으로 리스트 12.3처럼 MeshComponent를 상속한 SkeletalMeshComponent 클래스를 선언한다. 현재의 클래스는 베이스 클래스인 MeshComponent의 행동을 재정의하지 않는다. 그래서 현재의 Draw 함수는 단순히 MeshComponent::Draw를 호출한다. 이 부분은 애니메이션 재생을 시작할 때 변경할 것이다.

리스트 12.3 SkeletalMeshComponent 선언

```
class SkeletalMeshComponent : public MeshComponent
{
public:
   SkeletalMeshComponent(class Actor* owner);
   // 메시 컴포넌트를 그린다
```

```
    void Draw(class Shader* shader) override;
};
```

그리고 메시와 뼈대 메시를 구분하기 위해 Renderer 클래스를 변경한다. 특히 SkeletalMeshComponent 객체의 포인터를 담기 위한 별도의 std::vector를 만든다. 그리고 Renderer::AddMesh, RemoveMesh 함수를 수정해서 주어진 메시를 일반 MeshComponent* 벡터나 SkeletalMeshComponent* 벡터에 추가할 수 있게 한다(이를 지원하기 위해 MeshComponent에 mIsSkeletal 멤버 변수를 추가해서 메시가 뼈대인지 아닌지 여부를 판별한다).

다음으로 Renderer::LoadShader에서 스키닝 버텍스 셰이더와 퐁 프래그먼트 셰이더를 로드한다. 그리고 mSkinnedShader 멤버 변수에 결괏값인 셰이더 프로그램을 저장한다.

마지막으로 Renderer::Draw에서는 일반 메시를 그린 후에 모든 뼈대 메시를 그린다. 코드는 뼈대 메시 셰이더를 사용하는 것을 제외하고는 6장의 일반 메시 그리기 코드와 거의 동일하다.

```
// 스키닝 메시 그리기
mSkinnedShader->SetActive();
// 뷰-투영 행렬 갱신
mSkinnedShader->SetMatrixUniform("uViewProj", mView * mProjection);
// 조명 유니폼 갱신
SetLightUniforms(mSkinnedShader);
for (auto sk : mSkeletalMeshes)
{
    if (sk->GetVisible())
    {
        sk->Draw(mSkinnedShader);
    }
}
```

지금까지 설명한 코드를 토대로 이제 스키닝 버텍스 속성을 가진 모델을 그림 12.4처럼 화면에 그리는 것이 가능하다. 12장에서 사용된 캐릭터 모델은 파이어 오버슨Pior

Oberson이 제작한 고양이 검사 모델이다. 모델 파일은 12장 게임 프로젝트의 Assets 디렉토리에 CatWarrior.gpmesh로 저장돼 있다.

캐릭터는 오른쪽을 향한다. 왜냐하면 모델의 바인드 포즈는 +y 축을 향하는데, 12장의 게임에서는 +x 축을 전방으로 사용하기 때문이다. 그러나 애니메이션은 모델을 +x 축으로 바라보도록 회전시킨다. 그래서 애니메이션을 재생하면 모델은 올바른 방향을 향할 것이다.

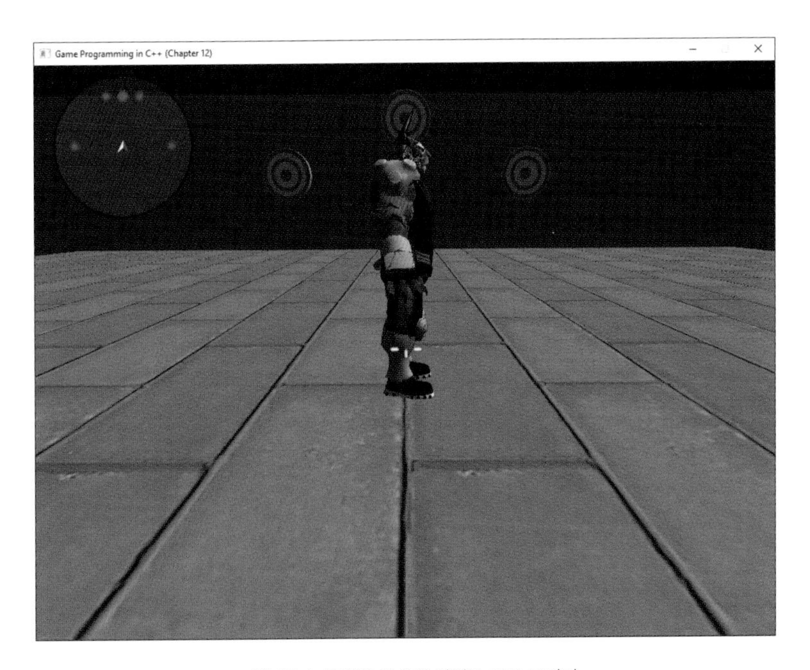

그림 12.4 고양이 검사의 바인드 포즈 그리기

뼈대 로딩

스키닝 모델을 이제 그릴 수 있으므로 다음으로 해야 할 일은 뼈대를 로드하는 것이다. gpskel 파일 포맷은 본과 본의 부모, 그리고 바인드 포즈상의 모든 본에 대한 로컬 포즈 변환을 정의한다. 뼈대 데이터를 캡슐화하기 위해 리스트 12.4처럼 Skeleton 클래스를 선언한다.

리스트 12.4 Skeleton 선언

```
class Skeleton
{
public:
   // 뼈대상에 있는 각 본의 정의
   struct Bone
   {
      BoneTransform mLocalBindPose;
      std::string mName;
      int mParent;
   };
   // 파일로부터 로드
   bool Load(const std::string& fileName);

   // Get 함수들
   size_t GetNumBones() const { return mBones.size(); }
   const Bone& GetBone(size_t idx) const { return mBones[idx]; }
   const std::vector<Bone>& GetBones() const { return mBones; }
   const std::vector<Matrix4>& GetGlobalInvBindPoses() const
       { return mGlobalInvBindPoses; }
protected:
   // 각 본의 전역 인버스 바인드 포즈 계산
   // (뼈대를 로드할 때 호출됨)
   void ComputeGlobalInvBindPose();
private:
   // 뼈대를 구성하는 본
   std::vector<Bone> mBones;
   // 각 본의 전역 인버스 바인드 포즈
   std::vector<Matrix4> mGlobalInvBindPoses;
};
```

Skeleton의 멤버 변수로 전역 인버스 바인드 포즈 행렬을 저장하는 std::vector와 모든 본을 저장하는 std::vector를 선언한다. Load 함수는 gpmesh 파일을 파싱해 해당 파일을 12장 초반부에서 설명한 본 포맷의 벡터로 변환하는데, 특별히 주목할 부분은 없다(다른 JSON 파일 로딩 코드와 마찬가지로 코드는 생략한다. 하지만 책의 깃허브 저장소 프로젝트에서 코드를 확인할 수 있다).

뼈대 파일을 성공적으로 로드하면 함수는 ComputeGlobalInvBindPose 함수를 호출한다. 이 함수는 모든 본의 전역 인버스 바인드 포즈 행렬을 계산하기 위해 행렬 곱셈을 한다.

12장의 초반부에서 설명한 바 있듯이 여기서는 2단계 접근법을 사용한다. 먼저 각 본의 전역 바인드 포즈 행렬을 계산한다. 그런 다음 본 행렬(전역 바인드 포즈 행렬)의 역행렬을 구해서 인버스 바인드 포즈 행렬을 얻는다. 리스트 12.5는 ComputeGlobalInvBindPose의 구현을 보여준다.

리스트 12.5 ComputeGlobalInvBindPose 구현

```
void Skeleton::ComputeGlobalInvBindPose()
{
   //본의 수를 재조정한다. 본은 자동적으로 초기화된다
   mGlobalInvBindPoses.resize(GetNumBones());

   // 단계 1: 각 본의 전역 바인드 포즈를 계산한다
   // 루트의 전역 바인드 포즈는 로컬 바인드 포즈다
   mGlobalInvBindPoses[0] = mBones[0].mLocalBindPose.ToMatrix();

   // 나머지 본의 전역 바인드 포즈는 자신의 로컬 포즈와 부모의 전역 바인드 포즈와의 곱이다
   for (size_t i = 1; i < mGlobalInvBindPoses.size(); i++)
   {
      Matrix4 localMat = mBones[i].mLocalBindPose.ToMatrix();
      mGlobalInvBindPoses[i] = localMat *
         mGlobalInvBindPoses[mBones[i].mParent];
   }

   // 단계 2: 각 행렬의 역행렬을 구한다
   for (size_t i = 0; i < mGlobalInvBindPoses.size(); i++)
   {
      mGlobalInvBindPoses[i].Invert();
   }
}
```

친숙한 로딩 패턴을 사용해서 데이터 파일을 Skeleton 객체에 로드했다면 다음으로 Game 클래스에 Skeleton 포인터에 대한 unordered_map을 추가하고, 맵에 뼈대를 추

가하는 코드와 맵에서 뼈대를 찾는 코드를 추가한다.

마지막으로 각 SkeletalMeshComponent는 자신과 관련된 뼈대를 알아야 하므로 SkeletalMeshComponent의 멤버 데이터에 Skeleton 포인터를 추가한다. 그런 다음 SkeletalMeshComponent 객체를 생성할 때 이 객체에 적당한 뼈대를 할당한다.

안타깝지만 Skeleton 코드의 추가는 바인드 포즈상의 캐릭터 모델을 그렸을 때와 현저한 시각적 차이를 보여주지 못한다. 눈에 띄는 변화를 확인하려면 더 많은 작업을 해야 한다.

애니메이션 데이터 로딩

이 책에서 사용하는 애니메이션 파일 포맷은 JSON이다. 애니메이션 파일은 관련 뼈대의 본의 개수뿐만 아니라 프레임의 수와 애니메이션의 재생 시간(초 단위에서) 같은 몇 가지 기본 정보를 포함한다. 파일의 나머지 부분은 애니메이션 시 모델의 본에 대한 로컬 포즈 정보다. 파일은 프레임마다 각 본에 대한 포즈 정보를 포함한 **트랙**이라는 데이터로 구성돼 있다(용어 트랙은 비디오나 사운드 편집기 같은 시간에 기반을 둔 편집기로부터 유래됐다). 뼈대가 10개의 본을 가지며 50프레임이라면 애니메이션에는 10개의 트랙이 있으며 각 트랙에는 본에 대한 50개의 포즈를 가진다. 리스트 12.6은 이 gpanim 데이터 포맷에 대한 기본 레이아웃을 보여준다.

리스트 12.6 애니메이션 데이터 파일의 시작부

```
{
   "version":1,
   "sequence":{
      "frames":19,
      "duration":0.600000,
      "bonecount":68,
      "tracks":[
         {
            "bone":0,
            "transforms":[
               {
                  "rot":[-0.500199,0.499801,-0.499801,0.500199],
                  "trans":[0.000000,0.000000,0.000000]
```

```
                },
                {
                    "rot":[-0.500199,0.499801,-0.499801,0.500199],
                    "trans":[0.000000,0.000000,0.000000]
                },
                // 프레임별 추가 변환
                // ...
            ],
            // 각 본의 추가 트랙
            // ...
        }
    ]
  }
}
```

이 포맷은 모든 본이 트랙을 가지는 것을 보장하지 않는다. 이런 이유로 각 트랙은 본 인덱스로 시작한다. 예를 들어 손가락과 같은 본은 해당 본에 애니메이션이 적용될 필요가 없다. 그런 경우 본은 트랙을 가지지 않아도 된다. 그러나 본이 트랙을 가진다면 트랙은 애니메이션의 프레임마다 로컬 포즈를 가져야 한다.

또한 각 트랙의 애니메이션 데이터는 마지막에 처음 프레임을 복제한 여분의 프레임을 포함한다. 그래서 위의 예제가 애니메이션의 재생 시간이 0.6초이며 19프레임으로 기술했다 하더라도 프레임 19는 프레임 0의 복사본이다. 그래서 실제로는 18프레임이며 이 경우 프레임 레이트는 정확히 30FPS가 된다. 이 복제 프레임은 애니메이션 루프를 좀 더 쉽게 구현할수 있게 도와주므로 포함한다.

뼈대와 마찬가지로 로딩된 애니메이션 데이터 저장하기 위해 새로운 클래스인 `Animation`을 선언한다. 리스트 12.7은 `Animation` 클래스의 선언을 보여준다. 멤버 데이터는 본의 수와 애니메이션의 프레임 수, 애니메이션 재생 시간, 그리고 각 본에 대한 포즈 정보를 담은 트랙을 포함한다. 다른 JSON 기반 파일 포맷의 경우와 마찬가지로 12장에서는 파일로부터 데이터를 로드하는 코드 부분은 생략하지만, `Animation` 클래스에 저장된 데이터는 gpanim 파일의 데이터를 제대로 반영한다.

리스트 12.7 Animation 클래스 선언

```
class Animation
{
public:
   bool Load(const std::string& fileName);

   size_t GetNumBones( ) const { return mNumBones; }
   size_t GetNumFrames( ) const { return mNumFrames; }
   float GetDuration( ) const { return mDuration; }
   float GetFrameDuration( ) const { return mFrameDuration; }

   // 애니메이션에서 특정 시간의 각 본에 대한
   // 현재 전역 포즈 행렬을 주어진 벡터에 채운다
   void GetGlobalPoseAtTime(std::vector<Matrix4>& outPoses,
      const class Skeleton* inSkeleton, float inTime) const;
private:
   // 애니메이션을 위한 본의 수
   size_t mNumBones;
   // 애니메이션의 프레임 수
   size_t mNumFrames;
   // 애니메이션 재생 시간(초 단위)
   float mDuration;
   // 애니메이션에서 각 프레임의 재생 시간
   float mFrameDuration;
   // 트랙의 각 프레임별 변환 정보
   // 외부 벡터의 인덱스는 본 인덱스이며, 내부 벡터의 인덱스는 프레임 인덱스다
   std::vector<std::vector<BoneTransform>> mTracks;
};
```

GetGlobalPoseAtTime 함수는 뼈대의 각 본에 대한 전역 포즈 행렬을 inTime으로 지정된 시간상에서 계산한다. 그런 다음 outPoses 행렬 벡터에 이 전역 포즈 행렬을 기록한다. 현재 이 함수는 inTime 파라미터는 무시하고 프레임 0에서 행렬을 얻는 것으로 하드코딩돼 있다. 프레임을 0으로 지정했으므로 게임은 화면에 그릴 수 있는 애니메이션의 첫번째 프레임을 얻게 된다. 12장 후반부의 '애니메이션 갱신' 절에서는 GetGlobalPoseAtTime 함수로 다시 돌아와서 이 함수를 제대로 구현해본다.

각 본에 대한 전역 포즈를 계산하려면 앞에서 설명했던 동일한 접근법을 따라야 한다. 먼저 루트 본의 전역 포즈를 구한다. 각 본의 전역 포즈는 로컬 포즈를 부모 본의 전역 포즈로 곱한 것이다. mTracks의 첫 번째 인덱스는 본 인덱스이며, 두 번째 인덱스는 애니메이션의 프레임에 해당한다. 그래서 GetGlobalPoseAtTime의 첫 번째 버전은 리스트 12.8처럼 두 번째 인덱스를 0으로 하드 코딩한다.

리스트 12.8 GetGlobalPoseAtTime 함수의 첫 번째 버전

```
void Animation::GetGlobalPoseAtTime(std::vector<Matrix4>& outPoses,
   const Skeleton* inSkeleton, float inTime) const
{
   // outPoses 벡터 크기 조정
   if (outPoses.size() != mNumBones)
   {
      outPoses.resize(mNumBones);
   }

   // 지금은 프레임 0의 모든 본에 대한 포즈를 계산한다
   const int frame = 0;
   // 루트의 포즈를 설정
   // 루트가 트랙을 가지고 있는가
   if (mTracks[0].size() > 0)
   {
      // 루트의 전역 포즈는 로컬 포즈와 같다
      outPoses[0] = mTracks[0][frame].ToMatrix();
   }
   else
   {
      outPoses[0] = Matrix4::Identity;
   }

   const std::vector<Skeleton::Bone>& bones = inSkeleton->GetBones();
   // 이제 모든 본의 전역 포즈 행렬을 계산한다
   for (size_t bone = 1; bone < mNumBones; bone++)
   {
      Matrix4 localMat; // 항등 행렬이 기본값
      if (mTracks[bone].size() > 0)
      {
         localMat = mTracks[bone][frame].ToMatrix();
```

```
        }

        outPoses[bone] = localMat * outPoses[bones[bone].mParent];
    }
}
```

모든 본이 트랙을 가지지는 않으므로 GetGlobalPoseAtTime 함수는 먼저 본이 트랙을 가지는지를 체크해야 한다. 본이 트랙을 가지고 있지 않다면 본의 로컬 포즈 행렬은 항등 행렬이어야 한다.

그리고 데이터를 저장할 맵을 생성하고 맵에 데이터를 캐싱하는 get 함수를 만든다. 이 맵은 Animation 포인터를 포함한다. 이 맵을 Game에 추가하자.

이제 SkeletalMeshComponent 클래스를 제작해서 기능을 추가한다. 각 본에 대한 행렬 팔레트는 인버스 바인드 포즈 행렬에 현재 포즈 행렬로 곱한 행렬을 저장했던 것을 떠올리자. 스키닝이 있는 버텍스의 위치를 계산할 때는 이 팔레트를 사용해야 한다. SkeletalMeshComponent 클래스는 현재 애니메이션의 재생을 추적하고 뼈대에 접근할 수 있으므로 이 클래스에 팔레트를 저장하는 것이 좋다. 먼저 다음과 같이 간단한 MatrixPalette 구조체를 선언한다.

```
const size_t MAX_SKELETON_BONES = 96;
struct MatrixPalette
{
    Matrix4 mEntry[MAX_SKELETON_BONES];
};
```

최대 본의 수로 96이라는 상수를 설정했지만 본 인덱스의 범위는 0에서 255까지 가능하므로 상숫값은 최대 256으로 올릴 수 있다.

그리고 현재 애니메이션, 애니메이션 재생 속도, 애니메이션의 현재 시간, 그리고 현재 행렬 팔레트를 기록하기 위해 SkeletalMeshComponent에 멤버 변수를 추가하자.

```
// 행렬 팔레트
MatrixPalette mPalette;
```

```
// 현재 재생되고 있는 애니메이션
class Animation* mAnimation;
// 애니메이션 재생 속도 (1.0이 정상 속도임)
float mAnimPlayRate;
// 애니메이션의 현재 시간
float mAnimTime;
```

다음으로 리스트 12.9처럼 현재 전역 포즈 행렬과 전역 인버스 바인드 포즈 행렬을 사용하는 ComputeMatrixPalette 함수를 작성하자. 이 행렬들을 서로 곱하면 각 본에 대한 행렬 팔레트 항목을 얻을 수 있다.

리스트 12.9 ComputeMatrixPalette 구현

```
void SkeletalMeshComponent::ComputeMatrixPalette()
{
   const std::vector<Matrix4>& globalInvBindPoses =
      mSkeleton->GetGlobalInvBindPoses();
   std::vector<Matrix4> currentPoses;
   mAnimation->GetGlobalPoseAtTime(currentPoses, mSkeleton,
      mAnimTime);

   // 각 본의 팔레트를 설정
   for (size_t i = 0; i < mSkeleton->GetNumBones(); i++)
   {
      // 전역 인버스 바인드 포즈 행렬 곱하기 현재 포즈 행렬
      mPalette.mEntry[i] = globalInvBindPoses[i] * currentPoses[i];
   }
}
```

마지막으로 애니메이션 재생 속도와 Animation 포인터를 인자로 받는 PlayAnimation 함수를 작성한다. 이 함수는 멤버 변수를 새롭게 설정한 뒤 ComputeMatrixPalette를 호출한다. 그리고 애니메이션 재생 시간을 반환한다.

```
float SkeletalMeshComponent::PlayAnimation(const Animation* anim,
                                           float playRate)
{
   mAnimation = anim;
```

```
    mAnimTime = 0.0f;
    mAnimPlayRate = playRate;

    if (!mAnimation) { return 0.0f; }
    ComputeMatrixPalette( );

    return mAnimation->GetDuration( );
}
```

이제 애니메이션 데이터를 로드하고 애니메이션 프레임 0에 대한 포즈 행렬을 계산할 수 있으며, 행렬 팔레트도 계산이 가능해졌다. 그러나 애니메이션의 현재 포즈는 여전히 화면상에 나타나지 않는다. 왜냐하면 버텍스 셰이더를 수정해야 하기 때문이다.

스키닝 버텍스 셰이더

5장에서 버텍스 셰이더 프로그램의 책임은 버텍스를 오브젝트 공간에서 클립 공간으로 변환하는 것이었다는 걸 떠올리자. 뼈대 애니메이션에서는 본의 영향과 현재 포즈를 고려하도록 버텍스 셰이더를 갱신해야 한다. 먼저 `Skinned.vert`에 행렬 팔레트를 위한 새로운 유니폼 선언을 추가한다.

```
uniform mat4 uMatrixPalette[96];
```

버텍스 셰이더가 행렬 팔레트를 가지면 이제 12장 초반부에서 설명한 스키닝 계산을 적용할 수 있다. 각 버텍스는 4개의 다른 본의 영향을 받으므로 4개의 다른 위치를 계산해야 한다. 그리고 각 본의 가중치를 토대로 4개의 위치를 블렌딩한다. 이 작업은 해당 점을 세계 공간으로 변환하기 전에 수행한다. 왜냐하면 스키닝 버텍스는 여전히 오브젝트 공간에 있기 때문이다(바인드 포즈상에 있지 않다).

리스트 12.10은 스키닝 버텍스 셰이더 프로그램의 main 함수를 보여준다. `inSkinBones`와 `inSkinWeights`는 각각 4개의 본 인덱스와 4개의 본 가중치다. x, y 등의 접근자는 단순히 첫 번째 본, 두 번째 본 등에 접근하기 위해 쓰인다. 버텍스의 보간된 스키닝 위치를 계산한 다음에는 해당 점을 세계 공간으로 변환하고, 그 다음 투영 공간으로 변환한다.

리스트 12.10 Skinned.vert main 함수

```
void main()
{
   // 위치를 동차 좌표로 변환
   vec4 pos = vec4(inPosition, 1.0);

   // 위치를 스키닝
   vec4 skinnedPos = (pos * uMatrixPalette[inSkinBones.x]) *
inSkinWeights.x;
   skinnedPos += (pos * uMatrixPalette[inSkinBones.y]) * inSkinWeights.y;
   skinnedPos += (pos * uMatrixPalette[inSkinBones.z]) * inSkinWeights.z;
   skinnedPos += (pos * uMatrixPalette[inSkinBones.w]) * inSkinWeights.w;
   // 위치를 세계 공간으로 변환
   skinnedPos = skinnedPos * uWorldTransform;
   // 세계 위치를 저장
   fragWorldPos = skinnedPos.xyz;
   // 클립 공간으로 변환
   gl_Position = skinnedPos * uViewProj;

   // 버텍스의 법선 벡터 스키닝
   vec4 skinnedNormal = vec4(inNormal, 0.0f);
   skinnedNormal =
      (skinnedNormal * uMatrixPalette[inSkinBones.x]) * inSkinWeights.x
    + (skinnedNormal * uMatrixPalette[inSkinBones.y]) * inSkinWeights.y
    + (skinnedNormal * uMatrixPalette[inSkinBones.z]) * inSkinWeights.z
    + (skinnedNormal * uMatrixPalette[inSkinBones.w]) * inSkinWeights.w;
   // 법선을 세계 공간으로 변환 (w = 0)
   fragNormal = (skinnedNormal * uWorldTransform).xyz;
   // 텍스처 좌표를 프래그먼트 셰이더로 전달
   fragTexCoord = inTexCoord;
}
```

마찬가지로 버텍스 법선 벡터도 스키닝하는 것이 필요하다. 이 작업을 하지 않으면 캐릭터가 움직일 때 조명이 올바르게 적용되지 않을 것이다.

그런 다음 C++ 코드 `SkeletalMeshComponent::Draw`로 돌아가서 `SkeletalMeshComponent`가 행렬 팔레트 데이터를 GPU로 복사하도록 다음과 같이 작업해준다.

```
shader->SetMatrixUniforms("uMatrixPalette", &mPalette.mEntry[0],
         MAX_SKELETON_BONES);
```

shader의 SetMatrixUniforms 함수는 유니폼의 이름, Matrix4에 대한 포인터, 그리고 전송할 행렬의 수를 인자로 받는다.

이제 애니메이션의 첫 프레임을 그리는 데 필요한 모든 것을 갖췄다. 그림 12.5는 CatActionIdle.gpanim 애니메이션의 첫 번째 프레임을 보여준다. 12장에서 사용한 이 애니메이션과 다른 애니메이션들 또한 파이어 오버슨Pior Oberson이 제작했다.

애니메이션 갱신

제대로 동작하는 뼈대 애니메이션 시스템을 구축하기 위한 마지막 단계는 델타 시간 기준으로 프레임마다 애니메이션을 갱신하는 것이다. 애니메이션에서 시간을 기준으로 포즈를 올바르게 얻어내도록 Animation 클래스를 변경하는 작업이 필요하다. 그리고 Update 함수를 SkeletalMeshComponent에 추가해야 한다.

그림 12.5 'action idle' 애니메이션의 첫번째 프레임을 연출하는 캐릭터

리스트 12.11의 GetGlobalPoseAtTime 함수는 이제 애니메이션의 모든 프레임을 사용하도록 수정됐다. 이 함수는 각 프레임의 지속 시간과 현재 시간으로 현재 시간 앞의 프레임frame과 현재 시간 다음의 프레임nextFrame을 찾아낸다. 그런 다음 두 프레임 사이의 정확한 위치를 지정하는 값을 0.0에서 1.0 범위의 값으로 계산한다. 이 작업을 통해 개발자는 애니메이션 프레임 레이트와 게임 프레임 레이트가 다른 문제를 해결할 수 있다. 이 분숫값을 얻고 나서는 전과 거의 동일하게 전역 포즈를 계산하면 된다. 하지만 프레임의 BoneTransform을 직접 사용하는 대신에 frame과 nextFrame의 본 변환을 보간해서 얻은 올바른 중간 포즈를 사용한다.

리스트 12.11 GetGlobalPoseAtTime의 최종 버전

```
void Animation::GetGlobalPoseAtTime(std::vector<Matrix4>& outPoses,
   const Skeleton* inSkeleton, float inTime) const
{
   if (outPoses.size() != mNumBones)
   {
      outPoses.resize(mNumBones);
   }
   // 현재 프레임 인덱스와 다음 프레임을 알아낸다
   // (inTime이 [0, AnimDuration] 경곗값 내부에 있다고 추정)
   size_t frame = static_cast<size_t>(inTime / mFrameDuration);
   size_t nextFrame = frame + 1;
   // 프레임과 다음 프레임 사이의 분숫값 계산
   float pct = inTime / mFrameDuration - frame;

   // 루트 본의 포즈 셋업
   if (mTracks[0].size() > 0)
   {
      // 현재 프레임의 포즈와 다음 프레임 포즈를 보간
      BoneTransform interp = BoneTransform::Interpolate(mTracks[0][frame],
         mTracks[0][nextFrame], pct);
      outPoses[0] = interp.ToMatrix();
   }
   else
   {
      outPoses[0] = Matrix4::Identity;
   }
```

```
    const std::vector<Skeleton::Bone>& bones = inSkeleton->GetBones();
    // 루트를 제외한 나머지 본의 포즈를 설정한다
    for (size_t bone = 1; bone < mNumBones; bone++)
    {
        Matrix4 localMat; // (항등 행렬로 초기화됨)
        if (mTracks[bone].size() > 0)
        {
            BoneTransform interp =
                BoneTransform::Interpolate(mTracks[bone][frame],
                    mTracks[bone][nextFrame], pct);
            localMat = interp.ToMatrix();
        }
        outPoses[bone] = localMat * outPoses[bones[bone].mParent];
    }
}
```

그런 다음 SkeletalMeshComponent에 Update 함수를 추가한다.

```
void SkeletalMeshComponent::Update(float deltaTime)
{
    if (mAnimation && mSkeleton)
    {
        mAnimTime += deltaTime * mAnimPlayRate;
        // 애니메이션 재생 시간을 초과하면 처음부터 다시 재생하도록 래핑한다
        while (mAnimTime > mAnimation->GetDuration())
        { mAnimTime -= mAnimation->GetDuration(); }

        // 행렬 팔레트 재계산
        ComputeMatrixPalette();
    }
}
```

여기서는 델타 시간과 애니메이션 재생 속도를 기반으로 mAnimTime을 갱신한다. 또한 애니메이션이 반복되도록 mAnimTime을 래핑한다. 앞에서 언급했듯이 애니메이션 데이터는 트랙의 마지막에 첫 번째 프레임을 복제했으므로 애니메이션은 마지막 프레임에서 처음 프레임으로 전환하는 경우에도 올바르게 동작한다.

마지막으로 Update는 ComputeMatrixPalette를 호출한다. 이 함수는 GetGlobalPoseAtTime 함수를 사용해서 해당 프레임에 대한 새 행렬 팔레트를 계산한다.

SkeletalMeshComponent는 컴포넌트이며, 소유자 액터는 프레임마다 이 컴포넌트의 Update를 호출한다. 그래서 게임 루프 '출력 생성' 단계에서는 SkeletalMeshComponent가 행렬 팔레트를 새롭게 갱신하며, 이를 통해 애니메이션은 드디어 화면상에서 연출된다!

게임 프로젝트

12장의 게임 프로젝트는 12장에서 설명한 대로 뼈대 애니메이션을 구현했다. 게임 프로젝트는 SkeletalMeshComponent, Animation 그리고 Skeleton 클래스를 포함하며 스키닝 버텍스 셰이더도 포함한다. 코드는 책의 깃허브 저장소 Chapter12 디렉토리에서 이용할 수 있다. 윈도우 운영체제에서는 Chapter12-windows.sln을 열고, 맥에서는 Chapter12-mac.xcodeproj을 열어 실행한다.

12장의 게임 프로젝트는 캐릭터가 보이도록 9장 '카메라'에서 설명한 팔로우 카메라를 사용한다. FollowActor 클래스는 SkeletalMeshComponent 컴포넌트 코드를 사용해서 애니메이션을 연출한다. 플레이어는 캐릭터를 움직이기 위해 WASD 키를 사용할 수 있다. 캐릭터가 서 있을 때는 idle 애니메이션이 재생되며 플레이어가 이동할 때는 running 애니메이션이 재생된다(그림 12.6 참조). 현재 두 애니메이션 간의 전환은 부드럽지 않은데, 연습 12.2에서 부드럽게 전환할 수 있도록 변경해볼 것이다.

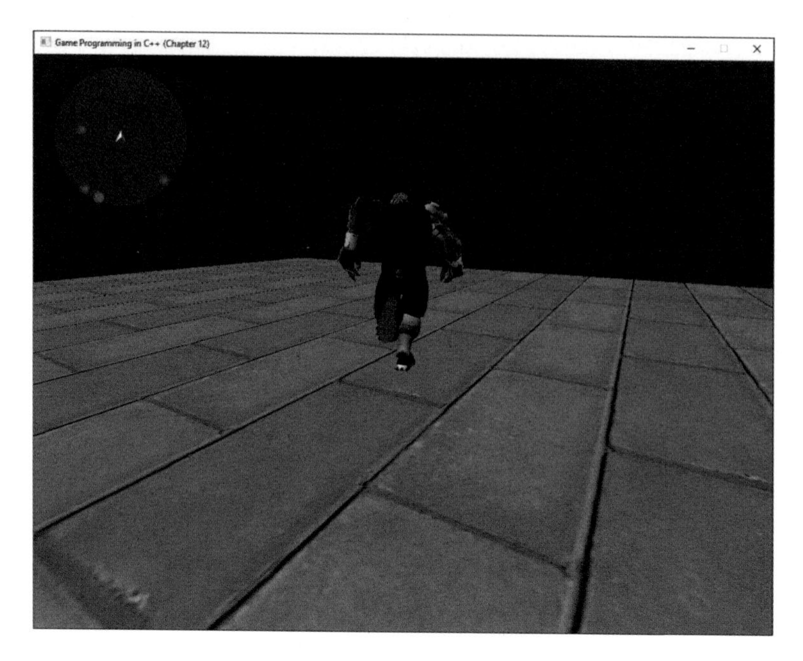

그림 12.6 게임 세계를 달리는 캐릭터

요약

12장에서는 뼈대 애니메이션에 대한 종합적인 개요를 제공했다. 뼈대 애니메이션에서 캐릭터는 움직이는 강체 뼈대를 가지며, 버텍스는 이 뼈대로 변형되는 스킨처럼 동작한다. 뼈대는 계층적인 본으로 구성되며, 루트를 제외한 모든 본은 부모 본을 가진다.

바인드 포즈는 모든 애니메이션에 앞선 뼈대의 초기 자세다. 개발자는 바인드 포즈상에서 각 본의 부모로부터 상대적인 위치와 방향을 나타내는 로컬 포즈를 저장해야 한다. 전역 포즈(변환)는 오브젝트 공간에 대한 본의 위치와 방향을 표현한다. 본의 로컬 포즈를 해당 부모의 전역 포즈로 곱하면 해당 본의 전역 포즈를 구할 수 있다. 루트 본의 로컬 포즈와 전역 포즈는 동일하다.

인버스 바인드 포즈 행렬은 각 본의 전역 바인드 포즈 행렬의 역행렬이다. 이 행렬은 오브젝트 공간에 있는 점을 바인드 포즈상에 있는 본의 좌표 공간으로 변환한다.

애니메이션은 시간이 지남에 따라 재생되는 일련의 포즈 모음이다. 바인드 포즈와 마찬가지로 각 본의 현재 포즈에 대한 전역 포즈 행렬도 계산하는 것이 가능하다. 이 현재 포즈 행렬은 바인드 포즈상의 본 좌표 공간에 있는 점을 현재 포즈상의 오브젝트 공간 좌표로 변환한다.

행렬 팔레트는 각 본의 인버스 바인드 포즈 행렬과 현재 포즈 행렬의 곱을 저장한다. 스키닝 버텍스의 오브젝트 공간 위치를 계산할 때는 버텍스에 영향을 주는 모든 본의 행렬 팔레트 항목을 사용한다.

추가 독서

제이슨 그레고리Jason Gregory의 서적은 애니메이션 블렌딩, 애니메이션 데이터 압축, 역운동학 같은 애니메이션 시스템의 고급 주제도 심도 있게 다루고 있다.

- Gregory, Jason. *Game Engine Architecture*, 2nd edition. Boca Raton: CRC Press, 2014.

연습

12장의 연습에서는 애니메이션 시스템에 새로운 기능을 추가해볼 것이다. 연습 12.1에서는 현재 포즈상의 본의 위치를 얻기 위한 지원을 추가한다. 그리고 연습 12.2에서는 두 애니메이션 사이를 전환할 때 블렌딩을 구현한다.

연습 12.1

애니메이션을 재생할 때 게임이 본의 위치를 얻는 것은 유용할 때가 많다. 예를 들어 캐릭터가 자신의 손으로 오브젝트를 잡는다면 애니메이션이 바뀔 때 본의 위치를 알아야 한다. 그렇지 않으면 캐릭터는 아이템을 제대로 잡을 수 없기 때문이다!

`SkeletalMeshComponent`는 애니메이션의 진행 상황을 알고 있으므로 본의 위치를 얻는 시스템에 대한 코드는 여기에 구현하면 좋다. 먼저 현재 포즈 행렬을 저장하기 위해 `std::vector` 멤버 변수를 추가한다. 그리고 나서 코드가 `GetGlobalPoseAtTime`를

호출할 때 이 멤버 변수로 현재 포즈 행렬을 저장한다.

다음으로 본의 이름을 인자로 받고 현재 포즈에 있는 본의 오브젝트 공간 위치를 반환하는 GetBonePosition 함수를 추가한다. 이 작업은 본의 현재 포즈 행렬에 제로 벡터를 곱하면 현재 포즈에 있는 본의 오브젝트 공간 위치를 얻을 수 있으므로 생각보다 쉽다. 제로 벡터는 본의 로컬 공간의 원점에 정확히 있으며, 현재 포즈 행렬은 제로 벡터를 오브젝트 공간으로 변환해주므로 잘 동작한다.

연습 12.2

현재 SkeletalMeshComponent::PlayAnimation은 애니메이션을 즉시 새로운 애니메이션으로 전환한다. 이렇게 처리하면 애니메이션 간 전환이 썩 좋게 보이지 않는다. 애니메이션간 블렌딩을 추가한다면 연출이 좀 더 좋아질 것이다. 먼저 PlayAnimation에 블렌딩 지속 시간을 나타내는 블렌딩 시간 파라미터를 추가한다. 그리고 각 애니메이션과 애니메이션 지속 시간을 별도로 기록한다. 2개의 애니메이션으로만 블렌딩하는 것으로 제한을 둔다면 이 멤버 변수들은 한 번만 복사하면 된다.

그런 다음 GetGlobalPoseAtTime 함수를 호출할 시 애니메이션을 블렌딩하기 위해 두 활성화된 애니메이션으로 동작하도록 수정해야 한다. 각 애니메이션에서 모든 본의 본 변환을 얻고 이 본 변환들을 보간해서 최종 변환을 얻는다. 그리고 최종 변환을 포즈 행렬로 바꿔서 블렌딩된 현재 포즈를 얻는다.

13장

중급 그래픽스

게임상에서 사용되는 그래픽 기술은 다양하므로 그래픽 주제에 관한 책 시리즈도 많다. 13장에서는 몇 가지 중급 그래픽스 개념을 다룬다. 텍스처 품질을 향상시키거나 텍스처를 렌더링하는 방법 그리고 지연 셰이딩같이 장면을 라이팅하는 여러 방법을 살펴본다.

텍스처 품질 개선하기

5장 'OpenGL'에서는 텍스처가 화면상에서 커지면 이중 선형 필터링 기법이 텍스처의 시각적 품질을 향상시킬 수 있었음을 언급했다. 예를 들어 벽에 텍스처가 있다고 가정하자. 플레이어가 벽에 근접할수록 텍스처의 크기는 화면상에서 커지게 된다. 이중 선형 필터링을 적용하지 않으면 텍스처에는 픽셀이 눈에 띄게 보일 것이다. 하지만 이중 선형 필터링 덕분에 이미지는 좀 더 부드럽게 보이게 된다(다소 흐릿하게 보이겠지만).

또한 5장에서 이미지는 단지 픽셀의 2D 격자이며 이 '텍스처 픽셀' 각각은 텍셀로 불렀음을 떠올리자. 확대 효과를 살펴보는 다른 방법은 벽 텍스처가 화면에서 커짐에 따라 모든 텍셀의 크기가 화면에서 커지는 것을 보는 것이다. 즉 텍스처의 텍셀과 화면상의 픽셀 비율이 감소한다.

예를 들어 하나의 텍셀이 화면상의 2픽셀에 해당하면 비율은 1:2다. **텍셀의 밀도**는 텍셀과 화면상의 픽셀 사이의 비율이다. 이상적으로는 텍셀 밀도가 가능한 한 1:1에 가까우면 좋을 것이다. 텍셀 밀도가 감소하면 이미지 품질도 감소한다. 결국 텍스처는 너무 픽셀화되거나(최근접 이웃 필터링을 사용하면) 또는 너무 흐리게 나타난다(이중 선형 필터링을 사용하면).

텍셀 밀도가 너무 높으면 화면상의 각 픽셀은 텍스처상의 복수의 텍셀과 매핑된다. 예를 들어 10:1 텍셀 밀도는 화면상의 모든 픽셀이 10개의 텍셀과 매핑됨을 뜻한다. 궁극적으로 이런 픽셀들 각각은 화면에 출력될 단일한 색상을 선택해야 한다. 즉 텍스처는 화면상에서 보일 때 텍셀을 잃어버리게 될 것이다. 이런 상황을 **샘플링 아티팩트**sampling artifact라 한다. 그래픽에서 아티팩트라는 용어는 그래픽 알고리즘의 결과에 따른 그래픽 결함을 뜻한다.

그림 13.1은 다양한 텍셀 밀도에 따라 초래되는 여러 그래픽적인 아티팩트를 보여준다. 그림 13.1(a)는 대략 1:1의 텍셀 밀도를 가진 별 텍스처를 보여주며, 원본 이미지 파일과 정확히 같은 비율로 텍스처가 화면에 나타난다. 그림 13.1(b)는 1:5의 텍셀 밀도를 가진 별 텍스처의 일부분을 보여주는데, 가장자리가 흐릿하게 보이는 것을 확인할 수 있다. 마지막으로 13.1(c)는 5:1의 텍셀 밀도를 가진 텍스처를 보여주며, 해

당 밀도는 별의 가장자리가 사라지게 하는 원인을 제공했다. 이미지를 보다 쉽게 보기 위해 그림은 실제 사이즈보다 크게 표현했다.

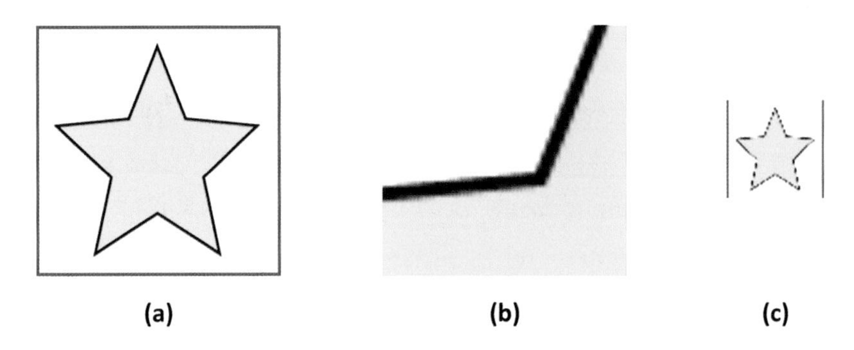

그림 13.1 다양한 텍셀 밀도로 이중 선형 필터링된 별 텍스처: (a) 1:1, (b) 1:5, (c) 5:1

텍스처 샘플링 재검토

높은 텍셀 밀도 때문에 텍셀이 소실된 것처럼 보이는 것을 이해하려면 텍스처 샘플링이 어떤 식으로 동작하는지를 자세히 살펴볼 필요가 있다. 텍스처는 왼쪽 상단 구석이 (0, 0) 그리고 오른쪽 하단 구석이 (1, 1)의 범위를 갖는 UV 좌표(텍스처 좌표)를 사용한다. 4×4 텍셀로 구성된 사각형 텍스처가 있다고 가정하자. 이 경우에 왼쪽 상단 텍셀의 중심 UV 좌표는 (0.125, 0.125)다. 마찬가지로 텍스처의 정확한 중심은 그림 13.2(a)처럼 (0.5, 0.5) UV 좌표에 해당한다.

이제 1:2의 텍셀 밀도로 텍스처 영역 (0, 0)부터 (0.5, 0.5)까지를 화면에 그린다고 가정한다. 이는 텍스처의 4분의 1이 화면상에서 2배 크기로 나타난다는 것을 뜻한다. 프래그먼트 셰이더는 화면을 그릴 때 각 픽셀의 중심에 해당하는 UV 좌표를 얻는다. 예를 들어 그림 13.2(b)에서 왼쪽 상단 픽셀은 텍스처의 UV 좌표 (0.0625, 0.0625)를 샘플링한다. 그러나 원본 이미지에서는 어떤 텍셀의 중심값도 이 좌표에 직접 해당되지 않는다. 이 때문에 필터링 알고리즘을 사용한다. 필터링 알고리즘은 UV 좌표 값으로 어떤 색을 그려야 하는지를 선택하는 데 도움을 준다.

최근접 이웃 필터링에서는 해당 UV 좌표에 가장 가까운 텍셀을 선택한다. 그래서 (0.0625, 0.0625) 좌표는 (0.125, 0.125)에 있는 흰 텍셀과 가장 가까우므로 최근접 이웃 필터링은 해당 픽셀에 대해서 흰색을 선택한다. 이런 식으로 모든 텍셀은 그림 13.2(b)처럼 텍셀 밀도에 비례해서 재조정된다. 최근접 이웃 필터링에서 화면상의 텍스처 크기를 늘리면 인식되는 각 텍셀의 크기도 커져서 이미지의 픽셀화를 쉽게 확인할 수 있다.

이중 선형 필터링에서는 UV 좌표에 가장 근접한 4개의 텍셀 중심을 찾는다. 그리고 해당 UV 좌표의 샘플링된 색상은 이 가까운 4개 텍셀에 가중치를 부여한 평균값이다. 이중 선형 필터링은 이미지를 확대할 때 좀 더 부드럽게 전환되지만 너무 확대하면 이미지는 뿌옇게 보일 것이다. 그림 13.2(C)는 이중 선형 필터링을 보여준다. 동일한 색상을 가진 이웃 픽셀은 없고 여러 색상이 혼합된 것을 알 수 있다.

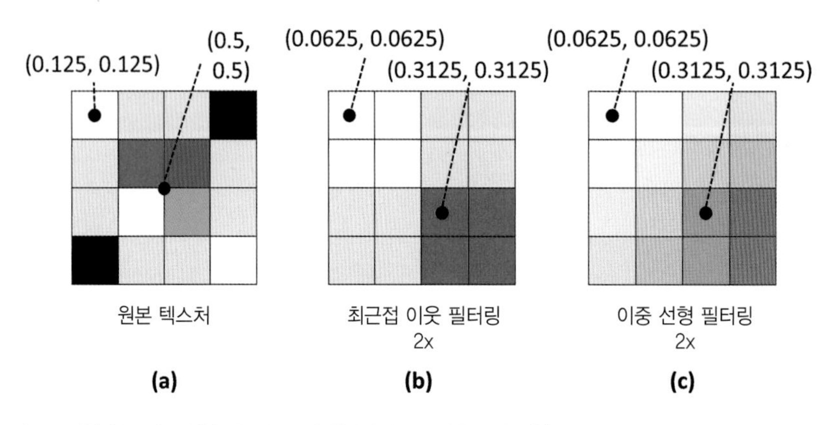

그림 13.2 (a) 원본 텍스처 (b) 텍스처를 2배 확대한 최근접 이웃 필터링 (c) 텍스처를 2배 확대한 이중 선형 필터링

이중 선형 필터링에서 가중치가 부여된 평균을 계산하는 법을 이해하려면 색상을 3D 값으로 다루고, 이전에 보간하던 방식으로 색상값들을 보간하면 된다. 여기서는 이중 선형 보간을 2개 별도의 축으로 나눠서 진행한다. 그림 13.3처럼 4개의 텍셀 *A*, *B*, *C* 그리고 *D*에 근접한 점 *P*를 생각해보자. 먼저 u 방향에서 *A*와 *B*의 색상을 보간한다. 비슷하게 u 방향에서 *C*와 *D* 색상 보간을 계산한다. 이 결과 그림 13.3처럼 두 점 *R*, *S*에서 색상을 얻는다. 마지막으로 v 방향에서 *R*과 *S*의 색상을 보간해서 *P* 지점의 최종 색상을 얻는다.

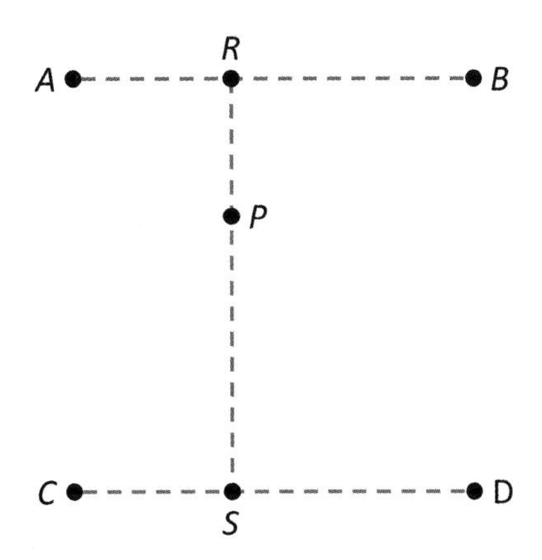

그림 13.3 텍셀 *A*, *B*, *C* 그리고 *D*에 대한 *P*의 이중 선형 보간

A, *B*, *C*, *D* 및 *P*에 대한 텍스처 좌표가 주어지면 다음 방정식들을 사용해서 이중선형 필터링 보간을 계산한다.

$$uFactor = 1 - \frac{P.u - A.u}{B.u - A.u}$$

$$R_{color} = uFactor * A_{color} + \left(1 - uFactor\right) * B_{color}$$

$$S_{color} = uFactor * C_{color} + \left(1 - uFactor\right) * D_{color}$$

$$vFactor = 1 - \frac{P.v - A.v}{C.v - A.v}$$

$$P_{color} = vFactor * R_{color} + \left(1 - vFactor\right) * S_{color}$$

이 방정식에서 *uFactor*는 u 요소 방향의 가중치를 결정하고 *vFactor*는 v 요소 방향의 가중치를 결정한다. 이 가중치를 사용해 먼저 *R*과 *S*에서 색상을 계산한 다음 최종적으로 *P*에서의 색상을 계산한다.

이러한 이중 선형 필터링 계산은 텍스처에 이중 선형 필터링이 활성화돼 있다면 자동적으로 그래픽 카드에서 수행한다. 텍스처에서 샘플링하는 모든 프래그먼트에 대해 이중 선형 필터링을 적용하는 것은 많은 계산이 필요하다고 생각되지만, 현대 그래픽 하드웨어는 초당 수백만 개의 계산을 빠르게 수행할 수 있다.

알다시피 텍스처를 너무 확대하면 사용된 기술에 따라 이미지가 픽셀화되거나 흐리게 보인다. 한편 텍스처의 크기를 줄이는 경우에는 텍스처에 저장돼 있는 모든 정보를 유지할 수 있는 텍스처 샘플이 충분하지 않게 된다. 예제 텍스처로 돌아가서, 이미지의 크기를 2배로 줄이면 그림 13.4(b)와 같이 필터링은 텍스처의 세부 내용을 잃어버린다. 원본 이미지와 같은 경계선을 더 이상 볼 수가 없는 것이다. 이 예제는 크기를 축소한 후에 오직 4개의 픽셀만 남으므로 더욱 극적으로 이미지 손실의 상황을 보여준다.

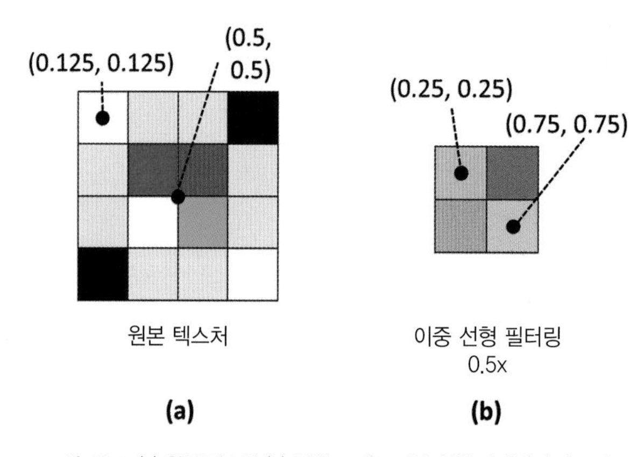

그림 13.4 (a) 원본 텍스처 (b) 절반 크기로 이중 선형 필터링된 텍스처

밉매핑

밉매핑mipmapping에서는 단일 소스 텍스처보다는 **밉맵**mipmap이라는 일련의 추가 텍스처를 생성한다. 이 텍스처는 소스 텍스처보다 낮은 해상도로 생성된다. 예를 들어 소스 텍스처가 256×256 해상도라면 밉맵은 128×128, 64×64 그리고 32×32 해상도로 생성된다. 그리고 화면상에 텍스처를 그릴 때 그래픽 하드웨어는 텍셀 밀도가 1:1에 가장 가까운 밉맵 텍스처를 선택한다. 밉매핑은 원본 해상도보다 높은 해상도로 텍스처를 확대할 때 텍스처 품질을 향상시켜주지는 않지만 텍스처의 크기를 줄이는 경우에는 텍스처 품질을 크게 향상시킨다.

품질을 향상시킬 수 있는 주된 이유는 텍스처가 로드되는 정적인 시간에 밉맵 텍스처를 생성하기 때문이다. 이는 고품질의 밉맵 텍스처를 생성하는 값비싼 알고리즘을 사용함을 뜻한다(박스 필터를 사용한다든지). 그러므로 1:1에 근접한 텍셀 밀도로 고품질 밉맵을 샘플링하는 것은 4:1과 같이 더 높은 텍셀 밀도를 가진 원본 텍스처에서 샘플링하는 것보다 훨씬 좋게 보일 것이다.

그림 13.5는 별 텍스처에 대한 샘플 밉맵을 보여준다. 가장 높은 해상도 텍스처는 256×256의 원본 텍스처이며, 나머지 텍스처는 자동 생성된 밉맵이다. 가장 해상도가 낮은 밉맵조차도 이전에는 256×256 텍스처의 높은 텍셀 밀도에서 직접 샘플링했을 때 잃어버렸던 텍스처의 경계를 선명하게 유지하고 있다.

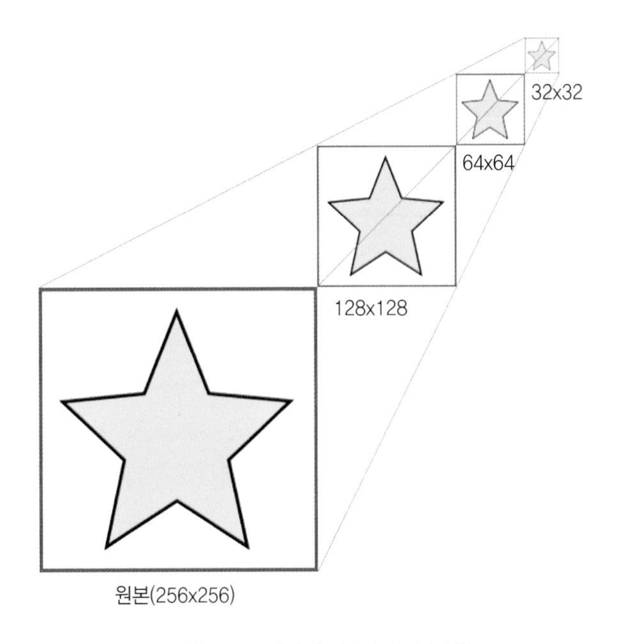

그림 13.5 3개의 밉맵을 가진 별 텍스처

텍스처 샘플링이 최근접 이웃 필터링이나 이중 선형 필터링을 사용할 수 있는 것처럼 밉맵을 적용하는 방식에도 2가지 다른 접근법이 있다. **최근접 이웃 밉매핑**에서는 1:1에 가장 가까운 텍셀 밀도를 제공하는 밉맵을 선택한다. 이 최근접 이웃 밉매핑은 여러 경우에서 잘 동작하지만 바닥 텍스처와 같은 경우에는 밉맵 텍스처(또는 **밉 레벨**)가 변경되는 경계 부분에서 줄무늬가 발생할 수 있다. **삼중 선형 필터링**에서는 1:1 텍셀 밀도에 가까운 2개의 밉 레벨로 샘플링하며(이중 선형 필터링 사용) 최종 색상은 이 두 샘플링된 밉 레벨을 블렌딩한 결과다. 이 프로세스는 '삼중 선형'인데 왜냐하면 밉레벨 블렌딩뿐만 아니라 텍스처 샘플의 UV 좌표를 사용한 3차원상의 블렌딩이기 때문이다.

OpenGL에서 텍스처 밉매핑을 활성화하는 방법은 간단하다. 5장의 코드로 텍스처를 로딩한 후에 glGenerateMipmap 함수 호출을 추가하면 된다.

```
glGenerateMipmap(GL_TEXTURE_2D);
```

이렇게 하면 자동적으로 고품질 필터링 알고리즘을 사용해서 적절한 밉 레벨을 생성한다.

텍스처 파라미터를 설정할 때 축소 필터(텍스처가 화면상에서 작아지는 경우)와 확대 필터(텍스처가 화면상에서 커질 때)를 설정하는 것이 가능하다. 축소 필터 및 확대 필터 동작은 GL_TEXTURE_MIN_FILTER와 GL_TEXTURE_MAG_FILTER 파라미터를 통해 정의한다.

밉맵을 생성한 후에는 밉매핑을 사용하기 위해 축소 필터 텍스처 파라미터를 변경한다. 삼중 선형 필터링을 활성화하기 위해 다음과 같은 텍스처 파라미터를 사용한다.

```
glTexParameteri(GL_TEXTURE_2D, GL_TEXTURE_MIN_FILTER,
   GL_LINEAR_MIPMAP_LINEAR);
glTexParameteri(GL_TEXTURE_2D, GL_TEXTURE_MAG_FILTER,
   GL_LINEAR);
```

텍셀 밀도가 1:1보다 낮은 경우(텍스처를 늘려야 하는 경우)는 밉맵이 도움이 되지 않으므로 확대에 대한 필터링 기능은 여전히 GL_LINEAR를 사용한다. 한편 축소에 대한 최근접 이웃 밉매핑을 사용하려면 GL_TEXTURE_MIN_FILTER의 마지막 파라미터로 GL_LINEAR_MIPMAP_NEAREST를 전달하면 된다.

밉매핑의 또 다른 장점은 텍스처 캐싱이 동작하는 방식 때문에 렌더링 성능을 향상시켜준다는 데 있다. CPU 캐시cache처럼 그래픽 카드는 메모리를 위한 캐시를 가진다. 작은 밉 레벨은 매우 캐시 친화적이어서 전반적인 렌더링 성능을 향상시켜준다.

이방성 필터링

밉매핑은 대부분의 경우 샘플링 아티팩트를 크게 줄여주지만, 카메라가 비스듬한 각도에서 텍스처를 보면 텍스처는 매우 흐릿하게 보인다. 이 상황은 그림 13.6(b)에서 보여주는 것처럼 바닥 텍스처에서 특히 현저하게 나타난다. **이방성 필터링**anisotropic filtering은 비스듬한 각도에서 볼 때 텍스처에서 추가 점들을 샘플링해서 이런 상황을 완화한다. 예를 들어 16x 이방성 필터링은 최종 텍셀을 선택하기 위해 16개의 다른 텍셀을 샘플링한다.

그래픽 하드웨어는 일련의 수학 함수를 사용해서 이방성 계산을 수행한다. 13장에서는 이러한 함수에 대해서는 설명하지 않지만 13장의 마지막 절인 '추가 독서'의 OpenGL Extensions Registry에서 자세한 내용의 확인이 가능하다.

OpenGL의 최신 스펙은 기본 기능으로 이방성 필터링을 포함하고 있지만, 이방성 필터링은 OpenGL 3.3 버전의 확장 기능이다. 확장 기능이므로 개발자는 해당 기능을 활성화하기 전에 이방성 필터링을 지원하는지를 검증해야 한다. 대부분의 경우 지난 10년간 제작된 모든 그래픽 카드는 이방성 필터링을 지원하므로 이방성 필터링 기능 지원 여부 체크는 별로 의미가 없다. 하지만 일반적으로 OpenGL 확장 기능을 사용할 수 있는지 여부는 테스트하는 편이 좋다.

이방성 필터링을 활성화하기 위해 우선 텍스처가 밉매핑을 사용하도록 설정한 다음 다음 코드를 추가한다.

```
if (GLEW_EXT_texture_filter_anisotropic)
{
   // 이방성 최댓값을 얻는다
   GLfloat largest;
   glGetFloatv(GL_MAX_TEXTURE_MAX_ANISOTROPY_EXT, &largest);
   // 이방성 필터링을 활성화한다
   glTexParameterf(GL_TEXTURE_2D, GL_TEXTURE_MAX_ANISOTROPY_EXT,
   largest);
}
```

이 코드는 이방성 필터링을 사용할 수 있는지를 테스트한다. 그리고 사용할 수 있다면 OpenGL에 최대 이방성 값을 요청한다. 그런 다음 이방성 필터링을 사용하기 위해 텍스처 파라미터를 설정한다.

그림 13.6은 13장 게임 프로젝트의 다양한 설정을 통한 바닥 이미지를 보여준다. 그림 13.6(a)는 이중 선형 필터링만 사용한 바닥을 보여준다. 바닥이 벽돌의 가장자리에서 어떤식으로 수많은 샘플링 아티팩트를 가지는지 살펴보자. 그림 13.6(b)는 삼중 선형 필터링이 활성화됐을 때를 보여준다. 삼중 선형 필터링을 통해 많은 개선이 있지만, 멀리 떨어진 바닥은 흐릿하다. 마지막으로 그림 13.6(c)는 삼중 선형 필터링과 이방성 필터링 둘 다를 활성화한 화면을 보여준다. 3가지 선택지 중에서 가장 좋은 시각적 품질을 산출한다.

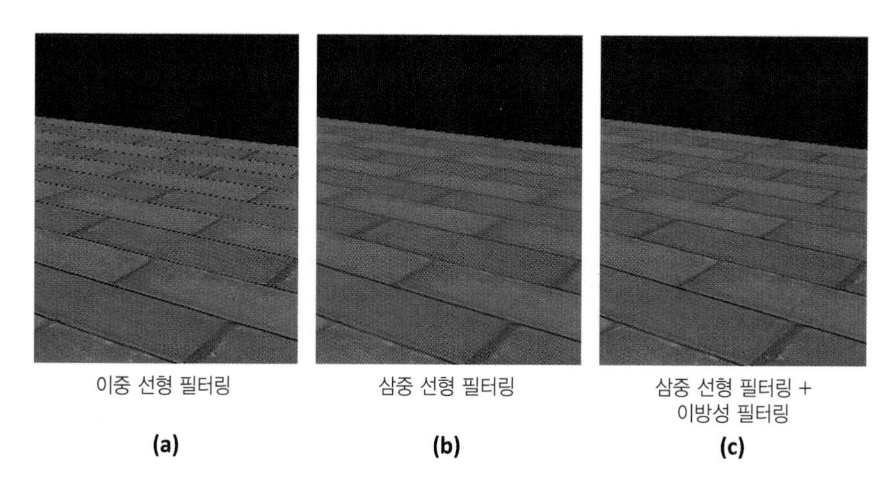

그림 13.6 여러 필터링 방법으로 바닥 보기: (a) 이중 선형 필터링, (b) 삼중 선형 필터링 (c) 삼중 선형 필터링과 이방성 필터링

텍스처로 렌더링

지금까지는 폴리곤을 색상 버퍼에 직접 그렸었다. 그러나 이 색상 버퍼는 특별한 것이 아니다. 색상 버퍼는 개발자가 특정 좌표로 색상을 쓸 수 있는 2D 이미지일 뿐이다. 그래서 임의의 텍스처로 장면을 그리는 것 또한 가능하다. 비록 텍스처로 렌더링

하는 것이 불필요하다고 여겨질 수 있지만 텍스처로 렌더링하는 데는 여러 가지 이유가 있다.

예를 들어, 레이싱 게임에는 백미러를 가진 차가 있다. 거울이 정확하게 보이려면 게임 세계를 백미러의 관점에서 텍스처로 렌더링한 다음, 장면의 백미러에 텍스처를 그리면 된다. 또한 일부 그래픽 기술은 색상 버퍼로 최종 출력을 계산하기 전에 임시 저장소로써 텍스처를 사용한다.

이번 절에서는 텍스처로 렌더링하는 방법을 살펴보고 화면상에 이 텍스처를 그리는 방법을 살펴본다. 이 작업을 위해서는 이전에 색상 버퍼로 직접 모든 걸 그렸던 렌더링 코드 전반에 걸쳐 수정이 필요하다. 또한 여러 카메라의 관점에서 장면을 렌더링하기 위한 지원을 추가해야 한다.

노트

대형 거울과 같은 고품질 반사의 경우 개발자는 거울 표면의 관점에서 장면을 렌더링해야 한다. 하지만 게임 장면이 저품질 반사가 필요한 수많은 표면을 포함한다면 대형 거울과 같은 표면 각각에 대한 관점에서의 장면 렌더링은 비용이 너무 크다. 대신 이 경우에는 전체 장면에 대한 단일 **반사 맵**(reflection map)을 생성하면 좋다. 그런 다음 반사 이미지에 대한 모든 저품질 반사 표면 샘플을 이 반사 맵으로부터 얻어온다. 품질은 반사 표면의 관점에서 렌더링했을 때보다는 아주 낮지만, 반사 맵은 낮은 품질의 반사를 필요로 하는 표면에는 효율적이다.

이 책에서는 반사 맵을 구현하는 방법은 다루지 않지만, 13장의 마지막 '추가 독서' 절에서 해당 주제에 대한 자세한 내용을 참조할 수 있다.

텍스처 생성하기

텍스처로 렌더링하기 위해서는 첫째로 텍스처를 생성해야 한다. 렌더링을 위한 텍스처 생성을 지원하기 위해 Texture 클래스에 새 함수를 추가하자. 텍스처를 생성하기 위한 코드는 리스트 13.1에서 보여주듯이 5장의 텍스처 생성을 위한 코드와 비슷하다. 하지만 RGBA 포맷(요소당 8비트이며 픽셀당 32비트가 됨)을 지정하지 않고, 파라미터를 사용해서 포맷을 지정한다. 둘째로 텍스처는 초기 데이터가 없으므로

glTexImage2D의 마지막 파라미터는 nullptr이다. 이 마지막 파라미터가 nullptr이면 두 번째, 세 번째 파라미터는 무시된다. 마지막으로 텍스처에 밉매핑이나 이중 선형 필터링을 의도적으로 활성화시키지 않도록 한다. 우리는 텍스처로부터 정확히 실제 출력과 일치하는 샘플링 데이터가 필요하기 때문이다.

리스트 13.1 렌더링을 위한 텍스처 생성

```
void Texture::CreateForRendering(int width, int height,
                                 unsigned int format)
{
   mWidth = width;
   mHeight = height;
   // 텍스처 id 생성
   glGenTextures(1, &mTextureID);
   glBindTexture(GL_TEXTURE_2D, mTextureID);
   // 이미지 너비/높이 설정, 초기 데이터는 null로 설정
   glTexImage2D(GL_TEXTURE_2D, 0, format, mWidth, mHeight, 0, GL_RGB,
      GL_FLOAT, nullptr);

   // 텍스처는 최근접 이웃 필터링만 사용
   glTexParameteri(GL_TEXTURE_2D, GL_TEXTURE_MIN_FILTER, GL_NEAREST);
   glTexParameteri(GL_TEXTURE_2D, GL_TEXTURE_MAG_FILTER, GL_NEAREST);
}
```

프레임 버퍼 개체 생성

OpenGL이 버텍스 배열 개체를 사용해 버텍스(버텍스 버퍼, 버텍스 포맷, 인덱스 버퍼 포함)에 대한 모든 정보를 포함했던 것처럼 **프레임 버퍼 개체**FBO, Framebuffer Object는 프레임 버퍼에 관한 모든 정보를 포함한다. FBO는 프레임 버퍼와 관련된 텍스처, 깊이 버퍼(존재하는 경우) 그리고 다른 파라미터를 포함한다. FBO를 생성하면 렌더링에서 사용할 프레임 버퍼를 선택하는 것이 가능하다. OpenGL은 ID 0인 기본 프레임 버퍼 개체를 제공하는데 이 기본 프레임 버퍼 개체는 현재까지 그려왔던 프레임 버퍼다. 하지만 개발자는 추가 프레임 버퍼를 생성해서 필요에 따라 다른 프레임 버퍼로 전환하는 것이 가능하다.

지금은 화면상의 HUD에 표시되는 백미러를 위한 커스텀 프레임 버퍼 개체를 사용해 볼 것이다. 먼저 Renderer 클래스에 2개의 새로운 멤버 변수를 추가한다.

```
// 거울(백미러) 프레임 버퍼 개체
unsigned int mMirrorBuffer;
// 거울 텍스처
class Texture* mMirrorTexture;
```

mMirrorBuffer에는 생성한 프레임 버퍼 개체의 ID를 저장하고 mMirrorTexture는 프레임 버퍼와 연관된 텍스처 객체를 저장한다.

다음으로 리스트 13.2처럼 거울 프레임 버퍼 개체를 생성하고 설정하는 함수가 필요하다. 먼저 glGenFrameBuffers는 프레임 버퍼 개체를 생성하고 mMirrorBuffer에 ID를 저장한다. 그리고 glBindFrameBuffer를 호출해서 이 프레임 버퍼를 활성화한다. CreateMirrorTexture 다음 줄들은 깊이 버퍼를 생성하고 깊이 버퍼를 현재의 프레임 버퍼 개체에 붙인다. 이렇게 하면 거울 렌더링은 깊이 버퍼를 가지므로 멀리 있는 오브젝트는 가까이 있는 오브젝트 뒤에 나타난다.

그런 다음 너비와 높이가 화면 크기의 4분의 1에 해당하는 거울 텍스처를 생성한다. 거울이 화면의 일부분만을 차지하므로 전체 화면 크기를 사용할 필요는 없다. 거울은 거울 자체의 장면 색상 출력을 포함할 것이기에 일단 텍스처에 대해서는 GL_RGB 포맷을 요청한다.

그리고 glFrameBufferTexture 호출은 거울 텍스처를 프레임 버퍼 개체와 연결시킨다. 두 번째 매개변수로 GL_COLOR_ATTACHMENT0를 지정한 것에 주목하자. 이 파라미터는 거울 텍스처가 프래그먼트 셰이더의 첫 번째 색상 출력에 사용됨을 의미한다. 현재 프래그먼트 셰이더는 하나의 출력에만 색상을 쓰지만 13장의 후반부에서 프래그먼트 셰이더가 여러 출력으로 데이터를 쓰는 것이 가능함을 확인할 수 있을 것이다.

glDrawBuffers 호출은 프레임 버퍼 개체의 GL_COLOR_ATTACHMENT0 슬롯에 거울 텍스처를 매핑해 그리겠다는 것을 알린다. 마지막으로 glCheckFrameBuffer 호출은 모든 것을 적절히 작업했는지를 확인한다. 문제가 발생했다면 프레임 버퍼 개체와 거울 텍스처를 삭제하고 false를 반환한다.

리스트 13.2 거울 프레임 버퍼 생성

```
bool Renderer::CreateMirrorTarget()
{
   int width = static_cast<int>(mScreenWidth) / 4;
   int height = static_cast<int>(mScreenHeight) / 4;

   // 거울 텍스처를 위한 프레임 버퍼 생성
   glGenFramebuffers(1, &mMirrorBuffer);
   glBindFramebuffer(GL_FRAMEBUFFER, mMirrorBuffer);

   // 렌더링을 위해 사용할 텍스처 생성
   mMirrorTexture = new Texture();
   mMirrorTexture->CreateForRendering(width, height, GL_RGB);

   // 깊이 버퍼 추가
   GLuint depthBuffer;
   glGenRenderbuffers(1, &depthBuffer);
   glBindRenderbuffer(GL_RENDERBUFFER, depthBuffer);
   glRenderbufferStorage(GL_RENDERBUFFER, GL_DEPTH_COMPONENT, width,
   height);
   glFramebufferRenderbuffer(GL_FRAMEBUFFER, GL_DEPTH_ATTACHMENT,
                             GL_RENDERBUFFER, depthBuffer);

   // 거울 텍스처를 프레임 버퍼의 출력 타깃으로 설정
   glFramebufferTexture(GL_FRAMEBUFFER, GL_COLOR_ATTACHMENT0,
   mMirrorTexture->GetTextureID(), 0);

   // 이 프레임 버퍼가 그리는 출력 버퍼 리스트 설정
   GLenum drawBuffers[] = { GL_COLOR_ATTACHMENT0 };
   glDrawBuffers(1, drawBuffers);

   // 모든 설정이 제대로 됐는지 확인
   if (glCheckFramebufferStatus(GL_FRAMEBUFFER) != GL_FRAMEBUFFER_COMPLETE)
   {
      // 문제가 발생했다면 프레임 버퍼 삭제
      // 텍스처를 삭제하고 false 리턴
      glDeleteFramebuffers(1, &mMirrorBuffer);
      mMirrorTexture->Unload();
      delete mMirrorTexture;
```

```
        mMirrorTexture = nullptr;
        return false;
    }
    return true;
}
```

Renderer::Initialize에서는 CreateMirrorTarget 호출을 추가하고 함수가 true를 리턴하는지를 검증한다. 마찬가지로 Renderer::Shutdown에서는 거울 프레임 버퍼와 거울 텍스처를 삭제한다.

프레임 버퍼 개체로 렌더링

거울을 지원하려면 3D 장면을 두 번 렌더링해야 한다. 거울의 관점에서 한 번 렌더링하고, 한 번은 일반 카메라 관점에서 렌더링해야 한다. 장면을 렌더링할 때는 **렌더 패스**를 따른다. 3D 장면을 여러 번 그리는 것을 지원하도록 Draw3DScene 함수를 만들자. 이 함수의 기본 골격은 리스트 13.3에 있다.

Draw3DScene 함수는 프레임 버퍼의 ID, 뷰 행렬, 투영 행렬 그리고 뷰포트의 크기를 인자로 받는다. 뷰포트의 크기는 OpenGL에게 데이터를 쓸 프레임 버퍼 타깃의 실제 크기를 알려준다. 그래서 일반 프레임 버퍼는 전체 화면의 너비와 높이를 사용하는 뷰포트 크기 파라미터가 필요하지만, 거울은 일반 프레임 버퍼의 4분의 1 크기를 사용하는 뷰포트 크기 파라미터가 필요하다. glViewport를 호출하면 화면의 너비/높이 그리고 배율을 기반으로 한 올바른 크기의 뷰포트 설정이 가능하다.

메시를 그리는 코드는 6장 '3D 그래픽스'에서 그렸던 코드와 같다. 그리고 스키닝 메시를 그리는 코드는 12장 '뼈대 애니메이션'과 동일하다. 뷰포트 코드를 제외한 다른 차이점은 뭔가를 그리기에 앞서 glBindFramebuffer 호출해서 요청한 프레임 버퍼를 활성화시키는 부분이다.

리스트 13.3 Renderer::Draw3DScene 헬퍼 함수

```
void Renderer::Draw3DScene(unsigned int framebuffer,
    const Matrix4& view, const Matrix4& proj,
    float viewportScale)
```

```
{
   // 현재 프레임 버퍼를 설정
   glBindFramebuffer(GL_FRAMEBUFFER, framebuffer);

   // 뷰포트 스케일값으로 뷰포트 크기 설정
   glViewport(0, 0,
      static_cast<int>(mScreenWidth * viewPortScale),
      static_cast<int>(mScreenHeight * viewPortScale)
   );

   // 색상 버퍼 / 깊이 버퍼 클리어
   glClearColor(0.0f, 0.0f, 0.0f, 1.0f);
   glClear(GL_COLOR_BUFFER_BIT | GL_DEPTH_BUFFER_BIT);

   // 메시 컴포넌트를 그린다
   // (6장 코드와 같음)
   // ...

   // 스키닝 메시를 그린다
   // (12장 코드와 같음)
   // ...
}
```

리스트 13.4처럼 Renderer::Draw에서는 Draw3DScene 함수를 두 번 호출하도록 코드 수정이 됐다. 먼저 거울 시점에서의 장면을 거울 프레임 버퍼로 렌더링해서 그린다. 그런 다음 일반 카메라 시점으로 돌아와서 기본 프레임 버퍼로 렌더링을 한다. 마지막으로 스프라이트와 UI 화면을 6장과 12장의 코드를 사용해서 그린다.

리스트 13.4 거울에 대한 패스와 기본 패스 모두 렌더링하기 위해 갱신된 Renderer::Draw

```
void Renderer::Draw()
{
   // 먼저 거울 텍스처를 그린다 (뷰포트 스케일값: 0.25)
   Draw3DScene(mMirrorBuffer, mMirrorView, mProjection, 0.25f);
   // 이제 기본 프레임 버퍼로 3D 장면을 그린다
   Draw3DScene(0, mView, mProjection);

   // 모든 스프라이트 컴포넌트를 그린다
```

```
    // (6장과 같은 코드)
    // ...

    // UI 화면을 그린다
    // (12장과 같은 코드)
    // ...

    // 버퍼를 스왑한다
    SDL_GL_SwapWindow(mWindow);
}
```

여기서 mMirrorView는 거울에 대한 별도의 뷰 행렬이다. 거울 뷰의 세부 사항은 새로운 것이 아니다. 9장 '카메라'에서 설명한 기본 팔로우 카메라를 사용하는 MirrorCamera 클래스를 생성한다. 그러나 거울 카메라는 캐릭터의 뒤쪽을 향하며 캐릭터 앞에 있다. 이 MirrorCamera는 플레이어 액터에 붙어서 mMirrorView를 갱신한다.

HUD에 거울 텍스처 그리기

이제 그리기 코드가 거울 텍스처에 데이터를 기록하므로 이 거울 텍스처를 다른 텍스처처럼 똑같이 사용할 수 있고 화면상에 그리는 것이 가능하다. 이번 경우 거울은 단지 HUD의 한 요소일 뿐이므로 UIScreen의 DrawTexture 함수를 사용하면 된다.

그러나 기존 코드로 그리면 기대한 것과는 달리 y값이 뒤집힌 거울이 나타난다. 왜냐하면 내부적으로 OpenGL은 UV 원점을 왼쪽 상단 구석(일반적임) 대신 이미지의 왼쪽 하단 구석으로 지정하기 때문이다. 다행히 이 문제는 쉽게 수정할 수 있다. 텍스처를 그릴 때 우리는 스케일 행렬을 생성해서 사용했는데, 이 스케일 행렬을 생성할 시에 사용되는 y 스케일 값을 반전시키면 텍스처는 y축 방향으로 뒤집힌다. 이 기능을 지원하기 위해 리스트 13.5처럼 UIScreen::DrawTexture에 bool 타입의 새로운 flipY 변수를 선택 파라미터로 추가한다. 기본 flipY 값은 false다. 왜냐하면 기존 UI 텍스처는 y축을 반전할 필요가 없기 때문이다.

리스트 13.5 UIScreen::DrawTexture에 flipY 옵션 추가

```
void UIScreen::DrawTexture(class Shader* shader, class Texture* texture,
```

```
   const Vector2& offset, float scale, bool flipY)
{
   // 텍스처의 너비/높이로 사각형을 스케일
   // 그리고 flipY 값에 따라 yScale 값을 반전시킴
   float yScale = static_cast<float>(texture->GetHeight()) * scale;
   if (flipY) { yScale *= -1.0f; }

   Matrix4 scaleMat = Matrix4::CreateScale(
      static_cast<float>(texture->GetWidth()) * scale,
      yScale,
      1.0f);

   // 화면상의 위치로 이동
   Matrix4 transMat = Matrix4::CreateTranslation(
      Vector3(offset.x, offset.y, 0.0f));

   // 세계 변환 행렬 설정
   Matrix4 world = scaleMat * transMat;
   shader->SetMatrixUniform("uWorldTransform", world);
   // 현재 텍스처를 설정
   texture->SetActive();
   // 사각형을 그린다
   glDrawElements(GL_TRIANGLES, 6, GL_UNSIGNED_INT, nullptr);
}
```

마지막으로 화면의 왼쪽 하단 구석에 1.0의 스케일 값과 flipY가 true로 설정된 거울 텍스처를 그리도록 HUD::Draw에 두 라인을 추가한다.

```
Texture* mirror = mGame->GetRenderer()->GetMirrorTexture();
DrawTexture(shader, mirror, Vector2(-350.0f, -250.0f), 1.0f, true);
```

그림 13.7은 실제 동작하는 거울을 보여준다. 메인 뷰는 고양이 검사가 향하고 있는 정상적인 시점을 보여주는 반면 왼쪽 하단의 거울은 반대 방향으로 장면을 렌더링한다.

그림 13.7 왼쪽 하단부에 백미러가 있는 게임

지연 셰이딩

6장에서 구현한 퐁 조명은 메시를 그릴 때 각 프래그먼트마다 광원 연산을 수행했었다. 이런 유형의 광원 연산에 대한 의사코드는 다음과 같다.

```
foreach Mesh m in Scene
   foreach Pixel p to draw from m
      if p passes depth test
         foreach Light li that effects p
            color = Compute lighting equation(li, p)
            Write color to framebuffer
```

순방향 렌더링forward rendering이라는 조명 계산을 수행하는 이 방법은 적은 수의 광원에서는 잘 동작한다. 예를 들어 게임은 현재 오직 하나의 방향광만 있으므로 순방향 렌더링은 완벽하게 동작한다. 그러나 한 도시에서 밤중에 일어나는 게임을 고려해보자.

그런 게임에서 1개의 방향광은 괜찮은 야경을 만들어내지 못한다. 대신에 가로등이나 자동차 헤드라이트, 빌딩 내부의 조명 등 수십 개의 광원이 필요할 것이다. 안타깝지만 순방향 렌더링은 이 경우에 제대로 대응하지 못한다. 조명 방정식을 $O(m \cdot p \cdot li)$ 순서로 계산해야 하는데, 이는 여러 개의 광원을 추가하면 조명 계산의 양이 크게 늘어난다는 것을 뜻한다.

대안책은 장면에서 보이는 표면에 대한 정보를 저장하도록 **G 버퍼**G-buffer라는 일련의 텍스처들을 생성하는 것이다. 이 G 버퍼에는 분산광(알베도), 반사 지수 그리고 장면에서 보이는 표면의 법선이 포함된다. 그리고 두 패스로 장면을 렌더링한다. 먼저 모든 메시에 대해 G 버퍼로 메시 표면의 특성을 렌더링한다. 그런 다음 두 번째 패스에서는 모든 광원을 반복하면서 이 광원과 G 버퍼에 있는 값을 토대로 조명 방정식을 계산한다. 다음 의사 코드는 금방 설명한 내용을 나타낸다.

```
foreach Mesh m in Scene
   foreach Pixel p1 to draw from m
      if p passes depth test
         Write surface properties of p1 to G-buffer

foreach Light li in the scene
   foreach Pixel p2 affected by li
      s = surface properties from the G-buffer at p2
      color = Compute lighting equation (l, s)
      Write color to framebuffer
```

이 2개 패스 접근법의 복잡도는 $O(m \cdot p_1 + li \cdot p_2)$다. 이는 2개의 패스 접근법이 장면에서 순방향 렌더링보다 훨씬 많은 광원을 지원할 수 있음을 뜻한다. 패스가 2개이므로 화면상의 프래그먼트 셰이딩은 두 번째 패스 때까지는 일어나지 않는다. 이 테크닉은 **지연 셰이딩**(deferred shading 또는 지연 렌더링deferred rendering)이라 부른다.

지연 셰이딩을 구현하는 데는 몇 가지 단계가 필요하다. 첫째 다중 출력 텍스처를 지원하는 프레임 버퍼 개체를 설정해야 한다. 그런 다음 표면 특성을 G 버퍼에 쓰는 프래그먼트 셰이더를 작성해야 한다. 다음으로 전체 화면을 다룰 수 있고 G 버퍼의 샘플을 다룰 수 있는 사각형을 그려서 전역 조명(방향광이나 주변광 같은)의 결과를 출력할 수 있게 한다. 마지막으로 비전역 광원(점광이나 스포트라이트 같은)에 대한 조명을 계산한다.

G 버퍼 클래스 생성

G 버퍼용 프레임 버퍼 개체는 이전 절에서 설명한 거울에 대한 프레임 버퍼 개체보다 훨씬 복잡하므로 FBO와 FBO와 관련된 모든 텍스처를 새로운 `GBuffer` 클래스로 캡슐화해두면 좋다. 리스트 13.6는 `GBuffer`의 선언을 보여준다. 먼저 G 버퍼에 저장될 텍스처의 데이터 타입을 정의하는 열거형을 선언한다. 13장에서 G 버퍼는 분산 색상, 법선 그리고 각 표면의 세계 위치를 저장한다.

> **노트**
>
> G 버퍼에 세계 위치를 저장하면 나중에 계산이 더욱 편해진다—하지만 메모리 사용량이 증가하고 렌더링 대역폭 사용량이 증가하게 된다.
>
> 깊이 버퍼와 뷰-투영 행렬로부터 픽셀상의 세계 위치를 다시 알아내는 것은 가능해서 이는 G 버퍼에서 세계 위치를 유지할 필요성을 제거한다. 이러한 계산 방법을 배우려면 13장의 마지막 절 '추가 독서'의 필 조노프(Phil Djonov)의 글을 참조하자.

이 G 버퍼에서 누락된 표면의 특성 중 하나는 반사 지수다. 즉 지금 상황에서는 퐁 반사 모델의 반사 요소를 계산할 수 없다. 연습 13.1에서 이 부분을 수정해본다.

`GBuffer` 클래스 멤버 데이터에는 렌더 타깃으로 제공되는 텍스처에 대한 벡터와 프레임 버퍼 개체 ID가 저장된다.

리스트 13.6 GBuffer 선언

```
class GBuffer
{
public:
   // G 버퍼에 저장되는 여러 타입의 데이터
   enum Type
   {
      EDiffuse = 0,
      ENormal,
      EWorldPos,
```

```
        NUM_GBUFFER_TEXTURES
    };

    GBuffer();
    ~GBuffer();

    // G 버퍼 생성 및 삭제
    bool Create(int width, int height);
    void Destroy();

    // 특정 데이터 타입의 텍스처를 얻는다
    class Texture* GetTexture(Type type);
    // 프레임 버퍼 개체 ID를 얻는다
    unsigned int GetBufferID() const { return mBufferID; }
    // 샘플링을 위한 모든 G 버퍼 텍스처를 활성화한다
    void SetTexturesActive();
private:
    // G 버퍼와 연관된 텍스처들
    std::vector<class Texture*> mTextures;
    // 프레임 버퍼 개체 ID
    unsigned int mBufferID;
};
```

GBuffer에서 대부분의 작업은 Create 함수에서 일어난다. Create 함수는 지정된 너비와 높이로 G 버퍼를 생성한다. 리스트 13.7은 이 함수에 대한 부분 코드를 보여준다. Create 함수는 먼저 프레임 버퍼 개체를 생성하고 리스트 13.2에서 했듯이 깊이 버퍼 타깃을 추가한다.

리스트 13.7 GBuffer::Create 구현

```
bool GBuffer::Create(int width, int height)
{
    // 프레임 버퍼 개체를 생성하고 mBufferID에 저장
    // ...
    // 깊이 버퍼 추가
    // ...

    // G 버퍼의 각 출력을 위한 텍스처를 생성
```

```
    for (int i = 0; i < NUM_GBUFFER_TEXTURES; i++)
    {
        Texture* tex = new Texture();
        // 각 텍스처는 32비트 float 요소 필요
        tex->CreateForRendering(width, height, GL_RGB32F);
        mTextures.emplace_back(tex);
        // 생성한 텍스처를 색상 출력으로 사용
        glFramebufferTexture(GL_FRAMEBUFFER, GL_COLOR_ATTACHMENT0 + i,
            tex->GetTextureID(), 0);
    }

    // 색상 출력 벡터 생성
    std::vector<GLenum> attachments;
    for (int i = 0; i < NUM_GBUFFER_TEXTURES; i++)
    {
        attachments.emplace_back(GL_COLOR_ATTACHMENT0 + i);
    }
    // 프래그먼트 셰이더가 그릴 버퍼 리스트 설정
    glDrawBuffers(static_cast<GLsizei>(attachments.size()),
                attachments.data());

    // 제대로 설정했는지 검증
    if (glCheckFramebufferStatus(GL_FRAMEBUFFER) !=
        GL_FRAMEBUFFER_COMPLETE)
    {
        Destroy();
        return false;
    }
    return true;
}
```

그리고 G 버퍼에서 쓰이는 각각의 타입에 대한 별도의 텍스처 인스턴스를 만든다(각각의 텍스처 타입은 별도의 렌더 타깃이기 때문이다). 각 텍스처는 `GL_RGB32F` 포맷으로 설정된다. 이는 텍셀마다 3개의 요소가 있다는 것을 뜻하고, 이 요소 각각은 32비트 단정밀도 부동 소수점 값임을 의미한다. `glFramebufferTexture` 호출은 각 텍스처를 해당 색상 슬롯에 연결한다. OpenGL은 색상 슬롯을 번호로 정의하므로 코드는 텍스처와 색상 슬롯 연결을 위해 연속되는 숫자를 사용했다.

노트

GL_RGB32F가 G 버퍼값에 높은 정밀도를 할당하지만 상당한 그래픽 메모리 양을 차지하게 되므로 트레이드 오프를 고려해야 한다. 1024×768(화면 해상도) 크기의 해상도를 가진 3개의 GL_RGB32F 텍스처는 GPU의 메모리에서 27메가바이트를 차지한다. 메모리 사용률을 줄이기 위해 수많은 게임에서는 GL_RGB32F 대신에 GL_RGB16F(3개의 절반 정밀도 부동 소수점)을 사용해서 메모리 사용을 절반으로 줄인다.

다른 트릭을 활용하면 메모리 사용을 더욱더 최적화하는 것이 가능하다. 예를 들어 법선은 단위 길이를 가지므로 x, y 요소가 주어지고 z 요소의 부호가 주어지면 z 요솟값을 유추하는 것이 가능하다. 이 사실을 이용해서 GL_RG16F 포맷(2개의 절반 정밀도 부동 소수점)에 법선을 저장하면 나중에 z 요솟값을 유도하는 것이 가능하다. 간결함을 위해 13장에서는 이 최적화를 구현하지는 않는다. 하지만 여러 상용 게임들은 이런 트릭을 사용한다는 걸 유념해야 한다.

그리고 모든 색상 슬롯 번호를 가진 벡터를 생성한 뒤 벡터의 크기와 데이터를 인자로 받는 glDrawBuffers를 호출해 G 버퍼에 텍스처 슬롯을 설정한다. 마지막으로 G 버퍼 생성이 성공했는지를 검증한다. G 버퍼 생성에 실패했으면 Destroy 함수는 모든 관련 텍스처를 삭제하고 프레임 버퍼 개체를 해제한다.

다음으로 GBuffer 포인터를 Renderer의 멤버 데이터로 추가한다.

```
GBuffer* mGBuffer;
```

그리고 Renderer::Initialize에서는 GBuffer 객체를 생성하고 GBuffer 객체를 화면의 너비/높이로 설정한다.

```
mGBuffer = new GBuffer();
int width = static_cast<int>(mScreenWidth);
int height = static_cast<int>(mScreenHeight);
if (!mGBuffer->Create(width, height))
{
   SDL_Log("Failed to create G-buffer.");
   return false;
```

```
}
```

Renderer::Shutdown에서는 mGBuffer의 Destroy 멤버 함수를 호출한다.

G 버퍼에 쓰기

G 버퍼가 준비됐으니 이제는 데이터를 G 버퍼에 써야 될 차례다. 현재의 메시 렌더링은 완전히 조명 처리된 최종 색상을 기본 프레임 버퍼에 쓸 때 퐁 프래그먼트 셰이더를 사용하고 있다. 그러나 이 퐁 프래그먼트 셰이더는 지연 셰이딩의 접근 방식과는 반대다. 이제는 표면 특성을 G 버퍼에 쓰는 새로운 프래그먼트 셰이더를 작성해야 한다.

새로운 프래그먼트 셰이더와 이전 프래그먼트 셰이더와의 차이점은, 모든 이전 프래그먼트 셰이더는 하나의 출력값만을 썼지만 새로운 프래그먼트 셰이더는 여러 출력값 또는 **복수의 렌더 타깃**을 가진다는 데 있다. 즉 새 프래그먼트 셰이더는 G 버퍼의 각 텍스처, 즉 올바른 출력에 데이터를 쓸 수 있어야 한다. 하지만 프래그먼트 셰이더 메인 함수의 GLSL 코드는 이 책 초반부에서 봤던 프래그먼트 셰이더 코드와 비교해보면 상대적으로 간단하다. 프래그먼트 셰이더는 텍스처로부터 분산광을 샘플링하며 법선과 세계 위치를 G 버퍼로 직접 전달한다.

리스트 13.8은 GBufferWrite.frag의 전체 GLSL 코드를 보여준다. 3개의 G 버퍼용 텍스처를 위한 3개의 out 값을 선언했다. 또한 각 출력에 대한 레이아웃 번호도 지정한다. 이 번호는 G 버퍼를 생성했을 때 지정한 색상 슬롯 인덱스에 해당한다.

리스트 13.8 GBufferWrite.frag 셰이더

```
#version 330
// 버텍스 셰이더로부터의 입력
in vec2 fragTexCoord; // 텍스처 좌표
in vec3 fragNormal;   // 세계 공간상에서의 법선
in vec3 fragWorldPos; // 세계 공간상에서의 위치

// 다음 레이아웃 번호는 G 버퍼의 출력에 해당
layout(location = 0) out vec3 outDiffuse;
layout(location = 1) out vec3 outNormal;
layout(location = 2) out vec3 outWorldPos;
```

```
// 분산 색상 텍스처 샘플러
uniform sampler2D uTexture;

void main()
{
   // 분산 색상은 텍스처로부터 얻는다
   outDiffuse = texture(uTexture, fragTexCoord).xyz;
   // 법선과 세계 좌표는 바로 G 버퍼에 전달
   outNormal = fragNormal;
   outWorldPos = fragWorldPos;
}
```

그런 다음 mMeshShader와 mSkinnedShader가 이전의 Phong.frag 대신 프래그먼트 셰이더로써 GBufferWrite.frag를 사용하도록 셰이더 로딩 코드를 변경한다.

마지막으로 Renderer::Draw에서는 기본 프레임 버퍼에 그리는 Draw3DScene 호출을 수정해 기본 프레임 버퍼 대신 G 버퍼로 그리기를 수행한다.

```
Draw3DScene(mGBuffer->GetBufferID(), mView, mProjection, 1.0f, false);
```

마지막 이진 파라미터는 새롭게 추가된 것이다. 이 이진 파라미터는 Draw3DScene이 메시 셰이더에 조명 관련 상수를 설정하지 않도록 지정한다. GBufferWrite.frag 셰이더는 조명 관련 상수가 없으므로 이 파라미터는 의미가 있다.

현재 상태에서 게임을 실행하면 UI 요소를 제외하고는 전체적으로 검은 창이 출력된다. 표면 특성을 G 버퍼에 쓰지만 기본 프레임 버퍼에 아무것도 그리고 있지 않기 때문이다. 그러나 RenderDoc('그래픽 디버거' 추가 글 참조) 같은 그래픽 디버거를 사용하면 G 버퍼의 여러 텍스처에 대한 출력을 보는 것이 가능하다. 그림 13.8은 깊이 버퍼를 포함한 G 버퍼의 여러 요소에 대한 출력을 시각화했다.

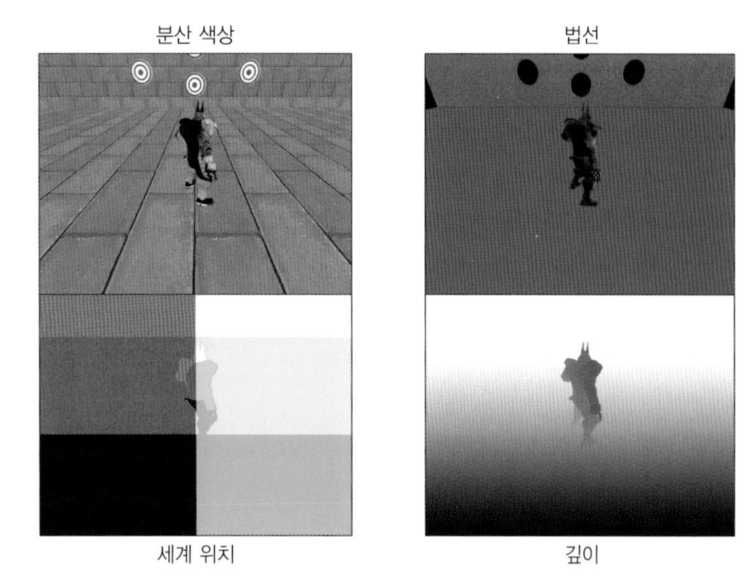

그림 13.8 G 버퍼의 여러 텍스처 시각화

그래픽 디버거

점점 복잡해지는 그래픽 코드를 작성하는 데 있어 한 가지 어려움은 일반 C++ 코드를 디버깅하는 것보다 훨씬 더 디버깅하기 어렵다는 데 있다. C++ 코드에서 문제점이 있다면 개발자는 브레이크포인트를 설정해서 코드 실행을 단계적으로 수행할 수 있다. 그러나 게임 코드가 올바른 그래픽 출력을 보여주지 않는다면 이 문제는 여러 문제들 중 하나일 수 있다. 잘못된 OpenGL 함수를 호출하거나 셰이더에 넘겨진 데이터가 잘못됐거나 GLSL 코드가 잘못 작성됐을 가능성이 있다.

문제점의 원인을 파악하는 데 있어 이러한 어려움 때문에 그래픽 디버거의 필요성이 대두됐다. 몇 가지 사용 가능한 그래픽 디버거가 존재하며, 그래픽 디버거 중 일부는 특정 타입의 그래픽 하드웨어나 콘솔에 종속적이다. 최소한 이러한 디버거를 사용하면 그래픽 데이터 프레임 캡처가 가능하고, 실행될 명령을 단계적으로 실행해서 프레임 버퍼의 출력이 어떻게 변경되는지를 확인할 수 있게 해준다. 또한 그래픽 디버거를 통해서 버텍스 데이터, 텍스처, 셰이더 상수를 포함한 GPU에 보내는 모든 데이터를 볼 수 있다. 일부 그래픽 디버거에서는 버텍스 셰이더 또는 픽셀 셰이더 코드를 단계적으로 실행해서 어디에서 잘못됐는지를 확인할 수 있게 해준다.

윈도우나 리눅스의 경우 OpenGL을 지원하는 최고의 그래픽 디버거는 RenerDoc(https://renderdoc.org)로 Baldur Karlsson이 제작한 오픈 소스 툴이다. OpenGL 외에도 마이크로스프트 Direct3D 11, 12(윈도우 운영체제에서는 오직 이 2가지만 지원)와 불칸(Vulkan)에 대한 디버깅을 지원한다. 이 글을 쓰는 시점에서 RenderDoc은 맥OS를 지원하지 않는다.

맥OS 유저를 위한 인텔 그래픽 성능 분석기(GPA)는 좋은 대안이 된다. https://software.intel.com/en-us/gpa를 참조하자.

전역 조명

이제 게임은 G 버퍼로 표면 특성을 쓰고 있으므로 다음 단계는 이러한 특성을 사용해서 완전하게 조명 처리된 장면을 출력하는 것이다. 이번 절에서는 분산광이나 전역 방향광 같은 전역 조명에 중점을 둔다. 기본 전제는 디폴트 프레임 버퍼로 화면 크기의 사각형을 그리는 것이다. 이를 위해 각 픽셀에 해당하는 G 버퍼의 표면 특성을 샘플링한다. 그런 다음 이 표면 특성을 사용해서 픽셀을 조명 처리하도록 6장과 같은 퐁 조명 방정식을 계산한다.

먼저 G 버퍼로부터 얻은 전역 조명을 처리하는 버텍스 셰이더와 프래그먼트 셰이더를 작성한다. 사각형을 화면에 그리기 때문에 버텍스 셰이더는 5장의 스프라이트 버텍스 셰이더와 동일하다. 프래그먼트 셰이더는 리스트 13.9에서 보여주듯이 퐁 프래그먼트 셰이더와는 약간 다른 점이 있다. 먼저 버텍스 셰이더로부터의 유일한 입력은 텍스처 좌표다. 프래그먼트 셰이더에서 법선과 세계 위치를 G 버퍼로부터 얻을 수 있기 때문이다. 프래그먼트 셰이더에는 G 버퍼의 여러 텍스처(분산광, 법선, 세계 위치)를 위한 `sampler2D` uniform을 추가한다. 프래그먼트 셰이더의 메인 함수에서는 G 버퍼 텍스처로부터 분산광, 법선 그리고 세계 위치를 샘플링한다. 그리고 6장에서 했던 것처럼 방향광 uniform과 결합하면 퐁 반사 모델의 주변 요소, 분산 요소와 더불어 픽셀을 비추는 데 필요한 모든 정보를 갖추게 된다. 반사 요소는 계산할 수 없는데, 반사 요소는 각 표면의 반사 지수에 의존하는데 현재 G 버퍼에는 반사 정보를 저장하지 않기 때문이다(연습 13.1에서 반사 요소 추가를 고려해본다).

퐁 주변 요소와 분산 요소를 계산한 후 픽셀의 최종 색상을 계산하기 위해 G 버퍼로부터 얻은 표면의 분산광을 곱한다.

리스트 13.9 GBufferGlobal.frag 셰이더

```
#version 330
// 버텍스 셰이더로부터의 입력
in vec2 fragTexCoord; // 텍스처 좌표

layout(location = 0) out vec4 outColor;

// G 버퍼의 다양한 입력 텍스처
uniform sampler2D uGDiffuse;
uniform sampler2D uGNormal;
uniform sampler2D uGWorldPos;

// 조명 uniform (6장과 동일)
// ...

void main()
{
   // 분산 색상과 법선, 세계 위치를 G 버퍼로부터 샘플링
   vec3 gbufferDiffuse = texture(uGDiffuse, fragTexCoord).xyz;
   vec3 gbufferNorm = texture(uGNormal, fragTexCoord).xyz;
   vec3 gbufferWorldPos = texture(uGWorldPos, fragTexCoord).xyz;

   // 퐁 조명 방정식 계산 (6장과 동일, 단 반사 지수는 제외)
   // ...

   // 최종 색상은 분산 색상 곱하기 퐁 광원
   outColor = vec4(gbufferDiffuse * Phong, 1.0);
}
```

전역 조명 버텍스 셰이더와 프래그먼트 셰이더를 작성한 후 다음 단계는 이 셰이더를 Renderer 클래스에서 로드하는 것이다. mGGlobalShader라는 Shader* 멤버 변수를 추가하고 LoadShader 함수에서 이 변수의 인스턴스를 생성한다. 리스트 13.10처럼 이 코드에서는 먼저 버텍스와 프래그먼트 셰이더 파일을 로드한다. 그리고 셰이더에 제공할 uniform 변수를 설정한다.

SetIntUniform 호출은 프래그먼트 셰이더에서 사용할 3개의 sampler2D uniform을 특정 텍스처 인덱스와 연결한다. 첫 번째 SetMatrixUniform 호출은 뷰 투영 행렬을 스프라이트 뷰 투영 행렬(사각형을 그리기 때문)과 동일하도록 설정한다. CreateScale 호출은 세계 변환이 사각형을 전체 화면에 맞게 스케일하도록 설정하며 y축을 반전시킨다(거울 텍스처를 화면에 그릴 때처럼 뒤집혀진 y 문제를 해결하기 위해).

리스트 13.10 G 버퍼 전역 조명 셰이더 로드하기

```
mGGlobalShader = new Shader();
if (!mGGlobalShader->Load("Shaders/GBufferGlobal.vert",
   "Shaders/GBufferGlobal.frag"))
{
   return false;
}
// G버퍼를 셰이더에 제공하도록 인덱스 값으로 각 샘플러를 연관시킴
mGGlobalShader->SetActive();
mGGlobalShader->SetIntUniform("uGDiffuse", 0);
mGGlobalShader->SetIntUniform("uGNormal", 1);
mGGlobalShader->SetIntUniform("uGWorldPos", 2);

// 뷰 투영 행렬은 하나의 스프라이트를 그리기 위한 행렬
mGGlobalShader->SetMatrixUniform("uViewProj", spriteViewProj);
// 세계 변환은 화면에 맞게 스프라이트를 조정하고 y값을 반전시킴
Matrix4 gbufferWorld = Matrix4::CreateScale(mScreenWidth,
   -mScreenHeight, 1.0f);
mGGlobalShader->SetMatrixUniform("uWorldTransform", gbufferWorld);
```

그런 다음 G 버퍼의 각 텍스처를 해당 텍스처 인덱스에 바인딩하는 함수를 GBuffer 클래스에 추가한다.

```
void GBuffer::SetTexturesActive()
{
   for (int i = 0; i < NUM_GBUFFER_TEXTURES; i++)
   {
      mTextures[i]->SetActive(i);
   }
}
```

여기서 각 텍스처에서 호출하는 SetActive 함수는 인덱스를 인자로 받는데 이 인덱스는 GLSL의 sampler2D uniform에 설정한 인덱스와 일치한다.

마지막 단계는 전역 조명 셰이더를 사용해서 G 버퍼로부터 사각형을 그리는 함수를 Renderer에 추가하는 것이다. 리스트 13.11처럼 DrawFromGBuffer라는 새로운 함수를 구현한다. 지금 Renderer::Draw의 첫 번째 단계는 G 버퍼에 장면을 그리는 것이므로 이제는 DrawFromGBuffer가 기본 프레임 버퍼로 그리는 최초의 코드가 된다. 사각형이 깊이 버퍼에 영향을 받지 않아야 하므로 사각형에 대한 깊이 테스트는 비활성화한다. 그리고 G 버퍼 셰이더와 스프라이트 사각형 버텍스를 활성화하고 모든 G 버퍼 텍스처를 활성화하기 위해 SetTexturesActive 함수를 호출한다. 그런 다음 6장에서 만들었던 SetLightUniforms 함수를 사용해서 G 버퍼 셰이더에 사용되는 모든 조명광 uniform을 설정한다. 마지막으로 G 버퍼 프래그먼트 셰이더를 적용해서 화면상의 모든 프래그먼트를 그린다.

리스트 13.11 Renderer::DrawFromGBuffer 구현

```
void Renderer::DrawFromGBuffer()
{
   // 깊이 테스트 비활성화
   glDisable(GL_DEPTH_TEST);
   // 전역 G 버퍼 셰이더 활성화
   mGGlobalShader->SetActive();
   // 스프라이트를 위한 버텍스 사각형 활성화
   mSpriteVerts->SetActive();
   // 샘플링하려는 G 버퍼 텍스처를 활성화
   mGBuffer->SetTexturesActive();
   // 조명 uniform 설정
   SetLightUniforms(mGGlobalShader, mView);

   // 사각형을 그린다
   glDrawElements(GL_TRIANGLES, 6, GL_UNSIGNED_INT, nullptr);
}
```

이제 Renderer::Draw 시작 코드를 변경해 먼저 3D 장면을 G 버퍼에 그린 뒤 프레임 버퍼를 기본 프레임 버퍼로 변경해서 DrawFromGBuffer를 호출한다. 그러고 나서 이

전처럼 스프라이트와 UI 화면을 렌더링한다.

```
// 3D 장면을 G 버퍼에 그린다
Draw3DScene(mGBuffer->GetBufferID(), mView, mProjection, false);
// 프레임 버퍼를 0으로 되돌린다(화면 프레임 버퍼)
glBindFramebuffer(GL_FRAMEBUFFER, 0);
// G 버퍼를 통해서 화면에 그린다
DrawFromGBuffer();
// 이전처럼 스프라이트/UI를 그린다
// ...
```

이제 전역 조명 셰이더 코드를 사용해서 전체 장면이 다시 한번 완전히 조명처리됐다. 그림 13.9는 장면 출력을 보여준다. 퐁 조명 방정식의 반사 요소를 계산하지 않았기에 장면은 이전에 사용했던 주변광 값을 약간 더 높였지만 전보다 어둡게 보인다. 그래도 전체 장면은 볼 수 있으며, 어두움을 제외하면 순방향 렌더링 장면과 동일하게 보인다. 또한 거울은 여전히 순방향 렌더링을 사용하지만 잘 동작한다(그리고 주변광의 값을 높였으므로 거울은 이전보다 밝아보인다).

그림 13.9 지연 셰이딩과 전역 조명을 적용한 장면

점광 추가

지연 셰이딩을 사용하는 주된 이유는 장면에서 광원의 수가 증가해도 잘 대처하기 위해서다. 이번 절에서는 여러 비전역 광원에 대한 지원을 추가하는 방법을 설명한다.

게임에 100개의 서로 다른 점광이 있다고 가정하자. 개발자는 셰이더에서 위치와 색상, 반지름 등 점광의 모든 정보를 저장하는 uniform 배열을 생성해야 한다. 그리고 `GBufferGlobal.frag` 셰이더 코드에서는 이 점광들을 반복한다. G 버퍼로부터 샘플링한 세계 위치를 사용하면 프래그먼트가 점광의 범위 내에 있는지 여부를 판별할 수 있으며, 범위 내에 있다면 이 프래그먼트에 대한 퐁 방정식을 계산한다.

이 접근법은 잘 동작할 수 있을 것으로 보이지만 몇 가지 문제점이 있다. 문제점 중 하나로는 점광 근처에 있지 않은 프래그먼트에도 테스트를 수행해야 한다는 것이다. 이를 막으려면 셰이더 코드에서 수많은 조건 검사를 수행해야 하며 이 검사는 비용이 매우 크다.

이 문제에 대한 해결책은 **광원 기하**light geometry나 광원을 나타내는 메시를 대신 사용하는 것이다. 점 광원은 반지름을 가지므로 점광에 해당하는 광원 기하는 세계상에 배치된 구체와 같다. 이 구체의 영향 범위에 있는 모든 프래그먼트는 프래그먼트 셰이더 호출을 실행시킨다. 또한 G 버퍼의 세계 위치 정보를 사용하면 프래그먼트에 대한 빛의 세기 계산도 가능하다.

PointLightComponent 클래스 추가

점광에 대한 컴포넌트를 생성하면 광원을 이동하는 액터에 붙이는 것이 쉬워진다. 먼저 리스트 13.12처럼 `PointLightComponent` 클래스를 선언하자. 문제를 간단히 하기 위해 해당 클래스의 멤버 변수는 public으로 선언한다. 분산 색상은 점광의 분산 색상이다. 내부 및 외부 반지름 변수는 점광의 주변 영향 영역을 결정한다. **외부 반지름**outer radius은 점광이 물체에 영향을 끼치는 최대 거리다. **내부 반지름**inner radius은 점광이 빛의 최대 세기를 가질 때의 반지름이다. 내부 반지름 범위 안에 있는 물체는 완전한 분산 색상을 가지며, 색상의 세기는 외부 반지름에 가까워질수록 감쇄한다. 점광은 외부 반지름을 넘어서면 아무런 영향을 미치지 않는다.

리스트 13.12 PointLightComponent 선언

```
class PointLightComponent
{
public:
   PointLightComponent(class Actor* owner);
   ~PointLightComponent();

   // 이 점광의 기하를 그린다
   void Draw(class Shader* shader, class Mesh* mesh);

   // 분산 색상
   Vector3 mDiffuseColor;
   // 광원의 반지름
   float mInnerRadius;
   float mOuterRadius;
};
```

그리고 Renderer 클래스에 mPointLights라는 PointLightComponent 포인터의 벡터를 추가한다. PointLightComponent의 생성자는 mPointLights에 광원을 추가하고, 소멸자는 벡터로부터 광원을 제거한다.

점광 프래그먼트 셰이더

다음 단계는 GBufferPointLight.frag 프래그먼트 셰이더 파일을 생성하는 것이다. GBufferGlobal.frag 셰이더처럼 G 버퍼용 3개 텍스처에 대한 3개의 sampler2D uniform 선언이 필요하다. 추가로 전역 조명 셰이더와는 다르게 특정 점광에 대한 정보를 저장하는 것이 필요하다. PointLight 구조체를 선언한 뒤 uPointLight uniform을 추가한다. 또한 화면의 너비/높이를 저장한 uScreenDimensions uniform도 추가한다.

```
// GBufferPointLight.frag에 추가해야 할 uniform
struct PointLight
{
   // 광원의 위치
   vec3 mWorldPos;
```

```
    // 분산 색상
    vec3 mDiffuseColor;
    // 광원의 반지름
    float mInnerRadius;
    float mOuterRadius;
};
uniform PointLight uPointLight;
// 화면의 너비/높이 저장
uniform vec2 uScreenDimensions;
```

리스트 13.13의 셰이더 메인 함수는 여러 가지 면에서 전역 조명 셰이더와는 다르다. 전역 조명을 위해 그린 사각형의 텍스처 좌표를 사용하면 올바르게 G 버퍼에서 데이터를 샘플링하는 것이 가능했다. 그러나 점광의 구면 메시에서 얻은 텍스처 좌표로는 샘플링할 G 버퍼의 올바른 UV 좌표를 얻어낼 수 없다. 그래서 이 경우에는 프래그먼트의 화면 공간 위치 정보가 있는 내장 GLSL 변수인 `gl_FragCoord`를 사용한다. 여기서 개발자는 x와 y 좌표만 신경 쓰면 된다. 그러나 UV 좌표는 [0, 1] 범위에 있으므로 좌표를 화면 크기로 나눠야 한다. 이 경우 나누기 연산은 요소별로 나눈다.

올바른 UV 좌표를 얻은 후에는 이 UV 좌표를 사용해서 분산 색상, 법선 그리고 세계 위치를 G 버퍼로부터 샘플링한다. 그리고 이전 퐁 프래그먼트 셰이더처럼 `N` 및 `L` 벡터를 계산한다.

리스트 13.13 GBufferPointLight.frag 메인 함수

```
void main()
{
    // G 버퍼에서 올바른 데이터를 샘플링할 수 있도록 좌표를 계산
    vec2 gbufferCoord = gl_FragCoord.xy / uScreenDimensions;

    // G 버퍼로부터 데이터를 추출
    vec3 gbufferDiffuse = texture(uGDiffuse, gbufferCoord).xyz;
    vec3 gbufferNorm = texture(uGNormal, gbufferCoord).xyz;
    vec3 gbufferWorldPos = texture(uGWorldPos, gbufferCoord).xyz;

    // 법선과 표면에서 광원으로 향하는 단위 벡터를 구함
    vec3 N = normalize(gbufferNorm);
    vec3 L = normalize(uPointLight.mWorldPos - gbufferWorldPos);
```

```
    // 광원에 대한 퐁 반사 요소 계산
    vec3 Phong = vec3(0.0, 0.0, 0.0);
    float NdotL = dot(N, L);
    if (NdotL > 0)
    {
        // 광원과 세계 위치와의 거리 계산
        float dist = distance(uPointLight.mWorldPos, gbufferWorldPos);
        // 값을 [0, 1] 범위로 계산하기 위해 smoothstep 사용
        // 파라미터는 내부/외부 반지름
        float intensity = smoothstep(uPointLight.mInnerRadius,
                                     uPointLight.mOuterRadius, dist);
        // 광원의 분산 색상은 빛의 세기에 의존
        vec3 DiffuseColor = mix(uPointLight.mDiffuseColor,
                                vec3(0.0, 0.0, 0.0), intensity);
        Phong = DiffuseColor * NdotL;
    }
    // 최종 색상은 텍스처 색상 곱하기 퐁 조명값
    outColor = vec4(gbufferDiffuse * Phong, 1.0);
}
```

분산 색상을 계산할 때는 먼저 점광의 중심과 프래그먼트의 세계 위치의 차를 계산한다. `smoothstep` 함수는 범위 [0, 1]의 값을 반환하며 내부 반지름과 같거나 작으면 `0`을 리턴하고 외부 반지름보다 같거나 크면 `1`을 반환한다. 내부 반지름 외부 반지름 사이에 있는 거리는 중간값을 산출한다. `smoothstep` 함수는 이 중간값을 계산하기 위해 Hermite 함수(다항식의 한 형태)를 사용한다. 결괏값은 분산 색상의 세기에 해당한다. 0의 값은 프래그먼트가 내부 반지름 내에 있기 때문에 최대 세기를 뜻한다. 반면 값 1은 점광이 프래그먼트에 영향을 미치지 않아야 함을 뜻한다.

다음으로 빛의 세기 값을 토대로 `DiffuseColor`를 계산한다. 여기서 `mix` 함수는 점광의 분산 색상과 순수 검은색과의 선형 보간을 수행한다. 현재는 퐁 반사의 반사 요소를 계산하지 않는다는 것을 기억하자. 지금은 G 버퍼에 반사 지수가 없기 때문이다.

전역 광원 G 버퍼 계산 후에 점광 렌더링이 수행되므로 프레임 버퍼상의 각 프래그먼트는 이미 색상을 갖고 있다는 것을 이해하는 것이 중요하다. 그래서 점광 셰이더는 프레임 버퍼에 있는 기존 색상을 덮어써서는 안 된다. 예를 들어 프래그먼트의 세

계 위치가 점광의 범위 밖에 있다면 셰이더는 검정색을 반환한다. 생각 없이 프래그먼트를 검정색으로 설정하면 전역 조명 패스에서 구한 모든 색상을 잃어버리게 될 것이다.

그래서 색을 덮어쓰기보다는 이미 있던 색상에 점광 셰이더의 출력을 더해야 한다. 색상에 검정색을 더하면 RGB 값은 변경되지 않으며, 이는 기존 광원을 그대로 유지함을 의미한다. 한편 녹색값을 더하면 프래그먼트는 녹색 느낌이 강해지게 된다. 출력 색상을 기존 색상에 더하기 위해서 프래그먼트 셰이더 코드 변경은 필요하지 않다. 대신 C++에서 코드를 변경해야 한다.

점광 그리기

DrawFromGBuffer에서 점광을 그리기 전에 Renderer와 PointLightComponent에 글루 코드를 추가한다. 먼저 mGPointLightShader라는 새로운 셰이더 멤버 변수를 추가한다. 그런 다음 이 셰이더를 LoadShaders에서 로드한다. 버텍스 셰이더의 경우 6장에서 사용했던 BasicMesh.vert 셰이더를 사용한다. 점광의 구체 메시에는 어떤 특별한 동작도 필요하지 않기 때문이다. 프래그먼트 셰이더는 GBufferPointLight.frag 셰이더를 사용한다.

전역 조명 셰이더와 마찬가지로 개발자는 특정 G 버퍼 텍스처와 uniform을 바인딩하기 위해 샘플러 uniform을 설정해야 한다. 그리고 화면의 너비와 높이를 위한 uScreenDimensions uniform을 설정해야 한다.

또한 점광에 사용할 메시를 가리키는 mPointLightMesh 멤버 변수도 추가한다. Renderer를 초기화할 때 메시를 로드하고 해당 변수에 저장한다. 해당 메시는 구체다.

이제 리스트 13.14처럼 DrawFromGBuffer에 추가 코드를 작성한다. 이 추가 코드는 전역 조명을 적용해서 전체 화면 사각형을 그린 코드 다음에 처리한다. 이 코드의 첫 부분은 G 버퍼의 깊이 버퍼를 기본 프레임 버퍼의 깊이 버퍼로 복사한다. 3D 장면을 G 버퍼로 그렸으므로 G 버퍼의 깊이 버퍼는 모든 프래그먼트의 실제 깊이 정보를 포함한다. 점광의 구체에 깊이 테스트를 수행해야 하므로 기본 깊이 버퍼로 G 버퍼의 깊이 버퍼를 복사해야 한다.

리스트 13.14 Renderer::DrawFromGBuffer에서 점광 그리기

```
// G 버퍼의 깊이 버퍼를 기본 프레임 버퍼로 복사
glBindFramebuffer(GL_READ_FRAMEBUFFER, mGBuffer->GetBufferID( ));
int width = static_cast<int>(mScreenWidth);
int height = static_cast<int>(mScreenHeight);
glBlitFramebuffer(0, 0, width, height,
   0, 0, width, height,
   GL_DEPTH_BUFFER_BIT, GL_NEAREST);

// 깊이 테스트 활성화, 하지만 깊이 버퍼로의 쓰기는 비활성화
glEnable(GL_DEPTH_TEST);
glDepthMask(GL_FALSE);

// 점광 셰이더와 메시를 활성화
mGPointLightShader->SetActive( );
mPointLightMesh->GetVertexArray( )->SetActive( );
// 뷰 투영 행렬 설정
mGPointLightShader->SetMatrixUniform("uViewProj",
   mView * mProjection);
// 샘플링을 위한 G 버퍼 텍스처 설정
mGBuffer->SetTexturesActive( );

// 점광 색상은 기존 색상에 더해야 한다
glEnable(GL_BLEND);
glBlendFunc(GL_ONE, GL_ONE);

// 점광을 그린다
for (PointLightComponent* p : mPointLights)
{
   p->Draw(mGPointLightShader, mPointLightMesh);
}
```

그런 다음 깊이 테스트를 재활성화한다(전역 조명을 위해 전체 화면 사각형을 그렸을 때 깊이 테스트를 비활성화했기 때문이다). 하지만 깊이 마스크는 비활성화한다. 깊이 마스크를 비활성화한다는 것은 각 점광 구체에 대한 프래그먼트를 그릴 때 깊이 테스트는 필요하지만, 프래그먼트의 새로운 깊이 값을 깊이 버퍼에 쓰지 않겠다는 것을 의미한다. 이를 통해 점광 구체 메시가 기존 깊이 버퍼값에 간섭하는 것을 막을 수 있다. 깊

이 버퍼 쓰기를 비활성화했으므로 Draw3DScene의 시작 부분에 깊이 버퍼 쓰기를 재활성화하는 호출을 추가한다(깊이 버퍼 쓰기를 활성화하지 않으면 깊이 버퍼를 지울 수가 없다).

그러고 나서 점광 메시와 점광 셰이더를 활성화한다. 그리고 점광이 세계상에 렌더링된 다른 오브젝트와 마찬가지로 올바른 위치를 가지도록 뷰-투영 행렬을 설정해야 한다. 또한 G 버퍼 텍스처를 각각의 슬롯에 바인딩해줘야 한다.

그리고 기존 색상 버퍼로 추가 색상을 더하기 위해 블렌딩을 활성화한다. 첫 번째, 두 번째 파라미터로 GL_ONE을 받는 blend 함수는 알파값이나 다른 파라미터를 고려하지 않고 직접 두 색상을 더하라고 지정한다.

마지막으로 모든 점광을 반복하면서 각 점광의 Draw 함수를 호출한다. 리스트 13.15의 PointLightComponent::Draw 코드는 다른 메시 그리기 코드와 크게 다르지 않다. 세계 변환 행렬에서는 구체 메시의 크기를 광원의 외부 반지름 값으로 변경해야 한다. 이를 위해서 소유자 액터의 스케일 값에다 메시의 반지름을 나누고 광원의 외부 반지름을 곱해서 얻은 결괏값을 스케일 행렬을 생성하는 함수에 파라미터로 전달한다. 이동은 소유자 액터로부터 얻은 광원 위치를 참조한다.

또한, 이전에 uniform을 설정했던 동일한 방법으로 특정 점광을 위한 여러 uniform을 설정한다. 마지막으로 glDrawElements 호출은 점광의 광원 기하를 그린다. 이 광원은 구체 메시다. Renderer는 Draw를 호출하기 전에 버텍스 배열을 활성화했으므로 따로 버텍스 배열을 활성화시킬 필요는 없다.

모든 점광 메시를 그렸으므로 모든 프래그먼트에 대한 점광의 추가 광원 계산도 완료됐다. 이 추가 광원 색상은 전역 조명 패스로부터 얻은 기존 색상과 더해지며 이를 통해 최종 색상을 얻는다.

리스트 13.15 PointLightComponent::Draw 구현

```
void PointLightComponent::Draw(Shader* shader, Mesh* mesh)
{
   // 외부 반지름으로 세계 변환을 스케일(메시 반지름으로 나눈다)
   // 그리고 세계 위치로 구체를 이동
   Matrix4 scale = Matrix4::CreateScale(mOwner->GetScale() *
```

```
        mOuterRadius / mesh->GetRadius());
    Matrix4 trans = Matrix4::CreateTranslation(mOwner->GetPosition());
    Matrix4 worldTransform = scale * trans;
    shader->SetMatrixUniform("uWorldTransform", worldTransform);
    // 점광 셰이더 상수를 설정
    shader->SetVectorUniform("uPointLight.mWorldPos",
    mOwner->GetPosition());
    shader->SetVectorUniform("uPointLight.mDiffuseColor", mDiffuseColor);
    shader->SetFloatUniform("uPointLight.mInnerRadius", mInnerRadius);
    shader->SetFloatUniform("uPointLight.mOuterRadius", mOuterRadius);

    // 구체를 그린다
    glDrawElements(GL_TRIANGLES, mesh->GetVertexArray()->GetNumIndices(),
        GL_UNSIGNED_INT, nullptr);
}
```

13장 게임 프로젝트는 점광 렌더링을 시연하기 위해 바닥을 따라 여러 가지 색상을 가진 점광을 만든다. 그림 13.10은 지연 셰이딩으로 동작하는 점광의 결과를 보여준다.

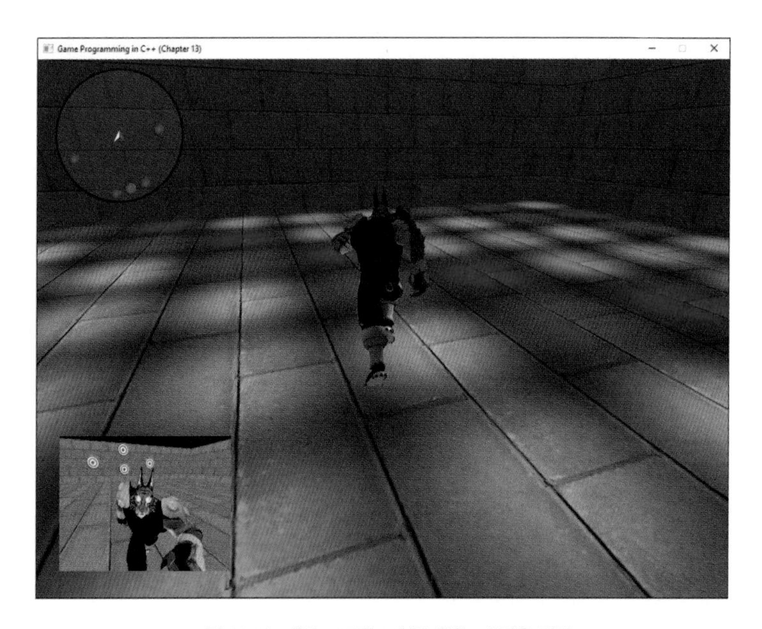

그림 13.10 게임 프로젝트에 존재하는 수많은 점광

개선 및 이슈

지연 셰이딩은 수많은 현대의 게임에서 사용하는 매우 강력한 렌더링 테크닉이지만 완벽하지는 않다. 한 가지 문제점은 창과 같은 부분적으로 투명한 물체를 다룰 수 없다는 것이다. G 버퍼는 단일 표면의 속성만을 저장할 수 있으므로 그런 오브젝트를 G 버퍼로 그리면 이 오브젝트 뒤에 있는 오브젝트를 덮어쓸 수 있다. 이런 경우에 대한 해결책은 투명 오브젝트를 제외한 장면을 먼저 그린 후 별도의 패스로 투명 오브젝트를 그리는 것이다.

또한 지연 셰이딩은 일부 유형의 게임에서는 G 버퍼를 설정하고 복수 렌더 타깃으로 렌더링하는 오버헤드 때문에 그다지 가치가 없다. 게임이 주로 대낮을 무대로 진행되거나 매우 적은 수의 광원만을 가진다면 프레임마다 지연 셰이딩 설정에 대한 비용은 순방향 렌더링 접근법의 비용보다 높을 수 있다. 매우 높은 프레임 속도가 필요한 수많은 가상 현실 게임에서는 이러한 이유로 순방향 렌더링을 사용한다.

또 다른 문제점으로 지연 셰이딩은 광원 기하에서 고려하고 수정해야 하는 수많은 경계 예외가 있다. 점광 구체가 부분적으로 벽과 교차하면 점광은 현재 접근법에서는 벽의 양쪽 측면에 영향을 미칠 것이다. 또한 매우 큰 점광을 생성했는데 광원 내부에 카메라를 놓는다면 우리는 그 조명의 효과를 보지 못할 것이다. 이러한 광원 기하 문제를 해결하려면 다른 타입의 출력 버퍼인 스텐실 버퍼를 사용해야 한다.

게임 프로젝트

13장의 게임 프로젝트는 지연 셰이딩의 전체 구현을 제공한다. 또한 게임 프로젝트는 텍스처 품질을 향상시키기 위해 밉매핑과 이방성 얼라이어싱을 사용한다. 프로젝트는 순방향 렌더링되는 거울 텍스처를 포함한다. 코드는 책의 깃허브 저장소 Chapter13 디렉토리에서 이용할 수 있다. 윈도우 운영체제에서는 Chapter13-windows.sln을 열고, 맥에서는 Chapter13-mac.xcodeproj를 열어서 실행한다.

조작 방법이나 캐릭터는 12장과 동일하다. 플레이어는 WASD 키를 사용해서 캐릭터를 이동시키는 것이 가능하다. 점광을 시연하기 위해 Game::LoadData에 몇 개의 점광을 추가했다.

요약

13장에서는 몇 가지 중급 그래픽스 테크닉을 다뤘다. 먼저 13장에서는 텍스처 필터링이 작동하는 방식(최근접 이웃 필터링과 이중 선형 필터링)을 살펴봤다. 밉매핑은 텍스처의 크기가 축소될 때 샘플링 아티팩트를 축소할 수 있다. 왜냐하면 밉매핑은 몇 개의 저해상도 고품질 텍스처를 미리 생성하기 때문이다. 그러나 기울어진 표면에서 밉매핑은 텍스처가 흐릿하게 보일 수 있다. 이 경우에 이방성 필터링은 텍스처의 품질을 향상시킨다.

또 다른 강력한 렌더링 테크닉은 장면을 텍스처에 렌더링하는 것이다. OpenGL은 텍스처와 연관된 임의의 프레임 버퍼 개체 생성을 가능하게 해준다. 그리고 이 텍스처에 3D 장면을 그리도록 선택하는 것이 가능하다. 이 테크닉의 한 가지 사용법으로 거울과 같은 고품질 반사를 그리는 것이 있다.

마지막으로 13장은 조명 처리에서 2-패스 접근법을 사용하는 지연 셰이딩을 설명했다. 첫 번째 패스에서는 분산 색상, 법선, 그리고 세계 위치와 같은 오브젝트의 표면 특성을 쓴다. 두 번째 패스에서는 조명 방정식을 계산하기 위해 G 버퍼를 읽어들인다. 점광과 같이 제한된 범위를 가지는 광원에 대해서는 프래그먼트가 광원의 영향 범위 내에 있는지를 확인하기 위해 광원 기하를 렌더링한다. 지연 셰이딩은 부분적으로 투명한 오브젝트를 다룰 수 없는 문제 등이 있지만, 장면에 수많은 광원이 있을 때는 매우 훌륭한 방법이다.

추가 독서

6장에서 언급했듯이 토마스 아케닌-몰러 외Thomas Akenine-Moller et al.의 『실시간 렌더링Real-Time Rendering』은 렌더링 테크닉이나 게임에서는 찾아봐야 될 책이다. 제이슨 징크 외Jason Zink et al의 책은 OpenGL 대신 Direct3D 11에 중점을 뒀지만, 지연 셰이딩을 포함한 여러 테크닉을 잘 설명하고 있다. 매트 파 외Matt Pharr et al. 책은 보다 현실적인 조명을 구현하기 위해 게임이 사용하는 최신 기술인 물리 기반 렌더링을 설명한다. 볼프강 엥겔Wolfgang Engel의 책은 비디오 게임 산업에서 그래픽 프로그래머가 사용하고 있는 기술을 소개한다. 필 조노프Phil Djonov는 G 버퍼에서 세계 위치를 제거하는 방법을 설명한다. 마지막으로 다양한 OpenGL 확장이 어떻게 동작하는지를 이해하려면 공식 레지스트리를 읽어야 한다.

- Akenine-Moller, Thomas, Eric Haines, and Naty Hoffman. *Real-Time Rendering*, 3rd edition. Natick: A K Peters, 2008.
- Djonov, Phil. "Deferred Shading Tricks." Shiny Pixels. Accessed November 26, 2017. http://vec3.ca/code/graphics/deferred-shading-tricks/.
- Engel, Wolfgang, ed. *GPU Zen: Advanced Rendering Techniques*. Encinitas: Black Cat Publishing, 2017.
- Khronos Group. *OpenGL Extensions Registry*. Accessed October 16, 2017. https://github.com/KhronosGroup/OpenGL-Registry.
- Pharr, Matt, Wenzel Jakob, and Greg Humphreys. *Physically Based Rendering: From Theory to Implementation*, 3rd edition. Cambridge: Elsevier, 2017.
- Zink, Jason, Matt Pettineo, and Jack Hoxley. *Practical Rendering and Computation with Direct3D 11*. Boca Raton: CRC Press, 2012.

연습

13장의 연습에서는 13장 후반부에서 설명한 지연 셰이딩 테크닉을 개선하는 방법을 살펴본다.

연습 13.1

전역 G 버퍼 조명(방향광)과 점광에다 반사 요소에 대한 지원을 추가하자. 이를 위해 먼저 G 버퍼에 표면의 반사 지수를 저장하는 새로운 텍스처가 필요하다. 이 새로운 텍스처를 코드의 관련 부분(C++과 GLSL 둘 다)에 추가하자.

연습 13.2

지연 셰이딩에 새로운 타입의 광원을 추가할 때는 새로운 타입의 광원 기하가 필요하다. 스포트라이트에 대한 지원을 추가해보자. 이를 위해서는 점광 처리가 끝난 후에 스포트라이트 광원을 그리는 셰이더와 `SpotLightComponent`를 생성해야 한다.

스포트라이트 메시는 `SpotLight.gpmesh` 파일(원뿔 모양임)을 사용한다. 스포트라이트는 점광과 같은 파라미터를 가지며, 또한 스포트라이트 각도에 대한 변수도 필요하다. 각도 변경을 위해서는 메시를 비균등하게 스케일해야 한다. 기본 메시는 반각이 30도다.

14장

레벨 파일과 바이너리 데이터

14장에서는 게임 세계를 표현하는 JSON 기반 파일을 로드하고 저장하는 방법을 살펴본다. 이 레벨 파일은 게임상의 모든 액터나 컴포넌트의 속성뿐만 아니라 전역 속성을 저장한다.

또한 14장에서는 텍스트 기반 파일 포맷과 바이너리 파일 포맷을 사용할 때의 트레이드 오프를 살펴본다. 예제로 바이너리 메시 파일 포맷 구현을 설명한다.

레벨 파일 로딩

지금까지 이 책에서는 게임 세계의 오브젝트의 배치에 있어 데이터 중심의 접근 방식을 사용하지 않았다. 대신 `Game::LoadData` 함수 코드가 주변광 같은 전역 속성과 게임상의 액터나 컴포넌트를 기술했다. 이 접근 방식은 몇 가지 단점이 존재하는데 그 중에서 가장 큰 단점은 레벨에 정육면체 하나를 배치하는 것 같은 아주 사소한 변경에도 소스 코드 전체 재컴파일이 필요하다는 것이다. 게임에서 오브젝트 배치를 바꾸려는 디자이너는 C++ 소스 코드를 변경하지 않아야 한다.

해결책은 해당 레벨을 위한 별도의 데이터 파일을 만드는 것이다. 이 데이터 파일은 레벨에 포함된 액터와 해당 액터의 속성을 지정할 수 있어야 하며, 추가로 액터의 컴포넌트를 조정할 수 있어야 한다. 또한 레벨 파일은 레벨에 필요한 전역 속성도 포함해야 한다.

2D 게임의 경우 데이터 파일로써 텍스트 파일을 사용하면 완벽하게 잘 동작한다. 게임 세계의 여러 오브젝트에 대해 서로 다른 아스키 문자를 정의하고 이런 오브젝트의 텍스트 격자를 만들기만 하면 된다. 그러면 레벨 파일은 아스키로 표현된 아트처럼 보일 것이다. 하지만 아쉽게도 이러한 접근법은 3D 게임에서는 잘 동작하지 않는다. 왜냐하면 게임상의 각각의 오브젝트는 임의의 3D 좌표를 가지고 있기 때문이다. 게다가 이 책에서 사용된 게임 오브젝트 모델은 액터가 컴포넌트를 가지고 있어서 각 컴포넌트 속성도 저장해야 한다.

그래서 보다 구조화된 파일 포맷이 필요하다. 14장에서는 데이터를 다루기 위해 텍스트 기반 JSON 포맷을 다시 사용한다. 하지만 바이너리 파일 포맷을 제작하는 데 필요한 테크닉과 텍스트 포맷을 사용할 때의 트레이드 오프도 살펴본다.

이번 절에서는 JSON 기반 레벨 파일 포맷을 작성하는 방법을 살펴본다. 전역 속성을 기술하는 것부터 시작해서 단계적으로 여러 속성을 파일에 추가한다. 그래서 `Game::LoadData` 함수에는 로드하려는 레벨 파일을 지정하는 함수 호출 그 이상의 코드를 가지지 않도록 한다. 먼저 JSON 파일을 파싱하는 RapidJSON 라이브러리의 사용법을 살펴본다.

전역 속성 로딩

게임 세계에 존재하는 유일한 전역 속성은 광원 속성이다. 주변광이나 전역 방향광이 이에 해당한다. 광원 속성은 속성 수가 적고 제한적이므로 JSON 레벨 파일 포맷을 정의하는 데 좋은 출발점이 된다. 리스트 14.1은 레벨 파일에서 전역 광원 속성을 지정하는 방법을 보여준다.

리스트 14.1 전역 광원 속성을 기술한 레벨(Level10.gplevel)

```
{
   "version": 1,
   "globalProperties": {
      "ambientLight": [0.2, 0.2, 0.2],
      "directionalLight": {
         "direction": [0.0, -0.707, -0.707],
         "color": [0.78, 0.88, 1.0]
      }
   }
}
```

리스트 14.1은 레벨 파일에서 접하게 될 몇 가지 구조를 보여준다. 먼저 레벨 파일의 핵심 부분인 JSON 다큐먼트는 **JSON 오브젝트**인 키/값 속성(또는 쌍)의 딕셔너리다. 키 이름은 따옴표로 묶고 콜론 뒤에 값을 쓴다. 값은 여러 타입의 값이 올 수 있다. 기본 타입은 문자열, 숫자, 그리고 이진값이다. 복합 타입에는 배열과 JSON 오브젝트가 있다. 위의 파일의 경우 `globalProperties` 키는 JSON 오브젝트에 해당한다. 이 JSON 오브젝트는 2개의 키를 가지고 있는데, 하나는 주변광용 키이고 나머지 하나는 방향광용 키다. `ambientLight` 키는 3개의 숫자로 구성된 배열에 해당하며, 마찬가지로 `directionalLight` 키는 2개의 추가 키가 있는 또 다른 JSON 오브젝트에 해당한다.

JSON 오브젝트와 속성의 중첩된 형태는 파싱 코드를 구현하는 데 아이디어를 준다. 특히 JSON 오브젝트와 키의 이름이 주어지면 이에 해당하는 값을 읽는 일반적인 함수의 작성이 가능하다. 그리고 C++ 코드에서는 값의 유형이 JSON 포맷에 비해 훨씬 더 다양하므로 함수에는 구문 분석과 함께 다양한 타입에 대응할 수 있는 코드를 추가해야 한다.

이 전역 속성을 파싱하기 위해 LevelLoader 클래스를 선언한다. 파일에서 레벨을 로딩하면 게임 상태에 영향을 미치지만, 레벨 로더 그 자체는 영향이 없으므로 LoadLevel 함수는 다음과 같이 정적 함수로 선언한다.

```
class LevelLoader
{
public:
   // 레벨을 로드한다 - 성공하면 true를 반환한다
   static bool LoadLevel(class Game* game, const std::string& fileName);
};
```

LoadLevel 함수는 파일 이름과 Game 객체 포인터를 인자로 받는다. Game 객체는 오브젝트를 생성하거나 수정할 때 접근해야 하므로 필요하다.

LoadLevel 함수에서 수행하는 첫 번째 단계는 레벨 파일을 rapidjson::Document로 로드해서 구문 분석하는 것이다. 먼저 전체 파일을 메모리에 로드하고 난 뒤 이 버퍼를 Document의 파싱 멤버 함수에 전달한다. JSON 파일을 하나의 다큐먼트에 로딩하는 것은 일반적인 형태이므로 헬퍼 함수를 만들면 좋다. 헬퍼 함수를 구현하면 JSON 파일 포맷인 gpmesh, gpanim 및 여러 JSON 애셋 타입을 로드할 때에도 이 함수를 재사용하는 것이 가능해진다.

리스트 14.2는 LoadJSON 함수의 구현을 보여준다. 이 함수 또한 정적 함수다. LoadJSON 함수는 파일 이름과 Document의 참조값을 파라미터로 받는다. 먼저 파일을 ifstream에 로드한다. 텍스트 모드 대신에 이진 모드로 파일을 로드하는 것에 주목하자. 이진 모드로 로드하는 이유는 효율성을 높이기 위함이며, 이렇게 하면 사용자 입장에서는 전체 파일을 문자 버퍼(배열)에 로드한 뒤 해당 버퍼를 직접 RapidJSON으로 넘기기만 하면 된다. 또한 std::ios::ate 플래그를 사용해서 스트림이 파일의 끝에서 시작됨을 지정한다.

파일을 성공적으로 로드하면 tellg 함수를 사용해서 파일 스트림의 현재 위치를 얻는다. 스트림이 파일의 끝에 있으므로 결괏값은 전체 파일의 크기다. 다음으로 seekg 함수를 호출해서 스트림을 파일의 시작 위치로 되돌린다. 그러고 나서 전체 파일 + NULL 문자를 담기에 충분한 공간을 가진 벡터를 생성하고 벡터로 파일을 읽기 위해 읽기 함수를 호출한다. 마지막으로 JSON 파일을 파싱하기 위해 outDoc의 Parse 함수를 호출한다.

리스트 14.2 LevelLoader::LoaderJSON 구현

```
bool LevelLoader::LoadJSON(const std::string& fileName,
                           rapidjson::Document& outDoc)
{
   // 이진 모드로 ifstream 에 디스크 파일을 로드하고
   // 스트림 버퍼의 위치를 파일 마지막으로 설정한다(ate)
   std::ifstream file(fileName, std::ios::in |
                      std::ios::binary | std::ios::ate);
   if (!file.is_open())
   {
      SDL_Log("File %s not found", fileName.c_str());
      return false;
   }

   // 파일의 크기를 얻는다
   std::ifstream::pos_type fileSize = file.tellg();
   // 스트림 버퍼가 파일 처음 부분을 가리키도록 되돌린다.
   file.seekg(0, std::ios::beg);

   // 파일 사이즈 + 1(null 문자) 크기의 벡터를 선언한다
   std::vector<char> bytes(static_cast<size_t>(fileSize) + 1);
   // 파일의 데이터를 벡터로 읽어들인다
   file.read(bytes.data(), static_cast<size_t>(fileSize));

   // RapidJSON의 document 객체로 데이터를 넘겨서 파싱한다
   outDoc.Parse(bytes.data());
   if (!outDoc.IsObject())
   {
      SDL_Log("File %s is not valid JSON", fileName.c_str());
      return false;
   }
   return true;
}
```

그런 다음 LoadLevel의 시작부에 LoadJSON을 호출 코드를 추가한다.

```
rapidjson::Document doc;
if (!LoadJSON(fileName, doc))
{
   SDL_Log("Failed to load level %s", fileName.c_str());
   return false;
}
```

JSON 오브젝트를 얻었으면 키를 읽은 뒤 키에 해당하는 값을 추출해야 된다. 주어진 키가 항상 JSON 오브젝트에 존재할 거라고 추정해서는 안 되기 때문에 우선 키가 존재하는지 그리고 예상되는 타입인지를 검증해야 한다. 검증이 됐다면 그때 값을 읽는다. `JsonHelper`란 또 다른 클래스에 이 기능을 가진 정적 함수를 구현한다. 리스트 14.3은 `JsonHelper::GetInt` 함수를 보여준다. `JsonHelper::GetInt` 함수는 속성을 찾은 뒤 그 속성이 기댓값의 타입과 일치하는지 검증한 다음 문제없으면 `true`를 반환한다.

리스트 14.3 JsonHelper::GetInt 구현

```
bool JsonHelper::GetInt(const rapidjson::Value& inObject,
                        const char* inProperty, int& outInt)
{
   // 해당 속성이 존재하는지 확인
   auto itr = inObject.FindMember(inProperty);
   if (itr == inObject.MemberEnd())
   {
      return false;
   }

   // 값의 타입을 얻은 후 타입이 정수인지 확인
   auto& property = itr->value;
   if (!property.IsInt())
   {
      return false;
   }

   // 속성의 값을 읽는다
   outInt = property.GetInt();
```

```
    return true;
}
```

그런 다음 LoadLevel에서 GetInt 함수를 사용해서 로드한 파일의 버전이 기댓값과 동일한지 검증한다.

```
int version = 0;
if (!JsonHelper::GetInt(doc, "version", version) ||
    version != LevelVersion)
{
    SDL_Log("Incorrect level file version for %s", fileName.c_str());
    return false;
}
```

여기서 사용한 JSON 오브젝트는 전체 다큐먼트(루트 JSON 오브젝트)다. 먼저 GetInt 함수가 값을 제대로 반환하는지 확인하고, 그럴 경우 값이 기댓값(LevelVersion 상수)과 일치하는지 확인한다.

다른 기본 타입의 값을 추출하기 위해 JsonHelper에 GetFloat, GetBool, GetString 같은 유사한 함수 추가도 가능하다. 하지만 값 추출은 비기본 타입도 지원할 때 보다 강력해진다. 특히 이 책의 게임에서 수많은 속성은 Vector3 타입(ambientLight 같은)이라서 GetVector3 함수를 제작해두면 매우 유용하다. GetVector3 함수의 전반적인 구조는 속성이 float인 3개의 멤버를 가진 배열인지를 검증하는 부분을 제외하고는 동일하다. 비슷하게 GetQuaternion 함수를 선언하는 것도 가능하다.

주변광과 방향광

헬퍼 함수를 사용해서 전역 속성을 로드하는 함수를 만들자. 전역 속성은 여러 가지가 존재할 수 있고 어떤 속성은 게임에서 필요없을 수 있기 때문에 헬퍼 함수는 개발자가 필요로 하는 특정 속성을 수동으로 로드 가능하도록 구현한다. 리스트 14.4의 LoadGlobalProperties 함수는 주변광과 방향광 속성을 로드하는 방법을 보여준다. LoadGlobalProperties 함수 구현 대부분은 이런 속성들을 로드하기 위해 제작한 헬퍼 함수의 호출이 주를 이룬다.

연산자 []를 사용해서 rapidjson::Value& 속성에 직접 접근하자. dirObj["directionalLight"]은 directionalLight 키를 사용해서 값을 얻는다. 그리고 IsObject() 호출을 통해 값의 타입이 JSON 오브젝트인지를 확인한다.

방향광 관련 또 다른 흥미로운 패턴은 값을 설정하려는 변수에 직접 접근하는 부분이다. 여기서는 GetVector3 호출 시 상태 체크 코드를 추가하지 않아도 된다. 왜냐하면 요청된 속성이 존재하지 않으면 Get 함수는 변숫값을 변경하지 않기 때문이다. 변수로 직접 접근이 가능하고 속성의 존재 유무를 신경 쓸 필요가 없다면 코드 양을 대폭 줄일 수 있다.

리스트 14.4 LevelLoader::LoadGlobalProperties 구현

```
void LevelLoader::LoadGlobalProperties(Game* game,
   const rapidjson::Value& inObject)
{
   // 주변광을 얻는다
   Vector3 ambient;
   if (JsonHelper::GetVector3(inObject, "ambientLight", ambient))
   {
      game->GetRenderer()->SetAmbientLight(ambient);
   }

   // 방향광을 얻는다
   const rapidjson::Value& dirObj = inObject["directionalLight"];
   if (dirObj.IsObject())
   {
      DirectionalLight& light = game->GetRenderer()->GetDirectionalLight();
      // 방향광 속성, direction/color가 존재하면 값을 읽는다.
      JsonHelper::GetVector3(dirObj, "direction", light.mDirection);
      JsonHelper::GetVector3(dirObj, "color", light.mDiffuseColor);
   }
}
```

LoadLevel의 레벨 파일 버전 유효성 검증 코드 다음에 LoadGlobalProperties 호출을 추가하자.

```
// 전역 속성을 다룬다.
const rapidjson::Value& globals = doc["globalProperties"];
if (globals.IsObject())
{
   LoadGlobalProperties(game, globals);
}
```

그런 다음 Game::LoadData에 Level10.gplevel 파일을 로드하는 LoadLevel 호출을 추가한다.

```
LevelLoader::LoadLevel(this, "Assets/Level0.gplevel");
```

이제 레벨 파일에서 광원 속성을 로딩하므로 LodeData에 하드 코딩된 주변광과 방향광 코드를 제거해도 된다.

액터 로딩

액터를 로딩할 때는 JSON 파일이 액터 데이터가 배열로 구성됐으며, 각각의 액터는 해당 액터의 속성 정보가 있다고 가정한다. 그래서 액터를 로딩하려면 액터의 타입을 지정하기 위한 방법이 필요하다(왜냐하면 액터는 서브클래스이기 때문이다). 또한 레벨 로딩 코드에서는 할당하려는 액터의 서브클래스를 결정하기 위한 긴 조건 체크 코드를 가능한 한 피하는 게 좋다.

우선 이전과 마찬가지로 액터 관련 데이터가 어떤 형태를 띄고 있는지를 살펴보면 도움이 될 것이다. 리스트 14.5는 JSON 파일에서 액터를 지정하는 한 가지 방법을 보여준다. 이 예에서는 오직 TargetActor 타입의 액터만 보여주지만, 타입은 다른 모든 액터 서브클래스도 쉽게 지정 가능하다. 또한 액터에는 타입 외에도 해당 액터에 지정해야 할 여러 속성이 있다. 여기서는 속성 세트가 위치와 회전 뿐이지만 액터가 가지는 다른 속성도 가능하다.

리스트 14.5 액터 정보를 가진 레벨(Level1.gplevel)

```
{
```

```
  // 버전 및 전역 속성
  // ...

  "actors": [
    {
      "type": "TargetActor",
      "properties": {
        "position": [1450.0, 0.0, 100.0]
      }
   },
   {
     "type": "TargetActor",
     "properties": {
       "position": [0.0, -1450.0, 200.0],
       "rotation": [0.0, 0.0, 0.7071, 0.7071]
     }
   },
   {
      "type": "TargetActor",
      "properties": {
        "position": [0.0, 1450.0, 200.0],
        "rotation": [0.0, 0.0, -0.7071, 0.7071]
      }
    }
  ]
}
```

특정 타입의 액터를 생성할 수 있는 메소드가 존재하고, 액터에 대한 속성을 로드해야 한다고 가정하자. 가장 간단한 접근법은 리스트 14.6처럼 기본 Actor 클래스에 가상 함수 LoadProperties를 만드는 것이다.

리스트 14.6 Actor::LoadProperties 함수

```
void Actor::LoadProperties(const rapidjson::Value& inObj)
{
  // 상탯값을 얻기 위해 문자열 사용
  std::string state;
  if (JsonHelper::GetString(inObj, "state", state))
```

```
    {
        if (state == "active")
        {
            SetState(EActive);
        }
        else if (state == "paused")
        {
            SetState(EPaused);
        }
        else if (state == "dead")
        {
            SetState(EDead);
        }
    }
    // 위치, 회전, 스케일값을 얻어 변환 행렬 계산
    JsonHelper::GetVector3(inObj, "position", mPosition);
    JsonHelper::GetQuaternion(inObj, "rotation", mRotation);
    JsonHelper::GetFloat(inObj, "scale", mScale);
    ComputeWorldTransform();
}
```

그런 다음 Actor의 서브클래스에 필요에 따라 추가 속성을 로드하는 LoadProperties 함수를 재정의한다.

```
void SomeActor::LoadProperties(const rapidjson::Value& inObj)
{
    // 액터의 기본 속성을 로드한다
    Actor::LoadProperties(inObj);

    // 커스텀 속성들을 로드한다.
    // ...
}
```

이제 속성을 로드하는 것이 가능해졌다. 다음 단계는 올바른 타입의 액터를 생성하는 것이다. 한 가지 방법은 키가 액터 타입의 문자열 이름이고 값은 해당 타입의 액터를 동적으로 할당하는 함수로 구성된 맵을 정의하는 것이다. 키는 문자열이므로 간단하다. 값의 경우 특정 타입의 액터를 동적으로 할당하는 정적 함수를 만들면 된다. Actor 서브클래스의 각각에 대한 별도의 함수 선언을 피하기 위해 기본 Actor 클래스에 다음과 같은 템플릿 함수를 만든다.

```
template <typename T>
static Actor* Create(class Game* game, const rapidjson::Value& inObj)
{
   // 타입 T인 액터를 동적으로 할당
   T* t = new T(game);
   // 새로운 액터의 LoadProperties 호출
   t->LoadProperties(inObj);
   return t;
}
```

타입을 템플릿으로 처리했으므로 위의 함수는 지정된 타입의 객체를 동적으로 할당할 수 있으며, 액터 타입에 따른 추가 파라미터를 로드하기 위해 LoadProperties를 호출한다.

이제 LevelLoader로 돌아와서 맵을 만들어야 한다. 키의 타입은 std::string이다. 하지만 값은 Actor::Create 함수와 선언이 일치하는 함수가 필요하다. std::function 헬퍼 클래스를 다시 사용해서 함수 선언을 정의한다.

먼저 **별칭 선언**(alias declaration, typedef와 유사)을 해서 ActorFunc 타입 지정자를 만든다.

```
using ActorFunc = std::function<
   class Actor*(class Game*, const rapidjson::Value&)
>;
```

std::function의 템플릿 파라미터는 함수가 Actor*를 반환하고 2개의 파라미터 Game*와 rapidjosn::Value&를 받도록 지정한다.

그런 다음 LevelLoader에는 정적 변수인 맵을 선언한다.

```
static std::unordered_map<std::string, ActorFunc> sActorFactoryMap;
```

그리고 LevelLoader.cpp에서는 생성할 여러 액터로 구성된 sActorFactoryMap을 완성한다.

```
std::unordered_map<std::string, ActorFunc> LevelLoader::sActorFactoryMap
{
   { "Actor", &Actor::Create<Actor> },
   { "BallActor", &Actor::Create<BallActor> },
   { "FollowActor", &Actor::Create<FollowActor> },
   { "PlaneActor", &Actor::Create<PlaneActor> },
   { "TargetActor", &Actor::Create<TargetActor> },
};
```

이 초기화 문법은 지정한 문자열 이름을 키로 사용하고 Actor::Create 함수의 주소를 값으로 사용해서 맵에 엔트리를 설정한다. Actor::Create 함수는 Actor의 서브클래스로 지정된 타입을 생성하기 위해 템플릿화됐다. 여기서는 함수의 메모리 주소를 얻은 뒤 추후 사용할 수 있도록 주소를 저장한다.

이제 맵 구성을 마쳤으면 리스트 14.7과 같이 LoadActors 함수를 제작한다. LoadActors 함수에서는 JSON 파일에서 액터 배열을 순회하면서 액터에 대한 타입 문자열을 얻는다. 그리고 이 타입 문자열을 sActorFactoryMap에서 조회한다. 타입이 발견되면 맵에서 값(iter->second)으로 저장된 Actor::Create의 올바른 함수 버전을 호출한다. 타입을 발견할 수 없으면 로그 메시지 창에 디버깅에 도움이 되는 로그를 출력한다.

리스트 14.7 LevelLoader::LoadActors 구현

```
void LevelLoader::LoadActors(Game* game, const rapidjson::Value& inArray)
{
   // 액터 배열을 조회한다
   for (rapidjson::SizeType i = 0; i < inArray.Size(); i++)
   {
      const rapidjson::Value& actorObj = inArray[i];
      if (actorObj.IsObject())
      {
         // 타입을 얻는다
         std::string type;
         if (JsonHelper::GetString(actorObj, "type", type))
```

```
            {
               // 해당 타입이 맵에 존재하는가?
               auto iter = sActorFactoryMap.find(type);
               if (iter != sActorFactoryMap.end())
               {
                  // 맵에 저장된 함수로 액터 생성
                  Actor* actor = iter->second(game, actorObj["properties"]);
               }
               else
               {
                  SDL_Log("Unknown actor type %s", type.c_str());
               }
            }
         }
      }
   }
```

그런 다음 LoadLevel 내부의 전역 속성을 로딩하는 부분 다음에 LoadActors 함수 호출을 추가한다.

```
const rapidjson::Value& actors = doc["actors"];
if (actors.IsArray())
{
   LoadActors(game, actors);
}
```

이제 이 코드를 통해 액터를 로딩하고 속성을 설정하는 것이 가능해졌다. 그러나 레벨 파일에 컴포넌트를 추가하지 않았으므로 아직까지는 컴포넌트의 속성을 다루는 것이 가능하지 않다.

컴포넌트 로딩

컴포넌트로의 데이터 로딩은 액터로 데이터를 로딩하는 것과 여러 부분에서 유사하다. 하지만 중요한 차이점이 있다. 리스트 14.8은 컴포넌트 속성 세트를 가진 두 액터의 선언을 보여준다. 기본 액터 타입은 액터에 붙어 있는 컴포넌트가 없다. 그래서 이 경우에는 기본 액터를 위해 새로운 MeshComponent를 생성해야 한다. 하지만 TargetActor 타입은 TargetActor 생성자에서 MeshComponent를 이미 생성해 놓은 상태다. 이 경우 지정된 속성은 새로운 컴포넌트를 생성하지 않고 존재하는 컴포넌트를 업데이트해야 한다. 즉 컴포넌트를 로딩하는 코드는 액터가 해당 컴포넌트를 가지고 있는 경우와 그렇지 않은 경우를 다룰 수 있어야 한다.

리스트 14.8 JSON 파일에서 컴포넌트가 있는 액터(전체 파일에서 일부분 발췌)

```
"actors": [
   {
      "type": "Actor",
      "properties": {
         "position": [0.0, 0.0, 0.0],
         "scale": 5.0
      },
      "components": [
         {
            "type": "MeshComponent",
            "properties": { "meshFile": "Assets/Sphere.gpmesh" }
         }
      ]
   },
   {
      "type": "TargetActor",
      "properties": { "position": [1450.0, 0.0, 100.0] },
      "components": [
         {
            "type": "MeshComponent",
            "properties": { "meshFile": "Assets/Sphere.gpmesh" }
         }
      ]
   }
]
```

액터가 지정된 타입의 컴포넌트를 가지고 있는지 여부를 결정하기 위해 타입으로 액터의 컴포넌트 벡터를 조회하는 방법이 필요하다. 개발자는 C++이 지원하는 타입 정보를 알아내는 기능을 사용할 수도 있겠지만, 일반적으로 게임 프로그래머는 자신만의 타입 정보 알아내기 기능을 구축한다(그리고 기본 기능은 비활성화한다). 기본 타입 정보 알아내기 기능을 사용하지 않고 자신만의 타입 정보를 사용하려는 이유는 기본 C++ 런타임 타입 정보(RTTI)가 '사용하는 것에 대해서만 비용을 지불하라'는 규칙을 따르지 않기 때문이다.

자신만의 타입 정보를 구현하는 데는 여러 방법이 존재한다. 14장에서는 간단한 접근법을 사용할 것이다. 우선 Component 클래스에 TypeID 열거형을 선언한다.

```
enum TypeID
{
   TComponent = 0,
   TAudioComponent,
   TBallMove,
   // 다른 타입은 생략
   // ...
   NUM_COMPONENT_TYPES
};
```

그런 다음 컴포넌트를 기반으로 올바른 TypeID를 반환하는 GetType 가상 함수를 추가한다.

```
TypeID GetType() const override { return TMeshComponent; }
```

그리고 mComponents 벡터를 순회하고 타입과 일치하는 최초의 컴포넌트를 리턴하는 GetComponentOfType 함수를 Actor에 추가한다.

```
Component* GetComponentOfType(Component::TypeID type)
{
   Component* comp = nullptr;
   for (Component* c : mComponents)
   {
      if (c->GetType() == type)
      {
         comp = c;
```

```
            break;
        }
    }
    return comp;
}
```

이 접근법의 단점은 새로운 Component 서브클래스를 생성할 때마다 TypeID 열거형에 엔트리를 추가해야 한다는 것과 GetType 함수를 구현해야 된다는 점이다. 매크로나 템플릿을 사용하면 이 부분을 자동화할 수 있으나 여기서는 코드의 가독성과 이해를 위해 그렇게 하지 않는다.

그리고 위의 코드는 한 액터에서 같은 타입의 복수 컴포넌트를 가지지 않는 걸 가정한다. 같은 타입의 복수 컴포넌트를 가지려면 GetComponentOfType은 싱글 포인터를 반환하지 않고 컴포넌트의 컬렉션을 반환해야 한다.

또한 타입 정보는 상속 관련 정보를 제공하지 않는다. SkeletalMeshComponent에 대한 GetType이 TSkeletalMeshComponent만을 반환할 경우 SkeletalMeshComponent가 MeshComponent의 서브클래스인지를 알아내는 것은 불가능하다. 상속 정보를 지원하려면 계층 정보를 저장하는 접근법이 필요하다.

지금까지 설명한 기초 타입 시스템을 토대로 다음 단계를 진행하자. Actor의 경우처럼 기본 Component 클래스에 LoadProperties 가상 함수를 만든다. 그리고 필요에 따라 서브클래스에서 이 가상 함수를 재정의한다. 여러 서브클래스에서의 LoadProperties 구현은 그렇게 쉽지는 않다. 리스트 14.9는 MeshComponent의 LoadProperties 구현을 보여준다. MeshComponent는 그리고자 하는 버텍스 데이터에 대한 포인터인 mMesh 멤버 변수가 있었음을 떠올리자. JSON 파일에서 직접 버텍스를 지정하는 것 대신에 gpmesh 파일을 참조하면 된다. 코드는 먼저 meshFile 속성을 체크한 후 렌더러에서 해당 메시를 얻어온다.

리스트 14.9 MeshComponent::LoadProperties 구현

```
void MeshComponent::LoadProperties(const rapidjson::Value& inObj)
{
    Component::LoadProperties(inObj);
```

```
    std::string meshFile;
    if (JsonHelper::GetString(inObj, "meshFile", meshFile))
    {
        SetMesh(mOwner->GetGame()->GetRenderer()->GetMesh(meshFile));
    }

    int idx;
    if (JsonHelper::GetInt(inObj, "textureIndex", idx))
    {
        mTextureIndex = static_cast<size_t>(idx);
    }

    JsonHelper::GetBool(inObj, "visible", mVisible);
    JsonHelper::GetBool(inObj, "isSkeletal", mIsSkeletal);
}
```

다음 단계는 Component에 템플릿화한 Create 정적 함수를 추가하는 것이다. 이 작업은 파라미터가 다르다는 걸 제외하고 Actor에서 했던 작업과 매우 유사하다 (Component의 Create 함수는 첫 번째 파라미터로 Game* 대신에 Actor*를 받는다).

그리고 LevelLoader에서는 map이 필요하다. ComponentFunc이라는 헬퍼 타입을 선언하기 위해 다시 std::function을 사용하자.

```
using ComponentFunc = std::function<
    class Component*(class Actor*, const rapidjson::Value&)
>;
```

그런 다음 맵을 선언한다. 하지만 하나의 값만을 가졌던 sActorFactoryMap과는 다르게 이번 경우에는 한 쌍의 값이 필요하다. 한 쌍에서 첫 번째 요소는 컴포넌트의 TypeID에 해당하는 정숫값이며 두 번째 요소는 ComponentFunc이다.

```
static std::unordered_map<std::string,
    std::pair<int, ComponentFunc>> sComponentFactoryMap;
```

그리고 LevelLoader.cpp에서 sComponentFactoryMap을 인스턴스화한다.

```
std::unordered_map<std::string, std::pair<int, ComponentFunc>>
LevelLoader::sComponentFactoryMap
{
   { "AudioComponent",
     { Component::TAudioComponent, &Component::Create<AudioComponent>}
   },
   { "BallMove",
     { Component::TBallMove, &Component::Create<BallMove> }
   },
   // 기타 컴포넌트는 생략
   // ...
};
```

그리고 리스트 14.10처럼 LevelLoader에서 LoadComponents 헬퍼 함수를 구현한다. LoadActors처럼 LoadComponents는 필요 컴포넌트를 로드하기 위해 컴포넌트 배열을 얻은 후 조회한다. 컴포넌트 타입을 찾기 위해 sComponentFactoryMap을 사용한다. 컴포넌트 타입을 찾으면 액터에 이미 해당 타입의 컴포넌트가 있는지를 검사한다. iter->second.first는 값의 첫 번째 요소인 타입 ID에 접근한다. 액터가 해당 타입의 컴포넌트를 가지고 있지 않다면 값의 두 번째 요소(iter->second.second)에 저장된 함수를 사용해서 컴포넌트를 생성한다. 컴포넌트가 이미 존재한다면 바로 해당 컴포넌트의 LoadProperties를 호출한다.

리스트 14.10 LevelLoader::LoadComponents 구현

```
void LevelLoader::LoadComponents(Actor* actor,
   const rapidjson::Value& inArray)
{
   // 컴포넌트 배열을 조회한다
   for (rapidjson::SizeType i = 0; i < inArray.Size(); i++)
   {
      const rapidjson::Value& compObj = inArray[i];
      if (compObj.IsObject())
      {
         // 컴포넌트의 타입을 얻는다
```

```
        std::string type;
        if (JsonHelper::GetString(compObj, "type", type))
        {
            auto iter = sComponentFactoryMap.find(type);
            if (iter != sComponentFactoryMap.end())
            {
                // 컴포넌트의 타입 ID를 얻는다
                Component::TypeID tid = static_cast<Component::TypeID>
                    (iter->second.first);
                // 액터가 이 타입의 컴포넌트를 이미 가지고 있는가?
                Component* comp = actor->GetComponentOfType(tid);
                if (comp == nullptr)
                {
                    // 없다면 새 컴포넌트이므로 맵에 저장된 컴포넌트 생성 함수 호출
                    comp = iter->second.second(actor, compObj["properties"]);
                }
                else
                {
                    // 이미 컴포넌트가 있다면 바로 속성값을 로드한다
                    comp->LoadProperties(compObj["properties"]);
                }
            }
            else
            {
                SDL_Log("Unknown component type %s", type.c_str());
            }
        }
    }
  }
}
```

마지막으로 LoadActors에다 컴포넌트 속성에 접근하는 코드를 추가한다. 컴포넌트 속성이 존재하면 해당 컴포넌트의 속성값을 로드하도록 LoadComponents를 호출한다.

```
// 맵에 저장된 함수로 생성
Actor* actor = iter->second(game, actorObj["properties"]);
//액터의 컴포넌트를 얻는다.
if (actorObj.HasMember("components"))
```

```
{
   const rapidjson::Value& components = actorObj["components"];
   if (components.IsArray())
   {
      LoadComponents(actor, components);
   }
}
```

이제 지금까지 다뤘던 코드를 사용해서 파일로부터 전역 변수, 액터, 그리고 각 액터와 관련된 컴포넌트를 포함하는 전체 레벨의 로딩이 가능해졌다.

레벨 파일 저장하기

레벨 파일을 저장하는 것은 개념적으로 파일에서 데이터를 로딩하는 것보다 더 간단하다. 먼저 레벨을 위한 전역 변수를 작성한다. 그리고 게임상의 모든 액터와 액터에 붙어 있는 모든 컴포넌트를 순회한다. 액터와 컴포넌트를 순회할 때는 관련 속성을 작성해야 한다.

RapidJSON 인터페이스는 파일을 읽는 것보다 JSON 파일을 생성할 때가 복잡하므로 세부 구현이 좀 더 길다. 하지만 전반적으로는 레벨 파일을 로딩할 때 사용한 테크닉을 사용할 수 있다.

우선 `JsonHelper`에 `Add` 함수를 만들면 존재하는 Json 오브젝트에 속성을 쉽게 추가할 수 있다. 예를 들어 `AddInt` 함수의 구문은 다음과 같다.

```
void JsonHelper::AddInt(rapidjson::Document::AllocatorType& alloc,
   rapidjson::Value& inObject, const char* name, int value)
{
   rapidjson::Value v(value);
   inObject.AddMember(rapidjson::StringRef(name), v, alloc);
}
```

value가 상숫값이 아닌 것만 제외하고 마지막 세 파라미터는 GetInt 함수의 파라미터와 동일하다. 첫 번째 파라미터는 메모리를 할당할 때 RapidJSON이 사용하는 메모리 할당자다. AddMember를 호출하는 모든 함수는 할당자가 필요하므로 인자로 받아야 한다. Document 오브젝트에서 기본 할당자를 얻을 수도 있지만, 원한다면 다른 할당자의 사용도 가능하다. 그런 다음 정수를 캡슐화한 Value 오브젝트를 만들고 AddMember 함수를 사용해서 inObject에 지정된 이름으로 값을 추가한다.

Add 함수 계열 나머지도 유사하지만 AddVector3와 AddQuaternion은 조금 다르다. AddVector3와 AddQuaternion은 먼저 배열을 생성한 다음 그 배열에 float 값들을 추가한다(이 배열 관련 구문은 전역 속성을 살펴보면 확인할 수 있다).

이제 리스트 14.11처럼 LevelLoader::SaveLevel 함수의 뼈대를 만든다. 먼저 RapidJSON 다큐먼트를 생성하고 SetObject를 호출해서 루트 오브젝트로 만든다. 그리고 버전 정숫값을 추가한 후 JSON 파일로 출력된 문자열이 가독성이 좋도록 StringBuffer와 PrettyWriter를 사용한다. 마지막으로 문자열을 파일에 쓰기 위해 표준 출력인 std::ofstream을 사용한다.

리스트 14.11 LevelLoader::SaveLevel 구현

```
void LevelLoader::SaveLevel(Game* game,
   const std::string& fileName)
{
   // 다큐먼트를 생성하고 루트 오브젝트로 지정
   rapidjson::Document doc;
   doc.SetObject();

   // 버전을 기록한다
   JsonHelper::AddInt(doc.GetAllocator(), doc, "version", LevelVersion);

   // 파일의 나머지 내용을 생성..
   // ...

   // JSON을 문자열 버퍼에 저장
   rapidjson::StringBuffer buffer;
   // 가독성을 높이기 위해 PrettyWriter 사용(가독성이 중요하지 않다면 Writer 사용)
   rapidjson::PrettyWriter<rapidjson::StringBuffer> writer(buffer);
   doc.Accept(writer);
```

```
    const char* output = buffer.GetString();

    // 버퍼를 파일에 쓴다
    std::ofstream outFile(fileName);
    if (outFile.is_open())
    {
        outFile << output;
    }
}
```

지금은 SaveLevel 함수가 출력 파일에 버전 값만을 쓴다. 하지만 이 뼈대 코드를 활용해서 나머지 출력 부분도 추가하면 된다.

전역 속성 저장

다음으로 LevelLoader 클래스에 SaveGlobalProperties 함수를 추가한다. SaveGlobalProperties 함수는 지금까지 작성했던 다른 함수와 매우 유사하므로 구현은 생략한다. SaveGlobalProperties 함수는 간단히 주변광과 방향광 오브젝트에 대한 속성을 추가한다.

SaveGlobalProperties 함수를 완성한 후 아래와 같이 SaveLevel 함수에 코드를 통합한다.

```
rapidjson::Value globals(rapidjson::kObjectType);
SaveGlobalProperties(doc.GetAllocator(), game, globals);
doc.AddMember("globalProperties", globals, doc.GetAllocator());
```

액터와 컴포넌트 저장

액터와 컴포넌트를 저장하려면 주어진 액터나 컴포넌트의 포인터를 통해서 타입의 문자열 이름을 얻는 방법이 필요하다. 컴포넌트는 이미 TypeID가 있으므로 컴포넌트의 타입 문자열을 얻으려면 여러 컴포넌트 이름을 가진 상수 배열을 선언하면 된다. 아래와 같이 Component.h 파일에 이 배열을 선언한다.

```
static const char* TypeNames[NUM_COMPONENT_TYPES];
```

그런 다음 component.cpp 파일에서 이 배열을 채운다. 배열을 채울 때는 TypeID 열거형에 선언된 순서를 유지해야 한다.

```
const char* Component::TypeNames[NUM_COMPONENT_TYPES] = {
    "Component",
    "AudioComponent",
    "BallMove",
    // 나머지 생략
    // ...
};
```

순서를 지키면 다음과 같은 코드를 사용해서 주어진 타입에 대한 컴포넌트의 이름을 얻는 것이 편해진다.

```
Component* comp = /* 컴포넌트에 대한 포인터 */;
const char* name = Component::TypeNames[comp->GetType()];
```

Actor나 Actor의 서브클래스에도 같은 작업을 하기 위해 Actor에도 TypeID 열거형을 추가한다. 이 작업은 컴포넌트의 TypeID 관련 코드와 본질적으로 같기 때문에 여기서는 구현을 생략한다.

다음으로 Actor와 Component에 SaveProperties 가상함수를 작성해야 한다. 그리고 재정의가 필요한 모든 서브클래스에 SaveProperties 함수를 재정의한다. 이 작업은 레벨 파일을 로딩할 때 작성한 LoadProperties 함수와 매우 비슷하다. 리스트 14.12는 Actor::SaveProperties 함수의 구현을 보여준다. LevelLoader에서는 Add 함수를 특별한 제약 없이 사용할 수 있다. 그리고 모든 Add 함수는 할당자가 필요하므로 Add 함수에 할당자를 전달해야 한다.

리스트 14.12 Actor::SaveProperties 구현

```
void Actor::SaveProperties(rapidjson::Document::AllocatorType& alloc,
   rapidjson::Value& inObj) const
{
   std::string state = "active";
   if (mState == EPaused)
   {
      state = "paused";
   }
   else if (mState == EDead)
   {
      state = "dead";
   }

   JsonHelper::AddString(alloc, inObj, "state", state);
   JsonHelper::AddVector3(alloc, inObj, "position", mPosition);
   JsonHelper::AddQuaternion(alloc, inObj, "rotation", mRotation);
   JsonHelper::AddFloat(alloc, inObj, "scale", mScale);
}
```

이제 LevelLoader에 SaveActors 함수와 SaveComponents 함수를 추가한다. 리스트 14.13은 SaveActors 함수를 보여준다. SaveActors는 먼저 게임으로부터 상수 참조형인 액터에 대한 벡터를 얻는다. 그런 다음 모든 액터를 순회하면서 각 액터에 대한 JSON 오브젝트를 생성한다. 그리고 TypeID와 TypeNames 기능을 사용해서 타입에 해당하는 문자열을 추가한다. 그리고 속성에 대한 JSON 오브젝트를 생성한 뒤 액터의 SaveProperties 함수를 호출한다. 마지막으로 액터의 JSON 오브젝트를 JSON 액터 배열에 추가한다.

리스트 14.13 LevelLoader::SaveActors 구현

```
void LevelLoader::SaveActors(rapidjson::Document::AllocatorType& alloc,
   Game* game, rapidjson::Value& inArray)
{
   const auto& actors = game->GetActors();
   for (const Actor* actor : actors)
   {
```

```
        // JSON 오브젝트를 만든다
        rapidjson::Value obj(rapidjson::kObjectType);
        // 타입을 추가한다
        AddString(alloc, obj, "type", Actor::TypeNames[actor->GetType()]);
        // 속성 오브젝트를 만든다
        rapidjson::Value props(rapidjson::kObjectType);
        // 속성을 저장한다
        actor->SaveProperties(alloc, props);
        // JSON 오브젝트에 속성을 추가한다
        obj.AddMember("properties", props, alloc);

        // 컴포넌트를 저장한다
        rapidjson::Value components(rapidjson::kArrayType);
        SaveComponents(alloc, actor, components);
        obj.AddMember("components", components, alloc);

        // 액터를 inArray에 추가한다
        inArray.PushBack(obj, alloc);
    }
}
```

비슷하게 SaveComponents 함수를 구현한다. 이 모든 코드가 구현되면 파일로 모든 액터와 컴포넌트를 저장할 수 있다. 14장의 게임 프로젝트에서 테스트를 위해 R키를 누르면 Assets 경로에 Save.gplevel 레벨 파일이 저장된다.

노트

몇 가지 작업을 추가하면 속성을 로드하고 세이브하는 함수를 1개의 직렬화 함수로 작성할 수 있다. 직렬화 함수를 구현하면 액터나 컴포넌트에 새 속성을 추가할 때마다 두 함수를 매번 업데이트해야 하는 상황을 피할 수 있다.

지금까지 구현한 코드는 게임상의 거의 모든 것을 저장하지만, 특정 시점에서의 현재 게임 상태를 완전히 캡처하지 못한다. 예를 들어 지금까지 구현된 코드는 활성화된 FMOD 사운드 이벤트의 상태를 저장하지 않는다. 이를 구현하기 위해서는 사운드 이벤트의 현재 타임스탬프를 FMOD에 요청해야 한다. 그런 다음 파일에서 게임을 로딩할 때 이 타임스탬프를 가진 사운드 이벤트를 재시작해야 한다. 플레이어가 세이브

파일로 사용하기 유용한 레벨 파일이 되려면 추가 작업이 더 필요할 것이다.

바이너리 데이터

이 책에서는 메시, 애니메이션, 뼈대, 텍스트 현지화, 그리고 지금 설명한 레벨 로딩까지 JSON 파일 포맷을 사용했다. 텍스트 기반 파일 포맷을 사용할 때의 이점은 수없이 많다. 텍스트 파일은 사람이 보기에 편하고 에러를 찾기가 쉽다. 그리고 필요하다면 수동 편집이 가능하다. 또한 텍스트 파일은 깃 같은 소스 제어 시스템과 궁합이 매우 좋다. 왜냐하면 두 리비전 사이에서 파일이 변경된 것을 쉽게 확인할 수 있기 때문이다. 또한 개발 기간 동안 애셋이 텍스트 파일이라면 애셋 로딩을 디버깅하는 것은 더욱더 쉽다.

그러나 텍스트 기반 파일 포맷을 사용할 때의 단점은 런타임 시에 성능뿐만 아니라 디스크나 메모리 사용 측면에 있어서 비효율적이라는 데 있다. JSON이나 XML 같은 포맷은 디스크상에서 많은 공간을 차지한다. 그 이유는 JSON이나 XML이 중괄호나 따옴표 같은 서식 설정 문자들을 사용하기 때문이다. 그리고 런타임 시에 텍스트 기반 파일을 파싱하는 것은 RapidJSON 같은 고성능 라이브러리 조차도 느리다. 예를 들어 필자의 컴퓨터에서는 디버그 빌드로 `CatWarrior.gpmesh` 파일을 로드하는 데 약 3초가 걸린다. 텍스트 기반 파일을 런타임 시에 파싱하는 것은 규모가 큰 게임에서는 로드 시간을 더 느리게 만든다.

텍스트 파일과 바이너리 파일 양쪽의 장점을 최대한 살리기 위해 개발 기간에는 텍스트 파일을 사용하고(적어도 팀의 일부 구성원은) 최적화 빌드에서는 바이너리 파일을 사용할 수 있다면 좋을 것이다. 이번 절에서는 바이너리 메시 파일 포맷을 생성하는 방법을 살펴본다. 문제를 간단히 하기 위해 먼저 gpmesh JSON 포맷을 로드하는 코드에서 `gpmesh.bin` 파일이 존재하는지를 확인한다. 파일이 존재하면 JSON 파일 대신에 바이너리 파일을 로드한다. 바이너리 파일이 존재하지 않는다면 게임은 바이너리 버전의 파일을 생성해서 다음 번에 게임을 실행할 때 텍스트 버전 대신에 바이너리 버전을 로드하도록 한다.

이 접근법의 한 가지 잠재적인 단점은 해당 접근법이 텍스트 포맷에서는 발생하지 않지만 바이너리 포맷에서 버그가 발생할 수 있다는 데 있다. 이 문제를 피하려면 개발 전반에 걸쳐 두 포맷 모두를 계속 사용하는 것이 중요하다. 두 포맷 중 하나가 갱신한 지 오래되면 해당 포맷이 작동하지 않을 가능성이 높다.

바이너리 메시 파일 저장하기

바이너리 파일 포맷을 사용할 때 중요한 단계는 파일의 레이아웃을 결정하는 것이다. 대부분의 바이너리 파일은 파일의 나머지 부분을 읽는 데 필요한 구체적인 크기 정보뿐만 아니라 파일의 콘텐츠를 정의하는 **헤더**로 시작한다. 메시 파일의 경우에는 헤더에 버전 정보를 저장하거나 버텍스나 인덱스의 수 또는 기타 등등의 정보를 저장해야 한다. 리스트 14.14는 헤더의 레이아웃을 정의하는 `MeshBinHeader` 구조체를 보여준다. 이번 예에서 헤더는 packed(가능한 한 구조체의 크기를 줄이는 것)돼 있지 않지만, packed는 헤더에 저장하려는 항목의 레이아웃에 대한 아이디어를 제공한다.[1]

리스트 14.14 MeshBinHeader 구조체

```
struct MeshBinHeader
{
   // 파일 타입 시그너처
   char mSignature[4] = { 'G', 'M', 'S', 'H' };
   // 버전
   uint32_t mVersion = BinaryVersion;
   // 버텍스 레이아웃 타입
   VertexArray::Layout mLayout = VertexArray::PosNormTex;
   // 텍스처, 버텍스, 인덱스 수에 대한 정보
   uint32_t mNumTextures = 0;
   uint32_t mNumVerts = 0;
   uint32_t mNumIndices = 0;
   // 충돌에 사용되는 박스/반지름
   AABB mBox{ Vector3::Zero, Vector3::Zero };
   float mRadius = 0.0f;
};
```

1 구조체에 변수 선언 시 char 변수를 선언하면 구조체에서 4바이트의 크기를 차지한다. 기본적으로 컴파일러는 4바이트 정렬 크기의 구조체를 생성하기 때문이다. 하지만 packed를 사용하면 1바이트 정렬이 가능해져서 char는 구조체에서 1바이트 크기만 차지하게 된다. 여기서는 packed를 사용하지 않았는데 그대신 4바이트 크기의 변수를 사용하고 있다. 예를 들어, 파일 시그니처도 4바이트다. 그래서 여기서는 packed를 사용하든 사용하지 않든 크기는 똑같다. – 옮긴이

mSignature 필드는 파일 타입을 지정하는 특별한 4바이트 매직 넘버다. 대부분의 인기 있는 바이너리 파일 타입은 시그너처를 가진다. 시그너처를 사용하면 찾는 시그너처 이외의 다른 부분은 알 필요 없이 처음 몇 바이트에서 파일 타입을 알아낼 수 있다. 나머지 데이터는 파일로부터 메시 데이터를 재구축하는 데 필요한 정보다.

헤더 뒤에는 파일의 메인 데이터 섹션이 계속된다. 메시 파일의 경우에는 저장해야 될 3가지 주요 항목이 있다. 관련 텍스처의 이름, 버텍스 버퍼 데이터 그리고 인덱스 버퍼 데이터가 그것이다.

파일 포맷이 결정되면 이제 리스트 14.15처럼 SaveBinary 함수를 작성한다. 이 함수는 파라미터가 많은데 바이너리 파일을 생성하는 데는 많은 정보가 필요하기 때문이다. 파일 이름과 버텍스 버퍼의 포인터, 버텍스의 수, 이 버텍스의 레이아웃, 인덱스 버퍼의 포인터, 인덱스의 수, 텍스처 이름들을 저장한 벡터, 메시의 바운딩 박스, 그리고 메시의 반지름이 필요하다. 이 모든 파라미터를 파일에 저장해야 추후 메시 데이터를 복원하는 것이 가능해진다.

리스트 14.15 Mesh::SaveBinrary 구현

```
void Mesh::SaveBinary(const std::string& fileName, const void* verts,
   uint32_t numVerts, VertexArray::Layout,
   const uint32_t* indices, uint32_t numIndices,
   const std::vector<std::string>& textureNames,
   const AABB& box, float radius)
{
   // 헤더 구조체를 생성
   MeshBinHeader header;
   header.mLayout = layout;
   header.mNumTextures =
      static_cast<unsigned>(textureNames.size());
   header.mNumVerts = numVerts;
   header.mNumIndices = numIndices;
   header.mBox = box;
   header.mRadius = radius;

   // 파일에 쓰기 위해 바이너리 모드로 연다
   std::ofstream outFile(fileName, std::ios::out
      | std::ios::binary);
```

```
    if (outFile.is_open())
    {
        // 헤더를 파일에 쓴다
        outFile.write(reinterpret_cast<char*>(&header), sizeof(header));
        // 텍스처에 대해서는 이름 문자열의 길이를 알 필요가 있다
        // 여기에 null 종료 문자 1을 더 더한다
        for (const auto& tex : textureNames)
        {
            uint16_t nameSize = static_cast<uint16_t>(tex.length()) + 1;
            outFile.write(reinterpret_cast<char*>(&nameSize),
                sizeof(nameSize));
            outFile.write(tex.c_str(), nameSize - 1);
            outFile.write("\0", 1);
        }
        // 레이아웃을 분석해서 버텍스의 바이트 수를 알아낸다
        unsigned vertexSize = VertexArray::GetVertexSize(layout);
        // 버텍스 데이터를 파일에 쓴다
        outFile.write(reinterpret_cast<const char*>(verts),
            numVerts * vertexSize);
        // 인덱스 데이터를 파일에 쓴다
        outFile.write(reinterpret_cast<const char*>(indices),
            numIndices * sizeof(uint32_t));
    }
}
```

리스트 14.15의 코드는 많은 작업을 수행한다. 먼저 MeshBinHeader 구조체의 인스턴스를 생성하고 구조체의 멤버를 채운다. 그 다음 출력을 위한 파일을 생성하고 바이너리 모드로 열고난 후 파일에 내용을 작성한다.

write 함수 호출을 해서 파일의 헤더를 기록한다. write 함수가 요구하는 첫 번째 파라미터는 char 포인터다. 그래서 많은 경우에 여러 포인터 타입을 char*으로 캐스트하는 것이 필요하다. MeshBinHeader*은 직접 char*로 변환할 수 없으므로 이 캐스팅을 위해서 reinterpret_cast를 사용한다.

write의 두 번째 파라미터는 파일에 쓸 바이트의 수다. 여기서는 MeshBinHeader와 같은 구조체의 바이트 크기를 얻기 위해 sizeof를 사용한다. 즉 header 주소로부터 sizeof(header)까지의 바이트를 기록한다. 이 방법은 한 번에 전체 구조체를 기록하

는 빠른 방법이다.

> **경고** **엔디언 관련 주의**
>
> CPU 플랫폼이 1바이트보다 큰 값을 저장하는 순서를 엔디언이라 부른다. 여기서 MeshBinHeader를 읽고 쓰는 데 사용된 방법은 gpmesh.bin을 기록한 플랫폼의 엔디언이 gpmesh.bin 파일을 읽는 플랫폼의 엔디언과 다르다면 정상 동작하지 않을 것이다.
>
> 최근의 대부분 플랫폼에서는 리틀 엔디언 형식을 취하지만, 엔디언은 MeshBinHeader 구조체를 쓰고 읽는 코드에 있어 여전히 잠재적인 문제로 남아 있다.

다음으로 모든 텍스처 이름을 조회하고 각각을 파일에 쓴다. 각각의 파일 이름에는 먼저 파일 이름의 문자 수를 기록한다(NULL 문자를 위해 1을 더 추가한다). 그런 다음 문자열을 기록한다. 이 코드는 파일 이름이 64KB보다 클 수 없다는 것과 안전하다는 것을 가정한다. 문자의 수와 이름을 기록하는 이유는 로딩을 위해서다. 헤더는 오직 텍스처의 수만 저장하지 각 문자열의 크기를 저장하지 않는다. 문자의 수를 저장하지 않고서는 로딩 타임 때 파일 이름을 읽는 데 얼마나 많은 바이트가 필요한지를 알 방법이 없다.

모든 파일 이름을 기록한 후 버텍스와 인덱스 버퍼 데이터를 파일에 직접 기록한다. 여기서는 크기를 포함할 필요는 없는데, 왜냐하면 버텍스와 인덱스의 크기는 이미 헤더에 있기 때문이다. 버텍스 데이터의 바이트 크기는 버텍스의 수 곱하기 각 버텍스의 크기다. 다행히도 VertexArray 헬퍼 함수를 사용하면 레이아웃에 기반을 둔 각 버텍스의 크기를 얻을 수 있다. 인덱스 버퍼의 경우 고정 크기(32비트 인덱스)이므로 바이트 전체 크기의 계산은 쉽다.

그리고 Mesh::Load에서는 바이너리 파일이 존재하지 않으면 코드는 JSON 파일을 로드한 뒤 바이너리 파일을 생성한다.

바이너리 메시 파일 로딩

바이너리 메시 파일을 로딩하는 것은 방향만 반대일 뿐 메시 파일을 쓰는 경우와 같다. 먼저 헤더를 로드하고 헤더의 유효성을 확인한다. 그리고 텍스처를 로드하고 버텍스와 인덱스 데이터를 로드한 후 마지막으로 실제 VertexArray를 생성한다(데이터는 OpenGL을 통해서 GPU로 업로드될 것이다). 리스트 14.16은 Mesh::LoadBinary의 대략적인 코드 윤곽을 보여준다.

리스트 14.16 Mesh::LoadBinary 코드 아웃라인

```
void Mesh::LoadBinary(const std::string& filename,
   Renderer* renderer)
{
   std::ifstream inFile(fileName, /* in 바이너리 플래그 ... */);
   if (inFile.is_open())
   {
      MeshBinHeader header;
      inFile.read(reinterpret_cast<char*>(&header), sizeof(header));

      // 헤더 시그너처와 버전값으로 유효성 검증
      char* sig = header.mSignature;
      if (sig[0] != 'G' || sig[1] != 'M' || sig[2] != 'S' ||
         sig[3] != 'H' || header.mVersion != BinaryVersion)
      {
         return false;
      }

      // 텍스처 파일 이름을 읽는다(생략)
      // ...
      // 버텍스와 인덱스 데이터를 읽어들인다
      unsigned vertexSize = VertexArray::GetVertexSize(header.mLayout);
      char* verts = new char[header.mNumVerts * vertexSize];
      uint32_t* indices = new uint32_t[header.mNumIndices];
      inFile.read(verts, header.mNumVerts * vertexSize);
      inFile.read(reinterpret_cast<char*>(indices),
         header.mNumIndices * sizeof(uint32_t));

      // 이제 버텍스 배열을 생성한다
      mVertexArray = new VertexArray(verts, header.mNumVerts,
         header.mLayout, indices, header.mNumIndices);

      // 버텍스 버퍼와 인덱스 버퍼를 해제한다
      delete[] verts;
```

```
        delete[] indices;

        mBox = header.mBox;
        mRadius = header.mRadius;

        return true;
    }

    return false;
}
```

먼저 이진 모드로 파일을 연다. 그런 다음 read 함수로 헤더를 읽는다. write 함수와 마찬가지로 read 함수는 기록할 버퍼인 char*를 첫 번째 파라미터로 받고 파일로 부터 읽어들일 바이트 수를 두 번째 파라미터로 받는다. 그런 다음 헤더상의 시그너처와 버전이 예상값과 일치하는지를 검증한다. 시그너처와 버전이 일치하지 않으면 파일을 로드하지 않는다.

이 작업 후에는 공간을 절약하기 위해 리스트 14.16에서 코드를 생략했지만 모든 텍스처의 파일 이름을 읽어들여서 텍스처를 로드한다. 그리고 버텍스와 인덱스 버퍼를 저장할 메모리를 할당하고, 파일로부터 데이터를 얻기 위해 read 함수를 사용한다. 버텍스 데이터와 인덱스 데이터를 얻고난 후에는 지금까지 얻은 모든 정보를 토대로 VertexArray 개체를 생성한다. 그리고 함수가 종료되기 전에 메모리를 정리하고 mBox와 mRadious 멤버 변숫값을 설정한다.

파일 로드에 실패하면 LoadBinary가 false를 반환한다. Mesh::Load 코드는 우선 바이너리 파일을 로드하려 한다. 바이너리 파일 로드에 성공하면 그걸로 끝이지만, 그렇지 않으면 이전의 JSON 파싱 코드를 사용한다.

```
bool Mesh::Load(const std::string& fileName, Renderer* renderer)
{
    mFileName = fileName;
    // 먼저 바이너리 파일로부터 로딩 시도
    if (LoadBinary(fileName + ".bin", renderer))
    {
        return true;
```

```
    }
    // ...
}
```

바이너리 메시 파일 로딩으로 전환하면 성능이 디버그 모드에서 크게 향상된다. CatWarrior.gpmesh.bin 파일은 이제 JSON 버전에서 3초 걸렸던 것을 1초 만에 로드할 수 있고, 이는 JSON 버전에 비해 3배의 성능 향상을 의미한다. 디버그 모드에서 개발 시간 대부분을 보낼 것이기에 이 성능 향상은 매우 도움이 된다.

애석하게도 최적화 빌드에서는 JSON과 바이너리 둘의 성능은 거의 동일하다. 이는 RapidJson 라이브러리가 릴리스 모드에서 매우 최적화가 잘돼 있거나 또는 GPU에 데이터를 전송하거나 텍스처를 로딩하는 등의 기본 작업이 대부분의 오버헤드를 차지하고 있기 때문일 수 있다.

디스크 공간 측면에서 살펴보면 공간은 매우 절약된다. 필라인 스워드 맨Felline Swordsman의 JSON 버전은 디스크상에서 약 6.5MB를 차지하는데 바이너리 버전은 오직 2.5MB만 차지한다.

게임 프로젝트

14장의 게임 프로젝트는 14장에서 논의된 시스템을 구현했다. 모든 것은 gplevel 파일에서 로드하며 R키를 누르면 Assets/Saved.gplevel에 게임 세계의 현재 상태를 저장한다. 또한 프로젝트는 .gpmesh.bin 포맷으로 이진 메시 파일의 저장 및 로딩을 구현했다. 코드는 책의 깃허브 저장소의 chapter14 디렉토리에서 이용할 수 있다. 윈도우에서는 Chapter14-windows.sln을 열고, 맥에서는 Chapter14-mac.xcodeproj를 열어 실행한다.

그림 14.1은 실제 게임 프로젝트를 보여준다. 게임 프로젝트는 13장 '중급 그래픽스' 게임 프로젝트와 같다. 하지만 게임 세계의 전체 내용은 이제 Assets/Level3.gplevel 파일로부터 직접 로드되며, 이 파일은 레벨 파일로 저장해서 생성했다. 게임이 처음 시작되면 게임은 로드된 모든 메시에 대해 바이너리 메시 파일을 생성한다. 이후 실행에서는 JSON 파일 대신에 바이너리 파일로부터 메시를 로드한다.

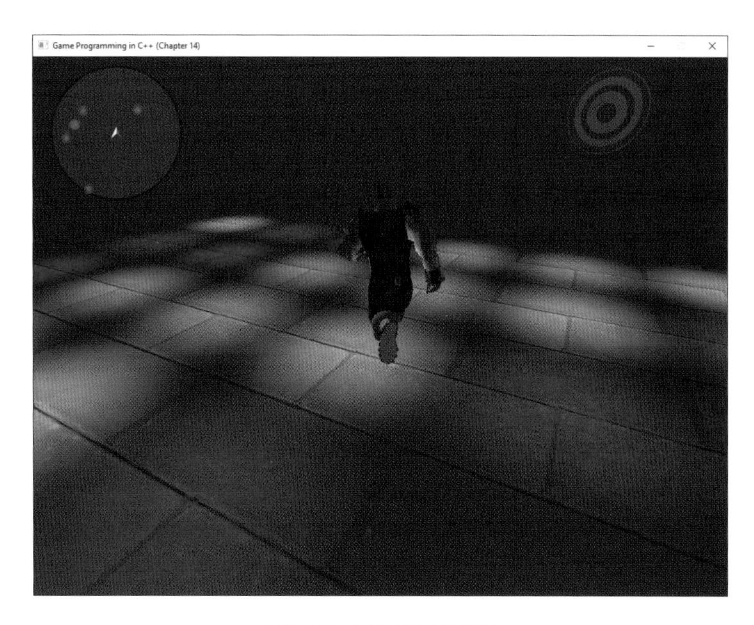

그림 14.1 14장 게임 프로젝트

요약

14장에서는 JSON으로 파일 포맷을 생성하는 방법을 설명했다. 파일 로딩을 위해서는 몇 가지 시스템을 구축해야 한다. 먼저 JSON에 게임 타입을 쉽게 쓸 수 있도록 RapidJSON 라이브러리의 기능을 감싸는 헬퍼 함수를 제작했다. 그런 다음 전역 속성을 설정한 뒤 액터를 로드하고 액터와 관련된 컴포넌트를 로드하는 코드를 추가했다. 이 작업 후에는 컴포넌트 타입을 동적으로 할당할 수 있도록 타입의 이름과 함수를 연결시키는 매핑 작업을 했고, 컴포넌트에 타입 정보를 추가했다. 또한 `Component`와 `Actor` 클래스 모두에 `LoadProperties` 가상 함수를 만들었다.

또한 게임 세계를 JSON으로 저장하기 위한 코드를 작성했으며, 이 과정에 도움이 되는 헬퍼 함수도 제작했다. 파일 저장에서는 우선 모든 전역 속성을 저장한 뒤 모든 액터와 컴포넌트를 순회하면서 액터와 컴포넌트의 속성을 기록했다. 파일 로딩과 마찬가지로 `Component`와 `Actor` 클래스에 `SaveProperties` 가상 함수를 작성했다.

마지막으로 14장에서는 바이너리 파일 포맷을 사용하지 않고 텍스트 기반 파일 포맷을 사용할 때의 트레이드 오프에 대해 논의했다. 개발 시에는 텍스트 포맷을 사용하는 것이 종종 편할 때가 있지만, 텍스트 포맷은 성능과 디스크 사용 모든 면에서 비효율적이다. 14장에서는 메시 파일을 이진 모드로 쓰고 읽도록 바이너리 파일 포맷으로 설계하는 방법도 살펴봤다.

추가 독서

레벨 파일이나 바이너리 데이터와 관련해서 구체적으로 설명한 책은 없다. 하지만 고전인 게임 프로그래밍 젬스Game Programming Gems 시리즈에는 해당 주제에 관련된 내용이 있다. 브루노 소사Bruno Sousa의 글에서는 여러 파일을 하나로 결합한 리소스 파일을 사용하는 방법을 설명한다. 마틴 브론로우Martin Brownlow의 글에서는 어디서든 저장 가능한 시스템을 만드는 방법을 설명한다. 데이비드 코에니그David Koenig의 글에서는 파일 로딩 시 성능을 향상시키는 방법에 관해서 설명한다.

- Brownlow, Martin. "Save Me Now!" *Game Programming Gems 3*. Ed. Dante Treglia. Hingham: Charles River Media, 2002.
- Koenig, David L. "Faster File Loading with Access Based File Reordering." *Game Programming Gems 6*. Ed. Mike Dickheiser. Rockland: Charles River Media, 2006.
- Sousa, Bruno. "File Management Using Resource Files." *Game Programming Gems 2*. Ed. Mark DeLoura. Hingham: Charles River Media, 2001.

연습

14장의 첫 번째 연습에서는 `SaveLevel`로 생성된 JSON 파일의 크기를 줄여본다. 두 번째 연습에서는 `Animation` 파일 포맷을 바이너리로 변경해본다.

연습 14.1

SaveLevel 코드의 한 가지 이슈는 개발자가 모든 액터 및 액터의 모든 컴포넌트에 대한 속성을 기록한다는 데 있다. 하지만 TargetActor 같은 특정 서브클래스는 생성 후에 속성이나 컴포넌트가 변경되는 일은 거의 없다.

이 중복되는 데이터 저장을 피하기 위해, 레벨을 저장할 때 임시 TargetActor를 생성하고 일반적인 쓰기 테크닉을 사용해서 해당 액터의 JSON 오브젝트를 작성한다. 이 JSON 오브젝트는 TargetActor의 템플릿 역할을 한다. 그리고 나서 레벨에 저장하기 위한 각각의 TargetActor를 템플릿으로 제공된 JSON 오브젝트와 비교한다. 그리고 속성과 컴포넌트가 서로 다른 경우에만 기록한다.

이 과정을 모든 다른 타입의 액터에도 적용한다. RapidJSON 라이브러리는 이 과정을 돕도록 재정의된 비교 연산자를 제공한다. 2개의 rapidjson::Values는 타입과 내용이 같을 때만 동일하다. 이 방식을 사용하면 적어도 대부분의 컴포넌트의 경우 변경되는 일이 거의 없으므로 불필요한 저장을 없앨 수 있다. 세부적으로 이 작업을 파고들면 생각보다는 작업량이 많다는 것을 알게 될 것이다.

연습 14.2

메시 파일에서 사용한 바이너리 파일 테크닉을 적용해서 애니메이션 파일에 대한 바이너리 파일 포맷을 만들어본다. 본 변환의 모든 트랙은 크기가 같으므로 헤더를 작성한 후 전체 트랙 정보를 이용해서 각 트랙의 ID를 쓰는 포맷을 사용하면 된다. 애니메이션 파일 포맷을 다시 학습하려면 12장 '뼈대 애니메이션'을 참조한다.

부록 A

중급 C++ 리뷰

부록 A에서는 이 책 전반에 걸쳐 사용된 중급 C++ 개념을 살펴본다. 언급할 C++ 개념은 컴퓨터 과학 1, 2 과목에서 나오는 주제와 비슷하다. 자신이 C++에 익숙지 못하다고 판단되면 이번 내용을 익히는 데 많은 시간을 쏟는 것이 좋다.

참조, 포인터 그리고 배열

참조, 포인터, 그리고 배열은 별도의 개념처럼 보일 수 있지만 이들은 매우 밀접하게 연관돼 있다. 게다가 포인터는 C++ 프로그래머에게 종종 장애물이 되므로 이 개념들의 복잡한 면을 리뷰하는 데 시간을 할애하는 것은 가치가 있다.

참조

참조references는 이미 존재하는 다른 변수를 참조하는 변수다. 변수를 참조로 나타내기 위해 타입 다음에 &를 바로 추가한다. 예를 들어 r을 이미 존재하는 정수 i에 대한 참조로 선언하는 방법은 다음과 같다.

```
int i = 20;
int& r = i; // r은 i를 참조한다
```

기본적으로 함수는 값으로 파라미터를 전달받는다(pass by value). 즉 함수를 호출하면 파라미터가 새 변수에 복사됨을 뜻한다. 값으로 파라미터를 전달받고 파라미터를 수정했을 경우 함수 호출이 종료되면 그 효과는 사라진다. 예를 들어 두 정수를 교환하는 Swap 함수의 (잘못된) 구현은 다음과 같다.

```
void Swap(int a, int b)
{
   int temp = a;
   a = b;
   b = temp;
}
```

Swap 함수의 문제점은 a와 b가 파라미터의 복사본이라서 함수가 실제 기대했던 대로 파라미터를 교환할 수 없다는 데 있다. 이 문제를 해결하려면 Swap에 정수형에 대한 참조로써 파라미터를 선언해야 한다.

```
void Swap(int& a, int& b)
{
```

```
    // (함수의 구현부는 이전과 동일)
}
```

참조로 파라미터를 전달하면(pass by reference) 함수 내에서 해당 파라미터가 변경되면 함수가 종료된 후에도 그 변경 사항은 계속 지속된다.

한 가지 주의할 사항으로 a와 b는 이제 정수형에 대한 참조이므로 a와 b는 기존의 변수를 참조해야 한다. 파라미터로 임시값은 넘길 수 없다. 예를 들어 Swap(50, 100)은 50과 100이 선언된 변수가 아니므로 유효하지 않다.

경고 **값에 의한 전달이 기본**

C++에서 모든 파라미터는 객체조차도 값에 의한 전달이 기본이다. 대조적으로 자바나 C# 같은 언어는 참조에 의한 객체 전달이 기본이다.

포인터

포인터pointer를 이해하려면 우선 컴퓨터가 메모리상에 변수를 저장하는 방식을 알아두는 것이 좋다. 프로그램 수행 동안 함수에 진입하면 자동적으로 **스택**stack이라 불리는 메모리 영역에 로컬 변수를 할당한다. 이는 함수상의 모든 로컬 변수가 C++ 프로그램이 알 수 있는 메모리 주소를 가지고 있음을 뜻한다.

표 A.1은 간단한 코드와 메모리상에서 변수의 가능한 위치를 보여준다. 이 표에서는 메모리 주소를 일반적인 표기법인 16진수로 보여준다.

표 A.1 변수 저장

코드	변수	메모리 주소	값
int x = 50;	x	0xC230	50
int y = 100;	y	0xC234	100
int z = 200;	z	0xC238	200

주소 연산자(또는 &)는 변수의 주소를 질의한다. 변수의 주소를 얻으려면 변수 앞에 &를 두면 된다. 예를 들어 표 A.1에서 다음 코드는 값 0xC234를 출력한다.

```
std::cout << &y
```

포인터는 메모리 주소에 해당하는 정숫값을 저장하는 변수다. 다음 줄은 변수 y의 메모리 주소를 저장하는 포인터를 선언한다.

```
int* p = &y;
```

타입 다음의 *는 포인터를 뜻한다. 표 A.2는 실제 동작하는 포인터를 보여준다. 다른 변수들처럼 p는 메모리 주소와 값을 가진다. 하지만 p는 포인터라서 p의 값은 y의 메모리 주소를 가리킨다.

표 A.2 변수 저장(포인터로)

코드	변수	메모리 주소	값
int x = 50;	x	0xC230	50
int y = 100;	y	0xC234	100
int z = 200;	z	0xC238	200
int* p = &y;	p	0xC23C	0xC234

또한 * 연산자는 포인터를 역으로 참조한다. 포인터를 역참조하면 포인터가 가리키는 메모리에 접근한다. 예를 들어 표 A.3의 마지막 줄은 y의 값을 42로 변경한다. p를 역참조하면 메모리상에서 y의 주소와 일치하는 메모리 주소인 0xC234로 이동하기 때문이다. 그래서 이 메모리 주소에 42란 값을 쓰면 y의 값을 덮어 쓴다.

표 A.3 변수 저장(역참조로)

코드	변수	메모리 주소	값
int x = 50;	x	0xC230	50
int y = 100;	y	0xC234	42
int z = 200;	z	0xC238	200

코드	변수	메모리 주소	값
int* p = &y;	p	0xC23C	0xC234
*p = 42;			

참조해야 할 것이 존재해야 하는 참조 연산자와 달리 포인터는 실체가 없는 것도 가리킬 수 있다. 아무것도 아닌 것을 가리키는 포인터는 **null 포인터**다. null로써 포인터를 초기화하려면 아래 코드와 같이 nullptr 키워드를 사용하자.

```
char* ptr = nullptr;
```

null 포인터를 역참조하면 프로그램이 크래시된다. 운영체제에 따라 에러 메시지는 달라지지만, 일반적으로 '액세스 위반' 또는 '세그멘테이션 폴트' 에러가 null 포인터를 역참조할 때 발생한다.

배열

배열array은 같은 타입의 여러 요소에 대한 컬렉션이다. 다음 코드는 a라는 10개의 정수 배열을 선언한 뒤 배열의 첫 번째 요소(인덱스 0)에 50을 설정한다.

```
int a[10];
a[0] = 50;
```

기본적으로 배열의 요소들은 초기화되지 않는다. 배열에 각 요소는 수동으로 초기화할 수 있지만, 초기화 구문이나 루프를 사용하는 것이 훨씬 더 편하다. 초기화 문법은 다음과 같이 중괄호를 사용한다.

```
int fib[5] = { 0, 1, 1, 2, 3 };
```

대안으로 루프를 사용할 수 있다. 다음 코드는 배열 50개 각각의 요소를 0으로 초기화한다.

```
int array[50];
for (int i = 0; i < 50; i++)
{
   array[i] = 0;
}
```

경고 **배열은 경계 체크를 하지 않는다**

유효하지 않은 인덱스를 요청하면 메모리가 손상되거나 기타 오류가 발생할 수 있다. Xcode에서 이용할 수 있는 AddressSanitizer 같은 몇 가지 툴은 잘못된 메모리 접근을 찾는 데 도움을 준다.

C++는 배열 요소를 메모리상에 연속적으로 저장한다. 즉 인덱스 0 데이터는 인덱스 1 데이터 바로 옆에 있고, 인덱스 1 데이터는 인덱스 2 바로 옆에 있다. 표 A.4는 메모리에 5개의 요소를 지닌 배열의 예를 보여준다. 변수 array(첨자가 없는)는 인덱스 0의 메모리 주소를(이번 예에서는 0xF2E0) 참조한다는 걸 유념하자. array 변수가 인덱스 0의 메모리 주소를 참조하므로 포인터를 사용하면 함수로 1차원 배열의 전달이 가능하다.

표 A.4 메모리상의 배열

코드	변수	메모리 주소	값

int array[5] = {
   2, 4, 6, 8, 10
};
	array[0]	0xF2E0	2

	array[1]	0xF2E4	4
	array[2]	0xF2E8	6
	array[3]	0xF2EC	8
	array[4]	0xF2F0	10

> **다른 이름의 포인터…**
>
> C 프로그래밍 언어(C++의 선구자격인 언어)는 참조 연산자를 지원하지 않는다. 그래서 참조에 의한 전달 개념은 C에서는 없다. 그래서 참조를 사용하는 대신 포인터를 사용해야 한다. 예를 들어 C언어에서는 다음과 같이 Swap 함수를 쓸 수 있겠다.
>
> ```
> void Swap(int* a, int* b)
> {
>     int temp = *a;
>     *a = *b;
>     *b = temp;
> }
> ```
>
> 이 버전의 Swap 함수를 호출할 때에는 주소 연산자가 필요하다.
>
> ```
> int x = 20;
> int y = 37;
> Swap(&x, &y);
> ```
>
> 프로그램 실행 시점에서는 참조와 포인터가 동작하는 방식에는 차이가 없다. 하지만 참조 연산자는 뭔가 참조할 것이 있어야 되는 반면 포인터는 nullptr이 될 수 있음을 기억하자.
>
> C++에서 많은 개발자는 포인터에 의한 전달보다는 참조에 의한 전달을 선호한다. 왜냐하면 포인터에 의한 전달은 nullptr이 유효한 파라미터임을 뜻하기 때문이다. 하지만 스타일상의 이유로 이 책에서는 일반적으로 참조를 문제없이 사용할 수 있어도 동적으로 할당된 객체를 포인터로 전달한다.

다차원 배열도 선언할 수 있다. 예를 들어 다음 코드는 4개의 행과 4개의 열을 가진 실수의 2D 배열을 생성한다.

```
float matrix[4][4];
```

함수로 다차원 배열을 전달하기 위해서는 명시적으로 다음과 같이 차원을 지정해야 한다.

```
void InvertMatrix(float m[4][4])
{
```

```
    // 함수 코드...
}
```

동적 메모리 할당

앞에서 설명한 대로 로컬 변수에 대한 메모리 할당은 C++에서 자동으로 수행된다. 이 로컬 변수들은 스택의 메모리 공간 안에 있다. 스택은 임시 변수나 함수 매개변수 등에 매우 유용하다. 하지만 때때로 로컬 변수만으로는 충분치 않은 경우가 있다.

첫째, 스택은 이용할 수 있는 메모리 양이 제한돼 있어서 프로그램이 사용하고자 하는 메모리 양보다 훨씬 작다. 예를 들어 마이크로소프트 비주얼 C++ 컴파일러는 기본 스택 사이즈가 1MB다. 그런 작은 양의 메모리로는 단순한 게임을 제외하고는 충분치 않다.

둘째, 로컬 변수는 고정된 생명 주기를 가진다. 로컬 변수는 선언 시점에서 선언이 포함된 범위의 끝까지만 이용할 수 있다. 이 로컬 변수의 범위는 전역 변수가 스타일상 좋지 않으므로 일반적으로 함수 내부로 한정된다.

동적 메모리 할당dynamic memory allocation에서 프로그래머는 메모리상의 변수의 메모리 할당과 해제를 제어한다. 동적 할당은 메모리의 별도 영역인 **힙**heap에서 진행된다. 힙은 스택과 비교해서 매우 크다(현재 머신에서는 몇 기가바이트도 될 수 있다). 그리고 힙상의 데이터는 프로그래머가 데이터를 삭제하거나 프로그램이 종료될 때까지 계속 유지된다.

C++에서 new와 delete 연산자가 힙에서 메모리를 할당하고 해제한 것을 떠올려보자. new 연산자는 요청된 변수 타입을 위한 메모리를 할당하며 클래스나 구조체의 경우 new 연산자는 생성자를 호출한다. delete 연산자는 반대로 수행한다. delete 연산자는 클래스나 구조체 타입의 소멸자를 호출하고 변수를 위해 할당된 메모리를 해제한다.

예를 들어 다음 코드는 int 변수에 대한 메모리를 동적으로 할당한다.

```
int* dynamicInt = new int;
```

동적으로 할당된 변수의 메모리 해제는 delete를 사용한다.

```
delete dynamicInt;
```

동적으로 할당된 변수의 메모리를 해제하지 않으면 메모리 누수의 원인이 되며, 이는 해당 메모리를 프로그램 실행이 끝나기 전까지 사용할 수 없음을 뜻한다. 오랫동안 실행되는 프로그램에서는 작은 메모리 누수가 시간이 지남에 따라 누적돼서 결국 힙의 메모리 부족을 초래한다. 힙에서 사용할 수 있는 메모리가 고갈되면 프로그램은 그 직후 바로 중단될 것이다.

물론 하나의 정수만을 동적으로 할당하는 것은 힙상의 모든 이용 가능한 메모리의 이점을 얻지 못한다. 배열도 또한 동적으로 할당하는 것이 가능하다.

```
char* dynArray = new char[4*1024*1024];
dynArray[0] = 32; // 첫 번째 요소를 32로 설정
```

배열을 동적으로 할당할 때는 타입 다음에 대괄호를 쓰고 그다음 크기를 지정한다. 정적으로 할당된 배열과는 다르게 동적으로 할당된 배열에서는 런타임 시에 크기 지정이 가능하다.

동적으로 할당된 배열의 해제는 delete[]를 사용한다.

```
delete[] dynArray;
```

유형별 클래스 주제들

C++는 클래스를 통해서 객체지향 프로그래밍이 가능하다. 이번 절에서는 독자가 C++의 클래스에 대한 기초 지식에 익숙하다고 가정한다. 예를 들면 클래스와 객체, 클래스에 멤버 변수와 함수를 선언하는 방법, 생성자, 그리고 상속이나 다형성 같은 주제에 익숙하다고 가정한다. 여기서는 이런 주제 대신에 C++에서 클래스를 사용할

때 이슈가 되는 특정 주제에 초점을 맞춘다.

참조, 상수 그리고 클래스

값으로 객체를 함수에 전달하는 것은 비효율적이다. 객체를 복사하는 것은 비용이 크며, 특히 객체는 많은 데이터를 갖고 있기 때문이다. 그러므로 가장 좋은 방법은 참조로 객체를 전달하는 것이다.

그러나 참조와 관련된 한 가지 문제는 참조가 함수에게 매개변수를 수정할 수 있도록 허락한다는 데 있다. Intersects 함수는 2개의 Circle 객체를 인자로 취하고 이 두 원이 교차하는지 여부를 결정한다고 가정하자. 함수가 이 원들을 참조로 취한다면 원의 중심이나 반지름을 수정하는 것이 가능해진다.

해결책은 참조 대신에 상수[const] 참조를 사용하는 것이다. **상수 참조**는 함수가 오직 참조로부터 읽기만 가능하다는 것을 보장하지만 쓰기는 허락하지 않는다. 그래서 Intersects 함수의 좀 더 괜찮은 선언은 상수 참조의 사용이다.

```
bool Intersects(const Circle& a, const Circle& b);
```

또한 클래스의 멤버 함수가 멤버 데이터를 수정하지 않도록 **멤버 함수**를 상수 멤버 함수로 선언하는 것도 가능하다. 예를 들어 Circle에 대한 GetRadius 함수는 멤버 데이터를 수정해서는 안 되며, 이는 GetRadius 함수가 상수 멤버 함수로 선언되야 함을 뜻한다. 멤버 함수가 상수 멤버 함수임을 나타내기 위해 리스트 A.1와 같이 함수 선언의 괄호를 닫은 후 const 키워드를 추가한다.

리스트 A.1 상수 멤버 함수를 가진 Circle 클래스

```
class Circle
{
public:
   float GetRadius() const { return mRadius; }
   // 다른 함수들은 생략
   // ...
private:
```

```
    Point mCenter;
    float mRadius;
};
```

요약하면 참조, 상수 그리고 클래스와 관련된 최고의 모범 답안은 다음과 같다.

- 데이터 복사를 피하기 위해 참조나 상수 참조 또는 포인터로 비기본형 타입을 전달한다.
- 함수가 참조 매개변수를 수정할 필요가 없을 경우 상수 참조를 전달한다.
- 데이터를 수정하지 않는 멤버 함수는 const로 표기한다.

클래스의 동적 할당

다른 타입들처럼 클래스도 동적으로 할당 가능하다. 리스트 A.2는 실수부와 상수부를 캡슐화한 Complex 클래스의 선언을 보여준다.

리스트 A.2 Complex 클래스

```
class Complex
{
public:
    Complex(float real, float imaginary)
        : mReal(real)
        , mImaginary(imaginary)
    { }
private:
    float mReal;
    float mImaginary;
};
```

Complex 클래스 생성자는 2개의 파라미터를 인자로 받는다. Complex의 인스턴스를 동적으로 할당하려면 이 파라미터들을 전달해야 한다.

```
Complex* c = new Complex(1.0f, 2.0f);
```

다른 타입의 동적 할당처럼 new 연산자는 동적으로 할당된 객체의 포인터를 반환한다. 객체에 대한 포인터가 주어지면 -> 연산자로 public 멤버에 접근하는 것이 가능하다. 예를 들어 Complex 클래스에 파라미터가 없는 public 함수 Negate가 있다면 다음처럼 객체 c의 함수를 호출할 수 있다.

```
c->Negate( );
```

또한 객체의 배열도 동적으로 할당 가능하다. 이 경우에는 클래스의 생성자가 **기본 생성자**(default constructor, 파라미터가 없는 생성자)일 경우에만 동작한다. 그 이유는 배열을 동적으로 할당할 때 생성자의 파라미터를 지정할 방법이 없기 때문이다. 클래스에 생성자를 정의하지 않으면 C++는 기본 생성자를 추가한다. 하지만 매개변수가 있는 생성자를 선언하면 C++는 자동적으로 기본 생성자를 생성하지는 않는다. 이 경우에도 기본 생성자를 원한다면 수동으로 기본 생성자를 추가해야 한다. Complex 클래스의 경우에는 기본형이 아닌 생성자를 선언했으므로 기본 생성자가 없다.

소멸자

프로그램 전반에 걸쳐 정수 배열을 여러 번 동적으로 할당하는 것이 필요하다고 가정해보자. 수동으로 이 코드를 반복적으로 작성하는 것보다는 리스트 A.3처럼 DynamicArray 클래스 내부에 이 기능을 캡슐화해두면 좋다.

리스트 A.3 DynamicArray 기본 선언

```
class DynamicArray
{
public:
   // 배열의 크기를 인자로 받는 생성자
   DynamicArray(int size)
      : mSize(size)
      , mArray(nullptr)
   {
      mArray = new int[mSize];
   }
   // 인덱스로 배열의 요소에 접근
```

```
    int& At(int index) { return mArray[index]; }
private:
    int* mArray;
    int mSize;
};
```

이 DynamcicArray 클래스를 사용하면 다음 코드처럼 50개의 요소를 가진 동적 배열을 생성할 수 있다.

```
DynamicArray scores(50);
```

하지만 이전에 논의했듯이 new의 모든 호출은 delete의 호출과 매칭돼야 한다. 이 경우에 DynamicArray는 동적으로 생성자에서 배열을 생성하지만 어디에도 이와 매칭되는 delete[]가 없다. 즉 scores 객체가 생명 주기 범위를 벗어나서 소멸되면 메모리 누수가 발생한다.

또 다른 특별한 멤버 함수인 **소멸자**destructor를 사용하면 이 문제의 해결이 가능하다. 소멸자는 객체를 소멸시킬 때 자동적으로 실행되는 멤버 함수다. 스택에 할당된 객체에 대해서는 객체가 함수 범위를 벗어나게 되면 자동으로 소멸자가 호출된다. 동적으로 할당된 객체의 경우에는 delete 호출이 소멸자를 실행시킨다.

소멸자는 접두사로 물결표(~)가 있다는 것을 빼면 항상 클래스와 같은 이름을 가진다. DynamicArray의 경우 아래 코드가 소멸자다.

```
DynamicArray::~DynamicArray()
{
    delete[] mArray;
}
```

이 소멸자를 추가하면 scores가 생명 주기 범위를 벗어날 때 소멸자가 mArray를 할당 해제해서 메모리 누수를 없앤다.

복사 생성자

복사 생성자copy constructor는 같은 타입의 다른 객체 복사본을 생성하는 특별한 생성자다. 예를 들어 다음과 같은 Complex 객체를 선언한다고 가정하자.

```
Complex c1 = Complex(5.0f, 3.5f);
```

그럼 c1의 복사본으로서 Complex의 두 번째 인스턴스를 다음과 같이 인스턴스화하는 것이 가능하다.

```
Complex c2(c1);
```

대부분의 경우 C++는 프로그래머가 복사 생성자를 선언하지도 않아도 복사 생성자 구현을 제공한다. 이 기본 복사 생성자는 원본 객체로부터 새 객체에 직접 모든 멤버 데이터를 복사한다. Complex 클래스에서 이 과정은 완벽히 작동한다. 예를 들어 c2.mReal과 c2.mImaginary는 직접 c1과 일치하는 멤버로부터 값을 복사한다.

하지만 DynamicArray와 같이 데이터 멤버에 포인터가 있는 경우에는 멤버 데이터를 복사하는 것이 원하는 결과를 돌려주지는 않는다. 예를 들어 다음 코드를 실행하다고 가정하자.

```
DynamicArray array(50);
DynamicArray otherArray(array);
```

여기서 기본 복사 생성자는 동적으로 할당된 배열을 복사하기보다는 mArray 포인터만을 복사한다. 포인터만을 복사했으므로 otherArray가 배열을 수정하면 동시에 array 객체도 수정이 된다. 그림 A.1은 **얕은 복사**shallow copy라 불리는 이 문제점이 있는 동작을 보여준다.

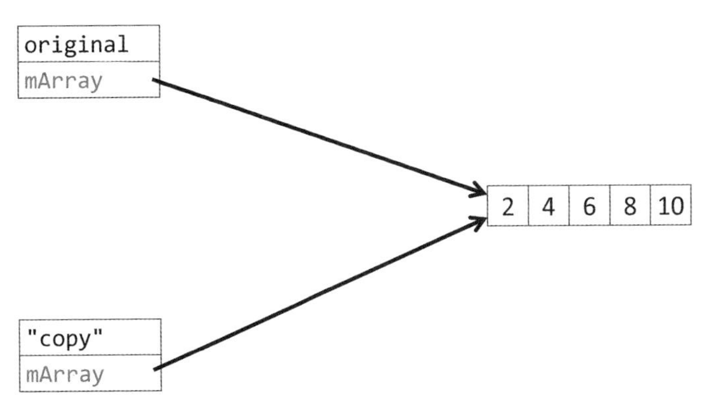

그림 A.1 mArray의 얕은 복사

DynamicArray의 경우처럼 기본 복사 생성자가 불충분하다면 사용자 정의 복사 생성자를 선언해야 한다.

```
DynamicArray(const DynamicArray& other)
   : mSize(other.mSize)
   , mArray(nullptr)
{
   // 동적으로 자신만의 데이터 공간 할당
   mArray = new int[mSize];
   // 다른 객체로부터 데이터 복사
   for (int i = 0; i < mSize; i++)
   {
      mArray[i] = other.mArray[i];
   }
}
```

복사 생성자의 파라미터는 다른 클래스의 인스턴스를 가리키는 상수 참조다. 이 복사 생성자의 구현부는 동적으로 새 배열을 생성한 뒤 참조하는 DynamicArray로부터 데이터를 복사한다. 두 객체는 이제 각각 동적으로 할당된 배열을 가지는데, 이런 형태의 복사를 **깊은 복사**deep copy라 한다.

일반적으로 동적으로 데이터를 할당하는 클래스는 다음과 같은 멤버 함수를 구현해야 한다.

- 동적으로 할당된 메모리를 해제하는 소멸자
- 깊은 복사를 구현한 복사 생성자
- 깊은 복사를 구현한 할당 연산자(다음 절에서 설명한다)

이 세 함수 중 하나라도 구현이 필요하다면 이 3개 모두를 구현해야 한다. 이 문제는 C++에서 매우 일상적이며, 개발자들은 이를 기억하려고 3개의 법칙rule of three이라는 새 용어를 만들었다.

노트

C++11 표준에서 3개의 법칙은 5개의 법칙으로 확장되며 여기에는 2개의 추가 특수 함수가 포함된다(move 생성자와 move 할당 연산자). 이 책이 일부 C++11 문법을 사용하지만 이 추가 함수는 사용하지 않는다.

연산자 오버로딩

C++는 프로그래머에게 기본 연산자의 행동을 사용자 정의 타입으로 재정의할 수 있는 기능을 제공한다. 예를 들면 Complex 클래스는 산술 연산자의 동작을 재정의하는 것이 가능하다. 덧셈의 경우에는 + 연산자를 다음과 같이 선언할 수 있다.

```
friend Complex operator+(const Complex& a, const Complex& b)
{
   return Complex(a.mReal + b.mReal,
                  a.mImaginary + b.mImaginary);
}
```

friend 키워드는 연산자+가 Complex의 private 데이터에 접근할 수 있는 독립형 함수임을 뜻한다. 위의 코드는 이진 연산자에 대한 일반적인 선언 형태에 해당한다.

+ 연산자를 오버로딩한 후에는 두 복소수 객체를 다음과 같이 더할 수 있다.

```
Complex result = c1 + c2;
```

또한 이진 비교 연산자도 연산자 오버로딩이 가능하다. 유일한 차이점은 이 연산자는 bool 타입을 리턴한다는 것이다. 예를 들어 다음 코드는 == 연산자를 오버로딩한다.

```
friend bool operator==(const Complex& a, const Complex& b)
{
   return (a.mReal == b.mReal) &&
      a.mImaginary == b.mImaginary);
}
```

= 연산자(**할당 연산자**assignment operator)도 오버로딩 가능하다. 복사 생성자의 경우처럼 할당 연산자를 지정하지 않으면 C++는 얕은 복사를 수행하는 기본 할당 연산자를 제공한다. 그래서 '3개의 법칙'에 해당되는 경우에는 할당 연산자를 오버로딩해야 한다.

할당 연산자와 복사 생성자 사이에는 한 가지 큰 차이점이 있다. 복사 생성자에서는 기존 오브젝트의 복사본으로써 새 오브젝트를 생성했다. 반면 할당 연산자는 이미 존재하는 객체의 인스턴스에 덮어쓴다. 예를 들어 다음 코드는 첫째줄에서 a1이 이미 생성됐으므로 셋째 줄에서는 DynamicArray의 할당 연산자가 실행된다.

```
DynamicArray a1(50);
DynamicArray a2(75);
a1 = a2;
```

할당 연산자는 새 값을 이미 존재하는 인스턴스에 덮어쓰기 때문에 이미 할당돼 있었던 데이터를 해제하는 작업이 필요하다. 예를 들어 다음 코드는 DynamicArray의 할당 연산자에 대한 올바른 구현을 보여준다.

```
DynamicArray& operator=(const DynamicArray& other)
{
   // 기존의 데이터 삭제
   delete[] mArray;
   // 다른 객체로부터 데이터 복사
   mSize = other.mSize;
   mArray = new int[mSize];
```

```
    for (int i = 0; i < mSize; i++)
    {
        mArray[i] = other.mArray[i];
    }
    // 관습적으로 *this을 반환한다
    return *this;
}
```

할당 연산자는 클래스의 멤버 함수이지 독립적인 friend 함수가 아님에 유의하자. 또한 관용적으로 할당 연산자는 재할당된 객체의 참조를 반환한다. 이렇게 하면 다음처럼 할당을 계속해서 연결하는 것이 가능해진다(코드가 지저분해지긴 하지만).

```
a = b = c;
```

첨자 []나 new 연산자 delete 연산자를 포함해서 C++에서는 거의 모든 연산자를 오버로딩할 수 있다. 하지만 이런 강력한 기능을 사용하는 데는 그에 따른 책임이 수반되게 마련이다. 연산자가 어떻게 동작하는지 명확한 경우에만 연산자를 오버로딩해야 할 것이다. + 연산자가 덧셈을 수행한다면 이치에 맞겠지만, 연산자의 의미를 바꾸는 행위는 피해야 한다.

예를 들어 어떤 수학 라이브러리는 | 연산자와 ^ 연산자가 각각 비트 OR 연산자와 비트 XOR 연산자인데도 스칼라 곱과 벡터 곱을 위해 |와 ^ 연산자를 오버로딩한다. 이런 식으로 연산자 오버로딩을 지나치게 오남용하면 코드의 이해가 어려워지므로 주의해야 한다. 재밌게도 C++ 표준 라이브러리 그 자체가 이 원칙을 깨뜨리고 있다(입력과 출력을 위한 스트림 기능에 정수 타입을 위한 비트시프트[bitshift] 연산자인 >>와 << 연산자를 오버로딩하고 있다).

컬렉션

컬렉션[collection]은 데이터의 요소들을 저장할 방법을 제공한다. C++ 표준 라이브러리[STL, Standard Library]는 여러 타입의 컬렉션을 제공하며 상황에 따라 어떤 컬렉션을 활용하는 것이 좋을지를 이해하는 것은 중요하다.

빅 오 표기법

빅 오 표기법 Big-O Notation은 문제의 크기가 변경될 때 알고리즘의 효율이 변경되는 비율을 설명한다. 이 비율은 알고리즘의 **시간 복잡도**time complexity라고도 불린다. 빅 오는 컬렉션의 특정한 연산에 따른 상대적인 변화를 이해하는 데 사용할 수 있다. 예를 들어 빅 오 $O(1)$ 연산은 컬렉션의 요소의 수에 상관없이, 연산은 같은 시간이 소요될 것을 뜻한다. 한편으로 빅 오 $O(n)$은 시간 복잡도가 요소 수의 선형 함수임을 뜻한다.

표 A.5는 가장 빠른 시간 복잡도에서 가장 느린 시간 복잡도까지 일반적인 시간 복잡도를 보여준다. 지수 함수로 된 알고리즘이나 상대적으로 느린 함수는 문제의 규모가 매우 작은 경우를 제외하고는 실제 사용하기에는 너무 느리다.

표 A.5 빅 오 표기에서 일반적인 시간 복잡도(가장 빠른 것부터 가장 느린 것을 나열)

빅 오	설명	예
$O(1)$	상수	연결 리스트 앞에 삽입, 배열 인덱싱
$O(\log n)$	대수	이진 검색(이미 정렬된 컬렉션이 주어진 경우)
$O(n)$	선형	선형 검색
$O(n \log n)$	n log n	머지 정렬, 퀵 정렬(평균에 해당)
$O(n^2)$	이차	삽입 정렬, 버블 소트
$O(2^n)$	지수	소인수 분해
$O(n!)$	팩토리얼	무작위 대입(Brute forcing) 외판원 순회 문제

벡터

벡터vector는 컬렉션에서 원소의 수에 따라 자동적으로 크기를 조정하는 동적 배열이다. 벡터에 원소를 삽입하기 위해 `push_back`(또는 `emplace_back`) 멤버 함수를 사용한다. 이 함수는 원소를 벡터의 끝(뒤쪽)에 추가한다. 예를 들어 다음 코드는 float 벡터를 선언한 뒤 벡터의 끝에 3개의 원소를 추가한다.

```
// #include <vector> std::vector 사용
std::vector<float> vecOfFloats;
vecOfFloats.push_back(5.0f);  // 내용 : { 5.0f }
vecOfFloats.push_back(7.5f);  // 내용 : { 5.0f, 7.5f }
```

```
vecOfFloats.push_back(10.0f); // 내용 : { 5.0f, 7.5f, 10.0f }
```

벡터에 요소가 있다면 벡터의 특정 요소에 접근하기 위해 배열 첨자 표기법을 사용하면 된다. 앞의 코드처럼 벡터가 주어지면 vecOfFloats[2]는 벡터의 세 번째 요소에 접근하며 10.0f를 반환한다.

프로그램이 오래 실행될 때 벡터의 뒤쪽에 원소를 삽입하는 것은 평균 O(1)의 시간 복잡도를 보인다. 하지만 벡터는 메모리상의 연속적인 하나의 블록으로 존재하므로 그림 A.2처럼 벡터상의 임의의 위치에 요소를 삽입하면 $O(n)$이 된다. 이 때문에 벡터의 임의의 위치에 원소 삽입은 피해야 한다. 하지만 이 연속적인 메모리 레이아웃의 장점은 인덱스로 요소에 접근하는 것이 O(1)라는 데 있다.

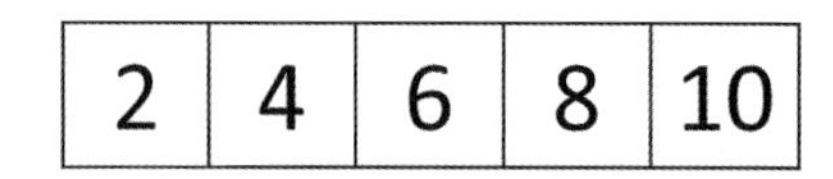

그림 A.2 벡터의 내부 메모리 레이아웃은 배열처럼 연속적이다

연결 리스트

연결 리스트linked list는 메모리상의 분리된 위치에 각 요소를 저장하는 컬렉션이다. std::list 컬렉션은 리스트의 앞, 뒤 모두에 원소 삽입이 가능하다. 앞에 삽입하기 위해 push_front(emplace_front) 함수를 사용하며, 뒤에 삽입하기 위해 push_back(emplace_back) 함수를 사용한다. 다음 코드는 연결 리스트를 생성하고 몇 개의 요소를 삽입한다.

```
// #include <list> std::list 사용
std::list<int> myList;
myList.push_back(4);
myList.push_back(6);
myList.push_back(8);
myList.push_back(10);
myList.push_front(2);
```

그림 A.3은 모든 삽입 과정이 끝난 후의 myList 상태를 설명한다. 정의에 따라 연결 리스트의 요소들은 메모리상에서 서로의 옆에 있지 않음에 유념하자. 연결 리스트의 한 가지 장점은 목록의 양쪽 끝에서의 삽입이 O(1)이라는 것이다. 리스트의 요소에 대한 포인터가 있다면 또한 O(1) 시간에 해당 원소의 앞 뒤로 새 요소를 삽입할 수 있다.

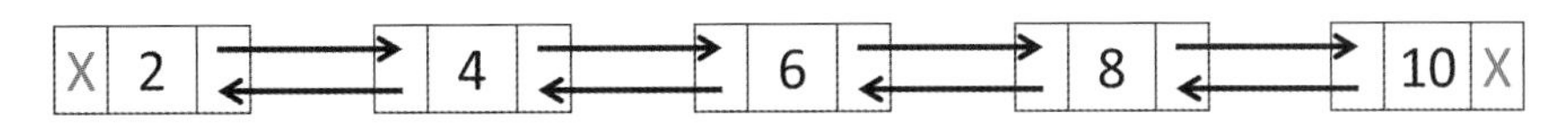

그림 A.3 요소가 삽입된 myList

하지만 연결 리스트의 한 가지 단점은 리스트의 n번째 요소로의 접근이 $O(n)$이라는 것이다. 이런 이유로 std::list의 구현에서는 배열 첨자를 통한 인덱스 접근을 허용하지 않는다.

효율성: 연결 리스트 또는 벡터?

컬렉션에서 각각의 개별 요소가 작은 경우(64바이트보다 작을 때)에는 벡터가 항상 연결 리스트보다 우월한 성능을 보인다. 이는 CPU가 메모리에 접근하는 방법 때문이다.

CPU가 메모리로부터 값을 읽어들이는 것은 매우 느리므로 메모리로부터 값을 읽을 필요가 있을 경우에는 고성능을 지닌 캐시에 인접한 값들 또한 로드한다. 벡터상에서 요소들은 메모리상에서 인접해 있으므로 벡터의 특정 인덱스에 접근하면 또한 캐시에 인접한 인덱스의 값들을 로드하게 된다.

그러나 연결 리스트의 요소들은 연속적이지 않아서 한 요소가 로드되면 관련 없는 메모리의 값들이 캐시로 로드된다. 그러므로 전체 컬렉션을 순회하는 작업 같은 연산은 둘 다 연산이 $O(n)$의 시간 복잡도를 갖고 있다 하더라도 연결리스트보다 벡터가 매우 효율적이다.

큐

큐queue는 상점에서 물건값 계산을 위해 일렬로 대기하는 것처럼 **선입, 선출**FIFO의 특성이 있다. 큐에서는 임의의 순서로 원소를 제거할 수 없으며, 원소가 추가된 순서대로 원소를 제거해야 한다. 많은 책에서는 큐에 삽입하기 위해 enqueue를 사용하고 큐에서 제거를 위해 dequeue를 사용하지만, std::queue의 구현은 삽입의 경우 push(또는 emplace)이며, 제거의 경우 pop이다. 큐의 제일 앞 원소에 접근하기 위해서는 front를 사용한다.

다음 코드는 큐에 3개의 요소를 삽입하고 각 원소를 제거하면서 값을 출력한다.

```
// #include <queue> std::queue 사용
std::queue<int> myQueue;
myQueue.push(10);
myQueue.push(20);
myQueue.push(30);
for (int i = 0; i < 3; i++)
{
   std::cout << myQueue.front() << ' ';
   myQueue.pop();
}
```

큐가 FIFO 방식으로 동작하므로 위의 코드의 출력 결과는 다음과 같다.

```
10, 20, 30
```

std::queue는 요소를 삽입하거나 제일 앞쪽의 요소에 접근해서 요소를 제거할 시에 O(1) 시간 복잡도를 보장한다.

스택

스택stack은 **후입, 선출**LIFO 특성을 가진다. 예를 들어 스택에 원소 A, B, C를 추가하면 C, B, A순으로 요소를 제거할 수 있다. 스택에 요소를 추가하려면 push(또는 emplace)를 사용하고, 스택에서 요소를 제거하려면 pop 함수를 사용한다. top 함수는 스택의 '상단' 요소에 접근한다. 다음 코드는 std::stack을 실제 사용하는 방법을 보여준다.

```
// include <stack> std::stack 사용
std::stack<int> myStack;
myStack.push(10);
```

```
mySTack.push(20);
myStack.push(30);
for (int i = 0; i < 3; i++)
{
   std::cout << myStack.top() << ' ';
   myStack.pop();
}
```

스택의 LIFO로 동작하므로 위의 코드는 다음과 같은 결과를 출력한다.

```
30 20 10
```

큐와 같이 std::stack의 주요 연산은 모두 상수 시간 복잡도를 가진다.

맵

맵map은 {키, 값} 쌍으로 된 정렬된 컬렉션이며, 키 값으로 정렬된다. 맵에서 각각의 키는 고유해야 한다. 맵이 키 타입과 값 타입을 갖고 있으므로 맵을 선언할 때는 이 두 타입을 구체적으로 지정해야 한다. 맵에 요소를 추가하는 추천된 방식은 emplace 함수를 사용하는 것인데 emplace 함수는 파라미터로 키와 값을 취한다. 예를 들어 다음 코드는 키가 달의 번호이고, 값이 달의 문자열 이름인 달에 관한 std::map을 생성한다.

```
// #include <map> std::map 사용 시 포함할 것
std::map<int, std::string> months;
months.emplace(1, "January");
months.emplace(2, "February");
months.emplace(3, "March");
// ...
```

맵의 원소에 접근하는 가장 쉬운 방법은 [] 연산자를 사용하고 키 값을 전달하는 것이다. 예를 들어 다음 코드는 February를 출력한다.

```
std::cout << months[2];
```

하지만 이 문법은 키가 맵에 존재할 경우에만 기대한 대로 동작한다. 키가 맵에 존재하는지를 결정하기 위해 `find` 함수를 사용하자. 이 함수는 원소가 존재하면 해당 원소의 반복자를 반환한다(잠시 후 반복자를 설명한다).

내부적으로 `std::map` 구현은 균형 이진 탐색 트리balanced binary search tree를 사용한다. 즉 `std::map`은 $O(\log n)$ 대수 시간에 요소를 키값으로 찾을 수 있다는 걸 뜻한다. 또한 이진 탐색 트리이므로 맵 내용의 구조는 키의 오름차순을 따른다.

해시 맵

일반 맵은 키의 오름차 순을 유지하지만 **해시 맵**hash map은 정렬돼 있지 않다. 정렬을 버리는 대신 삽입, 제거, 검색이 모두 $O(1)$이다. 그러므로 맵이 필요하지만 정렬을 필요로 하지 않는 경우에 해시 맵은 일반 맵보다 좋은 퍼포먼스를 산출한다.

C++ 해시 맵 `std::unordered_map`은 원소가 정렬되지 않는 점을 제외하면 `std::map`의 인터페이스와 동일하다. 해시 맵 클래스를 사용하려면 `#include <unordered_map>`을 사용한다.

반복자, auto, 범위 기반 for 루프

벡터에서 모든 요소를 순회할 때는 배열에서 요소를 순회하는 것처럼 같은 문법을 사용할 수 있다. 하지만 리스트나 맵 같은 다른 C++ STL 컬렉션에서는 이 배열 문법을 지원하지 않는다.

이런 여러 컨테이너에서 요소를 순회하는 한 가지 방법은 컬렉션을 조회하는 데 도움을 주는 객체인 **반복자**iterator를 사용하는 것이다. 모든 C++ STL 컬렉션은 반복자를 지원한다. 각 컬렉션은 최초 요소에 대한 반복자를 반환하는 `begin` 함수를 가지고 있으며, 마지막 원소의 반복자를 반환하는 `end` 함수를 가지고 있다. 반복자의 타입은 컬렉션의 타입에 `::iterator`가 추가된 형태다. 예를 들어 다음 코드는 리스트를 생성한 뒤 리스트상에서 각 요소를 조회하기 위해 반복자를 사용한다.

```
std::list<int> numbers;
numbers.emplace_back(2);
numbers.emplace_back(4);
numbers.emplace_back(6);
for (std::list<int>::iterator iter = numbers.begin();
   iter != numbers.end();
   ++iter)
{
   std::cout << *iter << std::endl;
}
```

포인터가 *로 역참조되듯이 반복자도 *로 역참조됨을 기억하자. 다른 컬렉션도 반복자를 통해서 요소를 순회하는 문법은 유사하다.

맵의 경우 반복자는 std::pair를 가리킨다. 그래서 맵에서 원소에 대한 반복자가 주어지면 키와 값에 접근하기 위해 first와 second를 사용해야 한다. 앞에서 언급한 months 맵에서는 다음 코드처럼 요소의 반복자를 얻어서 데이터를 출력할 수 있다.

```
// 키가 2인 원소의 반복자를 얻는다
std::map<int, std::string> iter = months.find(2);
if (iter != months.end()) // 반복자가 발견되면 항상 true
{
   std::cout << iter->first << std::endl; // 2를 출력
   std::cout << iter->second << std::endl; // February 출력
}
```

반복자의 긴 이름을 타이핑하는 것은 성가신 일이다. C++11은 이 고통을 줄여주기 위해 auto 키워드를 지원한다. auto는 컴파일러에게 할당되는 값을 기반으로 해서 변수의 타입을 추론하라고 컴파일러에게 지시한다. 예를 들어 begin 함수는 매우 구체적인 타입의 반복자를 반환하므로 auto는 올바른 타입을 추론할 수 있다. 프로그래머 입장에서는 코드 이해가 더 어려워질 수 있지만, auto를 사용함에 따른 성능상의 페널티는 없다.

auto를 사용하면 다음처럼 리스트 루프를 재작성할 수 있다.

```
// auto는 std::list<int>::iterator 로 추론된다
for (auto iter = numbers.begin();
   iter != numbers.end();
   ++iter)
{
   std::cout << *iter << std::endl;
}
```

이 책에서는 코드가 가독성면에서 이점이 있을 경우에만 auto를 사용했다.

auto를 사용해도 반복자를 통한 순회는 번잡한 면이 있다. 수많은 프로그래밍 언어에서는 컬렉션을 조회하기 위해 foreach 구조를 제공한다. C++11도 **범위 기반 for 루프** range-based for loop라는 유사한 구조를 가지고 있다. 범위 기반 for 루프로 numbers 리스트를 탐색하기 위해 다음과 같은 구문을 사용한다.

```
for (int i : numbers)
{
   // i는 현재 루프 반복에 대한 요소값을 저장한다
   std::cout << i << std::endl;
}
```

이 루프는 리스트를 순회할 때 리스트의 각 요소에 대한 복사본을 만든다. 하지만 컬렉션에서 요소를 수정하고 싶다면 참조 형태로 전달하면 된다. 비슷하게 상수 참조도 사용가능하다.

범위 기반 for 루프를 사용할 경우에도 타입에 auto를 사용하는 것이 가능하다. 하지만 명시적 타입을 사용하는 경우처럼 auto도 각 원소의 복사본을 만들므로 상황에 따라 auto에 const나 &를 사용하자.

범위 기반 for 루프의 한 가지 단점은 컬렉션을 탐색하는 동안 원소를 추가하거나 제거할 수 없다는 데 있다. 그래서 추가나 삭제가 필요하다면 다른 타입의 루프를 사용해야 한다.

추가 독서

C++의 기초를 배우고 실습하는 데 유용한 온라인 자료는 수없이 많다. 그런 웹사이트 중 하나로 learnCPP.com 사이트가 있으며, 여기서는 매우 심도 있는 주제를 다루고 있다. 전통적인 서적 형태를 선호한다면 스테판 프라타Stephen Prata의 서적을 살펴보길 권한다. 이 책은 C++의 기초를 다루고 있다. 에릭 로버츠Eric Roberts의 서적은 C++의 기본 및 관련 자료 구조를 다룬다.

스콧 마이어스Scott Meyers의 서적은 C++을 위한 훌륭한 자료다. C++ 코드의 효율성을 극대화하는 방법을 위한 수많은 팁을 제공한다.

C++ Standard Library에도 많은 정보가 있다. C++의 창시자 비야네 스트로스트룹Bjarne Stroustrup은 책의 여러 절에 C++ 컬렉션 구현 내용을 할애했다.

- LearnCpp.com. Last modified April 28, 2016. http://www.learncpp.com.
- Meyers, Scott. *Effective* C++, 3rd edition. Boston: Addison-Wesley, 2005.
- Meyers, Scott. *Effective Modern* C++. Sebastopol: O'Reilly Media, 2014.
- Prata, Stephen. C++ *Primer Plus*, 6th edition. Upper Saddle River: Addison-Wesley, 2012.
- Roberts, Eric. *Programming Abstractions in* C++. Boston: Pearson, 2014.
- Stroustrup, Bjarne. *The C++ Programming Language*, 4th edition. Upper Saddle River: Pearson, 2013.

추가 독서의 원서 중 한국어판 도서 목록

본문에 언급된 원서 중 한국어로 번역된 책은 아래의 목록을 참고하기 바란다.

- 『게임엔진 아키텍처』(홍릉과학출판사, 2019)
- 『GAME PROGRAMMING Gems 6』(와우북스, 2009)
- 『게임 물리 엔진 개발』(지앤선, 2016)
- 『3D 게임 프로그래밍 & 컴퓨터 그래픽스를 위한 수학 제2판』(정보문화사, 2004)
- 『실용적 예제로 본 게임 인공지능 프로그램하기』(사이텍미디어, 2006)
- 『인공지능 : 현대적 접근방식』(제이펍, 2016)
- 『Real-Time Rendering 2판』(정보문화사, 2003)
- 『PHYSICALLY BASED RENDERING』(에이콘, 2015)
- 『DirectX 11을 이용한 3D 게임 프로그래밍 입문』(한빛미디어, 2013)
- 『GAME PROGRAMMING Gems 2』(정보문화사, 2001)
- 『실용 Direct3D 11 렌더링 & 계산』(와우북스, 2013)
- 『GAME PROGRAMMING Gems 3』(정보문화사, 2003)
- 『이펙티브 C++ 3판』(프로텍미디어, 2015)
- 『Effective Modern C++』(인사이트, 2015)
- 『C++ 기초 플러스』(성안당, 2018)
- 『The C++ Programming Language (Fourth Edition)』(에이콘, 2015)

찾아보기

ㅇ

ㅈ

ㅊ

ㅋ

ㅌ

Game Programming in C++

OpenGL과 SDL을 활용한 3D 게임 개발

발 행 | 2019년 9월 30일

지은이 | 산자이 마드하브
옮긴이 | 박 주 항

펴낸이 | 권 성 준
편집장 | 황 영 주
편 집 | 조 유 나
디자인 | 윤 서 빈

에이콘출판주식회사
서울특별시 양천구 국회대로 287 (목동)
전화 02-2653-7600, 팩스 02-2653-0433
www.acornpub.co.kr / editor@acornpub.co.kr

ISBN 979-11-6175-356-0
http://www.acornpub.co.kr/book/game-programming-c

이 도서의 국립중앙도서관 출판시도서목록(CIP)은 서지정보유통지원시스템 홈페이지(http://seoji.nl.go.kr)와
국가자료공동목록시스템(http://www.nl.go.kr/kolisnet)에서 이용하실 수 있습니다.(CIP제어번호: CIP2019036951)

책값은 뒤표지에 있습니다.